近代大礼関係の基本史料集成

所功
TOKORO Isao

国書刊行会

目次

まえがき　*iv*

I　明治の『公文録』抄

第一章　明治元年の『御即位雑記』　*3*
第二章　新式取調掛の御即位式絵図　*73*
第三章　明治四年の『大嘗会雑記』　*91*
第四章　東京初例の『大嘗祭図』　*161*

II　近代的な大礼法制

第五章　伊藤博文『皇室典範義解』抄　*199*
第六章　『登極令』の成立過程　*205*
第七章　賀茂百樹講義の『登極令大要』　*273*

III　大正・昭和の大礼

第八章　大正天皇の「践祚の式」　*335*

第九章　大正即位礼の「勅語」と「寿詞」　359
第十章　御大礼記念会編『御即位大嘗祭絵巻』　383
第十一章　高御座の来歴と絵図　399
第十二章　大正・昭和の『大礼の要旨』　455
第十三章　大正大礼の概要と『大礼記録』　477

Ⅳ　近代的な年号改元

第十四章　五箇条の御誓文と「明治」改元　537
第十五章　『大礼記録』の「大正」改元　555
第十六章　「昭和」の改元と「元号法」　595

あとがき　612
付一　『登極令』同附式　614
付二　近現代の大礼関係略年表　641
付三　平成大礼の諸儀式日程　645
付四　近代大礼関係の参考文献（抄）　658
人名索引　(1)

凡例（翻刻および引用文）

一、本書の引用文および翻刻は、読みやすくするため、左のようにした。
・漢字について、いわゆる旧字体と異体字とは、基本的に常用字体に改めた。
・片仮名は平仮名に改め、適宜濁点と送り仮名とを加えた。
・外国語を音写したカタカナの拗音と促音に当たる部分は、適宜それに変えた。
・漢文と仮名混り文とには、返り点、句読点、および中黒を加えた。
・双行割注の多くは〔　〕内に一行書きとした。
一、／印は改行箇所を詰めたところである。
一、（　）内は翻刻者の私注あるいは補訂である。
一、右記以外の事項については、各翻刻の凡例に記した。

まえがき――大礼の近代化

日本の皇室では、歴代の大王《おおきみ》＝天皇が皇位を継承するたびに、何らかの即位儀礼を行ってこられた。その在り方は、当初おそらく素朴なものであったと想われるが、やがて中国や朝鮮からの影響を受け、王権＝朝廷の権威を示すにふさわしい形が整えられた。それと共に励行されてきたのが、弥生以来の新嘗祭（ニイナメノマツリ）を、代始ごとに大規模な祭礼（大祀）として営む大嘗祭である。併せて「大礼」と称する（「大典」ともいう）。

このうち、前者の即位儀礼は、前帝の崩御か譲位の直後に三種の神器（鏡・剣・璽）等を受け継ぐ「践祚《せんそ》」の儀と、暫く準備を整えてから盛大に行う「即位式」の儀に分けられる。さらに、その前後、元来王権の年数公示シンボルである年号＝元号を新しく定めて改める「改元」の儀を行うことも慣例となっている。

一方、後者の大嘗祭も、単なる収穫感謝祭ではない。それを含む祭祀は、八世紀初めに成立した『大宝（養老）令』の「神祇令」に、「およそ天皇即位したまはば、すべて天神地祇を祭れ」と規定され、また平安前期（九〜十世紀）に成立した『貞観儀式』や『延喜式』などに、「践祚大嘗祭」と表現されている。

こうした践祚・改元・即位式・大嘗祭の諸儀は、朝廷の実権が衰退した中世・近世にも、国家の重大事として続ける必要があった。しかし、室町時代に段々と遅延して、特に地方（悠紀《ゆき》・主基《すき》）の協力を要する大嘗祭は、戦国乱世に中断してしまう。それが復興されたのは、二百余年後の江戸前期に朝幕関係が好転してからである。

それは近代に入ってからどうなったのか。大筋は古来の伝統を受け継ぎながらも重大な改革が行われてきた。今から約百五十年前の明治維新では、明治天皇のもとで新政府による「王政復古の大号令」「（新国是）五箇条の御誓文」などが次々打ち出された。その復古と革新が、「明治」の改元と即位式にも大嘗祭にも、随所にみられる。

それは同二十二年（一八八九）『皇室典範』に法制化され、さらに二十年後の『登極令』（同附式）によって詳しい細則まで定められた。そのおかげで、それから三年後（一九一二）、明治天皇の崩御に伴い、右両法令に基づいて大正天皇の「践祚」と「改元」が行われ、大正四年（一九一五）「即位礼」と「大嘗祭」が京都で実施されている。

ついで大正大礼から十一年後（一九二六）には、天皇の崩御によって、再び同様の「践祚」と「改元」が行われ、昭和三年（一九二八）「即位礼」と「大嘗祭」が再び京都において実施されたのである。

このような明治・大正・昭和の三代にわたる近代的な大礼のもつ意義は、政治史的にも文化史的にも極めて大きい。明治勅定の両法令は戦後（一九四七）廃止されたが、それから四十二年後（一九八九）、昭和天皇の崩御に続く皇位継承の儀式は、『日本国憲法』との整合性を熟慮しながら、おおむね大正・昭和の先例に準拠して、多少の変更を加える形で実施された。その意味で、近代的な大礼は、今後の皇位継承に際しても、参考とされるにちがいない。

ところで私は、昭和四十年代中頃から平安時代の宮廷儀式に関心を寄せ、基本的な文献調査を中心に研究を進めてきた。ついで約二十年後、「平成」の改元と即位礼および大嘗祭などに際して取り組んだのが、明治・大正・昭和の大礼関係記録などを精査しながら、その基本資料を学術誌等に翻刻・紹介することである。

あれから三十年近く経った今日、幸い今上陛下は御壮健であられる。しかし、御高齢を理由に皇太子殿下への譲位を決意され、それを可能とする特別法も成立した。従って、来年（二〇一九）には、約二百年ぶりの譲位に伴う践祚・改元、および即位礼・大嘗祭を迎えることになろう。

このような機会に、「近代大礼」の在り方を研究しようとする人々などの手懸りになることを念じながら、旧稿を集成し若干の補訂を加えて出版することにしたのである。

（平成三十年二月二十三日稿）

I

明治の『公文録』抄

Ⅰ　明治の『公文録』抄【細　目】

第一章　明治元年の『御即位雑記』　3
一　『戊辰御即位雑記』の概要／　二　「御即位新式取調御用掛」の任務／　三　福羽美静案「新式」の特徴
戊辰御即位雑記　一　9
戊辰御即位雑記　二　26
第二章　新式取調掛の御即位式絵図　73
第三章　明治四年の『大嘗会雑記』　91
一　明治大嘗祭は東京で斎行／　二　明治四年大嘗会の準備進行状況／　三　「仮式」の大嘗祭と豊明節会
辛未大嘗会雑記　98
付一　『太政類典』所収文書　152
付二　福羽美静草稿　Ⓐ大嘗祭・新嘗祭稲之事　Ⓑ大嘗・新嘗の御祭典　157
第四章　東京初例の『大嘗祭図』　161
付　『阿波志料　践祚大嘗祭御贄考』（抄）　190

第一章　明治元年の『御即位雑記』

一　『戊辰御即位雑記』の概要

明治天皇の即位式が実施されたのは、慶応四年＝明治元年（一八六八）戊辰の八月二十七日である。その八月前後の関係文書を集成したものが、ここに資料紹介する『公文録』所収『戊辰御即位雑記』にほかならない。翻刻に先立って、簡単に解説を加える。

まず『公文録』は、明治元年六月より同十八年十二月まで、つまり明治太政官制期間の基本的な公文書を編纂したものであり、全四千百二冊（他に年次別索引式の目録四十五冊）が国立公文書館に所蔵されている。

石渡隆之氏「所蔵公文書の紹介」（『国立公文書館年報』第一号、昭和五十八年）によれば、明治政府は同六年に太政官の火災で多くの所管文書を失ったので、太政官記録課のなかに「公文科」と「類典科」を設け、前者で関係公文を官庁別ほぼ年代順に集成して『公文録』とし、また後者でそれを部門別に類聚して『太政類典』とした。

このうち、『公文録』戊辰年の「御即位雑記」は二冊から成り（配架番号2A9㊣2・3）、すべて「太政官公文・記録課」と印刷した罫紙に毛筆で文書を並べ写している。その編纂にあたったのは、目次の前に「権少主記宮崎幸麿整頓」と記されているが、これは内容と関連して注目すべきことである。

何となれば、この即位式を取り仕切ったのは、津和野藩の藩主亀井茲監および同藩出身の福羽美静などであるが、実は宮崎幸麿も同藩出身で、大国隆正に師事し（夫人は藤田東湖の末娘清子）、のち福羽美静の伝記なども著している。従って、この『戊辰御即位雑記』は、太政官記録課公文科における公的な収集文書を配列したものであるが、その全貌を最も良く知っている福羽などから助言を受け資料も提供されたであろう宮崎が、大国隆正門流の面目にかけて、最大の努力をした成果とみてよいのではないかと思われる。

もちろん、これで明治即位式関係文書の全てを尽くしている訳ではないが、その主要な大部分を纏めている。とくに幕末までの宮廷公家官人と、維新により参入した武家出身官人との併設状態にあった当時、旧来の儀容を大胆に変更しながら実施された当時の様子を克明に伝えた功は大きい。

なお、この『公文録』と『太政類典』とを対比してみると、かなりの部分が同じ素材に基づいている。しかも後者には『復古記』等による補注が付け加えられている。

すなわち、前者の『御即位雑記』に対応するのは後者の第一編第四十八巻「宮内・内廷」の部分（2A9(太)48）であるが、両者に共通する文書を番号（上『公文録』……下『太政類典』）で示せば、左の通りである。

(2)㋑……9	(2)㋺……10	(5)㋑㋺…16ⓔ	(9)㋑……16ⓕ	(9)㋺……16Ⓒ
(10)㋑……12	(10)㋺……13	(10)㋩……14	(12)㋑……15ⓐ	(12)㋺……17ⓐ
(12)㋥……15ⓑ	(15)㋑……16ⓐ	(15)㋩……17ⓑ	(19)′㋑……16ⓖ	(20)㋺……11ⓐ
(22)㋑……11ⓑ	(22)㋕……11ⓑ	(23)㋑……11Ⓒ	(23)㋡……11ⓔ	(24)㋑……11ⓕ
(24)㋷……11ⓖ	(25)㋑㋺㋩……19ⓓ		(26)㋥……19Ⓒ	(27)㋑……19ⓐ
(27)㋺……19ⓕ	(28)……19ⓔ			

このうち、たとえば後者の19ⓕは前者の(27)㋺と同文を引用（末尾に「公文録」からの引用と注記）し、その後に『復古記』を補注にあげている。後掲の「御即位新式」の特徴㋑㋺との関連で、片仮名を平仮名に改めて左に抄出しておこう。

復古記云、按ずるに、本儀、御帳台を継壇の上に置き、高御座と為し、左右両階を設けず。御即位次第、褰帳二人昇東西階の東西は後字に作るべし。……又、太政官日誌、御即位式概略(27)に、此日、雨儀を用ゆとあり。

蓋し連日雨あるを以て雨儀となす。然れども、期に臨みて雨霽《は》れ、百官庭上に排列せり。……

さて、この「戊辰御即位雑記」（以下「雑記」と略称）は、明治元年八月の公文書が大部分を占めている。しかし、それ以前から準備は始まっており、またこれ以後も大嘗祭に向けて一連の動きがみられる。後者に関しては、本書第三章「明治四年の『新嘗会雑記』」に譲り、ここでは即位式の準備から実施に至るまでの流れを略述し、また福羽美静の立案した『御即位新式』について説明を加えよう。

二　「御即位新式取調御用掛」の任命

第百二十二代明治天皇は、慶応三年（一八六七）正月九日、その半月前に三十六歳で崩御された孝明天皇の後を継ぎ、十六歳で践祚された。『明治天皇記』（刊本第一・四六一頁）同日条によれば、平安以来の「践祚式」を執り行って「剣璽」を承け継がれ、従来どおり摂政を置かれたことが知られる。しかし、同年十月、将軍徳川慶喜が大政を奉還し、その十二月には「王政復古」の大号令により、摂関や将軍などを廃し、新たに総裁・議定・参与の三職などを置かれた。

このような国事多端により、当初この十一月に予定していた即位式は、延期を余儀なくされた。ようやく翌慶応四年正月十五日、紫宸殿で「御元服」の儀が古式どおり催され、二月五日、神祇伯白川資訓より御即位に伴う「御拝伝授」の儀が行われたものの、即位式の準備に入ったのは三月以降である。

すなわち、『岩倉具視関係文書』第七所収の「御即位之事」と題する覚書は、年月日を欠くが、荒川久寿男氏「明治改元と維新の大精神」（『元号――いま問われているもの』所収）によれば、「慶応四年閏四月二十一日の宮中、府中の大改制を前にして書かれたもの」という。それによれば、岩倉具視（四十四歳、議定兼行政官輔相）は、

㋑即位式は「奥羽鎮定之後」に行うこと。

㋺その礼式を積極的に「改制」すべきこと。

㈧また即位と同日に改元し「御一代御一号」にすべきこと。

などを構想していたことが知られる（拙稿「一世一元制の史的考察」『産大法学』第二十一巻第一・二合併号所載、のち昭和六十三年刊『年号の歴史』第九章所収参照）。しかも、五月二十七日には、津和野藩主で神祇官副知事の亀井茲監に対して、岩倉が「今般御一新に付ては、皇国神裔の神裔たる御礼式を用ひられ候様致し度、就ては神国古典御考にて新規御登壇之御式御新作り給ふべく候。」（『岩倉公実記』）と、新式の考案を内命している。

それを承けて、亀井の配下は先例調査などに乗り出したのであろう。具体的な動きをみると、七月二十二日、津和野藩士で神祇官判事の福羽文三郎（美静）が、岩倉あて上申書（国立国会図書館憲政資料室所蔵「岩倉家蔵書類」二六三―二）において、「諸事考究、新式取調」のため同藩の佐伯太郎（利麿）と井上隆蔵（瑞枝）も上京してきたことを報じ、

右両人、此節上京、私申談仕、礼儀類典其他諸書相糺し居申候に付、仁孝天皇御即位之節御次第、幷先帝（孝明天皇）右同様之分共、拝見被二仰付一候儀者相成申間敷哉。……

と頼んでいる。これによれば、福羽らは江戸初期までの即位式・大嘗会関係記録を含む水戸光圀編『礼儀類典』（全五一五巻、雄松堂書店よりマイクロフィルム出版）などに当るだけでなく、宮中（京都御所内「皇統文庫」＝東山御文庫か）にある先二代の御即位式次第も拝見して、「新式」の作成に努力しつつあったことが知られる。

従って、本「雑記」の⑴では、公卿二人と津和野藩主従五人らの「御即位新式取調御用掛」任命が八月十七日付となっているけれども、その実質的な調査活動は一・二箇月前から行われていたことになる。

三　福羽美静案「新式」の特徴

明治即位式の「新式」を起草し推進した中心人物は、御用掛福羽美静であり、新式の大要を、後年（明治三十四年五月）彼自身が次のごとく述懐している（加藤隆久氏『神道津和野教学の研究』昭和六十年刊所引「福羽子爵談話要旨」）。

御即位の事。……其の御式は……古を本とし、新を加へて、之を定むる事になり。神祇官に於て、余は特別に御式取調の命を受けたり。依て、其の大略を記して太政官に出し、評議にかけ御前まで申上ぐべきものは之を申上たり。……余は三条（実美）公と内儀（議）して之を定め、申出たる故、直々勅許を得たり。御式には種々の事もあれども、先づ第一金もなき故、陳腐の事は棄るとなし、御宝蔵にあるものを尋ねたるに、水戸烈公より孝明天皇に奉れる地球儀あり。……御式に当りて、之を紫宸殿の高御座の前に備へたり。……

これは後日談であって、部分的に不正確な自慢話もみえるが、大筋この通りであろう。しかも、より正確なことは、当「雑記」(5)の八月二十二日付上申「伺」によれば、「唐礼」を廃して「奉幣案」を設け「大地球之形」を置いて「上下見識を大にする事」や、即位の宣命を微音でなく大声で読んだあと「万民奉賀之詞」を奉読することが、新式取調御用掛から提案されたのである。

また(10)・(10)′によれば、その二十日、福羽個人から、平生何等の御用も勤めぬ「是迄之官人」（公卿堂上）だけでなく、新たに武家出身の「即今の七官」（議政官・行政官・神祇官・会計官・軍務官・刑法官・外国官の役人）も「諸藩主幷びに中下の大夫士又貢士等」も参列できるようにすることや、旧来の旌旗も唐服も廃止して、新式を急ぎ作るべきことを言上して、二十三日に行政官より両方とも採用されている。

かくして定められた「新式」の特徴を、福羽の纏めた「明治即位新式抄」等によって要約すれば左の通りである。

(イ)高御座を新造する余裕がないため「御帳台」で代用したこと。

(ロ)南庭上の告天焼香を廃し、代りに「地球儀」を置いて天皇に日本国の正面を指して頂くようにしたこと。

(ハ)唐風の袞冕や旌旗を廃止して、平安以来の束帯や神道風の飾榊を用いたこと。

このうち、(イ)に関しては、後年（大正四年十月）、津和野出身の御用掛であった佐伯利麿が、「大礼費この時僅か四万二千五百両にすぎなかった。……高御座も、御帳台を間に合せたもので……只御帷《かたびら》を四方に垂れたばかり……」と回想している（『時事新報』所載「偲び奉る明治天皇の御即位」）。

ちなみに、孝明天皇の即位式に用いられた高御座は、安政元年（一八五四）の内裏大火で焼失してしまい、十四年後の明治元年に至るも造立されていなかったので、簡略な御帳台（清涼殿の昼御座と同形。現在も御所内に保存）を代用されるほかなかった。しかし、大正即位礼にあたり、江戸時代の絵図や『公事録』付図などを参考に復原され、それが平成即位礼にも用いられたのである（本書第十一章「「高御座」の来歴と絵図」参照）。

また、(ロ)に関しては、前述の佐伯利麿によれば、「大地国象（地球儀）を特にこの即位式に飾ったのは……世界万邦を治めるといふ雄大な御気象を表はされたもので」、実は当日（八月二十七日）、朝のうち雨降りであったが、天皇出御間際「雨俄かに霽《は》れたので、この日予め雨儀で執行せらるゝ筈であった御儀式は廃され、矢張り庭上に整列して挙げること、変更され……広々とした庭上階段の下に置かれた一個の大地球儀は特に眼を惹いた。」と記しており、国立公文館所蔵「明治天皇御即位図」もそのように描かれている（加藤隆久氏「絵図に見る即位式・大嘗祭の諸問題」『國學院雑誌』通巻一〇〇〇号所載参照）。ただ(27)の「太政官日誌」によれば、「雨儀を用らる故に、地球象、承明門内中央にあり。」と記されているにすぎない。

さらに、(ハ)に関しても、前述の佐伯が、「明治天皇の御時から（御服も）改めて一切を日本古来の装束とし……（庭上の旗も）日幣旗・月幣旗……とし、竿頭の御飾は……常緑の榊を付した」と記している。その幣旗などの図案が(36)（省略）であり、同じものが津和野郷土館に寄贈された亀井家資料の中にも遺っている。

凡　例

一、原本二冊の各冒頭にある目次項目を、各文書の本文の前に見出しとして掲げ、仮に通し番号(1)〜(36)を冠した。

一、紙幅の都合により、同趣・同文の重出文書および(35)以下の絵図は省いた。

戊辰御即位雑記　一

権少主記宮崎幸麿整頓

(1) 御即位御用掛名面。

㋑御即位新式取調御用掛
正親町実徳／勘解由小路資生／亀井茲監／福羽文三郎
津和野藩　佐伯太郎／同　井上隆蔵／同　山田耕右衛門／松室信濃／藤島常陸

㋺
正親町大納言（実徳）
御即位御用掛被㆓仰出㆒候事。
八月十七日　太政官

㋩
津和野中将（亀井茲監）
当官を以／御即位新式取調御用被㆓仰出㆒候事。
八月

(2) 御即位被㆓仰出㆒布告。

一、来廿七日辰刻　御即位被㆓仰出㆒候事。
八月十七日　行政官

一、来廿七日辰刻　御即位御治定被㆓仰出㆒候に付、両三日中　禁中　大宮等へ参賀の事。
但、三等官以上参賀。自余諸侯は不㆑及㆓参賀㆒候事。
八月十七日　行政官

一、明十八日、可㆑為㆓休日㆒旨、被㆓仰出㆒候間、為㆓心得㆒（無㆓）相違㆒候事。
但、御東幸幷に御即位掛の者は格別の事。
八月十七日　行政官

※十九日付「在京諸侯」への参朝達、同趣にて省略。

(3) 白川資訓、褰帳女王先例の通被㆓仰下㆒度願。

御即位の節、褰帳女王の儀、先例の通、資訓女被㆓仰下㆒候様、宜㆓御沙汰願入㆒存候也。
八月十八日　資訓

正親町大納言（実徳）殿

⑷ 御殿御装束等設試に付、京都府・軍務官へ達。

㋑来廿四日、御殿御装束設試に付、卯刻、
平唐門　神仙門　日華門　月華門　右腋門　左腋門
永安門　長楽門　承明門　敷政門　和徳門　東土戸
同廿五日、御即位内見に付、卯刻、
建礼門　東土戸　和徳門　敷政門　日華門　月華門
長楽門　永安門　承明門　右腋門　左腋門　神仙門
平唐門
同廿六日、鉾設に付、卯刻、／右同断。
同廿七日、御当日、寅刻、／右同断。
同廿八日、大床子御膳供進幷殿庭御飾撤却に付、卯刻、
日華門　月華門　東土戸　平唐門　神仙門
右御門開に付、警固の事、如レ例夫々御下知可レ給候也。
八月廿一日　（勘解由小路）資　生／実　徳
京都府／御中

㋺来二十四日、御殿御装束設試に付、卯刻、
同二十五日、御即位内見に付、卯刻、
同二十七日、御当日、寅刻、
右建春門警固の事、且此間御噂中入置候南門外東西警固の事／御治定に相成候間、御下知可レ給候也。
八月二十二日　資　生／実　徳
軍務官／御中

㋩日々申送帳。
一、来廿三日、御殿洗に付、卯刻、宜秋門・平唐門開レ之事。
来廿四日、御殿御装設に付、卯刻、御門開左之通。
建春門　平唐門　神仙門　無名門　明義門　仙華門
日華門　月華門　右腋門　左腋門　永安門　長楽門
承明門　敷政門　左青鎖門　宣仁門　恭礼門　和徳門　東土戸　高廊下四枚戸／宜秋門
来廿五日、御即位内見に付、御門開左之通。
建春門　建礼門　東土戸　和徳門　敷政門　左青鎖門　日華門　月華門　長楽門　永安門　承明門　右腋門　左腋門　神仙門　無名門　明義門　仙華門

平唐門　宣秋門
同廿六日、鉾設に付、卯刻、御門開同断。
同廿七日、御当日、寅刻、御門開同断。
同廿八日、大床子御膳供進幷殿庭御飾撤却に付、卯刻、
日華門　月華門　東土戸　平唐門　神仙門　無名門
宣秋門

一、当日、出御方警固之事。
一、宣秋門警固之事。
右之通、弁事衆被レ命候唐御門当番与二左衛門等一へ申渡。
一、明廿二日、卯刻、楽装束取出に付、四辻家々来楽人等、日御門代往来候間、切手可レ遣旨、弁事より被レ命、則切手認、日御門代当番中へ為レ持遣す。
戊辰八月廿一日

※同二十三日付の同文と九月四日付の関連文書、省略

(5) 御用掛より地球儀を台上に設置、並に宣命等の儀に付伺。

㋑中古より／御即位唐礼に被レ為レ倣候事は、唐土ある事而已を知り(る)時之立法にて、道理に於ても不二相叶一次第、幸右之事は此度被レ止候。

就ては追々相開け候世運に応じ候て大規模と可二相成一、新式も不レ被レ為レ立ては相叶申間敷候付、次第中へ左之通之儀、組込候ては如何可レ有二御座一哉、御窺申上候。
一、奉幣案を設け候辺へ**大地球之形**を台上に設置、上下見識を大にする事を表し申度候事。
一、即位之旨万民に告給ふ処の宣命を読候後、万民奏賀之詞を読上げ候様仕度事。
奏賀之詞を読上げ候儀は、新式調掛り之内にて相勤可レ申候。且旧来宣命之読方も、小音に有レ之歟に候得共、此度は大声に仕度候事。
右御評議相願候間、宣御沙汰可レ被二成下一候。以上。
八月廿二日
新式取調／御用掛

㋺賀詞を読奉り候事は、大古は言語を以心を述べ候事、本義と仕候事勿論に御座候故、別段之記文も委鋪無レ之歟。

併出雲国造神賀之詞を奉レ読候を始とし、中臣の寿詞

等も時々有レ之候。匆々之間に付、委細には書も得探り不レ申。先別冊付紙等之処を以、御勘評被レ下度、此間以来申立候通、被二　仰出一候様仕度候。

八月廿四日　　御即位新式／御用掛

別冊闕

(6) 御即位御飾付、雑人拝見停止の儀、京都府へ達。

御即位御飾付、御政務御多端の折柄、於二今度一は雑人拝見の儀、被二停止一候。仍為二御心得一申入候也。

八月廿二日　　資　生／実　徳

京都府／御中

(7) 衛士より南殿・清涼殿等洒掃の儀に付申出。

㋑明二十三日卯半刻　御即位に付、南殿・清涼殿洒掃参勤の節、御口向より御湯並手桶七つ等相廻候事。

八月廿二日　　衛士／藤井土佐掾

㋺　覚

一、下布　二十切／一、藁箒　二十本／一、竹　十本。

右之通、就二　御即位一南殿・清涼殿洒掃の節、頂戴仕候。以上。

辰八月廿二日　　衛士／藤井土佐掾

官　務　殿

(8) 御即位旧儀参役達。

㋑来二十七日可レ被レ行　即位礼、可レ候二外弁一被二　仰下一候。寅刻、無二遅々一参　朝可レ有レ之候也。

八月廿二日　　資　生／実　徳

新大納言殿／庭田《重胤》大納言殿／冷泉《為理》中納言殿／今城《定国》中納言殿／宰相中将殿／左大弁宰相殿

※他に前中務大輔（左侍従の事）・美濃権介（右侍従の事）・菅少納言・新菅少納言・清少納言（典儀）・右宰相中将（大将代）・新宰相中将（大将代）・大内記・中務大輔・権右中弁（行事弁）・因幡権守（陰陽師の事）・竹屋前宰相（御服）・堀川三位（御服）・源宰相中将（大将代の事・外弁の事）・右宰相中将（大将代の事）等への達、省略。

㋺来二十七日可レ被レ行二　即位礼一候。陣の事被二　仰下一候。寅刻、無二遅々一参　朝可レ有レ之候也。

八月廿二日　　　　　　資　生／実　徳
松木中将殿／愛宕中将殿／町尻少将殿／大炊御門
少将殿／六条少将殿／綾小路少将殿

㋩**即位　宣命使**被二　仰下一候事。
八月二十四日　　　　　資　生／実　徳
冷泉中納言(為理)殿

(9) 水口左近将曹他三名、並検非違使・官外記上召使中より参役殿

㋑奉レ願口上覚。
今般　御即位御当日、左右中将・少将代参勤の儀、御沙汰被レ為レ在候へば、何卒私儀参勤被レ為二　仰付一候様、奉二願上一候。尤家例等御座候に付、以二　御憐愍一御沙汰願の通蒙レ　仰候はば、冥加至極深難レ有仕合可レ奉レ畏候。右の趣、宜(しく)御沙汰の段奉二願上一候。以上。
八月　　　　　水口左近将曹／清俊
家例
貞享四年(一六八七)四月十八日／御即位の節／右中将代　左近衛将監身人部清定。／寛永七年(一六三〇)十月廿八日／御即位の節／左中将代　弾正少忠身人部清高。／弘化四年九月廿三日／御即位の節／左少将代　左近衛将曹身人部清俊。

㋺奉レ願候口上覚。
御即位の節、中少将代、従前に毎度楽所の輩へも被レ為二仰付一被レ下候。此度も先例の通被レ為二　仰付一被レ下度奉二願上一候。右之趣、何分可レ然　御沙汰奉レ願候。
辰八月　　東儀宮内少丞／奥丹波守／多肥後守
四辻宰相中将様御内／八田織部殿／石尾監物殿

㋩奉二願上一候口上覚。
一、此度　御即位被二　仰出一難レ有恐悦至極奉二存上一候。当時御一新の折柄、御様子も難レ計奉レ存候へ共、自然衛門府参勤も御座候へば、何卒私儀、多年右庁頭蒙レ仰罷在候間、　御大礼臨時　御用向等被二　仰付一被二下置一候へば、庁頭規模も格別に相顕深難レ有仕合奉レ存候。何卒此段宜御取成　御沙汰の程、偏に奉二願上一候。

以上。

辰八月

堀川右衛門大尉／宣弘

正親町大納言（実徳）様／御雑掌中

㊁乍レ恐奉レ願候口上。

今般　御即位被二仰出一候に付、私共如二先例の参勤一御用被二仰付一難レ有仕合深奉二畏入一候。右に付、恐多御願御坐候へ共、私儀内々腹中に付、何共恐入候へ共、外記方召使宗岡行誠を以兼勤語合被二仰付一候様、奉二懇願一度御坐候。自然願の通被二仰付一候へば、高大難レ有仕合深奉二畏入一候。此段宜御沙汰の程、伏奉二頼上一候。

以上。

八月　　左官掌／岩崎治部少丞

官務殿

㋭御即位被二　仰出一候に付、御嘉踪の通衛門府参勤被二仰付一候はば、本官の儀に有レ之、且御近例惣て廷尉参勤仕候間、於二此度一も御同様私共へ参勤被二　仰付一候様、偏に奉レ願候。御聞済にも相成候はば、難レ有仕合可レ奉レ存候。此段宜敷御沙汰奉レ願候。以上。

八月　　検非違使

㋬乍レ恐奉二歎願一口上。

御即位被二　仰出一、召使七人参勤被二　仰付一、難レ有仕合奉レ存候。然る処、当時官・外記共六人罷在候内、宗岡行正、先達て度会府書記被二　仰付一、旁以無レ人に御坐候に付、弐人不足の内、壱人は文殿、宗岡行方、語合、今壱人は外記史生、宗岡行恒、兼勤語合の儀奉二願上一候。何卒願の通被二　仰付一候はば、難レ有仕合可レ奉二畏存一候。右之趣、宜御沙汰奉二頼上一候。以上。

辰八月　　官外記／上召使中

官務殿／大外記殿

⑽　御用掛より七官参朝相成度伺。

㋑一、御即位当日、七官の人参　朝可レ仕哉。但等を分、階上階下に参役可レ仕哉。参役仕候事に候得ば、新に式を加へ可レ申歟。又は旧来之参役転じ候て、政体の官へ当て候事も可レ有レ之歟。
一、関白の所、輔相可レ被レ為レ勤哉否之事。
一、蔵人頭の所、何に替可レ申哉。
右奉レ窺候事。

八月　　　新式／取調掛

㋺此度　**御即位御当日之次第**、此間以来追々御窺申上候処、先昨日迄之処にては、十に八九分記文を追ひ、増減之廉は一二事而已にて、当今被レ為レ用候政体中之官にても、弁官事并神祇官知事而已配役有レ之。其余之官は御当日参着之儀にも不レ及御模様。平日何等之御用も不二相勤一是迄之官人等、取交御次第相立候儀に御坐候得共、後日取返し難二相成一御一度之御大礼に前段之訳にては、方今御大政之御規模にも違、万国へ之聞も御不都合に可レ有レ之。
就ては、上古に無レ之新礼も中古被レ為レ立候て漸々国体を被レ為レ固候意味に基き、強て古之記文に拘り不レ申、即今之七官并是迄之旧儀取交実務に渉候様、簡便之法式を被レ為レ建候はば、可レ然と奉二勘考一候。左様無レ之ては詰合之諸藩主并中下之大夫士又貢士等の参席も難二取究一候。併七官を以別法に被二成置一候儀に御座候得ば、致方も無レ之次第に候得共、是等之事件は人々之評論可レ有レ之、御政徳へも相拘り候儀に御座候得ば、新式御用掛共心痛仕候。
仍て何卒三等官以上之見込御尋被レ下度候。勿論是迄も無レ之伺定可レ申筈に御坐候得共、旧来之旌旗御転製、**唐服御廃止**等之訳に付ては、随て新式も被レ為レ興候儀と奉レ存居候儀に御座候。最早御定日間合も無レ之候得共、唯今より取組候得ば、随分御間に合可レ申候。前段彼是之処を以、今日議事被二　仰付一被レ下度、此段私より言上仕候。以上。

八月廿日　　　福羽五位（美静）

⑽′**（行政官、御即位参朝式改正）**

㋑一、此度　御即位の大礼、其式古礼に基き、大旌始製作被レ為レ改。九等官を以、是迄の参役に令二並立一、総て　大政の規模相立候様、被二　仰出一。中古より被レ為レ用候唐製の礼服、被レ止候事。

八月廿三日　　行政官

㋺一、此度　御即位御大礼の節、旧儀参役・太政官九等の面々一同、紫宸殿階下より承明門内外に排列式を以奉二拝　宸儀一候様、被二　仰出一候事。

　但、府県は知事・判事・在京の者、参　朝の事。権官以下不レ及二其儀一事。

一、衣帯の儀は、旧儀参役の面々、束帯。太政官九等官の面々、有位は束帯衣冠単差貫、無位は黄袍衣冠着用の事。

一、此度参役幷太政官当官に無レ之宮・堂上、在京の諸侯、為二総詰一参　朝被二　仰出一候事。

　但、衣帯は衣冠差貫の事。尤無位の諸侯は直垂着用の事。

一、太政官等外の徴士・雇士幷在京の中大夫・下大夫・上士等、便宜の候所へ相詰候様、被二　仰出一候事。

　但、直垂着用の事。

右之通に候間、旧儀参役幷太政官排列の面々は、廿七日寅刻、参　朝。其余の面々は、卯の刻、参　朝被二仰出一候事。／但、重服者相除、軽服者は不レ苦事。

八月廿三日　　行政官

㋩一、御即位の節、七官中参　朝の面々、姓名書、明廿四日昼迄二可レ被二差出一、幷徴士以下衣帯不足の向被二設置一度候間、其向は別紙に可レ被二申出一候事。

八月廿三日　　行政官

㋥一、来二十七日、例月五等官以上、於二会計官一月給相渡可レ申処、当日は　御大礼の事故、廿五日に相渡に相成候。六等官以下は、例月の通廿八日渡に相成候間、為二御心得一申入候也。

八月廿三日　　行政官

㋭一、来廿七日　御即位に付、卯刻、参　朝可レ有レ之候事。／但、衣帯衣冠差貫の事。

八月廿三日

㋬来二十五日、辰刻、内見参　朝の事。

委曲の儀は、布告の通心得可レ有レ之事。
一、御当日、南門被レ開候間は、南門外往来停止の事。
但、差掛り候急　御用向は、警固の者へ可レ届候事。
一、承明門外、御式中往来停止の事。
一、参役の人々、平唐門・東土戸内は雑色弐人・白丁壱人の事。
右各壱通宛相添廻達。

廿三日卯半刻、御殿洗。／廿四日辰刻、設試。

廿五日辰刻、内見。

廿六日、御習礼、女房内見。

廿七日、御当日。

大床子、御当日一ケ度、／翌日二ケ度。

来二十七日可レ被レ行　即位礼参勤の事、被二　仰下一候。

寅刻、無二遅々一参　朝可レ有レ之候也。

八月廿三日　　弁　事
中山儀同(忠能)殿／正親町三条前大納言(実愛)殿／徳大寺大納言(実則)殿／中御門大納言(経之)殿
越前中納言(松平慶永)殿／三岡四位(八郎・由利公正)殿／福岡四位(孝弟)殿／大木四位(喬任)殿／小松帯刀殿／木戸準一郎(孝允)殿／広沢兵助殿／副島二郎(種臣)殿／横井平四郎(小楠)殿／岩下佐次右衛門(方平)殿
※他に阿部中納言以下七名・柳原前大納言以下九名への同文の達、省略。

㋣来二十七日可レ被レ行　即位礼参勤の事、被二　仰下一候。
寅刻、無二遅々一参　朝可レ有レ之候也。
八月廿三日　　弁　事
神祇官／会計官／軍務官／外国官／刑法官
※他に度会府・伊奈県・倉敷県・日田県および京都府への同文の達、省略。

(11)　松本宗有外三名等、弓箭・平胡籙・間塞等拝借願。

㋑口演
弓箭　平胡籙　間塞／右官庫令二拝借一度、宜希入候也。
八月廿三日　　宗　有
正親町（実徳）殿

㋺口述
弓箭　平胡籙　間塞／右官庫令二拝借一度候、宜願存候也。

八月廿三日　　　　　　有義

正親町（実徳）殿

※翌二十四日付の正親町大納言への同趣の拝借願、省略。

㋩日々申送帳

内舎人三人分

一、黒漆太刀〔平緒共〕　三腰。／黒漆弓　三張。／壺胡簶黒漆三具。

幡鉾　三人／鉾立　壱人

冠　四領。／緌　四掛。／紺褐衣帯共　四領。／赤単四領／白袴　四領。／太刀黒漆　四腰。／壺胡簶黒漆　四具。／弓黒漆　四張。

覚

一、五位壺胡簶丸緒共蒔絵　壱組。／弓蒔絵　壱張。此度御即位参勤被㆓仰付㆒候に付、右之通奉㆓拝借㆒願度、此段宜御取計奉㆑願候。以上。

八月廿四日　　　　　内海宮内少録

⑿　御即位に付、献上物等達。

㋑一、来二十七日、御即位に付、献上物。

一、一等官より四等官迄、人別に／太刀　一腰づゝ。

一、五等官より九等官迄、各官等毎に組合／干鯛　一箱づゝ。

大宮御所へ

一、一等官より四等官迄、人別に／干鯛　一箱づゝ。

一、五等官より九等官迄、各官等毎に組合／干鯛　一箱づゝ。

一、御当日、南門被㆑開候間は、南門外往返停止の事。
但、差掛り候急　御用向は、警固の者へ可㆑届の事。

右之通被㆓仰出㆒候間、附属の向夫々不㆑洩様可㆑被㆑建事。

八月廿四日　　　　　行政官

㋺一、諸侯／来廿七日、御即位に付、禁中・大宮御所等へ当日卯刻参　賀、衣鉢衣冠の事。
但、浅黄袴着用之輩、当日薄色袴色袴着用の事。

一、無位の輩、直垂の事。

一、当日重服可レ憚レ之事。
但、当日所労不参幷重服の輩等は、九月一日より五日迄の内に参　賀候事。
一、当日参　賀の輩へは、御祝酒・御認等被レ下候事。
一、在京諸侯献物の儀は、九月一日より五日迄の内に以二使者一奏者所へ可二差出一候事。
但、献物は人別に／太刀　一腰づゝ。
大宮御所へは家別に／干鯛　一箱づゝ。
一、上京無レ之面々は、重臣を以九月一日より五日迄の内に、仮建にて恐悦可二申上一。献物は奏者所へ可二差出一候事。
但、大典侍始幷に　大宮御所上﨟以下役々へ、一切贈物に不レ及候事。
一、当日南門被レ開候間は、南門外往返停止の事。
但、差掛り候急　御用向は、警固の者へ可レ届事。
右之通被二　仰出一候事。
八月　行政官
※中大夫・下大夫・上士への八月二十四日同文達、省略。

㋩一、来二十七日、御即位当日参賀の輩へは、御祝酒御認等被レ下候事。
浅黄袴着用の輩は、当日薄色袴可レ為二着用一の事。
右の通、過日触落に相成候間、更に申入候也。
八月廿五日

㋥一、御即位参　賀献物等の事、従二九月一日一五日迄の内と被レ触候へ共、従二三十日晩一　御神事に付、重軽服の輩は、来る二十八日・晦日両日の内、可レ致二参　賀献物一の事。
八月廿六日　行政官
※右と同趣（重軽服の前「僧尼」2字あり）省略

㋭日々申送帳
一、来廿七日、御即位に付献物。
一、桂宮　干鯛　壱箱。／一、法中宮　昆布　同（壱箱）。／一、門跡　同　同。／一、本願寺　同　同。／一、黒御所　同　同。／一、口向、執次中組合　鰑一折　二連。／一、同、中詰より小間使迄組合　同　五連。／一、大宮御所、

執次組合　同　二連。／一、同、侍分小間使迄　同同。／一、女御御方、執次組合　同　同。／一、御茶挽釜殿組合　同　同。／一、後院御抱侍組合　同　同。
一、町人共献物之儀被㆓相止㆒候事。
尤此　御所よりも御祝酒不㆑被㆑下候事。
一、両局以下其外役々へ贈物一切此度は不㆑及候事。
大宮御所へ献物。
一、桂宮　干鯛　一箱。／一、法中宮　昆布　同。／一、門跡　同。／一、本願寺　同。／一、黒御所　同。／一、口向、執次中組合　鯣一折　二連。／一、同、中語より小間使迄組合　同　同。／一、大宮御所、執次中組合　同　同。／一、同、〔侍分より小間使迄〕組合　同　同。
一、町人共献物之儀被㆑止候事。
一、上﨟以下其外役々へ贈物一切無㆑之事。
下札、御料村々にて組合／鯣一折　三連。
一、当日南門被㆑開候間は、南門外往返停止之事。
但、差掛候急　御用向は、警固之者へ可㆑届㆑之事。
戊辰八月廿四日

⒀　河合右近番長外一名より褐衣等借用願。

一、褐衣当帯共　弐人前。／一、白袴　弐人前。／一、太刀弐人前。／一、弓箭　弐人前。／一、単　弐人前。／一、裾弐人前。
右之通　御即位御用に付、拝借仕度、明廿六日申出候間、宜御沙汰奉㆓願上㆒候。以上。
八月廿五日　進藤左近番長／河合右近番長
弁事／御役所

⒁　御即位当日、休暇被㆓仰出㆒達。

一、明後廿七日、休日に相成候。仍申入候也。
八月廿五日

⒂　徴兵並に諸藩公用人・公儀人等、御即位跡御飾付拝見被㆓仰付㆒達。

㋑一、徴兵幷諸藩公議人・公用人等、御即位御礼式御飾付跡、拝見被㆓仰付㆒候間、来廿八日辰刻より午刻迄に拝趨可㆑致事。
但、建春門より参り、承明門外より拝見、西穴門より退出の事。

八月廿五日

㋺一、御即位御当日、非役の人々従二宜秋門一参　朝可レ有レ之。家来平唐門・東土戸内猥に往来有レ之間敷候事。
一、当日南門被レ開候間は、南門外往返停止の事。
但、差掛り候急　御用向は、警固の者へ可レ届の事。


㋩一、今度　御即位に付、諸藩公議人、来る九月朔日卯刻より申刻迄、恐悦参　朝可レ致旨、御沙汰候事。

但、御仮建へ参　賀の事。衣体は麻上下着用可レ有レ之。尤重軽服の輩、参　朝に不レ及候事。

八月廿六日　行　政　官

㋥一、来る二十七日　御即位御式、三等官以上家来壱人宛拝見被レ許候間、卯刻非蔵人口へ可二罷出一候事。

但、万端使番誘引可レ致候。出仕の旨、使番へ可二届出一候事。

八月廿六日　行　政　官

㋭徴兵　御即位御飾付拝見承明門内通行と申入候へ共、門外に相成候間、此段申入候。右に付、建春門警護の事御下知可レ給候也。
八月廿六日／（勘解由小路）資生／（正親町）実徳
軍務官／御中

㋬（前半㋑とほぼ同文。その後半に次の如くあり）
右之通被二　仰出一候に付／承明門・長楽門・永安門・東土戸・西穴門／右警固の事、且多人数拝見の事故、可レ然警固御取計可給候也。／八月廿六日／資生／実徳
京都府御中

㋣日々申送帳
一、来廿八日、辰刻より至二午刻一、徴兵幷諸藩公議人・公用人、御礼式御飾付拝見に付、
建春門　承明門　長楽門　永楽門　西穴門　左右腋門／右開レ之事。

一、此件、九門へ申達候事。
一、徴兵始之為二案内一、御使番六人可二罷出一候事。
戊辰八月廿五日

右之趣、宜御沙汰可レ被レ下候。以上。
辰八月　両主殿寮
官務殿

⒃　内膳司御厨司所より休所拝借願。

先例の通、休所西回廊北より四五間二ケ間拝借奉二願上一候。以上。
八月廿六日　内膳司／御厨子所

⒄　高橋備前守より灯台拝借願。

入夜の節／灯台〔皆具〕二基／拝借奉二願上一候。以上。
高橋備前守

⒅　両主殿寮並に上山信濃介、幕並に菅御円座等調進願。

(イ)一、白奉幣発遣　神祇官代幔并串。／一、内弁休幕幔并串。／一、外弁幄の幔并串。／一、同覆布。／一、同緋綱。
右は弘化度調進被二仰付一難レ有仕合奉レ存候。於二此度一も何卒右之通被二仰付一候様奉レ願候。

(ロ)奉二願上一口上覚
来二十七日　御即位御治定被二仰出一候旨、奉二承知一候。然る処、此度も前々の通、菅御円座調進の儀被二仰付一候様、宜御沙汰の程奉二願上一候。以上。
八月　土山信濃介
弁事／御役所

例書
文化十四年度／御即位に付、菅御円座　八枚調達。
弘化四年度／御即位に付、菅御円座　八枚調進。
八月　土山信濃介
弁事／御役所

⒆　宮膳司・用度司等より机等調達。

(イ)親王代以下参役用二本官一の事。
女王用二親王女一の事。

内侍所取置御上け床／三尺壱寸五歩／高さ壱尺五寸。

右弐拾脚。

右仕様、框弐枚ほぞに組合、根太三通、拭板無二釘目一に取組、足四本立、同足元繋き貫入候共。

御踏段／長五尺弐寸五分／巾壱尺／高さ七寸五歩。

右六脚取置。

右仕様、段持三通り入、蹴込段板共蟻懸けに仕、御上け床足へ掛金にて留候共。

八月　営繕司

⒆′　幣旗等調進。

㋑**幣旗勘文**

日本書紀／仲哀天皇八年／又筑紫伊覩県《のいとの》主祖《の》五十《い》跡手《とて》、聞二天皇之行《いでますと》一、抜三取五百枝賢木《の》一立二千船之舳艫一、上枝掛二八尺瓊《やさかにを》一、中枝掛二白銅鏡《ますみのかゞみを》一、下枝掛二十握剣《とつかつるぎを》一、参三迎千穴門引島一而献レ之。因以来奏言、臣敢所三以献二是物一者、天皇如二八尺瓊之勾《まがれるが》一以曲妙御宇《たへにみよしろしめせ》、且如二白鏡一以分明看《あきらかにみそなはせ》三行山川海原一、乃提二是十握剣一平《げたまへ》二天《とまふす》下一矣。

古事記、神代巻／天香山之五百津真賢木矣根許士爾許士而於二上枝一取三着八尺勾瓊《やさかのまがたま》之五百津之御須麻流《みすまる》之玉一、中枝取三繫八尺鏡《やたかゞみを》一、於二下枝一取三垂白丹寸手《しらにぎて》青丹寸手一。而此種々物者、布刀玉命布刀御幣《みにぐら》登取持而、天児屋命布刀詔戸言禱白而。

日本書紀、神代巻／中臣連遠祖天児屋命・忌部遠祖太玉命、掘二天香山之五百箇真坂樹一。而上枝懸二八尺瓊之五百箇御統《みすまるを》一、中枝懸二八咫鏡一、下枝懸二青和幣白幣一、相与致二其祈禱一焉。

日本書紀／景行天皇十二年／爰有二女人一曰二神夏磯媛一。其徒衆甚多、一国之魁師也。聆二天皇之使者至一、則抜二磯津《しつ》山《やや》賢木《のさかき》一、以上枝掛二八握剣一、中枝掛二八咫鏡一、下枝掛二八尺瓊一、亦素幡樹二船舳一。参向而啓レ之曰、願無下兵我之属類、必不レ有二達者一今将帰レ徳矣。


㋺一、幣案　弐脚。／一、幣台　弐基。／一、幣　壱。／一、剣八口。／一、鏡　廿面。／一、玉赤白青三色。

大幣旗　壱本／大　三十／小　八十壱。

左右幣旗二三〆四本／壱本に付、玉数同レ前。

〆大　百弐拾、小　三百二十四。
惣数合／大　百五拾、／小　四百弐拾五。
一、指五色、六拾五枚。
内／赤廿二、白廿二、青十一、黄五、紫五。
大幣旗、指長さ曲尺四丈二尺宛。
日幣旗・月幣旗、御前幣四本。

左右幣旗二本。／〆八本、絹長さ各一反宛。
左右幣旗二本、絹長さ曲尺二丈二尺宛。
同三四五／〆六本、絹長さ曲尺三丈宛。
左右小幡十本、絹長さ曲尺壱丈八尺宛。
右用度司より調進。

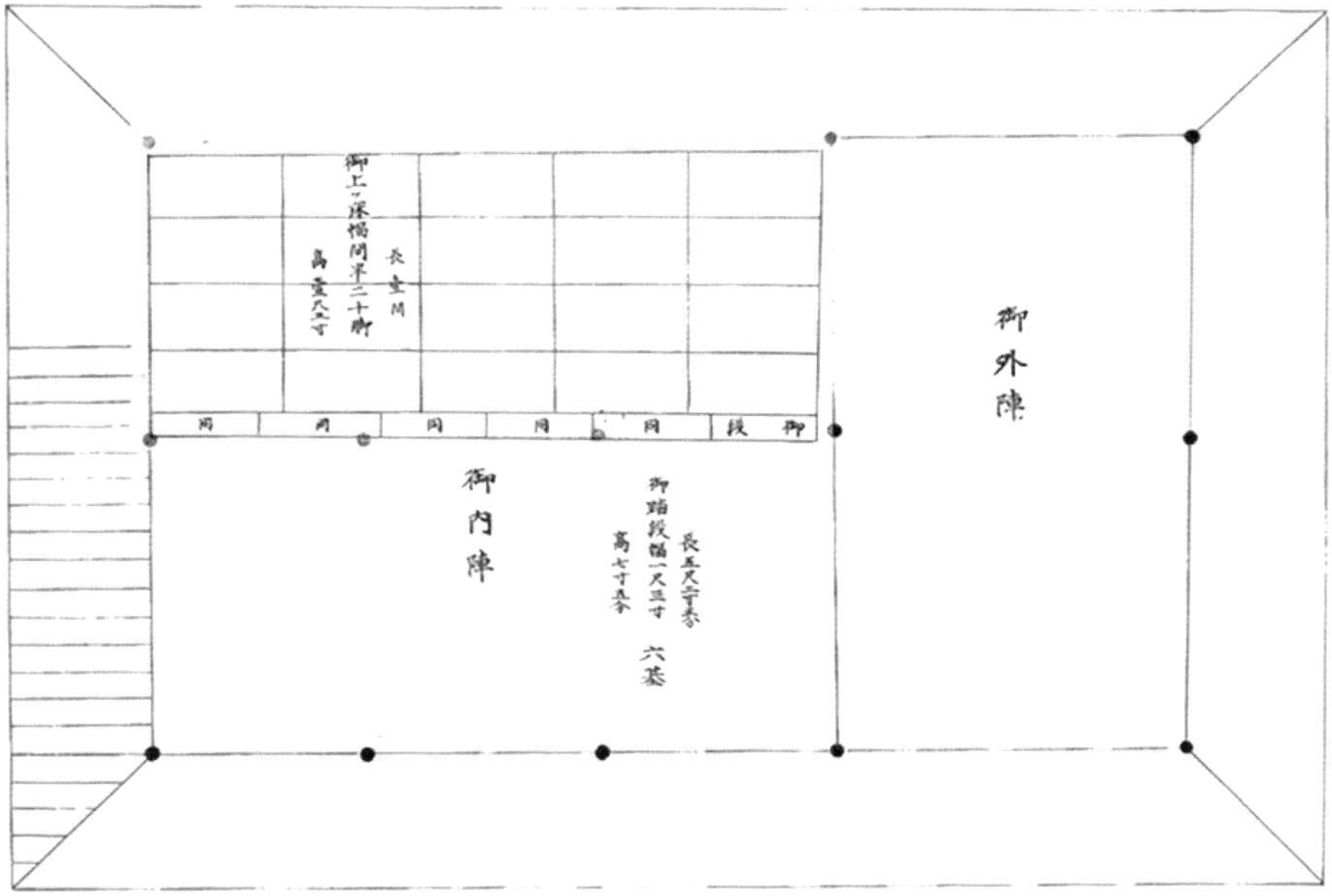

慶応四年辰八月　内侍所御揚床之図（⒆参照）

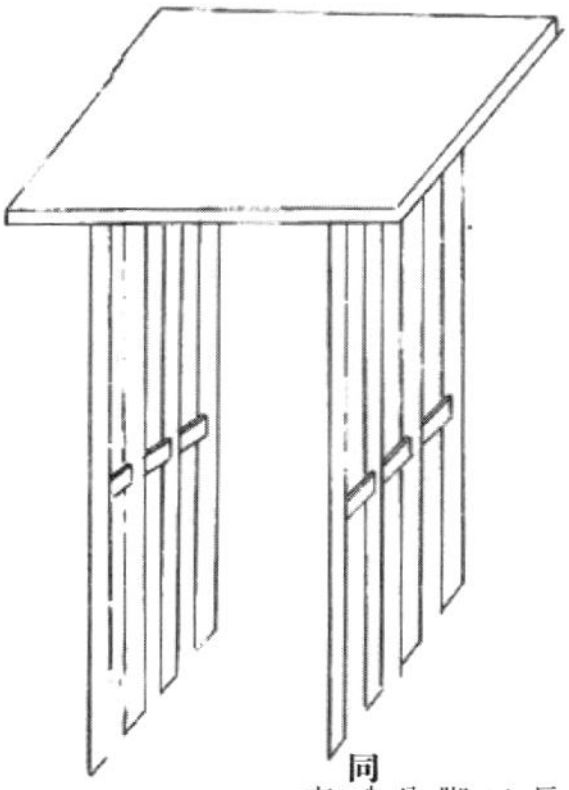

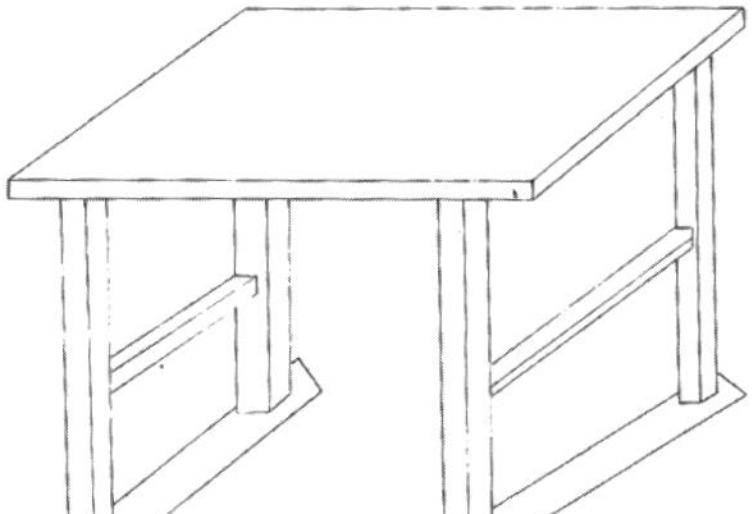

内侍所御高机
高二尺九寸五分／長四尺六寸／幅三尺一寸五分。

幣台
八角形筒／高さ一尺／台大さ五寸六分。

幣案大
八脚
長さ二尺一寸、／幅一尺二寸五分、／高さ三尺、脚太さ八分、／板厚さ五分五厘、／横貫一本入。

同小
高さ一尺五寸、／外同前。

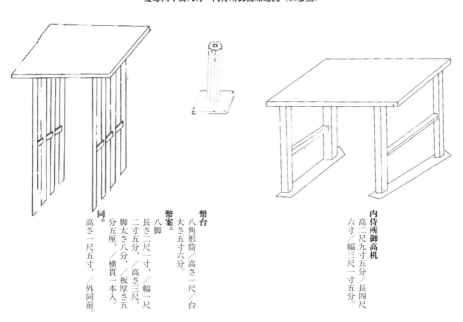

戊辰御即位雑記　二

権少主記宮崎幸麿整頓

※見出し(21)～(36)の目次省略。各項に記入。

(20)　由奉幣使発遣次第。

一、官符例之通／上卿　弁。
一、神祇官代参向。
一、陣儀無㆑之。無㆓請奏㆒。
一、宣命、当朝於㆓内々の方㆒　奏聞。少内記、神祇官代へ持参。
一、御拝、出御。
一、弁、参　朝、発遣相済の旨言上。
一、官符例の通。
　山陵使発遣。
一、陣儀無㆑之。
一、宣命、前日於㆓内々方㆒　奏聞。以㆓少内記㆒使之里亭へ遣。
一、前日、使、御幣被㆓申出㆒。
　金幣料、判金。／銀幣料、金五両宛。
一、当日、使従㆓里亭㆒発遣。
一、於㆓南殿㆒　御拝。帛御衣。
一、使発遣了之旨、以㆑児言上。
一、山科使、被㆑為㆓相済㆒旨、参　朝言上。
一、泉山使、以㆓一対㆒言上。
一、畝傍山使、廿五日帰京無事言上。
一、就来二十一日卯刻、即位由奉幣使発遣、従㆓明十九日晩㆒到㆓二十二日朝㆒、御神事候事。
就来二十二日辰刻、即位山陵由奉幣使発遣、午刻迄重軽服者可㆑憚㆓参　内㆒候事。

八月（十八日）　　行政官

(21)　由奉幣使発遣被㆓仰出㆒並に神祇官代儀。

(イ)明後廿一日卯刻、由奉幣発遣。神祇官代如㆓先例㆒可㆑有㆓下知㆒候也。

八月十九日　（勘解由小路）資生／（正親町）実徳

吉田侍従三位殿

㋺来る廿一日、由奉幣発遣　御拝出御御服奉仕、被二
仰下一候。仍申入候也。

八月十九日　資生／実徳

豊岡前大蔵卿殿／堀川三位殿

追て、寅半刻、参　朝可レ有レ之候也。

㋩来る廿一日、由奉幣発達　御拝出御御剣、被二　仰
下一候。仍申入候也。

八月十九日　資生／実徳

東園中将殿

㋥来る廿二日、山陵由奉幣発遣　御拝出御御服奉仕、
被二　仰下一候。仍申入候也。

八月十九日　資生／実徳

堀川三位殿／堤右京大夫殿

追て、卯半刻、参　朝可レ有レ之候也。

㋭来る廿二日、山陵由奉幣発遣　御拝出御御剣、被二
仰下一候。仍申入候也。

八月十九日　資生／実徳

櫛笥中将殿

追て卯半刻、参　朝可レ有レ之候也。

㋬神祇官代参向道筋。

自二宜秋門一出南行東に折、出二清和院門一京極通を東に折、荒神口新橋を吉田道神祇官代へ。

山陵御使御里亭へ行向候道筋。

自二宜秋門一出南行、清水谷中納言（公正）御里亭、自レ夫出二蛤門一烏丸通北へ一条通室町西行北へ、梅渓宰相中将殿御里亭へ、自レ夫武者小路室町通北へ、今出川通東行、寺町通北へ、鞍馬口通東へ、土居北へ、自レ夫西加茂醍醐大納言（忠順）殿御里亭へ。

右の通覚悟仕候。　山口少内記

㋣奉レ願口上
明廿一日寅刻、御即位由奉幣発遣、神祇官代まで宣命持参の儀、如二例幣度一納二辛櫃一守護参向仕度奉レ願候。且山陵使発遣　宣命御使、各御里亭へ持参の儀も、同様奉レ願度候。依レ之御用人夫三人拝借の儀奉レ願候。何卒明暁寅刻までに必無二遅々一少内記宅へ被二相廻一候様奉レ願候。以上。

八月廿日　　山口少内記

大外記殿

㋠奉レ願口上
御即位就二由奉幣発遣一、私史生、神祇官代参向可レ仕の所、重服中にて参向難レ仕候間、別紙先例も御座候に付、右官掌紀孟親語合代勤奉レ願候。右の趣、宜御沙汰可レ被レ下候。以上。

八月　　右史生紀寧永

官務殿

弘化四年　御即位由奉幣、神祇官代参向、以昌依二軽服中一右官掌紀孟親語合代勤願の通被二仰付一候事。

㋷奉レ願口上
御即位由奉幣使王参向、如二先例一蒙レ仰難レ有奉レ存候。然る所、御当日御用の儀も御座候に付、何とも奉二恐入一候へども、／主殿寮／越後守職忠右語合参向為仕度奉レ願候。御憐愍を以願の通被二仰付一候様奉レ願候。以上。

辰八月　　河越兵庫権助

㋦奉レ願口上覚
御即位由奉幣、先例の通被二仰付一難レ有仕合奉レ存候。然る所、良友所労に付、瀧口小林右馬大允藤原芳秀相語合御用無レ滞相勤申度奉レ願候、此段宜　御沙汰奉レ願候。以上。

八月　　大島右馬小允

三条前大納言(実万)様／諸大夫御中

㋸御即位由奉幣、神祇官幔御修復にて調進被二仰付一、翌年大嘗祭の節新調々進被二仰付一、其後例幣神祇官代へ御用に相成候様、相心得居候。

右の趣、宜　御沙汰可レ被レ下候。以上。

辰八月　　　　　　　　　　主　殿　寮

官　務　殿

㋾御即位由奉幣発遣の節、吉田へ調進仕候幄・材木・板類、昨廿日・今廿一日、運送の節、絵符相用候旨、御届申上置候所、則運送相済申候。仍て御届如レ斯御座候。以上。

辰八月廿一日　　　　　　　　木工寮／堀川大蔵少丞

壬　生　官　務　殿

㉑′　神祇官代儀。

弁以下着二北庁代座一、／有二幣畢事一。

次上卿参二神祇官代一、／弁・外記・史出二立南門外一。

次上卿入二南門一着二南庁代座一。

次上卿以二召使一召レ弁、／問二幣物具否一。／弁申二具之由一。

次上卿以二召使一召二外記一、／問二使々参否一。／外記申二候之由一。／此序仰下可レ賜二使王御馬一由上。

次上卿令下召使仰中可レ持二参　宣命於内記一由上。　内記取二宣命筥一立二便所一。

次上卿以下移二着北庁代座一、／内記置二　宣命筥　於上卿前一退着レ座。

次上卿仰レ弁令レ催二発遣一。／御幣発遣。／上卿以下平伏。

次上卿賜二宣命於中臣一。〔先レ是中臣候レ座〕／中臣取レ之退去。

次上卿令三内記撤二空筥一。

次上卿以下起レ座、〔為レ先二下﨟一〕／出二立南門外一如レ初。

次上卿退出。

㉒　藤浪教忠、伊勢両宮へ発遣官符並に宣命。

㋑太政官符　伊勢国。
応三預奉二両　太神宮幣帛一事。
使従二位行神祇大副大中臣（藤波）朝臣教忠
右内大臣宣、奉レ　勅為レ奉二　両太神宮幣帛一差二件人一宛レ使発遣如レ件。国宜承知、依レ実行レ之。符到奉行。
従四位下行権右中弁藤原朝臣　　正四位上行中務少輔／主殿頭兼左大史算博士小槻宿禰判奉
慶応四年八月二十一日

㋺**由奉幣使々。**

中臣　祭主二位教忠（藤波）卿

斎部　真継大監物能弘

右参向

八月十九日　（白川）資訓

勘解由小路（資生）殿

㋩口上覚

御即位由奉幣、両宮御幣調進の儀、来二十日中、悉出来仕候。仍て御請如レ此御座候。以上。

辰八月　左官掌／大蔵省

官務殿

㋥明後廿一日、伊勢へ　即位由奉幣使中臣使藤波二位従二私宅一出立、往還警衛の事。

同上斎部使真継大和守、　御幣守護従二私宅一出立、往還警衛の事。

以上、辰刻、私宅へ可二相廻一の事。

来廿二日、神武帝山陵へ　即位由奉幣使醍醐大納言（忠順）従二私宅一出立、往還警衛の事。

卯刻、私宅へ可二相廻一の事。

右御下知可レ給候也。

八月十九日　（勘解由小路）資生／（正親町）実徳

軍務官御中

㋭奉幣使　藤波二位／斎部使　真継大和守

右警衛　織田出雲守／人数三十九人

奉幣使　醍醐大納言

右警衛　北条相模守／人数十九人

右の通申付候。

八月十九日　軍務官

弁事御官

㋬廿一日、由奉幣に付、宣命、少内記、神祇官代へ持参警衛の事。

寅半刻、宜秋門外参集の事。

右警固、神祇官代参着不二退散一、中臣使藤波二位退出の節、警固の事。

斎部使真継大和守、　御幣守護従二神祇官代一退出の節、
警固の事。
卯刻、神祇官代へ可レ廻の事。
宣命、少内記、　山陵使醍醐家・清水谷家・梅渓家等
へ持参警固の事。
午刻、宜秋門外参集の事。
廿二日、天智天皇山陵使清水谷中納言(公正)、光格天皇・仁
孝天皇・孝明天皇山陵使梅渓宰相中将(通善)、各従二私宅一
出立警固の事。
各卯半刻、私宅へ可二相廻一の事。
以上、雑色へ下知、総て通行の節、宜秋門六門警固礼
節の事。
廿一日寅半刻／廿二日卯刻。／以上、宜秋門警固の事。
両日共、出御方警固の事。
明後廿一日寅半刻、由奉幣使発遣、南殿　御拝出御。
来廿二日卯刻、　山陵由奉幣使発遣、南殿　御拝出御。
右両日、平唐門・神仙門・和徳門・東土戸等、警固の
事、御下知可レ給候也。
八月十九日　　資生／実徳
京都府御中

㋣戊辰八月十九日、日々申送帳。
一、来る廿一日・廿二日、山陵由奉幣使発遣に付、御
門開左の通。
廿一日寅半刻／宜秋門／神仙門／宣仁門／左青鎖
門／高廊下四枚戸。
廿二日卯刻／平唐門／無名門／和徳門／東土戸。
右の通、勘解由小路殿被レ命、御門開の儀与二左衛門一
警固の儀、唐御門当番等へ申渡。

㋠御参向道筋被二書付一、明廿日午刻迄に可レ被二差出一候也。
八月十九日　　資生／実徳
藤波二位(教忠)殿

㋷参勤道筋／石薬師通寺町へ出、荒神口、夫より吉田へ
参進。／吉田相済帰路／吉田より荒神口、夫より寺
町通、石薬師より帰宅。
勢州参向道筋／石薬師通寺町へ出、夫より三条通、伊

勢山田迄、例の通令㆓旅行㆒候。
右途中不浄の儀無㆑之様、宜預㆓　御沙汰㆒候也。
八月十九日　　（藤波）教　忠
正親町大納言（実徳）殿／左中弁殿

㋦口上覚
御即位由奉幣　御幣守護参向仕候に付、来る廿一日、吉田　神祇官代、　御幣発遣後守護仕、同所北の総門を北へ、順路荒神新橋寺町北へ、今出川室町御霊図子北へ、瓢箪図子私宅奉㆓舁入㆒、其後道中支度調次第、順路室町二条、寺町三条、蹴上通行仕候。此段御届申上候。以上。
辰八月十九日　　真継大和守（能弘）
別紙の通差出候に付、令㆓追達㆒候。宜御取計可㆑給候也。
八月廿日　（勘解由小路）資生／（正親町）実徳
京都府御中

㋸一、畝火山　山陵へ参向に付、来る廿二日辰刻発途、烏丸通三条、寺町五条、伏見街道豊後橋、夫より順路致㆓通行㆒候間、其筋々へ宜御通達の事、願入候事。
一、来廿二日、畝火山　山陵へ参向に付、人足七十人〔当三月の節例〕申立度、其筋々へ宜御通達願入候事。
但、昨日直に駅逓司へ可㆓申立㆒様御示に付、此儀直可㆓申立㆒候。
一、同参向に付、警衛士十人、以㆓当三月例㆒申立度、其筋々へ宜御通達願入候事。
一、同参向に付、小舎人雑色、例の通申立度、宜其筋々へ御通達願入候事。
一、左の御品、先例の通拝借願入候事。
菊御紋付／一、高張幷棹共　二張。／一、箱提灯　二張。
禁中御印。／一、法被　四人前。／一、雨合羽　四人前。／一、笠　四人前。／以上

㋾口上覚
一、御紋付高提灯、〔棹共〕二張。
右　御即位に付、由奉幣、伊勢参向如㆓先規㆒拝借仕度

奉二願上一候。此段宜　御沙汰奉レ願候。以上。

辰八月　　衛　士

官　務　殿

(ワ)伊勢例幣参向の節、官幣警衛人数、京都より伊勢山田迄被レ附候事。

神祇官代吉田より追分迄、雑色被レ附、其余大津より伊勢山田まで、道中筋領主地頭御代官等より警衛人数被レ附候事。

慶応四年正月／天皇御元服由奉幣　伊勢参向の節、官幣警衛人数、神祇官代吉田より伊勢山田迄、阿波宰相殿家来弐十人、官幣為二警衛一被レ附候事。

(カ)今度　御即位由奉幣発遣、伊勢両宮御幣物守護参向に付、当朝　神祇官代吉田より発遣の節、且右参向道中筋共官幣警衛の儀、伊勢例幣且臨時奉幣等参向の節、警衛被レ附候振合を以、今度由奉幣参向の節　官幣に警衛被レ附候様奉二願上一候。仍此段其筋へ宜御通達の儀奉二願上一候。右の趣宜　御沙汰奉レ願候。以上。

辰八月　　衛士／重　司馬

同／松井織部

官　務　殿

(ヨ)御即位由奉幣の節、外官御幣物従二先々一左官掌調進仕来候間、於二此度一も先格の通調進被二　仰付一被レ下候様奉二願上一候。此段宜　御沙汰奉二願上一候。以上。

八月　　左官掌／兵部少丞紀氏裕

官　務　殿

(タ)**由奉幣宣命文**

天皇我詔旨止、掛畏伎伊勢乃度会乃五十鈴乃河上乃下津磐根尓大宮柱広敷立氐高天原尓千木高知氐称辞定奉留　天照皇太神乃広前尓、恐美恐美毛申賜波久止申久、去年正月尓忝以二眇身一氐天日嗣乎受賜倍留尓依氐、今八月二十七日可二即位一伎由乎被二告申一留。依レ之吉日良辰乎択定氐、王位名・中臣官位姓名等乎差使氐、斎部位姓名我弱肩尓太繈取懸氐、礼代乃大幣帛乎令二捧持一氐奉レ出賜布。掛畏伎皇太神此状乎平久安久　聞食氐、天皇朝廷乎宝位無レ動久

常磐堅磐尓夜守日守尓護幸給比氏、四海弥静尓五穀益豊
尓護恤賜倍止、恐美恐美毛申給波久止申。
慶応四年八月二十一日

㋟′由奉幣
上卿／内大臣。／弁／長邦朝臣。／王使／従五位下職信王。／中臣使／祭主二位。／斎部使／正五位下斎部能弘。
同発遣
御拝出御。／御服奉仕／前大蔵卿／堀川三位。／御剣／基敬朝臣。
官方。／内匠寮／少属藤原泰勝、／史生藤原季信。／使部。
外記方。／掃部寮／助　利政／藤原利恒。／内竪／貞旅／源珍長。／使部。
蔵人方参仕催。／出納／語合正恒。／御蔵小舎人／紀生幹／紀正通。／所衆／秀伴。／内竪／貞旅／源珍長。／内蔵寮官人／藤原金長／大江匡盛。／南座／景命／橘頼常。／戸屋主／伴正継／語合源有隣
神祇官代参向。／主水司／幸益。
官方／左少史／秀順。／右史生代／紀孟親。／左官掌／紀氏裕。／右官掌代／紀親彦。／弁侍／源時仲。
大蔵省兼木工寮／少丞／弘亮。
主殿寮。／権助／職保。／衛士二人。
同発遣
外記方。権少外記／無昌。／召使／宗岡行蔵。／使部。／内記局。／少／昌言。／主鈴。／貞旅／源珍長。／掃部寮。／権助／利和。／左馬寮。／少允／源友愛。／右馬寮。／大允／藤原芳秀。
神祇官代。／召使／臨レ期依二所労一不レ参　宗岡行誠。／替／宗岡行恭。

㉓　醍醐忠順等、山陵発遣官符並に、宣命。

㋑太政官符　大和国。
応三預奉二告　即位由於　畝傍山東北陵一事。
使正二位行権大納言藤原（醍醐）朝臣忠順
右権大納言藤原（正親町）朝臣実徳宣、奉レ　勅為レ奉二告彼／山陵一、差二件人一宛レ使発遣如レ件。国宜承知、宣行之符到奉行。

従四位下行権右中弁藤原朝臣　正四位上行中
務少輔主殿頭兼左大史算博士小槻宿禰判奉
慶応四年八月廿二日

㋺太政官符　山城国。
応㆓預奉㆒告　即位由於　山階陵㆒事。
使正三位権中納言藤原朝臣公正
右権大納言藤原朝臣実徳宣、奉㆑　勅為㆑奉㆓告彼／山陵㆒、差㆓件人㆒宛㆑使発遣如㆑件。国宜承知、依㆑宣行㆑之、
符到奉行。
従四位下行権右中弁藤原朝臣　正四位上行中
務少輔／主殿頭兼左大史算博士小槻宿禰判奉
慶応四年八月二十二日

㋩太政官符　泉涌寺。
応㆓預奉㆒告　即位由於　後月輪・弘化陵等㆒事。
使参議正三位行右近衛権中将源（梅渓）朝臣通善
右権大納言藤原朝臣実徳宣、奉㆑　勅為㆑奉㆓告彼／山陵㆒差㆓件人㆒宛㆑使発遣如㆑件。国宜承知、依㆑宣行㆑之、
符到奉行。
従四位下行権右中弁藤原朝臣　正四位上行中
務少輔／主殿頭兼左大史算博士小槻宿禰判奉
慶応四年八月二十二日

㋥由奉幣幷に　山陵由奉幣官符、明廿日巳刻候。為㆓御心得㆒申入候也。
八月十九日　（勘解由小路）資生／（正親町）実徳
清少納言殿

㋭由奉幣幷に　山陵由奉幣官符請印令㆓調法㆒候条、令㆑返㆓献之㆒候也。
八月廿日　宣足
正親町大納言（実徳）殿／権右中弁殿

㋬来る二十二日辰刻、　神武帝山陵　即位由奉幣使参向被㆓仰出㆒候。仍申入候也。
八月十八日　（勘解由小路）資生／（正親町）実徳
醍醐大納言（忠順）殿

㋣来る二十二日辰刻、神武帝山陵　即位由奉幣使参向
被二　仰出一候旨、謹奉候也。

八月十八日　（醍醐）忠　順

正親町大納言（実徳）殿／勘解由小路弁殿

㋠山陵　御幣物被レ渡候間、明後廿一日巳刻、参　朝可レ有
レ之候也。

八月十九日　（勘解由小路）資生／実徳

清水谷中納言殿／梅渓宰相中将（通善）殿

㋷御参向道筋被二書付一、明二十日午刻迄に可レ被二差出一候
也。

八月十九日　資生／実徳

醍醐大納言（忠順）殿／清水谷中納言（公正）殿／梅渓宰相中将殿

㋦今度廿二日発途、二十三日着、即日内見、廿四日奉納
致度、恒例最より一日縮候間、諸向へ如レ左御達願入
候事。

八月廿日　忠　順

正親町殿／勘解由小路殿

㋸山科山陵使参向の道筋／新左家門出行、烏丸三条、粟
田口東、山陵へ令二往返一候。仍御届申入候也。

八月廿日　（清水谷）公　正

正親町大納言殿／勘解由小路弁殿

㋾明後二十二日、山陵使参向道筋／自二里亭一条一、室町
三条、寺町五条、伏見街道通行参。／着右之通候也。

八月廿日　（梅渓）通　善

正親町大納言殿／左中弁殿

㋻就二和州畝火山　勅使参向一、明後二十二日発途、二十
五日令レ帰レ京候。仍御届申入候也。

八月廿日　忠　順

弁　事　御　中

㋕口　状

山科陵山陵使史生平教愛参向可レ仕の所、所労に付、／

木工寮史生／伊勢少掾菅原賢昌／右相語合、参向為仕度奉レ存候。此段宜　御沙汰可レ被レ下候。以上

辰八月　　　　諸陵寮

官務殿

㋵口状

後月輪陵／弘化陵／後月輪東陵等山陵使、史生不足に付、／大蔵省史生／大蔵大録源保寛／右相語合、参向為レ仕度奉レ存候。此段宜　御沙汰可レ被レ下候。以上。

辰八月　　　　諸陵寮

官務殿

㋟戊辰八月廿一日、日々申送帳。

一、由奉幣使発遣に付、寅半刻、警固相揃候段、元与力河村文太兵衛届出、直に相立候様申達。

一、卯半刻、　出御方警固相立候様、表より申出、同与力へ申達。

一、同刻、執次中詰御庭へ相廻る、何れも狩衣着用、清涼殿東庭、北西(上カ)西面着座。

一、辰半刻前、　入御相済、執次奥へ表使を以恐悦申上。

但、　入御、例幣の通直に御塞に相成候間、何れも早々引取候様、尤警固方へも其段申達、東土戸一切警固場所引退、廻廊南へ立替候様、前以表より申出、元与力へ申達、内侍所警衛出払、東土戸一切の儀、与左衛門へ申渡、尤　入御相済引取の節、警固方へ下知致候事。

一、巳刻、　出御方警固引取、諸司退出候はゞ、御門閉、警固引取候様、表より申出、与力与左衛門等へ申達。

㋹戊辰八月廿二日、日々申送帳。

一、山陵由奉幣使発遣に付、卯刻前、警固相揃候段、元与力川村文太兵衛届出、直に相立候様申達。

一、辰半刻前、　出御警固相立候様、表より申出、同与力へ申達。

一、同刻、執次中詰御庭へ相廻り、何れも狩衣着用、清涼殿東庭北上西面着座。

一、辰半刻、　入御相済、執次奥へ表使を以恐悦申上。

一、同刻、御門閉、警固引取候様申出、元与力与左衛門

等へ申達。

御使／西池左兵衛

㋞戊辰八月廿三日

右、明二十四日出立の事。

一、御当日南門被レ開候間は、南門外往来停止の事。

　但、差掛り候急御用向は、警固の者は可レ届候事。

一、承明門外、御式中往来停止の事。

一、参役の人々、平唐門東土戸内は、雑色二人・白丁一人の事。／但、具二随身一の輩は、随身二人の事。

右の通、御即位御用掛より被レ命、唐門当番、六門三門番人、日門当番等へ申渡。

㋡山陵由奉幣宣命文

天皇我詔旨止、掛畏伎　某山陵尓恐美恐美毛奏賜波久止奏久、去午正月尓恭以二　眇身一氏　天日嗣乎受賜倍留尓依氏、今八月二十七日可二即位一伎由遠被二告申一留。依レ之官位姓名乎差使氏礼代乃大幣乎令二捧持一氏奉レ出賜布。山陵尓告申波往古乃佳例奈利、故亦今度毛遣レ使氏　山陵乃厚伎御恤、深伎御助尓依氏、天地日月止共尓宝位無レ動久常磐尓護賜比恤賜倍止、恐美恐美毛奏賜波久止申。

慶応四年八月二十二日

㋧由奉幣使

神武天皇陵／醍醐大納言（忠順）

天智天皇陵／清水谷中納言（公正）

光格天皇陵／仁孝天皇陵／孝明天皇陵／梅渓宰相中将（通善）

同発遣

御拝出御。／御服奉仕／堀川三位／右京大夫。

／御剣／隆詔朝臣

官方。／内匠寮／少属　藤原泰勝、／史生　藤原季信。

／使部

外記方。／内記局／少　昌言。／掃部寮／助　利政／藤原利恒。／内豎／貞旅／源珍長。／使部二人。

蔵人方参仕催。／出納　語合正恒。／御蔵小舎人紀生幹／紀正通。／所衆　秀伴。／内豎　貞旅／源珍長。／内蔵寮官人藤原金長／大江匡盛。／南座／景命／橘頼常。／戸屋主　伴正継／語合源有隣。

同参向／官方。

畝傍山東北陵。／内舎人／加茂太氏。／諸陵寮／大允中
臣勝芸、／史生平長憲
山階陵。／内舎人／藤原重房。／諸陵寮／助　平種松／
語合木工寮史生菅原賢昌。／担夫三人
後月輪陵／弘化陵／後月輪東陵等。／内舎人／源永康。
／諸陵寮／平真男。／大蔵省史生源保寛。／担夫三人

㋤戊辰八月廿日、日々申送帳。／中詰／座田右京権亮
右、和州畝傍山東北山陵参向被二　仰付一、来二十二日発足仕、御用済帰京の旨、届書差出奥へ相伺候所、御聞済の旨申出、其段中詰へ申渡。

㋶戊辰八月廿六日。／座田右京権亮
右、畝傍山東北山陵参向の所、昨夜帰京の旨、届出る。

(24)　御即位無為被二遂行一候節、神宮其他於二諸社一一七ケ日御祈御達。

㋑辰八月十八日、行政官より御達。

来二十七日可レ被レ行　即位礼無二風雨難一可レ被レ遂二無為一之節、御祈一七箇日可レ抽二精誠一の旨、神宮・石清水・加茂下上・松尾・平野・稲荷・春日社等へ下知可レ有レ之被二　仰下一候事。

従二明十九日一　御祈始の事。

遠路到着次第、御祈始之事、於二　神宮一者、満座翌日解状　御祓献上の事。

自余社、満座翌日巻数献上の事。

㋺戊辰八月二十一日
八幡／田中有年。／御撫物　一箱、／御初穂金　二両。
／典侍殿内松山文添。
梅の宮／橋本三位。／御撫物　一箱、／御初穂金　五百匹。／典侍殿内松山文添。
稲荷／大西三位。／御撫物　一箱、／御初穂金　二両。
／典侍殿内松山文添。
右、来る二十四日より一七ケ日御祈禱申出、番頭へ申渡。

㋩戊辰八月廿二日
因幡薬師修行。大通寺社／西八条弘量。

清水／成就院。
御撫物　一箱づヽ／御檀料金　五百匹づヽ／典侍殿
内松山より文一通づヽ添。
右、明後二十四日より一七ケ日御祈禱被㆓仰付㆒候旨、
表使を以被㆑出、番頭へ申渡。

㋥戊辰八月廿三日
住吉／津守上野介。／御撫物　一箱／御檀料金一両
／典侍殿内松山より添文。
堺／向泉寺。／御撫物　一箱／御檀料金　五百匹／同。
右、御即位に付、御祈禱被㆓仰付㆒候旨、表使を以
被㆑出着、次第一七ケ日御祈禱の旨申出、御会符差添、
番頭へ申渡。

㋭戊辰八月廿四日
安禅寺。／竹田／不動院御撫物　一箱、／御檀料
金　五百匹宛。／典侍殿内松山より文一通づヽ添。
右、御即位に付、今日より一七ケ日御祈禱被㆓仰付㆒
候旨、表使を以被㆑出、番頭へ申渡。

㋬戊辰八月廿五日
一、御会符　壱枚。
右、幡枝円通寺へ御祈禱被㆓仰付㆒候に付、相㆓渡落
手書㆒取置。

㋣戊辰八月廿五日
大通寺。／御撫物　壱箱、／御初穂金　五百匹。／典
侍殿内松山文添。
右、御即位に付、今日より一七ケ日の間御祈禱被㆓
仰付㆒候旨、表使より申出、番頭申渡。

㋠戊辰九月二日
上御霊社／小栗栖大和守
下御霊社／出雲路安芸守
御撫物　一箱、／御檀料金　三百匹宛。／典侍殿内松
山より文一通づヽ添。
右、改元に付、今日より一七ケ日の間御祈禱被㆓仰付㆒
候旨、表使を以被㆑出、番頭へ申渡。

㋷御即位に付ては、諸国の神社へ奉幣使被レ為レ立候例、古書に相見へ候に付、願くば右様　御復古被二　仰付一度候へども、未兵馬の中に候故、全く難レ被レ為レ行儀と勘考いたし候。仍て別紙の趣、　御沙汰相成候はゞ、当官より　勅祭の社幷府藩県の向へ可二相送一候。尤府幷大藩は五社、中藩は三社、小藩幷県は二社位にて、紙の切幣を調へ小箱に納め、於二其地々々一榊の枝に付候て、丁寧に奉納仕候様可レ致と相考候。此段御伺申候事。

戊辰八月　日欠　　神　祇　官

㋷′此度　御即位御大礼被レ為レ遂、就ては益以大政の規模被レ為レ立度、　叡慮を以　勅祭の神社幷諸国府藩県に於て、尊崇の神社へ　奉幣被二　仰出一候。尤兵馬匆卒の中に付、使の儀は被レ止、総て神祇官へ被二　仰付一候間、早々可二取計一候事。（「御指令不詳」と注記）

辰八月

㋦奉レ願口上覚

一、御即位被レ為レ済　御礼参　内被二　仰出一候節、田中家の儀は御師職の為、規模従二前々一拝領被二　仰付一御儀に御座候間、於二此度一も先格の通被二　仰付一被レ為二成下一候様奉レ願候。則左の通に御座候。

一、文化十四（一八一七）丑年十月八日　御即位御礼参　内被二　仰出一、　御対面被二　仰付一候上、於二公卿の御間一、御太刀一腰・御馬壱匹代金一枚、拝領被二　仰付一候事。

但、右拝領物は社務田中御師職に相限候御事。

一、弘化四（一八四八）未年十月三日　御即位御礼参　内被二　仰出一御対面被二　仰付一候上、於二公卿の御間一、御太刀一腰、御馬一匹代金一枚、拝領被二　仰付一候御事。

但、右拝領物は社務田中御師職に相限候御事。

右の通拝領仕来候間、何卒先格の通相叶冥加候様、伏て奉レ願候。以上。

慶応四辰年八月　日欠　　御師／田中有年

神　祇　御　官

㋸先例通被二　仰付一候て宜哉と相考候。可レ然御取計可レ給候事。

辰九月二日　　神　祇　官

弁官事御中

拝領物の儀、先例の通被二　仰付一候事。

㋾奉レ願候口上書

一、当今様　御即位被レ為レ在候に付、天下泰平・宝祚長延の御祈禱、一社一同一七ケ日於二社前一奉レ抽二丹誠一候。依レ之先例の通、神璽献上仕、難レ有仕合奉レ存候。附ては如二先規一御簾・御紋付御幕・御巻物等、拝領仕度候。可レ然御執成奉レ願候。以上。

愛宕護／社務／西大路治部（印）

明治元辰年九月十九日

弁事／御役所

㋻御即位後拝領／例書。

御紋付御幕　一張

右は明和八卯年（一七七一）十二月拝領仕候。

御巻物　一巻／御簾　三掛

右は文化十四丑年（一八一七）十二月拝領仕候。

御紋付御巻物　一巻／御簾　三掛

右は弘化五申年二月拝領仕候。

愛宕護／社務／西大路治郎（印）

明治元辰年九月十九日

弁事／御役所

㋕別紙愛宕願書、初御廻し可レ申の所、無二其儀一評議済前後に相成候へども、御廻し申候間、宜御取計可レ給候也。

辰九月廿四日　弁事官

神祇官御中

㋵文化度の通拝領被二　仰付一候て、於二当官一異存無レ之候間、可レ然御取計可レ給候也。

辰十月二日　神祇官

弁事御中

㋟戊辰八月二十七日、日々申送帳。

一、御即位御当日也。

一、執次符衣着用の事。

一、寅刻、警固相揃候段、元御附組与力笠原政太郎届出、御門開次第相立候様申渡。

一、辰半刻前、　出御方警固相立候様、表より申出、前同断申渡。

一、辰半刻過、執次中詰御庭へ相廻、神仙門より入、月華門北の方北上東面に着座。

一、御作法。

御始　辰半刻、／終　巳半刻過。

出御　辰半刻過

入御　巳半刻。

右相済、奥へ表使を以御歓申上る。

㉕　御即位舗設。

㋑　殿上〔除二戸間一、又賢聖障子不レ立レ之北面。格子下レ之。東西妻戸閉レ之。〕

高御座〔母屋中央に設く。**今度御帳台被レ用レ之。**〕

枷帷帷（ママ）〔御帳台二懸レ之。〕

青地錦〔高御座上に敷レ之。〕

繧繝縁畳二枚〔青地錦上に敷レ之、東西妻。〕

唐錦縁龍鬢土舗一枚〔繧繝縁畳上に敷レ之。〕

軟錦縁大茵一枚〔唐錦縁龍鬢土敷上に敷レ之。〕

東京錦小茵一枚〔軟錦大茵上に敷レ之。〕

左右御脇足各一脚〔安二剣璽一料。〕

赤地錦〔朱欄内に敷レ之。〕／但、所々置二鎮子一。

両面〔高御座南幷東西に敷レ之。不レ至二東西壁各二ケ間一、又不レ至二南廂一。〕／但、所々置二鎮子一。

莚道〔自二清涼殿一属二高御座一敷レ之。但、階之間不レ敷レ之。〕

布単〔莚道上に敷レ之。〕

両面〔布単に敷レ之、備二　御歩一。〕／但、所々置二鎮子一。

草墪〔両面二基、緑二基。〕

左右褰帳命婦座〔両面〕各一基〔高御座南端と平頭東西相去各六尺に設レ之。〕

左右威儀命婦座縁各一基〔褰帳命婦座後三尺、更北折三尺に設レ之。〕

位氈〔両面縁二帖、緑縁四帖。〕

左右親王座〔両面縁〕各一帖〔南廂東西第二間楹より南に去ること四尺九寸、更に東西に退くこと各一尺四寸に敷レ之。〕

左右第一侍従座〔緑縁〕各一帖〔親王位氈後三尺五寸、更

に南に折ること七尺九寸に敷㆑之。〕

左右第二侍従座〔緑縁〕各一帖〔南栄東西第一間より南に去ること六寸五歩、更に東西に退くこと二尺二寸五歩に敷㆑之。〕

幣案一脚〔母屋西第一間南壁の下に設㆑之。〕

幣台〔案上に設㆑之。〕／幣〔幣台に樹㆑之。〕

御前女房候所〔高御座後右二箇間。〕

班幔〔南幷東西に張㆑之。〕／弘莚〔幔の内に敷㆓満之㆒。〕

両面縁畳二帖〔南北相対して東方に敷㆑之。但東西妻〕

緑縁畳二帖〔南北相対して両面縁畳の西に敷㆑之。但東西妻〕

大宋御屛風八帖〔南幷に東西に立㆓廻之㆒〕

幌三条。／北面中央幷乾艮等妻戸〔各懸㆑之。〕

㋺　庭上

幣旗〔大中小、総計廿七旒〕

大幣旗一旒〔南階を南に去ること十一丈四尺、東南の央に樹㆑之。〕

日幣旗旒〔大幣旗の東に列て樹㆑之。〕

月幣旗一旒〔大幣旗の西に列て樹㆑之。〕

左右御前幣各二旒〔日幣旗の東に二旒、月幣旗の西に二旒。各相列て樹㆑之。〕

右相去各一丈四尺、以㆑北為㆑面。其製造は調度の図に記す。下亦准㆑此。

左右幣旗各五旒

第一幣旗〔左右第二御前幣より北に進むこと各三丈八丈、更に左は東に、右は西に折ること各三丈二尺に樹㆑之。〕

第二・第三・第四・第五幣旗〔第一幣旗より左は西に、右は東に進むこと各六尺、更に南に折ること七尺に、第二幣旗より第五幣旗に至て南に相列て樹㆑之。〕

左右小幡各五旒

第一青色幡・第二黄色幡・第三赤色幡・第四白色幡・第五紫色幡〔左右第五幣旗より南に去ること五尺五寸、更に左は東に、右は西に退くこと各六尺五寸に、第一小幡より第五の小幡に至て南に相列て樹㆑之。〕

右相去各六尺五寸。但、左は以㆑西為㆑面、右は以㆑東為㆑面。

大地国形〔中階を南に去ること二丈二尺に設㆑之。〕

奉幣案一脚〔大地国形より南に去ること二丈二尺に設㆑之。〕

幣台〔案上に設レ之。〕
内弁幄〔宣陽殿南土庇より西に去ること一丈に設レ之。〕
兀子一脚〔幄内に立レ之。〕／黒漆机一脚〔兀子の前に立レ之。〕
／右西面。
版四員
宣命使〔奉幣案を南に去ること二丈二尺に設レ之。〕
典儀〔宣命版より南に去ること五尺、更に西に折ること二丈六尺に設レ之。〕
賛者二人〔典儀版を西南相去ること各八尺に一員、其南三尺五寸に一員、各設レ之。〕
外弁・群臣標六基
第一大納言〔宣命版より南に去る事一丈、更に東に折る事二丈に設レ之。〕／第二大納言〔其東七尺に設レ之。〕
第一中納言〔其南二尺、更に東に折る七尺に設レ之。〕第二中納言〔第一大納言標より南に去る事七尺に設レ之。〕
三位参議〔第二中納言標より南に去る事二尺、更に東に折る事八尺に設レ之。〕四位参議〔第二中納言標より南に去る事一丈に設レ之。〕
神祇知官事幄〔月華門東北楹より北に去る事二丈七尺、西砌を東に去る事一丈三尺に設レ之。〕
兀子一脚〔幄内に設レ之。〕／右東面。
左、七等官以上標位十五基
輔相〔中階東南の角東に去る事二丈五尺に設レ之。〕次知官事、次副知官事、次議長、次判官事、次一等知県事。
右相去各一丈二尺、西面北上。
権弁事〔一等知県事標より南に去る事三丈、更に東に折る事一丈に設レ之。〕
次権判府事、次史官、次一等判県事。
右相去各一丈二尺、西面北上。
二等判県事〔一等判県事標より南去一丈更に西に折る事三尺に設レ之。〕次書記、次判司事。
右相去各六尺、北面東上。
一等海陸軍将〔左第一幣旗より北に進む事一丈、更に東に折る事一丈八尺に設レ之。〕次三等海陸軍将。
右相去六尺、西面北上。
右、七等官以上標位十三基
議定〔中階西南の角西に去る事二丈六尺に設レ之。左輔相の標と相対。〕

次参与〔議定標より南に去る事一丈八尺に設レ之。左知官事標と副知官事標の間に当る。〕

次知府事、次弁事、次判府事。／右自二参与標一至二判府事標一の間相去各一丈二尺、東面北上。

権判官事〔判府事標より南に去る事三丈六尺、更に西に退く事一丈に設レ之。左権弁事の標と相対。〕

次二等知県事、次知司事、次三等知県事。

右相去各一丈二尺、東面北上。

一等訳官〔三等知県事標より南去一丈、更に東に折る事三尺に設レ之。〕次三等判県事、次二等訳官。

右相去各六尺、北面西上。

二等海陸軍将〔右第一幣旗より北に進む事七尺、更に西に折る事一丈八尺に設レ之。〕／右東面

胡床二十二脚

左右次将座各三脚〔中階巽坤に立レ之。〕

左右近衛大中少将座各一脚〔中務陣の以北に立レ之。〕

中務省座一脚〔左近陣の南に立レ之。〕

左右内舎人座各三脚〔左中務省の後に立レ之、右亦相対して立レ之。〕

伴・佐伯両氏座各一脚〔承明門内左右壇上に立。左伴、右佐伯。〕

長楽・永安両門左右門部座各一脚〔南砌を北に去る事各六尺に立レ之。〕

円座六枚

承明門左右門部座各三枚〔鉦の北六尺東西の楹に当て敷レ之。〕／右各左は西面、右は東面。

独床子二脚

内記座一脚〔左近陣の北に敷レ之、南面。〕

兵庫頭座一脚〔内弁幄南去一丈六尺に敷レ之、西面。〕

長床子二脚

大外記・左右史生座一脚〔内弁幄東砌に敷レ之、西面南上。〕

歌人・楽人座一脚〔左第一幣旗より西に去る事一丈三尺、更に北に進む事三尺に敷レ之、北面西上。〕

鉦鼓各三面

兵庫寮鉦鼓〔小馬形〕各一面〔内弁鉦南八尺に幄を設、其南八尺に鼓を設く。〕

左右近府鉦鼓各一面〔左右第一幣旗より北に去る事八尺に鼓を設け、其北八尺に鉦を設け（ママ）。〕

薦六枚
　鉦鼓師座〔鉦鼓の後に各敷レ之。〕

㈧　承明門外
外弁幄〔長楽門東以二四ケ間一為二幄代一。〕
兀子四脚。／大納言座二脚〔幄内に設レ之。〕中納言座二
脚〔大納言座の東に設レ之。〕
黒漆机一脚〔大臣の兀子の前に設レ之。〕
独床子一脚
三位参議座一脚〔中納言座の東に設レ之。〕
長床子八脚
四位参議座一脚〔三位参議の東に設レ之。〕／右南面西上。
外記・史座二脚〔四位参議座の東に退き南に相並て設レ之。〕
史生・官掌座三脚〔外記史座の後南二相並て設レ之。〕
召使座二脚〔史生・官掌等の座の後、南に相並て設レ之。〕
右西面北上、三重に設レ之。
左、八等官以下標位三基
官掌〔門の築石東南の角を南に去る事三尺に設レ之。〕筆生〔官
掌標より南に去る事六尺に設レ之。〕／右各西面北上。
訳生〔筆生標より南に去る事一丈五尺に設レ之、北面西上。〕
右、八等官以下標位三基
守辰〔左官掌標と相対して設レ之。〕三等訳官〔左筆生標と相
対して設レ之。〕／右東面北上。
使部〔左訳生標に相並て設レ之、北面東上。〕
胡床二脚
左右兵衛座各一脚〔承明門外左右に立レ之。〕

㈡　建礼門内
胡床二脚
左右衛門座各一脚〔左右相対して立レ之。〕

親王公卿以下候所
殿上／宮・堂上〔北廂東、三箇間。〕、諸侯〔東廂〕、日月
華飾〔設二円座一。〕
将衣・直垂の諸侯、徴士・雇士〔日華門南廊〕
中大夫・下大夫・上士〔月華門南廊〕
日華門南廊
北上〔左腋門より進退〕／直垂／狩衣着用／布衣。

無位／諸侯／徴士／雇士。

月華門南廊

北上／衣冠／直垂／狩衣／布衣。

中大夫／下大夫／上士。

㉖　宣命・寿詞・大歌。

㋑　宣命文

現神止《あきつかみと》大八洲国所知須《おほやしまぐにしろしめす》　天皇我詔旨良万止《すめらがみことのらまと》、宣布《のたまふ》勅命乎《おほみことを》親《みこ》王《たち》・諸臣《おみたち》百官人等《もゝのつかさびとたち》・天下公民《あめのしたのおほみたから》衆《をもろ〳〵》　聞食止宣布《きこしめせとのたまふ》、掛畏伎《かけまくもかしこき》平安宮尓御宇須《たひらのみやにあめのしたしろしめす》倭根子《やまとねこの》（桓武）天皇我宣布《すめらがのたまふ》、此天日嗣高座乃業乎《このあまつひつぎたかみくらのわざを》掛畏《かけまくもかしこき》乃近江乃大津乃宮尓御《あふみのおほつのみやにあめのした》宇志《しろしめし》天皇《すめらみことの》乃初賜比定《はじめたまひさだめ》賜倍留《たまへる》法《のりのまゝに》随尓仕奉止《つかへまつれと》仰賜比《おほせたまひ》授賜比《さづけたまひ》恐美《かしこみ》受賜倍留《うけたまへる》御代々々乃《みよみよの》御定有可上尓《みさだめあるがうへに》、方今《いま》天下《あめのした》乃大政《のおほまつりごと》古尓《いにしへに》復志賜比氏《かへしたまひて》、橿原乃宮尓御《かしはらのみやにあめのした》宇志《しろしめし》天皇《すめらみことの》御創業《みわざはじめ》乃古《のいにしへ》尓基伎《にもとづき》、大御世《おほみよ》表弥益々《をいやます〳〵》尓吉伎御世《によきみよ》止固成《とかためなし》賜波牟《たまはむ》其大御位《そのおほみくらゐ》尓即世賜比氏《につかせたまひて》、進《すゝむ》毛不レ知《もしらず》尓退《にしりぞく》毛不レ知《もしらず》尓《に》恐《かしこみ》美座佐久止《まさくと》宣布《のたまふ》大命《おほみことを》守衆《もろ〳〵》聞食止宣《きこしめせとのたまふ》布。然尓天下治《さるにあめのしたをさめ》賜倍留君《たまへるきみ》波良弼《はよきたすけを》乎得氏《えて》平《たひらけく》久安《やすらけく》久治《をさめ》賜布物尓《たまふものに》在止奈牟《ありとなむ》所聞須《きこしめす》。爰《こゝに》朕《われ》雖《いへども》二浅劣《いやしと》一親王《みこたち》・諸臣等乃《おみたちの》相穴奈比《あひあななひ》扶奉《たすけまつらむ》牟事尓依氏《ことによりて》、仰賜比《おほせたまへ》授《さづけ》賜倍留《たまへる》食国乃天《をすくにのあめの》下乃政《したのまつりごと》波《は》平《たいらけく》久安《やすらけく》久仕《つかへ》奉《まつる》倍走止《べしと》所念行須《おもほしめす》是以《こゝをもつて》弥《いよゝ》物《いだき》二正直乃心《ますぐのこゝろを》一氏《て》天皇朝廷《すめらがみかど》乎衆《をもろ〳〵》助仕奉《たすけつかへまつれ》止宣布《とのたまふ》天皇我勅命《すめらがおほみことを》守衆《もろ〳〵》聞食止宣《きこしめせとのる》。

慶応四年八月廿七日

㋺　御賀詞

八十日日《やそかび》雖《あれ》レ有《ども》、今日乃生日乃足日尓《けふのいくひのたるひに》、掛巻毛畏伎《かけまくもかしこき》明神止《あきつかみと》大八洲所知食須《おほやしましろしめす》　天皇乃天津御位《すめらみことのあまつみくらゐ》尓登里賜倍留《にのぼりたまへる》、此乃御《これのみ》賀乃庭上尓《ほぎのみにはに》、親王《みこたち》・諸臣《おみたち》・百官人等《もものつかさびとたち》恐美《かしこみ》恐美毛《かしこみも》言祝奉《ことほぎまつり》氏朝日乃豊逆登《てあさひのとよさかのぼり》尓称辞竟申《にたゝへごとをへまうし》賜久《たまはく》、言巻波雖レ畏《いはまくはかしこけれども》未国《いまだくに》稚《わかく》土稚里志時《つちわかかりしとき》、高天原尓天神諸《たかまがはらにあまつかみもろゝ》伊邪那岐命《いざなぎのみこと》・伊邪那《いざな》美命《みのみこと》二柱乃大神尓《ふたはしらのおほかみに》、此多陀用幣流国乎修理固成止《このたゞよへるくにをつくりをさめかためなせと》詔知氏言依志賜比伎《のりごとてことよざしたまひき》。次伊邪那岐命《つぎにいざなぎのみこと》、天照大御神尓《あまてらすおほみかみに》詔久《のりたまはく》、汝命波高天原乎所知止事依而賜比伎《いましみことはたかまがはらをしらせとことよさしてたまひき》。次天照大御神《つぎにあまてらすおほみかみ》、高木神之命以氏《たかぎのかみのみこともちて》、皇御孫之命乎天津《すめみまのみことをあまつ》高御座尓座氏《たかみくらにませて》、天津璽止為氏《あまつみしるしとして》八尺勾瓊《やさかまがたま》・八咫鏡《やたかがみ》・草那芸《くさなぎの》剣《つるぎ》三種乃神宝乎捧持賜比天《みくさのかみたからをさゝげもちたまひて》言寿岐宣波久《ことほぎのりたまはく》、皇我宇都御《すめらがうつのみ》子皇孫命《こすめみまのみこと》此乃天津高御座尓座氏《このあまつたかみくらにましまして》、天津日嗣乎天地乃共万《あまつひつぎをあめつちのむたよろず》千秋《ちあき》乃《の》長五百秋《ながいほあき》尓《に》大八洲《おほやしま》豊葦原《とよあしはら》乃《の》瑞穂《みづほ》之《の》国《くに》乎《を》安国《やすくに》止《と》平《たひら》　気《き》久《く》所知食《しろしめせ》止《と》言寄《ことよさし》　奉《まつりま》　賜《たひ》比伎《き》。国中《くになか》尓《に》荒振神等《あらぶるかみたち》乎《を》波《ば》神問《かんとは》志《し》尓《に》問《とは》志《し》賜《たま》比《ひ》神掃《かむはらひ》　々《〱》賜《たま》比《ひ》氏《て》語問《こととひ》志《し》磐《いは》根樹立草《ねきねたちくさ》乃《の》垣葉《かきは》乎《を》毛《も》語止《ことやめ》氏《て》天之磐座《あまのいはくら》放《はなち》　天之八重雲《あまのやへくも》乎《を》伊頭《いづ》乃《の》千別《ちわき》尓《に》千別《ちわき》氏《て》天　降依《あまつがしよみ》志《し》賜《たま》比《ひ》伎《き》。　四方《よも》之《の》国中《くになか》尓《に》山城《やましろ》乃《の》日高見《ひたかみの》国《くに》乎《を》安国《やすくに》止《と》定《さだめ》　奉《まつり》　氏《て》、　下津磐根《したついはね》尓《に》宮柱《みやはしら》　太敷立《ふとしきたて》高天原《たかまのはら》尓《に》千木《ちぎ》高知《たかしり》氏《て》天津日嗣《あまつひつぎ》所知行《しろしめ》須《す》　皇御孫之命《すめみまのみこと》　乃《の》美頭《みづ》乃《の》御舎《みあらか》乎《を》天之《あまの》御蔭《みかげ》日之《ひの》御蔭《みかげ》止《と》称　辞竟奉《たたへごとをへまつ》留《る》、　四方国《よものくに》者《は》天之壁立極《あめのかきたちきはみ》　国之《くにの》退立限《ぞきたつかぎり》　青雲《あをくも》乃《の》靄《たなびく》　極《きはみ》　白雲《しらくも》乃《の》墜居向伏限《おりゐむかぶすかぎり》　青海原《あをみはら》波《は》棹柁《さをかぢ》不《ほ》レ干《さず》舟艫《ふねのへ》乃《の》至《いたり》　留《とどまる》　極《きはみ》　濁《みて》都々《つつ》気《け》氏《て》自レ陸《くがより》往道《ゆくみち》者《は》荷緒《にのを》縛堅《ゆひかため》　氏《て》馬爪《うまのつめの》　至《いたり》　留《とどまる》　極《きはみ》　立《たて》都々《つづ》気《け》氏《て》明　神《あきつかみ》止《と》天　下国《あめのしたくに》乃《の》八十国島《やそくにしま》乃《の》八十島《やそしまの》　漏留事《もるること》然久《なく》墜留事《をつること》無久《なく》弥高《いやたか》尓《に》弥広《いやひろ》尓《に》所知食《しろしめ》須《す》　皇御《すめみ》孫命《まのみこと》　之《の》大御世《おほみよ》守《を》、　手長《たなが》乃《の》御代《みよ》止《と》堅磐《かきは》尓《に》常盤《ときは》尓《に》天地《あめつち》止《と》共《とも》尓《に》平《たひらけ》　久《く》安《やすらけ》　久《く》所知食事《しろしめさむこと》乃《の》御賀《みほぎ》乃《の》吉詞《よごと》乎《を》、　恐《かしこ》　美《み》恐《かしこ》　美《み》毛《も》称　辞竟《たたへごとをへ》申《まうし》　賜《たま》波久《はく》止《と》由須《まうす》。

慶応四年八月廿七日

㈧　**大歌**／そのかずにせん

わたつみの　はまのまさごを　かぞへつゝ　君がちとせの　ありかずにせん

※弘化度の分／御即位　宣命文写、省略。

⒇′　**慶応四年八月廿七日／即位新式草。**

即位式〔草〕

前二日、所司宣二摂内外一、各供二其職一。

前一日、装二飾於紫宸殿一。敷二高御座一、以レ錦高御座南並東西敷以二両面一。〔不レ至二東西壁各二箇間一、又不レ及二南廂一。〕舗二布単於長橋一、敷二両面於其上一。〔但、階之間不レ敷レ之。〕自二後房一属二高御座一以備二御歩一、人不レ敢レ蹈。〔但、布単両辺聴二御前命婦等蹈一。〕張二班幔於高御座後右二箇間一。〔除戸間又賢聖障子不レ立レ之。〕敷二満弘莚西幔内一、敷二両面端畳・縁端畳各二畳一。〔南北相対〕為二御前女房候所一。北面中央乾艮等戸懸レ幌。〔北面。格子下レ之。東西妻戸閉レ之。〕設二褰帳命婦座於高御座東西六尺一、〔与二高御座南端一平頭。〕設二威命婦座於褰帳命婦座後三尺一、更北折三尺置二親王侍従位氈一。於二南廂東西第二間一置二次侍従位氈一。於二東西第一間南栄一当二紫宸殿南階南去十一丈四許尺一樹二大幣旗一。東樹二日幣旗一。次御前幣二旒、大幣旗西樹二月幣旗一。次御前幣二旒〔相去各一丈四許尺〕、大幣旗北去三丈六許尺、東西相折各七丈三許尺樹二左右第一幣旗一旒一。左第一幣西去六許尺、更南折七尺樹二第二・第三・第四幣旗三旒一、〔相去各六尺五許寸。〕第四幣旗南去五尺五許寸、更東折六尺五許寸樹二小幡五旒一。〔相去各六尺五許寸。右亦準レ此。〕自二月華門北東楹一以レ北相去二丈七許尺、自二華廊一東去一丈三許尺設二神祇知官事幄一。其内立二兀子一為レ座。当二宜陽殿南土庇一西去一丈設二内弁幄一。与二神祇知官事幄一相対。其内立二兀子一為レ座。其前立二黒漆机一脚一。〔幄南八許尺立レ鉦。其南八許尺立レ鼓。其東立二床子一為二兵庫寮座一。〕幄東砌鋪二外記・史等座一当二殿南面階巽坤一立二近仗胡床一。〔少将以上胡床各敷二虎若豹皮一。〕左近陣北鋪二内記座一。

南階南去設二大地国形一。南去設二奉幣案一脚一。其上置二幣台一。〔相去各二丈二許尺。〕

南去四尺更西折二丈八尺置二典儀版位一。西南去八許尺置二賛者版位一。〔中務置二件位等一。〕式部省自二奉幣案一南去二丈二許尺置二宣命版位一。中階南端東西角、互南去六尺更東西相折二丈五許尺東置二輔相標位一。南去置二知官事標位一、南去置二副知官事標位一、南去置二議定標位一、南去置二判官事標位一、南去置二一等知県事標位一。〔西面北上、相去各一丈二許尺。〕置二一等海陸軍将・三等海陸軍将標位於左近衛陣北一。〔相去五許尺。〕西輔相標位相対置二議定標位一。南去置二参与標位一、南去置二知府事標位一、南去置二弁事標位一、南去置二判府事標位一。〔東西北上、相去各同東。〕置二二等海陸軍将標位於右近衛陣北東一。自二一等知県事標位一南去三丈八許尺更東折七許尺置二権弁事標位一。南去置二権判府事標位一、南去置二史官標位一、南去置二一等判県事標位一。〔相去各一丈二許尺。〕西自二判府事標位一南去五許尺更西折七許尺与二権弁事標位一相対置二権判官事標位一。南去置二二等知県事標位一、南去置二知司事標位一、南去置二三等知県事標位一、〔相去各同東。〕東自二一等判県事標位一南去一許丈東西相折三許尺置二二等判県事標位一、西去置二書記標位一、西去置二判司事標位一。〔北面東上、相去各六許尺。〕西自二三等知県事標位一南去一許丈更東折三許尺与二二等判県事標位一相対置二一等訳官標位一。東去置二三等判県事標位一、東去置二二等訳官標位一。〔北面西上、相去各同東。〕承明門外自二左兵衛陣一許丈一東退北南相列置二官掌筆生標位一。〔西面北上、相去五許尺。〕自二右兵衛陣一許丈西退北南相列置二守辰三等訳官標位一。〔東西北上、相去同東。〕東自二筆生標位一南去一丈二許尺置二訳生標位一。〔北面西上〕西自二三等訳官標位一南去一丈二許尺置二使部標位一。北面東上南庭自二宣命版位一南去三許丈更東折九許尺置二外弁標位一。南去一許丈異位重行置二群臣標位一。

当日、卯半刻、兵部丞・録率二史生・省掌等一検二校兵庫寮所レ樹幣旗・鉦等一。

早旦、大臣参レ陣奏二　宣命一授二内記一。弁事設二幣於南殿母屋西等一、一間南壁下諸衛各勒二所部一立二仗於殿庭一。辰刻、近衛府撃二列レ陳鼓一度一、平声九下。諸衛以レ次相応。三刻、撃二進レ陣鼓三度一。度別九下。〔初発細声、漸至二大聾一。〕伏初進撃二行鼓三度一。度別双声二下。諸衛相応如レ前。皆就二階下一。左右衛門門部分居二長楽・永安両門内左右一。〔各用二胡床一。〕中務省率二内舎人等一、左右相分陣二近衛南一。近衛大中少将率二兄部以下一隊二中務陣以北一。〔左幣旗東退陣。右亦準レ此。〕左右中将以下〔帯二弓箭一。〕陣二南階左右一、〔着二胡床一。〕大舎人・内蔵寮等官人各執二威儀物一、東西相分列二於殿庭一。〔大舎人在二左近北一。有二内蔵寮一、次掃部寮、次主殿寮自二大舎人東一退。右亦西退。但、大蔵省与二内蔵寮一相対。〕左右兵衛隊二承明門外一。左右衛門隊二建礼門代内一。諸儀弁備訖、閤外卿相以下着幄。〔承明門東自二第四間一以東四箇間為二外弁幄代一。〕典儀率二賛者二人一入レ自二月華門一各就二版位一。九等官各分二位列一居二於承明門外左右一。

内弁大臣入レ自二宣仁門一就レ幄。神祇知官事入レ自二月華門一就レ幄。外弁上卿喚二召使一。召使称唯、進立。上宣喚二兵部省一。召使称唯退出喚レ之。丞進立。上宣令レ撃二装畢鼓一。丞称唯退出、令レ撃二外弁鼓一。諸門以レ次応。〔殿下鼓不レ応〕乃開二長楽・永安両門一。伴・佐伯両氏各一人〔左伴氏、右佐伯氏、不レ帯レ剣者権帯。〕率二門部一〔不レ帯二弓箭一〕分入レ自二長楽・永安両門一居二承明門内左右壇上一。〔用二胡床一。〕門部坐二門下一〔去レ壇六尺当二門北柱一。〕褰帳命婦二人・威儀命婦二人、各相分以レ次就。親王・侍従各二人〔以レ北為レ上。〕相分共立。次侍従二人分昇レ自二東西階一対立。伴・佐伯両氏降レ壇北面立二門下一。門部開二承明門一、諸門とも開。各還二本位一。兵庫頭進申二内弁大臣一云、令レ撃下召二刀禰一鼓上。大臣宣令レ撃、称唯退喚二鼓師名一。鼓師称唯。頭命云、撃下喚二刀禰一鼓上。鼓師称唯撃レ之。諸門皆応。七等官以上、自㆓承明門左右扉㆒分入㆓於東西㆒各就㆑位。八等官以下、分於㆓承明門外左右㆒就㆑位。参議以上、依㆑次起㆓幄座㆒就㆑列参入。諸仗及内舎人両氏共立。式部省省掌二人趨進互称。大夫等応参進各一声。五位以上依㆑次自㆓承明門㆒参入。録二人立㆓門外㆒互称、容止立定。

皇帝就㆓高座㆒〔早晩依㆓吉時㆒。〕命婦四人分在㆓御前㆒、到㆓高座下㆒。内侍二人持㆓御剣璽匣㆒相並前行。　御座定、置㆓剣璽於　御座左辺㆒退下。命婦引帰。于㆑時殿上撃㆑鉦三下。〔其儀同㆓刀禰鼓㆒。〕召㆓命婦二人㆒。相共進褰㆓御帳㆒復㆓本座㆒。　宸儀初見。執㆑仗使者倶称㆑警。式部称㆓面伏㆒。〔近代不㆑称㆑之。〕群臣磬折。諸伏共居。弁事昇㆑自㆓高御座御後階㆒、進自㆓右欄内㆒至㆓　御前辺㆒膝行、進㆓幣於宸儀㆒。畢退下、如㆓初進之儀㆒。次神祇知官事起㆓幄座㆒自㆓西階㆒昇㆑殿経㆓南栄㆒自㆓南廂西第四間㆒進昇㆑自㆓高御座御後階㆒進自㆓右欄内㆒至㆓　御前辺㆒膝行、進受㆑幣退下、自㆓南廂第四間㆒経㆓南階西辺㆒降㆓庭上㆒就㆑案。〔斜向㆑巽。〕奉㆑幣畢。更昇㆑殿如㆓初降之儀㆒。南廂東折進当㆓母屋中央間㆒膝行、進㆓於高御座下㆒奏㆓奉幣畢之由㆒下㆑殿。下㆓幄座㆒如㆓初進之儀㆒。典儀曰、再拝。賛者承伝㆓卿相㆒。百官再拝訖、

宣命大夫進㆑自㆓本位㆒就㆓宣命位㆒。宣制云、現神止大八洲国所知須　天皇我詔良万止宣布／勅命乎親王・諸臣・百官人等・天下公民衆聞食止宣布。群官共称唯再拝。掛畏伎平安宮尓御宇須　倭根子天皇我宣布云々宣布。群臣称唯再拝。然尓天下治賜倍留君波良弼乎云々宣。群官称唯再拝、舞踏再拝。〔或宣制二段。〕待㆓宣命大夫㆒退復㆓本列㆒而止。

外弁上首進㆘標位与㆓宣命版㆒之間㆖、〔不㆑置㆑版。〕奏㆓寿詞㆒。畢復㆓本列㆒而止。歌人・楽人進入㆑自㆓承明門東扉㆒経㆘左御前幣与㆓門部座㆒之間㆖東進更自㆘四等官与㆓左幣旗㆒之間㆖北進就㆓床子㆒〔北面〕奏㆓大歌㆒。畢退如㆓初進之儀㆒。典儀曰、再拝。賛者承伝㆓群官㆒。倶再拝。〔群官謂㆓百官㆒。〕訖殿上左親王〔謂㆓在㆑上者㆒。〕進当㆓　御前㆒傍行。還如㆓初進之儀㆒、復㆓本位㆒。殿下撃㆑鉦三下。〔其儀同㆑上。〕命婦垂㆑帳、訖復㆓本座㆒。執㆑仗者称㆑蹕。

皇帝還㆓入後房閤内㆒。大臣令㆑槌㆓退鼓㆒。〔其儀同㆑上。〕諸門鼓皆応。九等官自㆑上而罷、如㆓初進之儀㆒。卿相以下百官倶自㆑上而罷。〔槌㆓退鼓㆒。群官且罷、不㆑待㆓諸門鼓㆒応。但、百官同出㆑自㆓承明門㆒。又殿上者、侍従先罷、威儀褰帳等入。〕両氏

閉レ門、諸衛叩レ鉦、解レ陣矣。

㉗　御即位式。

太政官日誌抄録

八月廿七日辛未／天皇御即位御大礼被レ為レ行候事。

御即位式概略

前二日、習礼。／前一日、紫宸殿を修飾す。

当日、早旦、庭上中階以南正面、十有一丈四尺にして、中央に大幣旗一旒、其左右に日月両幣旗各一旒、其東西に御前幣旗各二旒を列植す。中階以南の右二方七丈八尺に左右幣旗各五旒を対立し、東西相距る七丈三尺、其次に各東西に退く。五尺五寸の地より左右小幡各五旒を対樹す。地球象を階南中央二丈二尺に設く。〔**此日、雨儀を用らる故に、地球象承明門内中央にあり。**〕其南二丈二尺に奉幣案〔此日、階上にあり。〕又其南二丈二尺に宣命版、其南三丈にして東に折る九尺、外弁諸員の標を設く。当朝宣命文　天覧已に畢り、これを宣命使に下す。諸衛各所部を勒し前庭に立つ。弁事、御幣を南殿に設く。辰刻、近衛府列陣鼓・進帰鼓・行陣鼓を順次撃つこと、法の如し。諸門鼓皆応ず。左右大将・近衛次将・中務省輔及内舎人・左右衛門及門部・大舎人・内蔵・大蔵・掃部・主殿等官人、皆其位次に就き、諸儀已に備る。

此時、外弁以下幄座に就き、典儀版位に就き、九等官承明門外左右に列す。外記、諸儀備るを内弁へ告ぐ。内弁広幡内大臣源忠礼公、東階の南幄中に就き、神祇知官事鷹司前右大臣藤原輔煕公、西階の西幄中に居る。兵庫頭、内弁の幄南に居る。既にして兵部丞、兵庫寮鼓師に命じて、外弁の装畢鼓を撃しむ。諸門鼓これに応ず。東西腋門を開く。少頃あって褰帳命婦二人〔一は有栖川穂宮、一は上臈権典侍〕威儀命婦二人〔一は下臈伊予、一の采女属レ之。一は下臈阿波、於嘉々属レ之。〕高御座左右の座に就き、左は中務卿幟仁親王〔有栖川〕、右は常陸太守晃親王〔山階〕、東西階より昇りて、高御座の西側に立つ。

次に侍従富小路前中務大輔藤原敬直朝臣左より、長谷美濃権介平信成朝臣右より進で殿上に立つ。高辻少納言菅原修長朝臣は左、五条少納言菅原為栄朝臣は右に、各簀子に対立す。伴・佐伯二氏承明門下に立つ。門開く。兵庫頭、鼓師を召し鼓を撃しむ。〔以下、鼓鉦、兵庫頭皆これを命ず。〕諸門鼓皆応ず。七等官以上、承明門より左右並進して位に就く。

輔相岩倉右兵衛督源具親卿、中階東南隅の東二丈五尺の地にあって西面を（し）、議定中山儀同藤原忠能卿・正親町三条大納言藤原実愛卿・徳大寺大納言藤原実則卿・中御門大納言藤原経之卿・越前権中納言（松平）源慶永卿・宇和島宰相藤原（伊達）宗城朝臣、西南隅の西二丈五尺にあって東面す。

参与・知府事・弁事・判府事〔今略二其名一。〕其南に列し、知官事・副知官事・議長・判官事・一等知県事〔今略二其名一。〕輔相の南に列して相対す。三等海軍将、左第一幣旗の北一丈五尺、東に退く一丈八尺にして西面す。又東方は、一等知県事の南三丈、東に退く一丈にして権弁事・権判府事・史官・一等判県事。西方は、判府事の南三丈六尺、西に退く一丈にして権判官事・三等知県事・知司事等対立す。夫より二等判県事・書記判司事等、一等判県事の南一丈より西に折る、一丈五尺にあって北面す。八等・九等官は、承明門外にあって、官掌・筆生左に列して西面し、守辰は東面す。〔此日、雨儀を以て、七等官左右廻廊に列す。八等・九等は承明門外に列す。〕

次に外弁、承明門より入て標に就く。又親王・公卿、南殿北廂東三箇間、有位の諸侯は東廂に候し、無位の諸侯、狩衣・直垂の徴士・雇士は日華門南側、中・下大夫は月華門南側に候す。

こゝに於て／天皇、清涼殿より御歩、**高御座に着御**。内侍二人、剣璽を奉じて前行、玉座の左に置て退く。弁事、御笏を上る。褰帳、鉦を拊つ。褰帳命婦二名、高御座後階より昇り御帳を褰く。諸仗、警を称す。群臣、斉く宸儀を拝す。弁事、御幣を　御前に上って退く。神祇知官事、西階より昇り御幣を受て、これを案に奉じ、再び昇殿復奏す。群臣再拝す。

宣命使、版に就て　制を宣ぶ。〔制、後に記す。〕群臣再拝す。外弁上首三条西大納言藤原季知卿、進て寿詞を上る。〔詞、後に記す。〕畢て伶官、楽を奏す。大歌楽畢て、群臣再拝す。左親王、礼畢るを　奏す。垂帳、鉦を拊つ。褰帳命婦、昇て　御帳を垂る。諸伏、蹕を称す。天皇、御本殿へ　還御。退鼓を撃つ。諸門鼓皆応ず。九等官、先退く。次に外弁・侍従・褰帳・威儀・内弁及び参彼諸員、順次退出。伴・佐伯、承明門を鎖す。諸衛、陣鉦を鳴して皆退く。諸儀乃畢る。是より先、連日霪雨。**此晨、俄に霽**。人皆　聖瑞の致す所とす。此日、群臣に盛饌を賜ふ。二次又四等官以下、無位諸員、各黄袍一領を賜ふ。

宣命文写／寿詞写／大歌写／前に出づ。

八月廿七日辛未、　天皇即位。**先レ是二日**、所司宣二摂内外一、各修二其職一、就二庭上一肄二其儀一。前一日、装二飾紫宸殿一列布衆位。高御座鋪以二錦班幔一、在レ後長橋上設二布単重一、以二重錦一従二高御座後階下一以属二清涼殿一為二天歩処一。中階下南距十有一丈四尺正面設二大幣旗一旒一。而日幣旗在レ左、月幣旗在レ右。御前幣旗各二旒、小(幡カ)相二属東西二方一、対樹二左右幣旗各五旒一相距七丈三尺。次レ之以二小幡各五旒一退二於幣旗東西各五尺余一。地球象在二階南中央二丈二尺一。又南二丈二尺奉幣案上設二幣台一。又南距四尺西折二丈八尺設二典儀版位一。又距西南八尺為二賛者版位一。奉幣案南二丈二尺有二宣命版一。又南三丈東折九尺設二外弁・諸員標一。而神祇知官事幄在二西階南一。内弁大臣幄在二東階南一相対。幄南八尺置レ鉦。又南八尺置レ鼓。其後有二兵庫寮床子一。其東砌有二外記・史生座一。南階巽坤二位為二左右近衛陣列一。兵仗設二胡床一。左近衛陣北為二内記座一。

此日、早旦、兵部少丞小野氏裕率二其属一点二検兵庫寮幣旗・鉾一。内弁大臣源(広幡)忠礼奏二宣命文一。制レ可。乃使内記菅原在綱致二宣命使一、中納言藤原(冷泉)為理、諸部各勤二所部一立二仗前庭一。弁事左中弁藤原(勘解由小路)資生設二御幣於南殿辰牌一。近衛府撃二列陣鼓一次一、平声九下。諸衛以レ次相応撃二進陣鼓三次一。毎次九下。初下細、後漸大。諸仗始進、撃二行陣鼓三次一、双声二下。諸衛相応如レ前。皆就二階下一。左衛門大尉大石清益・右衛門大尉大石宣弘居二長楽・永安二腋門一各用二胡床一。中務大輔大中臣教久・少丞山名亮功率二内舎人神原信徳・内海尚賢・近藤重文・石田惟明・広瀬信晃・青山静行等一、左右相分列二近衛陣南一。宰相中将藤原(東園)基敬代為二左近衛大将一。宰相中将源(梅渓)通善代為二右近衛大将一。左中将藤原隆晃・少将藤原公香・右中将(藤原)隆詔・少将藤原保建帯二弓箭一、以二兄部等一陣二中階一。左右大舎人少允岩垣菊苗・内蔵寮史生沢度紀広・好田信広、掃部寮清水利政・平岡利和、大属奥田信敬、主殿寮史生、少属鈴鹿義道、史生今藤定俊、大蔵省少丞堀川弘亮等、各執㆓威儀物㆒列㆓諸衛陣北左右㆒。兵衛大尉河副安信・岡田義綱居㆓承明門外㆒。左右衛門出在㆓建礼門㆒。

此時、外弁以下就㆓承明門外幄座㆒。九等官亦東西排列。

典儀少納言清原宣足率㆓賛者二人㆒従㆓月華門㆒入就㆓版位㆒。外記幄中、外記省告㆓諸儀已備于内弁大臣㆒。大臣源(広幡)忠礼従㆓宣仁門㆒、神祇知官事前右大臣藤原(鷹司)輔熙従㆓月華門㆒入就㆓東西階南幄㆒。左大史輔大外記中原師身・中原師親、右大史山名亮功・山口定厚、少外記山口昌言、左少史村田豊春、右少史山名亮隆、権少外記山口蕃昌、史生宗岡経成・宗岡顕経・宗岡行恒等居㆓内弁幄後㆒。兵庫権助川越種賢居㆓幄南㆒。内弁大臣乃伝命(令カ)㆔外弁撃㆓装畢鼓㆒。

外弁上卿召㆓兵部丞㆒命㆑之。丞唯而退。使兵庫寮鼓師撃㆓外弁鼓㆒九下。諸門皆応開㆓東西腋門㆒。伴・佐伯二氏各率㆓部下㆒分従㆓二門㆒入居㆓承明門内㆒。

此時、　天皇御装已成。褰帳命婦(有栖川)穂宮出侍㆓　高御座左㆒。上﨟権典侍侍㆑右。威儀命婦伊予・阿波等亦侍焉。中務(有栖川宮)卿熾仁親王従㆓東階㆒、常陸大守(ママ)晃(山階宮)親王従㆓西階㆒左右斉昇入㆓南栄㆒相揖、更進対立北上。次侍従中務大輔藤原敬直従㆑左、美濃権介平信成従㆑右、同進㆓主殿上㆒。次少納言菅原修長在㆑左、少納言菅原為栄在㆑右、対立㆓簀子㆒。各位用㆑氈。伴・佐伯二氏降㆑壇立㆓承明門下㆒開㆑扇。諸門皆開退復㆓本位㆒。兵庫頭進㆓内弁幄前㆒、請㆑撃㆘召㆓刀禰㆒鼓㆖。大臣曰、撃。兵庫頭唯而退、召㆓鼓師㆒命。鼓鳴、諸門皆応。

於㆑是七等官以上従㆓承明門左右㆒並進㆓東西㆒就㆑位。輔相右兵衛源(岩倉)具視在㆓中階東西隅二丈五尺㆒西面。議定儀同藤原(中山)忠能・前大納言藤原忠能・前大納言藤原(正親町)実愛・大納言藤原(徳大寺)実則・中御門藤原経之・権中納言源(松平)慶永・宰相藤原(伊達)宗城在㆓西南二丈五尺㆒東面。参与㆔岡(由利)四位公正・福岡四位孝弟・大木喬任・知府事宰相平信篤位㆓其南㆒。会計官知事中納言藤原(万里小路)博房・軍務官副知事源頼咸・外国官副知事少将藤原直・大刑法官知事中納言源(大原)重徳位㆓輔相南㆒。与㆓参与㆒相対。其南則弁(神カ)祇官判事少将源雅言・福羽五位美静、会計官池辺五位永益、軍務官海江田五位信義、刑法官中島五位錫胤、堺県知事小河五位、北上西面。三等海陸軍将侍従藤原俊章、東退一丈八尺在㆑左。兵衛陣北北上西面。少将藤原(後加筆)直・藤原公業・田中五位輔・都府判事松田五位道之・青山貞位、参与南、北上東面。

一等知県事南三丈八尺東退七尺、権弁事坂田庶顕・松室重俊・水野正知・史官巌谷・岸良兼養・長松信夫・佐久間・菱田禧・江馬聖欽・北川泰明・日下部令東・一等判県事・(欠)、北上西面。判府事南五尺西退七尺、与二権弁事一相対。

神祇官判事愛宕大夫通旭・平田延胤・青山景通・松尾伯耆・会計官鴨脚加賀・山田武甫・軍務官十時惟時・西村貞旦・井田東譲・中川元績・伊吹吉身・木村重任・外国官森　鯨島　三沢　出納知司事木村重辰・用度司城多　営繕司海福敬行・広瀬　監察司玉手弘通・租税司岡田信・内海利貞・五十嵐　商法司西村　安藤

三等知県事欠、北上東面。

一等判県事南一丈西折三尺、二等判県事欠、書記桂西市・村岡多門・谷森左右衛門・大尉北大路・外記小西・式部中川・中務人見正親・渡辺大監・花房七太夫・神祇官田中与太郎・加部貞次郎・会計官岡鉚之助・貫名右近・軍務官松尾上野・鴨脚下総・外国官初川右兵衛・出納判事小堀右膳・波多幸之進・小森治郎吉・用度判司事鈴木右近将監・冨士谷州三・南大路右衛門権尉竹内監物・営繕判司事小出荘右衛門・白川雅楽・池神竜右衛門・三沢右近・番長商法判司事橋本二郎・監察判司事筧速水・捕亡判司事西田秋作、東上北面。三等知県事南一丈東折三尺、一等訳官欠・三等判事欠、二等訳官佐藤麟太郎、西上北面。

八等九等二官居二承明門外一。筆生青木奉膳・多田縫殿権介・木本隼人・神祇官藤本左近・番長会計官渡辺朔次郎・下村八郎・山田掃部・米山宅蔵・軍務官中川右近・府生五十川左京大進・宇田矩太郎・服部主税・島佐太郎・外国官松本貞之助・刑法官赤尾佐兵衛尉・官掌伊知地右膳・進藤左近番長・川崎俊蔵等、北上西面。守辰浅井伊予介・河合右近番長・小森縫殿少允・三等訳官等、北上東面、入南一丈二尺西折。訳生欠、東上北面、東折使部欠、西上北面。

次外弁大納言藤原(三条西)季知・庭田言源重胤・中納言藤原(今城)定国・宰相源(岩倉)具慶・左大弁宰相藤原(甘露寺)勝長・宣命使中納言為(冷泉)理、出レ幄従二承明門一入各就レ標。諸親王・公卿侍二南殿北廂一、諸侯侍二東廂一、無位諸侯・員外徴士、皆狩衣直垂、居二日華門南廡一、中大夫在二月華門南廡一、服同。是時諸仗及内舎人皆起。伴・佐伯二氏降レ壇立二承明門下一、北面。**天皇**乃自二清涼殿一　御歩。命婦四人左右相並前行、至二高御座後階下一止。内侍二人執二剣璽一前行。弁事左中弁藤(阿野)原資正・権弁事前少将源有文扶一レ持之一、弁事大納言藤原公誠執二御笏一在レ後。右大弁宰相藤原(坊城)俊政持二御裾一。弾正大弼源安仲・少将藤原公業兼議長侍読右京亮大蔵種樹・権弁事前大納言藤原(柳原)光愛・中将藤原実在・少将藤原実政供奉。種樹及権弁事藤原忠至褰レ幌。安仲及実政褰レ帷。御座既定、内侍一人従二後階一昇進二御帳東一奉二御剣一、御座左而退。一人奉二御璽一如レ前皆侍二御座後西幔一。

公誠上二御笏一。光愛置二御履後階第一級一。

於レ是左中弁資生令レ褰レ帳。鉦、兵庫寮告レ之。内弁召二鉦師一撃レ之三下。命婦二名起レ従二高御座東西階一並昇褰二御帳一退。宸儀初見。諸仗称レ警。群臣磬折。弁事上二御幣一、神祇知官事昇レ自二西階一経二南栄一、進上二高御座後階一膝行詣二御前一、受二御幣一降二中階一奉二諸案一、更昇奏レ之下レ殿就レ位。典儀呼曰、拝。賛者伝唱。群臣再拝。

宣命使就二版位一、宣制曰、云々。制中、群臣再拝者二次。制畢、再拝舞踏再拝。宣命使退復二本位一。外弁上首進奏二寿詞一曰、云々。畢復レ位。伶官従二承明門一入就二床子一奏二大歌一。其詞曰、云々。楽畢退。典儀曰、拝。賛者伝唱。群臣再拝。左親王跪進奏二礼畢一膝行、却退如二初進儀一。左中弁資生命レ垂レ帳。鉦内弁命レ之。兵庫頭殿レ下撃レ鉦三下。命婦進垂レ帳如二褰レ帳儀一。退復二本位一。諸侯称レ蹕。弁事受二御笏一上二御履一。

天皇還一レ御便殿一。兵庫寮撃二退鼓一殿下(下殿カ)。諸門皆応。九等官自レ上而退、如二初進儀一。次内弁以下以レ次退出。殿上侍従先退。褰帳以下次レ之。伴・佐伯閉二承明門一。諸衛鳴二解陣鉦一、皆退。大儀乃畢。先レ是霪雨連日、**此晨忽霽**。人以為二聖瑞所一レ致。賜二群臣餔宴一。二次四等官以下・無位諸員賜二黄袍一襲一。

堂上諸侯は官姓実名。徴士・無位地下官人は皆氏と実名。尤も地下といへども四位以上は姓実名を書す。二等官と雖ども無位は無拠氏と実名し(を)書す。六等官以下は通して通称を用ゆ。

※「弘化(一八四七)四年九月廿三日／即位式」、全文省略。

㉘　御即位之次第。

御即位次第　〔無二叙位儀一。〕

※表題に「新　御即位之次第」とあり目次にも「御即位次第」と記すが、表題の裏に「孝明天皇即位式」との貼紙あり。参考までに掲載する。

前一日、装二飾紫宸殿一。

当日、早旦、有二御湯殿事一。

剋限、大臣着レ陣令二官人敷レ軾。

次召二大外記一問二諸司具否一。

次召二大内記一仰下可レ進二宣命草一之由上。

次内記持二参　宣命草一。〔入レ筥〕大臣覧畢、返給無レ奏。

次内記進二清書　宣命一。〔入レ筥〕大臣見畢置二座前一、内記退出。

次以二弁事一奏聞。即返給、弁事退去。

次召二内記一賜二　宣命一。内記持レ之、退立二小庭一。

次令二官人撤レ軾。

次大臣令三内記送二　宣命文於　宣命使休所一。

此間、褰帳命婦〔左女主、右典侍〕向二休幕一。

次公卿見二南殿御装束一。／次弁事設二幣於南殿一。

先レ是、諸衛各勒二所部一、立二仗於前庭一。

次兵部丞・録率二史生・省掌等一、検二校兵庫寮所レ樹幣旗・鉾等一。辰刻、近衛府撃二列レ陣鼓一度一、平声九下。諸衛以レ次相応。三刻、撃二進レ陣鼓三度一度別九下。〔初発細声、漸至二大声一。〕伏初進撃二行鼓三度一、度別双声二十下。

諸衛相応如レ前。皆就二隊下一。

左右衛門門部分二居長楽・永安等門内左右一。〔用二胡床一。〕

中務省輔率二内舎人等一、左右相分陣二近衛南一。

左右大将以下率二所部一、陣二中務陣北一。

近衛次将以下帯二弓箭一南階東西。〔用二胡床一。〕

大舎人・内蔵・大蔵・掃部・主殿等官人取二威儀物一列二立左右華楼陣北一。

諸儀弁備畢、北間外弁卿相以下着二幄座一。〔公卿座北上西面。上御座前預置二式筥一。幄末幔内設二外記史以下座一、東上北面。〕

／典儀率二賛者二人一各就二版位一。

次外記申二諸儀弁備畢之由於内弁一。

次内弁着二幄兀子一。／次神祇知官事着二幄兀子一。

次外記・史着二内弁幄後床子一。

次兵庫頭着二内弁幄南床子一。

次内弁召二陣官人一伝下仰可ㇾ撃二外弁鼓一之由於上卿上。
次外弁上卿令三召使召二兵部丞一。丞進立二幄前一。
上卿宣下可ㇾ令ㇾ撃二装畢鼓一之由上。丞称唯退、召二兵庫寮鼓師一仰ㇾ之。／次撃二外弁鼓一九下。諸門応ㇾ之。〔殿下鼓不ㇾ応。〕／次開二東西掖門一。
次伴・佐伯居二承明門左右胡床一。
天皇着二御装束一。／次有二御手水事一。
次被ㇾ　仰二堂上行事弁二人一。
次褰帳命婦二人着ㇾ座。〔左女王、右典侍。〕
次威儀命婦着ㇾ座。
次左右親王・侍従昇ㇾ階各進二出南栄一、当二東西第二間一留立相揖、入ㇾ自二同間一経二侍従位氈前一立二上簀侍従位氈一、揖二侍従一、同経二南簀子一〔無ㇾ揖〕入ㇾ自二同間一立二位氈一。次侍従立二南簀子東西第一間位氈一。〔已上東西相二対之。〕
次伴・佐伯両氏立二門下一。／次開ㇾ門。
次兵庫頭進二幄前一申乙可ㇾ令ㇾ撃下召二刀禰一鼓上之由甲。内弁宣令ㇾ撃。／兵庫頭召二鼓師一令ㇾ撃ㇾ之。／諸門皆応ㇾ之。
次七等官以上自二承明門一分左右進入、各就二標位一。八等官以下列二承明門外一、左右就二標位一。
次外弁公卿依ㇾ次起二幄座一、入ㇾ自二承明門一就ㇾ標。〔異位重行。〕此間、隼人吠三節。〔近代、其由一揖。〕
諸仗皆起。／伴・佐伯降ㇾ壇北面立。
天皇以二弁事一問二吉時於陰陽師一、帰来申二剋限已至之由一。
天皇御二高御座一。
始ㇾ自二後房一〔今度、被ㇾ用二清涼殿一。〕至二于高御座後階下一敷二布単両面一。／弁事候二御簾一。
御前命婦左右相並前行。／内侍二人相並左右前行、持二剣璽一〔剣左、璽右。〕扶二持之一。
宸儀御歩。〔布単上他人不ㇾ蹈ㇾ之。但、両辺聴二御前命婦等蹈一。〕
弁事取二御笏筥一相従。
御前命婦留二立高御座後男柱下一。
内侍以下自二後階一候二御帳外左右壇上一。
宸儀着二御高御座一。／弁事褰二御帳後帷一。
次内侍一人進二御帳東一、置二剣於御座左方一、又一人如ㇾ前参／進置二璽於同所一退下。／或着御以前置ㇾ之。
次弁事取二御笏一献ㇾ之。／次弁事置二御沓於階第一級一。
此間、内侍命婦等候二高御座後西幔内座一。

次兵庫頭起レ座申乙可レ令レ撃下褰二御帳一鉦上之由甲。

内弁宣令レ撃。／兵庫頭召二鉦師一令レ撃レ之三下。

次褰帳二人起レ座昇二高御座東西階一、進立二南面欄内一褰レ帳、畢復レ座。

宸儀初見。

諸仗称レ警。／式部称二面伏一。〔近代不レ称レ之。〕／群臣磬折。

〔内弁不レ立。〕

諸仗両民共居。／弁事進二幣於御前一。

　此奉、輔相預り、障りあれば議定預り。

次神祇知官事起二幄座一自二西階一昇レ殿受レ幣、下レ自二南階一就レ案奉レ之。畢更昇レ殿奏二奉畢之由一。畢自二西階一下レ殿復二幄座一。

次典儀称二再拝一。／賛者承伝。／群臣再拝。〔武官不レ弁。〕

次**宣命使**就レ版。諸伏立。／宣制一段、群臣再拝。又一段、群臣拝舞。宣制先規不レ同。宣命使復レ列。諸伏居。

次外弁上首進奏二寿詞一、畢復レ列。

次歌人・楽人進入レ自二承明門一就二床子一奏二大歌一、畢退出。

次典儀唱二再拝一。／賛者承伝。／群臣再拝。

次左侍従参進称二礼畢一、退立。

次兵庫頭起レ座申乙可レ令レ撃下無二御帳一鉦上之由甲。

内弁宣令レ撃。／兵庫頭召二鉦師一令レ撃レ之。

次褰帳参進垂二御帳一。〔其儀如レ初。〕／諸仗称レ蹕。／褰帳復レ座。

天皇還二御本殿一。〔如二出御儀一。〕

先賜二御笏於弁事一。／弁事献二御沓一。

次兵庫頭起レ座申下可レ令レ撃二刀禰退鼓一之由上。／内弁宣令レ撃。／兵庫頭召二鼓師一令レ撃レ之。／殿下諸門皆応。

次九等官退出。／次外弁退出。／侍従退下。

褰帳・威儀等退入。／次内弁退出。／群臣退出。

伴・佐伯閉レ門。／諸衛撃二解陣鉦一五下。

若及レ昏者、主殿寮入レ自二東西一当二幣案一東西相去秉レ炬。／殿上不レ挙レ灯。

※「弘化四年（一八四七）九月廿三日／御即位次第」全文省略。

㉙　当日参勤交名。

　御当日参勤。

内弁／内大臣（広幡忠礼）。

外弁／三条西大納言（季知）／庭田大納言（重胤）／冷泉中納言（為理）／今城中納言（定国）／岩倉宰相（具慶）／左大弁宰相（甘露寺勝長）。

親王／左／中務卿（有栖川宮）熾仁親王、／右／常陸大守晃親王（山階宮）。

侍従／左／前中務大輔（富小路）敬直朝臣／少納言（高辻）修長朝臣、／右／美濃権介（長谷）信成朝臣／少納言（五条）為栄朝臣。

典儀／少納言（伏原）宣足朝臣。

左近衛府／大将代／宰相中将（東園）基敬朝臣、／中将／（油小路）隆晃朝臣、／少将／（武者小路）公香朝臣。

右近衛府／大将代／宰相中将（梅渓）通善卿、／中将／（櫛笥）隆韶朝臣、／少将／（高野）保建朝臣。

中務／（錦織）教久朝臣。／内記／（唐橋）左綱朝臣。

行事弁／（葉室）長邦朝臣。／陰陽師／（倉橋）泰清。

次将／左／（中御門）宗有朝臣／（六条）有義朝臣／（綾小路）有良朝臣。／（愛宕）右通致朝臣／（町尻）量衡朝臣／師前朝臣。

御裾／俊政朝臣。／御挿鞋／柳原前大納言（光愛）。／御笏／阿野中納言（公誠）。

褰幌／種樹朝臣／忠至朝臣。

褰帷／安仲朝臣／実政朝臣。

告㆓褰帳㆒之鉦／告㆓垂帳㆒之鉦／資生。

剣璽扶持／資生／有文朝臣。

御前命婦扶持／安仲朝臣／実政朝臣。

御服奉仕／竹屋前宰相／堀川三位。

御手水

陪膳／阿野中納言（公誠）。／益供／実在朝臣／実政朝臣。

大床子御膳

陪膳／俊政朝臣。／益供／資生／安仲朝臣／忠至朝臣。

陪膳朝夕二度／資生。／益供／種樹朝臣／有文朝臣／実政朝臣。

政官

左大史輔世宿禰／大外記　師身／大外記　師親／右大史　亮功／少外記　昌言／右大史　定厚／左少史　豊春／権少外記　蕃昌／右少史三善亮隆。／史生経成／宗岡顕経／宗岡行恒。／左史生代宗岡顕経。

左官掌紀氏裕／右官掌紀孟親／代紀親彦。

召使宗岡行誠／宗岡行恭／宗岡行倫／宗岡行兌／宗岡行尚。／代宗岡行恒／代宗岡行方。

少納言侍藤原輝永。／弁侍源時仲／使部十人。

中務省／大輔教久朝臣／少丞亮功／史生源永成。

内舎人　信徳／尚賢。／藤原重文／藤原惟明／大江信晃／藤原静行。

内記局／大内記在綱朝臣／少内記　昌言。

大舎人寮／少允　菊苗。

式部省／少丞平胤長／史生源義祥。

兵部省／少丞紀氏裕。／隼人司／佑藤原叙久。

大蔵省兼木工寮／少丞弘亮。

掃部寮／助　利政／権助　利和／史生大属藤原信敬／史生代菅原信義。

内竪／貞旅／源珍長。

賛者／藤原昌勝／源信敏。

執物諸司／大舎人寮権助源清／大属源杉苗／内蔵寮大允大江盛礼／史生紀広孝／大蔵省史生藤原盛厚／主殿寮伴重勤／左生火官人伴清寛／掃部寮権助　利和／史生大属藤原信敬。

開門／職保／重安／門部六人。

左近衛府／鼓師／鉦師。／右近衛府／鼓師／鉦師。

左衛門府／大尉清益朝臣。／右衛門府／大尉宣弘朝臣、／門部四人、／衛士十六人、／旗鉾役人三人、鉾立役人。／近衛二人、／四府兄部四人／左右近府沙汰人三人。

左兵衛府／大尉藤原安信。／右兵衛府／大尉源義綱。

陣諸役／官人橘久芳／源元起。

兵庫寮／権助源種賢／鼓師／鉦師。

内蔵寮／史生紀広孝。

内匠寮／史生大属藤原文信／史生藤原季信。

主殿寮／史生少属中臣義道／史生源定俊。

蔵人方参仕催。

出納語合正恒。／御蔵小舎人　正恒／生春／職敬／中原職綱／紀生幹／紀正道。／所衆栄柄朝臣／秀伴／正平／景命／菅原孝柄。／内竪　貞旅／源珍長。主水司　幸益／水部藤原勝明／源光高。

内蔵寮官人大江匡盛／語合橘頼常。／内蔵寮史生藤原輔置／藤原文長。／南座　景命／橘頼常／語合大江匡盛。／戸屋主伴正継／語合源有隣。

右近府鼓師一人、／右近府鉦師一人、／仕入四人、／
釜殿四人、／女役得選二人。〔秀伴臨レ期依二所労一不レ参〕
／所衆代景命。
蔵人方参仕。
執物諸司之内／内蔵寮史生藤原輔置。
御当日。／大床子御膳／参仕催／出納語合正恒、／小舎
人紀正通、／所衆　景命、／主殿司。
翌日。／出納語合生春、／小舎人中原職綱、／所衆
秀伴、／主殿司。
大歌参勤
和琴／摂津守多忠寿、／拍子／安芸守多久顕、／附歌
／右近衛将監多久腆、／笛／左近衛権少尉　泰昌次、
／篳篥／宮内少丞安倍季煕。
九等官
議政官／輔相／岩倉右兵衛督(具視)。
議定／中山儀同(忠能)／正親町三条前大納言(実愛)／徳大寺大
納言(実則)／中御門大納言(経之)／越前中納言(松平慶永)／宇和島宰相(伊達宗城)。
参与／三岡四位(八郎・由利公正)／福岡四位(孝弟)／大木四位(喬任)。
史官／岸良七之丞／長松文輔／作間正之助。

書記／桂西市／村岡多門。／筆生／青木奉膳／多
田縫殿権助。
行政官
弁事／阿野中納言(公誠)／坊城右大弁宰相(俊政)／勘解由小路
左中弁(資生)／五辻弾正大弼／西四辻少将／秋月右京亮。
権弁事／柳原前大納言(光愛)／滋野井中将／山本少将／
千種前少将／田中五位／坂田莠／松室豊後／水野
助大夫。
史官／菱田文蔵／江馬正人／北川徳之丞／日下部
三郎。
書記／谷森左衛門大尉(善臣)／北大路外記／小西式部／
中川中務／人見正親／渡辺大監／花房七太夫。／
筆生／木本隼人。
官掌／伊地知右膳／進藤左近番長／川崎俊蔵。
守岸／浅井伊予介／河合右近番長／小森縫殿少允。
神祇官／知事／鷹司前右大臣(輔熙)。
判事／植松少将／福羽五位(美静)。
権判事／愛宕大夫／平田延太郎／青山稲吉／松尾
伯耆。

書記／田中奥太郎／加部貞次郎。／筆生／藤本左
近番長。
会計官／知事／万里小路中納言（博房）。
判事／池辺五位。
権判事／鴨脚加賀／山田五次郎。
出納司知事／木村東市正。／同判事／小堀右膳／
波多幸之進／小森治郎吉。
用度司知事／城多図書。／同判事／鈴木右近将監
／冨士谷州三／南大路右衛門権尉／竹内監物。
営繕司知事／海福雪／広瀬左衛門。／同判事／小
出良右衛門／白川雅楽／池神竜右衛門／三沢右近
番長。
租税司知事／岡田準助／内海多次郎。／同判事／
南部綱蔵。／貨幣司判事／五十嵐初次郎。
商法司知事／西村勘六／安藤行蔵。／同判事／橋
本二郎／礒野金次郎。
会計官
書記／岡鉚之助／貫名右近。／筆生／渡辺朔次郎
／下村八郎／山田掃部／米山宅蔵。

軍防官／副知事同様／有馬中務大輔。
三等陸軍将／坊城侍従
判事／海江田五位（信義）。／権判事／十時信人／西村亮
吉／井田五蔵／中川対馬／伊吹喜三太／木村三郎。
書記／松尾上野／鴨脚下総。／筆生／中川右近／
府生／五十川左京大進／宇田矩太郎／服部主税／
鳥佐太郎。
外国官／副知事／肥前少将。
権判事／森金之丞／鮫島誠蔵／三沢揆一郎。
書記／岡本弾正。／二等訳官／佐藤麟太郎。／筆生
／松本貞之助。
刑法官／知事／大原大納言（重徳）。
判事／中島五位。
鞫獄司知司事／玉手鎮次郎。／書記／中村知一郎
／初川右兵衛尉。
監察司判司事／筧速水。
捕亡司判司事／西田秋作。／筆生／赤尾左兵衛尉。

(30)　行事官より御帳台御帷以下新調御下行注進。

御帳合御帷以下新調御下行の事。

一、夏御帷　八帖。／生絹重銀泥秋草絵／御紐黒赤平絹竪合銀泥蝶鳥絵／白差糸小紐等。

右、料金百八拾弐両弐分壱朱。

一、帽額　一帖／生絹。／右、料金拾弐両。

一、天井覆　一帖／白張平絹。／右、料金拾弐両三分。合、金弐百七両壱分壱朱。

右之通法進仕候。以上。

八月　　　　行政官

(31)　堂上御装飾撤却の節、調進物持夫等借用願。

口上覚

(イ)一、堂下御装飾撤却の節、当寮調進物持夫人足二人・宰領一人幷釣台一荷、如㆓先例㆒拝借被㆓仰付㆒被㆑下候様奉㆓願上㆒候。右今日午刻後、無㆓遅々㆒庭上へ御廻し相成候様、宜㆑敷　御沙汰奉㆑頼候。以上。

辰八月二十八日　　兵庫寮／河越兵庫権助

押小路大外記殿

(ロ)戊辰八月廿八日

中井主水／角倉与一／荻野七郎左衛門／星野宗次／上林三入／尾崎坊定之丞／木村範之進

右、御即位無㆑滞被㆑為㆑済候に付、御礼罷出、夫々承置。

(ハ)戊辰八月廿八日

一、御即位被㆑為㆑済候に付、献上之太刀五十振、女嬬を以被㆑下。

(ニ)戊辰八月三十日

一、鰑　壱折　十二連。

右、御即位御当日御上合、先規生鯛執次へ被㆑下候所、今度御上合無㆑之候に付、おはかゝを以被㆑出、人別配当頂戴、同人を以御礼申上。

(ホ)戊辰九月十七日

一、金　三万匹。

右、　御即位為㆓御祝儀㆒執次以下・侍分仕丁頭以下一同被レ下候旨、弁事衆被二申渡一、夫々申渡。／但、平等配当候事。

(32) 亀井茲監外一名、御褒賞御達。

(イ)

今般　御即位御大礼被レ為レ行候に付、新式取調被二仰付一候所、迅速出来、御大礼無レ滞被レ為レ済、御満足思食候。格別尽力により為二御褒賞一此品賜候事。

八月廿九日　行政官

小葵模様／衵一領

津和野中将（亀井茲監）

(ロ)

兼て御即位取調被二　仰付一置候所、速に取調出来、今日御式無レ滞被レ為レ済、主人は勿論、家来まで格別に尽力致し候段、御満足に被二思食一候旨、被二　仰出一候事。

八月廿九日

津和野中将

(ハ)

福羽五位（美静）

今般　御即位御大礼被レ為レ行候に付、新式取調被二仰付一候所、迅速出来、無レ滞被レ為レ済、尽力成功為二御褒賞一、此品賜候事。

八月廿九日　行政官

正親町・勘解由小路二名へも御褒賞賜品等ありたるべきか。記録残欠、詳に知るべからす。

(33) 改元に付、御達。

(イ)戊辰九月六日、日々申送帳。

改元定御当日に付、御門開。

建春門　東土戸／平唐門　神仙門／無名門　明義門／日華門　月華門／敷政門　左青鎖門／宣仁門　恭礼門／和徳門。／以上

(ロ)昨日申入候明八日改元定に付、卯半刻、建春門警固の事。右警固四人御廻し可レ給候也。

九月七日　弁事

軍務官御中

㋩明八日改元定に付、卯半刻、建春門警固人四人相廻し
候様御達しに相成、委細承知致し候也。

九月七日　　軍務官

弁事御中

㋥来十二日辰刻、改元詔書復奏に付、建春門警固の事。
人数今八日の通り御廻し可レ有レ之候也。

九月八日　　弁事

軍務官御中

㋭戊辰九月十日

一、明後十二日、卯半刻、詔書復　奏に付、御門開け所、総て改元の節の通り相心得候様、柳原殿被レ命、与左衛門へ申渡。

㋬戊辰九月十二日

一、詔書復　奏に付、警固相揃候旨、元与力梶川届、表へ申上、御門開次第相立候様申渡。

両儀候はば、警固立替下駄・傘御免の儀、伺出候に付、表へ申入、御聞済に相成候上相達。

㋣戊辰九月六日

来八日、辰刻、就二改元定一参賀・献物等、総て可レ為二嘉永元年の通一候事。

九月　　行政官

㋠来る八日、辰刻、改元式被レ為レ行候に付、参賀可レ致事。
但、御当日相除、九日より十二日迄の内参賀。重軽服は御神事後参賀可レ致。尤総て不レ及二献物一候事。

九月七日　　行政官

㋷来る八日、改元式被レ為レ行候に付、参賀の節、諸侯着服如何相心得可レ申哉。

「衣冠指貫着用の事。」（「　」内、書入、以下同）

一、在国在邑の輩の重臣を以、右同様申上候節、着服如何相心得可レ申哉。

「麻上下着用の事。」

一、右同断の節、公議参賀及申間敷哉、若参賀仕儀に御

座候はば、是亦着服如何相心得可レ申哉。右の節、御仮建へ罷出可二申上一心得に御座候。

「可レ為二伺の通一事。」

右の稜々奉レ伺候、乍二御面倒一御書入奉願レ候事。

九月七日　　触頭／三藩

ⓧ戊辰九月八日。
一、**改元定**也。
一、卯刻、警固相揃候段、届出る表へ申入。
一、卯半刻、警固相立候様表より申出、唐御門へ申達。
一、両儀に付、傘・下駄御免の儀伺出、是又申入伺済の上申渡。
一、**明治**。
右書付、長橋殿より右京大夫を以御渡有レ之候事。
一、未刻前、改元被レ為レ済候。恐悦執次、奥表へ申上。
一、午刻前、御門閉警固引取候様より申出、御門閉与左衛門申達、常番を以警固方へ申達す。

㋸戊辰九月八日
一、改元定に付、当番限り御祝酒御汲物等被レ下。

㋲九月八日（行政官）**公布**。
今般　御即位御大礼被レ為レ済、先例の通被レ為レ改二年号一候。就ては、是まで吉凶の象兆に随ひ屢改号有レ之候へども、自レ今**御一代一号**に被レ定候。依レ之改二慶応四年一可レ為二明治元年一旨被二　仰出一候事。
九月　　行政官

㋻**改　元　詔**
詔、体二太乙一而登レ位、膺二景命一以改レ元。洵聖代之典型而万世之標準也。朕雖二否徳一幸頼二祖宗之霊一祇承二鴻緒一、躬親二万機之政一。乃改レ元欲下与二海内億兆一更始上一新一。其改二慶応四年一為二明治元年一。自レ今以後革二易旧制一、**一世一元以為二永式一**。主者施行。
明治元年九月八日
議政官／輔相／岩倉右兵衛督具視
議定／中山儀同忠能／正親町三条前大納言実愛／徳大寺大納言経（之）行／松平中納言慶永／山内中納言

豊信／伊達宰相宗城。

参与／阿野中納言公誠／鍋島少将直大／三岡四位公正／福岡四位孝弟／小松玄蕃頭清廉／後藤象次（二）郎元燁（曄）／大久保一蔵利通／木戸準一郎孝允／広沢兵助真臣／副島次郎竜種／横井平四郎時存／岩下佐次右衛門方平／大木民平喬任。

行政官／弁官事／坊城右大弁宰相俊政／勘解由小路左中弁資生／五辻弾正大弼安仲／秋月右京亮種樹／西四辻少将公業／神山五位君風／田中五位輔。

神祇官／知官事／鷹司前右大臣輔熙。／判官事／植松少将雅言／福羽五位美静。

会計官／知官事／万里小路中納言博房、／判官事／池辺五位永盛。

軍務官／副知事同様／有馬中将頼咸。／三等陸軍将／坊城侍従俊章。／判官事／海江田五位信義。

外国官／知官事／伊達宰相宗城。／副知官事／小松玄蕃頭清廉。

刑法官／知官事／大原中務言重徳。／副知官事／備前侍従景政。／判官事／中島五位錫胤／土肥謙蔵。

京都府／知府事／長谷宰相信篤。／判府事／松田五位道行／青山小三郎貞等謹奉。

詔以施行。

明治元年九月十二日

(カ)詔体㆓太乙㆒云々。詔書前に同じ。

一品行中務卿幟仁親王　宣
従四位下行中務大輔臣卜部朝臣教久　奉
正四位上行〔中務少輔主殿頭 兼左大史算博士〕小槻宿禰輔世行
内大臣正二位臣源朝臣（広幡忠礼）
正二位行権大納言兼皇太后大夫臣藤原朝臣（正親町）実徳
正二位行権大納言臣藤原朝臣（醍醐）忠順
正二位行権大納言皇太宮権大史臣藤原朝臣（三条西）季知
正二位行権大納言臣源朝臣（中院）通富
正二位行権大納言臣源朝臣（久我）（通久）
正二位行権中納言臣藤原朝臣（冷泉）為理
正三位行権中納言臣朝臣（西洞院）信堅
正三位行権中納言臣藤原朝臣（清水谷）公正

正三位行権中納言臣藤原《（今城）》朝臣定国
権中納言従三位臣藤原《（清閑寺）》朝臣豊房
参議正三位臣源《（岩倉）》朝臣具慶
参議正三位行右近衛権中将臣源《（梅渓）》朝臣通善
参議正四位上左近衛権中将臣藤原《（東園）》朝臣基敬
参議正四位上行左大弁兼皇太后亮臣藤原《（甘露寺）》朝臣勝長等言。
詔書如レ右。請奉レ　詔附レ外施行。謹言。
　明治元年九月十二日
可（宸筆）

(34)　同上（即位改元）に付、大赦被二仰出一。

(イ)九月八日公布。
今般　御即位御大礼被レ為レ済改元被二　仰出一候に付ては、天下の罪人当九月八日迄の犯事、逆罪放殺幷犯状難二差免一者を除の外、総て減二一等一被レ赦候事。
　但、犯状難二差免一者は、府藩県より口書を以て刑法官へ可二伺出一事。
　九月　　　　　　　　　　　　　行政官

(ロ)　　　　　　　　　岡部筑前守
兼て差扣被二　仰付一置候所、今般　御即位御大礼被レ為レ済、改元被二　仰出一候に付、今日より差扣被レ免候事。
　九月八日

(ハ)各通　板倉摂津守／酒井若狭守／同前少将。
兼て差扣被二　仰付一置候所、今般　御即位御大礼被レ為レ済、改元被二　仰出一候に付、今日より差扣被レ免候事。
　九月十三日　　　　　　　　　　行政官

(35)　一、御即位庭上図、三。〔以下別に装す。〕（省略）

(36)　一、高御座・幣旗等図、一。（省略、第二章に掲載）

※一、弘化度《（孝明天皇）》御即位庭上図、一。（省略）
※一、同高御座・幣旗等図、一。（省略）
※一、文化度《（仁孝天皇）》御即位庭上図、二。（省略）

第二章　新式取調掛の御即位式絵図

第一章に紹介した『戊辰御即位雑記』二（国立公文書館所蔵『公文録』所収）では、末尾にA「御即位庭上図、三」とB「高御座・幣旗等図、一」およびC「弘化度御即位庭上図、一」、D「同（弘化）高御座・幣旗等図、一」、E「文化度御即位庭上図、二」の項目をあげ、「別に装す」と注記している。

本章では、その別装絵図『戊辰御即位雑記付録』全八冊（配架番号2A・30—4・㊊A40）のうち、明治即位式に直接関係のある甲三冊と乙一冊の要点を、ごく簡単に紹介しよう。

甲㋑「御即位庭上図」（晴儀、平面図）

㋺「御即位庭上図　雨儀」（平面図）

㋩「御即位庭上図」（晴儀）

乙㋥「高御座・幣旗等図」

まず㋑は、即位式の行われる紫宸殿・前庭の平面図に調度類と所役者の配置を記入したものであり、中央階下南に「大地国形」（地球儀）が描かれている。ついで㋺は、㋑と同形式の庭上図であるが、これは表題のごとく「雨儀」を描いたもので、調度と所役の殆どが殿庭より東・南・西三方の軒下へ移されている。たとえば大地球儀も南方の承明門軒下にみえる。

さらに㋩は、晴儀による即位式の概要を示す。吹き抜け（屋根なし）の紫宸殿内に「高御座」と周囲の人物十数名を描き、庭上に階下南の大地球儀や奉幣案、幣旗と小幡など、及び所役の人々百十数名を克明に描いている。

一方㈡は、新式取調掛の福羽美静たちが考案した即位式用の高御座と幣旗・小幡などを、一つ一つ大きく描き、寸法や配色まで詳しく示している。ここにいう高御座は、華麗な八角形の高御座ではなく、簡素な四角形の御帳台を継壇の上に据えたものである。それは、孝明天皇の即位式などに用いられた本来の高御座が安政の大火で焼失してしまい、この明治即位式には、費用も乏しく時間も少なかったため、御帳台で「間に合せた」（本書第一章「明治元年の「御即位雑記」」所引の佐伯利麿回想談）のであろう。ただ結果的にみれば、漢風の外装をこらした高御座の代りに、和風の清楚な御帳台を使うことで、和風即位式に調和したといえるかもしれない。その寸法は左の通りである。

御継壇／高三尺五寸、／東西　長壱丈七尺六寸、／南北　長壱丈九尺弐寸五分、

　登壇　三級／幅五尺、／総高　壱丈三尺七寸八分。

御帳／高八尺九寸五分、／前後両脇　幅壱丈弐寸八分、

　帳台　高九寸八分／幅壱丈弐寸八分。

夏御帷　八帖／内四帖／長壱丈壱寸八分、幅五尺壱寸六分、／周四帖／長壱丈壱寸八分、幅七尺壱寸五分。

表、生絹・銀泥・秋草絵／裏、平絹。

布筋赤黒平絹竪合・銀泥蝶鳥絵。

大畳、弐帖／長壱丈九寸／幅五尺四寸弐分／厚三寸五分、／縁、赤地繧繝。

龍鬢御地敷、弐帖／長七尺四寸八分／幅三尺七寸三分。

表、備後製龍鬢織／裏、濃打絹。

軟錦御茵　壱帖／長五尺五寸／幅弐尺二寸。

表、白九葉菊綾／裏、赤打絹／縁、軟錦。

東京錦御茵　壱帖／方弐尺七寸七分。

表、牡丹唐草白綾／裏、濃打絹／縁、赤地五色唐花。

これは、平安時代に大極殿で使われた高御座や大正大礼に新調されたそれに較べれば、高さも幅も二割ほど小さいが、江戸時代（弘化以前）のそれに近い大きさである（本書第十一章「「高御座」の来歴と絵図」参照）。

しかし、㈡の大部分を占める「幣旗」と「小幡」は、江戸時代までの銅烏幢・日像幢・月像瞳・四神旗（青龍・朱雀・白虎・玄武）・龍像纛幡・熊形纛幡・鷹形幡・萬歳幡と異なり、また大正以降の萬歳旛・日像纛旛・月像纛旛・頭八咫烏形大錦旛・霊鵄形大錦旛・菊花中錦旛・同小錦旛とも違う、まったく明治即位式のみのユニークなものである。

各々の名称と寸法・配色が左のごとく注記されている。その注記に基づいて整理すれば次頁の表の通りである（絹の長さは曲尺。他に鉾を八本描いているが、寸法・配色の注記はない）。

大幣旗一本、玉（赤白青三色）

大小小小 大小小小 大小小小 大小小小 大小小小 大小小小 大小小小 大小小小 大小小小 大

左右幣旗二三〆四本／一本に付玉数同前（〆大百二十／小三百二十四）

同断／同断／〆大三十／小八十一

総数合、大百五十、小四百二十五

大幣旗　絹長さ曲尺四丈二尺宛

日幣旗　月幣旗　御前幣四本／左右幣旗二二本／〆八本絹長さ各一反宛

左右幣旗二二本　絹長さ曲尺三丈二尺宛

同三四五　〆六本　絹長さ同　三丈宛

左右小旗　十本　絹長さ同　一丈八尺宛／以上

名　称	本数	柱の長さ	絹の長さ	絹　の　色	玉の数	装　飾
大　幣　旗	1	2丈7尺	4丈2尺	青・黄・赤・白・紫	大30・小81	鏡・剣・玉
日　幣　旗	1	2丈5尺9寸	1反	赤		鏡
月　幣　旗	1	2丈5尺9寸	1反	白		鏡
日幣旗 月幣旗 御前幣	4	2丈5尺9寸	各1反	赤・白・青		鏡・剣
左　幣　旗	5					
その一		2丈3尺9寸	1反	赤・白・青		鏡
その二		1丈9尺9寸	3丈2尺	青・黄・赤・白・紫	大30・小81	玉
その三		1丈8尺9寸	3丈	赤・白	大30・小81	玉
その四		1丈8尺9寸	3丈	赤・白		鏡
その五		1丈8尺9寸	3丈	赤・白		剣
右　幣　旗	5					
その一		2丈3尺9寸	1反	赤・白・青		剣
その二		1丈9尺9寸	3丈2尺	青・黄・赤・白・紫	大30・小81	玉
その三		1丈8尺9寸	3丈	赤・白	大30・小81	玉
その四		1丈8尺9寸	3丈	赤・白		鏡
その五		1丈8尺9寸	3丈	赤・白		剣
左　小　旗	5	1丈6寸5分	1丈8尺	各{その一青，その二黄，その三赤，その四白，その五紫		鏡
右　小　旗	5	1丈6寸5分	1丈8尺			鏡

「高御座・幣旗等図」の注記による幣旗等の仕様

なお、㊁末尾に「幣旗纛」(旗の柱を支える脚)を立体的に大中小の三様、細部の寸法まで注記した図、および「外弁晴標之図」として、庭上における外弁らの位置を示した平面図も付け加えられているが、省略した。

ところで、以上の㋑～㊁は、いずれも墨だけで書かれている(ごく一部に朱がみえる)。それに対して、同じく国立公文書館所蔵の『御即位図』(2A・30—8・㊖A253)には、彩色が施され、末尾に次のような奥書がみえる。

明治元年八月二十七日／今上天皇即二位紫宸殿一。其儀式典礼、津和野侯亀井(茲監)中将・福羽(美静)神祇官判事等、奉ㇾ勅所ㇾ撰定也。而其図書、罹二明治六年之災一、悉属二烏有一矣、越二二年一。予以二権少主記一従二事記録編纂一。於ㇾ是就二亀井家所蔵文書一裒輯得二二冊一。題曰二御即位雑記一。附ㇾ之以二図八帖一。其図、記録御用掛浮田可成模二写之一。而其第三、御即位庭上図者、当時坊間所ㇾ刻而白描搨本。可成拠ㇾ之、更施二服色絵紋一。此図即是也。又就二御物一模二服　御之冠袍一。及二図成一併為二一冊一、以為二本記附録一云。

明治二十五年十月　　内閣記録課長　宮崎幸麿識

すなわち、これは『公文録』の編纂にあたった太政官記録課の権少主記宮崎幸麿が、明治八年に「亀井家所蔵文書」の中から『御即位雑記』二冊（本書第一章「明治元年の『御即位雑記』」翻刻分）と付図八帖を捜し出して、後者を記録御用掛の浮田可成に模写させ、白描の「第三御即位庭上図」（前掲㋩と同じもの）に「服色絵紋」を彩り、「御物」（京都御所の勅封文庫所蔵品）に就き「服御之冠袍」を模写させて付け加え、あわせて一冊としたものである。

その内容は、前半に御冠・御石帯・御袍・御下襲・御単・御表袴・御大口・御履を描いて「御冠以下、宮内省の御物を模写す。」と注記し、後半に前掲㋩と同じ晴儀の「御即位庭上図」を立体的に写生している。

なお、浮田可成については不詳であるが、同じく国立公文書館所蔵『（辛）大嘗祭図』三巻は、明治二十七年の太政官記録課長宮崎幸麿の識語によれば、式部寮の蔵本を模写した可成が、明治二十六年（一八九三）病歿したので、未完に終った。その内容は、第四章に掲載したとおり、大嘗宮内の神座・神饌と庭積机代物、悠紀（甲斐国巨摩郡）の斎田と斎院大祓などが写実的に描かれている。

一方、津和野郷土館には、福羽美静関係資料の中に前掲㋑㋺㋩と同じ「御即位庭上図」などがある。しかも、より注目すべきは、同館に寄贈された亀井茲監関係資料の中に、前掲㋥と同内容の「高御座・幣旗等之図」一冊があり、高御座（御帳台）も幣旗（二十七本）も鉾（八本）も、すべて極彩色で描かれていることである。

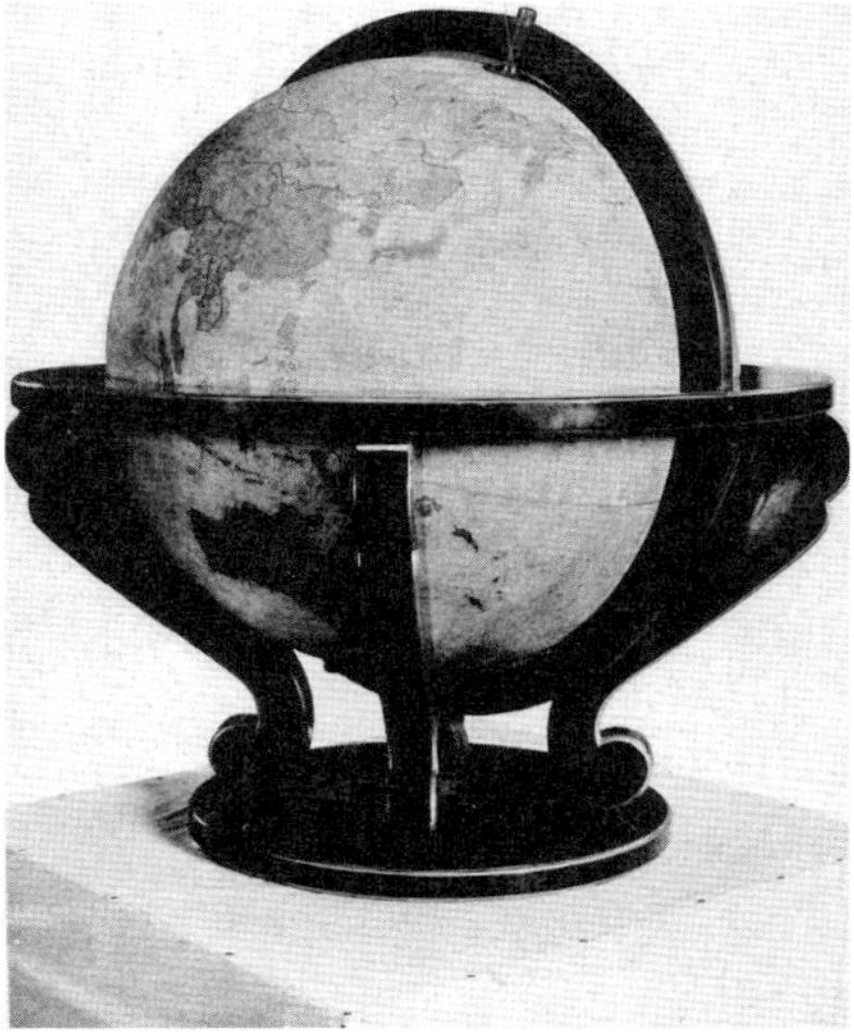

明治即位式に据えられた大地球儀（御物）
水戸藩主徳川斉昭が嘉永5年（一八五二）蘭学者鱸（鈴木）重時に作らせて朝廷に献上したもの。紙製着色、直径109.9cm。（大正4年（一九一五）帝室博物館発行の絵葉書より）

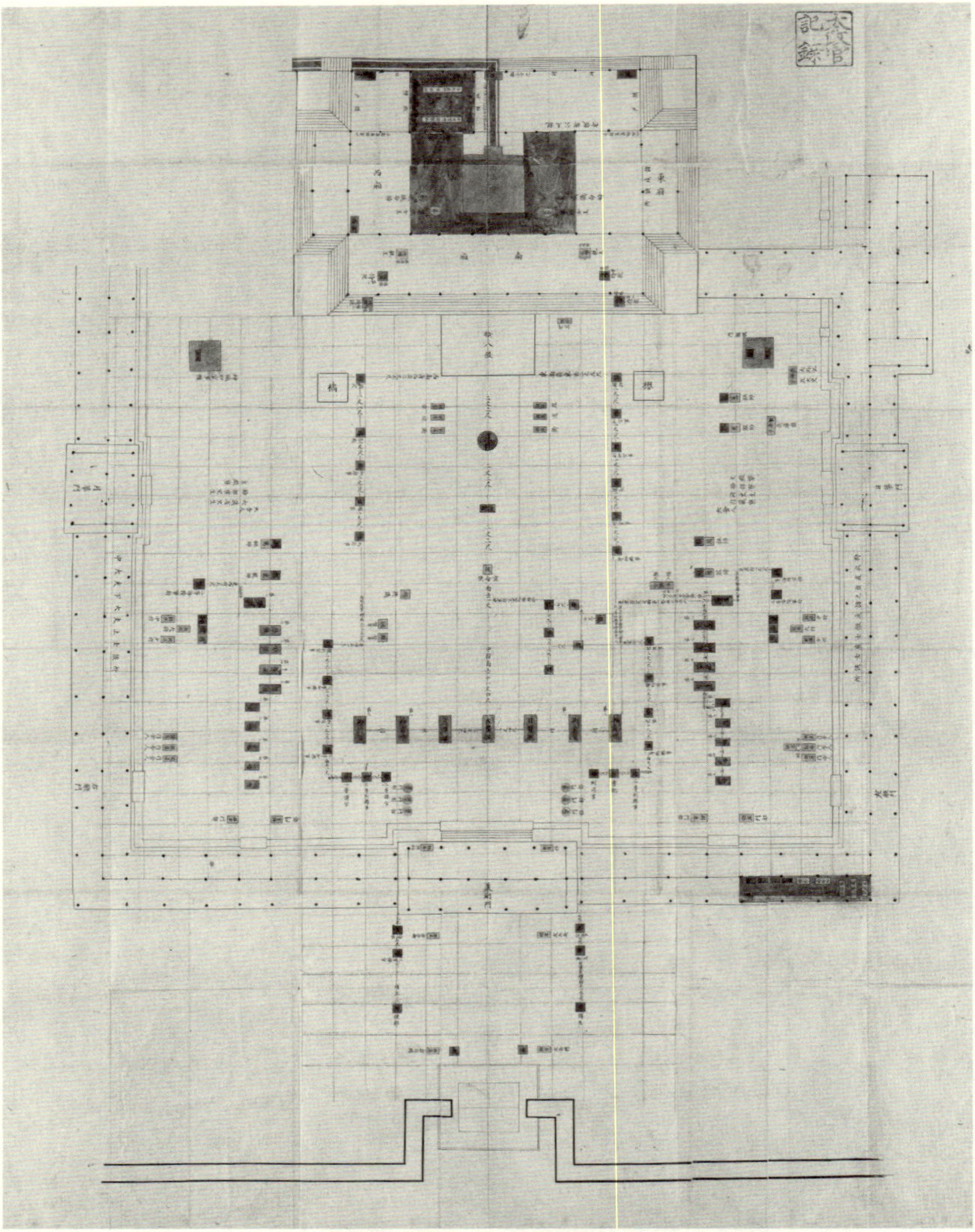

㋑　**「御即位庭上図」晴儀**（大地球儀は階段下）

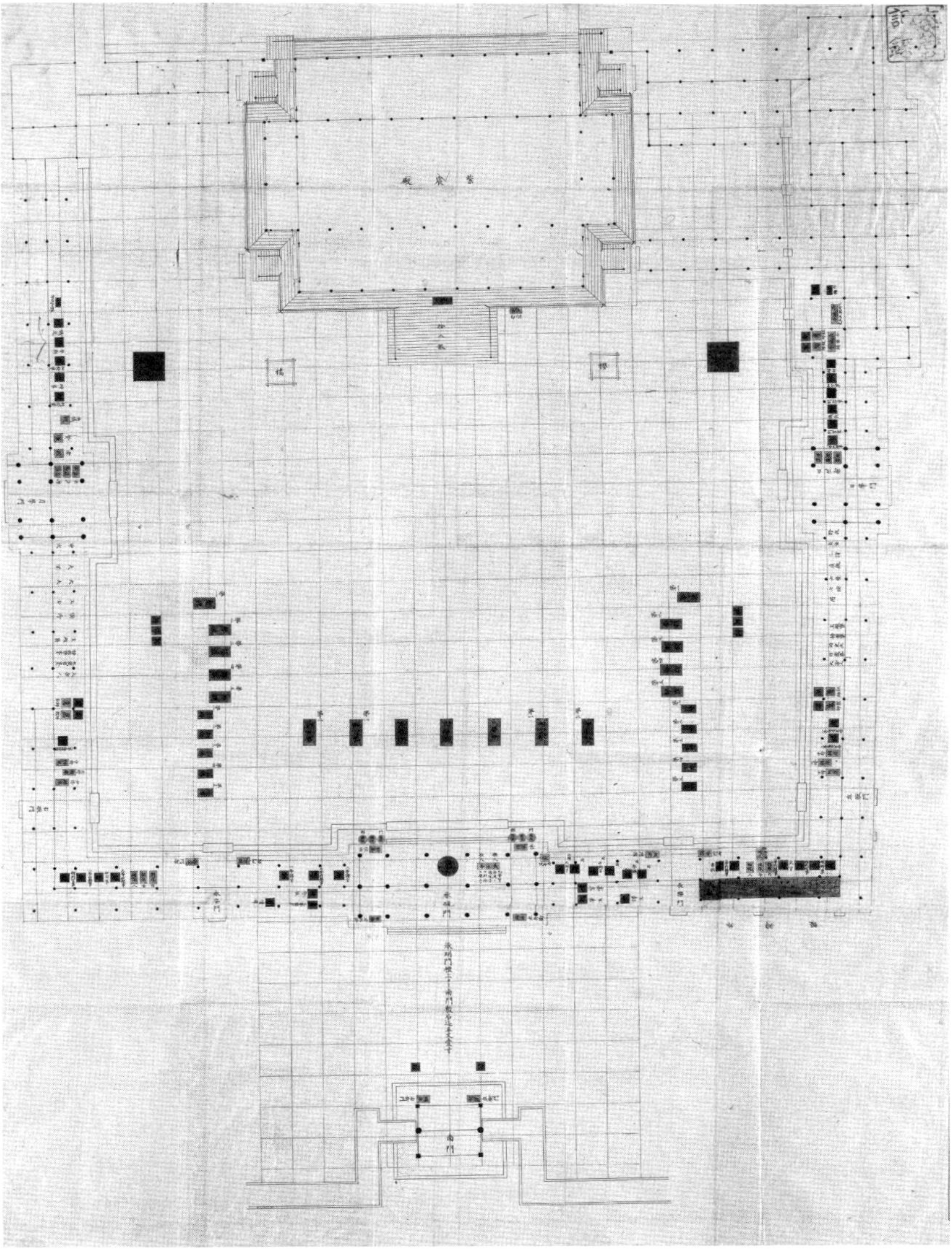

㋺ 「**御即位庭上図**」**雨儀**（大地球儀は承明門の下）

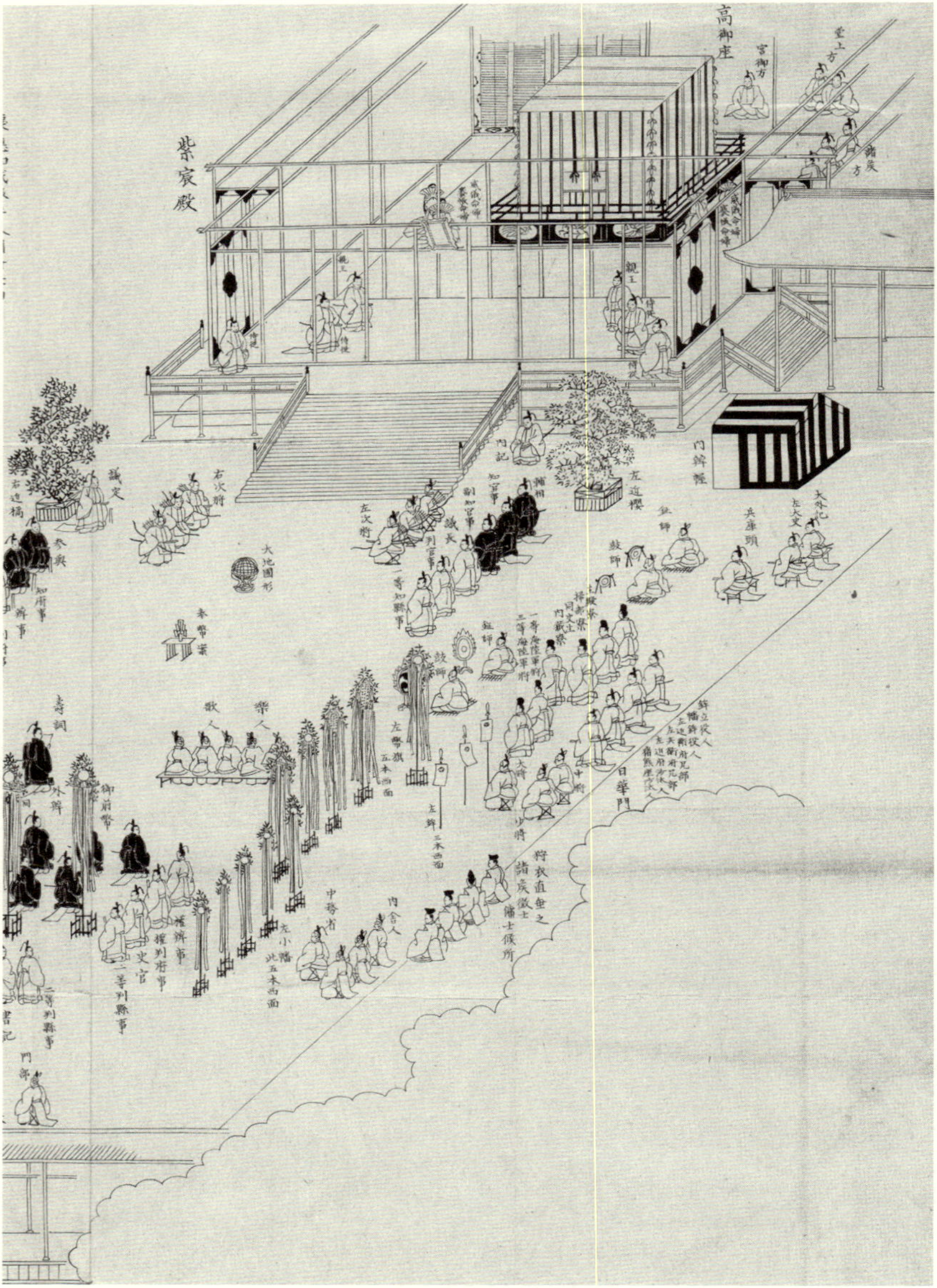

㈧　慶応四年八月二七日「御即位庭上之図」（国立公文書館所蔵）

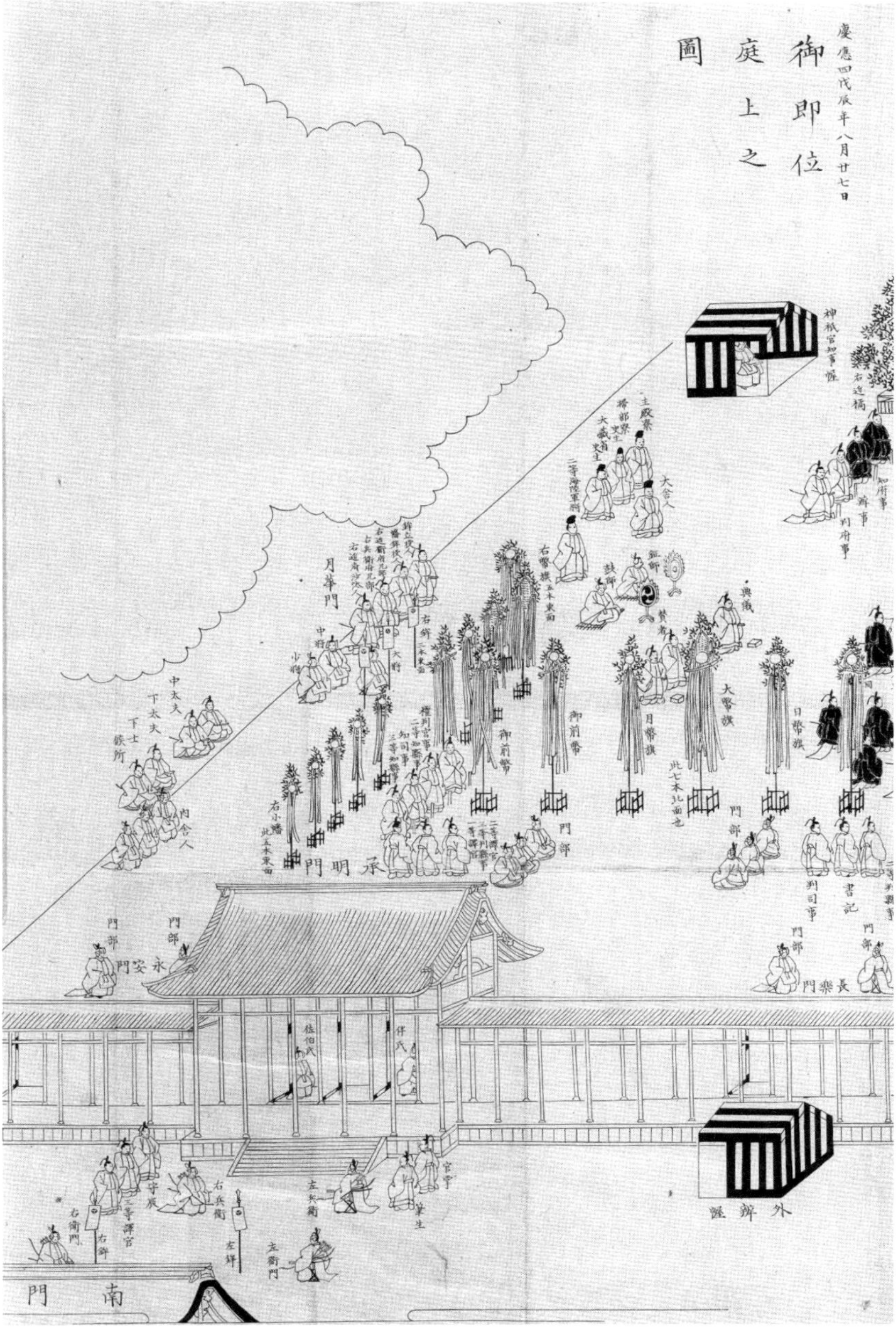

右上、紫宸殿上に御帳台（高御座代）、南庭の階下に大地球儀（晴儀）を描くが、実際は雨儀で行われた。

㈡『高御座・幣旗等図』（彩色）

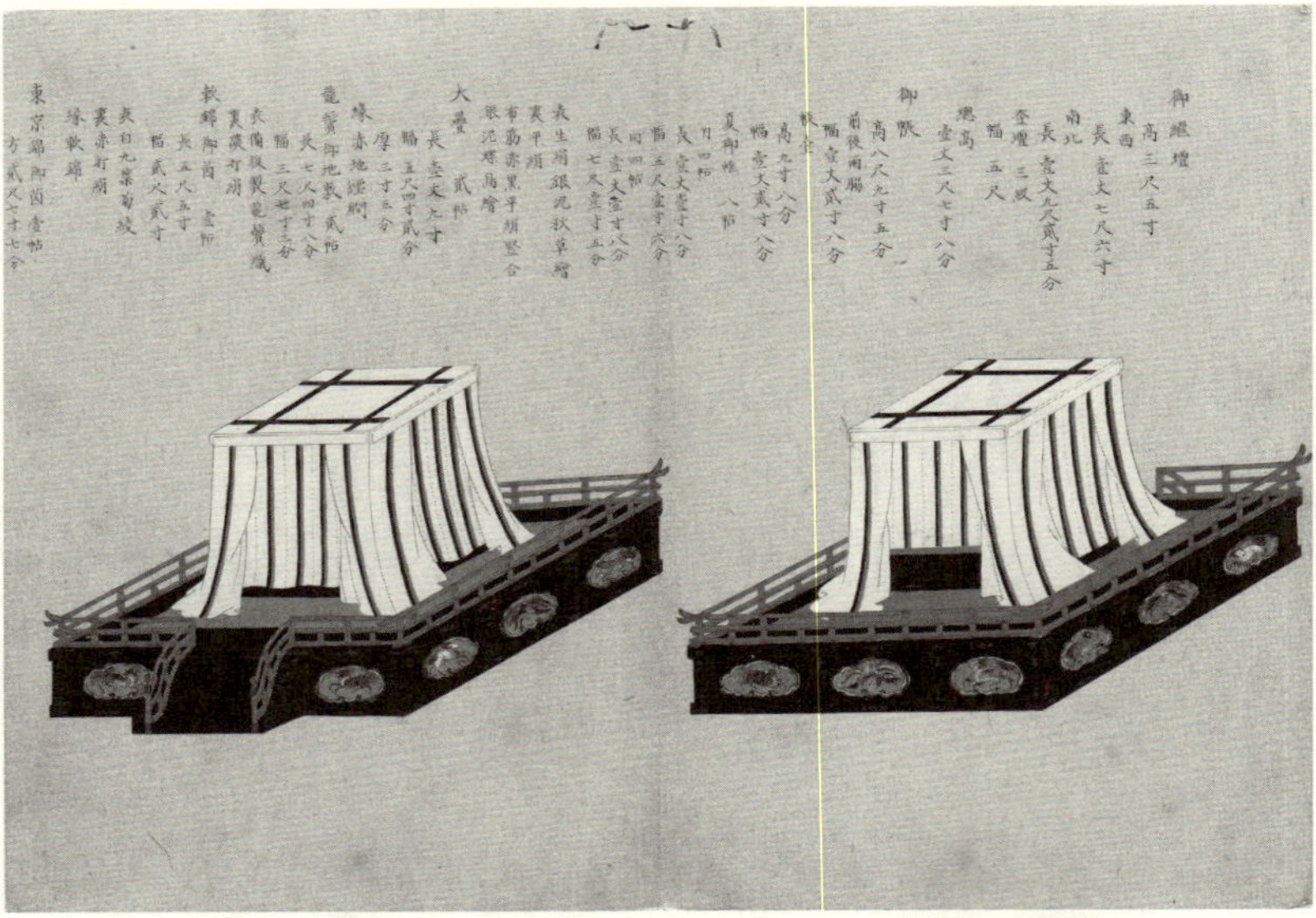

御帳台（背面）　　御帳台（前面）

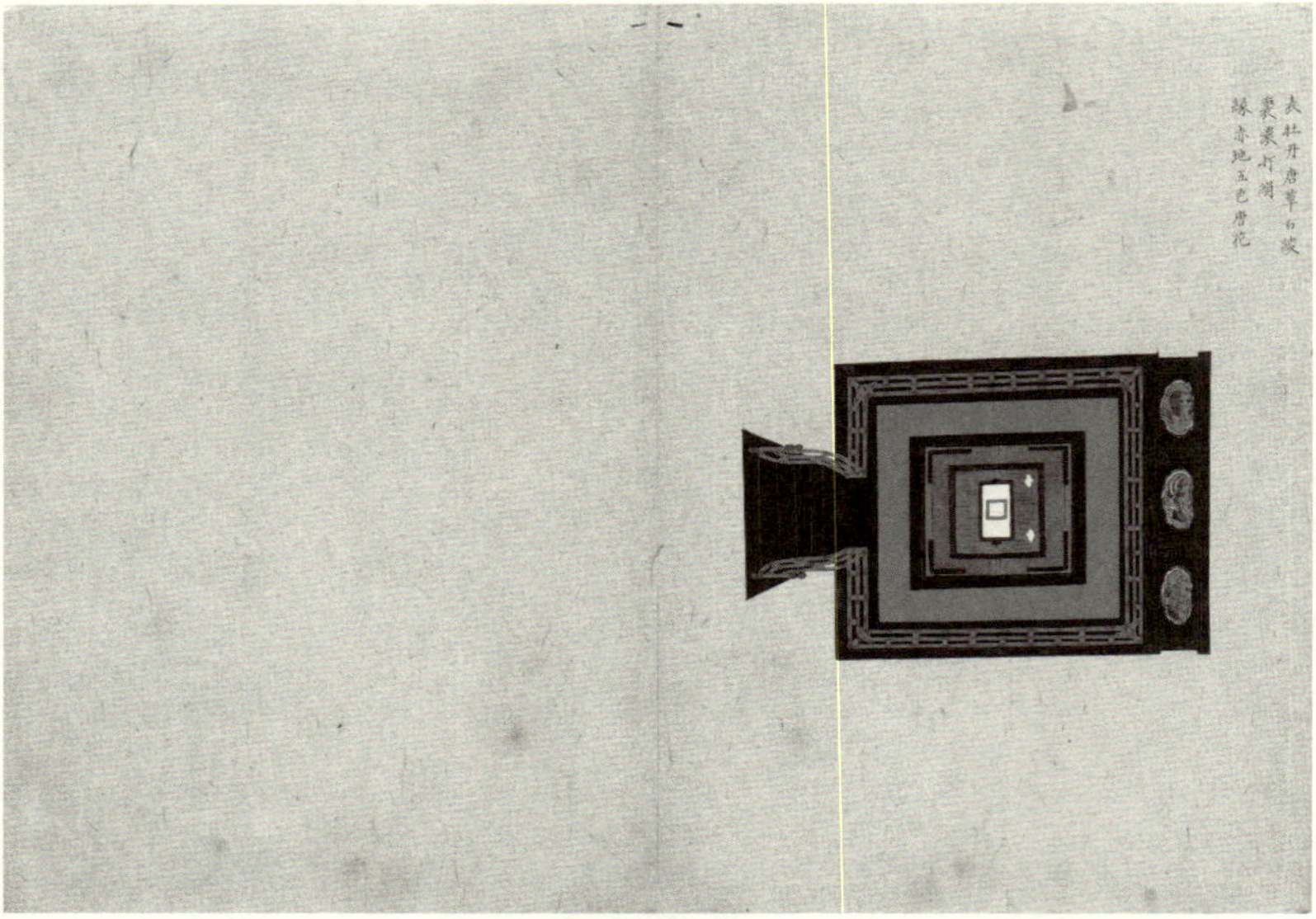

御帳台（平面）

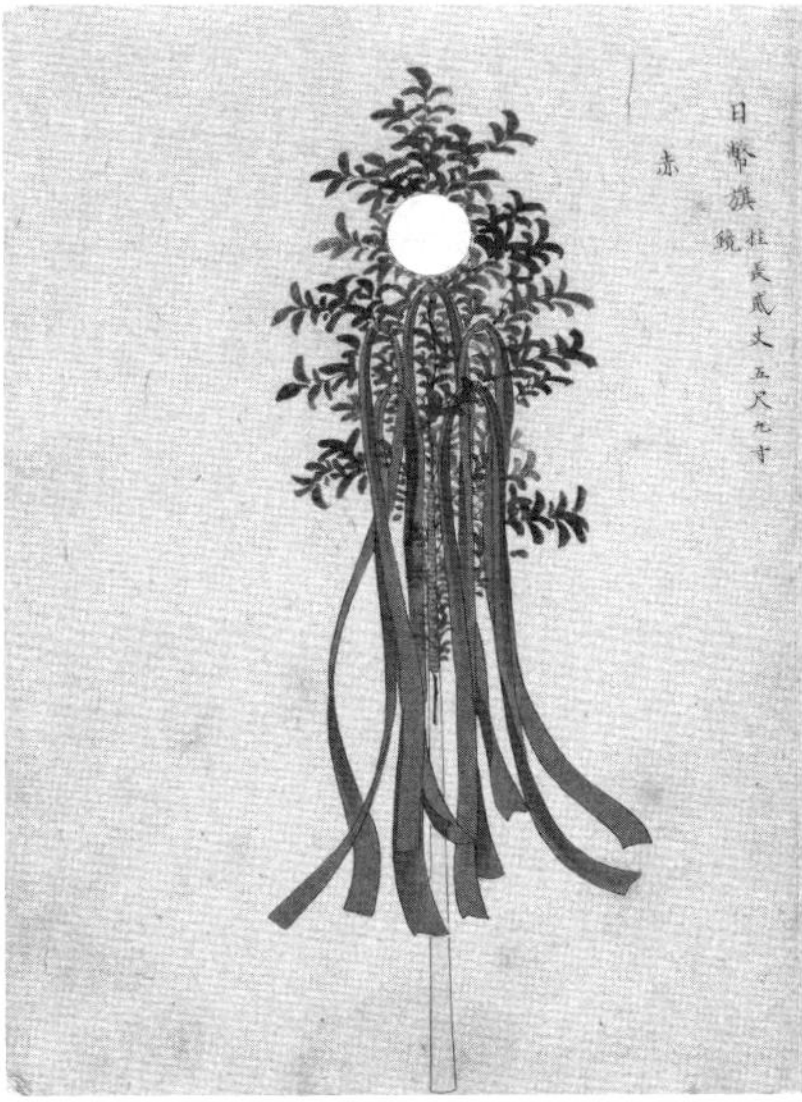

日幣旗（赤）

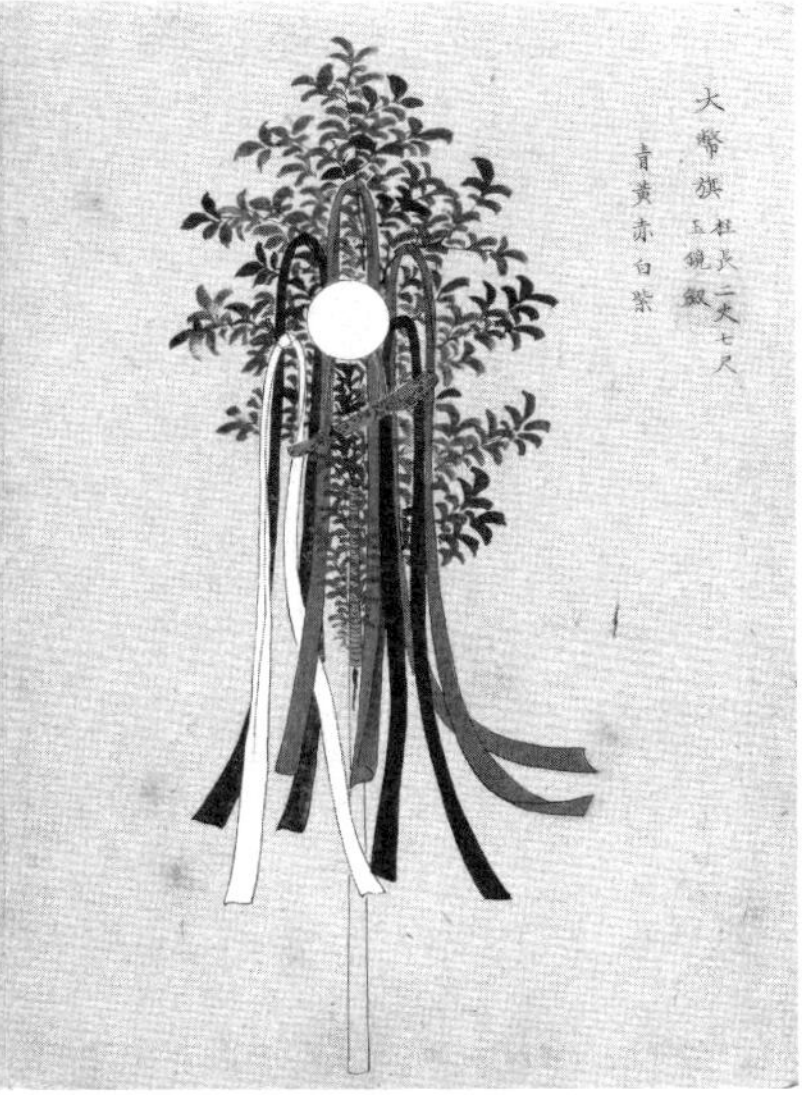

大幣旗（青黄赤白紫）

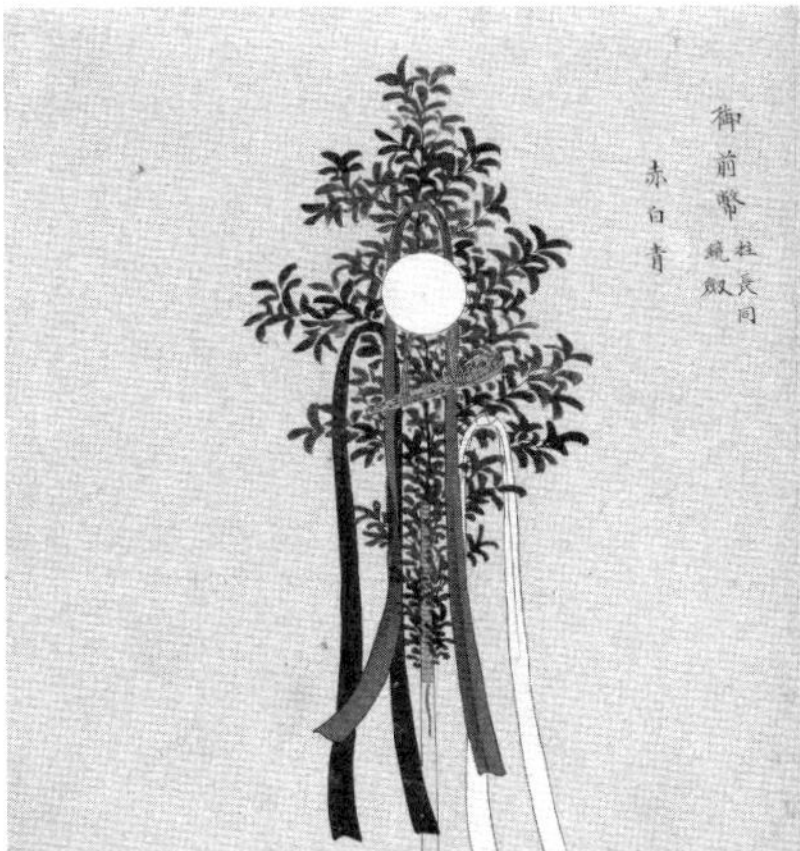

御前旗（赤白青）

月幣旗（白）

御前旗（赤白青）

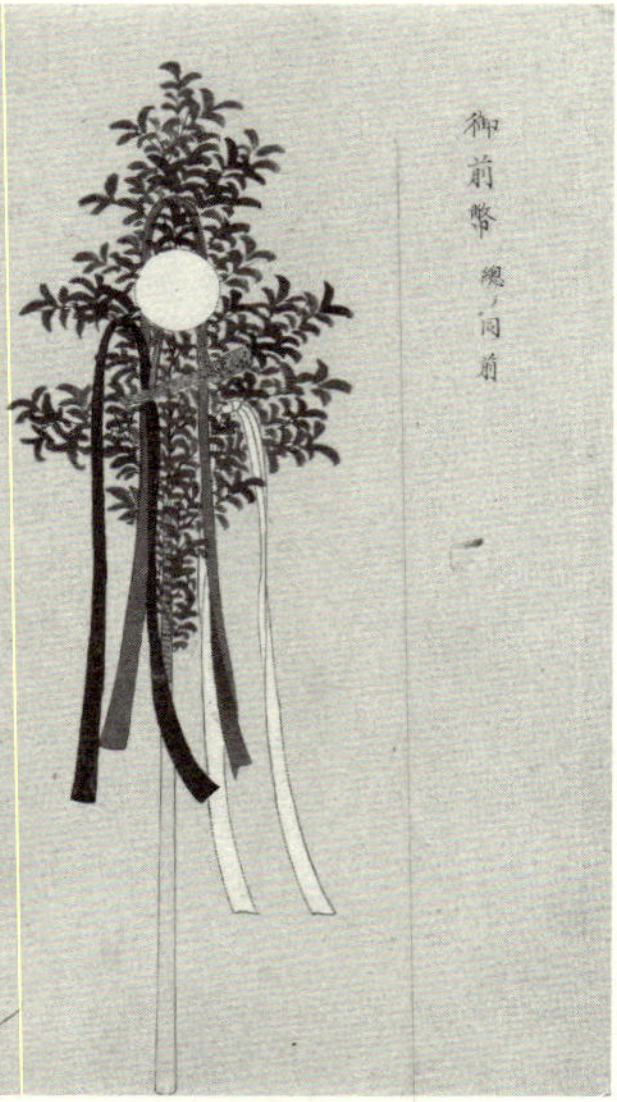

御前旗（赤白青）

左幣旗一（赤白青）

御前旗（赤白青）

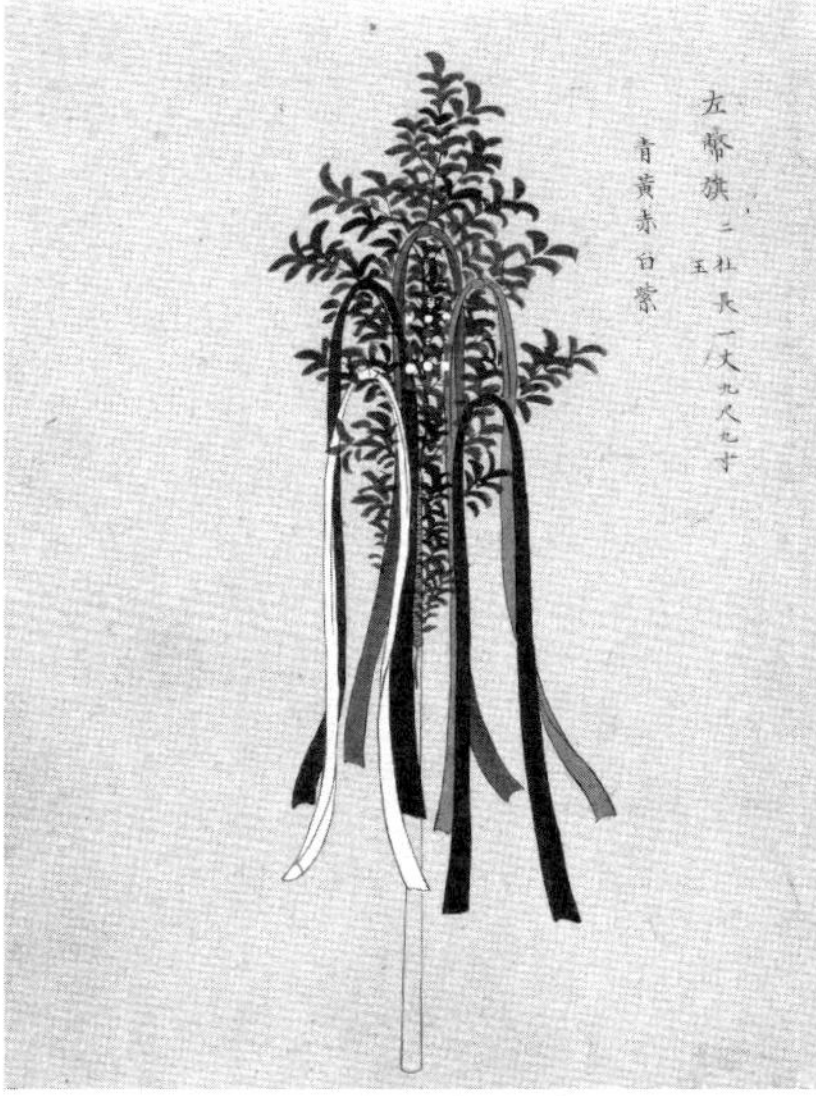

左幣旗二（青黄赤白紫）

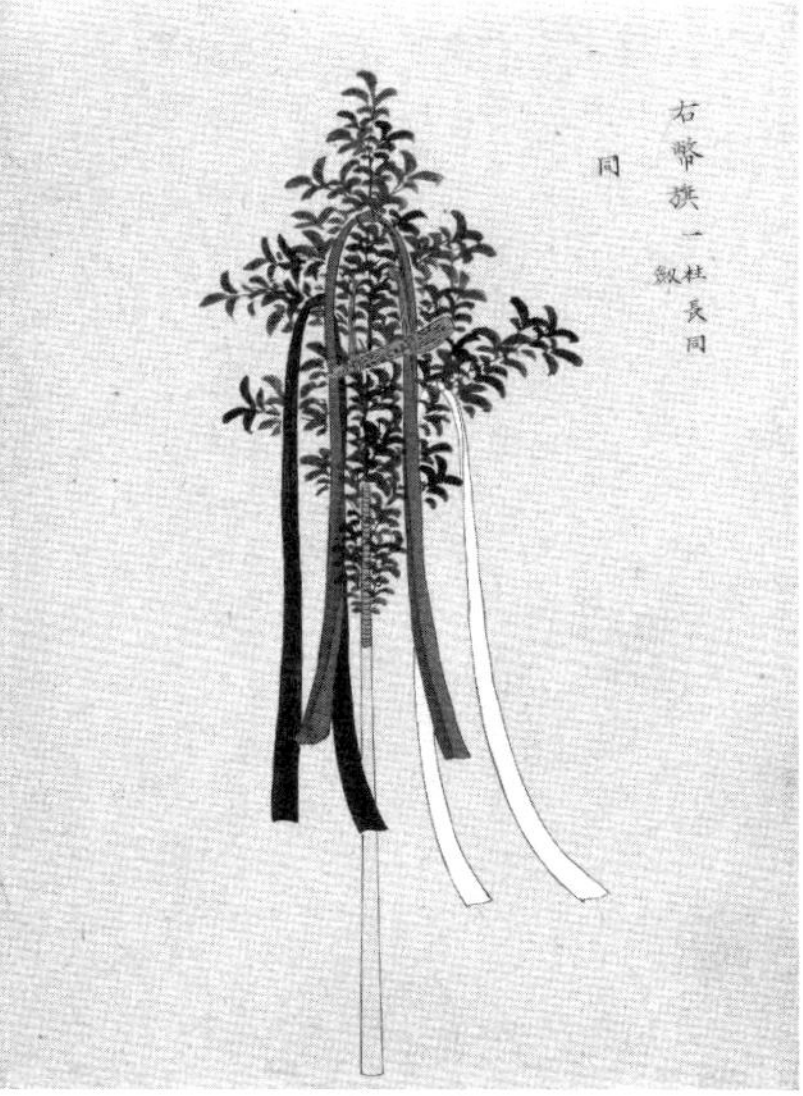

右幣旗一（赤白青）

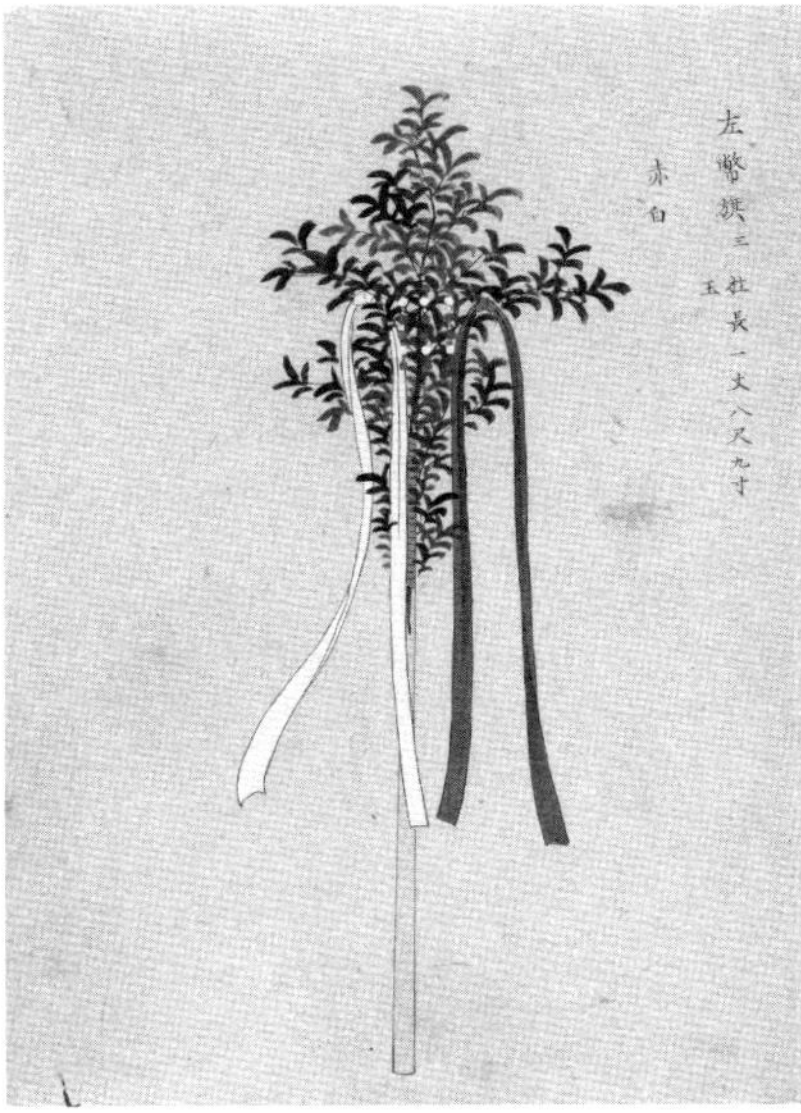

左幣旗三（赤白）

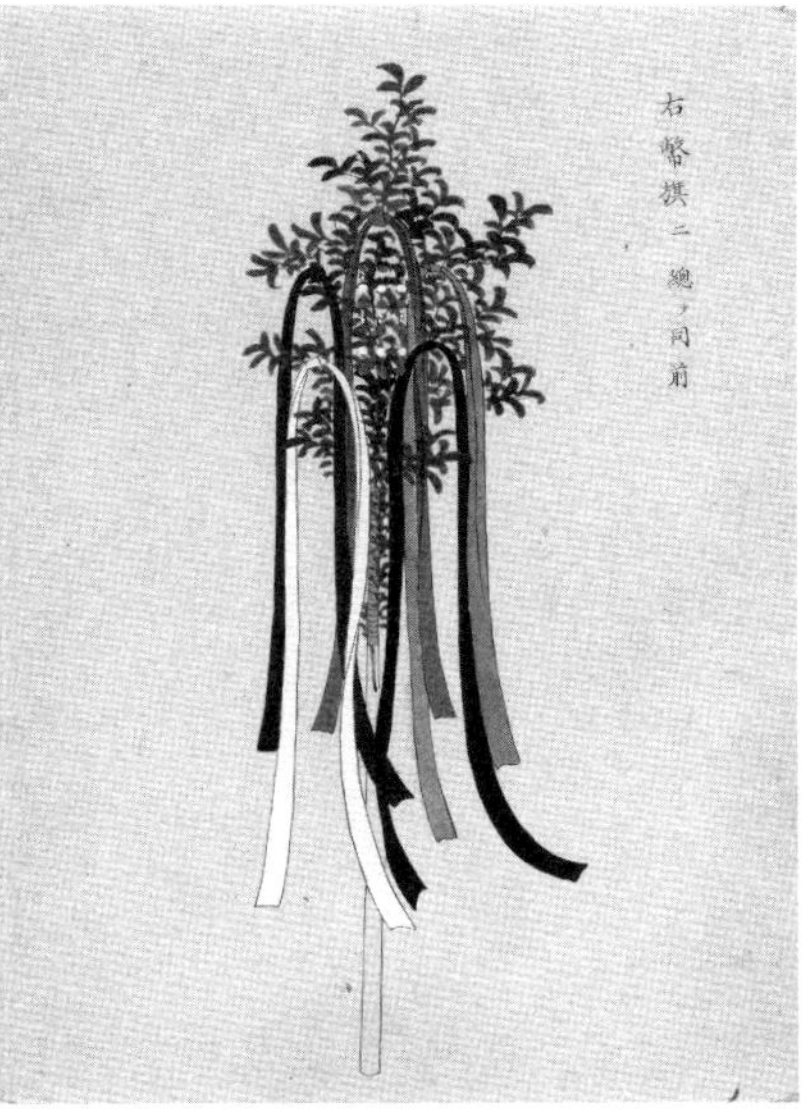

右幣旗二（青黄赤白紫）

左幣旗四（赤白）

右幣旗三（赤白）

左幣旗五（赤白）

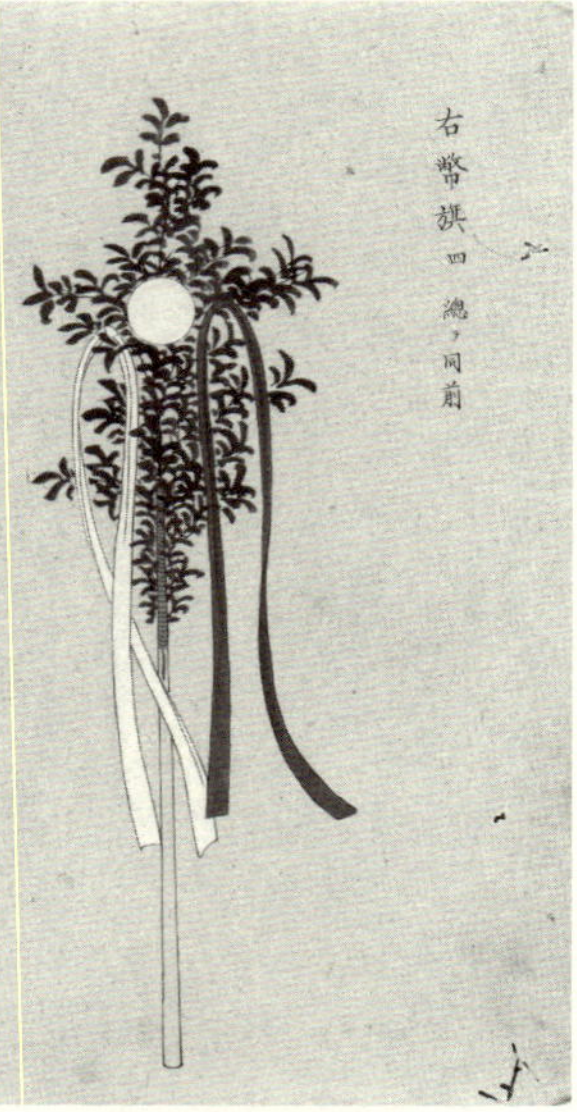

右幣旗四（赤白）

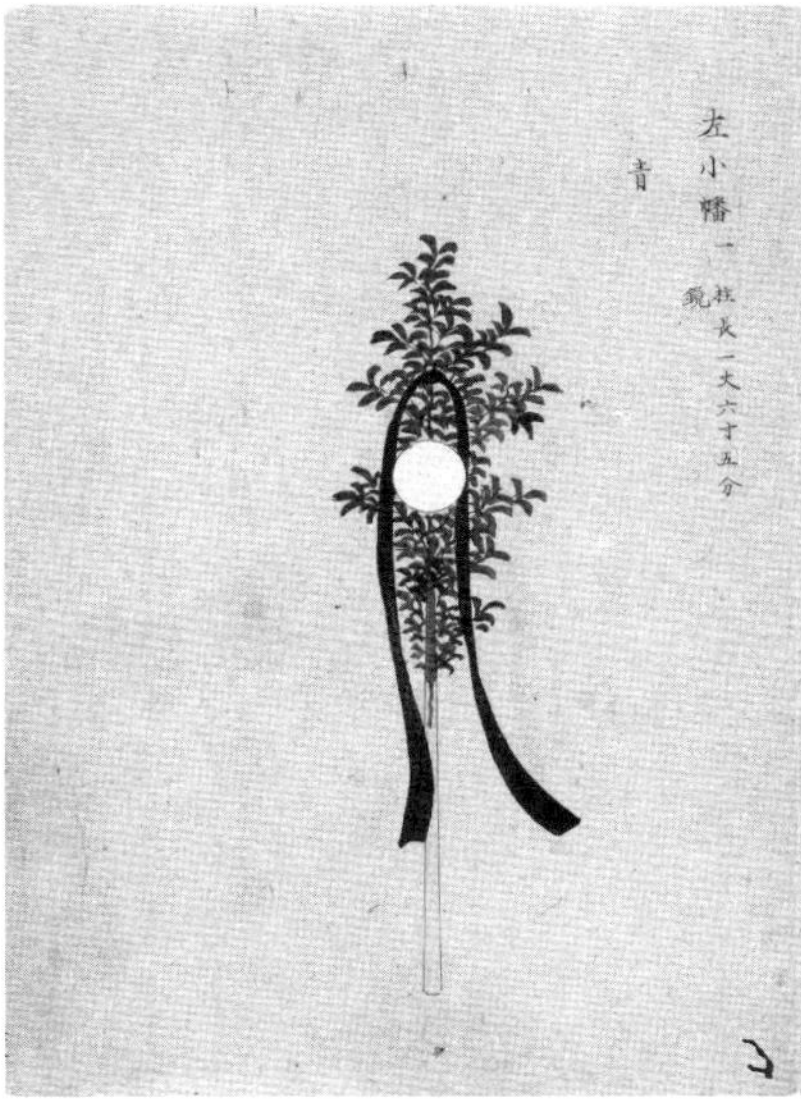

左小旗一（青）

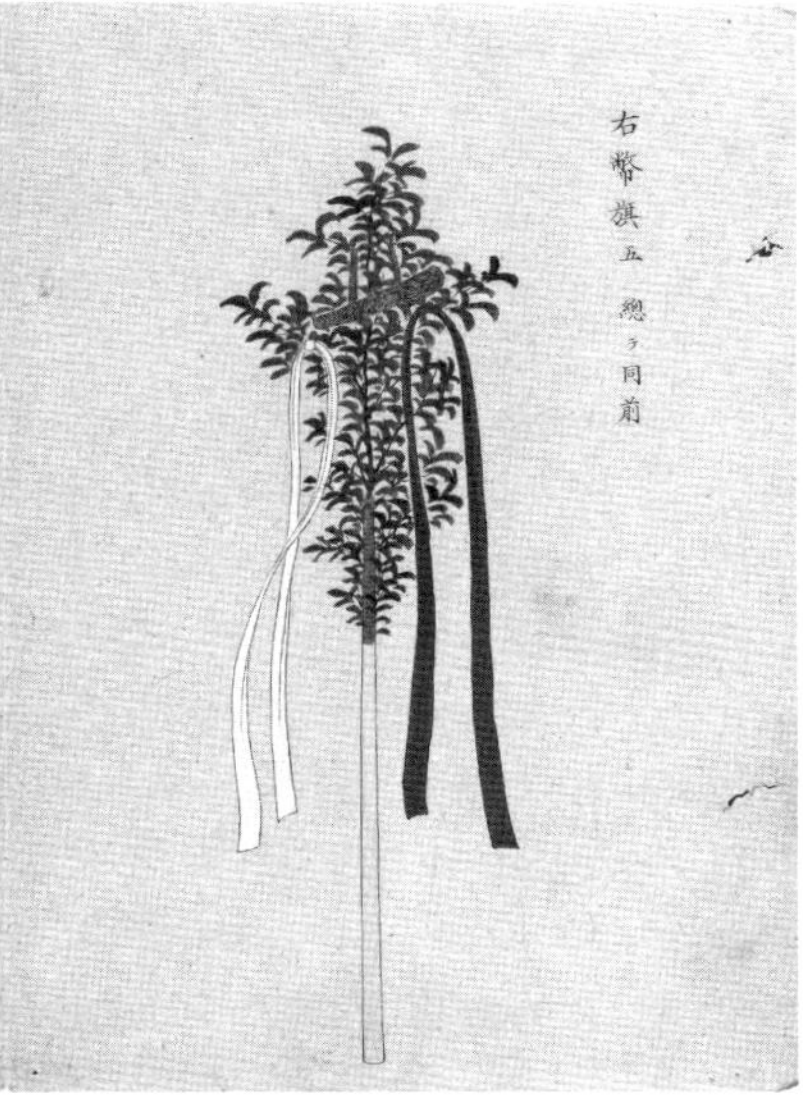

右幣旗五（赤白）

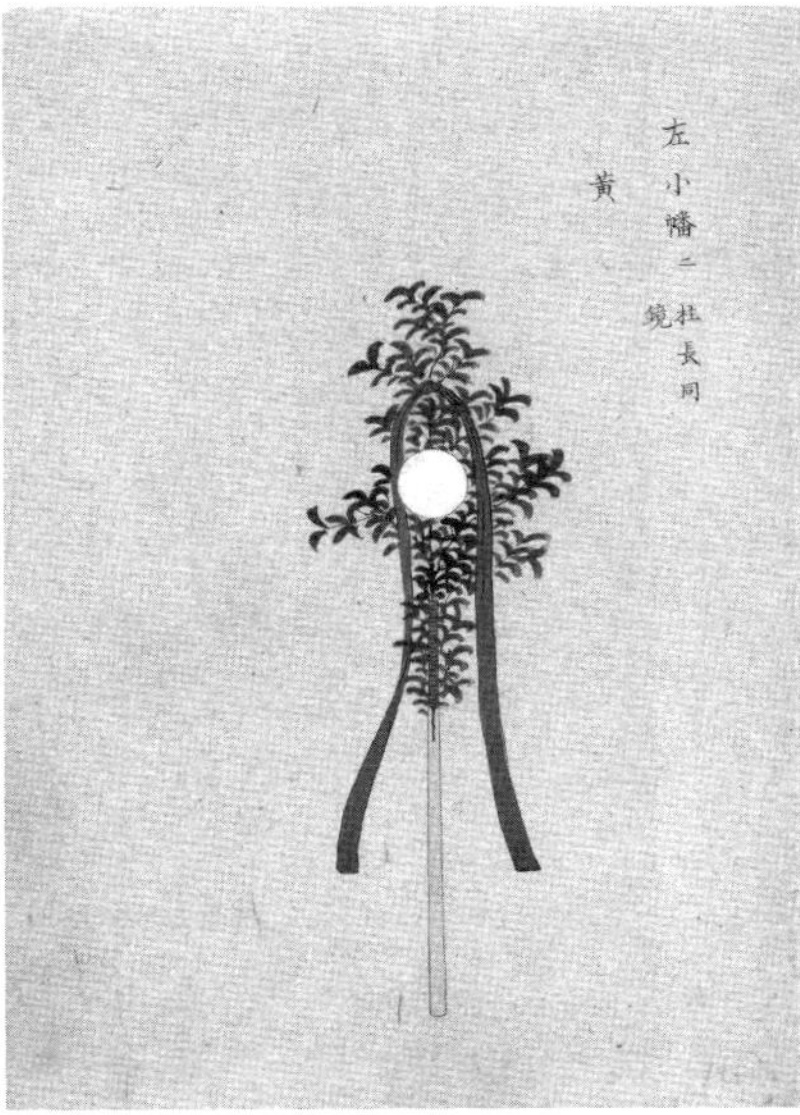

左小旗二（黄）

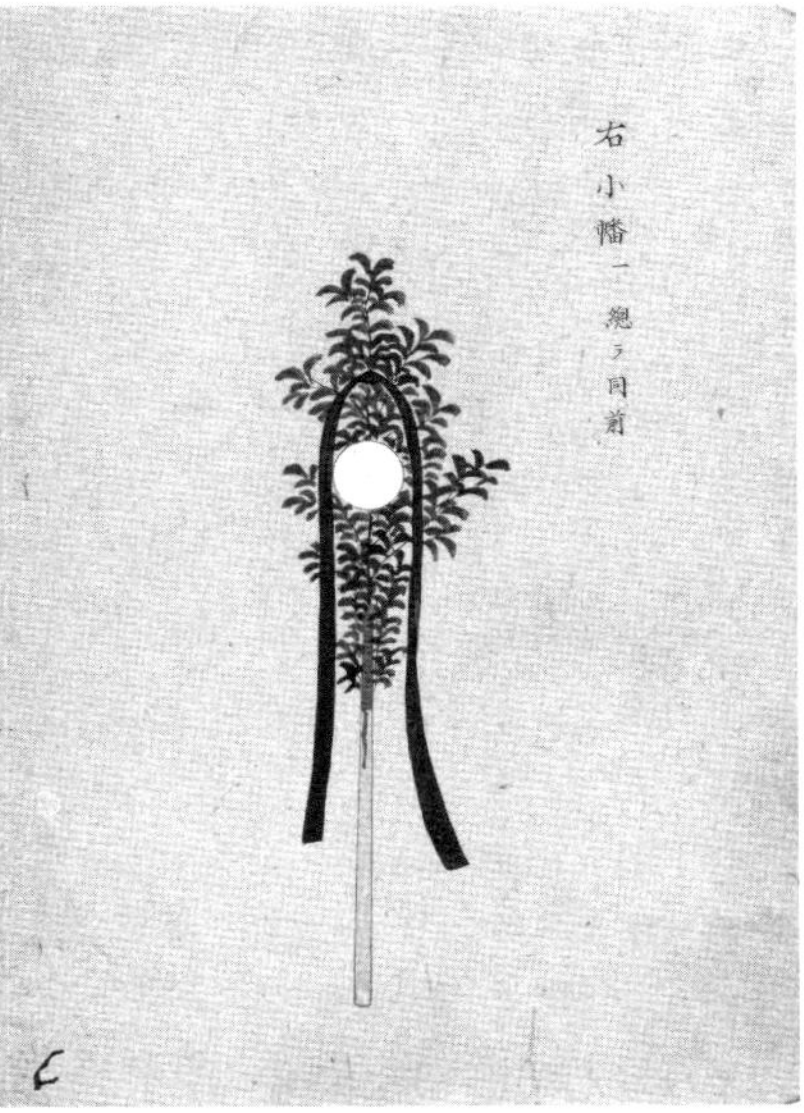

右小旗一（青）

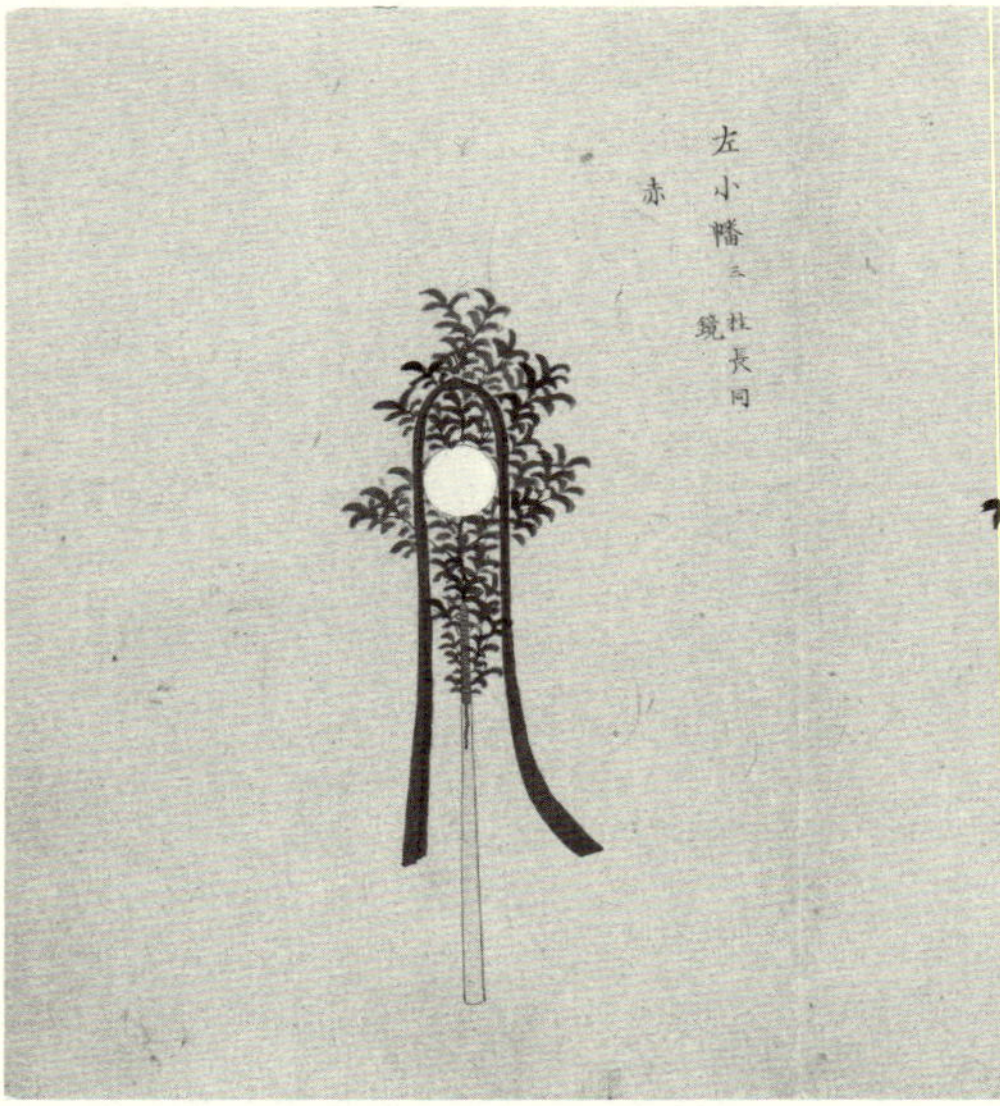

左小旗三（赤）

右小旗二（黄）

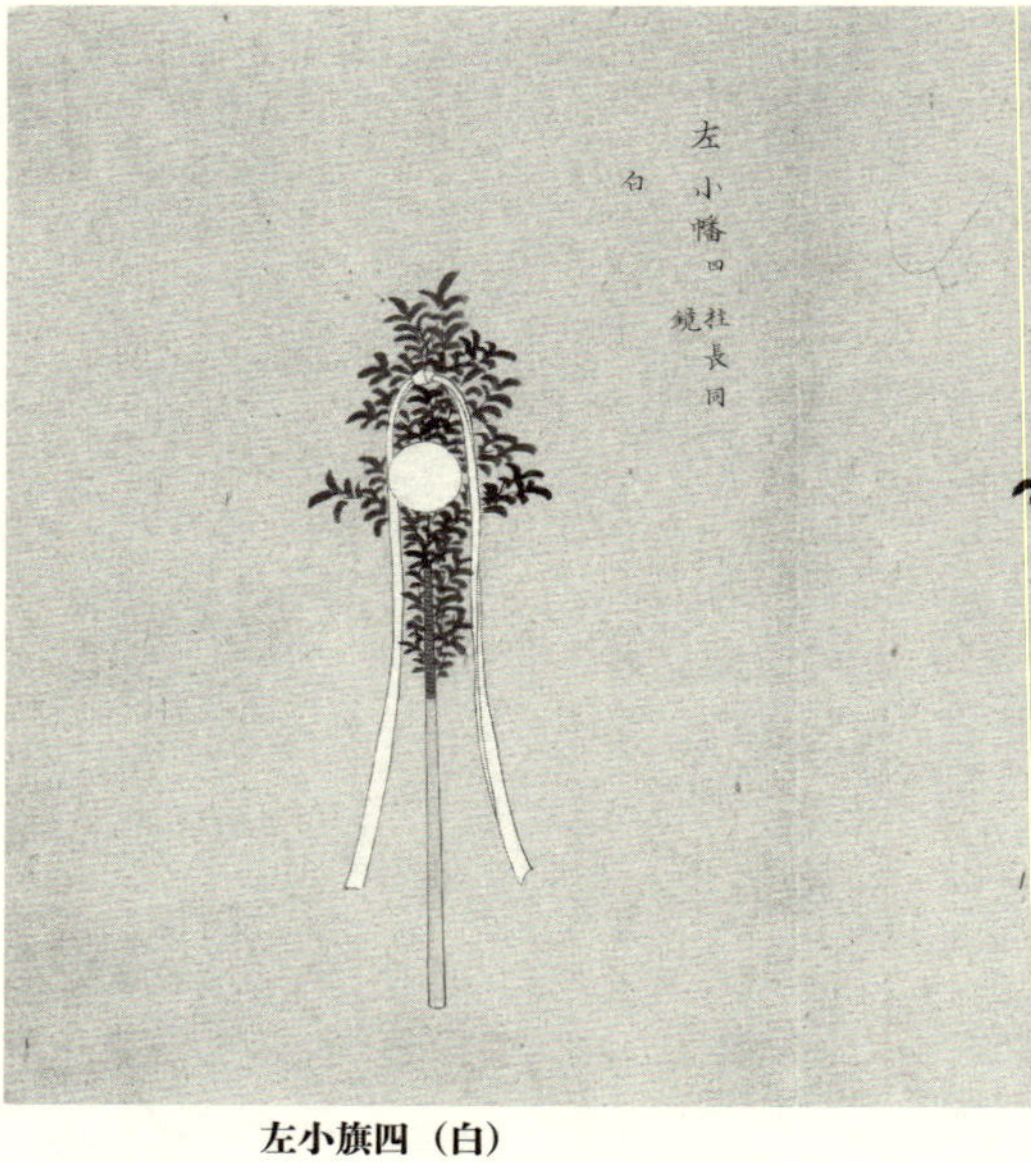

左小旗四（白）

右小旗三（赤）

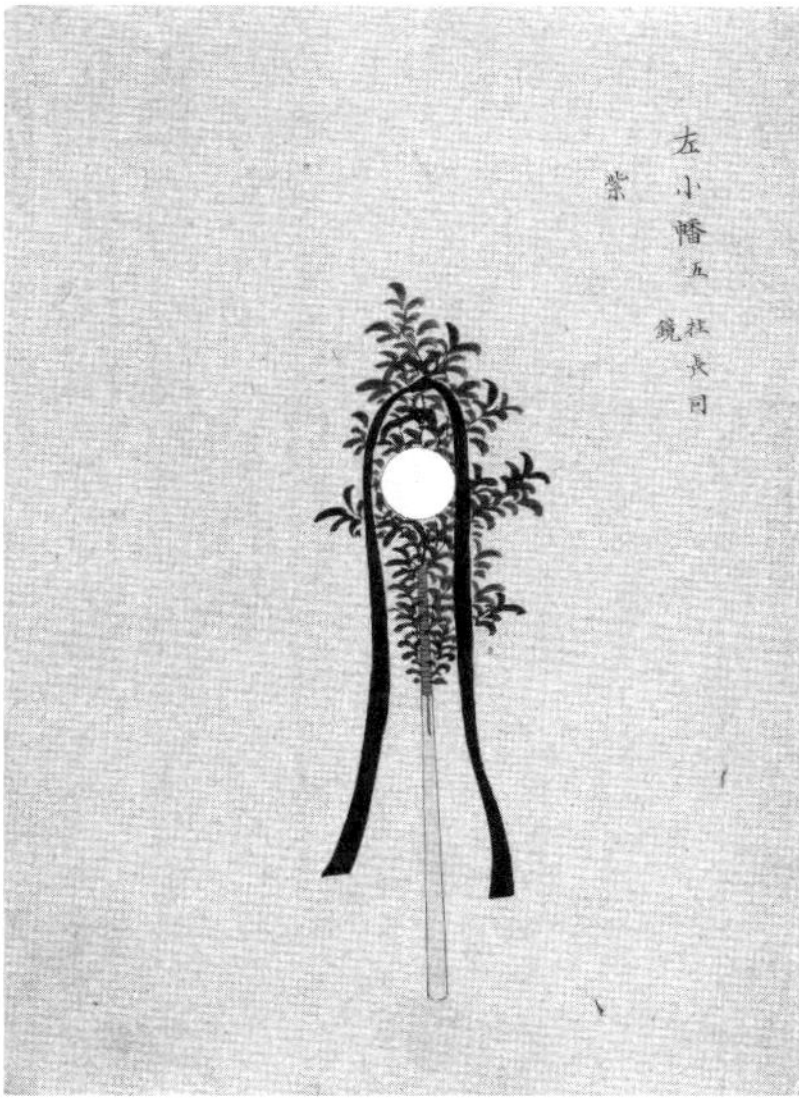

左小旗五（紫）

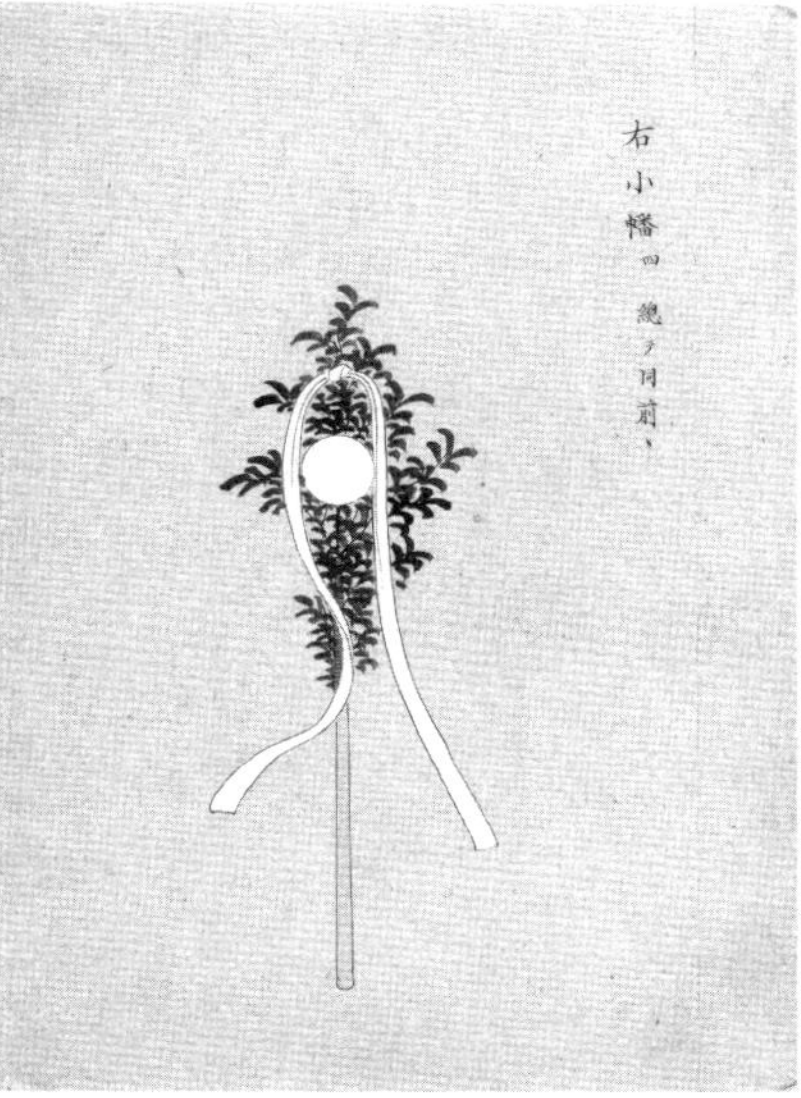

右小旗四（白）

鉾（二・一）

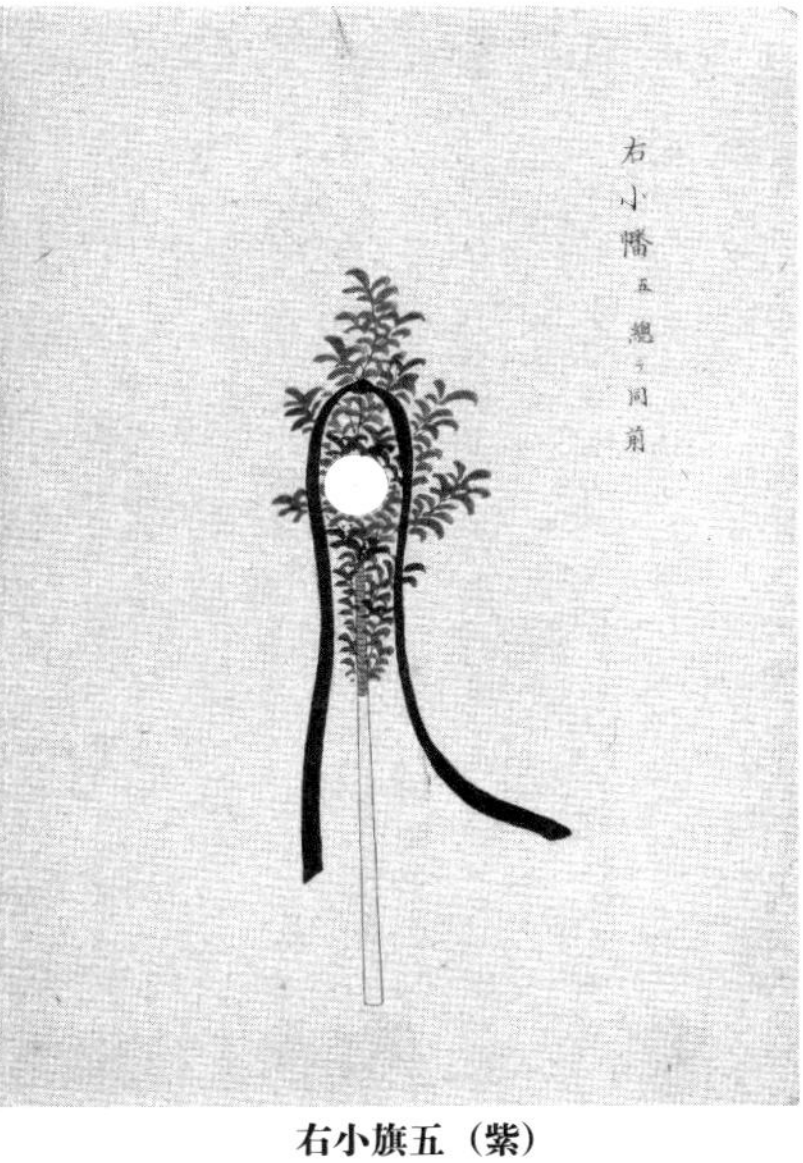

右小旗五（紫）

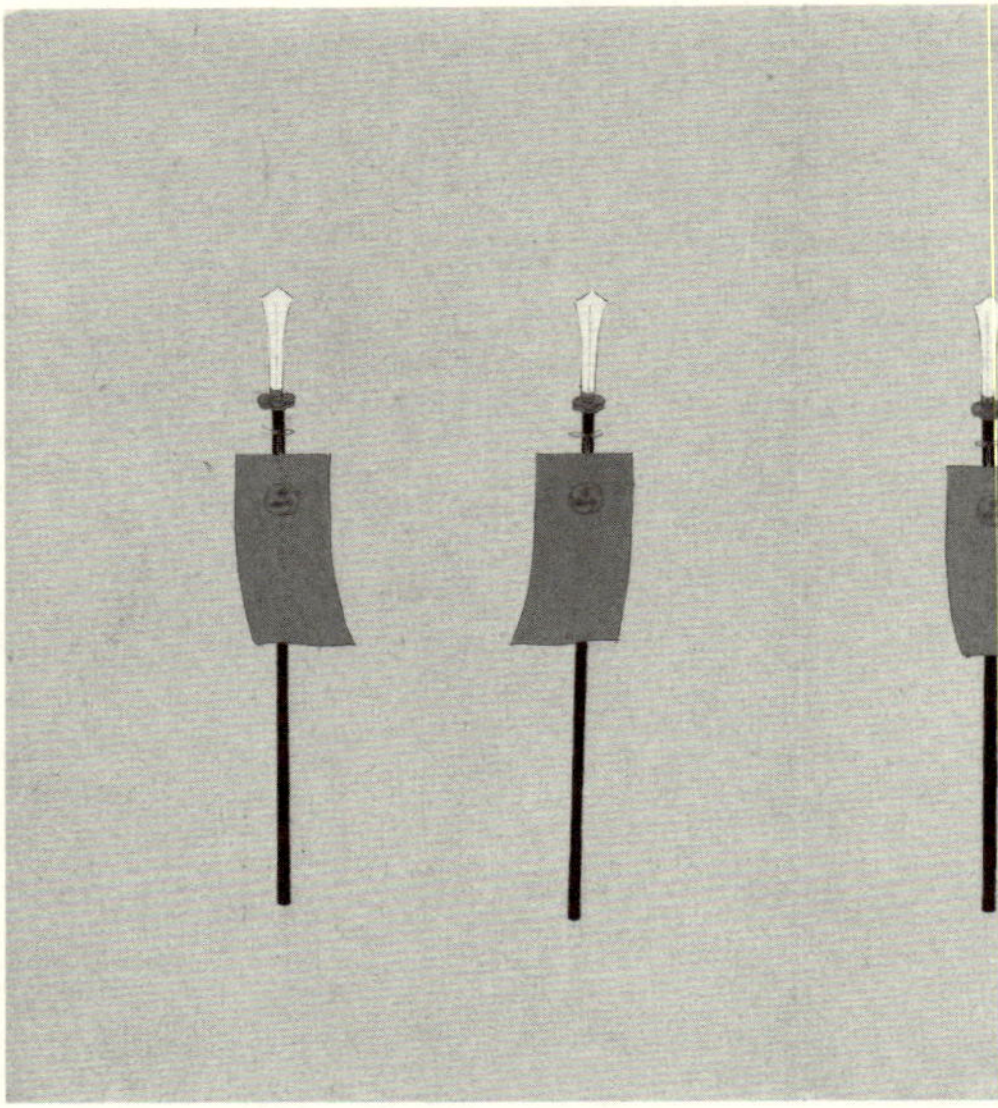

鉾（六・五）

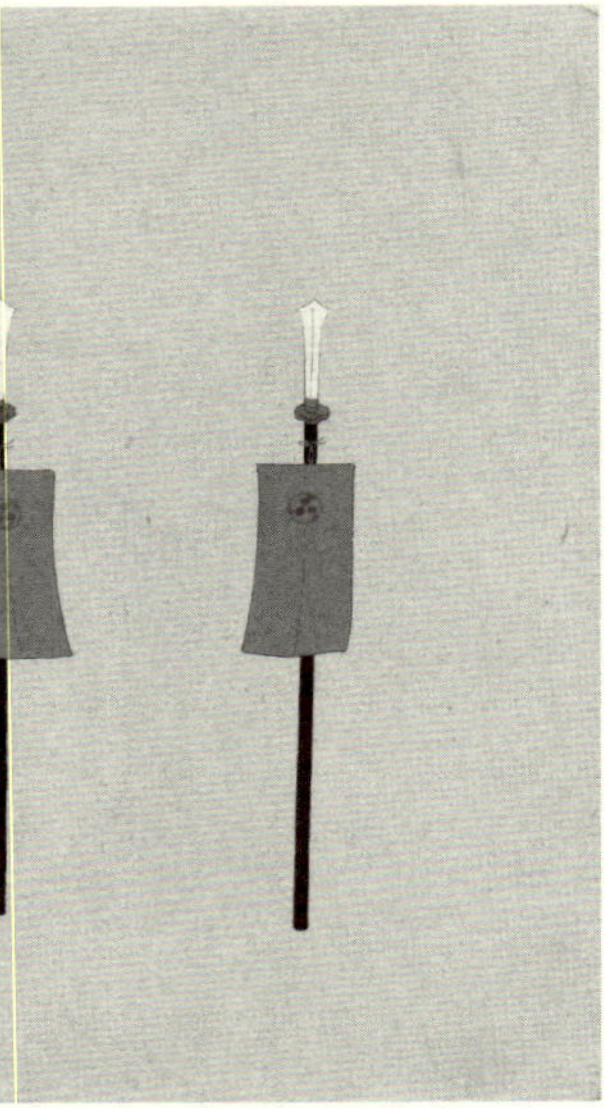

鉾（四・三）

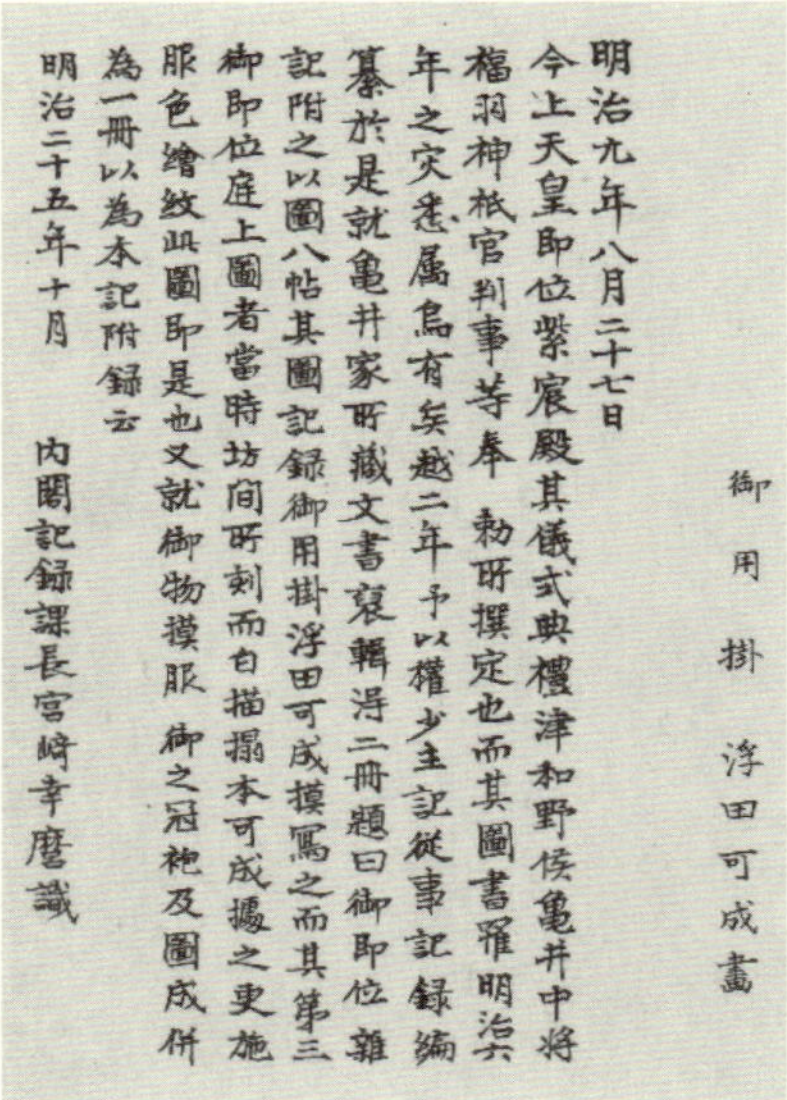

御用掛　浮田可成畫

明治九年八月二十七日
今上天皇即位紫宸殿其儀式典禮津和野侯亀井中将
福羽神祇官判事等奉　勅所撰定也而其圖書罹明治
年之灾悉属烏有矣越二年予以權少主記從事記録編
纂於是就亀井家所藏文書裒輯得二冊題曰御即位雜
記附之以圖八帖其圖記録御用掛浮田可成摸冩之而其第三
御即位庭上圖者當時坊間所刻而白描搨本可成據之更施
服色繪紋此圖即是也又就御物摸服　御之冠袍及圖成併
為一冊以為本記附録云
明治二十五年十月
内閣記録課長宮崎幸麿識

（奥書）

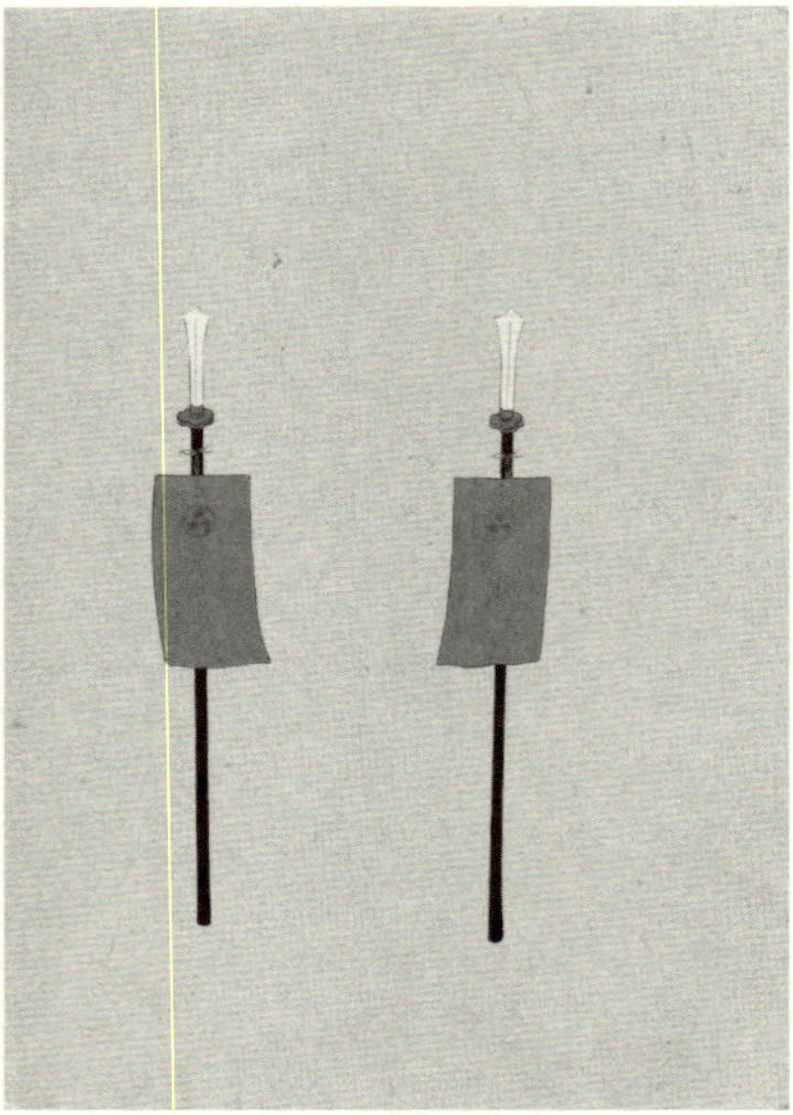

鉾（八・七）

第三章　明治四年の『大嘗会雑記』

一　明治大嘗祭は東京で斎行

本章には、太政官記録課編『公文録』所収の『辛未大嘗会雑記』（2A9㊣四五五）を紹介する。明治の大嘗祭に関する基本資料としては、『太政官日記』『明治四年大嘗会記』などが一般に知られている。しかし、それをも含む関係の公文書は、『公文録』と『太政類典』に最も良く網羅されている。

この『辛未大嘗会雑記』（以下「雑記」と略称）は、明治の即位式と大嘗会との改革に大きな役割を果たした福羽美静門下の国学者宮崎幸麿（のち太政官記録課長）が中心となって関係資料を収集整理したものである。その翻刻に先立って、即位式から大嘗会までの流れを略述し、この「雑記」の解説に代えよう。

明治元年の即位式当時、戊辰戦争はまだ東北地方で続いており、新政府としては威信を天下に示すためにも、明治天皇の東京行幸を実行しなければならなかった。そこで新帝は、同年九月八日、慶応四年（一八六八）を「明治」と改元（出典『書経』に「天子南面而聴、天下嚮レ明而治」とある）のうえ、その二十日に京都を出発、十月十三日から二箇月近く旧江戸城（皇居）に滞在して、いったん、十二月二十二日に帰京された。しかも、翌二年三月七日に再度東幸され、事実上の〝東京奠都〟に踏み切られたのである。

それに対して京都では、天皇が速かに還幸されて従来どおりの大嘗会を行われるよう、熱心に主張している。就中、平田系国学者の矢野玄道は、同年四月「大嘗祭は実に無上至尊の御大礼故……万事御興復相成度、（明治二年）初冬には御禊行幸之御儀等も御座候事故、何故一日も早く御還幸被レ遊度事」を政府に要望している（愛媛県大洲中学予章会編『矢野玄道先生略伝』所引）。また同年九月、中宮（昭憲皇后）の東行には、京都市民が切実な反対の動きを示した。

しかし、翌三年（庚午）に入ると、太政官は、東北未綏や諸国凶荒などを理由に、京都への「還幸御延引」を布告し、また神祇大副白川資訓や少副福羽美静らが、神祇伯中山忠能を通して太政官に、大嘗会を今年中に当地（東京）で行われるか、来年京都へ戻って行われるのか、決めてほしいと上申したところ、政府としては、還幸延引につき、明年（東京において）行うほかない旨、回答している（「雑紀」(1)(2)）。そして『太政類典』所収文書（後掲「付一」A）によれば、七月には当島から「亀卜御用掛」を東京へ招いている。

もちろん、それには反対の声も強くあった。とりわけ矢野玄道や角田忠行らは、京都で古式どおり斎行さるべきことを強硬に主張し続けている。そのため政府は、翌四年に入ると、彼等を「御不審の筋有レ之」として諸藩に預ける形で追放すると共に、神祇官から「大嘗会要旨」を上申し、「今冬於二東京一大嘗会被レ為二執行一候旨」を布告するに至ったのである(3)(4)。

二　明治四年大嘗会の準備進行状況

かくて明治四年には、仲冬（旧暦十一月）の大嘗会に向け着々準備が進められている。その進行状況を「雑記」によって見ると、先の即位式と同様、古儀をふまえながらも、かなり大胆な改革を打ち出したことがわかる。

すなわち、まず四月六日、孝明天皇の月輪東山陵に勅使が遣わされ、「東京に留り坐て御代の初の大嘗聞食」すことを奉告している(5)。つぎに五月十九日、神祇伯中山忠能・大弁坊城俊政、および神祇少副福羽美静・神祇大祐門脇重綾らが「大嘗会御用掛」に任命されている(6)。

また五月二十二日には、大嘗会の「御用田」（斎田）候補地として、あらかじめ取り調べた安房国（千葉県）の二郡と甲斐国（山梨県）の二郡との中から、古式どおり神祇亀卜家の吉田良義や鈴鹿熙明らをして「悠紀・主基国郡卜定」を行わせて悠紀方には甲斐国の巨摩郡、主基方には安房国の長狭郡を選んでいる（7）。なお、『太政類典』には、神祇官で行われた「悠紀・主基国郡卜定御祭典」の次第が収められている（後掲「付一」B）。

ちなみに、平安中期以降、京都以東の近江を悠紀国、京都以西の備中か丹波を主基国とすることが慣例となっていた。しかし、このたびの大嘗会は、初めて東京で行うのであるから、旧慣にとらわれることなく「東西の別なかりし古例」によって選ばれた。しかも、従来と異なり、この段階で郡内の斎田（悠紀方は上名田村山田松之丈所有地、主基方は北小町村前田小平太等所有地）まで特定している（『明治天皇紀』明治四年五月二十二日条）。

この七月には全国の〝廃藩置県〟が断行されるなど、まさに諸事一新の最中であったが、大嘗会の準備は滞りなく進められた。九月に入ると、大掌典白川資訓らが「抜穂使」として発遣され、悠紀方では十一日、主基方では二十六日に抜穂の儀が行われている（8）。

また、十月十五日には、伊勢の本宮・別宮と皇霊殿・神祇省神殿、及びこの五月制定の新社格に基づく官幣社（大社29社・中社6社）と国幣社（中社45社・小社17社）に対して、それぞれ班幣の儀があった。特に伊勢の神宮には「由奉《よしのほう》幣《べい》」も行われており、賀茂両社・男山八幡宮・（武蔵）氷川神社などや神祇省神殿・皇霊殿および官幣社・国幣社などへも奉幣が行われている（9）。

ついで、悠紀国の甲府県から、地方産物献上の願い出があり（10）、また、京都府の宇治郡からも、従前の新嘗祭と同じく粟と米を御供として献上の願い出があった（11）。そのうち、前者は特別に認可されたが、後者は停止されている。さらに神祇省から、神饌のほかに「庭積机代（物）」を悠紀方と主基方から差し出す「新式」を提案したところ、幸い採用されている（13後半）。

なお、『太政類典』所収文書（後掲「付二」C）によれば、三河の豊橋藩以下十藩から「大嘗祭神調糸」の献進を願い出たが、認められなかった。それに対して、阿波の忌部氏による麁妙《あらたえ》（大麻織布）献進は、南北朝期から途絶えていたが、明治四十一年の皇太子嘉仁親王徳島県行啓を好機として、復興の要望が盛り上っている。とくに忌部神社宮司斎藤普春の著作『阿波志料　践祚大嘗祭御贄考』は、やがて大正四年の大嘗祭で麁服《あらたえ》の貢進が五百数十年ぶりに復興される論拠を提示した資料とみられる。よってその簡単な解説と本文の主要部分を、本書第四章「東京初例の『大嘗祭図』」に「付」として掲げる。

さらに、大嘗会に新しく「皇后御拝」の儀を加えること⑬前半）、また大嘗会の意義を平易に説いた「大嘗会告諭」を神祇省から布告すること⒁、しかも従来一箇月の散斎（修禊）を五日間に短縮し、大嘗会に続く節会も従来の三日間（辰日悠紀節会・巳日主基節会・午日豊明節会）を豊明節会のみに統合してしまうと共に、そのさい勅任官・奏任官および判任官総代などを参朝させるのみならず、諸省と地方の在京官員らに「斎場参拝」を許し、また一般の神社でも「相応の神事」を行い、一般士民も参拝して賑々しく祝うよう勧め、そのうえ二十日から二十九日までの十日間、東京府民らにも「斎場参拝」を許す⒂など、新しい試みを行っている。

ただ、新政府では、近代化＝西洋化を急ぐため、岩倉具視を特命全権大使（副使は木戸孝允と大久保利通）とする「遣米欧回覧使節団」が、すでに十一月十日、東京を発ち横浜から出航していた。そこで、十七日の大嘗祭において行幸供奉などを務めたのは、太政大臣三条実美と参議西郷隆盛以下の閣僚および神祇省・宮内省・式部寮・悠紀方・主基方の官員など、合計一二七名であり、祭儀自体に釆女十名が奉仕している⒃。

また、大嘗祭に先立って、豊明節会には、祝砲を発し艦船に国旗と信号旗を掲げて、奉祝の意を表すこと⒄、大蔵省から諸省・諸県の官員および御雇外国人らに酒饌を賜わること⒅⒆、神祇省から伊勢の神宮と官幣大社・国幣中社の神官らに酒饌を賜わること⒇、および文部省から大学校（東校・南校）や中小学寄宿生などの生徒に酒饌を賜わること(21)などが示されている。

さらに、このたび大嘗宮の殿舎は、従来の少し手狭な京都御所紫宸殿の南庭と異なり、旧江戸城の吹上御苑の広芝（境域東西六十五間、南北七十一間）の中に、悠紀殿を西方、主基殿を東方とし（従来と正反対。東西の広さも従来の約一・五倍）、廻立殿を北方に設け、南面中央の神門を南西の伊勢神宮に向ける、という形で建てられた。

それらの竣工した十一月十五日、宮地鎮祭と神門祭・悠紀主基の両殿祭が行われた(12)(22)。また同日、賢所前庭で「宮中節折《よおり》」（大祓）の儀も行われている(23)。

三「仮式」の大嘗祭と豊明節会

このような準備を経て、十一月十七日卯日（新暦十二月二十八日）に行われた大嘗祭は、「雑記」(24)の「大祀式」（事前に配られた「大嘗会式」であろう）に詳しい。その要点をあげれば、午後一時、悠紀・主基両国などから神物（御稲・御膳・御酒・神饌と繒服《にぎたえ》・麁服など）を神祇省より悠紀・主基の膳屋に納め、四時ころ、神祇大少輔（福羽美静・門脇重綾）らが悠紀殿と主基殿に神座を設けた。

こうして準備が整い、午後五時に参列者が中門外の幄舎に着くと、明治天皇は六時に廻立殿へ出御され、御湯のあと祭服を召して筵道から悠紀殿へ入御された。すると、伶人らが国栖古風と悠紀国風を奏し、掌典・采女らが神饌（御飯・生魚・干魚・菓子・鮑汁漬・和布汁漬・御羹・御酒・御粥など）を丁重に運び、大掌典らが初めて庭積の机代物（鯛・鮭・和布・海松・鮑・烏賊・棗栗・柿・雁・雉子・蘿蔔・胡蘿蔔・午房など）を列ねた。

そこで、悠紀殿の内陣においては、天皇がみずから神饌を供進され、太政大臣（三条実美）が祝詞を奏したあと、神饌の一部（米と粟の御飯、白酒・黒酒など）を召しあがられる直会《なおらい》の儀があり、十時ころ廻立殿へ還御された。

続いて翌未明、主基殿において同様の祭儀が繰り返されている。ただ、この夜は「雲深くして時々微雨」のためか、新式の「皇后御拝」は行われなかったようである（『明治天皇紀』同十一月十七日条参照）。

ついで、豊明節会についても、「雑記」(25)に詳しい。それによれば、まず十八日は、午後一時、親王・大臣以下・諸省奏任官以上が正殿に参列し、天皇が大広間に出御して高御座代（御帳台）に就かれると、神祇大副（福羽美静）が「天神寿詞」を奏し、太政大臣（三条実美）が宣命を読みあげる。続いて、式部頭《（ママ）》（坊城俊政）が悠紀地方からの献物（搗栗・白柿と絹）と主基地方からの献物（干鮑）について奏する。そのあと、天皇と臣下が白酒・黒酒と御膳を共に飲食し、国栖奏・悠紀主基国風および久米舞・舞楽の奏があり、五時ころ終了した。

また翌十九日には、初めて麝香間詰・非職華族らが召され、前日とほぼ同様の宴会が行われている（但し、前日のような天神寿詞と悠紀・主基両国献物の奏はない）。

なお、各省の判任官らは各省で、神宮の神官は伊勢で、地方の奏任・判任官らは各所で、官幣・国幣社の神官らは所管府県で、また京都にいた女官らは御所で、親王と京都在勤の勅任官らは留守宮内省で、兵学寮と東校・南校などの生徒も各校で、それぞれに饗膳を賜わっている（『明治天皇紀』）。

さらに各国の公使・書記官ら十人は、十八日に延遼館へ召かれて日本料理の饗膳を賜わった。そのさい、日本側の祝辞は外務卿（副島種臣）、外国側の祝辞は和蘭公使代任と伊太利亜公使が述べている。また御雇教師らは、十九日に文部省へ召かれて饗膳を賜わったが、そのさい祝辞は文部卿（大木喬任）、答辞は東校のドイツ人教師（ミュルレル）が行っている(26)。

このように、『辛未大嘗会雑記』を通覧すると、十七日（仲冬中卯日）の祭儀そのものは大筋で古式に則っているが、その準備段階で初めて東京中心に悠紀方・主基方を定め、吹上御苑に従来より広い大嘗宮を設け、散斎（修禊期間）を従来の一箇月から五日間に縮め、また従来三日間にわたった節会を豊明節会のみとし、さらに初めて外国公使らにも饗饌を賜わり、官員だけでなく一般国民にも斎場（大嘗宮）の拝観を認め、全国的に官庁や神社などでの奉祝行事を行わせるなど、かなり大胆な改革を実施したことになる。

この改革を立案し推進した中心人物は、即位式の場合と同様、神祇大副の福羽美静であった（この『雑記』を整理した宮崎幸麿は、津和野以来の福羽の門人である）。

しかし、維新激変の最中に、しかも千余年の京都ではなく東京で初めて行ったことであるから、決して十分な討議の上の完全な改革とは言い難い。事実『明治天皇紀』（同十一月十七日条）にも、「今次の大典は専ら仮式を以て之れを行ひ、後来、大礼の大いに定まるを竢つ。」とあり、当局者たちも将来再検討の必要があることを認めている。

参考までに、津和野郷土館所蔵の福羽美静草稿二篇（Ⓐ Ⓑ）を末尾「付二」に収めたが、これは明治十五年、大嘗祭と新嘗祭の要点を簡潔にまとめたもので、本格的な祭式整備に資するため書き遺したのかと思われる。

それらを承けて進められた明治中後期の動向、とりわけ『皇室典範』制定後、多田好問（⑯㋩に式部大属としてみえる）らの起草した『登極令』の制定経緯と内容等については、本書第六章「『登極令』の成立過程」を参照して頂きたい。

（平成三年十月十六日稿）

【付記】この解説を纏めるにあたり、『明治天皇紀』（洋装本第一冊・昭和四十二年刊）と共に、左の方々の論著などを参考にさせて頂いたことを明記し、学恩に謝意を表する。

・西川順士氏「近代の大嘗祭」（皇學館大学神道研究所編『大嘗祭の研究』所収、昭和五十三年刊）
・加藤隆久氏「明治大嘗祭と福羽美静」（同氏著『神道津和野教学の研究』所収、昭和六十年刊）
・武田秀章氏「近代天皇祭祀形成過程の一考察」（井上順孝他編『日本型政教関係の誕生』所収、昭和六十二年刊）
・阪本是丸氏「明治の即位式と大嘗祭」（別冊歴史読本『図説・天皇の即位礼と大嘗祭』所収、昭和六十三年発行）
・高木博志氏「明治維新と大嘗祭」（岩井忠熊他編『天皇代替り儀式の歴史的展開』所収、平成元年刊）

辛未大嘗会雑記

※原本冒頭の目次項目を各文書の見出しとして掲げ、便宜各項に一連番号(1)～(27)、細目に符号を冠した。

権少主記　宮崎幸麿　整頓

(1)　還幸御延引、大嘗不レ被レ為レ行旨、留守官へ御達幷布告。

三月十八日公布。／当年　還幸の上、大嘗会被レ為レ行候筈に候処、東北綏撫の道未レ被レ為二行届一、加レ之諸国凶荒、奥羽に於ては皆無同様、国用欠乏、旁以不レ被レ為レ得レ止還幸御延引被二仰出一候間、右の趣、布告可レ致事。

庚午（明治三年）三月　太政官

(2)　神祇官より大嘗会東京に於て被レ為レ行度伺。

大嘗祭の儀、東京両度の／臨幸に付、是迄被レ為レ及二御延年一候得共、今年は必被レ為レ行候御事と奉レ存候処、東京にては御不都合の儀被レ為レ在候に付、猶御差延の旨敬承仕候。然処、右は無上の御大礼に付、来未年は必／御還幸於二京都一被レ為レ行候御事に候哉。左候はゞ其段御確定の処被二仰出一度、実は明年迚も／御還輦は屹度可レ被レ為レ在哉。其辺の処、何とも難二申上一候得共、可二相成一ば当年於二当地（東京）一被レ為レ行度奉レ存候。依て何れも御確定被二仰出一候様奉レ願候也。

午二月　権少祐巌雄／少祐延胤・景通／少副美静／大副資訓

（神祇）伯　殿

弁官付紙／当年／還（幸）行御延引に付、大嘗会の儀は明年可レ被レ行事。

(3)　神祇官より大嘗会要旨上申。

大嘗の権輿、天孫瓊々杵尊即位、高千穂宮天降元年に起る。爾来、歴朝即位元年より始め、毎歳新穀を以て新嘗の儀あり。故に上古、大嘗・新嘗の称別旡（无）し。而て践祚の大祀を特に大嘗とし、毎歳の新嘗卜区別有る事は天武天皇前後より然る歟。是故に上古の新嘗は後世の大祀にして、毎歳春夏より仲冬に竟るの例たり。当時漸く毎歳の大儀を省き、全の式は践祚の大祀を以てす。抑／天孫降臨の期、天祖三種の神器を授け、又忌庭の穂を依し給ふ。於レ是宝祚之隆、天壌無レ窮の詔有り。天皇即ち宝祚を保つに、其忌庭の穂を所二聞食一を以てし給ふ。是天職の本源たり。古語に食国之政と称す。此の故に毎歳孟春より仲冬に至て新嘗の事を行ひ、以て周歳の政務とす。其儀、仲冬卯日、　天皇、天神地祇を親祭し給ひ、辰・巳の日、悠紀・主基の両帳に御して、両国の新穀を所聞食し、即ち宴を群臣に賜ふ。卯・辰・巳三日の儀、三日の儀全く行はる、、是大嘗の真義にして、／　君臣天下と共に天職を奉じ給ふ所、三日の大儀、祭政惟一なる者也。

今上、千載の回運、正に八洲を掌握し給ひ、衰頽・修飾の虚礼を改め、隆盛・純粋の本儀に復し、／皇天真に感格の天職を尽し給ふ。更始の重事、此に在歟。謹而以聞。

明治四年三月　　　神　祇　官

(4)　大嘗会執行布告。

公布。／今冬於二東京一大嘗会被レ為二執行一候旨、被二／仰出一候事。

辛未三月廿五日　　　太　政　官

(5)　孝明天皇山陵へ勅使被二仰付一御達幷に宣命。

(イ)

孝明天皇山陵　勅使被二／仰付一候事。

大納言徳大寺実則

辛未四月五日　　　太　政　官

(ロ)〔四月八日、東京　皇居に於て大嘗会行はるべき旨を／孝明天皇山陵及／太皇后に告給ふの　勅使発遣、左の書を附せらる。〕

天下形勢不レ被レ為レ得レ止、且綏御の職を被レ為レ尽／還幸御延引。依レ之大祀於二東京一被レ為レ行候事。

(ハ)宣命／天皇乃大命爾坐世《すめらみことのおほみことにませ》、掛巻母恐支後月輪東乃《かけまくもかしこきのちのつきのわのひがしの》御陵乃大的爾《みささぎのおほまへに》、正二位行大納言藤原朝臣《ふぢはらのあそみ》（徳大寺）実《さね》則乎使止為弖白給波久止白佐久《のりをつかひとしてまうしたまはくとまうさく》、往志《いにし》明治二年乃春《のふたとせのはる》、東京爾伊伝麻志弖与利内外乃国乃政《にいでましてよりうちとのくにのまつりごと》乎聞食志治服幣給布《をきこしめしをさめまつろへたまふ》爾依利弖朝爾暮爾怠留事無久忘《によりてあしたにゆうべにおこたることなくわするる》留事無久《く》／天神地祇《あまつかみくにつかみ》、御代御代乃《みよみよの》／天皇乃大前乎慎敬比守給幣幸幣給幣止《すめらみことのおほまへをつゝしみゐやまひまもりたまへさきはへたまへと》乞奉良世給布《こひまつらせたまふ》。故内外乃国乎弥遠長爾安国止平気久知食佐《かれうちとのくにをいやとほながにやすくにとたひらけくしろしめさ》牟止思食須随《むとおもほしめすまにまに》爾、尚《なほ》東京爾留坐弖《にとどまりまして》御代乃初乃大嘗聞食《みよのはじめのおほにへきこしめ》佐牟事乎今大前爾告左世給布乎都姿良爾知食世止宣留《さむことをいまおほまへにまうさせたまふをつはらにしろしめせとのる》。／天皇《すめらみこと》乃大命乎聞食世止恐美恐美母白須《のおほみことをきこしめせとかしこみかしこみもまうす》。

明治四年四月

(6)　大嘗会御用掛被二　仰付一御達。

各通　神祇伯中山忠能／大弁坊城俊政／神祇少副福羽美静／神祇大祐門脇重綾

大嘗会御用掛被二　仰付一候事。

辛未五月十九日　　　　太　政　官

神祇大祐北小路随光／右同文。

(7)　大嘗会悠紀・主基国郡卜定執行被二仰出一并卜定式。

㋑大嘗会御川に付、上田取調候様、被二　仰渡一候に付、地理司官員差出為二取調一候処、安房国は長尾藩支配地原郡・花房藩支配地長狭郡、甲斐国は甲府県支配地巨摩郡・山梨郡、右郡々御用田相成可レ然存候。依レ之此段申進候也。

辛未五月二日　　　　民　部　省

弁　官　御　中

取調の儀、御達書面闕。

㋺大嘗会上田の儀に付、民部省より弁官へ別紙申立写、為二心得一弁官より福羽少副へ御渡候に付、御廻し申入候也。

辛未五月三日　　　　宮中伺　候　所

本　官　御　中

神祇官申立書、其他書類闕。

㋩

大嘗会由基・須基国郡卜定、来る廿二日朝八字被レ行候間、此旨相達候事。

辛未五月十七日　　　　太　政　官

神　祇　官

㋥来る廿二日、大嘗会悠紀・主基国郡卜定に付、廿一日晩より御祭典畢る迄、御神事候事。

辛未五月十九日　　太政官

ホ 来る廿二日、悠紀・主基国郡卜定参勤被二仰付一候事。

正三位吉田(卜部)良義

辛未五月廿日　　太政官

ヘ 来る廿二日、悠紀・主基国郡卜定参勤申付候事。

鈴鹿熙明

辛未五月廿日　　太政官

ト 各通　山田有年／鈴鹿通安

来る廿二日、悠紀・主基国郡卜定に付、役送勤仕申付候事。

辛未五月廿日

チ 来廿二日、神祇官於て／大嘗会図郡卜定に付、朝第七字、例の通出張可レ有レ之候。仍て申入候也。

辛未五月十九日　　弁官

弾正台御中

リ 本日、大少祐の中伺候可レ致処、国郡卜定御祭典に付、不レ能二其儀一候。仍て此段申進候也。

辛未五月廿二日　　神祇官

弁官御中

ヌ **国郡卜定次第**。〔神祇官、神殿庭に於て行レ之。〕

五月廿二日、早旦、神殿装束を庭上に鋪設す。

刻限、神祇官・太政官・民部省、各著座。

次神殿開扉。〔神楽歌を奏す。〕／次祝詞。〔神祇伯奏レ之。〕

次神饌。〔神楽歌を奏す。〕／次卜部〔吉田良義〕著座。

次大臣〔三条（実美）右大臣〕、少弁〔内田政風〕に命じて、大史〔巌谷脩〕をして覧筥を持参せしむ。其儀、預め悠紀・主基両国の郡名〔悠紀方、甲斐国巨摩郡・山梨郡。主基方、安房国長狭郡・平群郡。〕を封書し、覧筥に収む。

次大臣、国郡の封書を取て弁に授け、卜定す可きの由を命ず。弁、之を神祇大祐〔門脇重綾〕に授く。大祐、伝て神祇伯〔中山忠能〕に進ず。

次神祇伯、卜部を召して卜定を命ず。

次卜部、卜庭神を降す。／次神饌。〔神楽歌を奏す。〕

次祝調（詞）。〔卜部奏レ之。〕

次卜定。其儀、波々加木を用て亀甲を灼き、火拆を兆して之を卜定す。卜畢て卜合を書す。

次卜部、卜串〔卜合を封書して串に挿むを云。〕を伯に進ず。伯、祐に授く。祐、伝て之を弁に授く。弁、大臣に進ず。

次大臣、弁をして卜合を開封せしむ。

次大臣、見了て卜串を弁に授け、大史をして卜令を書せしむ。弁、命を大史に伝ふ。大史、本座に於て之を書す。書畢て之を弁に授く。

次弁、卜合書を大臣に進ず。〔筥に入る。〕

次大臣、弁を以て卜定を奏聞す。其儀、弁、卜合書を持し、参内して奏レ之。

次弁、奏聞畢て、卜定の書を大臣に反進す。

次大臣、弁を以て国郡卜定の由を民部省に命ず。

次卜庭神の神饌を撤す。〔神楽歌を奏す。〕／次神昇。

次神殿神饌を撤す。〔神楽歌を奏す。〕

次閉扉。〔神楽歌を奏す。〕／次各退下。

右、卜定儀畢て、民部省、甲府県・花房藩各地方に下知す。

悠紀方、甲斐国巨摩郡。〔甲府県管知。〕

主基方、安房国長狭郡。〔花房藩管知。〕

㋸ 卜儀祝詞。

掛巻母恐伎《かけまくもかしこき》太祝詞命《ふとのりとのみこと》久慈真知命《くしまちのみこと》乃大前爾《のおほまへに》、正三位（吉田）卜《うら》部朝臣良義《べのあそみながよし》恐美恐美母白左久《かしこみかしこみもまうさく》、掛巻母恐伎《かけまくもかしこき》／天皇乃御《すめらみことのみ》代乃始乃大嘗聞食左牟止為弖《よのはじめのおほにへきこしめさむとして》／皇神乃大前尓志弖《すめがみのおほまへにして》悠紀《ゆき》・主《す》基乃国郡乎卜幣志米給布《きのくにこほりをうらへしめたまふ》。

故《かれ》御酒《みき》波甕上高知甕腹満並弖《はみかのへたかしりみかのはらみてならべて》、青海原《あをみはら》乃物波鰭乃広《のものははたのひろ》物《もの》・鰭狭物《はたのさもの》、奥津藻菜《おきつもは》、辺津藻菜《へつもは》、山野《やまぬ》乃物波甘菜《のものはあまな》・辛菜《からな》・菓等乎奉置弖《このみどもをたてまつりおきて》、斎奉利卜仕奉留事乎見行志《いはひまつりうらへつかへまつることをみそなはし》聞食弖《きこしめして》、／皇神乃大御心爾《すめがみのおほみこゝろに》御饌《みけ》・御酒奉良牟《みきたてまつらむ》。悠起《ゆき》・主基乃国郡乎択美定給比弖《すきのくにこほりをえらみさだめたまひて》、此卜事爾出示志給幣止白須事《このうらごとにいでしめしたまへとまうすこと》乃由乎高々爾聞食世止恐美恐美毛白須《のよしをたかだかにきこしめせとかしこみかしこみもまうす》。

明治四年五月廿二日

㋾　神殿祝詞。

掛巻母恐伎《かけまくもかしこき》八柱《やばしらの》大神《おほかみ》・天神地祇《あまつかみくにつかみ》八百万《やほよろづの》神《かみ》、御代《みよ》
御代乃《みよの》／天皇《すめらみこと》、都弖三所乃大前爾《すべてみところのおほまへに》、従一位行神祇伯藤《ふぢ》(中山)
原朝臣忠能《はらのあそみただやす》、恐美恐美母白左久《かしこみかしこみもまうさく》、今年《ことし》／天皇乃御代乃《すめらみことのみよの》
始乃大嘗聞食左牟止《はじめのおほにへきこしめさむと》、悠紀《ゆき》・主基乃国与利《すきのくにより》御籬《みけ》・御酒奉《みきたてま》二
出志《だし》一、種々乃物等波《くさぐさのものどもは》大蔵省与利仕奉良牟止為弖《おほくらのつかさよりつかへまつらむとして》、今日乎《けふを》
生日乃足日止此大前乃神籬爾卜庭神乎坐世奉利卜部爾負《いくひのたるひとこのおほまへのひもろぎにうらばのかみをませまつりうらべにおほせて》弖、
悠紀《ゆき》・主基乃国郡乎卜幣麻迦那波志米弖定米給波牟為乃故《すきのくにこほりをうらべまかなはしめてさだめたまはむためのゆえ》
爾《に》、御酒波甕上高知甕腹満並弖《みきはみかのへたかしりみかのはらみてならべて》、青海原乃物波鰭広《あをみはらのものははたのひろ》
物《もの》・鰭狭物《はたのさもの》・奥津藻菜《おきつもは》・辺津藻菜《へつもは》、山野乃物波甘菜《やまぬのものはあまな》・
辛菜《からな》・菓等乎礼代止備奉弖斎祭良世給布《このみどもをゐやしろとそなへまつりていはひまつらせたまふ》。
故今年止云年乃間波今日与利始弖殊爾斎麻波里清麻波里仕《かれことしといふとしのあひだはけふよりはじめてことにえまはりきよまはりつかへ》
奉良牟状乎聞食弖《まつらむさまをきこしめして》、／天皇乃朝廷乎始弖天下四国爾波《すめらみことのみかどをはじめてあめのしたよものくにには》
百災起留事無久平気久安気久治米給比幸幣給幣止白須《もゝのわざはひおこることなくたひらけくやすらけくをさめたまひさきはへたまへとまうす》
事乎高々爾聞食世止恐美恐美母白須《ことをたかだかにきこしめせとかしこみかしこみもまうす》。

明治四年五月廿二日

㋻　神饌之品。

米　酒　餅　海魚　川魚　海菜　野菜　生菓　水　塩。

右、三座同供。／同前。／右、卜庭神。

※　宮内庁公文書館所蔵『大嘗祭記』全十冊（八一五二一～八一五三〇）は、この『辛未大嘗会雑記』より詳しく、東京以外の資料も数多く収載している。一例をあげれば、「辛未七月八日」に「京都府」から「弁官」に提出した次のような報告文書がある。

「大嘗会に付、悠紀・主基殿以下取建之儀、近例心得居候工人両人程、於当府人撰之上、早々出京候様可取斗旨、御達之趣、致承知候。則左之者共（宛書の後に「中長者町新町西入町／木子正進」「室町通上長者町下ル町／木子棟斎」二名）撰挙致し、来る二十日、府下出足申置候。此段御報告申進置候也。」

(8)　抜穂使参向被二仰付一御達、并抜穂式。

㋑

抜穂使参向被二仰付一候事。

大掌典白川資訓

辛未八月廿九日　　太　政　官

㋺九月九日、悠起方抜穂使を発遣す。卜合甲斐国巨麻郡の内、上石田村にと田を占す。先レ是饒田六反を点じ、四方に標縄を絙す。式部寮記録

九月廿三日、主基方抜穂〔官員、悠紀方に同じ。〕発遣。卜合安房国長狭郡の中、北小町村にと田を占す。先レ是饒田六反を点ずる事、悠紀方に同じ。〔但し、先レ是七月十四日、藩を廃して県とす。〕

ハ抜穂使参向交名／大掌典正三位白川資訓／神祇権大録尾形巌彦／大神部仲美英／中神部徳岡久遠

(8)′　抜穂式。

式部寮記録抄出

イ〔悠紀方〕抜穂次第。〔但し、先レ是八月四日、神祇官を廃し神祇省を置かる。官名等級、諸省に同じと雖も、神祭を掌る事有るを以て、別に祭奠課有り。即其官名、大中少掌典・大中少神部等、他省に殊なり。〕

十日、早旦、使〔大掌典白川資訓〕、地方官〔甲府県権大参事渡辺衛〕と共に、斎場の地を検定す。

第四字（時）、諸官員・斎郡の百姓等、水湄に就て修禊す。其儀、使以下地方官員、水辺の祓場に到り著座。大神部〔仲美英〕軾に進著て祓詞〔式文の如し。〕を読、訖て各麻を執て祓ふ。

十一日、第七字、斎院の地を鎮祭す。其儀、斎院の正中幄舎の前二案を置き、案前に軾を設け、左右簀薦を敷き官員の席とす。

時剋、使以下幷地方官、各著座。

次神饌を供す。〔使以下奉二仕之一。〕／次祝詞。〔大神部奏レ之。〕／次神饌を撤す。

次斎院の四角に賢木を挿し標縄を絙し木綿を垂る。院内、預め地方に命じて、社一宇・屋三宇を造らしむ。八神殿一宇。〔南面東西一間、半南北二間。〕／稲実殿一宇。〔南西一間、半四方。〕／幄舎一宇。〔東西二間、半四方。〕／雑色人候所一宇。〔北面東西二間半、南北一間半。〕

次鎮祭畢て、使、地（方）官をして雑色人を沙汰せしむ。〔卜田所在の村民を以て充レ之。〕

十二日、第七字、神部等、地方官属史生と共に諸事を弁備す。

第八字、使以下地方官等、雑色人を率て斎院に参集す。斎院の門外に預め大麻を設け置き、官員、斎院に入るの時、各祓す。

次諸官員、幄舎に著く。雑色人等、候所に参ず。

次神祇権大録〔尾形厳彦〕、軾に著き祓詞〔式文〕を読、了て大麻を執り卜田に臨て之を祓ひ、又雑色人等を祓ふ。

次使権大録、八神殿に参進して軾に著く。

次使、八神を降す。／次神饌を供す。〔使以下、奉㆓仕之㆒。〕

次祝詞。〔大掌典奏㆑之。〕

次使以下地方官拝礼。拝礼訖て各幄舎に復座す。

次権大録、幄舎の軾に進み、卜田に向て再拝、拍手両段、祈申訖る。

次使、大神部をして地方官に令し、抜穂の事を行はしむ。則ち大参事属をして雑色人に命じ、田に下て穂を抜かしむ。

次雑色人、抜穂を斎院に運輸す。

次使以下神部等起座、八神殿に参進す。

次神昇。／次神饌を撤す。

次使等、地方官と共に選子稲〔既に抜畢る所の稲穂を云ふ。〕の束数を撿校す。／次各退下。

翌日、雑色人、斎院に参じて、選子稲を干乾かしむ。

十九日、使等上京、抜穂の事訖て、神祇省に復命す。其儀、選子稲を辛櫃に収め、使等前後随従す。沿道地方、之を護送して東京に達し、直に斎場所に入る。〔斎場所、神祇省中を用う。〕

(イ)′〔主基方抜穂〕次第。

廿四日、斎院の地を検定す。〔修禊等、凡て悠紀方に同じ。但、地方官、花房県大参事清水豊宜。〕
廿五日、斎院の地を鎮祭す。〔同㆑上。〕
廿六日、抜穂。〔同㆑上。〕
十月三日、使等上京。〔同㆑上。〕

(ロ) 鎮祭祝詞。

今年九月十一日乎《ことしのながづきのとをかあまりひとひを》〔但、主基方は九月廿五日《ながづきのはつかあまりいつかのひ》〕生日乃足日止《いくひのたるひと》択定弖《えらびさだめて》、此処乎《このところを》宇須波伎座須《うすはきいすま》／皇神等乃《すめかみたちの》大前爾《おほまへに》恐美恐美母白佐久《かしこみかしこみもまうさく》、今年十一月乃中卯日爾《ことしのしもつきのなかのうのひに》／天皇乃《すめらみことの》朝大御食《あしたのおほみけ》・夕大御食《ゆふべのおほみけ》、長御食乃遠御食止《ながみけのとほみけと》大嘗《おほにへ》聞食牟為爾《きこしめさむために》、此郡乎《これのこほりを》斎郡止《いみごほりと》卜定米《うらへさだめ》、此処乎《これのところを》選《えらみ》子稲《いね》収米給波牟為乃《をさめたまはむための》斎場止《ゆにはと》鎮定牟流事乃由乎《いはひさだむることのよしを》宇末良爾《うまらに》聞食弖《きこしめして》、／皇神等乃《すめかみたちの》相宇豆乃比給比《あひうづのひたまひ》阿那々比給比弖《あななひたまひて》、禍神乃為牟《まがかみのなさむ》禍事在世受《まがことあらせず》、夜守《よのまもり》日護《ひのまもり》爾守《にまもり》給閉止奉出須《たまへとたてまだす》礼代《ゐやしろ》波御酒《はみき》・御饌《みけ》・海山《うみやま》乃多米都物《のためつもの》種々乎設備《くさぐさをまけそなへ》奉理弖乞祈奉良久乎《まつりてこひのみまつらくを》、平久《たひらけく》安久《やすらけく》聞食止《きこしめせと》恐美《かしこみ》恐美母《かしこみも》白須《まうす》。

明治四年九月

㈧八神祭祝詞。

掛巻毛畏伎《かけまくもかしこき》御年神《みとしのかみ》・高御魂神《たかみむすびのかみ》・庭高日神《にはたかつひのかみ》・御食神《みけかみ》・大宮売神《おほみやのめのかみ》・事代主神《ことしろぬしのかみ》・阿須波神《あすはのかみ》・波比岐神《はびきのかみ》、八柱乃《やはしらの》／皇神等乎《すめかみたちを》奉招《をぎまつりませ》奉請利弖《まつりて》恐美《かしこみ》恐美母《かしこみも》白左久《まうさく》、今年《ことし》／皇《すめ》御孫尊乃《みまのみことの》大嘗《おほにへ》所聞食牟為爾《きこしめさむために》、斎国斎郡《いみくにいみこほり》乎卜定《をうらへさだめ》給比弖《たまひて》御稲乎《みいねを》令レ抜給布我故爾《ぬかしめたまふがゆゑに》奉留物波《たてまつるものは》、御酒《みき》・御饌乎《みけを》始弖《はじめて》海山爾《うみやまに》生出流《なりいづる》種々乃《くさぐさの》多米都物爾《ためつものに》至迄爾《いたるまでに》取備弖《とりそなへて》奉良久乎《たてまつらくを》平久《たいらけく》聞食止《きこしめせと》白須《まうす》。

辞別弖《ことわけて》白左久《まうさく》、今日《けふ》抜穂爾《ぬきほに》仕奉留人等乃中爾《つかへまつるひとどものなかに》、過犯事《あやまちをかすこと》乃有牟乎婆《のあらむをば》大神等乃《おほかみたちの》広伎厚伎《ひろきあつき》大御心爾《おほみこゝろに》能杼米《のどめ》給比由留志給比弖《たまひゆるしたまひて》、神直日《かむなほひ》大直日爾《おほなほひに》見直聞直志給比《みなほしきゝなほしたまひ》、弥広爾《いやひろに》恵幸閉《めぐみさきはへ》給閉《たまへ》止恐美恐母美《とかしこみかしこみも》請祈奉良久《こひのみまつらく》止白須《とまうす》。

明治四年九月

㈡大田祝詞。

掛巻母恐伎《かけまくもかしこき》／皇神等乃《すめかみたちの》大前爾《おほまへに》白左久《まうさく》、今年《ことしの》十一月《しもつき》中《なかの》卯《うの》日爾《ひに》／天皇乃《すめらみことの》大嘗《おほにへ》聞食牟為爾《きこしめさむために》卜食乃《うらばの》大田乃《おほたの》御稲乃《みいねの》厳穂乃《いかしほの》八束穂乎《やつかほを》抜取奉牟止須《ぬきとりまつらむとす》。故《かれ》如レ此乃状乎《かくのさまを》所看弖《みそなはして》過都事無《あやまつことな》久安久《くやすく》穏爾《おだひに》令レ奉二抜取一《ぬきとりまつらしめ》給閉止《たまへと》恐美《かしこみ》恐美母《かしこみも》祈《いのり》保邪伎乞《ほざきこひ》奉良久止白須《まつらくとまうす》。

明治四年九月

(9)　神祇官より神宮及官幣社へ斑幣使発遣の儀伺、幷斑幣式。

㋑来る十四日／十五日／十六日

右三日の内、／神宮及官幣社斑幣使発遣御治定被二仰出一度、此段相伺候事。

辛未十月九日　門脇神祇少副(重綾)／福羽神祇大副(美静)

正院　御中

十五日に御治定の事。

㋺大嘗会に付、官幣社へ当省より夫々斑幣使参向可レ致の処、此度の儀は、地方官知事又は参事の内にて使代参役の儀相達度、此段相伺候事。

辛未十月十三日　門脇神祇少副／福羽神祇大副

正院御中

伺之通。

(ハ)

正二位三条西季知

神宮大祀由奉幣使并斑幣使被㆓仰付㆒候事。

辛未十月十日　太政官

(ニ)

神祇少丞沢簡徳

神宮大祀由奉幣に付、参向被㆓仰付㆒候事。

辛未十月十日　太政官

(ホ)

神祇少丞沢簡徳

賀茂両社・男山神社、大祀斑幣使被㆓仰付㆒候事。

辛未十月十日　太政官

(ヘ)

神祇少丞戸田忠至

氷川社大祀斑幣使被㆓仰付㆒候事。

辛未十月十日　太政官

(ト)

京都府

大嘗会斑幣に付、其管内官幣松尾神社・平野神社・稲荷神社・梅宮神社・貴船神社・大原野神社・吉田神社・北野神社・八阪（ママ）神社へ、御幣物引波可㆑申候間、詰合大少参事の内、来十五日第七字、礼服著用出頭可㆑有㆑之候也。

辛未十月十三日　神祇官

追て、清潔の長持一掉用意可㆑有㆑之。且大少参事詰合無㆑之候はば、外官員の内一員出頭可㆑有㆑之候也。

(チ)津県／大嘗会斑幣に付、其管内国幣敢国神社へ云々。以下同㆑上。其外諸県・開拓使等、皆同文に付略㆑之。

(リ)

津県

来十一月十七日、大嘗祭被㆑為㆑行候に付、其管内国幣敢国神社へ、別紙目録の通頒斑被㆓仰出㆒候間、同日知事・参事の内、社頭へ参向奉納可㆑有㆑之候也。

辛未十月十五日　神祇省

但、祭奠料の儀は、公廨を以て取計可㆑有㆑之。奉納

次第為二心得一相回候。且奉納相済候はば、其旨可二
届出一候事。

京　都　府

㋦ 大嘗会に付、其管内官幣松尾神社・平野神社・稲荷神社・梅宮神社・貴船神社・大原野神社・吉田神社・北野神社・八阪（ママ）神社へ、斑幣使参向可レ有レ之処、此度の儀は知事・参事の内にて使代参役被二即付一候事。

辛未十月十五日

大阪府以下、管轄内官幣社在る諸県布達、同文に付略レ之。

㋸ 大嘗斑幣諸神社。

皇太神宮　同別宮〔荒祭宮・伊佐奈岐宮・月読宮・瀧原宮・瀧原並宮・風日祈官・伊雑宮。〕

豊受宮　同別宮〔多賀宮・月夜見宮・風宮・土宮。〕

皇霊　神祇省神殿。

※以下、官幣大社二十九社・官幣中社六社および国幣中社四十五社・国幣小社十七社、合計百二社の神社名と所在地を列挙、省略。

(9)′ 班幣式。

式部寮記録抄出

㋑（幣物）御覧次第。

十四日、第十字、／神官〔二所別官〕並に　皇霊の幣物を具備す。各辛櫃に収め、少掌典〔松岡明義〕、神祇中録〔野田千依〕等、護衛して宮中に参じ、幣物を小御所一の間南方に列す。／盛て並列す。

時刻／出御。先レ是、神祇大輔〔福羽美静〕、式部頭〔坊城俊政。先レ是八月弁官を廃せられ式部寮を置かる、因て転任せらる。〕等、一の間の庇に候す。

次御幣物の前に／著御。神祇大輔、楊筥を開き、御幣物を　御覧に供す。／次／入御。

次省掌典・中録等、御幣物を韞め神祇省に送還す。／次各退下。

式部寮記録抄出

㋺ 斑　幣　次　第。

十月十五日、第九字、幣物を神祇省神殿前庭の幣殿に具備す。

剋限、神祇省・式部寮著座。

次神宮使、賀茂・男山両社使着座。

次式部大属〔芳野親義〕、宣命の筥を式部頭〔坊城俊政〕の前に置く。

次神祇少丞〔戸田忠至〕、幣殿に昇り、／神宮御幣物を検す。

次神宮使並大掌典〔遠藤允信〕、幣殿に昇り幣物を取り、神部に授て辛櫃に韞めしむ。

次御幣発遣。少丞、警蹕を称す。諸官員、磬折。

次式部頭、大属をして使を喚しむ。

次式部頭、／神宮の宣命を使に授く。

次使、神祇大録〔八木雕〕をして宣命を櫃に韞めしむ。

次使発遣。此間、諸官員起立す。

次少丞、賀茂・男山両所の幣物を検す。以下次第同レ上。

次少丞、官幣・国幣社の幣物を検す。

次少丞・大掌典・神部等、幣殿に昇り、各社の幣物、順次を以て幣殿案上に列す。

第一、官幣大社。／第二、同中社。／第三、国幣中社。／第四、同小社。

次少丞、権少録〔向井直敏〕をして各県の官員を召さしむ。

次各県官員、召に応じて幣殿階下の軾に着き、幣物を受て退出す。／次各退下。

式部寮記録抄出

(八)　皇大神宮由奉幣次第。〔今年大嘗会行はる可きの由を二所神宮に告給ふの奉幣也。後世、是を由《よし》の奉幣と称す。〕
十月廿七日、第十二字、使〔神祇省三等出仕三条西季知〕、少丞〔沢簡徳〕、大録〔八木彫(雕)〕、御幣櫃を相具し、一鳥居に参入す。

次禰宜〔薗田守宣。宮司不レ参、禰宜代レ之。以下同じ。〕二鳥居外北柱下に進立つ。

次御幣櫃を二鳥居正中に舁立つ。

次使・少丞・大録、二鳥居外北柱下に進立つ。

次権主典二人、御塩・湯・大麻を執り、御幣物以下に灑揮す。

次禰宜以下、玉串行事所に参進列立す。〔預め高案を設く。〕

次御幣櫃を玉串行事所中間の案前に舁居う。

次使以下、参進し、同所に列立す。

次使以下、禰宜と対揖す。

次使以下、進て手水、復立す。

次大録、櫃前に進み、御幣物を取出し、案上に置く。〔御幣送文相副。〕

次主典、案前に進て、送文を執り一禰宜に進む。禰宜次第に読、畢て主典に返授く。

次主典、案前に進み、御幣物を検す。

次使、主典の前に到り、木綿鬘を著け本列に復す。

次少丞・大録、木綿鬘を著け御幣案に侍立す。

次主典、御幣物を舁き、八重榊、鳥居正中に安置す。少丞・大録、共に案下に候す。

次禰宜、玉串を執り、次第に秩行し中院に進入し石壺に着く。／次使、進て石壺に就く。

次使、起座、玉串、御門前石壺に著き、宣命を奏す。〔此間、諸官面伏。〕

次一禰宜、使の前に到り、宣命を乞ひ之を御幣物案上に置く。／次使復座。

次少丞・大録、起座、石壺に着く。

次主典、起座し、一禰宜以下の玉串を取り、玉串、御門に納む。

次主典等、御幣案を舁き、内院に参入し、正殿御階の前に置き蹲踞す。

次一禰宜以下、次第に内院に参入し御前に蹲踞す。

次各奉拝。

次主典、御幣案を東宝殿前に舁き居う。

次禰宜以下、同所に到り蹲踞す。

次禰宜等、東宝殿に参昇し開扉。

次一禰宜、宣命を奉納し、二禰宜、御幣物を奉納す。

次使・少丞・大録・禰宜・主典等、両段再拝。

次各退出。〔使以下、外玉垣御門、禰宜以下、西御門より退出す。〕

次参集所に帰り木綿鬘を解き訖る。

式部寮記録抄出

㈡　豊受宮由奉幣次第。

十月廿七日、第八字、使・少丞・大録、御幣櫃を相具し、一鳥居に参入す。

次禰宜〔松本美彦。宮司不レ参、禰宜代レ之。以下同じ。〕、二鳥居外南柱下に進立つ。

※以下、皇大神宮奉幣次第と同文、省略。

(ホ) 由奉幣宣命。

天皇乃大命爾《すめらみことのおほみことに》座世《ませ》掛巻母恐伎《かけまくもかしこき》伊勢乃五十鈴乃河上爾座《いせのいすずのかはかみにま》須《す》〔外宮《とつみや》は伊勢乃度会爾座須《いせのわたらひにます》〕／天照座皇大御神乃《あまてらしますすめおほみかみ》〔外宮は豊受大神乃《とようけのおをかみの》〕大前爾《おほまへに》、正二位三条西季知乎使止為弖白給《すえともをつかひとしてまうしたま》波久止白佐久《はくとまをさく》、去志《いにし》慶応四年八月廿七日爾天日嗣《のよとせのはづきのはつかあまりなぬかのひにあまつひつぎ》乃高御座爾大座々弖《のたかみくらにおをましまして》、新代乃大政知看須大御典乃随《あらたよのおほまつりごとしろしめすおほみのりのまにまに》、今年十一月中卯日爾大嘗祭仕給比行給波牟止為弖《ことしのしもつきなかのうのひにおほにへまつりつかへたまひおこなひたまはむとして》、是乃状乎告申左志米給布《これのさまをつげまうさしめたまふ》。故奉留礼代乃大幣帛乎平介久《かれたてまつるゐやしろのおほみてぐらをたひらけく》安介久聞食弖《やすらけくきこしめして》、是乃大嘗祭事無久恙無久御祭事爾預《これのおほにへまつりことなくつゝがなくみまつりごとにあづか》里仕奉留百官人等爾至留麻弖一真心爾勤美仕奉良志米《りつかへまつるもものつかさびとらにいたるまでひとつまごゝろにいそしみつかへまつらしめ》給閉止宣留《たまへとのる》／天皇乃大命乎平介久聞食世止恐美恐美母《すめらみことのおほみことをたひらけくきこしめせとかしこみかしこみも》白須《まうす》。

明治四年十月

式部寮記録抄出

(ヘ) 皇太神宮大奉幣次第。〔大嘗奉幣・由奉幣に分つを以て、大奉幣と称す。〕

十月廿八日、第十二字、大宮に参向す。以下、由奉幣次第に同じ。

但、別宮斑幣の儀有り。其儀、大録、櫃前に進み、本宮の御幣物を取出し案上に置く。次に大録、荒祭宮御幣物及び送文を執て南案の上に置き〔伊左奈岐宮以下御料は、主典之を外幣殿に納め、本宮行事了て後、各宮に納む。〕、禰宜、玉串を執り、次第に秩行し中院に進入し石壺に着く。次に権主典、御幣案を舁き荒祭宮に到り、禰宜の参向を俟ち、本宮行事了て各退出の後、禰宜二人、荒祭宮に参向し御幣物を奉納し、使以下、別宮遥拝所に列立し、禰宜と対揖、各奉拝、八度拍手両段。訖各退出す。

式部寮記録抄出

(ト) 豊受宮大奉幣次第。

前同日次第／皇太神宮に同じ。

(チ) 大奉幣宣命。

天皇《すめらみこと》乃大命《おほみこと》爾座《ませ》世、掛巻《かけまく》母恐《かしこき》伎伊勢《いせ》乃五十鈴《いすず》乃河上《かはかみ》爾座《ます》須〔外宮は伊勢《いせ》乃度会《わたらひ》爾座《ます》須〕／天照《あまてらします》坐皇大御神《すめおほみかみ》乃〔外宮は豊受大神《とようけのおほかみ》乃〕大前《おほまへ》爾、正二位三条西季知乎《を》使《つかひ》止《と》為《し》弖《て》白《まうし》給波久止白佐久《たまはくとまうさく》、今年《ことし》十一月《しもつき》中卯日《なかのうのひ》爾天津御食《あまつみけ》乃長御食《ながみけ》乃遠御食《とほみけ》止《と》／天皇《すめらみこと》乃大嘗聞食《おほにへきこしめさむ》牟為乃故《ためのゆゑ》爾、宇豆乃幣帛《うづのみてぐら》乎照妙明妙《あかるたへてるたへ》爾備《そなへ》奉《まつり》弖奉出給布事乃由《てたてまだしたまふことのよし》乎弥高爾弥広《いやたかにいやひろに》爾聞食《きこしめして》弖、／天皇《すめらみこと》乃大御代《おほみよ》乎手長乃御代《たながのみよ》止千秋乃長秋《ちあきのながあき》爾富足《とみたらは》波志米給《しめたまへ》幣止宣《とのる》／天皇《すめらみこと》乃大命《おほみこと》乎平《たひら》介久《けく》聞食《きこしめせ》世止恐《とかしこみ》美恐《かしこみ》美毛白《もまうす》須。

辞別《ことわけて》弖白《まうさく》佐久、別宮《ことみや》止座《ます》須荒祭宮《あらまつりのみや》・伊左奈岐宮《いざなぎのみや》・月読宮《つきよみのみや》・瀧原宮《たきはらのみや》・瀧原並宮《たきはらならびのみや》・風日祈宮《かぜひのみのみや》・伊雑宮《いさはのみや》、七《なゝ》所《ところの》乃〔外宮は多賀宮《たかのみや》・月夜見宮《つきよみのみや》・風宮《かぜのみや》・土宮《つちのみや》、四所《よところの》乃〕御前《みまへに》爾母《も》和妙荒妙《にぎたへあらたへ》爾種々乃物《くさぐさのもの》乎備奉《そなへまつり》弖奉出給波久乎平《てたてまだしたまはくをたひら》介久《けく》聞食《きこしめせ》世止恐《とかしこみ》美恐《かしこみ》美母白《もまうす》須。

式部寮記録抄出

㋷　送文〔諸社准ㇾ之。〕

大嘗祭

錦　一匹／倭錦　一匹／五色綾　各一匹／五色帛　各一匹／木綿　十両／麻　十両／布　二端。

右／皇太神宮幣物如ㇾ件。

明治四年辛未十月十五日　／神祇官

式部寮記録抄出

㋦　賀茂両社奉幣次第。

十一月三日、第十字〔上賀茂は第一字。〕、地方官員参向、社頭を警衛す。

次神祇大録〔八木彫（雕）〕、参向、敷設を検す。

次大録並神官等着座。

次開扉。〔神官役ㇾ之。〕／次神饌を供す。〔神官等役ㇾ之。〕

次大録、御幣櫃・宣命櫃を社頭便宜の所に居しむ。

次使〔神祇少丞沢簡徳〕、参向。〔神官迎ㇾ之。〕

次使、鳥居に入、手水を行ふ。〔一社の内役ㇾ之。〕

次使、祓の座に著く。大録、祓詞を続（読）み榊枝を執て祓ふ。

次使、社頭に進入し、大録、御幣物を取出し使に進む。

次使、御幣物を執て案上に置き、宣命の座に著く。

次大録、宣命を取出し使に進む。／次使、宣命を奏す。

次一の神官、進て宣命を請ひ、にの神官、御幣物を執て

同く神前に奉る。〔使、拍手再拝。〕
次神官、使前に帰り進み、返の祝を申し拍手す。使、応レ之。／次使、退出。
次御幣物並に神饌を撤す。〔神官等役レ之。御幣物は後神庫に納レ之。〕／次閉扉。／次各退出。

㋸　宣　命。

天皇乃《すめらみことの》大命爾《おほみことに》座世《ませ》、掛巻母恐伎《かけまくもかしこき》山城乃賀茂爾《やましろのかもに》座須《ます》御祖《みおやの》大神乃《おほかみの》〔上賀茂は（賀茂）別雷大神乃《わけいかづちのおほかみの》〕大前爾《おほまへに》、神祇少丞従五位沢簡徳乎《さはふみのりを》使止為弖《つかひとして》白《まう》給波久止白佐久《したまはくとまをさく》、今年十一月《ことしのしもつきの》中卯日爾《なかのうのひに》天津御食乃《あまつみけの》長御食乃《ながみけの》遠御食止《とほみけと》／天皇乃《すめらみことの》大嘗《おほにへ》聞食牟為乃故爾《きこしめさんためのゆゑに》、宇豆乃幣帛乎《うつのみてぐらを》照妙《てるたへ》明妙爾《あかるたへに》備《そなへ》奉弖《まつりて》奉《たてま》出給布事乃由乎《だしたまふことのよしを》弥高爾《いやたかに》弥広爾《いやひろに》聞食弖《きこしめして》／天皇乃大御代乎《すめらみことのおほみよを》手《た》長乃御代止《ながのみよと》千秋乃長秋爾《ちあきのながあきに》富足波志米給幣止《とみたらはしめたまへと》宣《のる》／天皇乃大《すめらみことのおほ》命乎《みことを》、平介久《たひらけく》聞食世止《きこしめせと》恐美恐美母《かしこみかしこみも》白須《まうす》。

明治四年十一月

式部寮記録抄出

㋾　男山八幡宮奉幣次第。

十一月四日、使、社頭に到る。前後次第、賀茂に同じ。
※宣命、同前、省略。

㋻　氷川神社奉幣次第。

十一月三日、使〔神祇少丞戸田忠至〕、社頭に至る。前後次第、賀茂に同じ。
※宣命、同前、省略。

式部寮記録抄出

㋕　神祇省神殿奉幣次第。

十一月二日、第九字、神祇省・式部寮著床。
剋限、宣命櫃並御幣櫃を幣殿案上に出し具備す。
次神殿開扉。〔神楽歌を奏す。〕
次神饌を供す。〔神楽歌を奏す。〕
次神祇大輔〔福羽美静〕、幣殿案上の御幣を執て神前の案上に奉る。
次神祇大録〔神戸信義〕、幣殿案上の宣命筥を執て大輔に授く。
次大輔、宣命を奏す。

次大掌典〔白川資訓〕、宣命を神に奉る。

次諸官員拝礼。／次閉扉。〔神楽歌を奏す。〕／次各退出。

ヨ　宣　命。

天皇《すめらみこと》乃大命《のおほみこと》爾座世《にませ》、掛巻母恐《かけまくもかしこき》伎神産日神《かみむすひのかみ》・高御産日神《たかみむすひのかみ》・玉積産日神《たまつめむすひのかみ》・生産日神《いくむすひのかみ》・足産日神《たるむすひのかみ》・大宮売神《おほみやのめのかみ》・御食津神《みけつかみ》・事代主神《ことしろぬしのかみ》、八柱乃大前爾《やはしらのおほまへに》、神祇大輔従四位福羽美静乎使止為弖《ふくばよししずをつかひとして》白給波久止白佐久《まうしたまはくとまうさく》、今年十一月中《ことしのしもつきなかの》卯日爾《うのひに》天津御食乃長御食乃遠御食止《あまつみけのながみけのとほみけと》／天皇乃大嘗聞食《すめらみことのおほにへきこしめさ》牟為乃故爾《むためのゆゑに》、宇豆乃幣帛乎備奉弖奉出給布事乃由乎弥高《うつのみてぐらをそなへまつりてたてまだしたまふことのよしをいやたか》爾弥広爾聞食弖《にいやひろにきこしめして》／天皇乃大御代乎手長乃御代止千秋乃長《すめらみことのおほみよをたながのみよとちあきのなが》秋爾富足波志米給閉止宣《あきにとみたらはしめたまへとのる》／天皇乃大命乎《すめらみことのおほみことを》、平介久聞食世《たひらけくきこしめせ》止恐美恐美母白須《とかしこみかしこみもまうす》。

明治四年十一月二日

式部寮記録抄出

タ　皇霊奉幣次第。

前同日、第十字、神祇省・宮内省・式部寮著床。

尅限、開扉。〔大掌典白川資訓役レ之。神楽歌を奏す。〕

次神饌を供す。〔神楽歌を奏す。〕

次神祇権大録〔藤木常久〕・中掌典〔慈光寺有仲〕等、御幣櫃・宣命櫃を護送して参入、便宜の所に昇居う。

次使〔神祇少輔門脇重綾〕参入。／次中掌典、御幣物を取出して使に授く。

次使、御幣物を案上に捧げ置く。

次中掌典、宣命を取出して使に授く。

次使、宣命を奏す。／次大掌典、宣命を神前に奉る。

次使、退出。／次神饌並御幣物を撤す。〔神楽歌を奏す。〕

次閉扉。〔神楽歌を奏す。〕／次各退出。

※宣命、ほぼ同前、省略。

式部寮記録抄出

レ　官幣・国幣社奉幣次第。

早旦、神殿装束を奉仕す。

第八字、地方官及神官等（床）に著く。

先開扉。〔宮司奉ニ仕之一。〕／奏楽。〔神楽歌、或は社頭相伝の楽等適宜。〕

次神饌を供す。〔宮司以下神官奉ニ仕之一。〕／奏楽。〔同レ上。〕

次神官列座、再拝拍手。
次御幣物を捧ぐ。〔知事或は大少参事役レ之、再拝拍手。〕
次祝詞〔知事或は大少参事奏レ之。再拝拍手。〕
次知事以下地方官拝礼。〔奏任以上、玉串を捧ぐ。〕
次宮司以下拝礼。
次御幣物及神饌を撤す。〔御幣物は後神庫に納む。〕／奏楽。〔同レ上。〕
次閉扉。〔宮司奉二仕之一。〕／奏楽。〔同レ上。〕／次各退出。

㋞祝　詞。

掛巻母恐伎《かけまくもかしこき》／某乃社乃大前爾《それのやしろのおほまへに》、知事官位姓名〔或は大少参事〕恐美恐美母白佐久《かしこみかしこみもまうさく》、新代乃始乃大御典止今年十一《あらたよのはじめのおほみのりとことしのしも》月中卯日《つきなかのうのひ》爾天津御食乃遠御食止《にあまつみけのとほみけと》／天皇乃大嘗聞食須賀《すめらみことのおほにへきこしめすが》故爾《ゆゑに》、宇豆乃幣帛乎和妙荒妙爾御饌津物備奉弖奉出給《うつのみてぐらをにぎたへあらたへにみけつものそなへまつりてたてまだしたま》布《ふ》。故今日乃生日爾是乃《かれけふのいくひにこれの》／大前爾捧介奉良久乎美良爾聞食弖《おほまへにさゝげまつらくをうまらにきこしめして》／天皇乃大御代乎千秋乃五百秋爾弥遠長久是乃国内乎母《すめらみことのおほみよをちあきのいほあきにいやとほながくこれのくぬちをも》安国乃足国止堅磐爾常磐爾守利幸閉給閉止恐美恐美母白須《やすくにのたるくにとかきはにときはにまもりさきはへたまへとかしこみかしこみもまうす》。

明治四年十一月十七日

※これが「祝詞案」として木版刷一枚で全国各地の神社に頒布された。その木版が明治神宮の文化館に現存する。

式部寮記録抄出

㋡大嘗斑二幣諸社一色目。

皇太神宮由の奉幣／錦　一匹、五色帛各　一匹、晒布一端、綿　二十屯、布　一端。／以上五種。

豊受宮由の奉幣／錦　一匹、倭錦　一匹、五色綾　各一匹、五色帛　各一匹、木綿　十両、麻　十両、布　二端。／以上七種。

皇霊／同上七種。

豊受宮大奉幣／錦　一端、五色綾　各一匹、五色帛　各一匹、帛　一匹、麻　一斤、木綿　一斤、布　一端。／以上七種。

神祇省神殿／五色帛　各一丈、布　一端、綿　三屯。／以上三種。

皇太神宮別宮〔荒祭宮・伊佐奈岐宮・月読宮・滝原宮〕／同上。

豊受宮別宮〔多賀宮〕／同上。

皇太神宮別宮〔瀧原並宮・風日祈宮・伊雑宮〕／五色帛　各五尺、布　一端、綿　二屯。／以上三種。

豊受宮別宮〔月夜見宮・風宮・土宮〕／同上。
官幣大社〔二十九社〕
賀茂別雷神社／絹　二匹、五色帛　各一端、糸　五絇、綿　十屯、麻　三斤。／以上五種。
※賀茂御祖神社および男山八幡宮・氷川神社、同上、省略。
松尾神社以下廿五社／五色帛　各一丈、布　一端、綿　三屯。／以上三種。／祭奠料金二千匹。
官幣中社六社／五色帛　各五尺、布　一端、綿　二屯。／以上三種。／祭奠料金千匹。
国幣中社四十五社／同上。
国幣小社十七社／五色帛　各五尺、布　一端。／以上二種。／祭典料金五百匹。

⑽　神祇官より甲府県地方産物献上の儀願出候付伺。

㋑地方産物献上の儀は、一切被[二]停止[一]候得共、大祀に付、別紙の通郡民至誠を以願出候上は、格別の儀に付、願の趣聞届候て可[レ]然儀と存候。此段相伺候也。
辛未八月十七日　　　神　祇　省
史　官　御　中
伺之通。／八月十八日。

㋺　大祀献納物の儀に付、申上候書付。
当未年大嘗会御祭祀被[二]　仰出[一]、甲斐国巨摩を悠紀と被[レ]為[レ]定候処、右は稀の御大祀に付、国産の内、
一、搗栗　一石五斗、白柿　千顆。　甲斐国山梨／八代／巨摩郡。
一、白絹　十匹　　　　　都留郡。
右の通献納致度段、願出候。然処、先般、予献備の儀心得方相伺候節、不[レ]及[二]献備[一]旨御附紙には有[レ]之候得共、国民冥加の程、挙て難[レ]有相心得願出候段、神妙の儀に付、願の通献納被[二]　仰付[一]候様致度、依[レ]之願書二冊相添申上候也。〔「願書二冊闕」と注記〕
辛未七月　　　　　甲　府　県
神祇官御中

⑾　京都府より管下宇治郡新嘗祭御供献上の儀に付伺。
当府管下宇治郡音羽村より、従前新嘗祭為[二]御供[一]粟五升俵・米五升俵相納、右米粟代として年々少々宛の代

料御下げ相成来、昨午年は宮内省へ相納、同省より東京へ相廻り候由に付、当午（未）は如何可レ仕哉の旨、同村より伺出候。

然る処、当年の儀は大嘗会被レ為二執行一候に付、如何相達可レ申候哉。向後年々の心得方も相達眼度候間、此段御差図伺上候也。

辛未十月十五日　京都府

史官御中

当年は相納候に不レ及。後年の儀は追て可二相伺一事。

⑿　大蔵省より大嘗会諸建物造立に付伺。

㋑大嘗会諸建物御造立に付、吹上御構外へ下小屋取建、別紙絵図面（次頁上段）朱引の地所御差支無レ之候得ば、御引渡相成候様致度、尤右地所至急入用に付、早々御引渡有レ之度、此段及二御掛令一候也。

辛未九月廿八日　大蔵省

史官御中

回答闕。但、実際施行相成候事。

㋺大嘗会御用に付、御建造有レ之御用材運送等にて、諸職人共矢来御門・吹上御庭御門通行の節、雛形の印鑑相用候間、兼て其御門へ御達置可レ有レ之。此段申入候也。

但、今般営繕寮被レ廃候に付ては、土木寮印鑑可二相用一の処出来無レ之。当分右相用候間、追て引換可レ申。此段御承知置可レ有レ之候也。

辛未十月十日　兵部省

史官御中

⒀　神祇省より　皇后御拝等の儀伺。

㋑　大祀の儀に付伺。

一、大嘗・新嘗、上古に於ては／天皇／皇后共に／御親臨被レ為レ在候御儀に候処、中古以来／後宮凡て古儀を被レ失候事多く、就中神祭には不レ被レ為レ携御儀、甚以御不体裁に付、先般伺の祭式にも、大祭／御親臨には／皇后　御拝被レ為レ在候御定則の通、／今般の大祀／皇后　御拝可レ被レ為レ在御至当の儀に付、次第中、別紙の通奉レ伺候事。

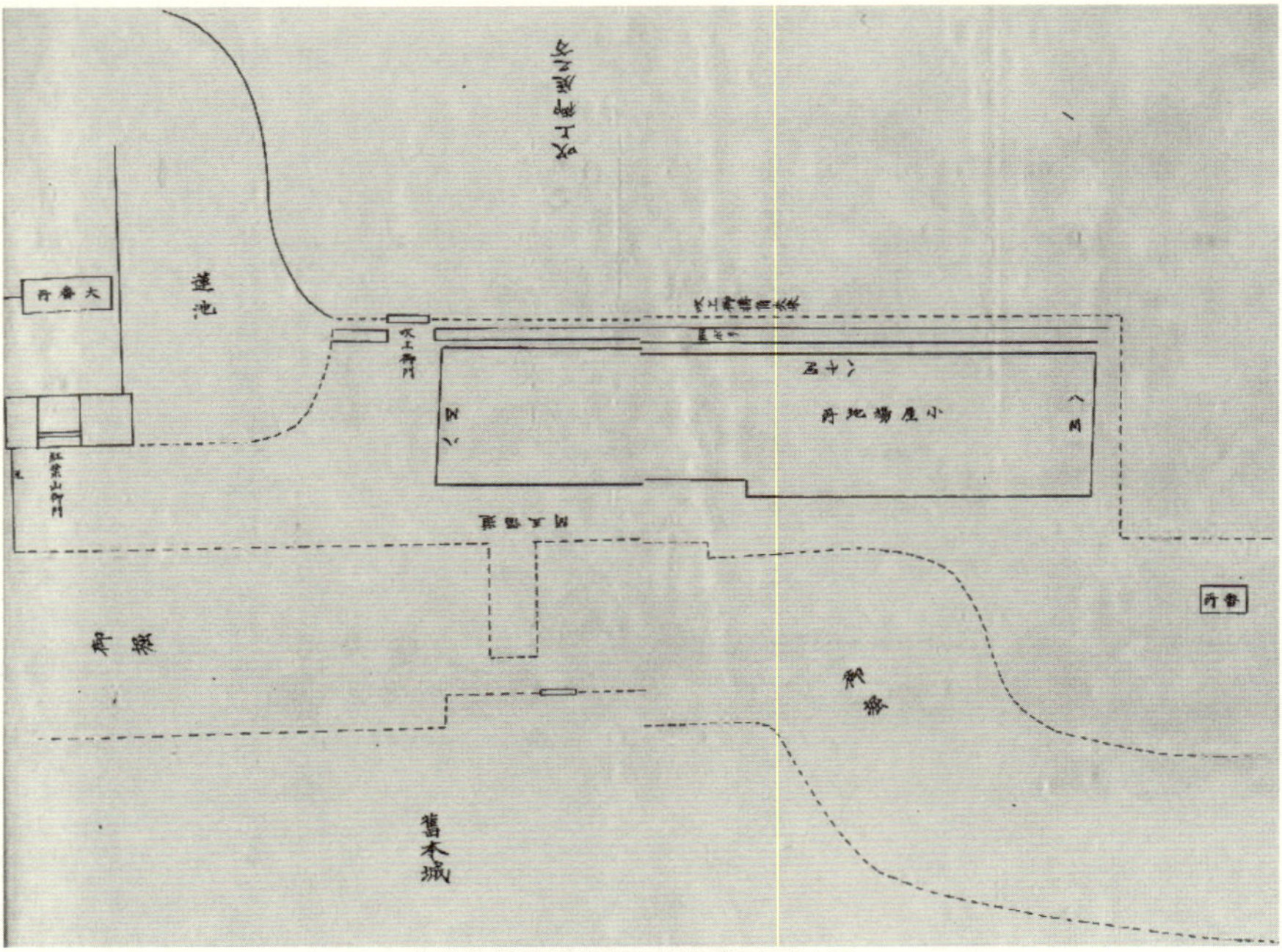

大嘗会諸建物造立吹上御庭図（⑿㋑）

一、大祀神饌色目の儀、御旧例の通聊増減無レ之候処、百事御改正、供膳始臣下の饗膳に至迄、時勢の変革に被レ為レ準候儀に候得ば、／神饌の外、別に庭積の机物、右の通新式加増被レ為レ在可レ然被レ存候に付、此段相伺候也。

辛未十一月十二日　門脇神祇少副（重綾）／福羽神祇大副（美静）

正院御中

指令闕。

㋺（皇后御拝）次第。但、前後を略す。

先　御手水。／次　御供進。

次　祝詞。／太政大臣奏レ之。

次　御直会。／親王侍レ之。／次　御手水。

次　神饌を撤。／行列、初儀の如し。

第五鼓／廻立殿　還御。／扈従、初儀の如し。

次皇后拝儀。／典侍以下女官随従す。

次勅任官以下、中門外の幄舎に退下。

悠紀方、庭積机代。但、主基方、同断。

鯛　二尾　一台／鮭　二尾　同上／和布　百目　同上／海松　二百目　同上。／右一脚

鮑　二十五　一台／烏賊　二十　同上／棗　五合　同上／搗栗　五合　同上／柿　五十　同上。／右一脚。

雁　一番　一台／雉　一番　同上／蘿蔔　十五本　同上／胡蘿蔔　三十六本　同上／午房　三十六本。／右一脚

⒁　神祇省より大嘗会告諭御布告の儀伺。

㋑別紙の通、大嘗会告諭御布告按共差出候に付、至急御決議御布告有レ之度、此段相伺候也。

辛未十一月　門脇神祇（重綾）少副／福羽神祇（美静）大副

正　院　御　中

伺之通、其省より可二告諭一事。

㋺大嘗会告諭書、別紙の通に付、地方未々に至迄篤く御趣意を奉戴し、先般御布告面の通相心得可レ申事。

辛未十一月　太　政　官

㋩**告　諭。**

大嘗会の儀は、天孫瓊々杵尊降臨の時、／天祖／天照大御神詔して、豊葦原瑞穂国は吾御子の所知《しらさむ》国と封じ玉ひ、乃斎庭《ゆには》の穂《いなほ》を授け玉ひしより、天孫日向高千穂宮ニ天降ましまし、始て其稲種を植て新穀を聞食す。是大嘗・新嘗の起原也。是より／御歴代、年々の新嘗祭あり。殊に　御即位継体の初に於て大嘗の大儀を行ひ玉ふ事は、／新帝更に斯国を所知食し、天祖の封を受玉ふ所以の御大礼にして、国家第一の重事たり。其儀、本月卯の日忝く／至尊御親、／天祖・天神地祇を饗祀ましまし、辰日、／至尊、高御座に御して、新穀の饗饌を聞食し、即ち酒饌を百官群臣に賜ふ。是を豊明節公と云ふ。夫穀は天上斎庭の貴種にして、／天祖の授与し玉ふ所、生霊億兆の命を保つ所のものなり。／天皇、斯生民を鞠育し玉ひ、以て其恩頼を／天祖に報じ、其天職を奉じ玉ふ事、斯の如し。

然則、此大嘗会に於るや、天下万民謹で其御趣旨を奉戴し、当日、人民休業、各其地方産土神を参拝し、／天祖の徳沢を仰ぎ隆盛の洪福を祝せずんば有る可から

ざる也。

明治四年辛未十一月　　神祇省

⒂ 大嘗会并に豊明節会執行参拝等の儀布告。

㋑来月十七日大嘗祭、十八日豊明節会、被レ為レ行候に付、全国一般諸神社に於て相応の神事執行、衆庶一同可二相祝一事。

但、両日刑罰の儀、可レ令二禁止一事。

辛未十月廿日　　太政官

㋺大祀に付、散斎一月、致斎三日の古典に候処、今般御改正、本日三日前に当り修禊被レ為レ行候事。

辛未十月（十五日）　　太政官

㋩来十七日大嘗祭被レ為レ行候に付、十五日晩より十八日朝に至り御神事候条、重軽服者参／朝可レ憚事。

但、火の元別而相慎可レ申、并梵鐘一切停止の小。

辛未十一月　　太政官

㋥来る十七日大嘗祭、十八日・十九日豊明節会に付、右三日休暇の事。

辛未十一月七日　　太政官

㋭来る十七日大嘗祭被レ為レ行候に付、供奉の外、勅任官・奏任官、午後第四時、参／朝。判任官は本省中於て両三人申合せ、一寮一司に一人づゝ、総代として直垂著用、同刻、参／朝可レ有レ之候也。

但し、来る十五日よりは不浄に不レ触様、各可レ被二相心得一候也。

辛未十一月七日

㋬来る十九日豊明節会被レ為レ行候に付、政府判官、第十字、礼服著用、出頭可レ致候事。

但、参不参共、式部寮へ可二届出一事。

辛未十一月九日　　太政官

㋣来る十九日豊明節会被レ為レ行候に付、麝香間詰并非役華族の輩、第十二字、直垂著用、参／朝可レ致事。

但、参不参共、式部寮へ可㆓届出㆒事。

辛未十一月九日　　太　政　官

㋠来る十八日豊明節会被㆑為㆑行候に付、諸省奏任官以上、府県開拓使・在京勅任官、第十時、直垂著用、参／朝可㆑致事。

但、参不参共、式部寮へ可㆓届出㆒事。

辛未十一月九日　　太　政　官

㋷来る十七日大嘗祭被㆑為㆑行候に付、十八日七字より十二字迄、諸省及び地方在京の官員、斎場参拝の事。

辛未十一月九日　　太　政　官

㋦来十八日豊明節会被㆑為㆑行候に付、府県開拓使は奏任以下、諸省は判任以下、各其庁に於て酒饌下賜候事。

辛未十一月九日　　太　政　官

㋸来る十八日、政府奏任以上、七字より十二字迄、斎場参拝、十二時より豊明節公に付、参／朝の事。

但、直垂着用の事。

辛未十一月十三日　　太　政　官

㋾来る十九日、第九字より第十字迄、政府判任官、斎場参拝の事。

辛未十一月十三日　　太　政　官

㋻大嘗祭に付、政府判任官総代として両三人申合、午後第四字、直垂着用、出頭の事。

辛未十一月十四日　　太　政　官

㋕来る十八日、**斎場参拝**被㆓仰出㆒候に付ては、御門鑑札所持無㆑之向は、今度限り各其庁の印鑑を以通行被㆓差許㆒候条、十六日中に印影十枚、式部寮へ可㆑被㆓差出㆒候事。

諸　省　府　県

辛未十一月十四日　　太　政　官

㋵来る十七日大嘗祭に付、勅奏以下、斎場へ出仕の面々、坂下より西刎橋前木柵門通行、御場所休所へ参集可レ有レ之候事。
但、供連の儀は、西刎橋木柵外にて相止め可レ申事。／同所供溜設有レ之候事。／弁当持参の向は、同所に預り場所設置候事。
右為二心得一申入候事。
追て、来十八日、斎場参拝の官員も、同上道筋通行可レ有レ之候事。

辛未十一月十五日　式部寮

㋟
士族卒触頭／区々年寄中

一、大嘗会の儀は格別の御大祭に付、重き御趣意を奉戴致し、当日、士民休業、各其地方産土神を参拝し、賑々敷祝ひ奉るべく、且十六日晩より三夜の間、毎戸提灯相照し候様可レ致。此旨更に相違候条、不レ洩様懇々可レ申レ論候事。

辛未十一月九日　東京府

㋹
士族卒触頭／区々年寄中

一、大嘗祭被レ為レ行候に付、参拝の儀、別紙の通被二仰出一候に付及二布告一候間、来る廿日より廿九日迄の間、触頭・年寄申合、御場所出仕致し、不敬混雑無レ之様可二取計一事。
但、出張の触頭・年寄礼服着用の事。
一、竹橋御門を入、拝礼畢て半蔵御門を可レ出事。
右之通不レ洩様可二触示一者也。

辛未十一月十五日　東京府

㋞今般大嘗祭被レ為レ行候に付ては、来る廿日より廿九日迄、東京府下人民、斎場参拝被二差許一候に付、右日数の間、矢来御門開門可レ有レ之候。此旨御達し及候也。

辛未十一月十五日　兵部省　正院

㋡大嘗宮参拝の儀は、七字より二字迄の御期限に候処、短日にて其通にては参拝差支候趣相聞候に付、不レ苦候はゞ、第四字迄に刻限御差延相成候様致度、此段相伺候也。（「伺之通」と注記）

辛未十一月廿二日　東京府

史官御中

⒃　大祀行幸供奉。

(イ)来十七日大祀供奉、別紙の通被二／仰出一候に付ては、従前小忌・大忌等の次第有レ之候得共、時勢の斟酌も有レ之儀に付、右等の潔斎御改革の上、来十五日大祓修行被二　仰出一候条、同日午後第三字、参／朝可レ致、此節より成丈け諸事相慎、不浄等に携り候儀無レ之様、各心得可レ有レ之候。此旨相達候也。

辛未十一月　式部寮

(ロ)太政大臣三条実美／参議西郷隆盛／参議大隈重信／参議板垣正形／議長後藤元燁(曄)／外務卿副島種臣／文部卿大木喬任／大蔵大輔井上馨／兵部大輔山県有朋／司法大輔宍戸璣

来十七日大嘗祭／行幸供奉の面々は、追て神祇省より祭服分配相成候条、為二心得一申入置候也。

辛未十一月　式部寮

(ハ)太政大臣従一位三条実美

但し、白生竜門張袍縫単・白羽二重指貫・白生竜門冠纓・絹張本黒漆浅沓・桐堅地黒塗甲当・白羽二重綿入

参議正三位西郷隆盛／同従四位大隈重信／同従四位板垣正形

文部卿従四位大木喬任／宮内卿正二位徳大寺実則／議長従四位後藤元燁(曄)

神祇大輔従四位福羽美静／外務大輔従四位寺島宗則／大蔵大輔従五位井上馨／兵部大輔従五位山県有朋／司法大輔従五位宍戸璣／宮内大輔正三位万里小路博房

侍従長従五位河瀬真孝／式部頭従三位坊城俊政

神祇少輔従五位門脇重綾／神祇省三等出仕正二位三条西季知

甲府県知事従五位土肥実匡

但、右十七名、直垂白精好練立織小葵青摺裏白・白平絹胸紐・白絹糸八つ組袖括・白平組腰紐・白羽二重揉烏帽子・黒紗緌付縁白絹

神祇省官員人名

少丞正四位戸田忠至／同従五位沢簡徳／同正七位天野正世

六等出仕従三位醍醐忠敬／七等出仕増田明道／同従六位青山景通／同正七位谷森善臣／同浦田長民

大録従七位八木雕／同従七位本居豊穎／同神戸信義／同筧元忠

権大録藤木常久／同兼宣教少博士尾形厳彦／中録井上真優／同千葉真明／同野田千依／同兼宣教権少博士内藤存守／中録岩崎保直／権中録長村保固／同田中秀善／同稲富吉平／同鳥居亮信／同江藤正澄／権中録大橋長憙／同深尾吉真／同新岡久頼／同茨木重麗／同日比重知／同五味吉房／同浅山聡／同竹内重勝

少録日置春彦／同甲田秀雄／同赤松則強／同梨本信理／同小山正幹／同村瀬之直／同川辺御楯／同千代田義融／同木沢困／同米津田之／同岩井秀一／同樋口守保／少録野沢俊元

権少録向井直敏／同末弘盛純／同狩野芳信／同奈流芳於芸／同吉田彦鉄／同畑中景瑞／十三等出仕川上叒／十五等出仕大島利貞／同切替朝喜／同落合洵

大掌典正三位白川資訓／同兼氷川神社少宮司従六位遠藤允信

中掌典正三位慈光寺有仲／同正三位吉田良義

少掌典正五位河辺教長／同松岡明義

大神部仲美英／同鈴鹿熙明／大神部山田有年

中神部長沢資寧／同徳岡久遠／同末松豊秋／同高原信久／同大畑弘国／同伊塚寛輔

少神部本多盾臣／同近藤義一／同内山吉辰／同芳村正秉／同三宅行正

宮内省官員人名

少丞正四位長谷信成／同正六位世古延世

大録正七位竹内節／中録曽我祐興

侍従正二位醍醐忠順／同正二位堀川康隆／侍従正四位五条為栄／同正四位富小路敬直／同従四位綾小路有長／同従四位伏原宣足／同従四

位勘解由小路資生／同従四位東園基愛／同従四位島義勇／同従五位石山基文／同従五位北条氏恭／同従五位入江為福／同正六位高屋長祥／同正六位米田是保／同正六位高島昭光／同正六位片岡利和／同正七位高城重信／同河野通信／同堤正誼

内舎人壬生明麗／同東相推

式部寮官員人名

権助正六位大橋慎

七等出仕正三位四辻公賀

大属従六位松尾相永／同芳野親義／同多田好問／権大属小西有勲

中属井上忠本／権中属木本氏好／少属堀博

悠紀方官員

上に出す（甲府県知事従五位土肥実匡）

主基方官員

花房県大参事清水豊宜

但、右百十人、無裏直垂・白生竜門以下製、上に同じ。

女官人名

陪膳采女鴨脚克子／後取采女壬生広子

采女山口益子／采女戸田晴子／同堀内素子／同虫鹿良子／同世続峰子／同入谷容子／同古谷建子／同岡本高子

但、小忌白羽二重蝶青摺。

⒄ **兵部省より祝砲執行の儀上申。**

㋑来る十七日、大嘗祭に付、本日祝砲取行候条、当時在留の外国人へ御達有レ之度、此段申進候也。

辛未十一月八日　兵部省

正院御中

㋺来る十七日、大嘗祭に付、本日祝砲御取行可二相成一段、過刻御申出の処、翌十八日豊明節会に付、当日祝砲御執行可レ有レ之候。仍て別紙の通、外務省へ相達置候間、為二御心得一申添候也。

辛未十一月八日　史官

兵部省御中

㋩来る十八日、豊明節会に付、当日御軍艦及び各所砲台、陸軍共各其場所に於て、天長節の通り、祝砲相発し候間、其段各国へ御報告御取計可㆑有㆑之候也。

辛未十一月八日　　史　官

外務省御中

追て、本文の儀に付、外国船よりも祝砲相発し可㆑申に付、其段各開港場へは、御省より御達可㆑有㆑之候也。

㋥来る十八日、豊明節会に付、祝砲の儀、御親兵並鎮台兵共、左の場所にて夫々執行候儀に候。

尤海軍の儀は、守課の向より別に御届可㆑申、此段御届申進候也。

一、御親兵砲隊。

右は、日比谷御門外繰練場に於て、

十七日々没　廿一発。

十八日々出　廿一発。

同日正午　百一発。／同日々没　廿一発。

一、御親兵歩騎隊。／右は同日第十一時三十分。右同所に於て飾隊。

一、鎮台兵。／右は水道橋内繰練所に於て、右同断。

一、金川台場。／右は十八日正午　廿一発。

辛未十一月十五日　　兵部省

正院御中

㋭兼て御布告の通、大嘗会に付、来る十八日正午祝砲、天長節の例に準じ執行可㆑致。此段相達候也。

但、十七日より十九日迄祝日の取計を以、号旗をも飾付可㆑致候事。

辛未十一月十三日　　兵部省

㋬来る十七日、大嘗祭、十八・十九日、豊明節会御祭典被㆑為㆑行候に付ては、於㆓諸艦船㆒来る十七日より十九日迄、朝第八時より日没に至る迄、諸旗飾付、十八日午時、祝砲廿一発を可㆓奉祝㆒事。

辛未十一月　　兵部省

前条の通、諸艦船へ及㆓布告㆒候間、此旨申進候也。

辛未十一月十五日　　兵部省

史官御中

㋣大嘗祭被レ為レ行候に付、明十八日十二時、於二海軍兵学寮一軍艦同様祝砲打発候条、此段御届申候也。

辛未十一月十七日　兵部省

正院御中

㋠来る十八日、豊明節会に付、海陸両軍、左の通祝砲執行候事。

外桜田操練場に於て、

十七日。日没　廿一発。

十八日、日出　廿一発。

同日、正午　百一発。／同日、日没廿一発。

神奈川台場於て、／十八日、正午　廿一発。

諸軍艦於て、／同日、正午　廿一発。

辛未十一月十五日　太政官

(18) **大蔵省より酒饌賜り方伺。**

㋑大嘗会に付、神祇官告諭書中、／高御座に　御して、新穀の饗饌を聞食し、即ち酒饌を百官群臣に賜ふと有レ之候処、右賜方手続は如何様の御次第相成候哉、追々諸県より伺出、差図にも差支候間、至急御差図有レ之度候也。

辛未十一月七日　井上大蔵大輔（馨）／大久保大蔵卿（利通）

正院御中

㋺大嘗祭豊明節会、群臣酒饌賜り方云々御申越の趣、致二承知一候。則別紙の通、御治定に相成候間、被二下置一日附共、御廻申入候間、夫々御達方且代料御渡方等御取計有レ之度。仍御答旁右申進候也。

辛未十一月八日　式部寮

大久保大蔵卿殿／井上大蔵大輔殿

㋩豊明節会

一、諸省奏任官以上並府県開拓使勅任官。辰の日。

一、麝香間並非役華族。巳の日。

右、豊楽殿に於て賜レ之。〔内膳司に於て製レ之。〕

一、諸省判任官以下。辰の日。

一、府県開拓使勅任官以下。辰の日。

右、其庁々に於て賜レ之。

但、此分は代料幷献立書、大蔵省より相達す。

別紙の通、諸省へ相達候間、為二御心得一申進置候也。

十一月十四日　　大蔵省

史官御中

㈡豊明節会。

勅任官。

一、折敷　煑鮑、御飯、浸し物。〔大根漬添。〕大鳥鴨付焼、汁類。

二、小串鯛、　酢漬〔赤貝和布〕、作り身〔鮭〕、筝煮染、汁鯉、栗。

奏任官並非役華族。

一、折敷　煮鮑、大根漬。御飯、浸し物。〔栗添。〕

二、小串鯛、大鳥、作り身、汁鯉。

判任官於二其省一被レ下。

吸物、鯛。／折詰／煮鮑、大鳥、作り身、筝、鮓。

等外。／吸物／煮鮑、大鳥、鮓。

勅任官、銀百五十一匁。／奏任官、銀百二十八匁。

判任官、銀五十五匁。／等外、銀三十八匁。

右之通候事。／但、酒二合、料理の外候事。

⒆　外国人へ酒饌賜方、外務・大蔵省等へ御達、幷同上に付往復。

㋑来る十八日豊明節会に付、御雇外国人へ於二其省一御饗応相成候間、此段御承知有レ之、文部・工部・兵部・外務の四省及開拓使等より御省へ可レ及二御打合一候間、御取計可レ有レ之候也。

辛未十一九日　　史官

大政省御中

追て、左院へ御雇相成居候ジブスケへ被レ下方の儀。宮中にては御場所無レ之に付、外省へ合併致度候間、決定の上可二申入一候也。

㋺豊明節公に付、外国人へ御饗応振の儀、諸省へ別紙の通相達候間、此段申上置候也。

辛未十一月　　大蔵省

史官御中

※別紙は諸省の返答。

(ハ)豊明節会に付、御雇外国人へ御饗応振御問合の趣、致二承知一候。右は一人に付六弗、外に酒下賜候間、自然御雇中に上下の別有レ之候はば、平均一人六弗づつの積を以、御省御見込にて、上中下と御分け有レ之。且右御入費の儀は、追て御申越有レ之候はば、於二当省一御渡可レ致、此段御答申述候也。

大蔵省

其省宛

右の振合を以、追々問合有レ之候はば、此後不レ伺返答差出可レ申、此段も添て相伺置申候。

(ニ)豊明節会に付、御雇外国人へ於二当省一御饗応相成候旨、御達の趣、致二承知一候。然る処、於二当省一尚未だ総ての器械も無レ之、殊更不馴の儀に候間、御入費は素より従二当省一弁給可レ致は当然の事に候得共、御饗応の儀は、於二外務省一取扱相成候様致度、尚一応相伺候也。

辛未十一月十九日　大蔵省

史官御中

尚々、都合も有レ之候間、至急御答有レ之度候也。外務省へ示談致し便宜に任すべき事。

(ホ)来る十八日豊明節会に付、各国公使へ於二延遼館一御饗応相成、並御雇外国人へは於二其省一御饗応相成候間、大蔵省へ御打合の上、御取計可レ有レ之候也。

辛未十一月八日　史官

外務省御中

(ヘ)来る十八日豊明節会に付、同日第六字於二延遼館一各国公使并書記官等へ饗饌賜候に付、為二御接伴一、太政大臣殿并参議御両員、第五字頃より御出席有レ之度、此段申進候也。

辛未十一月十四日　外務省

正院御中

(ト)今般、大嘗祭被レ為二執行一候に付、御雇外国人御饗応の儀に付、疑惑の廉過剋相伺候末、粗御物語有レ之候。左院始御雇外国人一同、趣に寄延遼館於て御饗応の御沙汰にも可二相成一哉の由、御内評有レ之候趣、一応大少丞へ申述候処、去る　天長節の時分も、御雇外国人一同、延遼館に於て御饗応相成度旨、其御雇省々より掛合有レ之候得共、右は多人数の事故、一席に纏り兼不都合差支筋有レ之候に付、相断候次第に付、今般の儀も、若延遼館於て御雇外国人一同御饗応の御沙汰相成候ては、同日にては前文の通差支相成候間、右の趣、足下迄内々申上置候様、大少丞申聞候間、過刻御物語の末に付、御含迄に申上置候間、可レ然御承知可レ被レ下候也。

辛未十一月九日　遠藤外務権大録

谷森権少《善臣》外史殿

㋠来る十八日豊明節会に付、当省御雇外国人於二当省一御饗応の節、左院御雇ジブスケ（デュ・ブスケ）儀も同席御饗応被レ成度旨、御示談の趣、省議致候処、差支無レ之候間、此段申進候也。

辛未十一月十日　遠藤外務権大録

井上権少《馨》外史殿

※「ジブスケ」は幕末に来日したフランスの軍人で、兵式顧問A・C・デュ・ブスケ Du Bousquet（一八三七～八二）。

㋷来る十八日豊明節会に付、左院へ御雇のジブスケへ御饗応相成候処、宮中にては御場所無レ之に付、外務省にて同省御雇の外国人一同被レ下候に付ては、左院よりも官員一名出張致し候間、両人分同省へ御差廻可レ有レ之候也。

辛未十一月十二日　史官

大蔵省御中

㋦兼て御掛合及被レ置候左院御雇のジブスケ、於二其省一御饗応相成候に付ては、来る十八日何字頃罷越し可レ然哉の旨、過日御問合申置候通に付、至急御回答可レ有レ之候也。

辛未十一月十五日　史官

外務省御中

㋸豊明節会に付、左院御雇教師ヂ《ジ》ブスケへ賜饌、日限刻限御問合の趣致二承知一候。右は大蔵省御雇教師も当省にて引受候事に相成、人数相増候に付、十八日於二延遼館一可二取設一所、同日は各国公使・書記官等へ御饗応有レ之、筵席器械等差支候に付、ジブスケへは翌十九日夕六字に賜饌の積決定候間、此段御答旁申入候也。

辛未十一月十五日　外務省

史官御中

尚、以本文の趣は、左院へ打合済に候間、此段為二御心得一申入候也。

㋾来る十八日豊明節会に付、御雇外国人へ於二其省一御饗応相成候間、大蔵省へ御打合の上、御取計可レ有レ之候也。

辛未十一月九日　史官

兵部省御中

㋻本文の通、史官より申来候処、先般　天長節外国人御饗応の儀は、種々の差支有レ之、其期に至り終に右院の会議に依て御取止め相成候処、今般の儀は、格別に御饗応相成候儀にも可レ有レ之哉否や御答可レ有レ之。

此段申進候也。

辛未十一月九日　兵部省

正院御中

今般の儀は、格別に付、御饗応相成候事。

(20) 神祇省より神官酒饌下賜方伺。

神宮

祭主／近衛忠房

大宮司／北小路随光／少宮司／藤堂高泰

皇太神宮

禰宜／薗田守宣／檜垣貞董／松木朝彦／沢田泰綱／檜垣貞吉

権禰宜／檜垣貞賢／薗田守拙／薗田守賀／久志本常綾／松木治彦

主典／橋村淳風／坂尚簡／御巫清生／橋村正克／松田元修／坂尚芳／広辻光春／橋村正璟

権主典／井坂徳辰／出口安茂／世古成禎／中安守／神戸久寛／脇田久豊

宮掌／多気定保／谷麗国／河村正令／小川地喜賢

／佐藤元正／内山正命／益谷玔／鈴木安胤／西田光秋／中西吉孝／椿時中／高木永敬／坂秀氏／沢瀉久信／小林真中／東吉貞／梅谷長豊／梅谷光那／山本末能／二見貞幹／和田正麿／小林吉鎮／松岡国永／磯部百鱗／木田川秀芳／木田川基治／神戸久清／脇田久礼

豊受太神宮

禰宜／松木美彦／藤波氏命／藁田守胤／松木偉彦／世木親喜

権禰宜／久志本常貫／佐八定漂／久志本常幸／井面守存／中川長重

主典／太郎館季光／松田幸敏／広田正陽／足代弘近／榎倉武文／岩井田尚行／山本貞祐／松室忠誠

権主典／児玉尚高／古森厚茂／田中正知／山田大路元安／堤盛訓／橋村親正／福村正衡／福井末経／岡田経寵／岡田常雄／福田興朝／孫福弘孚／蓬莱尚武／磯部重綱／藤田長寿

宮掌／中西常光／鈴岡忠満／尾崎繁常／上野重武／山口安鈴／黒瀬正親／福本克恭／喜早定徳／黒瀬延弘／竜維宣／池村国親

右、来十八日豊明節会の節、於二同庁一御祝酒下賜候様、可二相達一存候。

氷川神社

官幣大社

大宮司／交野時万、／禰宜／東角井福臣

権禰宜／西角井正一／武笠幸息

主典／井上信道／堀江英風／仲田寛／綱野長雄／徳永豊洲、／主典心得／磯部重浪

枚岡神社

少宮司／清原真弓

国幣中社

寒川神社

禰宜／安藤亘、／権禰宜／能条神一郎／金子一

玉前神社

権宮司／田中重則

志波彦神社

禰宜／大崎寛繁

海神社／安仁神社
禰宜／太美直徳
権禰宜／御船寧気、／主典／岡隆範
住吉神社
権宮司／村上景通
田村神社
権宮司／松平頼纘
禰宜／黒木倉太郎、／権禰宜／田村栄
大山祇神社
権宮司／菅長好
南宮神社
禰宜／不破家寿麿／大庭敏通、／権禰宜／宇都宮秀尚／西大路光邦、／主典／久保見生衛／稲葉武勇／杉村柴八／清水喜代美
駒形神社
権禰宜／吉田秀竪
右、来る十八日豊明節会の節、於二県庁一御祝酒下賜候様、可二相達存一候。
但、県の官員より兼任の向は、本官を以御祝酒下賜候事に付、人名除レ之。
右の通相伺候也。
辛未十一月十三日　　神祇官
正院御中
伺之通。

㉑ 文部省より学校生徒酒饌下賜方伺。

㋑ 豊明節会に付、学校生徒へ酒饌被レ下の儀に付伺。

来る十八日豊明節会被レ為レ行候に付、諸省判任以下、各其庁に於て酒饌下賜候旨、御沙汰相成候処、学校生徒の儀は別段御達無レ之。然るに兵部省兵学生徒は、同省にて祝酒被レ下候由、且先達て／天長節会の時、酒饌下賜候次第も有レ之。

此度は格別の御大礼に付、東南両校并中小学入舎寄宿の生徒一般、等外同様、酒饌下賜候様仕度存候。尤差迫候儀に付、至急大蔵省へも御沙汰有レ之候様致度、此段相伺候也。

辛未十一月十四日　　文部省
正院御中

尚、以兵部省生徒の儀は、等外同様取計、入費は定額中より相払候趣、打合に御座候。／伺之通。

㋺別紙伺の儀、大蔵省へ相達置候間、同省へ打合可レ被二取計一、此段申添候也。

辛未十一月十四日　　史　官

文部省御中

㋩来る十八日豊明節会に付、文部省東南両校幷中小学入舎寄宿の生徒一般へ、等外同様、酒饌下賜候間、同省へ打合被レ下方可レ被二取計一、此段申入候也。

辛未十一月十四日　　史　官

大蔵省御中

(22) 宮地鎮祭及神門両殿祭式。

㋑ 宮地鎮祭及神門両宮(殿)祭次第。

十一月十五日、第八字、神祇省・式部寮及土木寮等、大嘗宮の地に参向す。／第九字、神部等、斎場の四隅に榊を立つ。〔但、木綿を着く。〕次少掌典〔松岡明義〕、米塩・切麻を斎場の四面に散す。次中門内に高机に脚を設く。〔一は神饌を供し、一は祝詞を置くの料とす。〕

次諸官員共に神祇省幄舎に着く。〔絶席。〕

次神饌を供す。〔神楽歌を奏す。〕／次神饌を撤す。〔神楽歌を奏す。〕

次神部、神門左右の柱に榊を立つ。〔木綿を着く。〕

次少掌典〔河辺教長〕、切麻を神門の内外に散す。

次神門の中央に高机を設く。

次神饌を供す。〔神楽歌を奏す。〕／次大掌典〔白川資訓〕、祝詞を奏す。／次神饌を撤す。〔神楽歌を奏す。〕

次中掌典〔慈光寺有仲〕、悠紀殿内の四隅に榊を立つ。

次大掌典〔白川資訓〕、米塩・切麻を殿の内外四面に散す。

次悠紀殿内中央に高机を設く。

次神饌を供す。〔神楽歌を奏す。〕／次大掌典〔白川資訓〕、祝詞を奏す。／次神饌を撤す。〔神楽歌を奏す。〕

次中掌典〔吉田良義〕、主基殿内の四隅に榊を立つ。

次中掌典〔同上〕、米塩・切麻を殿の内外四面に散す。

次主基殿内中央に高机を設く。

次神饌を供す。〔神楽歌を奏す。〕／次大掌典〔白川資訓〕、

祝詞を奏す。／次神饌を撤す。〔神楽歌を奏す。〕
次悠紀・主基両殿内及神門左右斎場四隅に立る所の榊を撤し、便宜の所にて焼却す。
次各退出。

ロ　鎮祭祝詞。

此地《このところ》乎宇斯波伎坐《うしはきいま》須大神乃御前《おほかみのみまへ》爾恐《にかしこ》美恐《みかしこ》美母白《みもまう》佐久《さく》、今《こ》年《とし》十一月《のしもつき》中《のなか》卯日《のうのひ》爾大嘗祭《におほにへまつり》仕奉《つかへまつり》賜《たまふ》布爾依弖《によりて》、此地《このところ》乎《を》大殿造《おほとのつくり》奉《まつ》留斎場《るゆには》止定《とさだ》米賜《めたまふ》布。故《かれ》／大神乃御前《おほかみのみまへ》爾机《につくえ》代乃物《しろのもの》乎礼代《をゐやしろ》止供《とそな》幣奉《へまつ》里弖乞祈《りてこひの》奉《み》良久乎《まつらくを》美《うま》良爾聞《らにきこし》食《め》志宇豆那比給比《しうつなひたまひ》弖若罪穢《てもしつみけがれ》有《あ》牟乎婆《らむをば》神直毘大直毘《かむなほびおほなほび》爾見直《にみなほし》志聞直《きゝなほし》志座《まし》志弖大御《ておほみ》神事《かむわざ》平《たひら》久安《けくやすら》久守《けくまも》里仕《りつかへ》奉《まつら》良米志給《しめたまへ》幣止恐《とかしこ》美恐《みかしこ》美母白《みもまう》須《す》。

明治四年十一月

ハ　神門祭祝詞。

掛巻《かけまく》母畏《もかしこき》伎櫛磐牖《くしいはまどのかみ》神・豊磐牖《とよいはまどのかみ》神乃大前《のおほまへ》爾恐《にかしこ》美恐《みかしこ》美母《みも》白《まうさく》佐久、此御門《このみかど》爾湯津磐村《にゆついはむら》乃如《のごとく》塞《さはり》坐弖《まして》四方四角《よもよすみ》与利踈畏《よりうとび》来《こ》牟天麻我都比《むあめのまがつひ》止云神《といふかみ》乃言《のいは》牟悪事《むまがこと》爾相麻自許利《にあひまじこり》相口会《あひくちあへ》賜《たま》事《ふこと》無《な》久自レ上《くうへより》往《ゆか》加婆上《ばうへ》乎守《をまも》里自レ下《りしたより》往《ゆか》婆下《ばした》乎守《をまも》里待《りまち》防《ふせぎ》掃《はらひ》却《やり》言排《いひそけ》坐弖《まして》、是乃大嘗祭《これのおほにへまつり》仕《つか》奉《へまつ》留宮乃御門《るみやのみかど》爾参入《にまゐり》仕《つかへ》牟人等乃咎過《むひとどものまがあやまち》有《あら》牟乎婆神直日大直日《むをばかむなほびおほなほび》爾見直聞直《にみなほしきゝなほし》坐弖《まして》平《たひら》久安《けくやすら》久令二奉《けくつかへまつらしめ》仕一賜《たまへ》幣止机《とつくゑ》代乃物《しろのもの》乎礼代《をゐやしろ》止供《とそな》幣奉《へまつ》利弖《りて》恐《かしこ》美恐《みかしこ》美母白《みもまう》須《す》。

明治四年十一月

ニ　悠紀・主基両殿祭祝詞。

掛巻《かけまく》母恐《もかしこき》伎屋船句々能智神《やふねくくのちのかみ》・尾船豊宇気姫《やふねとようけひめのかみ》神乃大前《のおほまへ》尓《に》恐《かしこ》美恐《みかしこ》美母白《みもまう》佐久《さく》、今造《いまつくり》奉《まつ》礼留是乃大嘗祭《れるこれのおほにへまつり》乃悠紀《のゆき》乃大殿《のおほとの》乎《を》〔主基方は、主基《すき》乃大殿《のおほとの》とす〕神随《かみながら》守《まもり》賜《たま》幸《へさきは》賜《へたまひ》弖、宮《みや》地《ところ》波底津石根《はそこついはね》乃極美下津綱根《のきはみしたつつなね》昆虫《はふむし》乃禍《のわざはひ》無《な》久高天原《くたかまがはら》波青《にあを》雲《くも》乃靄《のたなび》久極《くきは》美天《みあめ》乃血垂飛鳥《のちたりとぶとり》乃禍《のわざはひ》無《な》久造《くつくり》立《たて》多留柱桁戸《たるはしらけたと》牖《まど》乃錯《のちが》比動《ひうごき》鳴事《なること》無《な》久御床都比《くみゆかつひ》乃佐夜伎《のさやき》無《な》久平《くたひら》久守《けくまもり》幸《さきは》賜《へたま》幣止机《へとつくえ》代乃物《しろのもの》乎礼代《をゐやしろ》止供《とそな》幣奉《へまつ》利弖恐《りてかしこ》美恐《みかしこ》美母白《みもまう》須《す》。

明治四年十一月

ホ　右大嘗宮、近代、南殿庭上を用いらる。今時の皇居狭隘なるを以て、**宮苑広芝**の地をとし、四方を局り外重門を南門とし、中重門を中門とし、左右腋門あり。

其中、四方黒木垣を回らし、正面に神門を建つ。宮門都て西南に向ふ。伊勢／皇太神宮の方を以てなり。廻立殿の後廊を架して行在を建つ。宮苑、皇居を距る遠きを以て也。〔式部寮祭祀録〕

㉓ **宮中節折式。**

式部寮記録抄出

㋑　宮中節折次第。

十一月十五日、第二字、宮内省、賢所便殿の装束を奉仕す。〔節折の本儀。宮中に於てす。今度、仮に当所を用う。〕

其儀、殿の御拝の間に簀薦を敷き、御贖の品を具備す。

時刻／出御。〔便殿御服の間に御す。〕

次宮内大輔〔万里小路博房〕、奏聞し、訖て神祇少丞〔戸田忠至〕を召す。

次神祇少丞・中掌典〔慈光寺有仲〕、階下に就く。

次神祇少丞・大掌典〔白川資訓・遠藤允信〕、昇殿して簀子に就く。

次宮内官員、御服を執て侍従〔裏松良光〕に付す。

次侍従、御服を　御前に供す。／御息を吹て返し給ふ。

次侍従、神祇少丞に伝ふ。

次神祇少丞、御麻を執て侍従に付す。

次侍従、御麻を供す。〔御所作。〕訖て返し給ふ。侍従、神祇少丞に伝ふ。

次大掌典〔白川資訓〕、荒世の竹を取て侍従に付す。

次侍従執て／御体を量る。〔五度〕訖て大掌典〔遠藤允信〕に伝ふ。

次大掌典〔同上〕、壺を執て侍従に付す。

次侍従、壺を供す。／御息を吹て返し給ふ。侍従、大掌典に伝ふ。

次大掌典〔白川資訓〕、和世の竹を取て侍従に付す。以下進退、荒世の儀の如し。訖て大掌典、海辺〔浜殿〕に向ふ。

次中掌典〔吉田良義〕、御麻を執て祓所〔賢所庭上〕に向ふ。

㋺　大祓次第。

同日、節折の儀訖て、第四字、賢所庭上に幔を曳き座席を設く。〔大祓、本義、宮門外に於てす。今度、仮に当所を用う。〕

次祓物《はらへつもの》を具備す。

第五字、太政官・神祇省以下、大祀に関る官員各着床。

次中掌典〔吉田良義〕、御麻を捧げて庭上の棚に置き、祓の稲を挿む。

次太政大臣、式部頭を召して、祓の事を仰す。式部頭、神祇省に伝ふ。

次大掌典〔白川資訓〕、座に進て大祓詞を読む。〔祓詞、式の如し。〕

次大掌典〔同上〕、神部等、大麻を引く。

次各退出。／次中掌典〔慈光寺有仲〕、祓物を持て海辺〔同上〕に向ふ。

㉔大祀式。

※以下、〈〉に福羽美静の『手扣』にある主な注記を補った。

式部寮記録抄出

㋑　大祀次第。

卯日、平明、大嘗宮四門に賢木を樹つ。其儀、正面、鏡・剣・玉を懸け、五色の帛を著く〈神祇中録四千依引き受け差図を致すべき事……〉。

次神部等、神門・中門・腋門・南門に候す〈神祇少神部芳村正秉・同三宅行正……〉。

次内舎人、廻立殿及　行在の諸門を警衛す。

次式部寮、群官の庭上〔南に距る五許尺〕に設く。

第一字、悠紀・主基両国の神物を、斎場所〔神祇省中〕より発して大嘗宮に到り各膳屋に収む。

悠紀方列次。

神祇省使部四人、左右前駆。／次大掌典一人〈神祇大嘗典白川資訓〉。／次少神部二人、左右分行〈神祇中神部長沢資寧／神祇少神部近藤義二〉。／次縫服。／次麁服。／次甲府県大属一人。／次神祇権大録。〈宣教少博士兼神祇権少録尾形厳彦〉／次中少掌典二人、左右分行〈神祇中掌典慈光寺有仲・神祇少掌典河辺教長〉。／次御稲櫃一合。〔蘿葛を著く。〕／次同台二脚。／次御膳案。／次御酒業。／次黒酒・白酒。〔黒白各一瓶、櫃上蘿葛を著く。〕／次同台二脚。次神饌櫃二合。／次同台四脚。／次神饌料理具櫃一合。／以上、行列の間、神部等、左右分行。／次神祇少丞〈神祇中神部末松豊秋・同伊塚寛輔・同大畑弘国・神祇少神部本多盾臣〉〔三等出仕三条西季知〕。／次甲府県知事〔土肥実臣〕。

主基方列次。

神祇省使部四人、左右前駆。／次大掌典一人〔〈氷川少宮司〉遠藤允信〕。／次少神部二人、左右分行〈神祇中神部高原信久・神祇少神部内山吉辰〉。／次繒服。／次麁服。／次花房県権大属一人。／次神祇権大録〈鈴木常久〉。／次中少掌典二人、左右分行〈神祇中掌典吉田良義・神祇少掌典**松岡明義**〉。／次御稲櫃一合。〔蘿葛を著く。〕／次同台二脚。／次御膳案。／次御酒案。／次黒酒・白酒〔黒白各一瓶、櫃上蘿葛を著く。〕／次同台二脚。／次神饌櫃二合。／次同台四脚。／次神饌料理具櫃一合。／以上、行列の間、神部等、左右分行。／次神祇丞〔七等出仕**浦田長民**〕。／次花房県大参事〔清水豊宜〕。

右、悠紀は、大嘗宮南門より入り、西腋門を経て、悠紀の膳屋に到る。

主基は、南門より東腋門を経て、主基の膳屋に到る。

〈神祇大神部仲美英・同鈴鹿熙明・同山田有年・神祇中神部徳岡久遠……神饌取扱の事〉

次神祇官員、幄舎に着く。／次式部官員、幄舎に着く。

第四字、神祇大少輔、掌典等を率て両殿の神座を奉仕す。〈神祇省三等出仕三条西季知・神祇大掌典遠藤允信・同白川資訓・中掌典神祇少丞戸田忠至……〉〔神部等、神座の具を伝送す。〕

次大少輔、衾単を両殿神座の上に置き、又繒服案・麁服案を各両殿神座の上に置く。〔衾単・繒服案・麁服案、両殿各次第有り。〕此間。宮内省、御服二襲を廻立殿に置き、天羽衣を備へ、御敷簀・御帖等を同殿中に設け、御湯の榻を同東幔内に設く。

次大掌典〔遠藤允信〕、神部を率て、忌火の灯燎を両殿に設く。〔各二灯二燎。〕同時に神部等、庭燎を神門及中門外に設く。

本日第四字、／皇霊へ神饌を供す。使神祇少丞〔戸田忠至〕参向す。

㋺　悠紀次第。

第一鼓〔五字〕。〔以下、鼓声を以て行事を報告し、毎鼓次第の数を撃つ。〕

勅任〔諸次官・大内史以下府知事以上〕、奏任・判任等、中門外の幄舎に着く。

次悠紀・主基両方知事・参事等、同上幄舎〔絶席〕に著く。

第二鼓〔六字〕。／天皇、廻立殿に幸す。先レ是、乗輿行在所に／行幸す。時刻、帛の　御衣を御し、行在所より／出御。廻立殿西方の御床子に／著御す。侍従長〔徳大寺実則・河瀬真孝〕、二人、剣璽を執て白木床子の上に置く。

行幸の後、特に高声を禁ず。

次親王・太政大臣・参議・諸長官〔長官闕員は輔之に代る。〕神祇輔・式部頭等、廻立殿庭上の座に着く。

次侍従、御湯を供す。〔勘解由小路資生・河野通信。〕

次御祭服を供す。〔堀河康経・東園基愛。〕／次御手水を供す。〔五条為栄・堤正誼。〕

次式部頭、群官の名簿を奏し、訖て時刻を奏す。

次**悠紀殿　渡御**。其儀、神祇の官人、預め二幅の布単を御路に鋪く。御歩の時、侍従〔北条氏恭・末田是保〕二人、左右に膝行し、葉薦を以て布単の上に鋪く。

宮内の官人、御後に候し、御歩に随て之を捲く。

御前、神祇大少輔、／次太政大臣、／次侍従〔綾小路有長・島義勇〕二人。〔左右各燭を秉る。〕

宸儀御歩。／侍従長、剣璽を奉ず。侍従、御蓋を上り御綱を張る。〔富小路敬直・高島昭光・石山基文・片岡利加〕

御路、大嘗宮の北門より悠紀殿の東を経、南面より／入御。神座の東北を経て御座に／著御す。

御後、親王・参議・諸長官・式部頭等、扈従。従一位中山忠能、列外に随行す。

著御の後、侍従長、剣璽を奉じて悠紀殿南面の簀子に候す。〔忠能、階上便宜の所に候す。〕神祇官員、燭を秉て階下に候す〈神祇大録八木雕・同藤木常久・神祇中録井上真優・同望月允武〉。

次親王・大臣以下、扈従の群臣、悠紀殿庭上の幄舎に着く。渡御の間、悠紀の膳屋、神膳を料理す。

第三鼓。／神祇輔、丞に命じて神門及中門・腋門を開かしむ〈神祇大録神戸信義・同筧元忠〉。

次神祇丞〔少丞沢簡徳・同天野正世〕、神饌を検知す。

次勅任・奏任・判任官等、西腋門より入て幄舎に着く。

次悠紀方知事、西腋門より入て幄舎〔絶席〕に着く。

次式部助〔七等出仕四辻公賀〕、伶人を率ゐ西腋門より入て版の西に着く。伶人、国栖古風五成を奏す。

次悠紀方知事、幄を出て版の東に着く。伶人、悠紀国風四成を奏す。

次親王・大臣・勅任官〔参議以下・府知事以上〕、庭中の版に着て列立す。奏任・判任、幄舎を出て前庭に列す。百官、悉く立定て八開手を拍つ。訖て各幄舎に復す。〔親王・大臣・参議・諸長官は悠紀殿庭上の幄、自余の勅任及奏判は神門外の幄舎本座に著く。〕

次親王・太政大臣、悠紀殿に参じ殿上の庇に侍す。神祇輔・式部頭、同く南面の簀子に侍す。参議・諸長官、幄舎に在て奉侍す。

第四鼓。／神祇輔、丞に命じて神饌行列を発せしむ。／少丞〔沢簡徳〕一人、前行、警蹕を称す。／少掌典二人〔左右〕〈河辺教長・**松岡明義**〉、燭を秉る。／中掌典一人〈吉田良義〉、蝦鰭槽を執る。／中掌典一人〈慈光寺有仲〉、多志良加を執る。

陪膳女一人、揚枝筥を執る。

後取采女一人、御巾筥を執る。

采女一人、神簀薦を執る。／同一人、御食薦を執る。／同一人、御箸筥を執る。／同一人、平手筥を執る。／同一人、御飯筥を執る。／同一人、生魚筥を執る。／同一人、干魚筥を執る。同一人、菓子筥を執る。

大掌典〔白川資訓〕一人、鮑汁漬を執る。／同〔遠藤允信〕一人、和布汁漬を執る。／中掌典二人〈神祇大神部**鈴鹿熙明**・山田有年〉、空盞を執る。／大神部二人、御羹八足机を舁く。／中神部二人〈徳岡久遠・長沢資寧・高原信久〉、御酒八足机を舁く。／少神部二人〈本多盾臣・近藤義一〉、御粥八足机を舁く。／同二人、御直会、御酒八足机を舁く。

右、神饌具、陪膳後取の采女二人、簀子に候し次第に取て之を奉ず。

次大掌典以下、次第庭積の机代物を列す。

先御手水。／次御供進。／次祝詞。〔太政大臣奏レ之。〕

次御直会、親王侍レ之。／次御手水。／次神饌を撤す。行列、初儀の如し。

第五鼓。／廻立殿　還御。扈従、初儀の如し。

次　皇后拝儀。典侍以下女官随従す。

次勅任官以下、中門外の幄舎に退下。

㈧　主基次第。

第一鼓〔暁二字〕。／親王・大臣以下、廻立殿前庭着座、初儀の如し。

次官内省、御湯を供す。／次御祭服を供す。／次御手水を供す。

次式部頭、時刻を奏す。

次主基殿、渡御。布単及び葉薦を御路に鋪く儀等、初の如し。

御前、神祇大少輔／次太政大臣／次侍従二人。〔左右各蠋を秉る。〕

宸儀　**御歩**。／剣璽・御蓋の儀等、初の如し。御路、大嘗宮の北門より主基殿の西を経、南面より／入御。神座の東北を経て御座に／着御す。

御後、扈従、初儀の如し。

着御の後、剣璽を奉じ燭を秉る儀等、初の如し。

次親王・大臣以下、扈従の群官、主基殿庭上の幄舎に着く。／渡御の間、主基の膳屋、神饌を料理す。

第二鼓。／神祇丞、神饌を検知す。

次勅任・奏任・判任官等、東腋門より入て幄舎に著く。

次主基方大少参事、東腋門より入て幄舎に著く。

次式部助、伶人を率ゐ、東腋門より入て版の東に著く。

伶人、国栖古風五成を奏す。

次主基方大参事、幄を出て版の西に着く。／伶人、主基国風四成を奏す。

次親王・大臣以下百官、版に就て立列、八開手を拍つ事、初儀の如し。〔復座次第、初の如し。〕

次親王・太政大臣、主基殿に参じ殿上の庇に侍す。神祇輔・式部頭、同く南面の簀子に侍す。

第三鼓。／神祇輔、丞に命じて神饌行列を発せしむ。少丞一人、前行。警蹕以下、行列、初儀の如し。／采女二人、簀子に候し、次第之を奉ずる事、初儀の如し。

次大掌典以下、庭積の机代物を列す。

先御手水。／次御供進。／次祝詞。／次御直会。

次御手水。／次神饌を撤す。行列、初儀の如し。

第四鼓。／廻立殿還御。扈従、初儀の如し。

次**皇后拝儀**。女官陪従の儀等、初の如し。

祭儀畢る。／百官退下。

神祇輔、丞に命じて神門及中門・腋門を鎖さしむ。

翌日、平明、神祇省、大嘗宮を鎮祭し、神座を撤却す。

其儀、悠紀殿の庇に高机を置て祭レ之。次第、殿祭に同じ。／主基殿、同上。

㋥ **国風歌**。

悠紀国名所。

白嶺〔巨摩郡〕　作者神祇大輔福羽美静

君が代の光にいとど顕れて甲斐の白嶺のかひは有けり

青柳里〔同郡〕　作者宣教権中博士八田知紀

大御代の風に随がふ民草の姿を見する青柳のさと

主基国名所。

長狭川〔長狭郡〕　作者神祇少輔門脇重綾

岩間行く水のみどりも長狭川いざよふ瀬々の末深む覧

蓬島〔同郡〕　作者神祇大録飯田年平

名細《く》はしき蓬が島は君が代の長狭県のかみやつくりし

※福羽美静の『手扣』に「色紙執事　神祇中録　内藤存守／直者　神祇少録　**樋口守保**／直者　神祇権少録　**狩野芳信**」とある。この屏風絵、第四章「大嘗絵図」に掲出。

㋭ **神饌色目**。

米御飯一口　粟御飯一口　甘塩鯛一口　鮓鮑一口　烏賊一口　鮭一口　蒸鮑一口　干鯛一口　堅魚一口　雑魚腊一口　干棗一口　搗栗一口　生栗一口　干柿一口

和布汁漬一坏　鮑汁漬一坏　和布羹一坏　鮑羹一坏

白酒二瓶　黒酒二瓶　米御粥二坏　粟御粥二坏

㋬ **御直会**。

米御飯一口　粟御飯一口　白酒四瓶　黒酒四瓶

㋣ **庭積机代**。

鯛一台　鮭一台　和布一台　海松一台／以上、一脚。

鮑一合　烏賊一合　棗栗一合　柿一台／以上、一脚。

雁一台　雉子一台　蘿蔔一台　胡蘿蔔　午房一台

以上、一脚。

※福羽美静の『手扣』に、続けて「御門警衛割」一覧を列挙する。その中に、「進退報鼓　神祇省六等出仕醍醐忠敬／宣教権中博士兼神祇大録**本居豊穎**／初物行列　神祇省七等出仕　**浦田長民**／神祇少録　千代田義融」などもみえる。

(チ) **祝詞。**

天皇《すめらみこと》乃《の》新代《あらたよ》乃《の》茂《いかし》御代《みよ》乃《の》大御典《おほみのり》止《と》今年《ことし》十一月《のしもつき》乃中《のなか》卯日《のうのひ》乃生日《のいくひ》乃足日《のたるひ》爾《に》大嘗祭《おほにへまつり》仕奉《つかへまつり》給布止為弖《たまふとして》斎清麻波利《ゆまはりきよまはり》造《つくり》奉礼留《まつれる》是乃《これの》悠紀乃大殿《ゆきのおほとの》〔主基方は、主基乃大殿《すきのおほとの》〕乃神牀《のかむとこ》乃大前《のおほまへ》爾《に》、太政大臣従一位三条実美《さねとみ》恐美《かしこみ》恐美母白佐久《かしこみもまうさく》、高天原《たかまのはら》爾神留《にかむづまり》座須《ます》／皇親神漏岐神漏美乃命《すめらがむつかむろぎかむろみのみこと》以弖《もちて》天日《あまつひ》嗣《つぎ》乃高御座《のたかみくら》乎天地《をあめつち》乃共動《のむたうごく》久事無久《ことなく》変留事無久《かはることなく》堅石爾常磐爾《かきはにときはに》定給比志《さだめたまひし》大御詔《おほみこと》乃随《のまにまに》爾／天皇《すめらみこと》乃知食須《のしろしめす》御代乃初《みよのはじめ》乃天津《のあまつ》御饌《みけ》乃遠御饌《のとほみけ》乃大嘗《のおほにへ》聞食須《きこしめす》賀故爾《がゆゑに》、先《まづ》／皇神等《すめかみたち》乃大前爾《のおほまへに》、御服《みそ》波和妙《はにぎたへ》・荒妙《あらたへ》、御酒《みき》波白酒《はしろき》・黒酒《くろき》乎始弖《をはじめて》種々《くさぐさ》乃多米《のため》津物《つもの》乎百取《をももとり》乃机《のつくえ》代《しろ》止置足《ときたら》波志弖《はして》、太政大臣従一位三条実《さね》美《とみ》乎始弖《をはじめて》官々《つかさづかさ》乃長官《のかみ》・次官《すけ》等《ら》諸《もろ〳〵》乎率《をひきゐ》給比《たまひ》阿登母比《あともひ》給比弖《たまひて》神事《かむわざ》仕奉《つかへまつり》給波久乎《たまはくを》甘良爾《うまらに》聞食弖《きこしめして》／天皇《すめらみこと》乃大御代《のおほみよ》乎《を》万千秋《よろづちあき》乃長五百秋《のながいほあき》爾立栄《にたてさかへ》志米給比《しめたまひ》天下《あめのした》内外乃国乃国止《うちとのくにのくにと》云国島《いふくにしま》止云島《といふしま》落留事無久《をつることなく》洩留々事無久《もるることなく》見行志《みそなはし》聞食須《きこしめす》／天《すめら》皇《みこと》乃朝廷《のみかど》乎始弖《をはじめて》仕奉礼留《つかへまつれる》親王《みこ》、百官人等《もものつかさひとども》乎母《をも》弥助《いやたすけ》気爾《に》助給比《たすけたまひ》弥進《いやすゝめ》給倍止《たまへと》白須事乎《まうすことを》聞食世止《きこしめせと》恐美恐美母白須《かしこみかしこみもまうす》。

明治四年辛未十一月

(リ) **奉侍群官交名。**

太政大臣従一位三条**実美**／参議正三位**西郷隆盛**
同従四位**大隈重信**／同従四位**板垣正形**
文部卿従四位**大木喬任**／宮内卿正二位**徳大寺実則**
副議長従五位**江藤新平**／神祇大輔従四位**福羽美静**
外務大輔従四位**寺島宗則**／大蔵大輔従五位**井上馨**
兵部大輔従五位**山形**(県)**有朋**／司法大輔従五位**宍戸璣**
侍従長従五位**河瀬真孝**／式部頭従三位**坊城俊政**
神祇少輔従五位**門脇重綾**／員外従一位**中山忠能**。

(ヌ) 大嘗会式　四十二部。

右、御廻申候間、七部宛御引取可㆑被㆑成候。此段及㆓御回達㆒候也。

辛未十一月十七日

神祇省

諸省宛

(25) 豊明節会式。

式部寮記録抄出

(イ) **豊明節会次第。**〔十八日。〕

辰日、第十字、式部寮、正殿上下の装束を奉仕す。
第一時、親王・大臣・諸省奏任以上参列す。
次／天皇、高御座に御す。群臣磬折。
次神祇大輔、賢木を捧げ、天神寿詞を奏す。此間、群臣起つ。
次寿詞畢て、大臣以下群臣、拍手、二。
次太政大臣、宣命を宣る。此間、群臣磬折。
次式部頭、両国献物の色目を執て進む。両国知参事、献物を執て羅列す。
次式部頭、献物を奏す。／次白酒・黒酒を供す。〔各四坏。〕
次臣下に賜ふ。〔白黒各一坏。〕
次御膳を供す。
次臣下に賜ふ。居訖て太政大臣、天気を候ふ。
次御箸下る。臣下応レ之。／次国栖奏。〔伶人奏レ之。〕
次次第の物を供す。／次臣下に賜ふ。
次悠紀・主基両国の風俗を奏す。／次久米儛。／次舞楽。
〔萬歳・太平、各一曲。〕
以上、次第の物を供するの間奏レ之。
入御。／群臣退出。

㋺　**同次第。**〔十九日。〕
本日、第一時、麝香間詰、非職華族等参列。
次／天皇、高御座に御す。群臣磐所。
次太政大臣、宣命を宣る。此間、群臣磬折。
次白酒・黒酒を供す。〔各四坏。〕
次臣下に賜ふ。〔白黒各一坏。〕
次御膳を供す。／次臣下に賜ふ。居訖を従一位中山忠能、／天気を候ふ。
次御箸下る。臣下応レ之。／次国栖奏。〔伶人奏レ之。〕
次次第の物を供す。／次臣下に賜ふ。
次悠紀・主基両国の風俗を奏す。／次久米儛。／次舞楽。
〔萬歳・太平、各一曲。〕
以上、次第の物を供するの間奏レ之。
入御。／群臣退出。

㋩　**天神寿詞。**
現御神止《あきつみかみと》大八島国所知看須《おほやしまぐにしろしめす》／大倭根子《おほやまとねこ》／天皇我御前仁《すめらがみまへに》
天神乃《あまつかみの》寿詞遠《よごとを》称辞定奉良久止申須《たゝへごとさだめまつらくとまうす》、
高天原仁《たかまがはらに》神留座須《かむつまります》　皇親《すめらかむつ》神漏岐《かむろぎ》神漏美乃命遠持天《かむろみのみことをもちて》

八百万《やをよろづ》乃《の》神等《かみたち》遠《を》集《つど》倍《へ》賜《たまひ》天《て》、皇孫尊《すめみまのみこと》波《は》高天原《たかまのはら》仁《に》事始《ことはじめ》天《て》豊《とよ》葦原《あしはら》乃《の》瑞穂《みづほ》乃《の》国《くに》遠《を》安国《やすくに》止《と》平介久《たひらけく》所知食《しろしめし》天《て》天都《あまつ》日嗣《ひつぎ》乃《の》天都《あまつ》高御座《たかみくら》仁《に》御座《おほましまし》天《て》天都《あまつ》御膳《みけ》遠《を》長御膳《ながみけ》乃《の》遠御膳《とほみけ》止《と》千秋《ちあき》乃《の》五《い》百秋《ほあき》仁《に》瑞穂《みづほ》遠《を》平介久《たひらけく》安介久《やすらけく》由庭《ゆには》仁《に》所知食《しろしめせ》止《と》事依志奉弖《ことよさしまつりて》天《あま》降座之《くだしましし》後《のち》仁《に》中臣《なかとみ》乃《の》遠都祖《とほつおや》天児屋根命《あめのこやねのみこと》皇御孫尊《すめみまのみこと》乃《の》御前《みまへ》仁《に》奉仕弖《つかへまつりて》天忍雲根神《あめのをしくもねのかみ》遠《を》天乃二上《あまのふたのぼり》仁《に》奉上弖《たてまつりあげて》神漏岐《かむろぎ》神漏《かむろ》美命《みのみこと》乃前《のまへ》仁《に》受給波里申《うけたまはりまうす》仁《に》、皇御孫尊《すめみまのみこと》乃《の》御膳都水《みけつみづ》波《は》、宇都《うつ》志《し》国《くに》乃《の》水《みづ》爾《に》天都水《あまつみづ》遠《を》加弖《くはへて》奉牟《たてまつらむ》止《と》申世《まうせ》止《と》事教給志《ことをしへたまひし》仁《に》依弖《よりて》、天忍雲根神《あめのをしくもねのかみ》天乃浮雲《あめのうきくも》仁《に》乗弖《のりて》天乃二上《あめのふたのぼり》仁《に》上座弖《のぼりまして》神漏岐《かむろぎ》神《かむ》漏美命《ろみのみこと》乃前《のまへ》仁《に》申世波《まうせば》天乃玉櫛《あめのたまぐし》遠《を》事依奉弖《ことよさしまつりて》此玉櫛《このたまぐし》遠《を》刺立弖《さしたてて》自二夕日一《ゆふひより》至二朝日照一《あさひてるにいたる》万弖《まで》天都詔戸《あまつのりと》乃《の》太詔刀言《ふとのりとごと》遠以弖《をもちて》告礼《のれ》。如此《かく》告波《のらば》麻知波《まちは》弱蒜《わかひる》仁《に》由都五百篁《ゆついほたかむら》生出牟《おいいでむ》自二其下一《そのしもより》天乃《あめの》八井《やゐ》出牟《いでむ》。

此遠持天《こをもちて》天都水《あまつみづ》止《と》所聞食《きこしめせ》止《と》事依奉支《ことよさしまつりき》。如此《かく》依奉志《よさしまつりし》任仁《まにま》所聞食《きこしめす》由庭《ゆには》乃《の》瑞穂《みづほ》乎《を》卜部等《うらべども》太兆《ふとまに》乃《の》卜事《うらわざ》遠《を》持弖《もちて》奉仕弖《つかへまつりて》悠紀乃国《ゆきのくに》・主基乃国《すきのくに》遠《を》斎定弖《いみさだめて》古与利《いにしへより》物部乃人等《もののべのひとども》酒造児《さかつこ》酒波《さかなみ》粉走《こはしり》灰熱《はいやき》薪採《まきとり》相作《あひつくり》稲実公等《いなみのきみら》大嘗会《おほにへ》乃《の》斎場《ゆには》仁《に》持斎《もちゆま》波利《はり》参来弖《まうきて》仕奉利志《つかへまつりし》事乃如久《ことのごとく》今年《ことし》十一月《しもつき》中都《なかつ》卯日《うのひ》仁《に》由志《ゆし》理伊都志理《りいつしり》持《もち》恐美《かしこみ》恐美母《かしこみも》清麻波利《きよまはり》仁《に》奉仕利《つかへまつり》月内《つきのうち》仁《に》日時《ひとき》遠《を》択定弖《えらみさだめて》悠紀爾波《ゆきには》甲斐国《かひのくに》巨摩郡《こまのこほり》、主基爾波《すきには》安房国《あはのくに》長狭《ながさの》郡乃《こほりの》仕奉礼留《つかへまつれる》黒木《くろき》・白木乃《しろきの》大御酒遠《おほみきを》／大倭根子《おほやまとねこ》／天皇《すめら》我《が》天都御膳《あまつみけ》乃《の》長御膳《ながみけ》乃《の》遠御膳《とほみけ》止《と》汁仁毛《しるにも》実仁毛《みにも》赤丹乃穂仁《あかにのほに》所聞《きこし》食弖《めして》豊明仁《とよのあかりに》明御座弖《あかりまして》天都神乃《あまつかみの》寿詞遠《よごとを》称辞定奉留《たたへごとさだめまつる》／皇《すめ》神等母《かみたちも》千秋五百秋乃《ちあきいほあきの》相嘗仁《あひにへに》相宇豆乃比奉利《あひうつのひまつり》堅磐常磐仁《かきはにときはに》斎《いはひ》奉利弖《まつりて》伊賀志御世仁《いかしみよに》栄志米奉利《さかへしめまつり》自二明治四年止云年一《みょうじよとせといふとし》始弖《はじめて》与二天地月日一《あめつちつきひと》共《ともに》照志明良志《てらしあからし》御座事仁《ましますことに》本末不レ傾《もとすえかたぶけず》茂槍乃中《いかしほこのなか》執持弖《とりもちて》奉仕留《つかへまつる》中臣乃《なかとみの》故事以弖《ふるごともちて》、神祇大輔従四位福羽美《ふくばのよし》静《しず》寿詞遠《よごとを》称辞定奉久止申《たたへごとさだめまつらくとまうす》。

又申久《またまうさく》、／天皇朝廷仁《すめらがみかどに》奉仕留《つかへまつる》親王《みこ》百官人等《もゝのつかさひとら》、天下四《あめのしたよ》方国乃《ものくにの》百姓《おほみたから》諸々《もろもろ》集侍弖《うこなはりて》見食倍《みたべ》尊食倍《たふとみたべ》歓食倍《よろこびたべ》聞食倍《きゝたべ》／天皇朝庭仁《すめらみかどに》茂世仁《いかしみよに》八桑枝乃《やくはへの》立栄《たちさかへ》奉仕留倍伎《つかへまつるべき》禱乎《ほぎことを》所聞食止《きこしめせと》恐美《かしこみ》恐美母《かしこみも》申給波止久申《まうしたまはくとまうす》。

明治四年十一月

㊁ 宣　命。

天皇《すめらみこと》乃大命《のおほみこと》爾座世《にませ》、今年《ことし》十一月《しもつき》乃今日《のけふ》乃生日《のいくひ》乃足日《のたるひ》爾《に》大嘗乃豊明《おほにへのとよのあかり》聞食須賀故爾《きこしめすがゆゑに》、親王《みこ》百官人等《もゝのつかさひとら》、悠紀《ゆき》・主基《すき》乃二国乃《のふたくにの》仕奉礼留《つかへまつれる》黒酒《くろき》・白酒乃《しろきの》大御酒乎《おほみきを》赤丹乃穂爾《あかにのほに》海川《うみかは》山《やま》野《ぬ》乃《の》種々《くさぐさ》乃《の》物等《ものども》乎《を》母《も》賜《たま》波《は》利《り》恵《ゑ》良《ら》岐《き》良《ら》罷《まか》礼《れ》止《と》宣《の》留《る》。

明治四年十一月

㋭　**両国献物。**

悠紀方／栗一石五斗、柿千顆、絹十匹。
主基方／干鮑百斤。

玉食供膳。

御飯、鮭作り身、鮑羹、御汁鯛、鯛小串、鴨付焼、亀足付
御汁巻鯉、筍切重、甘煮栗、葉付大根浸漬、酢漬和布赤貝鯛。
右、各銀盤に盛て供レ之。

臣下饗膳。

一、折敷、煮鮑、焼鳥、飯、浸物大根漬添、汁鯛。
二、鯛小串、鮭作り身、汁鯉、筍煮染、栗煮染、酢漬赤貝和布。
右、勅任官。
一、折敷、煮鮑、浸物大根漬添、飯、汁鯛。
二、小串、作り身、焼鳥、汁鯉。
右、奏任官、非職華族。

㋬　**節会本日。十八日。**

各省判任、省中に於て饗膳を賜ふ。
神宮神官、司庁に於て賜レ之。
地方官奏任・判任・本県出張、各所に於て賜レ之。
官幣・国幣社新補神官等、各管轄府県に於て賜レ之。
本日及前日、兵部省・海陸軍、各所に於て祝砲を発す。
十七日日没、陸軍祝砲廿一発。〔於二外桜田操練場一〕
本日日出、同廿一発。同上
正午、同一百一発同上／日没、同廿一発。同上
同正午、海軍祝砲廿一発。〔於二神奈川台場一〕／同、同上。
〔於二諸軍艦一〕
右、祝砲、予め在留各国公使へ告るを以て、本日神奈川横浜碇泊の各国軍艦、御国旗を掲揚し、砲を発し、大礼を奉祝す。

⑯　**各国公使饗膳式、幷祝辞。**

式部寮記録抄出

㋑　**各国公使饗饌次第。十八日。**

本日、第六字、三職・式部頭・外務卿輔・神祇輔丞・宮内丞、延遼館へ参向。／次各国公使参集。

次公使、饗饌に就く。／白酒・黒酒の神酒を賜ふ。
次奏楽。伶人奏レ之。
次公使、祝辞を上る。／大臣応レ之。
饗饌畢る。／各退出。

㋺ **各国公使饗饌。**

一、折敷、煮鮑、焼鳥、飯、浸物〔大根漬添〕、汁鯛。
二、鯛小串、鮭作り身、汁鯉、筍煮染、栗煮染、酢漬赤貝和布。
同日、各省雇入教師、其省中に於て饗饌を賜ふ。

㋩ **公使交名。**

伊太利特派全権公使コントアレサントロフェ、／**蘭**弁理公使エフペーファンドルフーヘン、／**英**代理公使エツオアタムス、／**西班牙**代理公使ヘブレラロドリゲゼムノス、／仏代理公使ツチェン、／**米**代理公使勤方シオヒパルト、／英書記官エルネストサトウ／クリスチャンウイリエムローレンス、／**独逸**書記官ケンプルマン、／**西班牙**書記官インリラビーダ、／**米**通弁官ライス。

㋥ 以二手紙一致二啓上一候。然は本月十七日〔西暦二月二十八日〕、二月に我／天皇陛下、大嘗祭を執り行れ、同十八日〔西暦二十九日〕、高御座に御して新穀の饗饌を聞食し候。茲の礼典は／天皇陛下即位礼典中、最重大なるものにして、一世一回の盛挙に有レ之候。因て右十八日夕第六字、右酒饌差進度候間、延遼館へ御来臨可レ被レ下候。右可レ得二御意一、如レ此御座候。以上。

明治四年辛未十一月十三日　外務卿輔

英・仏・蘭・米・西・伊公使／閣下

尚、以本文の式礼は、我邦上古よりの典故にて、其趣意御分解被レ成兼候儀も可レ有レ之哉と存候間、便宜を図り、別紙、我人民への告諭書一通、御心得迄に相添差進申候。大意は右にて御承知可レ被レ下候。以上。

同文言。但、端書なし。

／外務大少丞

英・仏・独・西・米書記官／貴下

㋭ **豊明節会外国人賜饌の時、**

外務卿副島種臣祝辞。

昨日大嘗祭、首尾能済て、愛たき事極無し。此祀は、天皇一代に一度必無て叶はざるの大祀なり。然りと雖も、此度の如く日本全国にて祀りたるは、久く年序を経たり。我国民生じてより以来、君主有て数千歳を経、人民数千万を蕃殖せるの今日に至ても、猶其昔の君主の統系変ずる事無し。如レ是例は外国にも亦珍しき事なるべし。

然るに其中種々の弊発て、武臣権を擅にし、将軍と云ひ或は大名と云ふ者出て、私に土地を擁し、一向君主の権世に行はれざりしが、聞知せらる丶が如く、四年前より尽力して大改革の事件漸く整ひ、此大掌(嘗)祭を行ふに到れり。

偖我が／天皇の世系連綿絶る事無きは、日本国民の幸なるに、其権今日に興り、全国一主の統御に帰して、我民の幸を更に重する事は云に及ばず、我と交る外国人の幸となる事疑有る可からず。此祭の功徳、貴国に迄及ぶ者ならば、即ち貴国君主幷大統領の幸となる可し。今貴国と我と両国君主・大統領並其人民の為に、之を祝して一盃を侑むる事なり。

（へ）和蘭公使代任祝辞。

夫往古、日本万機の政権は、／天皇陛下の掌握にありしに、時運に乗じて武士等封建の政を成し莫大の威を逞す。是に依て風俗頽敗し全国の大患に至らんとせしに、現今改革推移して封建の制度全く廃たれ、百事新推して今日の形勢に至れる由、本日、／天皇陛下の節会に於て、外務卿閣下の博識簡易なる祝辞を聞て、我欧州の形勢と其説符合同一なるを知る。予が感尤深し。爰に其欧州の事を述んは、諸君の既に知れる処にして、其益少しと雖、往時仏蘭西に於て、貴国と同く数名の輔将なる者あつて数世権を擅にせし後に、干戈を動かし君権の政生じ、政権帰一の世となり、開化の風之より起り、以て大に国政の進歩を促がせり。

今述る所の政権帰一の事は、欧州をして現今斯の如きの形勢に至らしむる功有りと雖も、猶衆民に自主の権義を与ふる務と、人民教導化育の事用に注意せざれば、亦苛政国を危うするの蔽を免れざらん。故如何となれば此両務開化の基礎となればなり。

今貴国、英名の諸君子上に有りて衆庶の為に諸般の要業を営み、其功顕はれ開化の道日々新を加ふ。爰に先般、欧州・米州へ大使を発遣せられしは、其目的確立して開化に駆走せらるるを知る。是、予に於ても欣幸なりとす。遥に知る、此般の大祀、深く開化の源を汲み、其帰するや海外の善美を斉うし開化を進めし事、予其疑を容れず。

日本の国事、皆今述る処の如く、善に登り美に至らんとす。予今在座の諸客に祈る、諸君須く今此隆時に方て、国事を経綸する在位の君子の堅立不動を祝し、此名国の栄福増進を禱らんために、此一盃を挙げ玉はん事を。

(ト)　**伊太利亜公使祝辞。**

昨今両日は、貴国　上一人より下万民に至る迄盛典たる大祭に方るを以て、盛膳を備へて我等を饗応し玉はん事の命を拝せり。於レ是、余各国公使に代り伊太利亜公使、祝賀して曰く、

今般大嘗祭に付、／天皇陛下親ら斎戒を取り玉ひ、世界人民の生命を維持する米を賜はりたる神祖、並に其国土人民を保護し玉ふ／天神を祭り玉ふは、長久人民の安楽を祈り玉ふのみならず、文物開化の進歩を増さん事を懇禱し玉ふ御仁心よりの御祭典ならん。

今吾等も亦、天皇陛下幷貴国人民の悠久幸福ならむ事を祈り、敬て祝酒を拝嘗せん。

(チ)　十九日、文部省に於て御雇の教師等饗饌の時、

文部卿〔大木喬任〕祝辞。

大嘗会と申すは、昔　天津神国を造り人を産み、然る後、／天皇の遠祖　天孫、此国を治めしめ玉ひし時、斎庭の穂を授け玉ひしより、天孫天降ましまして、其稲種を播し初て新穀を聞食す。是大嘗会の起原にして、／天皇陛下即位の初めに当りて、御一代に一度の我国の大盛典とはなりたり。此時、／天皇の御位は一世系統と定め玉ひしにより、数千年の久しき連綿と連続し今日に至れり。

此祭、或は中頃纔にたへ、或は／天皇の命令も纔に行はれざる事もありたれども、今日復た元の如く、国中一般速に／天皇の命令を奉じ背くもの無きは、我国の

国体なるもの如レ此素定するものあればなり。偖／天皇の命令行はれざる時に在て、或は鎖国の如き論もありたれども、今日益々各国と交際するを得。随て諸君を煩し我国学校の教育を依頼し、尚此上各国と増々信義を篤せん事、是亦我国昔よりの国体に復したる所にして、今日我輩、現に此大盛典行はせらるゝの時に逢て、実に以て祝ふ所、国人一般の祝亦之より過たるなし。既に各国と相交る兄弟の如し。我国の祝は各国の祝ふ所、我民の祝は諸君の祝所、仍て我、諸君の為に之を祝す。

㋷時に外客中、独逸人一等教師ミュルレル、列を出て席上を揖して、卿に対へて云へる。

抑大嘗祭の式たる、一年耕耘の功を畢て貢献せし所の新穀を以て、辱くも　至尊自ら／天神地祇を祭らせ賜ふの大礼と聞く。故に諸官より外臣等に至るまで厚く歓待を蒙る事、万謝に余り有り。

夫歳の豊熟は人命の係る所、宜なる哉如レ此く重ぜらる。然れ雖《ども》年の豊熟は期する所一年に在り、人材の成熟は其余慶極なし。さらば人才の耕耘亦関係其大なり。依て遠く裔外の微臣余輩迄も撰挙せられて、今や学術の種子を下すの任を受れば、如何にも振興の耒耜を執て荒蕪を開拓し、培養の術を尽して蒙士を努力せしめ、春耕耘夏時序を愆らず、遂に秋成の実才を豊饒ならしめん事、／皇帝陛下、無彊の聖算中、無尽の洪福を受させ玉ふ基本と申す可く、是則外臣等の専務にして、旦暮に祈請する所なり、と述終て席に就けり。

(27)　大嘗会御用掛へ御賞与金下賜の儀、大蔵省へ御達。

㋑大嘗祭御用掛諸官員へ、別冊の通、御賞賜有レ之度、中山従一位儀は、御用掛中、別段月給も無レ之候に付、凡一月二百円の割合を以、金千円被レ下候御評議に付、右御打合に及候。早々御回答可レ有レ之候也。

辛未十一月廿八日　　　　正　院

大　蔵　卿　輔　殿

㋺　神祇省

金二万疋／御絹一疋／福羽神祇《美静》大輔、／門脇神祇《重綾》少輔。

金五千疋／御絹一疋／内藤神祇中録（存守）。
金三千疋づつ／本居神祇大録（豊穎）／尾形神祇権大録／野田神祇中録／千代田神祇少録／樋口神祇少録（守保）。
金千五百疋づつ／中大神部／須麻大神部／山田大神部（有年）／徳岡中神部（久遠）／狩野神祇権少録（芳信）。
金千疋／生方宣教権少主典。

式部寮

金二万疋／御絹一疋／坊城式部頭（俊政）。／金千五百匹づつ／元式部大属／多田大主記／小西式部権大属

土木寮

金三千疋づつ／木土寮／高橋土木中属／今村土木中属
金千五百匹づつ／奴川土木少属／下川慎吾。

大礼御用掛

金千両／中山従一位（忠能）。

㈧大嘗祭御用掛諸官員御賞賜、尤も中山従一位儀は、御用掛中別段月給も無㆑之に付、凡一月二百円の割合を以、金千円下賜候旨異存無㆑之候。依て別冊返進、此段申上候也。

辛未十二月　大蔵少輔吉田清成／大蔵大輔井上馨

正　院　御　中

本文の末、大蔵省へ達書、同省記録に脱せり。仍て式部寮官員へ質すに、五月の災書類焼亡、見に達書存せず。然れ雖、現場目録の通下賜なりたると云。尚考案すべし。

㈡　家記抄録中山

辛未十二月／大嘗会御用勤仕、且／御代拝　御手代毎度勤仕、賞金千両拝領。

㈭

大嘗会御用且　御代拝、御手代毎度勤仕候に付、為㆓其賞㆒、金千両下賜候事。

中　山　忠　能

十二月

太　政　官

付一　『太政類典』所収文書

同じ太政官記録課編の『公文録』辛未大嘗会雑記(1)～(27)と『太政類典』（国立公文書館蔵）教法・祭典五（一～廿五）との所収文書は、左のごとく配列順序を少し異にする程度で殆ど共通する。ただ、前者になくて後者にのみあるものが三種みられるので、それを後に掲げる。

(1)・(2)・(3)……一
×……二上（後掲A）
(4)……二下
(5)……四
(6)……三
(7)㋑～㋻……五（前者㋩～㋻・後掲B・前者㋑㋺の順に引用）
(8)・(8)′……六
(9)㋑～㋸・(9)′……十（(9)㋩～㋸・(9)′・(9)㋑㋺）
(10)……七
(11)……八
(12)……九
(13)……十二
(14)……十一
(15)㋑～㋡……廿三（㋑）・十三（㋺）・十七（㋥㋩㋭～㋕）・廿二（㋞㋵～㋹）
(16)……十四
(17)㋑～㋠……十九（㋩㋑㋺㋠・㋥㋭㋬㋣）
(18)……十八丁
(19)㋑～㋻……十八戊（㋑㋣㋩㋾㋻㋠～㋸㋥㋺㋩）
(20)……二十
(21)……廿一
(22)……十五
(23)……十六
(24)㋑～㋦……十八甲（㋑～㋷）・廿五（㋦）
(25)……十八乙
(26)……十八丙
(27)……×
×……廿四（後掲C）

A（明治）三年七月廿七日／亀卜御用掛を東京に徴す。

㋑厳原藩届（※封筒の写し省略）

藤清一郎／国分六之助

右者、亀卜御用として去る廿四目夜著仕候。此段御届申上候。以上。

庚午／七月廿七日　厳原藩公用人／小田忠三郎

神祇官／御役所

㋺同上

対州惣宮司／藤清一郎／中等士族／国分六之助

右御口達之御旨に依御届申上候。以上。

庚午／八月七日　厳原藩公用人／小田忠三郎

神祇官／御役所

B　神祇官に於て悠紀・主基国郡卜定御祭典誌

次第

早旦、神殿装束を奉仕す。

八字（時）、弁参入、卜儀の具否を問ふ。

次神祇官・太政官・民部省官員着坐。

次大臣、弁を召、卜儀の具否を問ふ。弁、全備を申す。大臣卜定を命ず。弁、之を祐に伝ふ。

次開扉。／奏二神楽歌一。

次祝詞。伯奏レ之。／祝詞。／奏二神楽歌一。

次卜部着坐。

次弁、権大史をして覧筥を大臣に進らしむ。〔弁、官掌を以て権大史に命ず。〕

次大臣、弁を召、両国郡名の封書〔筥入〕を授け、卜定を命ず。弁復坐、祐に授く。祐、伯に進る。伯、卜部に授く。

次神降。〔卜庭神二坐。卜部奏レ之。〕

掛巻母恐支　太祝詞命・久茲真知命、此神籬爾降利坐世止恐美恐美母白須。

次卜庭神の神饌を供す。／奏二神楽歌一。

次祝詞。〔卜部奏レ之。〕／祝詞。

次卜定。／次卜部、卜定の封書を伯に進る。伯、祐に授く。祐、弁に授く。弁、大臣に進る。

次大臣、弁をして開封せしめ、披見す。

次大臣、披見了て卜串を弁に授く。弁、復坐、大史に卜

庭国郡の清書を命ず。〔弁、官掌を以て大史を召す。〕大史、
　復坐、清書す。
次弁、清書を大臣に進る。〔筥入〕
次大臣、弁を召、清書を授け、奏聞せしむ。弁、参朝、
　奏聞す。
次弁、帰来て、卜定の文を大臣に返進す。
次大臣、卜定の文を弁に授け、民部省に下知を命ず。
次弁、民部省を召し、悠紀・主基卜定の両国に下命す可
　きを下知す。
次卜庭神の神饌を撤す。／奏㆓神楽㆒。
次神昇。同㆑上。
掛巻母恐支　太祝詞命・久茲真知命、本乃御坐爾帰利鎮利
　坐世止恐美恐美母白須。
次神饌を撤す。／奏㆓神楽歌㆒。
次閉扉。／奏㆓神楽歌㆒。
次各退坐／畢。
神饌之品／国郡卜定／合
悠紀／甲斐国／巨摩郡主基／安房国／長狭郡。

C　豊橋藩外九藩、大嘗祭神調糸進献を請ふ。允《ゆる》さず。

㋑　豊橋藩外九藩願。弁官宛

別書之通、古例も御坐候間、大嘗祭神調糸十絢、三河各藩に於て進献仕度、尤織女等之儀は、当節無㆓御坐㆒候間、難㆓差出㆒候。右精糸、大祭御用にも相成候はば冥加至極奉㆓感謝㆒候。此段奉㆑願候。以上。

〔四年三月七日、藩〕（豊橋藩の外）

西尾藩　岡崎藩　重原藩　刈谷藩　半原藩
挙母藩　田原藩　西端藩　西大平藩

㋺　願之趣、神妙之至に候得ども、調貢之制、古今差別も有㆑之に付、難㆑被㆑及㆓御沙汰㆒候事。四年五月十日

㋩　**参河国養蚕由来記**（羽田野敬雄）

天下に一日もなくてかなはざる五穀はさらにもいはず、蚕も桑も、共に遠津神代に保食大神の御躬より生出し物にして、天照大神、是を甚だ喜びまして、是物どもは顕見き蒼生等の食て活くべき物なりと詔々まひて、是を陸田と水田とに殖始たまひ、又口裏に蚕を含みて

糸を抽ぐ事を得たまひしより、始て養蚕の道あり、と古書等に見へて、をぼろげの物にはあらず。当今至る迄、生とし活る青人草、悉皆にその御恩頼を蒙り奉るは、甚き大御蔭にぞ有ける。

※以下、『日本紀』『古事記』『古語拾遺』の保食神《うけもちのかみ》伝承、『日本紀』の雄略天皇六年・仁賢天皇八年・継体天皇元年・推古天皇十二年条、『続日本紀』大宝元年・神護景雲元年条、『戸令』『田令』『賦役令』の義解、『類聚三代格』の養老三年・大同二年官符、『延喜式』民部下等引用するが、省略。

伊勢の皇大御神宮へは、毎年の四月・九月の十四日神衣祭には、吾が三川国より献る所の神調の赤良曳の糸を以て織作せる神御衣を献りたまふ。

是は神祇令〔二の初丁〕孟夏神衣祭、義解、謂伊勢神宮祭也。此神服部等、斎戒潔消以已二三河赤引神調糸一織二作神衣一。又麻績連等、績麻以織二敷和衣一、以供二神明一、故曰二神衣一。／同集解、釈云、伊勢大神祭也。其国有二神服部等一。斎戒浄清以二参河赤引調糸一御衣織作。又績麻連等、麻績而敷和御衣織、奉二臨祭之日一。神服部在レ右、麻績在レ左也。敷和者宇都波多也。此常祭也。／又云、季秋神衣祭、義解、謂与二孟夏祭一同。按に、赤引・明曳、ともにあからびきと訓むべし。大神宮雑事記・同建久年中行事等に、赤良曳御調と云り。

※以下、『大神宮延暦儀式帳』『大神宮雑例集』『神風小鏡』『和名抄』『三河総国風土記』『和訓栞』『太神宮神鳳抄』等を引用するが、省略。

かくて、皇朝廷へも絹糸絁等を貢ぎ奉り、殊に御一代一度なる践祚大嘗会には、古も当国なる神戸内より織神服長二人・織女六人・工手二人を皇京の斎場所に召されて、其調糸を以て和妙を織奉、其外、毎年に種々の物をなん貢奉りける。

是は、貞観儀式〔二の十二丁〕践祚大嘗祭儀之条に、九月上旬に神祇官差二神服社神主一人一為二神服使一、申レ官賜二駅鈴一口一遺（遣）二三河国一、喚二集神戸一卜二定織神服長二人・織女六人・工手二人一。／同〔三の初丁〕十月上旬、神服使率二服長・織女・工手等十人一持二神服部所レ輸調糸十絇一列来。〔悠紀・主基各五人。〕／同〔三の四丁〕次各神服使并国司、斎場預率二織女等一鎮二神服院地一云々。（中略）／同〔四の二十一丁〕太政官符二三河国司一。／応レ進二上服部女三人・服長一人・神調糸五絇一。使某甲謂二位神服某甲一。／右為レ供二奉大嘗会一共所二差供一。件人充レ使所レ喚如レ件。国宣承知、如使齎二調糸一、依レ例進上。

※以下、『延喜大嘗祭式』『神祇官年中行事』『百練抄』『天明大嘗会記』『続日本紀』『延喜内蔵式』『同民部式』『同主計式』『江家次第』『今昔物語』等および『三河国神名帳』所載「犬頭明神・和久知明神・服織明神」等を引用するが、省略。

斯く往古は、此国にも養蚕の業盛に行はれて、各いなみ勤めし事なりしを、何時しか廃れゆきて、貢物さへも絶果たるは、いとみあか受恐き限になん有ける。今より後は、国人等諸共に心を合せて其業を再興さんには、必皇神たちの御恩頼も加はりて、古の如く真盛になりゆきて、甚しき国の利潤ともなりぬべき事になん。そもそもをのが住居る此国に、かく種々の故事どものあるは、いとも尊く有がたき事なるを、中今の大御代は廃れたる（を）興し絶たるを継たまひて、何事をも上古に復したまふ大御手風になんましませば、何卒此等の事ども、いや尊き雲の上までも聞へ上りて、庸夫の思をも徒には棄まさず、広き厚き御聖断、惶み畏みも乞祈奉る者は、七十に三つ余れる羽田野敬雄になん。

㊁　大嘗祭神調糸之儀に付、別紙三河国養蚕古例書添、弁官より渡し相成候間、御廻し申入候。此例証之当否、祭典課にて取調相成候様、少副殿より御申有レ之候也。

辛未三月八日　　宮中伺候処

本官御中

㊅　神祇官上申弁官宛／三河国十藩／大嘗祭神調糸進献之儀は、調貢之制、古今差別も有レ之に付、難レ被レ及二御沙汰儀一と存候。仍て本書二通并養蚕古例一冊相添、此段申進候也。四年三月廿九日

付二　福羽美静草稿（津和野郷土館所蔵）

Ⓐ大嘗祭・新嘗祭稲之事。

㋑儀式巻第二／践祚大嘗祭儀上。（頭注「大嘗祭」）

天皇即位之年、〔七月以前即位、当年行レ事。八月以後、明年行レ事。謂二受譲即位一、非レ謂二諒闇登極一。〕大臣奉レ勅召二神祇官一、密封令三卜二定悠紀・主基国郡一、奏画訖、即下二知其国一。

右悠紀・主基の両国、天武天皇の時は播磨・丹波を卜定用ひられ、其後御代々、因幡・美濃・尾張・遠江・但馬・備前・美作・越前・伊勢・三河・若狭・近江・備中・丹後等、右悠紀・主基の両国に用ひられ来り候へ共、其後　後土御門院天皇文正元年（一四六六）に至り近江・丹波を用ひられ、其後二百二十年間、大嘗祭無レ之。終に　東山院天皇貞享四年（一六八七）御再興に相成、近江・丹波を用ひられ候後、近く　孝明天皇嘉永元（一八四八）年に至るまで、同く近江・丹波を用ひられ候処、今上明治四年（一八七一）度は甲斐・安房を用ひられ候。

㋺延喜宮内省式。（頭注「新嘗祭」）

凡新嘗祭所レ供官田稲及粟等、毎年十月二日、神祇祐・史各一人率二卜部一、省丞・録各一人率二史生一、共向二大炊寮一、卜下定応レ進二稲粟一国郡上。卜了省丞以二奏状一進二内侍一。奏了下レ官。官即仰下。

凡醸二新嘗黒白二酒一者、毎年九月二日、省与二神祇官一共赴二造酒司一卜下応レ進二酒稲一国郡上。訖省丞以二奏状一進二内侍一。内侍奏訖下レ官。官即仰下。〔其料用二官田稲一。〕其供奉酒部以下、亦用二卜食者一。

右の如く、新嘗祭には悠紀・主基の国郡卜定は無レ之事に候へ共、既に天武紀五年九月丙戌、神官奏曰、為二新嘗一卜二国郡一也。斎忌《ゆき》、則尾張国山田郡、次《すき》丹波国訶沙郡、並食《うらはめり》卜とあり。又翌六年、類聚国史に、十一月巳卯、新嘗。辛巳、百寮諸有位人等賜レ食。乙酉、侍二奉新嘗一神官及国司等賜レ禄とあれ共、其後国郡卜定の事なし。

遂に御代々を経て、大祀の如く、後花園院天皇康正（一六五五）元年頃より廃せられ、其後二百八十年余も新嘗祭無レ之。桜町院天皇元文（一七四〇）五年御再興にて、当時所謂禁裏御料と称へたる山城国宇治郡より納め来り候趣に候処、明治五年（一八七三）よりは大蔵省より納め、同十一年より東京府より納め、昨十四年より植物御苑の新穀を用ひられ候。

明治十五年（一八八二）十一月

Ⓑ大嘗・新嘗の御祭典。

大嘗・新嘗の御祭典は、／朝廷の重事なること、世人以て知る所なり。然れども、其詳なる事、また其神饌の最も重きゆえん等をしるせる書、世にあまねしとはいまだいひがたし。先其大略を挙んに、神祇令に載する所、大嘗の祭、毎世一年なるは国司行事し、以外毎年なるは所司行事すとあり。古は大嘗・新嘗の称別なし。後世に到り、／践祚の大祀を大嘗といひ、年々行はせらる、をば、新嘗といひわかてり。

さて、大嘗には、悠紀・主基〔古書に、斎忌は某国某郡、次は某国某郡とあり。〕の国郡を卜定して、其国郡より、神供の新穀を貢せしむるを例とし、新嘗には、中古以来、貢納の国郡を卜定せずしてこれを行へり。明治以前は、御料と称したる山城国宇治郡より之を貢し、同五年以来は大蔵省より納め、十一年よりは東京府よりし、昨年（同十四年）より植物御苑の所収を用ひたまへり。

抑此大祭は、上古／天祖の天下を／皇孫に伝へたまふに方り、特に授くるに斎庭《ゆには》の穂を以てしたまひしより権輿し、今上の御代に至るまで二千数百年来／歴朝継続したまふ所にて、／践祚の大祀は、最も其儀を厳にしたまひ、年々の新嘗にも、新穀を炊き、黒酒・白酒といふ神酒を醸し、／天皇は斎戒沐浴、御躬づから之を供して、天神地祇を祭らせたまふ。

是其本を忘れたまはず、且は民命を重んじたまふからに、かく誠敬を竭して／神恩に報い、以て年々の豊饒を祈らせたまふものにして、往古は、天下万民も、当日は戸を閉ぢ潔斎して神祇を拝せしといふ。今に於ても、万民生活せる所の食は、当初／天孫の賜ものなることを忘れずして、弥農事を励ましめ、瑞穂の国号を永遠に伝ふべきための重祀なれば、政務は時に応じて移り換るとも、此大典は万世に渉りて変易すべからざるものなり。

かく国体にも関はる重大の祭典なれば、人民も能く此義を知り、永く其本を忘れざるときは、自ら淳厚敬愛の美風をも振起すべし。されば将来の事、予め定めがたしといへども、或は各府県有志者の貢献を許して、年々の神饌に供したまふ事もあるべき歟。とにかくに、おろそかにすべきことにあらず。

明治十五年十二月記レ之。

第四章　東京初例の『大嘗祭図』

明治四年十一月十七日（太陽暦一八七一年十二月十八日）斎行された「大嘗会」については、第三章に紹介した詳細な文字記録が『公文録』に収められている。しかも、その主要な場面・品々を描いた彩色の絵図が現存する。

その一つは、宮内庁公文書館に所蔵され、近年ＷＥＢに「明治大嘗祭図」上（８５４４０）・下（８５４４７）二冊として公開ずみの『大嘗祭調度図会』である。上下とも横長大判の折本仕立（47㎝×82㎝）である（以下Ａという）。

もう一つは、国立公文書館（旧内閣文庫）に所蔵され、近年ＷＥＢに「明治四年大嘗祭図」一巻として公開ずみである（以下Ｂという）。その奥書に次のごとく記されている。

右大嘗祭図四巻、命二内閣属浮田可成一、就二式部職蔵本一而模写。其業未半而可成病没、尋二課僚一更迭未レ得下継二其業一之人上。今姑装潢以保存云。

明治廿七年（一八九四）三月　／内閣記録課

これによれば、「大嘗会図」は、元来四巻本が宮内省の「式部職」に所蔵されていたこと、それを第二章で紹介した「即位式図」の書写中（明治二十五年）に他界した「内閣属浮田可成」が命を受けて模写したこと、しかしこれも可成が途中で病没したので、翌二十七年に未完のまま表装したこと、などが知られる。

そこで、両者を対比してみると、Ａの上がＢと大部分一致する。しかし、Ａの下の一部もＢの末尾に描かれている。

ただ、ＡもＢも並び順に不自然なところがある。よって、検討の結果、おそらくＡの下が先であり、それにＡの上が続くこと、BはAの上（本来Aの後半）と同じ原図を大部分写した末尾に、Aの下の一部を書き加えたのであろうと考えられる。

では、なぜこのような混乱が生じたのか、今のところ不明というほかないが、おそらくA・Bの原図（式部職本か）は、建物や風景を描いた一枚ごとの絵図（Aの下）と、神饌や調度を描いた巻物（Aの上）が別々にあり、それを一緒にしたのがA、その後半（Aの上）にAの下を加えようとして途中で終ったのがBの状態になっているのではないかと思われる。

それゆえ、ここではAの下から上の順に絵図の要点を簡単に紹介する（Aは二冊の折本になっており、WEB公開の写真に、下の表紙を1、次の白紙を2とし、次の中扉に「臨時帝室編修局蔵」の墨書があり、次の4以下を絵図としているので、その番号に従う。なお、典拠の文字記録は、第三章に掲載した明治四年の「大嘗会雑記」の番号・符号を示す）。

まず4と5は、三月二十二日、皇居内の「神祇官の神殿庭」で「国郡卜定」が行われた建物と祭場である（7㋦）。また6～11は、その祭場に供えられた大榊（6の左）や「神饌」（7㋻に記される米・酒・餅・川魚・海菜・野菜・生菜・水・塩）だけでなく、9に奏楽の琴や亀卜用の裂目入り甲羅と墨と硯などまで描かれている。この「卜定」に参勤したのは、吉田良義・鈴鹿熙明・山田有年・鈴鹿通安などである（7㋭㋬㋣）。

ついで12～15は、悠紀地方に卜定された甲斐国（山梨県）巨摩郡上石田村の風景である。12は荒川西岸の遠景、13は九月十一日「抜穂式」の行われた斎院（右前が八神殿、右奥が幄舎、左奥が稲実殿、左前が雑色人候所）、また14は荒川脇に設けられた大祓式場の遠景、15は大祓の状況であり、中央に大掌典白川資訓、神祇権大録尾形厳彦などが着座する（8㋺㋩）。この12～15が、Bでは末尾に書かれている。

つぎに16・17は、十月に入るころから皇居内の「吹上御庭」（広芝）に建造された「大嘗会諸建物」（悠紀殿・主基殿・廻立殿など）の全景である（12㋑㋺）。記録には簡素な平面図しかないが、ここには全ての建物が描かれている。

しかも、18は北側中央の廻立殿を中心に、また19は、南側に並び立つ悠紀殿と主基殿を中心に描いている。古来、京都では東側が悠紀殿、西側が主基殿であったが、初めて東京で行われたこの時だけ、東西が逆になっている。これは㉒㋭によれば「伊勢／皇太神宮の方を」意識して定められたようである。

さらに、20・21は悠紀地方の屏風絵であり、また22・23は主基地方の安房国（千葉県）長狭郡北小町村の屏風絵である。共に原屏風の存在は公表されていないので、その模写とはいえ両方の六曲一双屏風をここに確認できるのである。なお、24は屏風の裏側を示す。

ちなみに、これを描いた絵師一人は、樋口守保（探月）である。岩切信一郎氏や五十嵐公一氏の研究によれば、彼は薩摩の出身で、狩野探淵に学び、幕末に関東を遊歴して、明治元年に宮内省から屏風を依頼され、同四年、神祇官の少録時に「大嘗祭屏風」を製作した（のち同二十年『公事録』付図も完成）ことが知られている。

※岩切信一郎氏「樋口探月守保という画家」（『一寸』三六号、平成二十年）、五十嵐公一氏「如雲社の出発点」（『大阪芸術大学紀要』三九号、平成二十八年）参照。

この後の25～27は、「大嘗宮」（悠紀殿・主基殿）の中に設けられた調度の一部である。26は浄闇の殿内に置かれた灯楼。また27は、おそらく神坐の御畳とみられる。しかも、これの続きがＷＥＢ写真に「大嘗祭図　上」とされている別冊上（実は下）の冒頭4に続く。

その5の左は神坐の坂枕。次の6は、右が打払筥、左が御櫛と御扇。次の7は右から御沓と御座および柳筥を載せた八足案（机）。さらに8は、右側は繒服《にぎたえのみそ》（絹衣）を入れた目籠、左側が麁服《あらたえのみそ》（麻衣）を入れた目籠である。

ついで9は、右側が神食薦、左側が御食薦。次の10は、右側が八足案上の多志良加《たしらか》（手洗水入れの素焼瓶）など、左側が長机台上の（右から）神食薦と御食薦および葛筥（次に続く）。次の12は、八足机上の（右から）空盞・御羹《あつもの》・御酒。続いて13は、八足机上の右側が御粥（中央が直会用の御物《おもの》・左側は見えにくいが実子（蕎穂））・御刀子（小刀）・御楊枝が並ぶ。

その次の14は、中央が柏の枚手《ひらで》。左側が窪手《くぼて》に入れた果物、それが15の干物・鮮物・御飯に続く。ついで16は、神饌用の様々な用具である。

次の17は、神饌を納める唐櫃。次の18は、右側が神食薦、左側に悠紀の膳屋。ついで19の右側に主基の膳屋を描く。その左側は火鑽《ひきり》の用具。次の20は、右側が白酒・黒酒入りの桶、中央が風炉と缶。続く21に諸用具が並ぶ。

ついで22・23は、この時に初めて献納された庭積《にわづみ》の机代物《つくえしろもの》である。三台の案（机）上の三方（折敷《おしき》）十二台に、（右から）鯛・鮭・和布・海松《みる》・鮑《あわび》・烏賊《いか》・棗《なつめ》と搗栗《かちぐり》・干柿・雁・雉・人参・大根・午房が盛られている。

さらに24は、（右から）大真榊用の勾玉と御鏡と御剣、また最後の25は、天皇にさしかける菅蓋《かんがい》（菅の笠）で、上に鳳凰を載せている。

以上のような諸調度が彩色で丁寧に描かれている。これらは新しく加えられた庭積の机代物（22・23）以外、江戸時代までの調度品と基本的に変わっていない。

なお、明治の大嘗祭に関する資料は、第三章に翻刻した『辛未大嘗会雑記』以外に、それに直接関与した福羽美静のもとにあった㋑「大嘗会卯月次第」一冊、㋺「大嘗会抜穂次第」一冊、㋩「豊明節会次第」一冊、㋥「大嘗祭新嘗祭稲之事」一冊、㋭「明治大祀次第手扣及び付録」一冊、㋬「福羽子爵神祇談要旨」一冊などが、島根県の津和野郷土館に所蔵されている。

これらを精査された加藤隆久氏が、㋭の全文を著書『神道津和野教学の研究』（国書刊行会、昭和六十一年）に翻刻しておられる。また本書の第三章末尾に㋥と㋬を翻刻したので、あわせてご参照いただきたい。

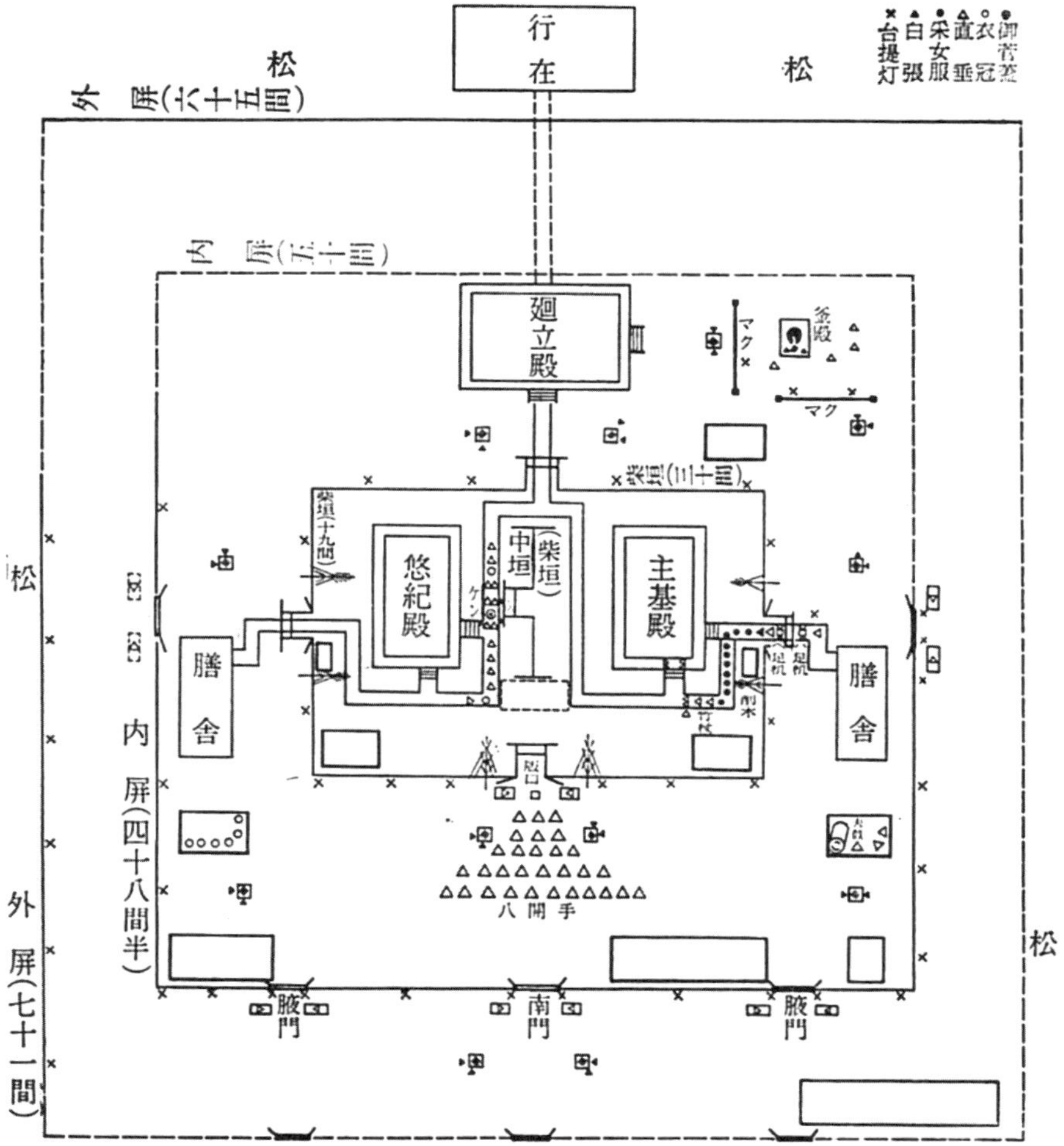

明治四年大嘗宮見取平面（川出清彦氏『祭祀概説』昭和52年、学生社より）

この原図は、宮内庁の掌典職に伝存していた。それを精査された元掌典の川出清彦氏が、不鮮明な部分を他の資料で考証し復元された、明治四年大嘗宮の見取平面図である。

1　皇居内の「神殿」（下4）

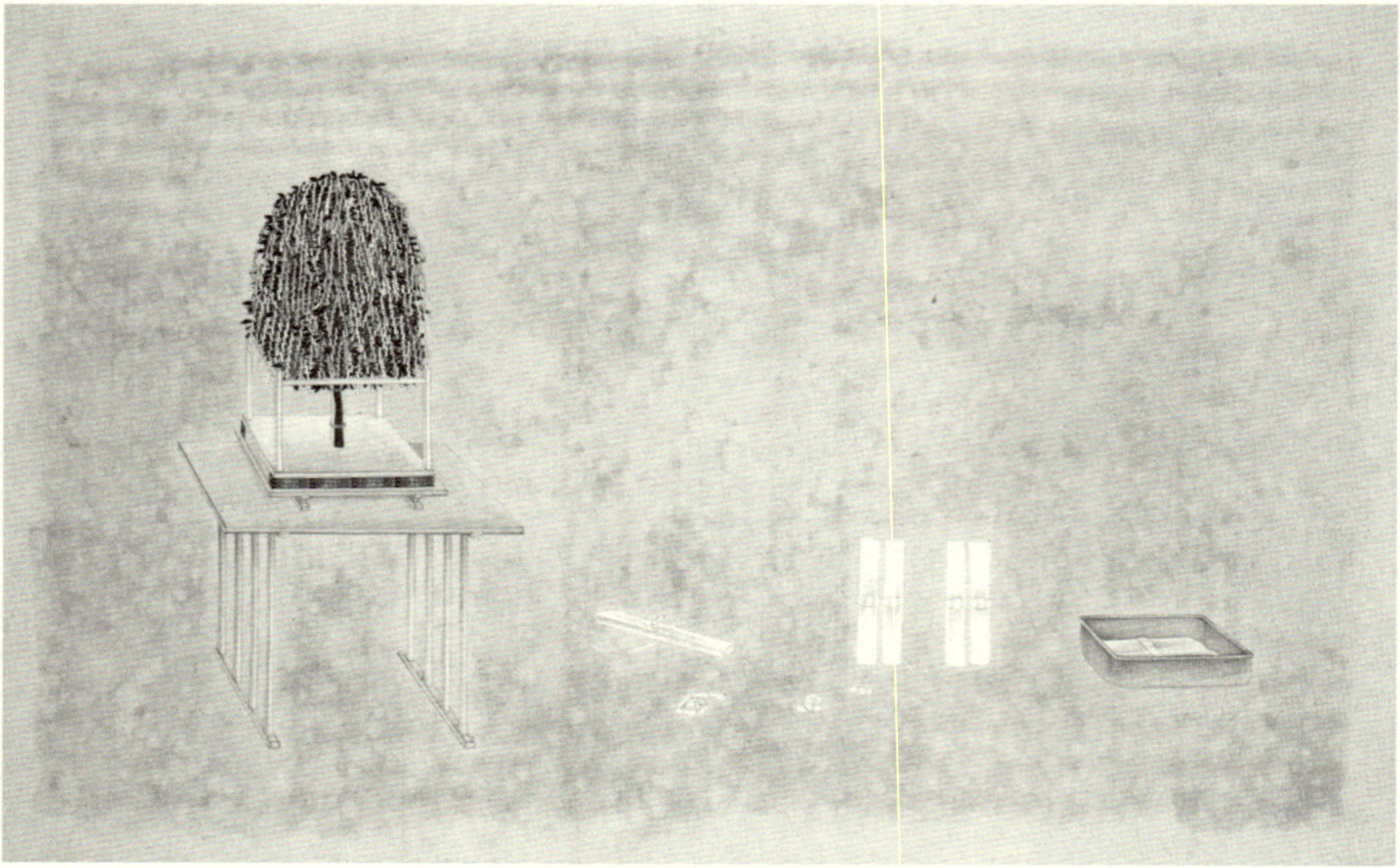

3　祭庭の大榊など（下6）

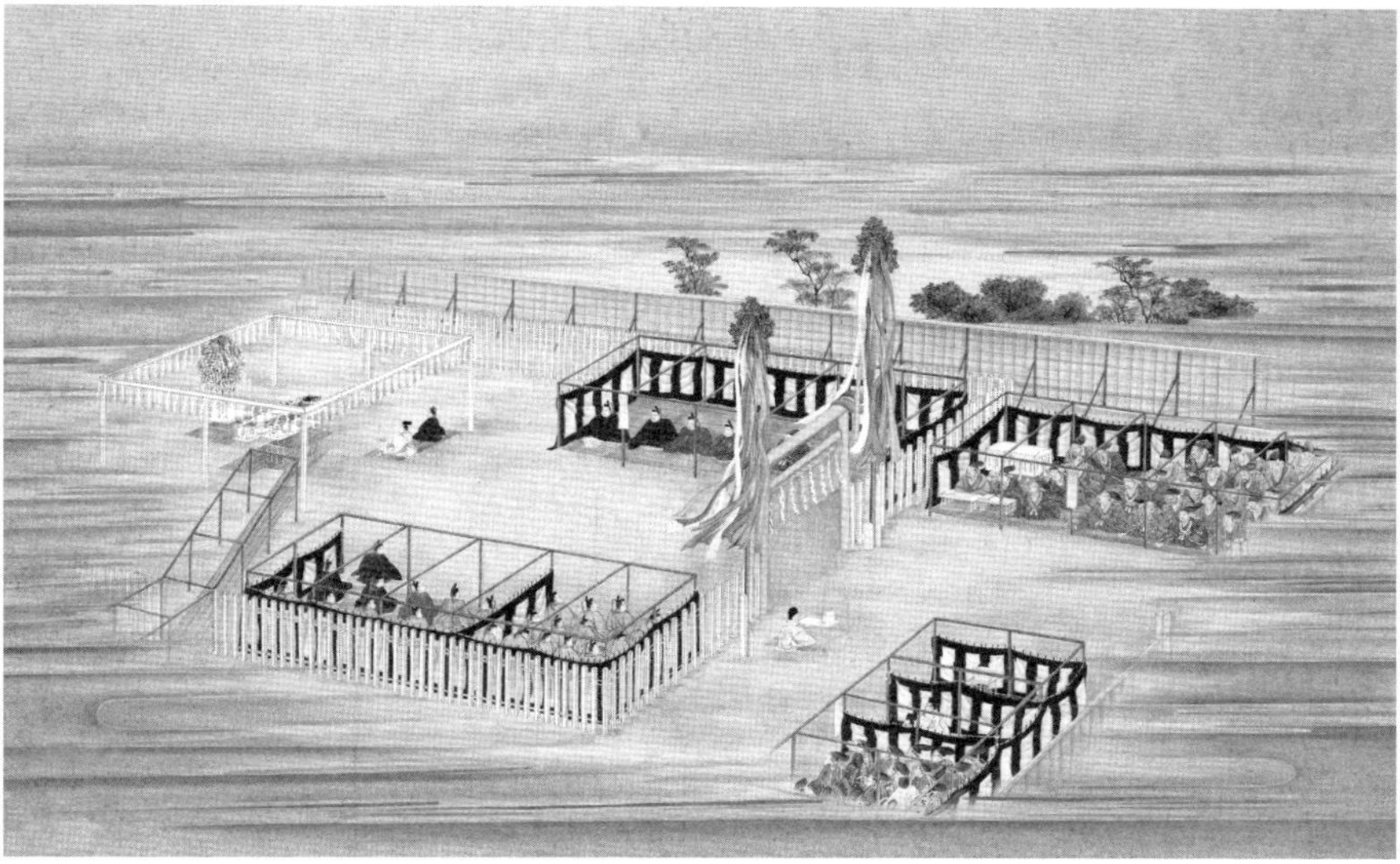

2 「斎田卜定」の祭場（下5）

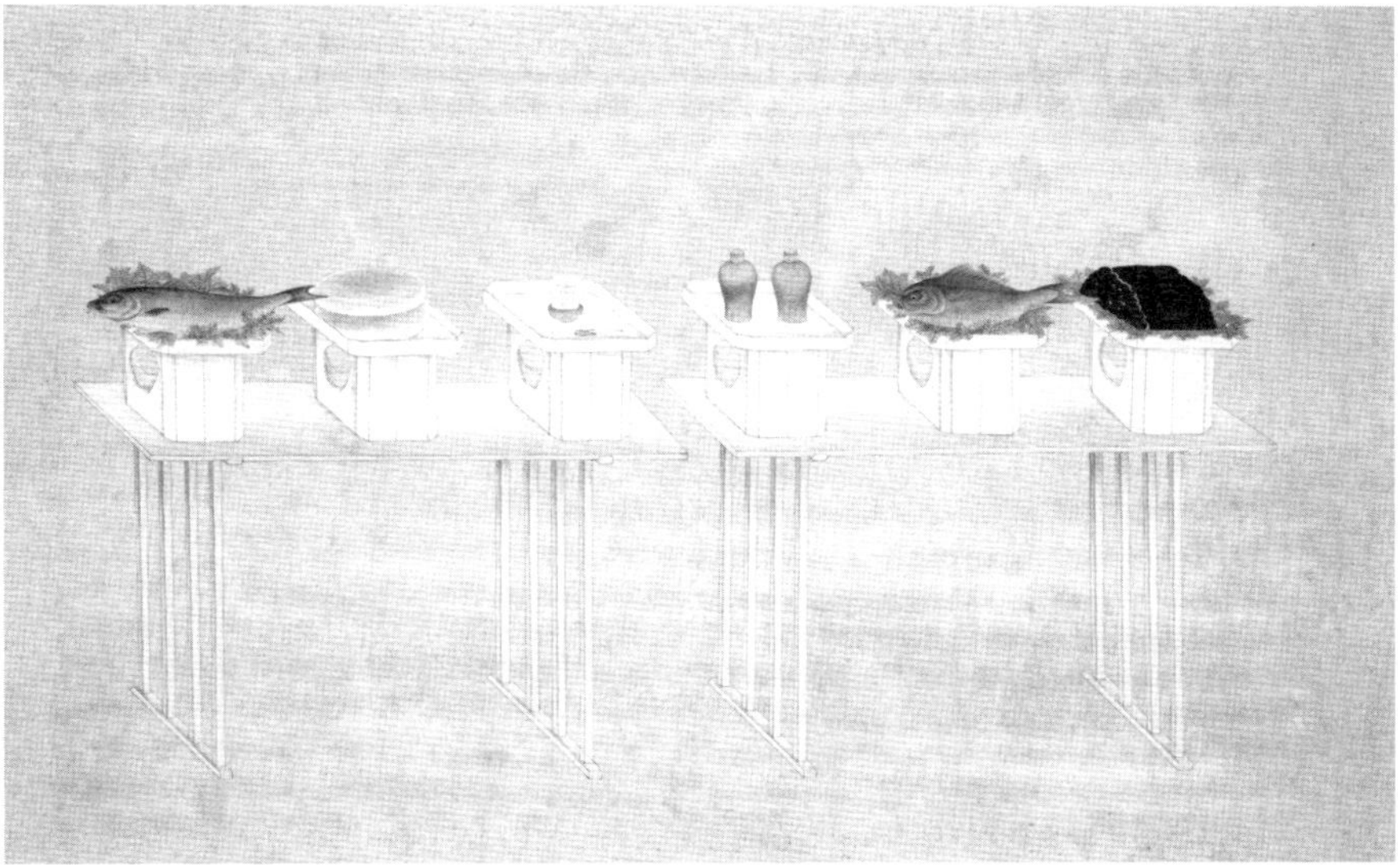

4 祭庭の神饌（下7）

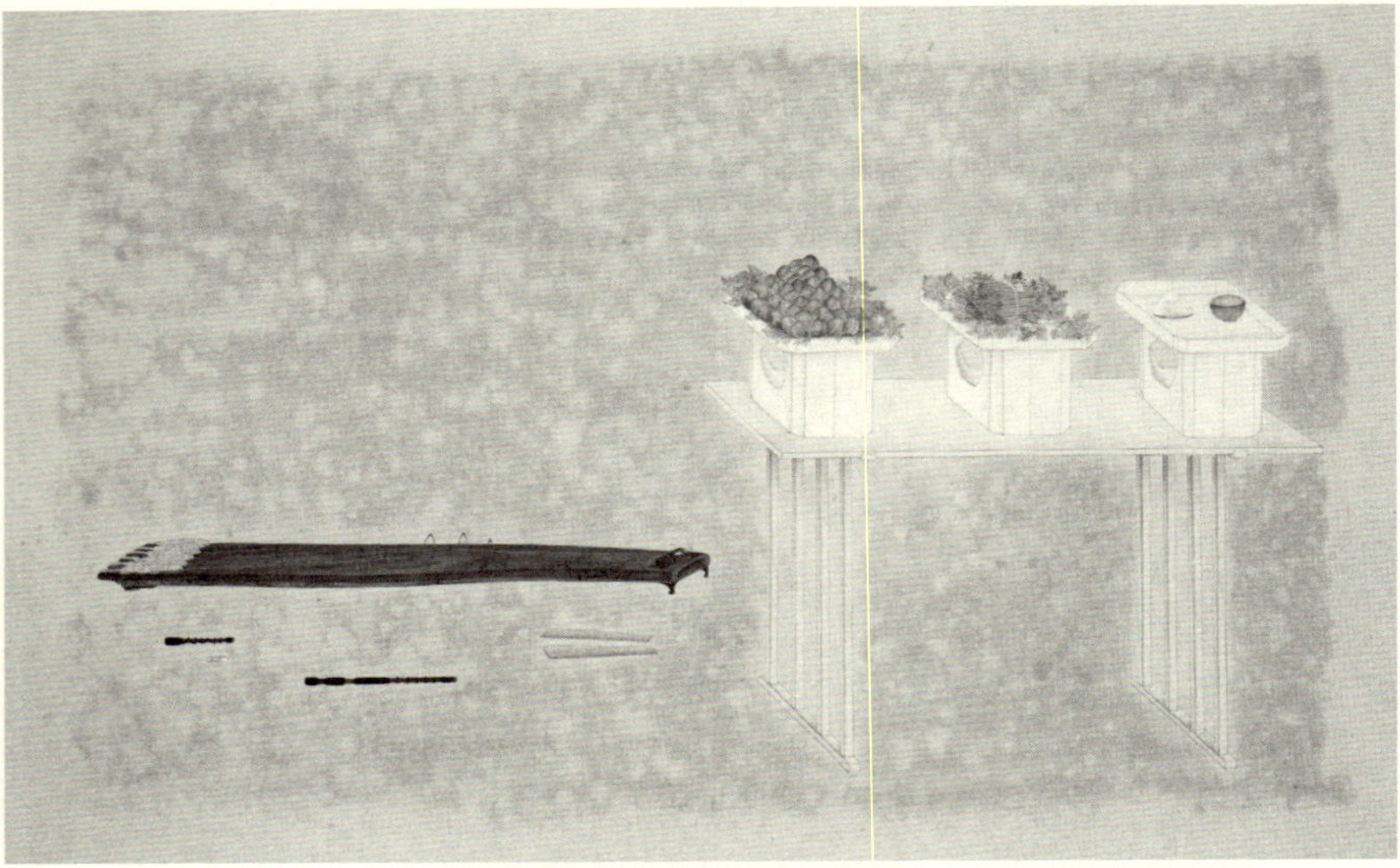

5　祭庭の神饌と楽器（下8）

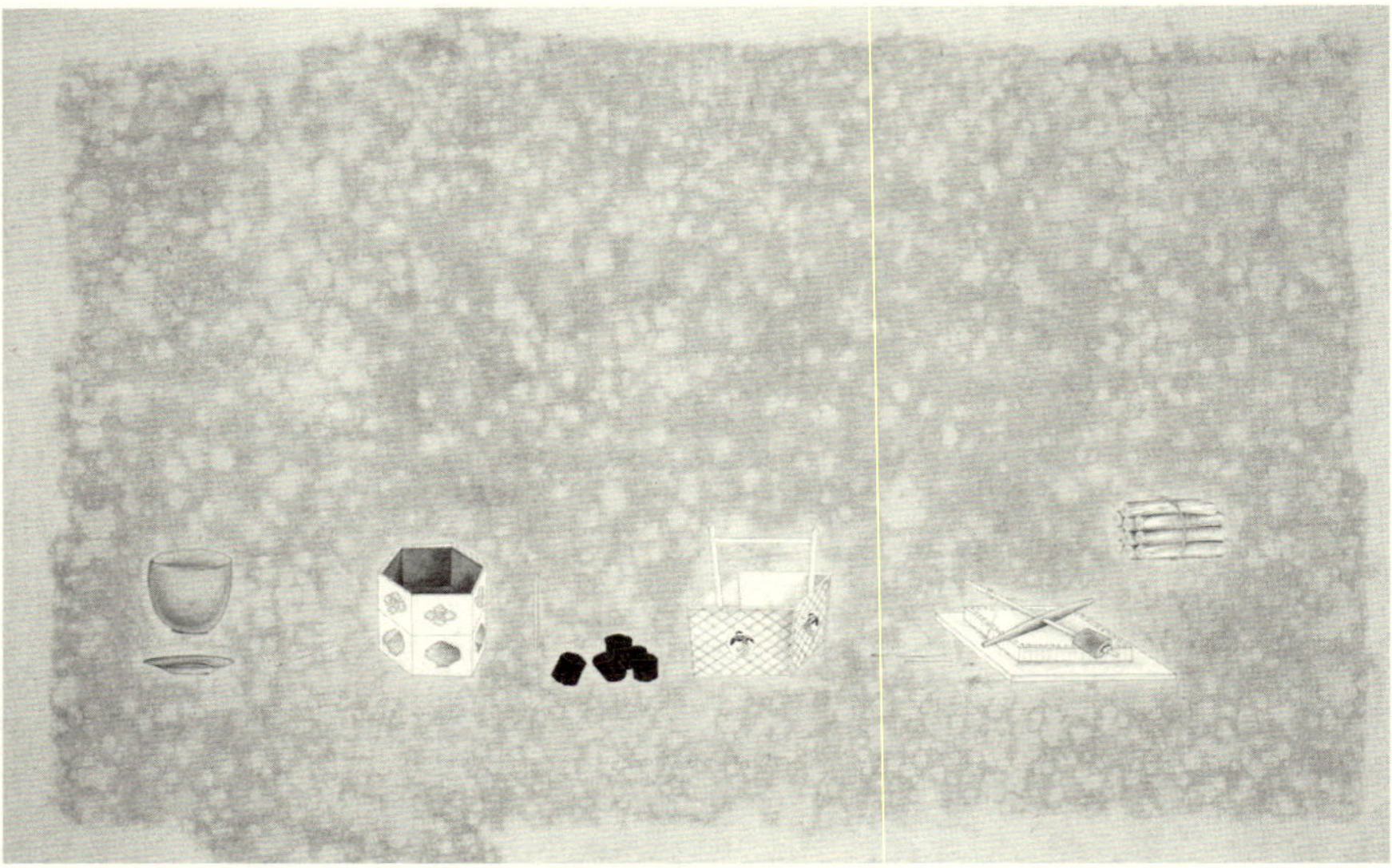

7　卜定用の祭具など（下10）

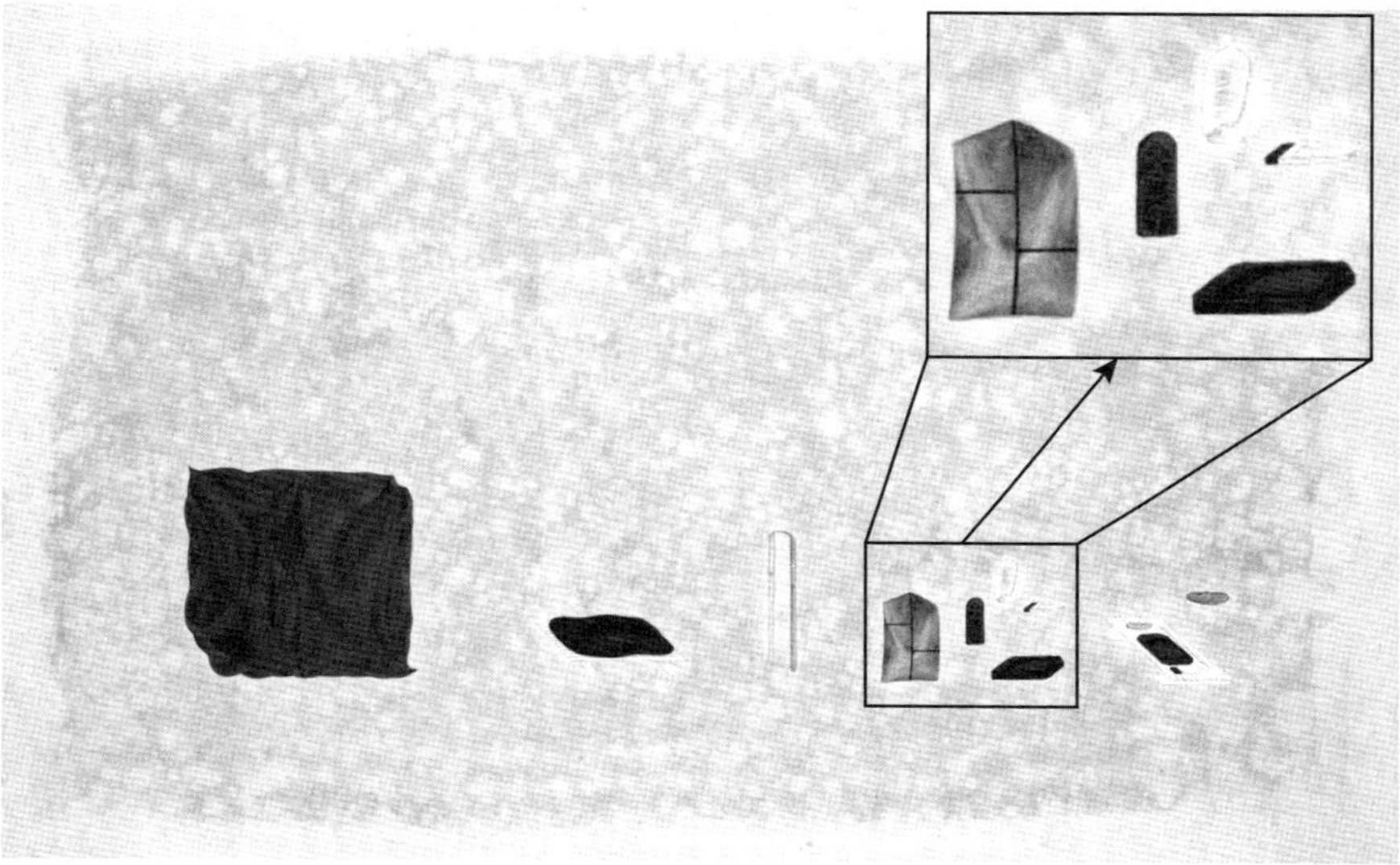

6 「亀卜」用の甲羅・墨・硯など（下９。右上は部分拡大図）

8 （下11）

9　悠紀地方（甲斐国巨摩郡上石田村）の風景（下12）

11　荒川脇の大祓式場（下14）

10　「抜穂式」の斎院（下13）

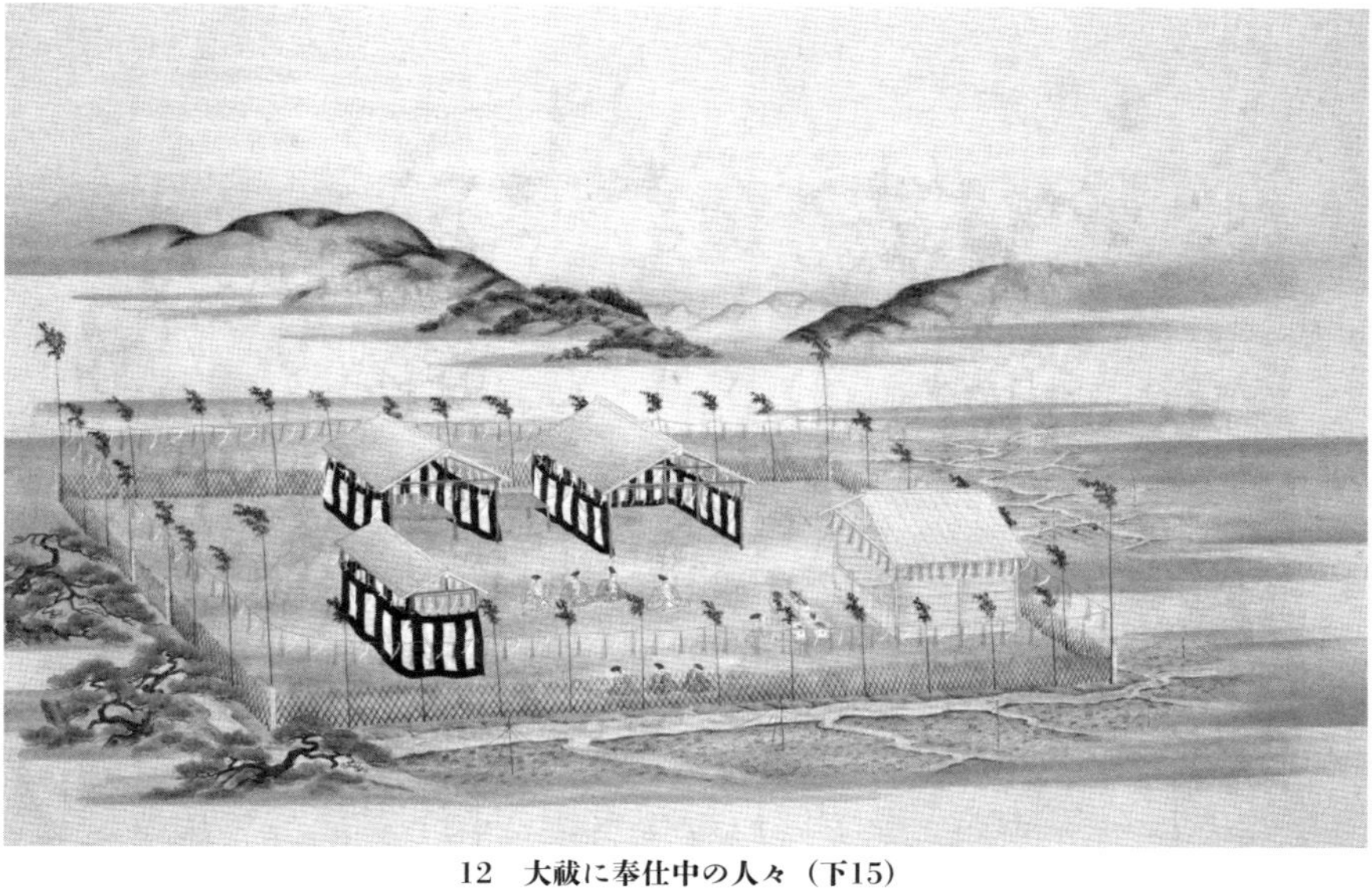

12　大祓に奉仕中の人々（下15）

13　大嘗宮の全景（下16）

15　大嘗宮の廻立殿（下18）

14　同右（下17）

16　同右の悠紀殿と主基殿（下19）

17　悠紀地方の風俗屏風（下20右）

19　主基地方の風俗屏風（下22右）

18　悠紀地方の風俗屏風（下21右）

20　主基地方の風俗屏風（下23右）

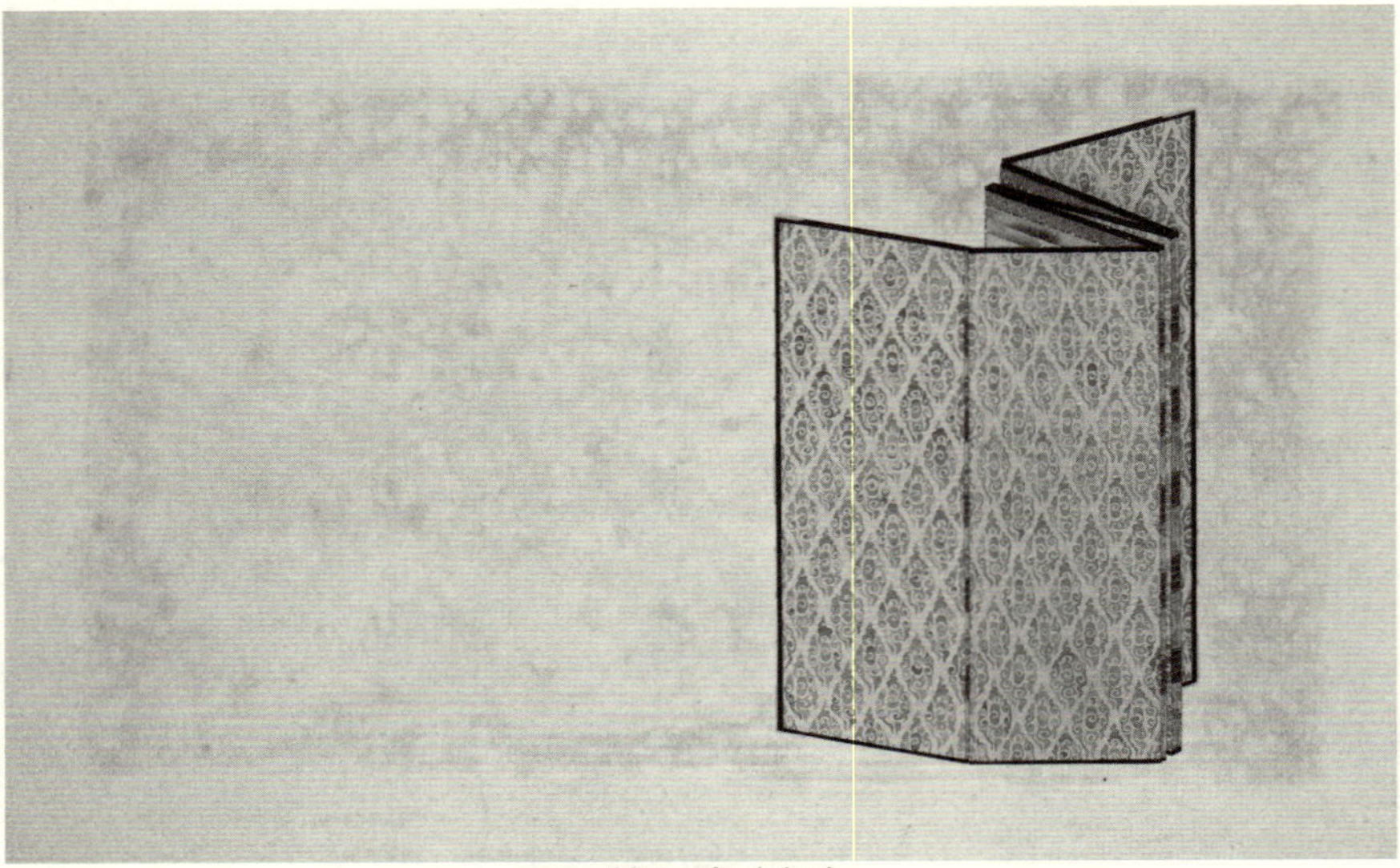

21　屏風の裏（下24）

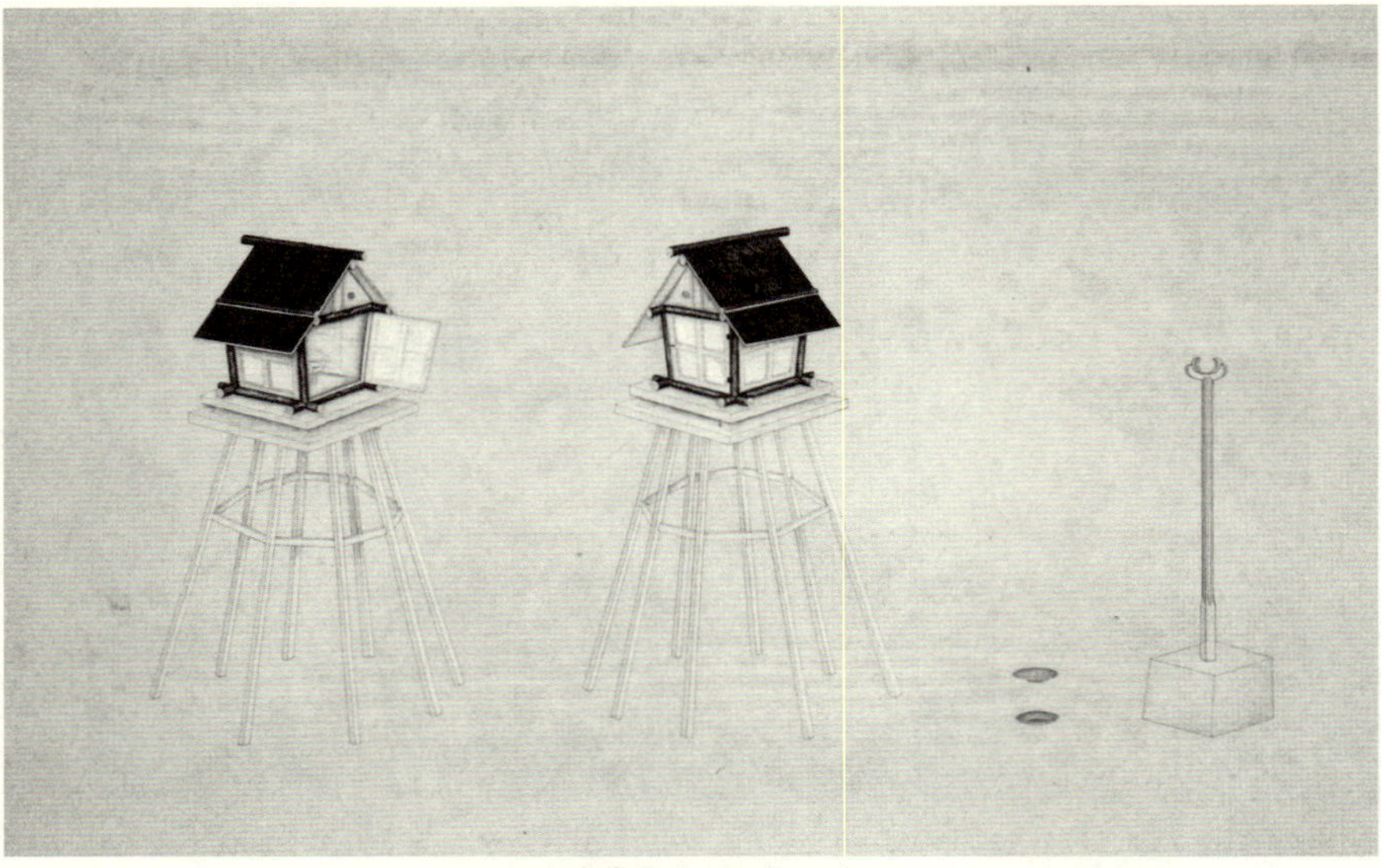

23　大嘗宮の灯楼（下26）

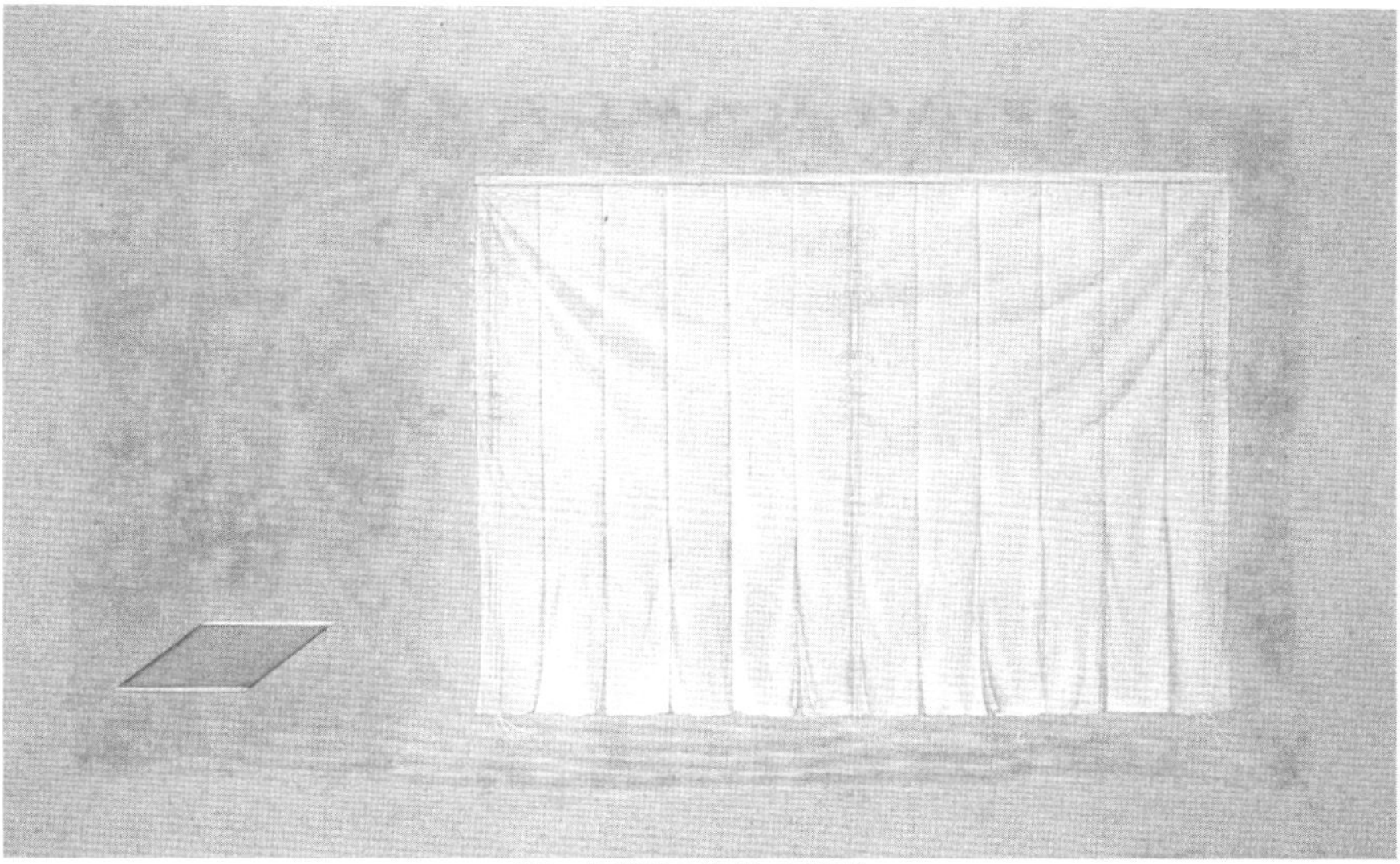

22　大嘗宮の白帷（下25）

24　大嘗宮の御畳（下27）

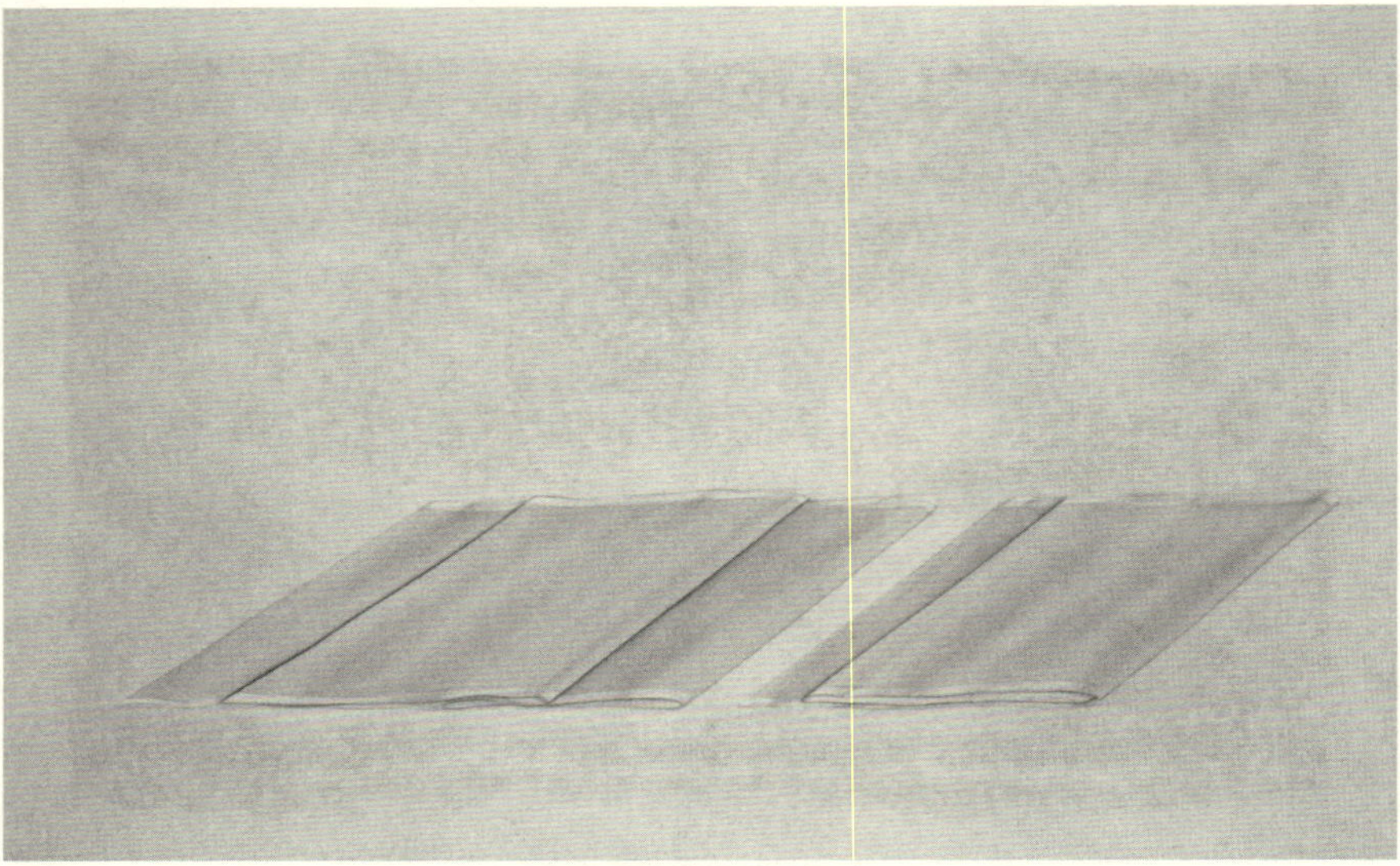

25　大嘗宮の御畳（上４）

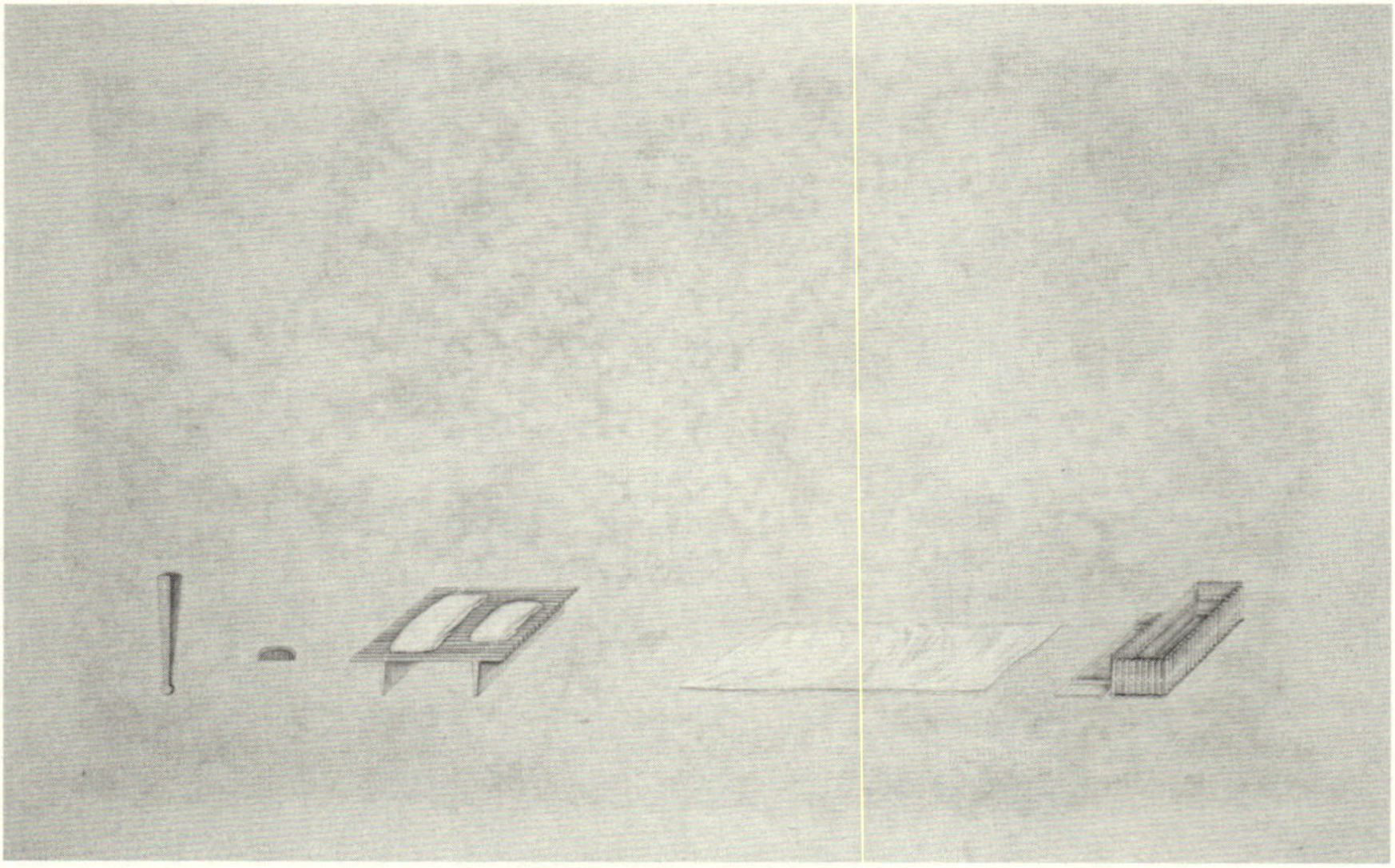

27　打払宮・御櫛・御扇など（上６）

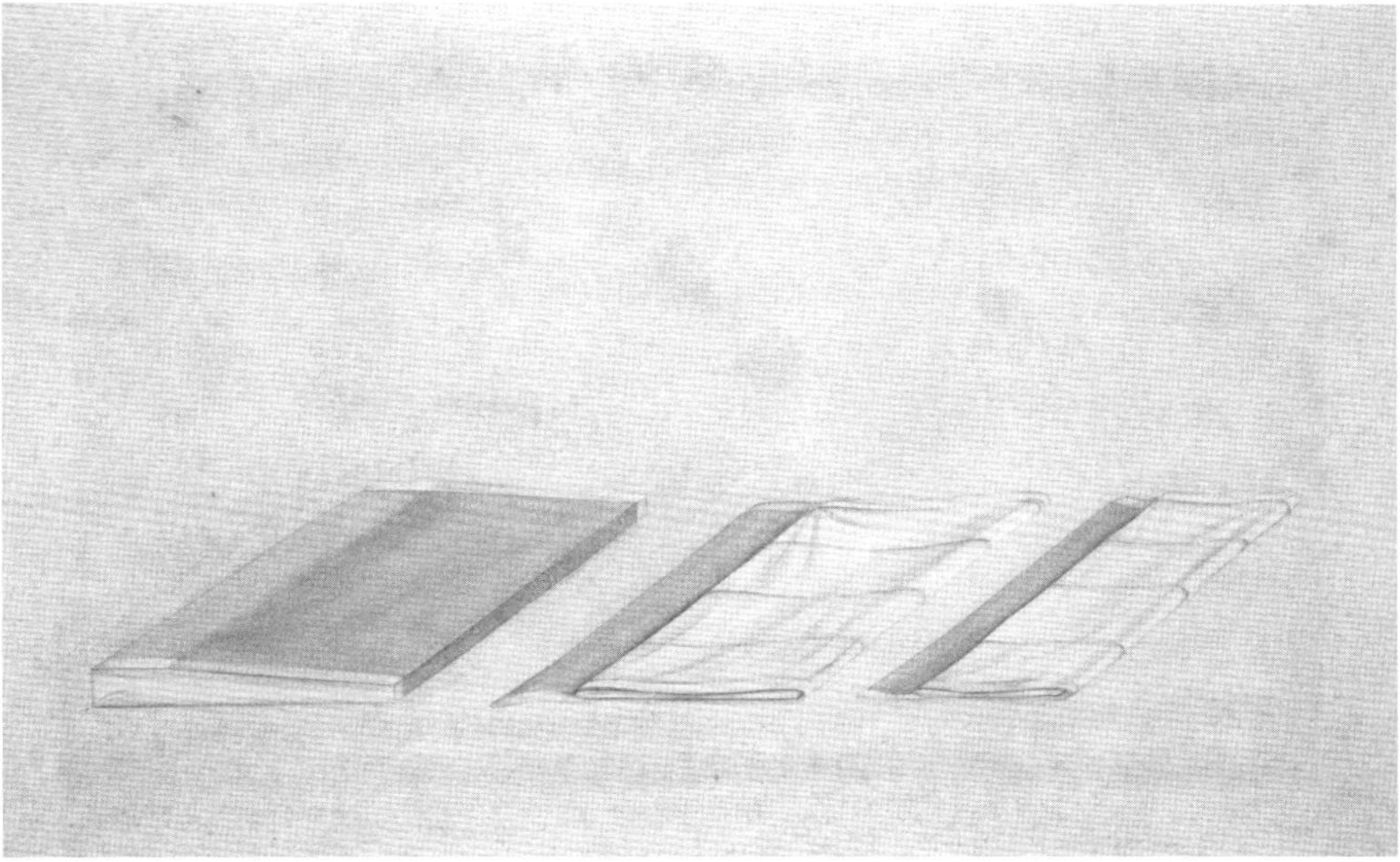

26　大嘗宮の坂枕（上５）

28　大嘗宮の御沓・御畳・柳筥（上７）

29　目籠入りの繒服と麁服（上８）

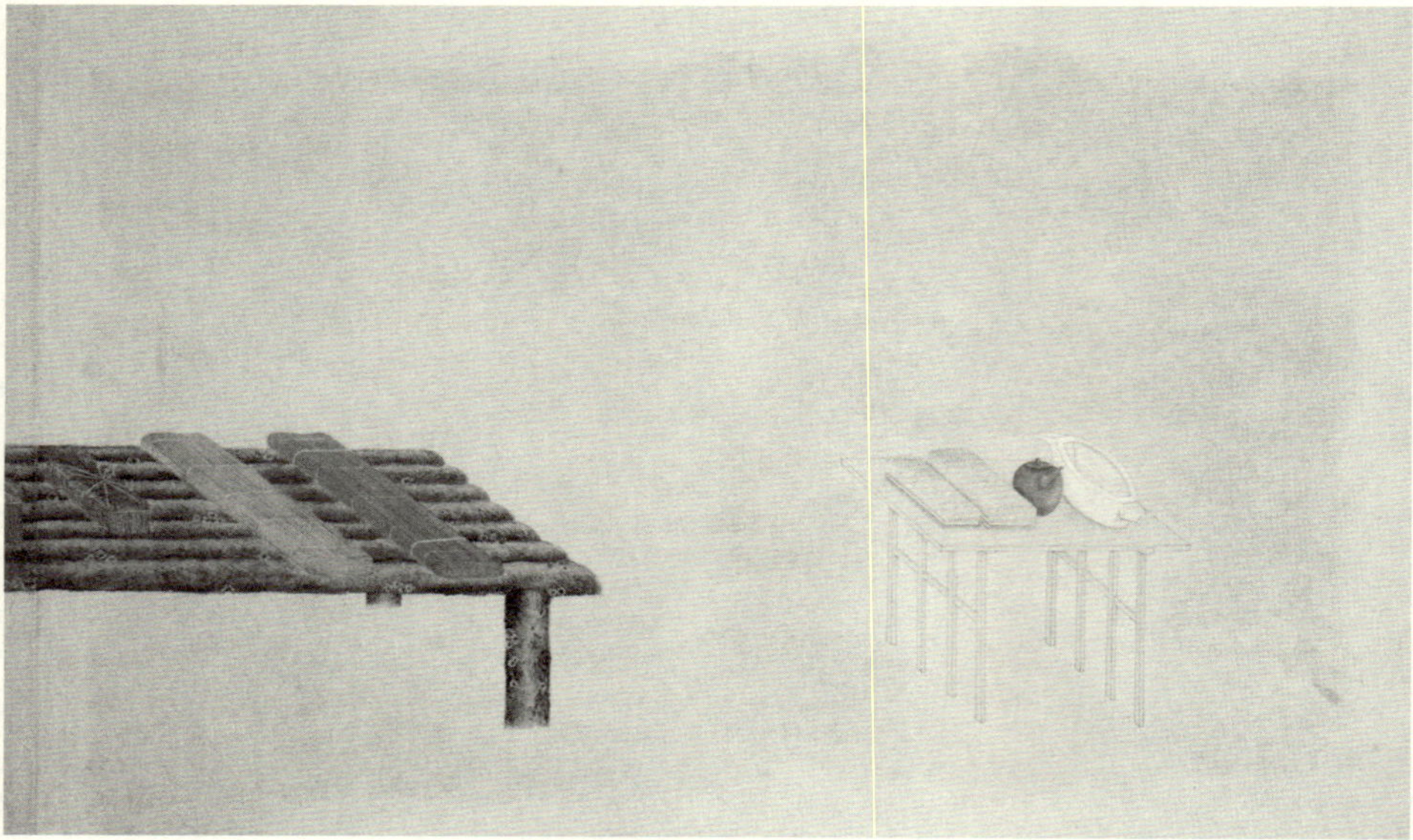

31　長机台上の多志良加など（上10）

30　大嘗宮の神食薦と御食薦（上９）

32　長机台上の神食薦・御食薦・葛筥（上11）

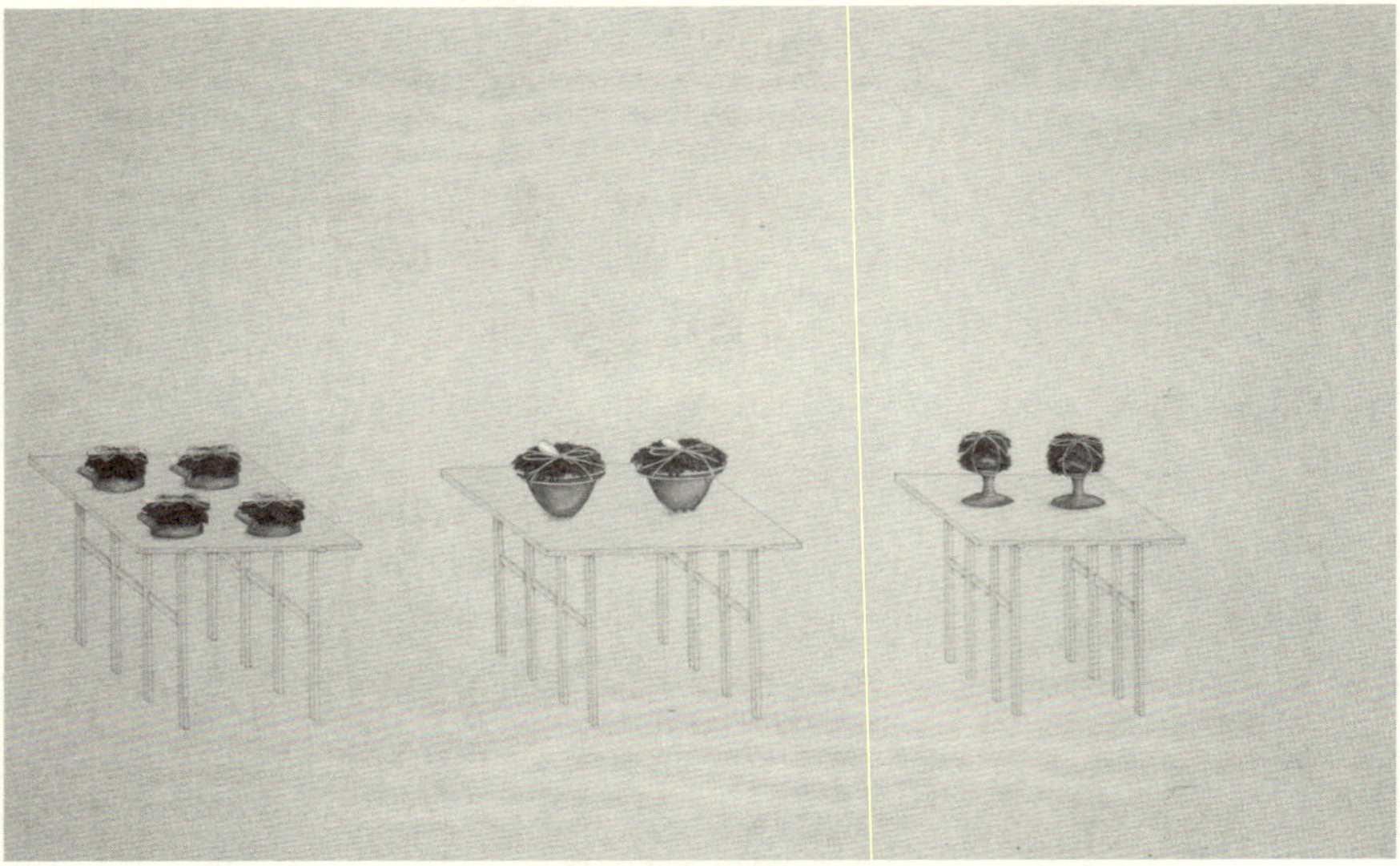

33　八足机上の空盞・御羹など（上12）

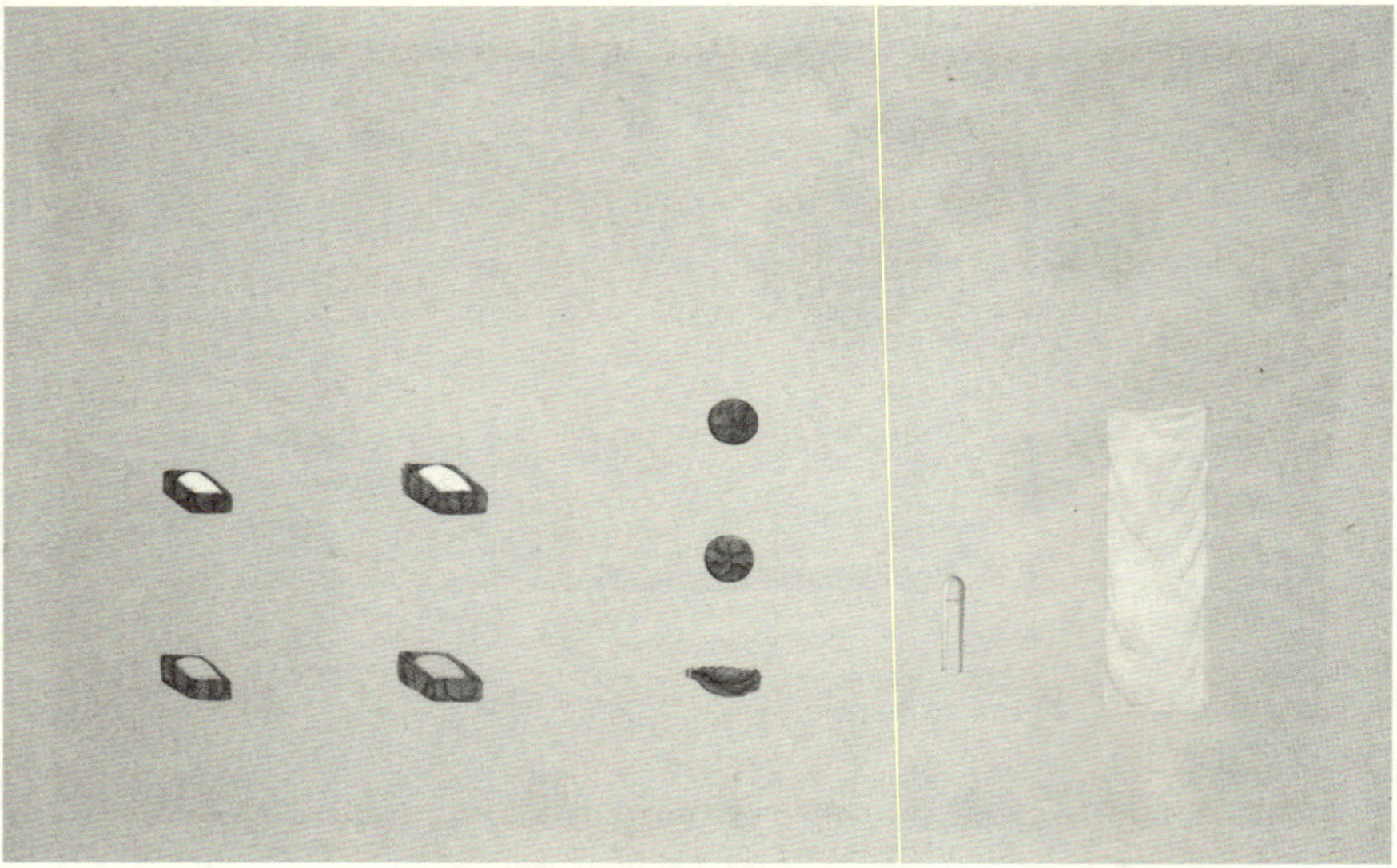

35　柏の枚手、窪手に入れた神饌（上14）

34　八足机上の御粥・御物など（上13）

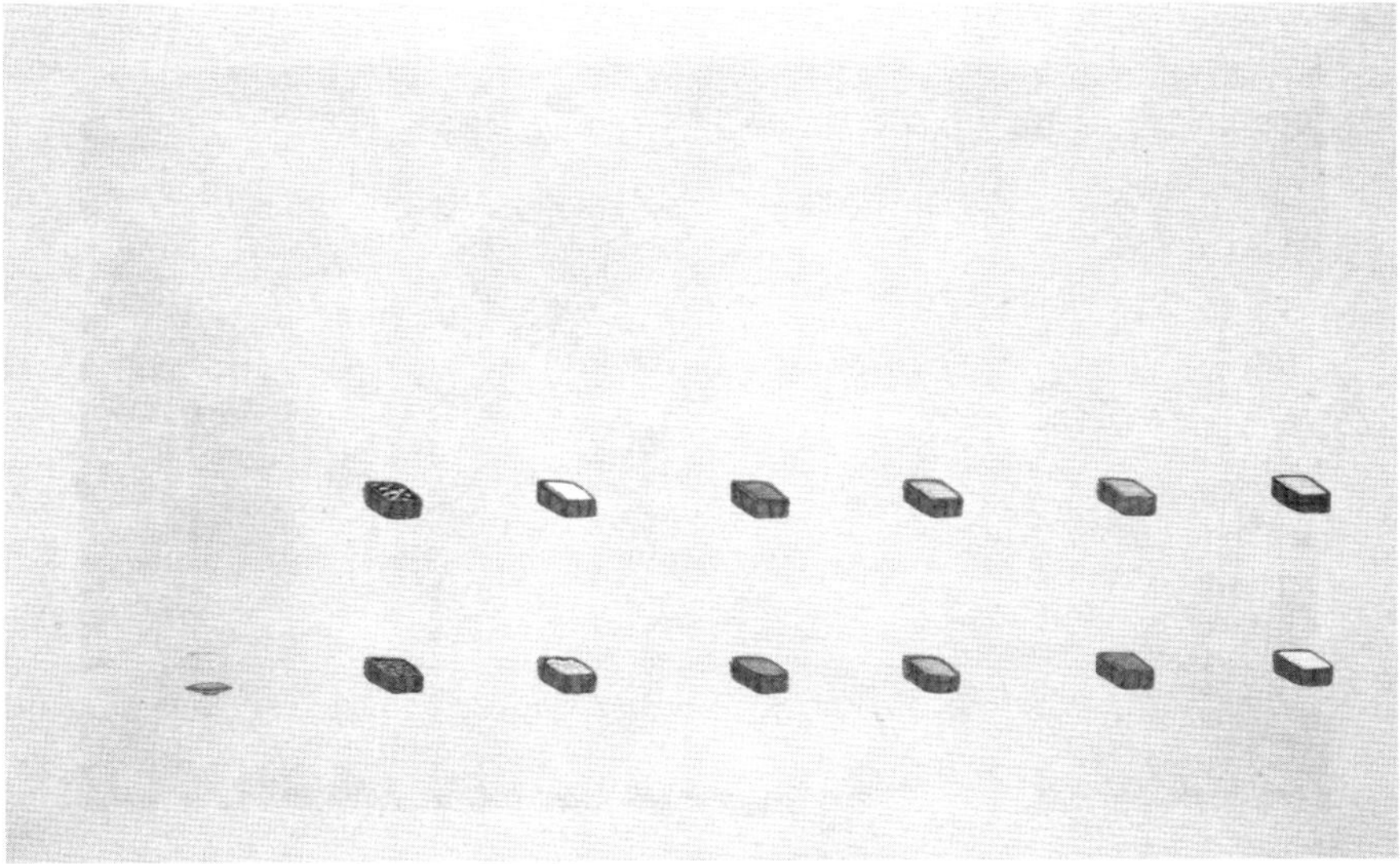

36　窪手に入れた神饌（上15）

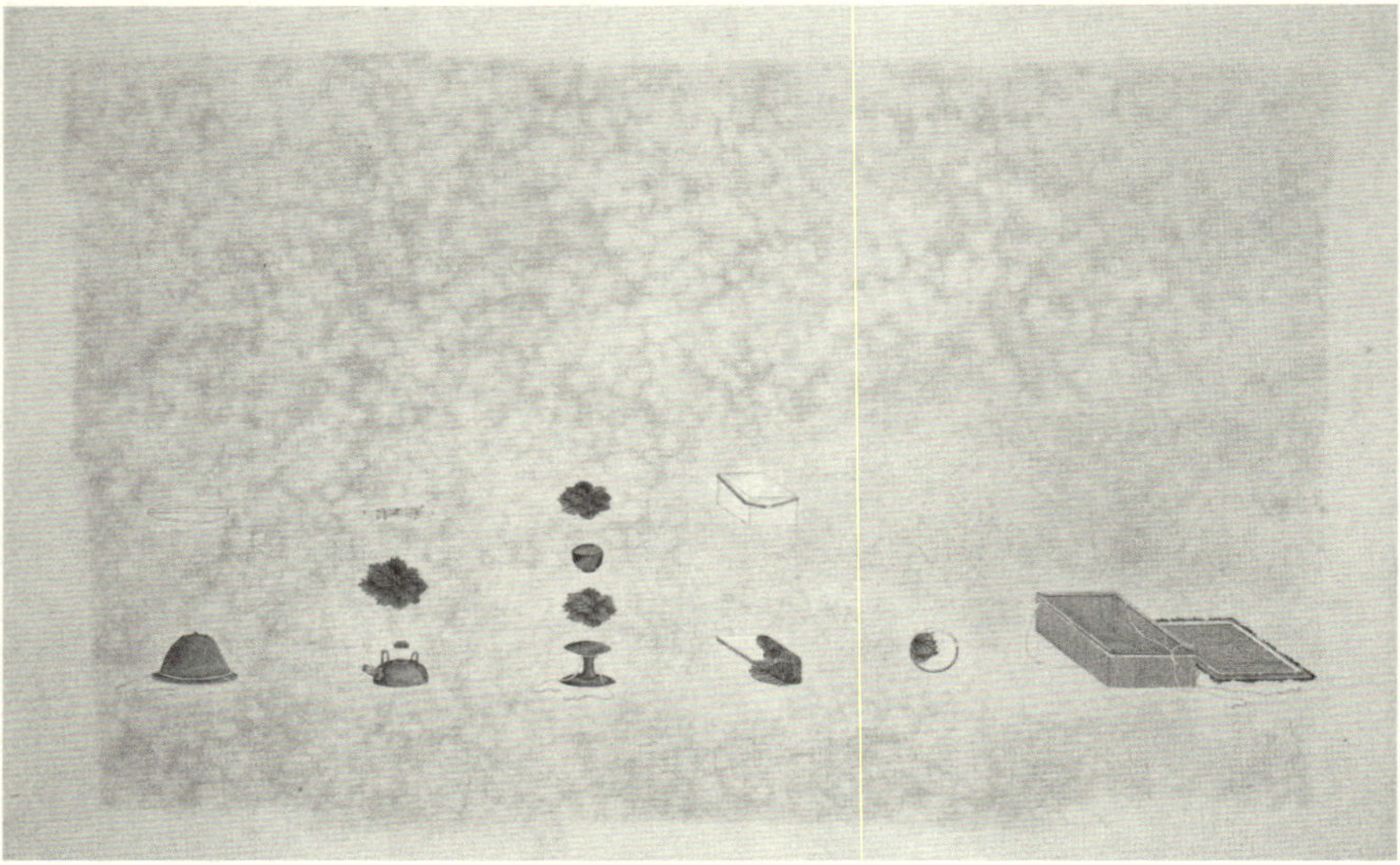

37　神饌関係の用具（上16）

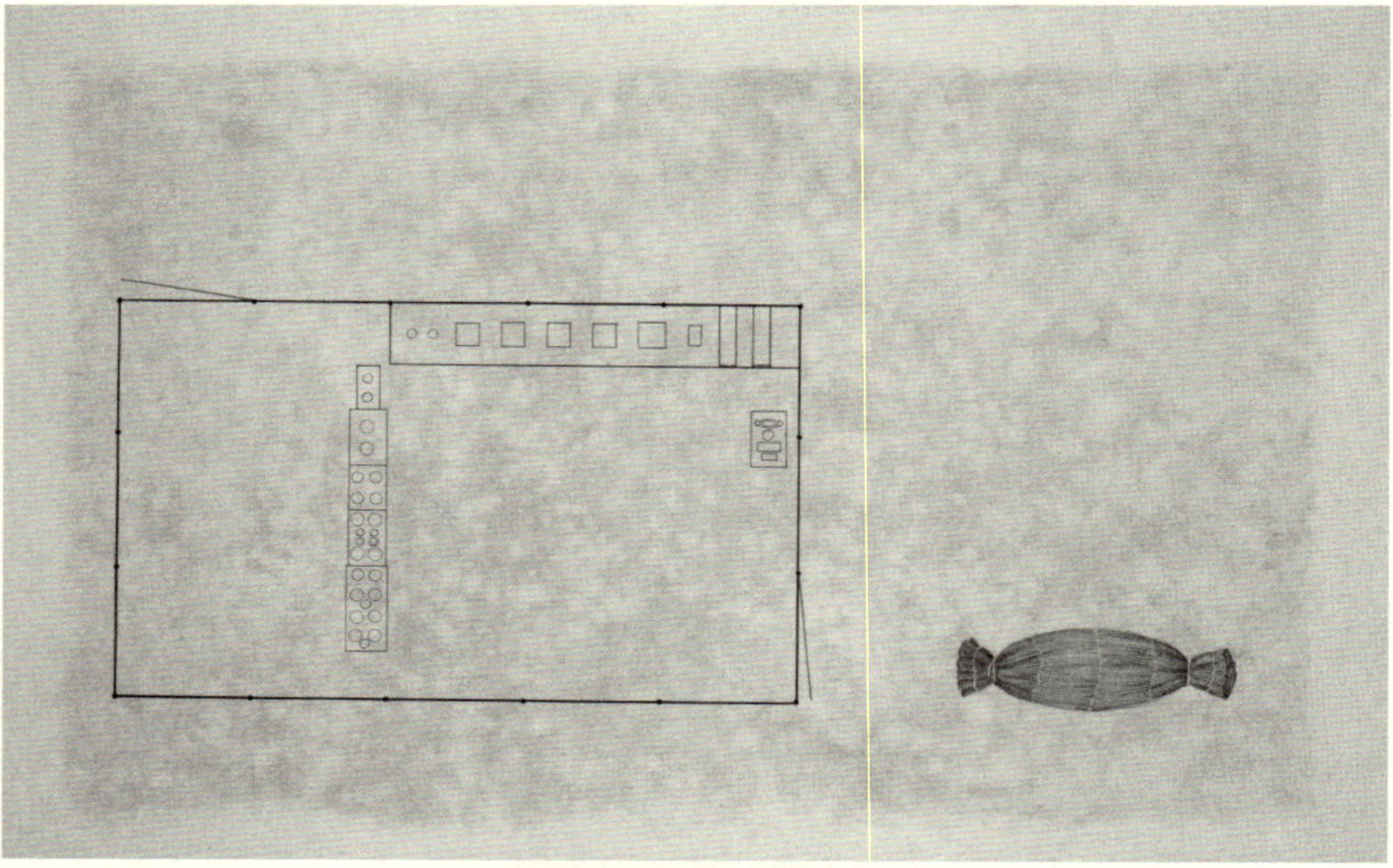

39　神食薦と悠紀殿の膳屋図（上18）

38　神饌の唐櫃など（上17）

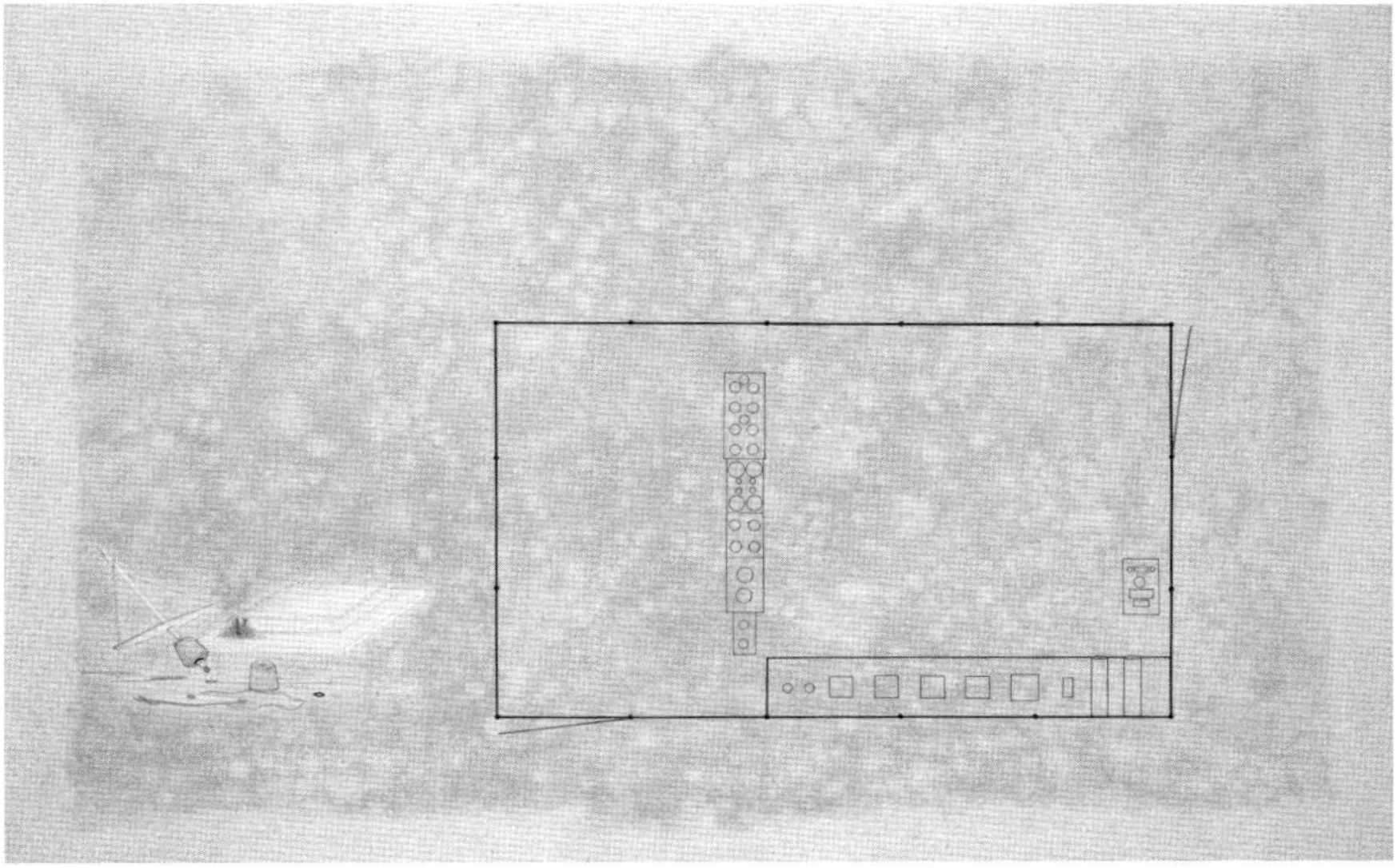

40　主基殿の膳屋図と火鑽具（上19）

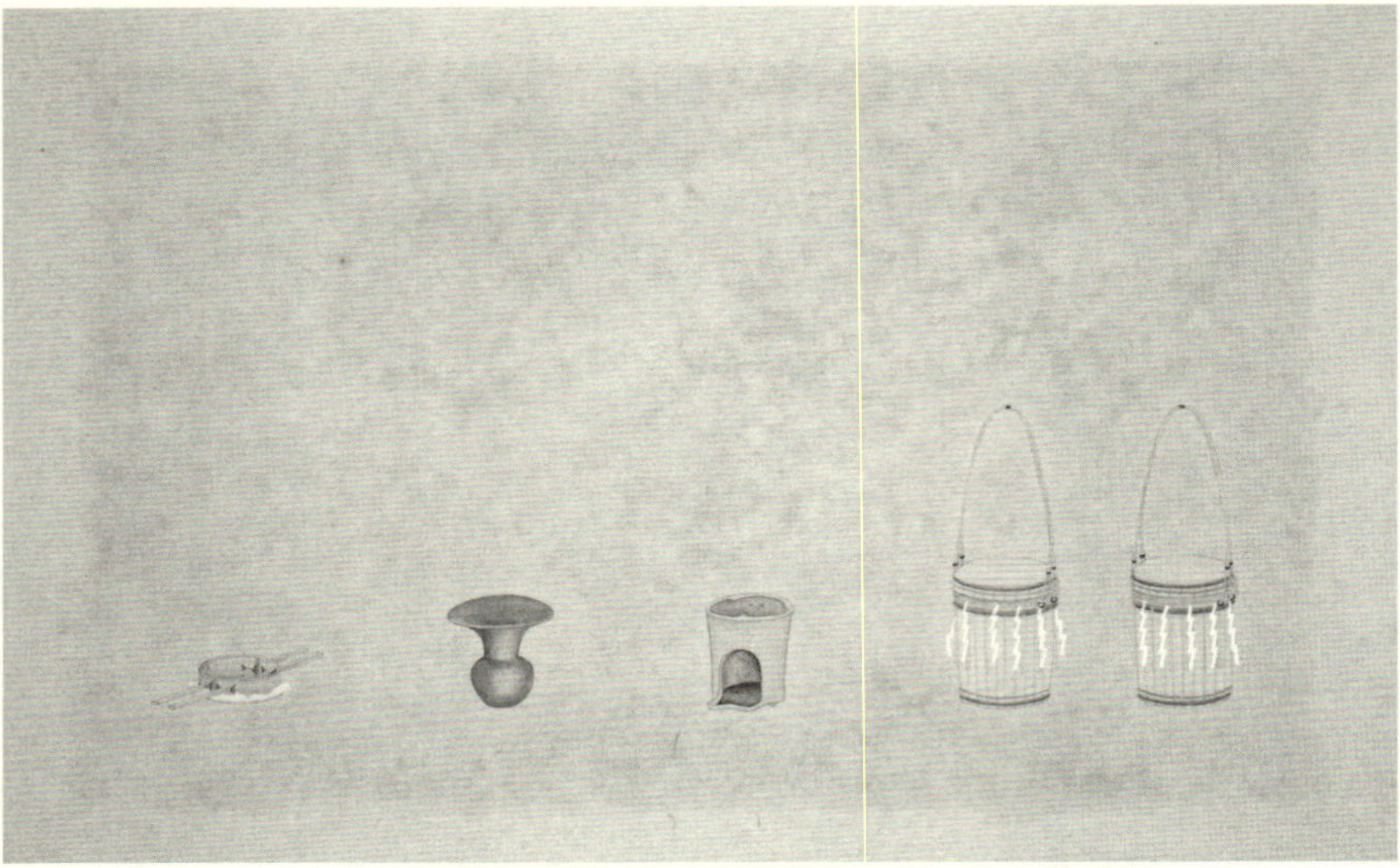

41　白酒・黒酒入りの桶、風炉など（上20）

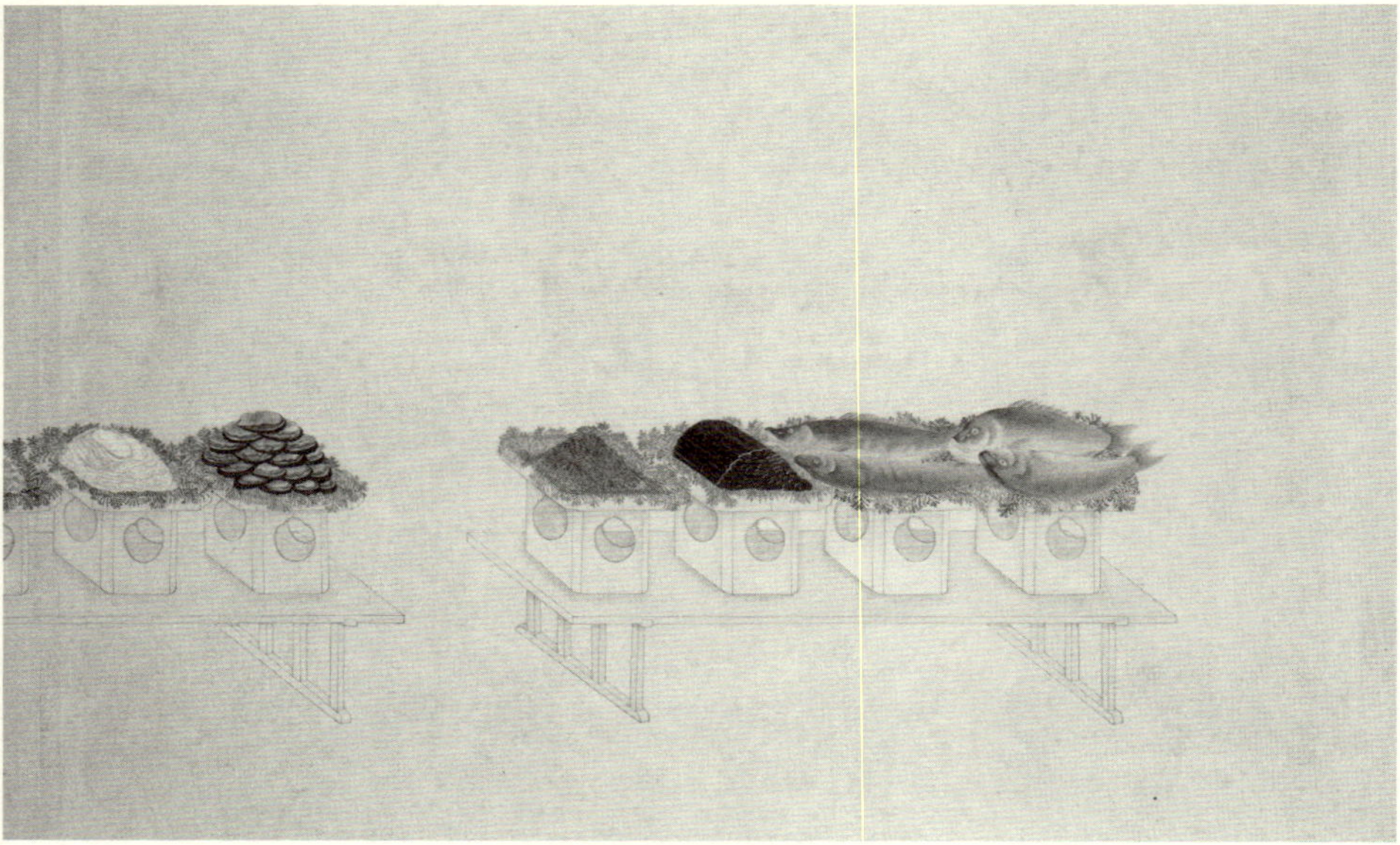

43　庭積机代物の品々（上22）

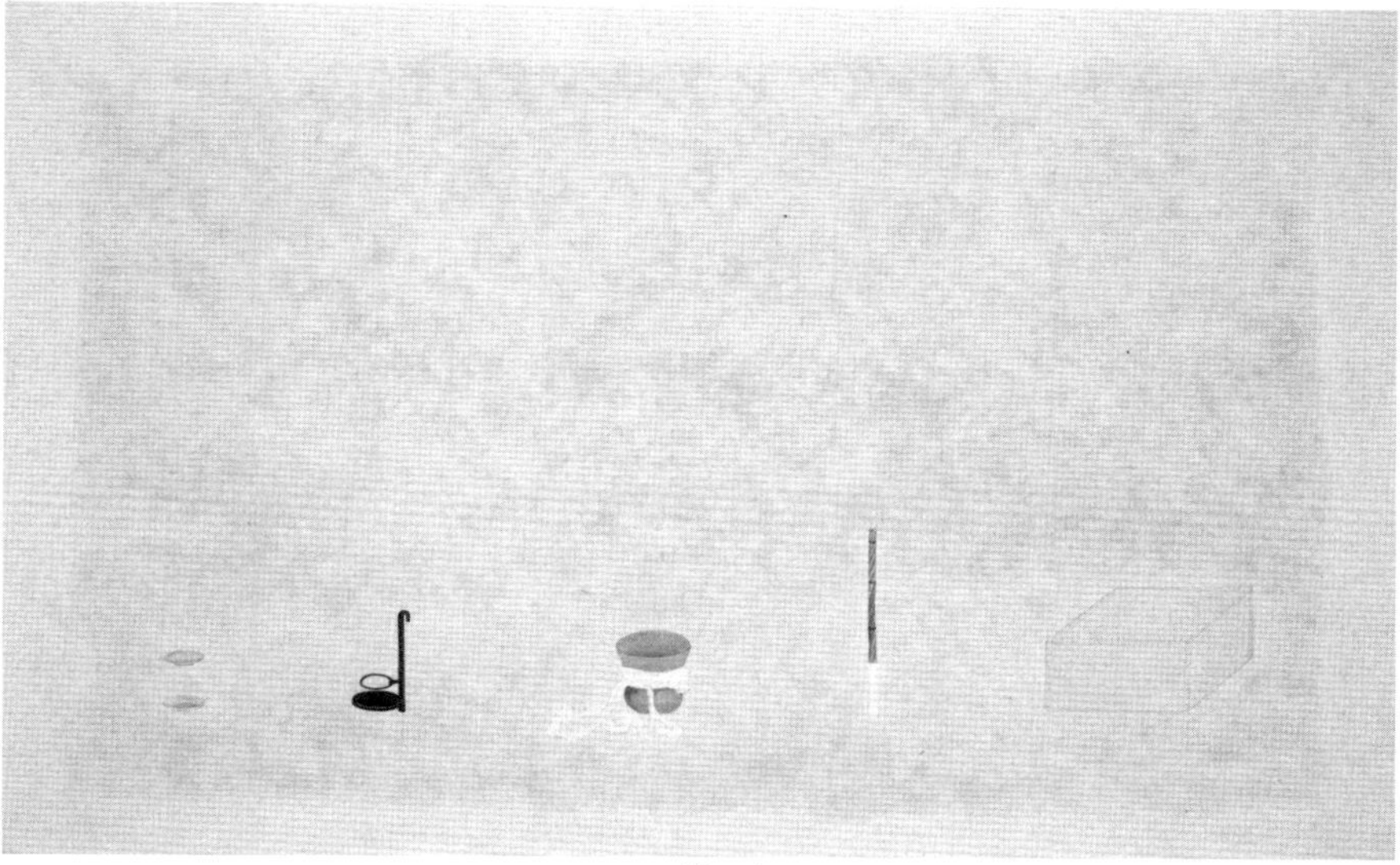

42　（上21）

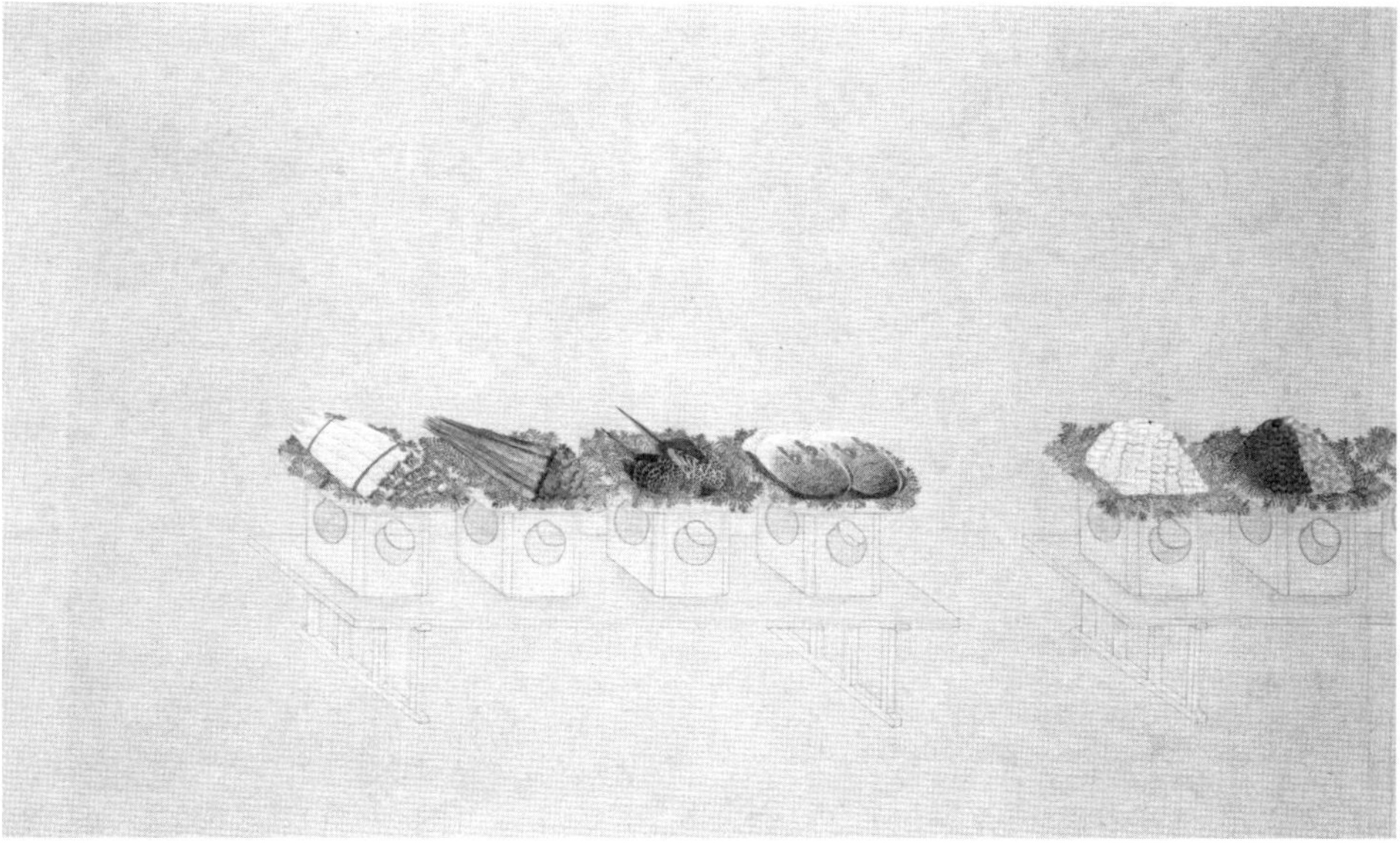

44　同右（上23）

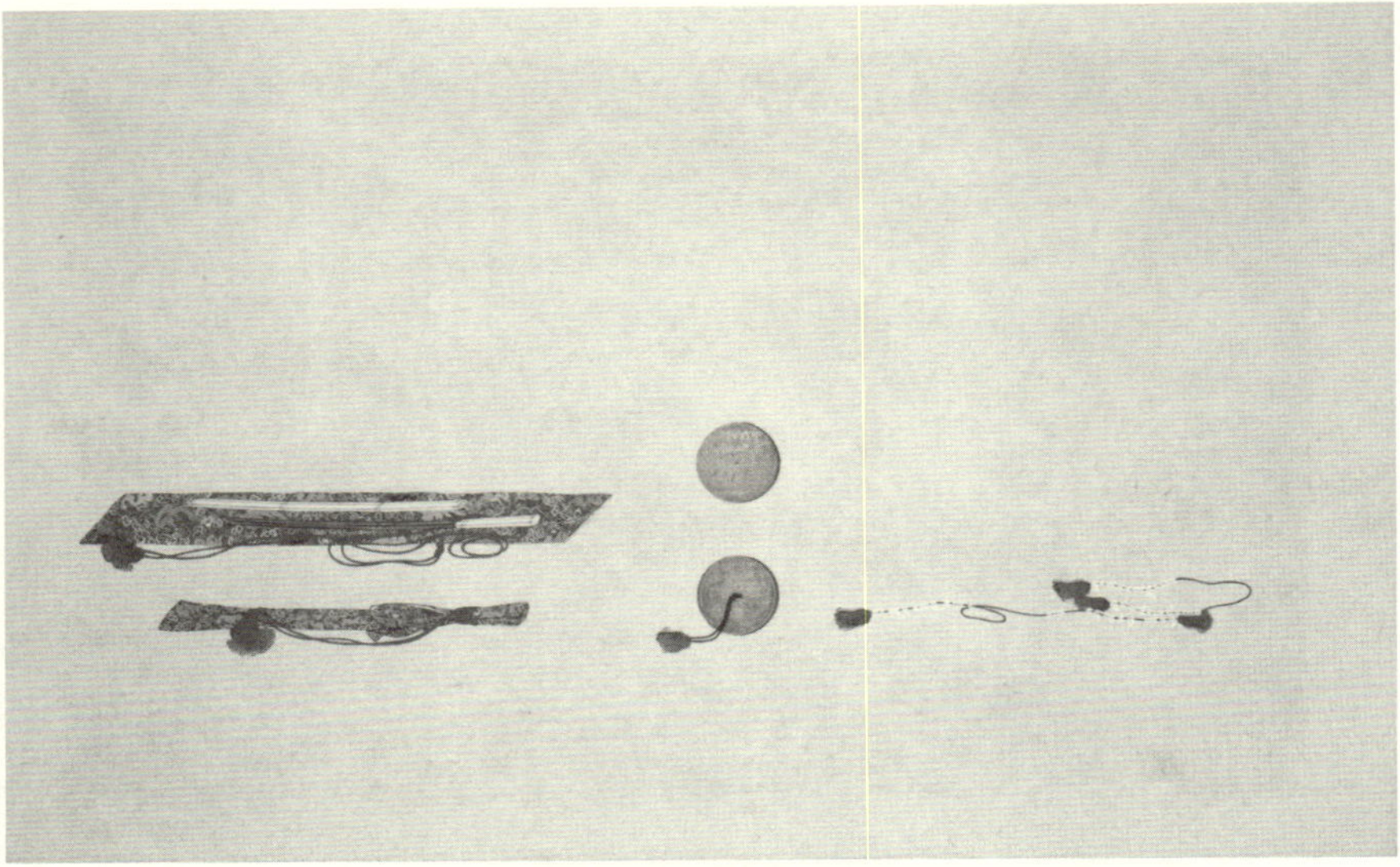

45　大真榊の御剣・御鏡・勾玉（上24）

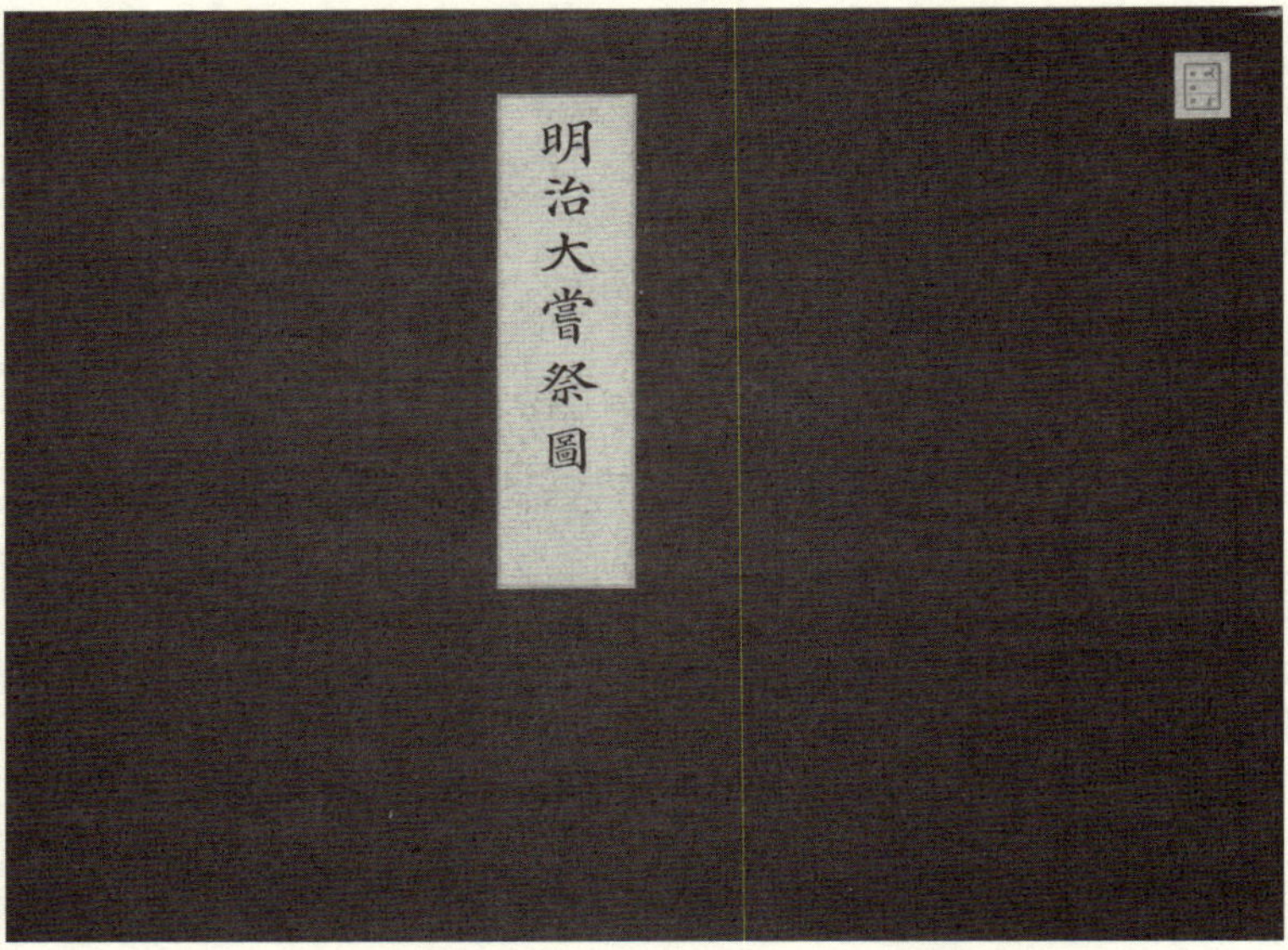

A　宮内庁宮内公文書館所蔵『明治大嘗祭図』表紙

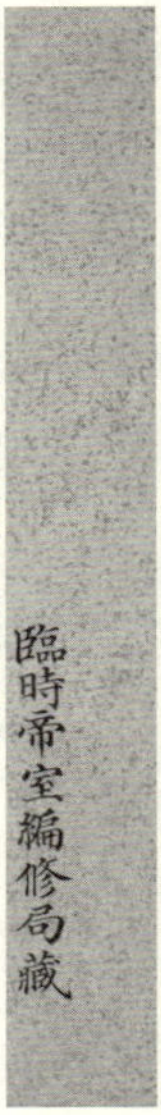

左下は中扉右下の墨書「臨時帝室編修局蔵」

46　天皇の菅蓋（上25）

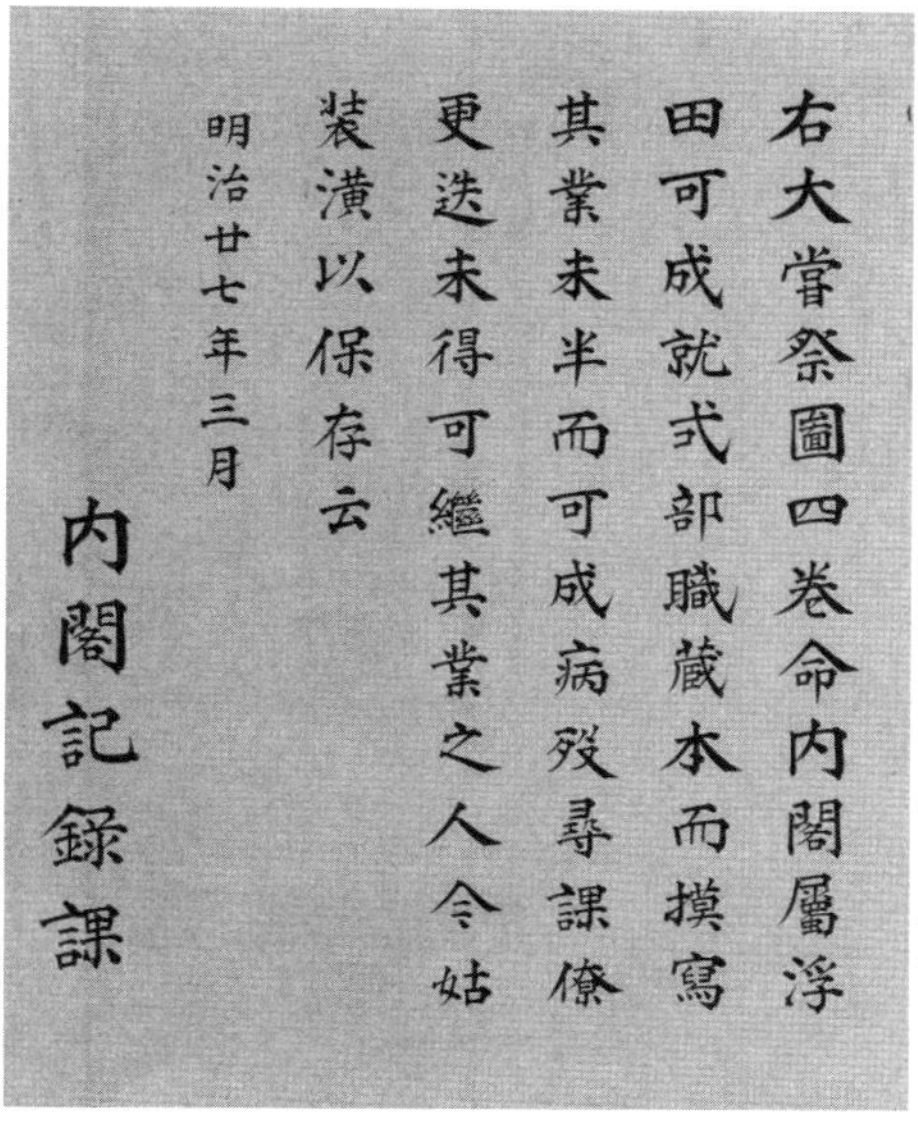

右大嘗祭圖四巻命内閣屬浮
田可成就式部職蔵本而摸寫
其業未半而可成病歿尋課僚
更迭未得可繼其業之人令姑
裝潢以保存云
明治廿七年三月
内閣記録課

B 国立公文書館（内閣文庫）所蔵「大嘗祭図」奥書部分

付　『阿波志料　践祚大嘗祭御贄考』（抄）

解説

大嘗祭に際して、古代から阿波の忌部氏により「あらたへ」（荒妙＝麁服）などが貢進されてきた。それが、南北朝期から長らく中断していたにも拘らず、大正天皇の大嘗祭で復興された事実は、近代の大礼史上かなり大きな意味をもっている。その経緯を総合的に詳しく調査し解明した学術的な研究は、まだ進んでいないが、地元では一通りのことが知られている。

たとえば、徳島県神社庁編刊『平成御大典記念　大嘗祭麁服貢進記録集』（平成四年）をはじめ、インターネット上に公開されているものとして、阿波忌部の末裔で平成の大嘗祭に奉仕された三木信夫氏の関係者による同人誌『阿波風』をみると、第五三号（平成二十一年二月）で尾野益大氏（徳島新聞記者）が「忌部の話　二十六『麁布《衣》貢進』その一」に次のごとく記されている。

明治末期、三木家二十六代目当主・宗治郎氏は、遠祖以来の職分であることから『三木家由緒』などをもとに復活運動を始め、宮内省・御用掛りとして明治天皇の御記編纂に携わった山田貢村氏（木屋平三ツ木出身）の協力を得た。忌部神社宮司で国学者の斎藤普春氏からも学究的献身を受け、小松島出身の歴史学者・喜田貞吉の意見も聞いた。

大礼使当局には、宗治郎や徳島県の渡辺勝三郎知事らがしばしば請願。多くの支援による復活運動が実って、一九一五（大正四）年七月、徳島県の末松偕一郎知事から宗治郎あてに麁布《衣》貢進の命令書が届いた。しかしこの年、木屋平では麻を栽培していなかった。結局、旧木頭村北川の宇井ノ瀬で西仁和太氏が、太布の混紡用に栽培していた大麻の皮をはぎ、船谷という川でさらして槍戸越えで木屋平へ送ったという。（中略）

北川で採った麻は、旧木屋平村谷口の谷口神社拝殿で九月五日まで糸を紡ぎ、旧山川町山瀬の忌部神社に新築した織り殿で十月九日織り上げた。（中略）

十五日に織上式をした後、麁布は鉄道で徳島駅へ運ばれ、徳島公園の千秋閣で二日間、一般人に縦覧を許し、十八日夜航で上洛。十九日に宗治郎らが京都・大宮御所へ奉送し、無事に麁布を貢進した。

この文中で注目されるのが「斎藤普春氏からも学究的献身を受け」たことの内容である。斎藤普春の略歴は、神社新報社編刊『神道人名辞典』に左のようにある。

> （さいとう　ひろはる）／安政六年（一八五九）～大正二年（一九一三）。神職。滋賀県彦根の人。はじめ彦根弘道館にて皇漢学を学び、のち井上頼圀に師事して国史国文を専修した。明治八年、奈良丹生川上神社権禰宜となり、二十八年吉野宮（のち神宮）宮司。……三十二年、福岡・香椎宮、三十三年、大阪・四条畷神社、三十四、茨城・大洗磯前神社、三十五年、函館八幡宮、三十八年、徳島・忌部神社等の宮司を歴任。……著作に『践祚御贄考』『鞆渕八幡神社考』『飯尾氏考』等がある。

これらによれば、明治末期に三木宗治郎氏らが「麁布貢進」の復活運動に尽力していたころ、「忌部神社宮司で国学者」の斎藤普春が学問的な協力をしたことは確かであろう。ただ、どんな貢献したのかは書かれていない。とはいえ、著作の一つに『践祚御贄考』があるとみえるので、それを探していたところ、幸い最近、その全文の複写を頒けて頂くことができた。

実は昨年（平成二十九年）、「明治」改元から百五十年目という節目に、明治神宮の文化館で「近代の御大礼と宮廷文化――明治の即位式と大嘗祭を中心に」と題する特別展を開催させて頂いた（明治神宮と私が代表を務める「京都宮廷文化研究所」との共催）。

そこで、皇學館大学の神道博物館に寄贈されている「小原家文庫」（小原利康氏の膨大なコレクション）の優品を数多く拝借し展示したが、その中に『阿波志料　践祚大嘗祭御贄考』一冊も含まれていたのである。

本書は、縦22㎝、横15㎝、全四十三丁の冊子で、奥付に編著者が斎藤普春、刊行が明治四十四年十五日と記されている。内容は、まず、(イ)小杉榲邨氏の序文（毛筆体）、ついで(ロ)編者の自序的な「撮記一則」、さらに(ハ)本文（全三十二丁）、最後に(ニ)「付録」の南北朝期文書年表（十一丁）から成る。

このうち、(イ)序文を寄せた小杉榲邨博士は、斎藤普春氏より二十歳年上で天保五年（一八三四）徳島藩士の家に生まれた。藩校で漢学・経史を学び、明治五年（一八七二）から新政府に仕え（教部省・内務省・文部省など）、『古事類苑』の編集に従事し、また帝室博物館歴史美術部で古社寺調査などに尽力し、さらに三十二年から東京美術学校教授と東京帝国大学講師を兼ねて、国文学も国史学も担当すると共に、宮内省の御歌所参候を務め、四十三年（一九一〇）他界している。

小杉榲邨の事績で今も高く評価されているのは、約半世紀にわたり全国各地の社等や旧家の古文書類を書写して類別した膨大な『徴古雑抄』（正編一九〇冊）を編纂したことである。その自筆稿本が、国立国文学資料館に収蔵されている。既刊分は阿波国関係史料だけであるが、その中に「麻植郡三木氏所蔵文書」も含まれている。

また榲邨は、阿波「忌部神社」の所在考証に尽力した。当社は平安前期の『延喜式』に「名神大社」とみえる名社にも拘らず、南北朝期から衰退し、所在すら不明となっていった。それが明治四年（一八七一）「国幣中社」と定められて、所在を特定する必要に迫られ、同七年、かねてから史料と実地を調べていた榲邨の主張する麻植郡山崎（現吉野川市山川町）の忌部神社に決められた。

ただ、それに対して美馬郡西端山（現つるぎ町）の五所神社こそ忌部神社だという声が強まり、双方の争いが激しくなった。そこで、同十八年、妥協策として名東郡富田浦町（現徳島市二軒屋町）を所在地と定めている。

この榲邨に指導をえて本書を完成させた斎藤（54歳）は、皇太子嘉仁親王が徳島へ行啓される機会に、長らく途絶えていた「践祚大嘗祭の御贄貢進の嘉例」（史実）を明確にし、その御贄のうち「荒妙と木綿とを謹製」して「台覧に供し奉らむ」としたのである。これにより、やがて新しい御代初めの大嘗祭で、「御贄」として「荒妙」の貢献が、五百数十年ぶりに復活されることを切望していたにちがいない。

その復興の念願は七年後の大正四年（一九一五）に見事実現された。しかも、それが昭和三年（一九二八）と平成二年の大嘗祭にも受け継がれている意義は、極めて大きい。

〈序　文〉

古の阿波国に天日鷲神の祭祀られ給ふ由来のいちじるき御事は、何くれの古書にいと明らかに記されて、其の御実地の如き正しかりしも、旧藩政の時、元文年度わざはひの事故ありて、一たび御所在いとおぼろかしくなりゆきしと聞きたるを、維新に際し明治四年五月、国幣中社に列せられたれど、いかにせむ、其の御本社の在地、そこかしこにとなへて決定にいたらず。

いとかしこくも榲邨、神裔の末よりまれ、かゝる御盛典を伺ひ感慨大かたならざるからに、懇ろに探り索めつるに、**三木家古文書によりどころを見出て建白しつる**が、恰も好し其の為に検閲使を来し同行しける。御所在を明確して、同じき七年十二月十二日、復興仰せ出されしは、いとおほけなくも、榲邨が微忠なり。然ありて後、恒例の神祭、今日にいたり闕怠なくば、いともいとも嬉しき極みなるをや。

今の本社宮司斎藤普春ぬしは、榲邨つねに魂あへる学友なるが、てたひまつ、この践祚大嘗祭御贄考をものして阿波志料にあてられんとするぞ、いとよき心つきなる。榲邨、公務のいとまいとま、多年わが本国地誌を編集しつゝあるも、いまだ脱稿しあへぬほどに、かくたしかなる事実どもをしるし出られたる、こよなく歓ばし。あはれあはれ、この神の御霊たけりて、このいちはやき功績をつらぬき、大祀の御贄を復旧し、あはせて忌部本系の偉業を顕彰したまはむ御盛典のほどを、榲邨もこひねがふてただやまざれば、このはしに、此の一言をかきそふ。

明治四十一年三月　御歌所参候文学博士　小杉榲邨

〈自　序〉撮記一則

予が譾劣寡聞なるを顧みず、此の考編著の念を発せしは、昨年（明治四十年）の六月にして、／東宮殿下（嘉仁親王）の徳島県に行啓のよしを拝承したる時に在り。爾後、力を材料の蒐集に尽し、逐次に歴史記録を渉猟し、八月に至りて粗々その稿を脱せり。

而して之を有志に詢りて曰く、我が阿波国には、建国已来二千年の間、他に比類稀なる歴史の存在するあり。冀くは、此の千載一遇に際して彼の光輝ある歴史を憑拠として、践祚大嘗祭の御贄貢進の嘉例に准擬して、聊か献芹の微衷を表し奉らば如何。有志曰く、可なり。但、大祀の御贄は、規模甚大なれば、其の品目中の荒妙と木綿とを謹製し、此の考を添付して台覧に供し奉らむぞふさはしかるべき、と注意を与へらる。此の事を麻植・那賀両郡の諸氏等、疾くも伝聞し、麻植郡長祖川豊・那賀郡長山県操太郎氏を介して、協賛の誠意を表せられたり。九月下旬、俄かに御延期となりて、一時失望の悲嘆に陥りしが、幸ひにも今年の四月中旬を期して、更に行啓仰せ出されしかば、左の書を其の筋へ提出することとはなりぬ。

伝献願

今般／東宮殿下、本県に行啓在り為され候に付き、我が忌部氏が建国已来二千年、践祚大嘗祭の御贄を貢献せし光輝ある歴史を憑拠として別紙目録の通り献上仕り度く候間、然るべく御取扱相成り度く、麻植・那賀両郡の有志者を代表し、此の段相願ひ候なり。

明治四十一年三月十四日

国幣中社忌部神社宮司、斎藤普春　印

徳島前知事　谷口智五郎殿

目録

一　荒妙　壹端〔古式に準じて細籠に納む〕

一　木綿　六斤〔同上〕

右二品、檜白木造りの折櫃一合に納む。

一　阿波志料　践祚大嘗祭御贄考　一冊〔活字版本〕

右著作者、斎藤普春　／　以上

斯て本年三月、此の考校訂の功を竣るや、之を本県出身にして、殊に忌部神社御再興議に与りて力ありし文学博士小杉榲邨翁に贈りて、其の閲覧を請へり。是れ其の批正を得て、誤謬を減じ、失当を改めむことを冀ひしによる。而して翁は、恒に多忙なるのみならず、当時令閨の病褥にあられるにも拘はらず、懇篤なる告知と奇抜なる序辞とを与へられ、此の考の瓦礫も亦光沢を発するに至りき。

又、京都の貝類学士平瀬与一郎氏は、細螺石花の貝殻を恵贈せられ、三木宗治郎氏は、自家所蔵の古文書と、松家氏所蔵の文書を携帯して来訪し、或は書籍を貸与し、材料を寄贈せられし諸氏の好意によりて、予の見聞を広めたるもの尠しとせず。荒妙と木綿の謹製に至りては、忌部神社主典松村徳太郎が専ら之を担任せり。
本書の印刷は、之を東京の青山清吉氏に附托したるに、行啓の期日既に迫りしを以て、著者と文書の往復すべき余日なし。之が為に、著者が自ら任ずべき印刷関係の事務を、挙て小杉翁の門生に委任したり。而して毫も遺憾なく竣功するを得たるは、一に同生の勉励と厚意とによれり。是れ此の考の頒行に臨み、記して以て謝意を表す。

明治四十年四月　　斎藤普春識

〈本　文〉

阿波志料　践祚大嘗祭御贄考

国幣中社忌部神社宮司　**斎藤普春**　編

謹みて按ずるに、践祚大嘗祭とは、皇位継承の後、はじめて新穀を以て、天照大御神、及び天神地祇を、御親祭遊ばさるる、御一世に一度の大祀を云ふ。抑々大嘗祭式の如きは、規模甚大にして一小冊子の尽すべきものにあらざれば、茲に注せず。
古来、大祀の調度を貢進すべき国々を十個国とす。所謂神御の薦享酒醴の料稲を調進するを、悠紀の国といひ、主基の国と云ふ。倶に定まれる国あるにあらず。御世ごとに必ずその国郡を卜定《ぼくじょう》せらる。神祇官の官人、悠紀・主基の二国に到りて、御料の稲穂を抜く。之を抜穂使と称す。又、神御の雑贄は、紀伊・淡路・阿波の三国より貢進し、神御の雑器は、河内・和泉・尾張・参河・備前の五国より調進するを恒例とす。その三国へは神祇官の官人を派し、五国へは宮内省の史生を派遣して之を監作せしむ。倶に由加物使と称す。今は唯阿波国の一端を略述して、後の君子を竢つ。（以下省略）

〈参考〉

三木家文書の現存分抄（二通、原漢文体）

㋑延慶二年（一三〇九）九月、花園天皇の大嘗祭に先立ち、太政官から阿波国司に対して「荒妙の御衣を織り進め」るように申し伝えた官符の写し。

「太政官符す阿波国司

使従五位下斎部宿禰好継

神部弐人

右、神祇官の解を得るに偁く、大嘗会の荒妙の御衣を織り進めしめんが為めに、件等の人を差《つかわ》し、例に依り申し送ること、件の如し、てへれば、国宜しく承知し件に依りて之を行ひ、符到らば奉行せよ。／従四位上右中弁藤原朝臣 判 ／正五位上行左大吏小槻宿禰 判

延慶二年九月　日」

㋺文保二年（一三一八）九月、後醍醐天皇の大嘗祭に先立ち、弁官局から阿波国に対し「先例に依り」「荒妙の御衣を織り進め」るように指示した官宣旨の写し。

「左弁官下す阿波国司／応に早く荒妙の御衣を織り進めしむべき事

右、大納言藤原朝臣師信宣す。勅を奉ずるに、大嘗会の主基所の料、宜しく彼の国に仰せて、先例に依り、常の氏人を以て織り備へしめ、神祇官の使に付して早く以て進上すべし、てへれば、国宜しく承知し　宣に依り之を行へ。会の日（大嘗祭まで）に限りあり、延怠することを得ざれ。

／右少吏高橋朝臣在判

文保二年九月二十六日

右少弁藤原朝臣在判」

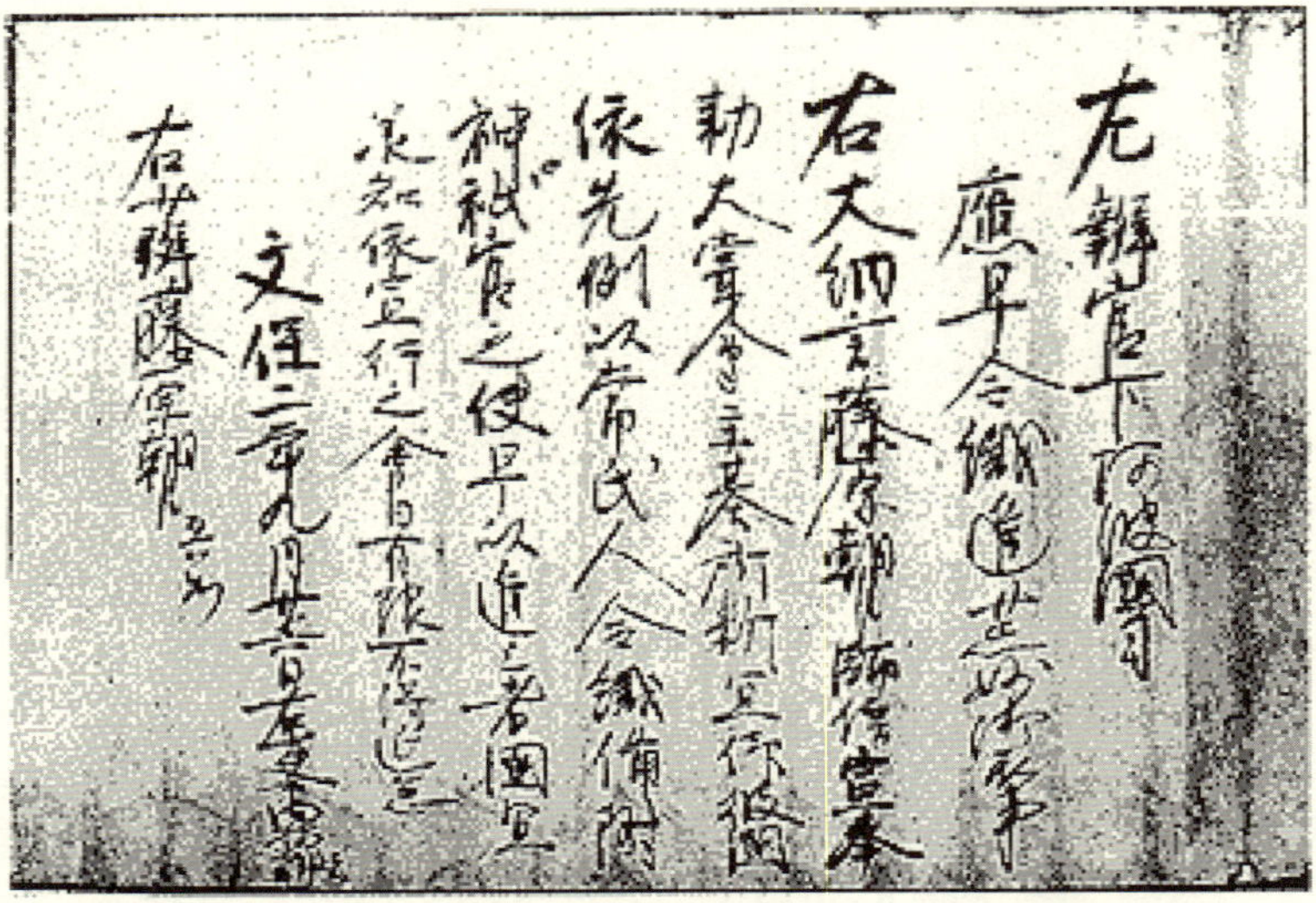

文保２年（1318）の官宣旨写（三木信夫氏所蔵、『阿波風』52号〈平成21年〉所載）

II

近代的な大礼法制

II　近代的な大礼法制【細　目】

第五章　伊藤博文『皇室典範義解』抄

解説

明治以来の『皇室典範』は、『大日本帝国憲法』と並び立つ我が国の根本法として、慎重に成文化され、明治二十二年（一八八九）二月十一日に制定された。

その成立経緯に関しては、既に詳細な研究が公表されている。それを登極（即位）践祚の規定に限って再検討したのが、本書第六章「『登極令』の成立過程」第二節「『皇室典範』登極規定の成立」である。

この憲法と典範については、起草から完成まで最も力を尽くした伊藤博文の名前で（執筆は法制局長官　井上毅）、同年に『義解』（公式の注釈書）が公刊された。ただ、それは二月十一日までに完成せず、四月二十四日に印刷、六月一日に「国家学会蔵版」が出版されている。

そのうち、『皇室典範義解』は、二月中旬ころ、草案を仮印刷して「大学」（文科大学）重野安繹教授などに意見を求めた。しかも、三月中旬ころ、それを参考にして井上毅自身が草案に部分的な加除修正を毛筆で書き入れた資料（袋綴四八頁）が現存する。その複写と解題などは國學院大學梧陰文庫研究会編『梧陰文庫影印　明治皇室典範制定本史』（木鐸社、昭和六十一年）に収められている。

そこで、ここには完成した『皇室典範』の第二章「践祚即位」（第十条・第十一条・第十二条）を近代大礼の最も重要な関係規定として掲げると共に、その「義解」の該当部分を引くに留まらず、原案がどう表記していたのか、どの部分がどのように加除修正されたのかを、文中（※　）内に注記して示すことにした。これによって、本文を的確に解釈する手懸りもえられよう。

なお、より詳しくは、「帝室制度取調局委員」も兼ねていた重野安繹（修史局編集長）と股野琢（宮内省書記官）の付した意見（前者が青、後者が朱）を精査する必要がある。ただ、それは既に島善高氏が前掲影印の解題に一部引用しておられるので、その一箇所を左に抄出させて頂こう（五五九頁）。

それは第十条の「義解」中程「然るに、天智天皇……初なり」の部分に対して、重野博士が、

天智天皇の践祚後七年の後、即位の礼を行ひ玉ひしは、至孝の聖心より発せしものなることは論なしと雖も、その即位の礼は唐制に倣ひて始めて儀式を整へられしことは、歴朝即位の宣命文に「近江大津宮に御宇（天智）天皇の初め賜ひ定め賜へる法の随々に云々」の句あるにて明らかなり。されば偶然の事に起ると雖も、猶その別を生ぜし初めとして可ならんか。……

との意見を付されたことがわかる。しかしながら、「義解」の説明文は、井上毅が後掲（次頁の左から三行目）のように修正している。

凡　例

読み易くするため、漢文体を書き下し文に直し、括弧・改行などを加え、改行を増やし、送り仮名を多く振った。

第二章　践祚即位

第十条　天皇崩ずるときは、皇嗣即ち践祚し、祖宗の神器を承く。

恭んで按ずるに、神祖以来、鏡・剣・璽、三種の神器を以て皇位の御守と為したまひ、歴代即位の時は、必ず神器を承くるを以て例とせられたり。

允恭天皇元年紀に「大中姫命、群卿に謂ひて曰く、皇子（允恭天皇）まさに群臣の請を聴かんとす。今まさに天皇の璽符を上るべし」と。是に於いて群臣大いに喜ぶ。即日、天皇の璽符を捧げて再拝し上れり。乃ち帝位に即きたまふ」〔日本書紀〕と云へる是なり。

※1 ここに原案（付記）「ブルンチュリ」氏の言に曰く「君主はその尊厳を表する為に、必ず国瑞を帯ぶと。この説、未だ以て我が神器の精義を賛称するに足らずと雖も、亦以て一に供ふべし。故に此に之を付記す。」とある。

上古は践祚即ち即位にして、両事に非ず。『令義解』に「天皇の即位、之を践祚と謂ふ。祚は位也」とある、是れなり。此の時より践祚の日に神器を奉られたり。蓋し、天子の位、一日も曠《むなしう》すべからず。〔歴世の宣命に見ゆ。蓋し、古諺なり。〕

故に、継体天皇、群臣の迎へる所となり、未だ帝位を践みたまはず。而して、史臣、既に天皇は樟葉宮に移りたまふ、と書したり〔藤原兼実『玉海』〕。然るに、天智天皇、重きを承けて（※2 この六字、原案「唐の制に倣ひ、位を継ぎながら」とある）、仍ち皇太子と称へ、七年の後に即位の礼を行ひ（※3 この次に原案「始めて天皇と称へ」とある）たまへり。是れ践祚と即位と両様の区別を為したるの初なり。（※4 ここに原案「桓武天皇以来、皇位を継ぎ即ち天皇と称へ、後に即位の礼を

行はれ」とある）

其の後、歴代践祚の後、数年にして即位の礼を行はれたることありしも、神器は必ず践祚の時に奉らるること、上古と異なることなし。

本条は、皇位の一日も曠闕すべからざるを示し、及び神器相承の大義を掲げ、以て旧章を照明にす。若し乃ち継承の大義は、践祚の儀文の有無を問はざるは、固より本条の精神なり。（※5「若し」以下の三四字、原案になく、毛筆で書き入れ）

再び恭んで按ずるに、神武天皇より舒明天皇に至る迄三十四世、嘗て譲位の事あらず。譲位の例の皇極天皇に始まりしは（※6この次に原案「世変の一なり」とある）、蓋し女帝仮摂より来る者なり。（※7「蓋し」以下一三字、原案になく、毛筆で書き入れ）〔継体天皇の安閑天皇に譲位したまひしは、同日に崩御あり、未だ譲位の始となすべからず。〕聖武天皇・光仁天皇に至て遂に定例を為せり。此を世変の一とす。其の後（※8「聖武」以下三〇字、原案になく、毛筆で書き入れ）、権臣の強迫に因り、両統互立を例（※9この四字、原案「互譲十年を限」とある）とするの事ある（※10この四字、毛筆で傍書）に至る。而して、南北朝の乱、亦此に源因せり。（※11この次に原案「故に後醍醐天皇は、遺勅して、在位中の譲位なく、又剃髪なからしむ〔細々要記〕」とある。）

本条に践祚を以て先帝崩御の後に即ち行はるる者と定めたるは、上代の恒典に因り、中古以来譲位の慣例を改むる者なり。（※12この次に原案「而して神器継承の大義は、一日一時の空闕あるを容れず。践祚の式の有無を問はざるは、固より本条の精神なり」とある）

第十一条　即位の礼及び大嘗祭は、京都に於て之を行ふ。

恭んで按ずるに、天智天皇、称制（※13この二字、原案「践祚」とある）の後更に即位の礼を行はれし以来、歴代相因るの大典となれり。文武天皇紀に載せたる即位の詔に、「集ひ侍る皇子等・王・臣・百官人等、天下公民、諸ゝ聞し食せと詔る」（※14「集侍……食聞」に、原案ルビ「うこなはれるみこたち・おほきみ・おみ・ももつかさひとたち、あめのしたおほみたからもろもろきこしめせ」とある）とあるは、蓋し上代の遺例にして、皇族以下百官人民を集めて詔命を天下に布きたまひしなり。

即位の古礼の史乗に見えたるは、持統天皇紀に、「物部の麻呂の朝臣、大盾を樹て、神祇伯中臣の大島の朝臣、天神の寿詞を読み畢んぬ。忌部の宿禰の色夫知、神璽の剣鏡を皇后に奉上す、皇后、天皇の位に即きたまふ。公卿百僚、羅列匝拝して拍手す」とあるを始とす。〔此の前、孝徳紀に見えたれども備はらず。〕

即位の式は大極殿にて行はれ、冕服を服し、高御座に即きたまふ〔貞観儀式〕。冷泉天皇、御悩に由り、紫宸殿にて行はる。其の後、太極殿災廃して、或は太政官庁にて行はれ、或は南殿〔即ち紫宸殿〕にて行はれたり。武門政を専らにするの時、用度供給せずして、践祚の後数年を経と言へども、猶大礼を行はれざることありし。

維新の後（※15この次に原案「皇駕東蹕あり。而して」）、明治元年八月二十七日（※16「元年八月二十七日」を原案「四年八月京都に行幸ありて」とあるは誤記にて訂正）、即位の礼を挙行せられ、臣民再び祖宗の遺典を仰望することを得たり。十三年、車駕京都に駐まる。旧都の荒廃を嘆惜したまひ、後の大礼を行ふ者は、宜しく此の地に於てすべしとの旨あり。勅して宮闕を修理せしめたまへり。（※17「十三年」以下六四字、原案になく毛筆で書き入れ。但し十三年は十一年か）

本条に京都に於て即位の礼及び大嘗祭を行ふことを定むるは、大礼を重んじ、遺訓を恪《つつし》み、又本を忘れざるの意を明かにするなり。

大嘗の祭は、神武天皇元年以来、歴代相因て大典とはせられたり（※18「せら」、原案「なさ」とある）。蓋し、天皇位に即き、天祖及び天神地祇（※19「及び天神地祇」の文字、原案になく毛筆で書き入れ）を請饗せらるるの礼にして、一世に一たび行はるる者なり〔天武天皇以来、年毎に行ふを新嘗とし、一世に一たび行ふを大嘗とす〕。（※20この次に原案「天祖を清饗すと謂へるは、藤原（一条）兼良『御代始抄』に拠る」とある）

王政の中ごろ衰へたるとき、此の儀、久しく廃絶した（※21「した」、原案「して行はれざ」とある）りしに（後土御門天皇以来、二百二十二年の間廃止し、東山天皇に至り再び行はれ、中御門天皇以来五十一年の間（※22「の間」、原案「も」とある）行はれず。桜町天皇に至りて挙行せらる」、明治（※23 明治の前に原案「維新の後」とある）四年十一月、詔ありて挙行せられたり。（※24 この下に原案「蓋し王室遠き追ひ本に報ゆるの大礼なり」とある）

第十二条　践祚の後、元号を建て、一世の間に再び改めざること、明治元年の定制に従ふ。

恭んで按ずるに、孝徳天皇紀に、「天豊財重日足姫（皇極）天皇四年を改めて大化元年と為す」とあるは、是れ建元の始にして、歴代の例制となれりしも、其の後、陰陽占卜の説に依り、一世の間、屢〻年号を改め、徒らに史乗の煩きを為すに至れり。

明治元年九月八日の（行政官）布告に云く、「今般、御即位御大礼済まし為され、先例の通り年号を改め為され候。就ては是れ迄、吉凶の象兆に随ひ屢〻改号これあり候へ共、今より御一代一号に定められ候。これに依り慶応四年を改めて、明治元年と為すべき旨、仰せ出され候事」と。此れ本条の依る所の令典なり。

【付記】　前の第十一条に関して、二年前の明治二十年三月二十一日、伊藤博文の高輪別邸における「皇室典範・皇室令　草案談話要録」（『梧陰文庫影印　明治皇室典範成立前史』付録6所収）をみると、当初の第十九条案は「即位の大礼は、神武天皇以来の例に依る。之を西京宮殿に於て行ひ、元老院をして参列せしむ」となっていた。

それに対して伊藤は「神武天皇の例に依るときは橿原に於て行ふべき」ことになり、また後半も「各国公使も参列すべければ、独り元老院に限るの理由なし」として、共に削除した上で、「即位の大礼は、祖宗の例に依り西京宮殿に於て之を行ふ」と修正した（四九六～七頁）。ただ、「西京宮殿」は枢密顧問官過半数の意見により「京都」と改められている（本書第六章二一七頁参照）。

第六章　『登極令』の成立過程

はじめに

明治四十二年（一九〇九）に公布された『登極令』同附式は、その二十年前（一八八九）に制定された『皇室典範』に基づいて、皇位継承＝登極に伴う代始の諸儀について規定した細則である。

ちなみに、〝登極〟という用語は、中国でも日本でも古くから使われており[1]、天子が極位に登ることで、本来〝践祚〟（宝祚を践むこと）や〝即位〟（皇位に即くこと）と同義語にほかならない。ただ日本では、平安初頭以来、前帝の崩御・譲位直後の剣璽等承継の儀を〝践祚式〟と称し、その後間もなく新帝の皇位継承を文武百官の前で宣言披露する儀を〝即位礼〟と称して区別する。そのため、「本令は践祚のことと、即位のことと、元号改定のことと、並に大嘗祭のことをも規定したる」関係上、総括的に〝登極令〟と名づけたものと説明されている[2]。

この『登極令』に関する研究は、管見の限り意外に少ない[3]。とはいえ、参考になる先行文献が全くない訳でもない。まず戦前では、本令の成立に最も貢献した伊東巳代治の伝記『伯爵伊東巳代治』下巻に「皇室制度の完備と伯の功績」という一章があり[4]、その編纂に尽力された栗原広太氏の講演記録「皇室典範其他皇室法令の制定史に就いて」も有益である[5]。ついで戦時中、京大の小早川欣吾氏が『明治法制史論公法之部』上巻所収「皇室制度の確立[6]」等を纏めらた。

さらに戦後は、新出史料による『皇室典範』の成立過程に関する研究が著しく進み[7]、その関連で本令に言及したものも少なくない。ただ、これを直接テーマにとりあげたのは、今のところ小松裕氏「登極令の制定について——元号問題との関連において[8]」しか管見に入らないような状況である。

もっとも、本令公布数年後に迎えた大正天皇の践祚式・改元・即位礼・大嘗祭は、本令に依拠して実施されたのであるから、その前後、本令を全般的に解説したものや、即位礼・大嘗祭の説明に本令を全面的に援用したようなもの[9]は、数多く著されている。

一　明治天皇の代始諸儀の概要

皇位継承に伴う代始の諸儀は、飛鳥・奈良時代に形を整え、平安時代に一段と完備された。しかし、鎌倉時代以降、朝権の衰退によって簡素化や遅滞を余儀なくされ、室町時代後半の戦国時代から江戸時代初期まで約二百余年、大嘗祭は中断のやむなきに至った。それはやがて、朝廷関係者の努力と江戸幕府の協力により、貞享四年（一六八七）仮に復興され、元文三年（一七三八）本格的に再興された[10]。やがて維新劈頭の明治天皇登極の際、それにも大きな変化が加えられた。本論に先立ち、その概要を略述しておこう。

すなわち、幕末激動期に皇位を継がれた明治天皇は、父帝孝明天皇の崩御から半月後の慶応三年（一八六七）正月九日、小御所において践祚の式を行われたが、これには別段変わりがない（先帝の大喪は正月二十七日、諡号宣下は二月十六日、除服宣下は三月二十八日、百箇日忌法会は四月五日、山陵竣成は十月二十九日、一周忌法会は十二月二十九日）。

しかし、国事多端のために大礼が少し遅れて、翌四年（一八六八）の八月二十七日に漸く行われた即位の礼、および九月八日に行われた改元の儀には、著しい変化がみられる。

まず即位の礼に関しては、三箇月前（五月二十七日）、輔相岩倉具視から神祇官副知事亀井茲監（津和野藩主）に対して、

> 即位御礼式……古来……唐土の式を御用之事にて甚以不都合と存候。今般御一新に付而者、皇国神裔の神裔たる御礼式を被レ用候様致し度、就ては神国古典御考にて新規登壇之御式御新作可レ給候。……

との内命が伝えられた[11]。そこで、神祇官権判事福羽美静（津和野藩士）は、「御即位新式」を考案し、かなり大胆な改革を提示している[12]。たとえば、一方で唐制の礼服・調度を廃して「我国固有の道」を立てると共に、他方で地球儀を高御座の前に置いて新帝登壇の際「我日本国の正面をさして御足を上げ給ふこと」とするなど、復古と革新を同時に具現しようとした。さらに即位式の奉仕・参列者も、旧来の公家だけでなく新政府の官吏達も加え、「旧官新官共に立併びて拝賀す」べきことなどを主張しており、その多くが採用実行されたのである[13]。

また改元の儀に関しては、別稿[14]に詳述したごとく、即位式直前（八月二十五日）に岩倉が議定・参与あての書状で、

> 改元之義……御大礼後直に被レ行候か、又は当年中にて可レ然か。但、御一代御一号の制に被二決定一候ては如何。
> ……年号の文字、可レ然もの二三号計御撰択にて、賢所に於て臨時御祭典被二為行一、聖上親敷神意に被レ為レ問候而可レ然歟。……

と提案しており[15]、これによって画期的な改元が行われた。なぜなら、従来は代始以外にも種々の理由で再三改元され、その文字を実質審議するのも公卿（近世は幕府も関与）であった。それに対して、九月八日の改元は、儒者（菅原氏）に勘申させた文字案を、前夜、賢所に供え、天皇みずから御籤を抽いて択ばれた「明治」を新年号と決定し、その改元詔書に「自レ今以後、革二易旧制一、一世一元以為二永式一。」（同日の行政官布告には「自レ今御一代一号に被レ定候。」）との方針を明示されたのである。

さらに、大嘗祭は、この即位礼と改元から丸三年余り後まで遅れたが、明治四年（一八七一）十一月、東京の皇居において行われた。これも大きな変化を含んでいる。すなわち、同二年三月、天皇の遷幸により東京が事実上の首府

となってからも、国学者の矢野玄道らは大嘗祭京都執行論を再三建白したが、結局前述の福羽美静（神祇少副）らが東京で斎行すべきことを強力に主張して認められた[16]。

ただ、そのため従来の京都を中心に以東から悠紀国、以西から主基国を卜定することができなくなり、同四年五月、悠紀は甲斐国、主基は安房国が選ばれ、大嘗宮も悠紀殿が西側、主基殿が東側に建てられている。また、その儀式は「現時の形勢に鑑み、敢て修飾を用いず、偏に実際に就く」と称して、斎戒を三日間の修禊のみに留め、大嘗祭後の辰日と巳日の節会を省いたが、豊明節会は洋風の酒宴として外国公使なども招き、そのあと大嘗宮を一般庶民に拝観させるなどの新例も開いた。しかし、「抑々今次の大典は専ら仮式を以て之れを行ひ、後来大礼の大に定まるを竢つ」（福羽美静『即位新式抄』）べきものと考えられていたのである。

叙上のごとく、明治天皇の代始（慶応二年～明治四年）における登極関係の諸儀は、まさに〝王政復古〟と〝諸事一新〟の時流に呼応して、先例に大胆な改革が試みられた。けれども、その多くは、忽々の間に強行された〝仮式〟であって、「先づ我国の古道を明らかにし」ながら、今後「世界の有らゆる宜しき儀式を採用」（同上）することにより、大礼の〝定式〟を確立するには、相当の時間と努力を必要としたのである。

二　『皇室典範』登極規定の成立

明治天皇の代始諸儀が済んでから約二十年後、『大日本帝国憲法』と共に『皇室典範』が制定された。この典範は、周知のごとく、全十二章・六十二条から成っているが、登極に直接関係する規定としては、「第二章　践祚即位」の左記三条がある。

第十条　天皇崩ずるときは、皇嗣即ち践祚し、祖宗の神器を承く。

第十一条　即位の礼、及び大嘗祭は、京都に於て之を行ふ。

第十二条　践祚の後、元号を建て、一世の間に再び改めざること、明治元年の定制に従ふ。

ちなみに、この典範制定後間もない明治二十二年四月に公刊された『皇室典範義解』(17)をみると、まず第十条は「皇位の一日も曠闕すべからざるを示し、及び神器相承の大義を掲げ」たもので、「践祚の後数年にして即位の礼を行はれたることありしも、神器は必ず践祚の時に奉ら」れてきたことを強調している。

ついで第十一条に、即位礼と大嘗祭を京都で行うと定められたのは「大礼を重んじ、遺訓を恪しみ、又本を忘れざるの意」を明らかにしたもので、その由来は既に明治十三《一カ》年、京都巡幸の折に明治天皇が「旧都の荒廃を嘆惜したまひ、後の大礼を行ふ者は宜しく此の地に於てすべしとの旨」を示されたからだという。

さらに第十二条は、前述の明治改元の際に出された行政官布告を「明治元年の定制」といい、「此れ本条の依る所の令典なり。」と説明されている。

このように、第十条は上古以来の慣例をふまえ、また第十一条は明治天皇の叡慮、さらに第十二条は明治元年の定制をうけて、各々規定されたことになるが、これら三条の成文化に関連する明治前半期の動向を跡付けてみよう。

すなわち、まず明治八年（一八七四）、立憲のため元老院が設けられ、翌九年九月、柳原前光や福羽美静らが「国憲取調」の委員に任じられると、従来不文の大法とされてきた皇位継承の事項も明文化する必要から、内外の資料（史書・法典など）を調査研究している(18)。

これとは別に、右大臣岩倉具視は明治九年に「奉儀局」、同十一年三月に「儀制調査局」を開設すべしとの建議を太政官に提出した(19)。後者の要旨は、立憲政体を建てる以上「先づ帝室の制規天職の部分を定む」べきであり、そのため「臨時一局を設け儀制調査の委員を選び、博く群籍を蒐集し祖宗の旧規を考証し、外国の成制を参酌し、帝位継承の順序、帝室歳俸の諸制より《を調査し、又》以て嚢に式部寮の《より》申牒する儀式編纂の事項、其他宮禁（宮廷）の例規とすべきものに至る迠、皆之を調査起草し、以て上裁を請はん」としたのである。ただし、これは暫く実現せず、数年後「内規取調局」として開設された。

ついで岩倉具視は、同十四年七月、奉儀局開設慎重論を唱えた井上毅に命じて起草させた憲法制定に関する意見書「大綱領」を上奏した。このなかで「帝位継承法は祖宗以来の遺範あり、別に皇室の憲則に載せられ、帝国の憲法に記載は要せざる事」、つまり国民一般の憲法と皇室自体の憲則（典範）とを分けて定めるべきことを主張しているが、[20]これは以後政府の基本方針となっている。

そのため、翌十五年三月、伊藤博文らが憲法調査に渡欧した際、宮内省から岩倉具定（具視息男）・西園寺公望・広橋賢光が立憲君主国の帝室制度（法制）調査の命を受け同行している。彼等は、日欧の王朝制度に詳しいロシア公使の柳原前光と会い、「憲法規則・儀式制度・宮内職制・帝領・帝俸の諸件」につき調査方針などを相談している。その柳原も自分で調査したことを「帝俸の議・帝室儀式の議・三十一箇国君主歳俸比較表・魯国帝領制度問答略記」四冊に纏め、下僚に送って精査を命じている。[21]また彼は岩倉構想の「帝室儀制読査局」開設を強く勧めてきた。

そこで岩倉は、同十五年十一月、あらためて宮内省に「内規取調局」の開設を提案したところ、漸く採りあげられた。そして岩倉が総裁心得、香川敬三・股野琢・多田好問などが委員となり「皇室に関する諸礼式貢献及祭礼の事」を調査することになったのである。[22]ただ、それは翌十六年七月、岩倉の薨去により、まもなく立ち消えになってしまったとみられる。

しかし、岩倉は登極儀礼に関することで、晩年に一つ大きな働きをしている。それは「京都皇宮保存」の建白実現である。前述のごとく、明治二年に天皇が再び東幸され、同四年に大嘗祭も東京で行われたこと等から、京都は廃都とみなされて急速に衰退した。そこで、明治天皇は京都行幸のたびに御所の保存修理に意を用いられてきたが、それをうけて岩倉は、同十六年一月、次のような意見書をたてまつっている。[23]

平安京は桓武帝の経営する所にして既に年を閲すること一千有余。……然るに……去る明治十三《一カ》年、（明治天皇）北巡の次、車駕此地に駐り親く斯の荒廃の光景を叡覧し、深く御慨歎ありて其の保存の方法を議し、他年、その魯国皇帝即位等の大礼は蒙斯科《モスクワ》の宮殿にて執行するの例に倣ひ、吾朝の大礼も亦此宮殿に於て行ふべしとの叡念を起し玉ふ。……神武帝奠都以後、帝京の遺模を観るべきは独り此平安京あるのみ、之が維持保存の道を講ずるは今日の急務にして、且つ前皇に対し孝敬を尽させらるゝの大なるものとす。……

因みに顧ふに、其の宮闕を保存し民業の衰微を挽回するには、諸礼式を興し、他国の士民をして屢〻此地に出入せしむるの方法を設くるに如くは莫し。即ち其の条目……左の如し。

三大礼執行の事／　即位・大嘗会・立后の三礼は、国家至重の大典なれば、平安京の宮闕に於て古式の如く執行せらるゝものと定むべし。（此項根本にして、百事是より始る。……）（以下注23に摘記）

前の条々……所謂王者の道は礼以て之を成すものなれば、断然施行あらんことを望む。

岩倉は、この意見が嘉納されると（『明治天皇紀』によれば、同十六年四月二十八日、「勅して京都を即位式・大嘗祭執行の地と定め、宮内省に京都宮闕保存の事を管せしめ」られた）、宮内省輔香川敬三、太政官書記官多田好問らを従えて五月十五日に入洛し、一箇月半近く「皇宮の保存」等に必要な実地調査を行っている。[24]

一方、岩倉薨去の直後帰朝した伊藤博文は、翌十七年三月、宮中に「制度調査局」を設けて、自らその長官となった（宮内卿兼任）。翌十八年十二月それが廃止されてからも、内閣総理大臣兼宮内大臣となり、二十二年二月の『大日本帝国憲法』発布と『皇室典範』制定に向けて、全力を注いでいる。このうち、登極規定を含む典範の成立過程は、既に詳しく解明されているので（注7参照）、その推移を年表化して、簡単に説明を加えよう。

明治18年12月　宮内省立案初稿『皇室制規』＝ⓐを起草。

〃　19年6月10日　宮内省立案三稿『帝室典則』＝ⓑを三条実美内大臣に提出。

〃20年正月25日　柳原前光内案『皇室法典初稿』＝ⓒを伊藤宮相に提出。
〃2月3日　井上毅、右初稿前半を修正改称『皇室典憲』＝ⓓ→『皇室典範』＝ⓓ′（〜2月10日）
〃3月20日　柳原再稿『皇室典範再稿』＝ⓔを伊藤の高輪邸で審議。
〃4月25日　柳原三稿『皇室典範艸案』＝ⓕを提出。→井上が七十七条に修訂＝ⓖ
〃21年3月25日　井上等修正『皇室典範草案』＝ⓗを伊藤の夏島別荘で討議。
〃5月25日　枢密院に諮詢『皇室典範案』＝ⓘを審議（〜6月15日）。
〃22年正月18日　枢密院で修正『皇室典範案』＝ⓙを再審（2月5日三審）。
〃2月11日　明治天皇欽定『皇室典範』＝ⓚを奉告（実質公布）。

このうち、簡単なⓐⓑ（本則二十数条）には、登極関係の規定がない。それが入るのは、伊藤宮内大臣の命をうけて柳原前光が起草したⓒ＝『皇室法典初稿』（全二十一章一九二条）からであって、第二章に「践阼即位」（第十条〜第十七条）がある。[25]その©を全面的に再検討するよう伊藤から命じられた井上毅は、ロエスレルの意見も参考にしながら、[26]ⓒの前半（第十四章第百十四条まで）をⓓ＝『皇室典憲』と改称して第二章「践祚即位」（第四条〜第八条）等を大幅に修正し、数日後それをⓓ＝『皇室典範』と改め、もとの第一〜第二章を併せて新しい第一章「皇統」の後に第二章「尊号及即位」（第十四条〜第十八条）を置いている。

ついで柳原が、それを参取し、再びⓒ後半（皇族条令）も加えてⓔ＝『皇室典範再稿』（全十一章一一九条）を作り、その第二章「尊号・践祚」にⓒとⓓ′を折衷して九条分（第十四条〜第二十二条）設けた。

そこで伊藤は、明治二十年三月二十日、柳原と井上を高輪の別邸に招き（伊東巳代治秘書官も同席）、ⓔの『再稿』について一々論議し決裁している。その結果を柳原が纏め直したものがⓕ＝『皇室典範艸案』（全十二章七十九条）であり、そのⓕに再び井上が手を加えたものがⓖいわゆる「七十七条草案」である。

そのⓖに三たび井上が修正を施してⓗ＝『皇室典範草案』（全十二章六十八条）を作ると、伊藤は井上を夏島の別荘に招いて最終調整を行い、枢密院諮詢用のⓘ＝『皇室典範案』（全十二章六十六条）を仕上げている。

そのⓘは、明治二十一年五月二十五日から六月十五日まで十三回、天皇親臨のもとで、熱心に逐条討議が行われ、二条削られてⓙ＝全十二章六十四条となった。さらに翌二十二年正月十八日、再審会議でそのⓙが一部修正されてⓚ＝全十二章六十三条となり、それが二月五日の三審会議でそのまま認められ、「公布原本」（井上の注記）として確定されるに至った。このⓒからⓚに至る第二章関係条文の主要な変化を対照して示せば、次頁別表のとおりである。

この過程で問題になった主な点を若干とりあげておこう。まず井上毅は、明治二十年二月初め頃、柳原前光のⓒ『初稿』を検討して十数条の質疑修正案を呈し、伊藤博文の裁定を求めたが、そのひとつ「践祚、即位の事」[27]に次のごとくみえる。

上古、御国の習はしにては、践祚は即ち即位にて別事に非ず。〔令の義解に、「天皇即位謂二之践祚一、祚位也、福也」とあり。〕又、践祚の日に三種神器をも奉られたり。

此の古代の風は、英国の有名なる古諺に、国王不死と謂へる、即ち国王は一個人に非ずして国家の代表なるが故に、前王世を去るときは後王即時位を継ぎ、寸間の空位あるを容れず、との主義に符合するものなり。

然るに、天智天皇に至り、唐の礼服を用ひ即位の礼を定め玉ふ。……其後桓武天皇に至り、皇位を継ぎ即ち天皇と称へ、後に即位の礼を行はる。是より後、歴代践祚の後、或は数年にして即位の礼を行はれたることあり。〔然るも、神器は必ず践祚の時に於て奉ること、上古と異ならず。〕此の近来の習はしは、即位の礼は欧州の「コロネーション」と全く相似たり。

今、左の案に裁定あらんことを請ふ。

践祚を以て即ち皇位継承の事とし、此時神器を奉り、直ちに天皇の尊称を継ぎ玉ふべし。

『皇室典範』登極関係規定の成立過程

柳原初稿『皇室法典』ⓒ

第二章　践阼即位

第十条　天皇崩ずる日、皇太子直ちに践阼するを以て正当とす。

第十一条（右公布、省略）

第十二条（皇太子、省略）

第十三条（空位、省略）

第十四条　即位の大礼は、太祖神武天皇以来の例に依る。之を西京宮殿に於て行ひ歴代遺伝の神器を奉ずるを以て正当とす。

第十五条（参列員、省略）

第十六条　即位の後、元号を建る事、孝徳帝以来の例に依る。但し一世間再び改めざる事、明治元年の定制に従ふ。

第十七条　即位の後、大嘗祭を行ひ天神地祇を祭る事、神代以来の例に依る。

井上修正『皇室典憲』ⓓ

第二章　践祚即位

第四条　天皇崩ずる時は、皇嗣直ちに天皇の尊号を継ぎ、祖宗以来の神器を承く。

第五条　天皇即位の礼を行ふ時は、詔書を以て公布す。

（左条冒頭に「践祚の後年を踰えて」とあり抹消）

第六条　即位の後元号を建る事、孝徳天皇以来の例に依る。但し一世間に再び改めざるは明治元年の定制に従ふ。

第七条　即位の後大嘗祭を行ふこと、祖宗の例に依る。

柳原三稿『皇室典範艸案』ⓕ

第二章　践祚即位

第十条　天皇崩ずる時は、皇嗣即ち践祚す。

第十一条　皇嗣践祚する時は、祖宗の神器を承く。

第十二条　即位の大礼は、祖宗の例に依り西京に於て之を行ふ。

第十四条　践祚・即位・改元は、詔書を以て之を公布す。

第十三条　践祚の後、元号を建ること、孝徳天皇以来の例に依る。但し一世間再び改めざるは明治元年の定制に従ふ。

第十五条　即位の後、大嘗会を行ふこと、祖宗の例に依る。

枢密院諮詢『皇室典範案』ⓘ

第二章　践祚即位

第十条　天皇崩ずるときは皇嗣即ち践祚し祖宗の神器を承く。

第十一条　即位の礼は西京に於て之を行ふ。

第十二条　即位の後、大嘗祭を行ふこと、祖宗の例に依る。

第十三条　践祚の後、元号を建て、一世間に再び改めざること、明治元年の定制に従ふ。

欽定正文『皇室典範』ⓚ

第二章　践祚即位

第十条　天皇崩ずるときは皇嗣即ち践祚し祖宗の神器を承く。

（→登極令第一条）

第十一条　即位の礼及大嘗祭は、京都に於て之を行ふ。

（→登極令第四条～第十八条）

第十二条　践祚の後、元号を建て、一世の間に再び改めざること、明治元年の定制に従ふ。

（→登極令第二・三条）

※國學院大學『梧陰文庫影印』（明治皇室典範制定前史・同本史）所収史料・解題等参照

これに対して、柳原前光も「上代は践阼即位一事なり。中古以来、践阼は新帝宝緒を承けたるを指し、即位は其の大礼なり。拙案の文章、或は其の意を尽さゞる乎。要レ之に、新帝践阼して直に尊号を称し神器を承けられ、後日即位の大礼を行ひ臣民の観望を繋がんと欲す。貴君の修正文、頗る可なり。(28)」と全面的に同意し、次のⓔ『再稿』では井上案に修正している。

また、ⓔ『再稿』に基づいて討議した三月二十日の高輪会議では、第二章「尊号践祚」が伊藤の主張によりⓒやⓓⓓ′のごとく「践祚即位」に戻され、第十九条（即位の大礼）について次のような発言のあったことが記録されている。(29)

大臣（伊藤）　元老院を参列員に加ふるは不可なり。たとひ之を加ふるとするも、各国公使も参列すべければ、独り元老院に限るの理由なし。

又、神武天皇の例に依るときは、橿原に於て行ふべきに、西京の宮殿に於て之を行ふと云ふに至ては、神武天皇即位の例に依りて行ふの明文に抵触するの嫌なき能はず。

井上　神武天皇の時、即位と践祚とは同一のものにして、之が区別を立たる《ママ》は仁徳天皇以来の事なり。

柳原　元老院の皇位継承等の事には、諮詢を受くべき官として当初案を起したるに……既に前に於て廃案に属したるを以て、本条に於ても亦素より元老院の字を削るべし。

大臣　本条は左の通り修正すべし。

即位の大礼は、祖宗の例に依り、西京宮殿に於て之を行ふ。

さらに、枢密院で『皇室典範案』を審議した時の議事録(30)によれば、第十一条「即位の礼は西京に於て之を行ふ。」と第十二条「即位の後大嘗祭を行ふこと、祖宗の例に依る。」をめぐって、激しい議論がみられる。

すなわち、第一回の五月二十五日、顧問官吉井友実が第十一条について「西京に於て（即位の礼を）行はざるべからずとするの理由ある乎。……」、また第十二条について「大嘗会も亦西京に於て之を行ふの意なるや。……」と質問した。それに対して、報告員の井上毅（枢密院書記官長兼法制局長官）は、次のごとく答えている。

〈第十一条〉桓武天皇以来の事例にして、大礼を重んじ本を忘れざるの意に出るものなり。

〈第十二条〉別に明文を以て之（大嘗祭）を行ふの地を確定せざる以上、東京・西京を問はず、便宜之を行ふことを得べし。

この問題は、第三回の六月一日再び採りあげられ、大礼を「西京」（京都）で行う原案に反対する者と賛成する者が相半ばしていた。反対したのは東久世通禧・吉井友実・河野敏鎌等であり、賛成したのは熾仁親王・榎本武揚・佐野常民等である。各々次のような論拠をあげている。(31)

〈西京反対・東京挙行論〉

(イ)（大礼を京都で行うことは）太古より因襲せる先例にあらずして、桓武天皇以来のことなり。

(ロ)（今後の大礼は）外国の使臣も之に参列し、極めて儀式の壮厳を要し、観瞻の盛大を期すべければ、恐らくは今日の宮殿（京都御所）にては到底其の用に適すべからざらん乎。……

(ハ)各国の使臣、其の他百般の設備の為に、之を東京に於て行ふと西京に行ふとに於て、忽ち帝室の費用に二三百万円の差違を生ずべし。

(ニ)人民の感触如何より云ふも、東京の大都あるに拘らず、故さらに之を西京に於て行はせらるゝの理由を囂々して止まざるべし。……

(ホ)（大礼）挙行の地の如きも、亦全国中最も繁華にして人民の最も輻輳の地を択ぶべし。而して其の本を忘れざるの意に出づ（井上答弁）と云ふが如きは自ら別事なり。

(ヘ)東京は今の帝都にして、文明の地となり繁昌闔国に冠たり。若し此の府を除かば佗に其の適当の地あるを知らざるなり。

〈西京＝京都挙行賛成論〉

(ト)入費其の他の細事は、今日に予め議するを要せざるなり。然れども、後日差支なきを定め難ければ、唯だ西京に於て行ふを常とす、と修正せんことを望む。

(チ)即位の大礼を旧都に行はせらるゝは、歴代の盛典にして、之を海外の例に徴するも、魯国の莫斯古府《モスコフ》に於て之を行ふは、即ち我が国の旧都たる京都に於て行ふに同じくして、誠に至当の事たり。……

(リ)成るべく旧名を存して（西京は）寧ろ京都とすべく、現に西京府庁と謂はずして「京都府庁」と云ふを以ても、京都と改めるを可とす。

これに対して報告員の井上は、前述のごとく第十一条の「即位の礼は西京に於て之を行ふ」ことは桓武天皇以来の慣例と説明しながら、その「西京を京都とせば、東京は江戸となり、西京こそ帝都となりて、東京の東の字は西都に対して第二の地に位するの称とならん。……」と改称に難色を示している。

けれども、あらためて副島種臣が「京都」への改称修正に賛成したところで、伊藤議長が修正説に同意する者の起立を求めた。その結果、出席者二十一名（報告員と書記官を除く。皇族五名、大臣六名、顧問官十一名）のうち、辛うじて過半の十一名が起立したので、「本条の西京の字を改め京都となす」ことに決定されたのである。

かくして、枢密院における逐条審議を終え、その後も井上が部分的に微修正を施した上で仕上げたⓙ『皇室典範案』は、翌二十二年一月十八日の再審会議に出された。

その際、伊藤が第十一条と第十二条を一緒にして「即位の礼及び大嘗祭は京都に於て之を行ふ。」と改めることを発議したところ、すんなり諒承され、それが他の修正二条と共に採択されるに至った。(32) ここに典範の正文は、漸く完成をみたのである。

三　「登極令・大祀令」案の成立

以上、第一節に述べた明治天皇の代始から、第二節に論じた『皇室典範』の制定まで約二十二年間（岩倉の「奉儀局」「儀制局」開設建議から数えても十二年余り）を、仮に『登極令』の成立前史と名付けるならば、この典範制定から本令（及び附式）公布までの約二十年間は、本令の成立本史といってもよいであろう。しかしながら、この本史が従来あまり明確にされていないので、管見の及んだ関係史料を繋ぎ合わせて、可能なかぎり成立経緯を解明したい。

まず、『皇室典範』諮詢案を枢密院で審議中の明治二十一年五月末、宮内省に「臨時帝室制度取調局」が設置され、柳原前光が委員長に選ばれた。ここでは、かつて柳原が『皇室法典初稿』に皇室関係事項と併せて入れた皇族関係事項を、井上毅が前者＝「皇室典憲」と後者＝「皇族令」に分けてしまった、という事情をふまえて、『皇室典範』の制定後、あらためて「皇族令」を起草し、同二十二年七月、宮内大臣土方久元に提出している。その際、添えて出された「大意書」(33)に、次のごとく記されている。

皇室典範は、措辞簡厳、特に大綱を掲げられたるものなれば、其の細目に渉る諸制度に至ては、漸次之を定められざるべからず。就中最も重要なるものは、皇族に関するものとす。故に本局に於て、我が皇室の古制慣例に拠り、現今の実況を斟酌し、傍ら欧洲各帝王国の家憲を参考し、首として皇族令を草し……審議詳論、修正数次にして始めて稿を脱せり。……

これは『皇族令』だけでなく、以後段々用意される皇室諸令の必要性と起草の方針を示したものといえよう。

この取調局は二年半足らずで廃止され、充分な成果をあげなかったようである。しかし、国会図書館憲政資料室所蔵『臨時帝室制度取調局書類』(34)の中に、注目すべきものが含まれている。その一つは、同二十三年十月二十三日の「元帝室制度取調局所属文書引渡通牒書」であって、「局書類目録」をみると、「一、王室財産論　一、勲位考　一、爵称栄章　一、帝室御領考　一、皇嗣例　一、大嘗考……一、日本皇室典範幷関係書類　一、帝室制度考」などが列記されている。従って、大嘗祭など主要な問題をとりあげて〝取調〟に着手していたであろうことが知られる。

いま一つは、同二十四年三月、宮内省出仕の矢野文雄（龍渓）から宮内大臣土方久元にあてた建議書二通である。やや長文にわたるが、まだ活字化されたことのない資料と思われるので、左に要点を抄出しよう。

(甲)　宮廷の諸式を制定して、永世の定式と公示相成り度き儀。

即位式・立后式・立太子式を始め、歳時の恒式に至る迄、宮廷の諸式は、今日概ね慣例に依て御施行相成居候得共、未だ永世の定式として公布の運びに至らざるが為め、其の都度便宜に制定せらる丶が如き姿なり。右は礼文完備の昭代に於る一欠典と奉レ存候。……

時世に相当せる当代慣行の式を基本とし、繁簡の中を裁ちて其の応に増損すべき者を増損し、著して永式と公定せられ、称して明治宮廷式と為し、後世の之を見ること、今日の延喜式に於るが如くならしめば、一は以て昭代の礼文を宜くし典紀を後世に垂れ、一は以て皇室の尊厳を益し治具を裨補すること大なるべし。

其の取調編成の手続に至ては、諸式に関係する諸局と熟議し、御当代の慣例を基本とし、其の慣例なき者は之を古例に参照し、諸式に就て各其の部門を分ち、之を明治宮廷式と総称して可なる儀と奉レ存候。

明治廿四年三月　　宮内省出仕　矢野文雄 印

宮内大臣子爵土方久元殿

(乙)　今日迄諸書類取調候目的、及び将来取調之手続・着手之順序等、鄙見相認め供二尊覧一仰二高裁一候也。

明治廿四年三月　　宮内省出仕　矢野文雄 印

宮内大臣子爵土方久元殿

貴命に依り、今日迄諸書類取調候心得方、左記の通りに御座候。

一、諸法令〔皇室典範の類〕、嘗て御発布相成候に付ては、之に伴ふべき諸制度細則等、応に御制定相成るべき筈之者にして、未だ御制定に至らざる分は無レ之哉、若し有レ之らば、何々の件々なり哉。

一、御一新以来廿余年間、宮中の諸式、慣例を以て行はれ来り乍ら、未だ一定の公式として御公示相成らざる者は、何々の件々なり哉。

一、嘗て設置ありし帝室制度取調局の草案に掛る皇族令は、各条穏当にして修正を加ふべき簾々は無レ之哉。

前述の心得を以て、今日迄取調心付き候条々、鄙見左に申述候。

第一類　御制定公示相成るべき件々。

一、皇族一家継承の順序　一、皇族の座次　一、皇族世伝財産の区別　一、皇族歳費　一、皇族懲罰内規

一、皇族会議　一、皇族婚儀　一、皇族葬祭儀　一、皇室世伝御料外の御料地租税　一、皇族同上

第二類　慣例既定にして永式と御定め相成る可き件々。

一、即位式　一、皇后入内式　一、立太子式　一、大嘗祭式　一、外賓待遇式　一、謁見式　一、新嘗会式

一、常祭式　一、賢所参列式　一、凶礼式　一、臣下国葬式

右、第一類は、早晩是非とも御制定可二相成一筈の者と存候。又第二類も、当時は慣例に依て施行せられ別段御不都合無レ之に似たれども、是亦た一定の公式として早晩御定め有レ之候方可レ然者と存候。例せば、延喜式が当時の公式たりし如く、之を以て明治宮中式と定められ、後世の遵由の規法を垂れられんこと、則ち昭代の礼文完備の一事と奉レ存候。／尚ほ此事に関する鄙見は、別紙に認め尊覧に供すべく候。

一、著手の順序／……先づ第一類の件々を先にし、然る後第二類の件々に及ぼし申度候。

一、取調の手続／又、取調の手続は、旧帝室制度取調局に於て起草せし皇族令草案に基づくべし。

過日来、右草案及び其の材料等篤と取調候処、頗る穏当に出来致し居る様に相見へ候へ共、尚ほ往々欠漏の憾みなきに非ず。因て之に修正を加へ、御手元へ可㆓差出㆒候。然る後ち枢密院へ御回付相成候様致度候。

このうち、(甲)は純然たる建議書であり、(乙)は「貴命」に対する報告を兼ねた提言であって、同時に出されたのか前後するのか判らない。しかし、往時の『延喜式』（全五十巻）に相当するような当代の「明治宮廷式」（(乙)では「明治宮中式」）を編纂すべきだという着想は雄大であり、『皇室典範』に伴う「細則」として、まず皇族の生活に直接関係する諸事項（第一類）を、ついで従来慣例で行われてきた儀式祭礼（第二類）を取り調べて「永式」にすべきだという構想は的確である。しかも、その第二類に「即位式」と「大嘗祭式」とを別々にあげている点は、当時ごく自然な考え方だったであろうが、注目に値する。

この建議をうけた宮内省では、翌二十五年十一月に至り「帝室礼式取調委員」を設け、皇后宮大夫香川敬三を委員長に、宮内省出仕矢野文雄らを委員に任じた。しかし、この委員会に関する記録は、今のところ何も見あたらない。[35]おそらく『皇室典範』の制定関係者の相次ぐ逝去（柳原前光は二十七年九月、井上毅は二十八年三月）や、日清戦争前後の内外情勢などの影響もあって、実質的な活動ができなかったものと思われる。

ところが、明治三十年一月、英照皇太后が崩御されると、その大喪使を宮中に置くことをめぐって、内閣（松方正義首相）と宮内省（土方久元宮相）で議論が分かれ、[36]また同年八月、皇太子嘉仁親王の成年式を行うにあたって、その礼式作成の必要に迫られた。

そのような事情をふまえて、伊藤博文は、第三次内閣成立直後の翌三十一年二月、「皇室の尊厳を弥が上にも顕揚せん」として、十箇条の意見書を天皇に奉呈している。[37]そのうち、ご病気がちの「東宮輔導」に関する奏請は、早速嘉納されて実行に移されたのみならず、他の件も翌三十二年八月、伊藤を総裁とする「帝室制度調査局」が設置されて、そこで調査審議されることになった。この時、明治天皇より伊藤総裁に対して、惟ふに帝室の制度は、典範及び憲法に於て其の大綱を掲ぐと雖も、其の条章に基づき永遠の規準を定むるを要するもの少からず。是れ朕が卿の啓沃に倚り、完成を期せんと欲する所なり。……

との優詔を賜わったので、伊藤は直ちに「帝室制度調査局職務章程」（全十一条）を定め勅裁を仰いでいる[38]。そして同年九月、前宮内大臣土方久元を副総裁、枢密顧問官の伊東巳代治以下九名を御用掛（他に主事と秘書各一名）に迎えると、伊藤は局員一同に訓諭し、次のごとく述べている。

既に周囲の宏猷を定められ、各国を交通し、万国の朝廷と対等の交際を開かれたる以上、此の皇室の制度は、宜しく将来を推して、以て実際に行はるるものでなければならぬ。……

且又、今日の帝室は、旧時と異なり、国法的から之を観れば、帝室と政府と、即ち宮中・府中の畛域判然として分かれて居る。然るに実際に於ては、此の区別は猶ほ未だ明晰でない憾がある。……

礼典に関しては、指を即位の礼に屈する。皇室典範に於ては、京都に於て之を行ふ旨を規定せられたけれども、其の応に如何なる礼典を以てすべきかは、実に未定の問題に属する。此は可成丈け歴史に徴し、上代の古典に溯って審査を遂げ、其の今日に行はれて不都合のないものは之を存するが宜いのである。……

葬祭喪祀の制、此等も一定の制規を要する。彼の民間の仏法等に依って風俗習慣上自然の沿革に任せ来った如きは、決して帝室の典例とすべきで無い。……[39]

このような目的と方針のもとに出発した帝室制度調査局は、早速「御用掛分担事項」[40]まで決めて着々と進むかにみえた。しかし、翌三十三年九月、伊藤が立憲政友会を結成して調査局の総裁を辞任し、まもなく伊東も病気のために御用掛を拝辞したせいか、あまり捗々しい成果をあげるに至っていない[41]。

この調査局が本格的に動き出したのは、三十六年七月、政友会総裁を辞して当調査会総裁に再任された伊藤博文（枢密院議長）のもとで、御用掛の伊東巳代治が副総裁に任命され、事実上の推進役を務めるようになってからである。

すなわち、『伯爵伊東巳代治』所引の書翰などによれば、伊東の副総裁昇任は伊藤総裁の「奏薦」によるものである。伊東は拝任早々、すでに上奏ずみの案を一たん取りさげて再検討するとともに、調査事業の進め方などについて具体案を作り、次のごとく逐一伊藤博文総裁の指揮を求めている。(42)

(イ)八月五日付の書翰

「……調査局の事務を推捗する為め、予め閣下の御指導相仰ぎ度、思出の侭、別紙に相認め高覧に供し候。……」

(イ)′別紙「調査著手の方針　一」(各項「一、……」で始まるが、便宜、順番の数字に改めた。)

一、本局調査事務の要領は、皇室一般の制度に関し、皇室典範の施行に便するに在るを以て、先づ左の諸項を査覈するを要す。(一〜十省略)

二、調査局従来の成案にして既に上奏中に係るものは、現に副総裁の手許に於て再調査中に属し増訂修補を要するものあり。尚ほ現任主査と協議の末、修正案を具へて更に総裁の裁を乞ふべきこと。

三、即位令、大祀令、立儲令等は、已に成案あるも、成年式若くは摂政復辟の手続等の如きは、未だ調査成らざるを以て其調査を現任主査に命じたきこと。

四、前項の成案中、未だ附式の定まらざるものは、本則と共に完成するの要あれば、其の調査を主査に命じたり。案成るの後、本則の修正案と共に更に総裁の裁を乞ふべきこと。

五、既に成案ありて未だ上奏せざるものは、一応再調査を遂げ、更に総裁の裁を乞ひ上奏すべきこと。

(六〜十二、省略)

十三、国法学及び行政学上の智識を要する為に、新に法学博士奥田義人・同有賀長雄の両人に御用掛を命ぜられたきこと。

十四、各国の事例参考の必要より、比較法制に精通し現に大学に在りて其の学科の教授を為す者一名を簡抜して、新に御用掛に加へられたきこと。／但、適当の人物心当りあり。

十五、沿革及び参照の必要より我が古制に精通する者一名を簡抜して、新に御用掛に加へられたきこと。／但、適当の人物心当りあり。

（以下十七〜二十二、省略）

(ロ)八月十七日付の書翰

「……其の後、引続き調査の方針に付き潜思講究の結果、心付の侭随時筆写して、別冊第二著手の方針、劉覧に供し候。愈々調査の事業を開始するに先ち、予め決定し置かざるべからざる要点のみを係挙したるものに過ず候へども……之に依りて調査の歩武を進むる様致度……御精読の上、御訓誨被レ垂度候。……」

(ロ)′別冊「調査著手の方針　二」

第一／帝国憲法の表面には、天皇と臣民とに関してのみ明条を存するものの、皇族の地位に渉りては何等規定する所あらず。故に国家の法令は、人臣の列に居る皇族にも適用せらるべきが如くなるに拘らず、皇室典範に於て皇族は至尊大権の余光の下に一種特殊の地位を占め、天皇が皇族の家長として勅定せらるる所の典例に依るを常則とし、国家の法令に依るを例外としたり。

今皇室典範を以て帝国憲法と共に、国家の根本法として対等の効力を有するものとし、特に明文を設くる場合の外は、皇族に国家の法令を適用せざるの主義を取る事。

第二／皇室典範は、曽て公式を以て発布せられざるも、国家の機関をして公然認知せしめざれば、其の必ず適用せられんことを期し難き場合あり。……既に憲法の明条に皇室典範を認めたる以上は、憲法発布の当時、有司に示されたる手続を以て、発布せられたるものと認定すべく、又将来皇室典範を改正増補するの必要を生ずる場合に於ては、行政司法の権域に牽連するもの益々多かるべく、其の都度別に法律命令を以て、国務との関係を規定するは頗る煩雑に陥るべきを以て、金甌無欠の皇室の地位を明かにして、其の典例は当然国家に対し有効なるの主義を取るべき事。

第三／皇室の事を以て天皇の私事なりとし、皇室典範は皇室自ら其の家法を条定するものなり、と断定したるの説は、我が日本帝国の歴史と相容れざるのみならず、現に国務大臣は、皇室に対し一定の義務を負ひ、又将に制定せられんとする宮中の諸例規に於て、内閣総理大臣に事を命令する場合多し。故に皇室は国家の要素たるべき固有の関係を明徴にし、以て不易の規準たるべきことを確定する事。

第四／皇室の例規にして行政官庁に事を命令するものあり。例へば大喪の場合に日数を限りて休務せしむるが如し。然れども国家の官庁は国家以外の命令に従ふの理由なし。故に皇室が国家の要素たるべき主義を確定すべく、唯々責任の関係より内廷外廷の別を立つる事。

第五／宮内大臣は国家の各省大臣中に列せず、而して地方官は官制に依り命を各省大臣に受くるも、之を宮内大臣に受くるの明文なし。然るに宮内省達を以て定めたる現行宮内省官制には、宮内大臣も主任の事務に付、警視総監・北海道庁長官・府県知事に示命するの明文あり。故に此の関係よりするも、皇室は国家の要素にして、宮内省も亦国家官庁の一たるべき主義を取る事。

第六／皇室の諸例規にして、臣民に服従の義務を負はしむるものあり、例へば大祀令草案第五条に「宮内大臣は地方長官に其の斎田に充てたる所有者に対し、其の年の新穀を供納せしむるの手続を命ず」とあるが如し。

此の如き場合に於て、実際上より観察すれば、天性忠厚なる我が国臣民は喜んで其の命に応ずべしと雖、法理上よりすれば、是れ尚ほ臣民の所有権を制限するものに非ずと云ふことなし。故に是れ等の関係より論ずるも、宮中の典例は直に臣民に向ても有効なるべき主義を確定すべき事。

（以下、第七～第十三、省略）

(ハ)九月十七日付の書翰

「……公文式改正の理由は……刻下の急務と存候に付……別紙調査方針の第四稿成り候侭、不㆓敢肯㆒奉㆑供㆓電覧㆒候。尤も此方針に依り、既に一応の条文及び説明をも脱稿致し居候へども、更に推敲の上、不日呈覧御指揮を可㆓相仰㆒心得に御座候。……」

(ハ)′別紙「調査著手の方針　四」

明治十九年の公文式は、過渡の時代に於ける権宜の法制にして、別に間然する所なかりしも、憲法の実施、法例の制定と与に、立法の作用も亦一変したる今日に至りては、宜く時勢の変遷に応じて改正修補を加ふべきのみならず、今後皇室の典例を整理し之を宮廷の内外に向て施行せんとするに当りては、必ず先づ公文式を改正し一定の標準を設くるを宜しとす。其の理由、左の如し。

（理由、㈠日〜㈥、省略）

以上、公文式を改正すべき理由の重なるものとす。之を要するに、今日の急務は、皇室の内事を以て全然国家に関係すること無しとしたる主義を一転し、我が国公権の沿革により、自然に定まれる関係に立戻りて、皇室の例規も亦国家に向て有効なる所以を明かにするに在れど、故さらに此の関係を表明せんとするときは、徒らに物議を醸すの虞あるを以て、公文式改正の挙に託して、不言の際に此の事理を明徹せしむるを無上の得策とするに似たり。

(ニ)十月二十日付の書翰

「……御垂訓の大体に基き別稿起筆。先づ公文式を全廃して公式令を制定せられ候ものの、章を分て九と為し、㈠詔書、㈡詔勅、㈢皇室令及び皇室規則、㈣法律命令、㈤勅書、㈥公告、㈦上裁を経る外交公文、㈧爵記・官記・位記・勲記、㈨雑則、に分別挙条致候。

又別に「皇室弁」一篇を起し候。此は憲法制定当時の大原則を紹述し、大義の基く所を分明ならしめ、将来の異端を防範するの趣旨に外ならずして、畢竟、閣下の御前御進講の要領筆記として試に起草致候ものに有レ之……御清暇の折、一応御通覧を奉レ仰度と存候。……」

㈡帝室制度調査局編『皇室弁』

謹で案ずるに……皇室に関する制度を整理して、以て備を邦典に求めむとするに於ては、蓋し先づ此（皇室と国家）の関繋を明らかにせざるべからず。……先づ彼我を比較研究し、本邦現在の事体を析解し、以て将来を規画せむとす。（以下、章名のみあげ、本文省略）第一章　比較研究　／第二章　本邦皇室と国家との現在関係　／第三章　現在の制度に於ける皇室と国家との糾錯　／第四章　皇室の範囲　／第五章　公文様式改定の必要

※右の第五章には「……皇室は国家の重要部分にして、其の事務に関る公文は群臣衆庶をして之を承知し之に服従せしむべきもの亦多しとするときは、必ず之を公定せざるべからず。是れ即、法律命令の外に国家の公文あるを認めざる現今の公文式を以て亟に改正すべしと為す所以なり。」として、㈠詔書、㈡詔勅、㈢皇室令及び皇室規則、㈣皇室事務に関る法律・勅令、㈤宮内省令、㈥勅書の事、を各々とりあげ、その「第三　皇室令及び皇室規則の事」に次のごとく弁じている。

「皇室令とは、皇室典範を補充する皇室の典章を総称する為、新に設くる名称なり。……勅令を以て規定すべきものに非ず、宜く特別の体裁を以て公布すべし。」

以上によって、伊東巳代治が副総裁に就任して僅か三箇月余りで矢継早に立案した基本方針の大要を知ることができる。このうち注目すべきは、まず帝室制度調査局における「従来の成案」等を再調査し、上奏案を完成するために、人事の刷新強化をはかろうとしたことである。

事実、御用掛の細川潤次郎と股野琢を免じ、新たに奥田義人・有賀長雄・一木喜徳郎・岡野敬次郎（いずれも法学博士）等を任用して、有賀に主事を兼務させ、部門ごとに主査を設けて調査立案に着手させている。(43)

また、調査立案の大前提として「皇室は国家の要素たるべき固有の関係」を明確にするため、従来の不備な『公文式』を改めて新たに『公式令』を立案することにより、皇室関係法令を「国家の公文」として国務大臣も副署し公布する形式を整えるに至っている。[44]

さらに、そのような皇室の根本的性格に基づく皇室法令立案の具体的方針を示すために『皇室弁』を作り、それをふまえて従来の成案を再検討しながら、新たに種々の「皇室令」等を次々と立案しはじめたのである。

しかも、見落してならないことは、伊東巳代治の前掲(イ)三に「即位令、大祀令、立儲令等は、已に成案あるも」と記され、(ロ)第六に「大祀令草案第五条」が引かれている。従って、明治三十六年八月当時、すでに恐らく伊東の副総裁就任以前から多田好問あたりによって起草された「即位令」「大祀令」の原案が存したことは間違いない。ただ、同年十月中頃の成立とみられる(ニ)『皇室弁』の※第五章第三には、「将に制定せられんとする登極令・服喪令・葬儀令・皇室財産令・大祀令」と記されているから、そのころ「即位令」が「登極令」と改称されたことになろう。

また、この『皇室弁』をふまえて間もなく作られたと推定される蒟蒻版一枚刷の表（別掲・仮称「皇室令構成案」）[45]でも、践祚および即位に関する「登極令」と、大嘗祭に関する「大祀令」とを分けており、事実その当時の草案とみられるものが『秘書類纂　雑纂』に収録されている（全文、正文と対照の形で後掲）。

このうち、「登極令草案」は五章十八条から成る。[46]その中心は「第一章　皇嗣践祚」（第一～五条）と「第三章　天皇即位」（第八～十五条）と「第五章　改元」（第十七・十八条）の三儀であって、それらを一括するには旧名「即位令」より新称「登極令」の方が相応しい。

それに対して「大祀令」草案は全十三条から成り、各条文の後に「恭で按ずるに……」と説明文を付している。[47]第一条から第十二条まで、すべて「大嘗祭」に関する規定であり、最後の第十三条に大嘗祭の後の「節会」を加えているが、「諸祭の中、大祀と称する者は唯だ大嘗あるのみ」（第一条説明文）にて「大祀令」と名付けたのであろう。

しかも、この両草案には、共通の特色が認められる。結論を先にいえば、立案者が第一節に略述した明治天皇の代始諸儀をなるべく踏襲して草案に盛り込もうとしたとみられるのである。

たとえば、「登極令草案」の第九条に「天皇即位の礼を行ふ期日定まりたるときは、奉幣使を神宮・神武天皇・天智天皇及び前帝四世の山陵に発遣し、即位の由を奉告せしむ。」とあるが、これは慶応四年八月二十七日の即位礼の前日、伊勢神宮および橿原の神武天皇陵、山科の天智天皇陵ならびに東山の光格・仁孝・孝明三帝の山陵に奉幣使を遣して、即位の由を奉告せしめられた例に倣おうとしたものにちがいない。また、同上第十七条に「元号は……賢所大前に於て之を撰定す。」とあるのは、明治改元の際、天皇みずから賢所大前で御籤をひいて元号を撰び定められた新例を受け継ごうとしたものにほかならない。

一方、「大祀令」草案については、説明文に次のごとく示されている。

第一条（大嘗祭の期日）「本条に十一月十七日と規定せしは、明治四年大嘗祭の芳躅を追ふに在り。……」

第三条（年期の奉告）「……明治四年には先帝山陵に之を奉告す。今ま此に遵由して本条を規定す。……」

第四条（国郡卜定の月）「……二月より九月に至るの間、何れの月に於ても之を行ふ。明治四年には五月（に行ふ）を以て……本条を規定す。」

第十条（大神宝使の発遣）「……往古……神宝幣帛を供し……明治四年には大奉幣使の典を興復す。茲に古今を斟酌し、本条を規定す。」

第十一条（前三日の御禊・大祓）「……明治四年には……致斎三日の制のみを取り、大嘗の前三日、宮中に於て節折及び大祓を行ふ。今ま此に拠る。」（第六条・第十二条の説明文にも「明治四年……亦然り。」とある。）

このように明治三十六年八月以前にできていた「大祀令」草案には、確かに明治四年の大嘗祭を参取して規定された条文が半分近くある。(48) しかも、これが原「即位令」＝「登極令草案」とは別に作られていたのである。

皇室令構成案（仮称）

国会図書館憲政資料室所蔵・西川本「岩倉文書」

帝国憲法

- 大権の施行に関する詔書
- 国務大臣の職務に関する勅書
- 法律
- 命令……
  - ○公式令
  - ○請願令
  - 宮内各部の官制
  - 其の他皇室の事務に関連する勅令

皇室典範

(一)皇室典範を以て憲法の条規を変更することを得ず。

(二)皇族の身位其の他の権利義務に関する規定は皇室典範に定めたるものの外別に之を定む。

(三)皇族と人民とに渉る事項にして各々適用すべき法規を異にするときは(二)

- 皇室の大事に関する詔書
- 皇室の事務に関する勅書

△四 祭祀令……皇室の祭祀に関する事項を規定し、儀注を備疏す。

△六 儀制令……宮儀鹵簿、其の他儀仗に関する事項を規定し、儀注を備疏す。

成年式令

○登極令 一……践祚及び即位に関する事項を規定し儀注を備疏す。

○大祀令 二……大嘗祭に関する事項を規定し儀注を備疏す。

○立儲令 三……皇室典範第十六条に依る立皇太子・立皇太孫に関することを規定し儀注を備疏す。

※（儀制令に収吸）〔鹵簿令……行幸行啓其の他儀仗に関することを規定し儀注を備疏す。〕

皇統譜令 五……大統及び皇族の譜牒に関する事項、及び其の登録手続を規定し、冊籍の様式を付示す。

△九 皇室親族令……天皇及び皇族の親族関係、親族等の算定方法、大婚及び皇族

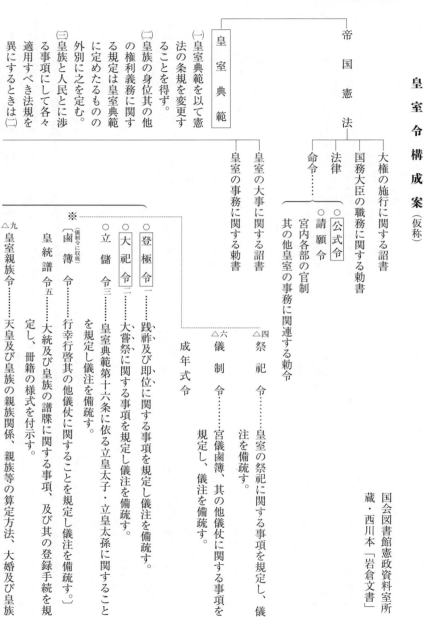

に依り定めたる規程に依る。

㈣法律命令中、皇族にも適用すべきものとしたる規定は皇室典範又は之に基き発する規則別段の条規なきときに限り之を適用す。

〈注〉帝室制度調査局御用掛分担

即位の件…細川潤次郎・多田好問

皇族令等…伊東巳代治・広橋賢光・穂積陳重・花房義質（梅謙次郎）

婚儀・葬祭等…高崎正風・三宮義胤・多田好問。他に奥田義人・有賀長雄・栗原広太ら任用。

皇室令

婚嫁要件、皇子及び皇族の子の誕生、并びに親権其の他親族会、婚嫁誕生に関する事項を規定し、儀注を備疏す。

△十四 皇室財産令……世伝御料、普通御料、皇族財産及び皇族の遺産相続、並びに経済会議に関する事項を規定す。

△十一 皇室遺言令……遺命及び皇族遺言の方式方法執行等に関する事項を規定す。

△ 皇室身位令……皇族の身位に属する列次・能力、叙勲・任官其の他の特権及び懲戒に関する事項を規定す。

十六 皇室歳費令……皇室典範第六十一条に依る皇族の歳費に関する事項を規定す。

△十 皇族後見令……皇族に付する後見人及び後見の事務に関する事項を規定す。

○八 皇族会議令……皇族会議の召集及び議事に関する事項を規定す。

十七 皇室訴訟令……皇室裁判員の構成、御料に関する訴訟、皇族相互の訴訟、皇族より人民に対する訴訟、人民より皇族に対する訴訟、其の他刑事事項を規定す。

×十二 皇室喪儀令……天皇大喪儀、三后大喪儀及び皇族喪儀に関する事項を規定し、儀注を備疏す。

十三 皇室服喪令……天皇及び皇族服喪の範囲、喪期の区分及び喪服に関する事項を規定し、服制を付示す。

△十五 皇室会計令……皇室典範第四十八条に依り、皇室会計に関する事項を規定す。

宮内省令

本表中　○印を付したるは既に成案を備ふ。〈はりたるもの。　△印を付したるは成案の要旨を議定したるもの。

「登極令」草稿

第一章　皇嗣践祚

第一条　皇嗣践祚の礼は、大行天皇の喪を発する当日に於て之を行ふ。×

第二条　皇嗣践祚の礼は、別に定めたる式に依り之を行ふ。×

第三条　皇嗣践祚するときは、掌典長に命じ賢所に祭典を行はしむ。↓(1)

第四条　皇嗣践祚するときは、掌典長に命じ之を皇霊殿・神殿に奉ぜしむ。↓(1)

第五条　皇嗣の践祚は、内閣総理大臣之を公告し、其の儀式に関する事項は宮内大臣之を公告す。×

第二章　三后称謂

第六条　皇嗣践祚するときは、皇嗣の妃を称して皇后とし、大行天皇の皇后を称して皇太后とし、皇太后在らば之を称して太皇太后とす。×

第七条　三后の称謂は、宮内大臣之を公告す。×

第三章　天皇即位

第八条　即位の礼は、諒闇終りたるときに於て之を行ふ。↓(18)

第九条　天皇即位の礼を行ふ期日定まりたるときは、奉幣使を神宮、神武天皇・天智天皇

『登極令』の本文（明治42年2月公布）

A

(1)第一条　天皇践祚の時は、即ち掌典長をして賢所に祭典を行はしめ、且践祚の旨を皇霊殿・神殿に奉告せしむ。（↓附式①②）

B

(2)第二条　天皇践祚の後は、直に元号を改む。元号は枢密顧問に諮詢したる後、之を勅定す。

(3)第三条　元号は詔書を以て之を公布す。

(4)第四条　即位の礼及び大嘗祭は秋冬の間に於て之を行ふ、大嘗祭は即位の礼を訖りたる後、続て之を行ふ。

(5)第五条　即位の礼及び大嘗祭を行ふときは、其の事務を掌理せしむる為、宮中に大礼使を置く。／大礼使の官制は別に之を定む。

同上の附式（同上）

第一編　践祚の式

A

① 賢所の儀
② 皇霊殿・神殿に奉告の儀
③ 剣璽渡御の儀
④ 践祚後朝見の儀

B

（改元の儀、附式なし）

第二編　即位礼及び大嘗祭の式

C

1 賢所に期日奉告の儀
2 皇霊殿・神殿に期日奉告の儀
3 神宮・神武天皇山陵並前帝四代の山陵に勅使発遣の儀
4 神宮に奉幣の儀
5 神武天皇山陵並に前帝

「登極令」草稿

及び前帝四世の山陵に発遣し、即位の由を奉告せしむ。↓(7)

第 十 条　天皇即位の礼を行ふ期日定まりたるときは、内閣総理大臣之を公告し、其の儀式に関する事項は宮内大臣之を公告す。↓(6)

第十一条　即位の礼を行ふ期日に先ち、天皇、神器を奉じ京都の皇宮に移御す。↓(11)

第十二条　即位の礼は、別に定めたる式に依り之を行ふ。↓(14)

第十三条　即位の礼を行ふ当日、之を皇霊殿・神殿に奉告せしむ。↓(12)

第十四条　即位の礼訖りたるときは、饗宴を賜ふ。↓(15)

第十五条　天皇、即位の礼を行ひたるときは、神宮、神武天皇、天智天皇及び前帝四世の山陵に謁す。↓(16)

第四章　皇 統 譜 登 録

第十六条　皇嗣践祚、天皇即位、三后称謂に関する事項は、図書頭之を皇統譜に登録す。×

第五章　改　元

第十七条　元号は、別に之を定めたる式に依り賢所大前に於て之を撰定す。↓(2)

第十八条　元号を改めたるときは、内閣総理大臣之を公告す。↓(3)

C

(6)第 六 条　即位の礼及び大嘗祭を行ふ期日は、宮内大臣・国務各大臣の連署を以て、之を公告す。

(7)第 七 条　即位の礼及び大嘗祭を行ふ期日定まりたるときは、之を賢所・皇霊殿・神殿に奉告し、勅使をして神宮、神武天皇山陵、並前帝四代の山陵に奉幣せしむ。(↓附式1～5)

D

(8)第 八 条　大嘗祭の斎田は、京都以東以南を悠紀の地方とし、京都以西以北を主基の地方とし、其の地方は之を勅定す。(↓6)

(9)第 九 条　悠紀・主基の地方を勅定したるときは、宮内大臣は地方長官をして斎田を定め、其の所有者に対し新穀を供納するの手続を為さしむ。

四代山陵に奉幣の儀

(大嘗宮地鎮祭の儀、30の後にも地鎮祭の儀、また14の前と21の後に鎮祭の儀あるも、附式なし)

D

6　斎田点定の儀

(斎田斎場地鎮祭の儀)

7　斎田抜穂の儀

(抜穂前基両地方新穀供納式)

E

8　京都に行幸の儀

9　賢所、春興殿に渡御の儀

10　即位礼当日、皇霊殿・神殿に奉告の儀

11　即位礼当日、賢所大前の儀

12　即位礼当日、紫宸殿の儀

13　即位礼後一日、賢所御神楽の儀

「大　祀　令」草　案

第一条　大嘗祭は、天皇即位の礼を行ふ年又は其の翌年十一月十七日に於て之を行ふ。但し重大の事故あるときは其の年期を延ぶることを得。↓(4)(18)

第二条　大嘗祭を行ふの年期定まりたるときは、内閣総理大臣之を公告し、其の儀式に関する事項は宮内大臣之を公告す。↓(6)

第三条　大嘗祭を行ふの年期定まりたるときは、奉幣使を神宮、神武天皇山陵、並に先帝山陵に発遣して、本年大嘗祭を行ふ由を奉告せしむ。↓(7)

第四条　悠紀・主基の斎国及び斎郡は、京都以東以南を悠紀の国郡とし、京都以西以北を主基の国郡とし之を卜定す。↓(8)

国郡卜定を行ふの期は、大嘗祭を行ふ年の五月とす。×

第五条　悠紀・主基の国郡を卜定したるときは、宮内大臣は地方長官に其の斎田に充てたる所有者に対し其の年の新穀を供納せしむるの手続を為すことを命ず。↓(9)

第六条　稲実成熟の期に至るときは、抜穂使を悠紀・主基の斎国に発遣す。↓(10)

第七条　毎年の新嘗祭に、各府県の臣民より献納する所の新穀は、大嘗祭に於ても仍ほ其の請を聴許し、悠紀・主基斎国の新穀と共に

FE

(10)第十条　稲実成熟の期至りたるときは、勅使を発遣し、斎田に就き抜穂の式を行はしむ。(↓7)

(11)第十一条　即位の礼を行ふ期日に先だち、天皇神器を奉じ皇后と共に京都の皇宮に移御す。(↓8 9)

(12)第十二条　即位の礼を行ふ当日、勅使をして之を皇霊殿神殿に奉告せしむ。

大嘗祭を行ふ当日、勅使をして神宮、皇霊殿・神殿並に官国幣社に奉幣せしむ。(↓10 15)

(13)第十三条　大嘗祭を行ふ前一日、鎮魂の式を行ふ。(14)

(14)第十四条　即位の礼及び大嘗祭は、附式の定むる所に依り之を行ふ。(↓E 11 12 13 ↓F 16〜21)

(15)第十五条　即位の礼及び大嘗祭訖りたるときは大饗を賜

F

14　大嘗祭前一日、鎮魂の儀

15　神宮、皇霊殿・神殿並に官国幣社に勅使発遣の儀

16　大嘗祭当日、神宮に奉幣の儀

17　大嘗祭当日、皇霊殿・神殿に奉幣の儀

18　大嘗祭当日、賢所大御饌供進の儀

19　大嘗宮の儀

20　悠紀殿供饌の儀

21　主基殿供饌の儀

G

22　即位礼及大嘗祭後、大饗第一日の儀

23　即位礼及大嘗祭後、大饗第二日の儀

24　即位礼及び大嘗祭後、大饗夜宴の儀

「大　祀　令」草　案

神饌の用に充てしむ。×

第八条　大嘗宮は京都御苑内に於て之を建設す。×

第九条　大嘗祭を行ふ期日に先だち、天皇、皇后と共に京都の皇宮に移御す。↓(11)

第十条　大嘗祭を行ふ期日に先ち、大神宮使を神宮、皇霊殿・神殿及び官国幣社に発遣す。↓(12)

第十一条　大嘗祭を行ふ前三日、御禊及び大祓を行ふ。×

第十二条　大嘗祭は別に定めたる式に依り之を行ふ。↓(14)

第十三条　大嘗祭の儀訖りたるときは、節会を行ふ。↓(15)

G

ふ。（↓22 23 24）

(16)第十六条　即位の礼及び大嘗祭訖りたるときは、天皇、皇后と共に神宮、神武天皇山陵並前帝四代の山陵に謁す。（↓25 26）

H

(17)第十七条　即位の礼及び大嘗祭訖りて東京の宮城に還幸したるときは、天皇、皇后と共に皇霊殿・神殿に謁す。（↓27～30）

(18)第十八条　諒闇中は、即位の礼及び大嘗祭を行はず。

25　即位礼及び大嘗祭後、神宮に親謁の儀

26　即位礼及び大嘗祭後、神武天皇山陵並に前帝四代山陵に親謁の儀

H

27　東京に還幸の儀

28　賢所、温明殿に還御の儀

29　東京還幸後、賢所御神楽の儀

30　還幸後、皇霊殿・神殿に親謁の儀

四　『登極令』本文・附式の成立

ところが、この数年後に公布された『登極令』は、前掲のごとく、原「登極令草案」と「大祀令」草案との両方の要素を一体化したものである。かような本令は、いつごろどのようにして出来あがったのであろうか。

この点、今まで調べた限りでは、明治三十七・八年の日露戦争中は表立った動きがなく、その両年は『公式令』案と「皇室典範増補」案および皇族関係法令の検討に主力が注がれていたとみられる。(49)この「登極令」案など皇位継承

に直接関係する法案の作業が本格化するのは、翌三十九年に入ってからであろうと考えられる。

すなわち、伊東巳代治副総裁は伊藤博文総裁あてに六月十八日付の書翰(50)で次のごとく報じている。

公式令之義は、以二御蔭一頃日来、西園寺首相より其の措弁方に付、法制局長官へ下命有レ之。目下、同長官及び内閣書記官長手許に於て取急協議罷存候て、不日、閣議に被二提供一候迄に相運申候趣に候。……扨又、同令愈々発表と相成申候上は、別表中、既に御上奏済と相成居申候勅令案〔請願令・華族令・位階令・国葬令等の如き〕は、内閣へ御下附相願、其余の皇室諸令は、枢密院へ御諮詢相願可レ申筋と奉レ存候故……閣下御不在（渡韓）中、乍二僭越一御名代として不肖より伏奏仕候様之仕儀も可レ有レ之、此義、自レ今御聴允被二下置一候様奉二願上一候。……

猶、皇室諸令之枢議に付ては、別して山県枢相（議長）之御厚配を可レ仰事に可二相成一……閣下よりも御一声被二成下一候事相叶申候得ば、前途之為好都合に有レ之候。……

〔別紙〕（枢密院審議の勅令・法令等一覧表、省略）

明治三十九年六月十八日調

(1)上奏済の諸案

一、皇室典範増補／二、公式令（勅令案）／三、皇族会議令／四、請願令（勅令案）／五、華族令（勅令案）／六、戸主に非ざる者、爵を授けられたる場合に於ける法律案（発布済）／七、皇族身位令／八、皇室成年式令／九、皇室親族令／十、皇室財産令／十一、皇室歳費令／十二、皇室陵墓令／十三、皇室遺言令／十四、皇族後見令／十五、皇室裁判令／十六、皇統譜令／十七、宮内官制（勅令案）

(2)明治三十九年六月十三日総裁渡韓前上奏のもの。

一、立儲令及び附式／二、皇族就学令／三、皇室服喪令再査案／四、皇室喪儀令／五、国葬令（勅令案）／六、位階令（勅令案）／七、華族世襲財産令（法律案）／八、同施行細則（宮内省令案）／九、華族令施行細則（宮内省令案）／十、皇統譜令施行細則（宮内省令案）

(3)附式起草済、目下審議中のもの。

一、皇室喪儀令附式（自㆓第一編㆒至㆓第十編㆒）

(4)議了案にして附式起草中に属するもの。

一、登極令

(5)起艸済并に起艸中にして未だ審議を了へざるもの。

一、祭祀令／二、儀制令／三、皇室会計令／四、皇室諸令細則（宮内省令及び内規）／五、皇室令の施行に付き要する法律案／六、皇位継承表（参考用）

これによれば、明治三十九年六月当時、「登極令」案の本文は帝室制度調査局で〝議了〟していたが、附式は〝起草中〟であった。この段階での「登極令」案は、右の一覧表中に「大祀令」の名がないから、践祚・即位・改元と共に大祀＝大嘗祭の規定も含むものであったと考えられる。かような原「登極令草案」と「大祀令」案を一緒にした新「登極令」案が作られた時期は、史料的に特定できないが、おそらくこの六月に近い頃とみて大過ないであろう。

なお、『秘書類纂　雑纂』所収の「上奏を経たる諸案処理手続案」は、日付も筆者も不明であるが、おそらく右の書翰と同じころ、伊東巳代治が帝室制度調査局の〝諸案処理手続〟方針メモとして作ったものと考えられる。[51] もちろん、これが渡韓中の伊藤博文総裁に「内申」されていたことは、後掲の書翰㈢②から類推できる。

その概要は、まず「皇室令案は約そ左の順序を以て／叡覧の後、追次宮内大臣に御下付相成て可ㇾ然と認む。」として、上奏ずみか上奏予定の「皇統譜令」以下二十の皇室令案を順番に挙げているが、その十二番目に「登極令」（続いて十三番に立儲令、十四番に摂政令）がみえる。

つぎに、それらが下付されたら「宮内大臣は意見を附し更めて御裁可を奏請すべき儀と認む。但し国務大臣の職務に関連する皇室令案は、関係国務大臣と倶に上奏すべきは当然なり。」との手続を示している。

ついで、それら皇室令案のうち、御裁可に先立って、A「枢密顧問に御諮詢」されたいものと、B「皇族会議に御諮詢」されたいものとを区別し、また御裁可の後、発布に必要な副署は、国務との関連が有るか無いかによって、Cそれが有るものは宮内大臣と国務大臣の連署とし、Dそれが無いものは宮内大臣のみの単署と区別しているが、「登極令」（および立儲令・摂政令など）はA・Cに分類されている。

さらに、勅令案（請願令案・国葬令案）等の下付手続きと「立儲令」等の上奏文案を示したあと、「公式令」は「政府に於て速かに審議を尽されんことを望む。」以下四点の要望をあげ、最後に、「登極令」のようなA・Cの皇室令案は、「公式令」との関係について「政府の議定を待て更に協定することを要すべし。」と記している。

帝室制度調査局では、このような方針に沿って、成案を次々上奏し、御裁可（宮内大臣への御下付、枢密院等への御諮詢による審議を経た上での裁可）を求めるため、精力的に活動を続けたようであるが、全体的な経過を示す記録は今のところ見あたらない。しかし、「登極令」（及び附式）案に関する進行状況は、幸い前掲の書翰と同様、伊東巳代治副総裁から伊藤博文総裁あての書翰に、次のごとく報じられている。(52)

(一)　明治39年10月3日付

①　公式令の件は、御発程の際、山県（有朋）枢相、西園寺（公望）首相等へ得二御懇談一申候。御蔭に依り非常の好意を以て同案遂行の上に蒙二配慮一申候て……漸く昨日を以て法制局の審査を了り、首相手許に上申相成候。……一段落と相成候得共、爾余の成案、山積致居候に付……将来の諸案に付ては、法典調査会の例を追ひ、当局にて調査の諸案、枢密院の諮詢を経たるものには、法制局の審査を省略し、直に閣議に提出相成候事に致レ可レ申、此又首相と協議済に有レ之候。……

②次に局務の経過は、爾後主査立案委員の精励に依り、諸法令案大約起艸を了へ申候に付、別紙の通り順序を以て年内に議定の功を竣へ、一段落相付き可レ申見込に有レ之。其内、皇室祭祀令及び附式、皇族会議令施行細則は七月中に於て、又皇族身位令施行規則草案……等は先月暑休後の会議に於て総て相纏り、成案と相成申候。……

③祭祀令に次で更に重大なる難関は即ち登極令及び附式に有レ之。此に関しては、本令は既に議定、附式も艸案脱稿致居候得共、何分生等、西都表の宮殿等は一切不案内にて、兎角紙上の空議と相成申候虞有レ之候故、不レ得レ已会議日の空間を計り、奥田・多田二三主査委員相伴ひ、両三日間の出張相願ひ、其大体を踏査可レ仕心組にて、宮相の賛協を得、已に勅允相蒙り、又先帝の旧官人にて即位の大礼に相与り申候者一名、召連れ可レ申御沙汰相蒙候故、明四日を以て出発、御用済次第直に帰京可レ仕候。此儀は宜敷御含置被レ下度候。

④猶、別紙の順序を以て書中に登載仕候諸案は、概ね局の立案に成候もの而已に有レ之候所、此の外、皇室諸令施行の細則に関しては、宮相より更に当局へ諮議せらるべき案件も不レ尠由承及候。……

⑤〔別紙〕

明治三十九年六月総裁帰任の後、議了の議案は左の如し。

一、皇室祭祀令及び附式／　二、皇族会議令施行細則／　三、皇族身位令施行規則草案／……

明治三十九年十月已後、会議の順序見込、左の如し。

第一回　十月五日　／　一、皇室喪儀令附式草案

第二回　十月十二日／　一、皇室会計令草案

第三回　十月十九日／　一、同　右

第四回　十月廿六日／　一、摂政令草案・登極令附式草案

第五回　十一月二日／　一、登極令附式草案

（以下、十二月廿八日の第十三回会議まで、省略）

右にて一段落の見込。

(二)

明治40年6月6日付

①調査局残務進行も追々整理、彼の浩瀚十数編を重ね申候喪儀令附式も、其の繁蕪を去り冗複を汰し、漸くにして大喪儀を二編に約節仕、各種の場合を此の中に包挙仕候様組織致候に付ては、頗る主査員の苦心を費し申候て、爰に全く其緒を終へ申候に付、此程来は更に登極令附式案を審議に上せ、既に両三次の会議を経申候事故、是又不日其の功程を竣り可レ申。此にて職務の最難物たる二大儀注は、全然完成と相成申候運に有レ之候。

②但、諸式中に列挙すべき官職等に付ては、自ら宮内官制の改正と相関連致申候に付、可レ成は右官制の発布後、新制に依りて定本相作り申度と存じ、其の手筈致居候故、其の発布後ならでは浄書を調整仕兼候次第に御座候。〔又既に上奏を経たる諸皇室令の枢府御諮詢の手続も、官制発布を待て可二取計一事と致し、刻下差控居申候。〕彼の官制は目下、至尊御手許にて御研究被レ遊候趣……遅くも月内には御裁可発布を見る事と愚考仕候。左候得ば、直に諸案を具し、閣下の御決裁を奉二相仰一上奏の手続可レ奉二相煩一候。……

(三)

明治40年7月31日付

①爾後の経過は、総て如二予期一進行罷在、彼の喪儀令附式・登極令附式も全く審査の功を竣り、又皇室儀令（ママ）は新に立案起艸、是又審議を経申候。

②其他……御下附相成居候皇族身位令・皇族親族令・皇族財産令・後見令・遺言令等も、此の際十二分に査覈校訂を加へ、直に浄書に取掛候迄に相運居候得共、宮内官制の改正未だ発表相成らざる為、右諸令条文を列示し官職名等確定致兼、不レ得レ止調査局に御預り申上居候次第……に御座候。……右（官制）発布相済候得ば、整理校訂済の分は直に覆奏、枢府へ御下附方可二相願一、又新規上奏の分は、兼て及二内申一置候通の手続を以て、閣下の御

書面御画押可レ奉二悃願一候。……

(四)　明治42年1月30日付

①先年御上奏之諸皇室令案中、登極令・立儲令・摂政令之三案は、既に現内閣（桂首相）とも妥協を経候末、客臘末に於て枢密院へ御諮詢相成、開春已来、枢府に於て委員之審査を了し、遂に去二十七日、右三案に付き本会議相開かれ申候て、当日は山県公爵（議長）も特に議事統理之為、湘南之別業より帰京被二致呉一、国務各大臣、各順問官列席之上、満場一致を以て悉く可決相成、直に山県（有朋）議長より覆奏之後、再び宮内大臣へ御下附、来（二月）紀元の佳節を以て、右三案幷に皇室成年式令と共に発表可レ致御沙汰被レ為レ在候趣に有レ之候。

②又既に聖覧を経て、目下内閣及び宮内省へ御下附相成居候ものは、皇室親族令・皇室服喪令・皇室喪儀令及び国葬令等にして、一面は現内閣と、他の一面は宮内当局者と、折角協議を尽し居り、其の他の諸案も追々聖覧を経て、漸次御下附之御模様に有之候。小生……当初よりの関係に依り、時々其筋へ交渉、乍レ不レ及披二瀝丹誠一、速に通過発表を了へ申様、戮力罷在候……。

以上の内容を基にして、他の史料も参考にしながら、(一)から(四)まで二年半足らずの動きを年表式に整理し、そのうち主要な二点について説明を加えよう。

明治39・10・2　「公式令」案、法制局の審査終了。
〃　〃・10・4　ⓐ伊東ら京都に出張し「登極令・附式」につき実地踏査（〜10・10）
〃　40・2・1　『公式令』公布（勅令）。2・8　ⓐ'「登極令」案上奏。
〃　〃・2・11　『皇室典範増補』公布。帝室制度調査局廃止、残務取扱任命。2・28　『皇族会議令』公布。
〃　〃・8・21　ⓐ"「登極令附式」案・「皇室喪儀令」案上奏。10・31　宮内官制改正（翌年元日施行）
〃　41・1・22　帝室制度調査局残務取扱→皇室令整理委員設置（〜44年3・1）

〃・6・4　「登極令」案を宮内大臣に下付。8・5　同案を桂内閣に照会。9・18　『皇室祭祀令』公布。
〃・12・17　ⓑ「登極令」案を枢密院に諮詢。12・23　「皇室喪儀令」案を宮内大臣に下付。
42・1・18　枢密院「登極令」案等の審査委員会。1・27　枢密院、同案を本会議で可決。
〃・2・11　『登極令』『摂政令』『立儲令』『皇室成年式令』公布。6・11　『皇室服喪令』公布。

このうち、まずⓐについては、前掲の書翰㈠③にいうとおりであるが、『伯爵伊東巳代治』に前後の事情もより詳しく記されている。すなわち、国務に多忙な伊藤総裁に代って、副総裁の伊東は帝室制度調査局の事実上最高責任者となり、毎週定例の局議にも臨時の主査委員会等にも毎回出席して議長役を務め、「皇室祭祀令及び附式」についで「登極令及び附式」の草案を脱稿した。

その審議にあたり「現場に就いて考究を要するものありたる為、明治三十九年十月四日、御用掛の奥田義人・多田好問・栗原広太の三人を伴ひて京都に出張し、同月十日まで木屋町大可楼に宿泊して、日々京都御所を始め、仙洞御所・二条離宮・桂離宮等を拝観し、即位の礼並に大嘗祭を行はせらるべき場所、春興殿御造営の位置、大饗を賜ふ場所等に付き、附式案に照応して研鑽を重ね、又泉涌寺に到りて先帝・先后の御陵を拝し……毎日多忙を極めた[53]」という。しかも帰京すると、前掲の書翰㈠⑤別紙のごとく、毎週開かれた会議で「登極令附式草案」も十月二十六日と十一月二日の二回審議を重ね成案を練りあげており、ここに当調査局の主要な任務はほぼ終ったといえよう。

そこで、翌四十年二月、『公式令』と『皇室典範増補』が発布された機会に、当調査局を廃止して、残務の取扱を正副総裁と御用掛十人（都筑馨六・石渡敏一・梅謙次郎・穂積八束・岡野敬次郎・河村金五郎・奥田義人・多田好問・一木喜徳郎・栗原広太。他に秘書の森泰二郎）に御せ付けられた[54]。それに先立って（二月八日）、「登極令」本文の案は上奏されたが、前掲の書翰㈡㈢によれば、附式の案は「残務取扱」のひとつとして七月まで審査され、しかも宮内官制の改正公布が遅れたのに伴い、その上奏が半年も後になったのである。

ところで、右の「登極令」本文案には、各条に説明文（理由書とも義解ともいう）を付して上奏されたようである。そのさい不思議な出来事があり、それが後日〝大礼使官制問題〟をめぐって枢密院で大きく採りあげられた。すなわち、大正四年当時、枢密顧問官であった伊東巳代治は、次のごとく述べている。(55)

登極令は……帝室制度調査会に於て審議起草し、案成りて明治四十二年二月八日、同局総裁より闕下（天皇の御前）に奉呈せられたり。而して同局に於て議定したる登極令第五条の義解に依れば、「大礼使を立てて以て即位の礼及び大嘗祭に関する一切の事務を掌理せしめ、勅令を以て其の官制を定むることとしたり」と註記し、大礼使官制は勅令を以て制定すべきの意義を昭示したり。

然るに、奉呈に係る原本に於ては……勅令を以て云々の字句を削除しあり。此の改削の顛末に至ては、当時立案の主任に当り且つ局議に参与したる者に就き之を漏聞し頗る怪訝したることありたるも、曽て帝室制度調査局に於ける決議の際は、確かに義解中に勅令を以て云々の字句の現存せることを証言し……詳悉せり。……

このように「改削」は謎に包まれているが、ここでは調査局の完成した本令案に「義解」説明文が付されていた事実を確認するに留めよう。

ついでⓑについては、前掲の書翰㈣を裏付ける公式の記録が残っている。すなわち、国立公文書館所蔵の『枢密院文書』『枢密院会議（委員会・本会議）筆記』によれば、次のとおりである。(56)

(イ)曩に帝室制度調査局総裁より起草上草したる登極令案の儀、内閣へ合議を経、更に　聖裁を仰ぎ候処、重大の典礼に付、枢密顧問に諮詢すべき旨、御沙汰有レ之候条、別冊及二御回付一候也。

明治四十一年十二月十七日

宮内大臣伯爵　田中光顕　印

枢密院議長公爵山県有朋　殿

(ロ)登極令・立儲令及び摂政令審査委員会
委員長　細川（潤次郎）顧問官
委　員　蜂須賀・伊東・野村・金子・末松・清浦各顧問官
此日（明治四十二年一月十八日）、岩倉（具定）掌典長、奥田（義人）・岡野（敬次郎）両博士、森宮内大臣秘書官、出席説明する所あり。原案可決と決す。

(ハ)今回御諮詢の登極令・立儲令幷に摂政令に付、本月十八日審査委員会を開き、之を審査したるに、登極令は皇室典範第二章に基き古今を斟酌して、践祚、即位の礼、大嘗祭及び改元に関する細規と儀礼とを掲げ……之に関する必要なる細規を設けむとするものにして、いづれも妥当なるものと認め、原案の通り議決せられて然るべきものと決定せり。／右審査の結果を報告す。
明治四十二年一月二十日

(ニ)明治四十二年一月二十七日午前十時三十分開議／聖上臨御不レ被レ為レ在。
出席員　議長山県議長（以下略、注56参照）
議長　本日は御諮詢の登極令・立儲令及び摂政令、並に今一件に付きて会議を開く。（中略、後述）
議長　別に御意見無くば第一読会は御賛成と認め、第二読会を開く。（中略、後述）
議長　御発議なくば採決す。本案賛成の諸君は起立を乞ふ。／（全会一致）
引続き第三読会を開く。朗読は省略す。
議長　御発議なくば、本案可決と認む。

(ホ)上奏案
臣等　登極令諮詢の命を恪み、本月二十七日を以て審議を尽し、之を可決せり。乃ち謹で上奏し、更に聖明の採択を仰ぐ。

明治四十二年一月二十七日　　議長（山県有朋）

すなわち、最終段階の枢密院における審議は、極めて簡略順調に進められたようである。ただ、㈡の本会議筆記によれば、最初に立った審査委員長の細川潤次郎顧問官は「本月十八日を以て審査委員会を開き審査したるに、原案は従来の慣例を取捨折衷して作られたるものにして、固より充分の審議を経たる上の成案なるも、尚委員会に於て種々の質問も出て修正の意見も無きにあらざりしも、兎も角、原案通可決せられ然るべきものと決定せり。」と報告している。また、本会議では、九鬼顧問官がごく簡単な質問をしているが[57]、それよりも、内容の理解に逸することができないのは、奥田義人委員の次のような主旨説明である。

㈠本令は、条文に於ては僅か二十八箇条に過ぎざるも、其の規定の内容に至りては、第一践祚の式、第二元号の改定、第三即位式、第四大嘗祭に関する事項の四事項を規定しありて、何れも重大の事柄なり。然し其の原則は何れも皇室典範に定められたり。

㈡即、践祚のことは、典範第十条に……依り、本令第一条、に於て其の主意を明かにし、其の式は附式第一編に在り。掌典長をして賢所に祭典を行はしむとあるは、申す迄も無く、先帝の崩御の際ゆゑ、親告の式を行はせられず、掌典長に代て行はしむるなり。

㈢第二、元号のことは、皇室典範第十二条に……あり。元号は、昔時に於ても、廷臣をして勘文を作らしめ、問難議論を経て之を定め、難陳と号せり。今本令に於ても、枢密顧問の諮詢を経て之を定むることとしたるは、事重大なるのみならず、古の難陳の意をも加へて、此の如く規定したるなり。

㈣第三、即位の礼及び大嘗祭のことは、昔時は別々に之を行ひたり。即位の礼が七月以前なるときは大嘗祭は其の年の八月以後に行ひ、即位の礼が八月以後なるときは大嘗祭は翌年行ふこととし、大嘗祭は（十一月下）卯の日に定まり居れり。明治四年の大嘗祭も、昔時の例に倣ひて行はせられたるなり。然し、今日は暦法も異り、必ずしも昔時の例にのみ依ることを得ず。故に大嘗祭を行ふ日は古例に則らざるも、祭典其れ自身のことは主として古例を骨子として多少参酌を加ふ。

(ニ)′而かも本令に於ては、即位の礼と大嘗祭とは併せて引続き之を行ふこととせり。其の所以は、即位の礼を大嘗祭と別別に行ふこととすれば、期年ならずして一再車駕を京都に労させ玉はざるべからず。又用度のことも考慮せざるべからず。故に之を同時に行ふこととせり。即第四条に、即位の礼及び大嘗祭は秋冬の間に於て之を行ふ。大嘗祭は即位の礼を訖りたる後続て之を行ふ、とあるは此の主意なり。

(ホ)此の即位礼及び大嘗祭の次第順序は、附式第二編に於て之を顕せり。第五条以下の諸条は、即位の礼及び大嘗祭に必要なる条規を定めたるなり。要するに、事頗る重大なるも、其の原則は皇室典範に於て定まり(た)あるが故に、之に基づく細則と謂ふて可なり。附式は実地に臨み取調ぶる必要ありて、京都の皇居及び二条離宮等の模様も取調べて之を参酌し、又古今の例を取捨して定めたる次第なり。

まさしく簡にして要をえた解説といってよいが、ここで上述の『皇室典範』登極規定から原「登極令・大祀令」案をへて『登極令』本文および附式に至る成立経緯をふまえながら、奥田義人委員の説明を一部補足しておこう。

まず一般論として、(イ)(ホ)にいうごとく『登極令』が『皇室典範』の「原則」に基づいた「細則」であることは当然かもしれないが、子細にみると「原則」も微妙に修正されている点のあることを指摘しておかなければならない。

その最たるものは「元号」改元の規定である。すなわち、前掲の『皇室典範』成立過程を示す諸案対照表に明らかなごとく、柳原前光初稿や井上毅修正案の段階では「即位の後、元号を建る」とあった表現が、柳原三稿以降「践祚の後……」と改められ、それが欽定正文となっている。従って、即位礼後より早めて践祚式後（即位礼以前）という趣旨ではあるが、それは必ずしも践祚直後を意味しない。むしろ欽定正文でも「践祚の後、元号を建て、一世の間に再び改めざること、明治元年の定制に従ふ。」と明記しているのであるから、明治改元（およびそれ以前）のごとく、践祚の翌年改元を自明の前提としていたと解釈する方が自然であろう。

また、その決め方も、前述のごとく明治三十六年六月ころまでの起草とみられる原「登極令」案の第五章「改元」第十七条によれば、「元号は……賢所大前に於て之を撰定す。」とあり、明治改元のさい初めて行われた天皇自身による賢所大前での聖択方法を受け継ぐ（その詳細は別式に定める）つもりであったことが知られる。

ところが、『登極令』本文第二条では、「天皇践祚の後は、直に元号を改む。／元号は枢密院顧問に諮詢したる後、之を勅定す。」と改められて、改元の時期は践祚直後に限定され、その審議は最も重要な国務を扱う枢密院に委ねられ、その議決に基づいて勅定されることになったのである。これは「原則」をふまえた大きな修正といえよう。

なお、新元号の公布方法について、草案の第十八条では「内閣総理大臣之を公告す。」とあったが、『登極令』本文第三条では「詔書を以て之を公布す。」と改められている。これは『公式令』第一条に、元号を公布するような「大権の施行に関する勅旨を宣誥するは……詔書を以てす。」と定められたことによるというより、むしろ古来、元号の公布には必ず詔書が用いられてきた史実（それをふまえた柳原三稿「皇室典範艸案」第十四条）を承けたものとみるべきであろう。

さらに、即位礼と大嘗祭の実施時期も、『皇室典範』の枢密院諮詢案までは、「即位の礼」と「大嘗祭」が別々の条文となっている。それが前述のような伊藤の意見により、最終段階で一条に纏められ、「即位の礼及び大嘗祭は京都に於て之を行ふ。」という欽定正文第十一条になったのであるが、まだ両方の時期を特定しているわけではない。

この点は、明治三十六年段階でも、原「登極令」案と別に「大祀令」案が作られ、その第一条に「大嘗祭は、天皇即位の礼を行ふ年又は其の翌年十一月十七日に於て之を行ふ。……」とあるところからみても、むしろ両者は古例のごとく別の時期に行うことが自明の前提とされていたと考えてよいであろう。

しかるに、『登極令』の本文第四条では、両方とも「秋冬の間に……続て之を行ふ。」と改められている。これは一種の便宜的な合理化であろう（前掲の奥田義人委員説明㈡㈡′参照）が、結果的には両者の独自性、とりわけ即位礼の意義に少なからぬ変化を生ずることになったのである。

あとがき――適用と改正

以上四節、論述多岐に亘ったが、その要点を整理すれば左のごとく言えよう。

㈠　慶応三年から明治四年にかけて行われた明治天皇の代始諸儀は、岩倉具視や福羽美静らが、従来の古儀を踏襲するよりも、大胆に新儀を盛り込もうとして随所に改革を加えたが、いずれも当面の〝仮式〟であった。

㈡　そこで明治十年前後から、皇位継承関係事項の成文化に向けて断続的に調査研究が進められた。そして伊藤博文のもとで柳原前光・井上毅らの努力により同二十二年『皇室典範』の制定をみたが、この中に明治天皇の聖旨を承けて「即位の礼及び大嘗祭は京都に於て之を行ふ。」と明記されたのである。その意義・影響は極めて大きい。

㈢　この『皇室典範』成立後、約二十年かけて行われた皇室諸令の調査立案作業は、明治三十二年設置の帝室制度調査局を中心に進められた。そこで多田好問らが担当起草したとみられる原「登極令草案」は、践祚の儀と即位の礼および改元を主体とする。大嘗祭については、別に「大祀令」草案を作っており、これは共に明治初年の諸儀継承を主眼としたものとみられる。

㈣　右の両草案を一本化した『登極令』の本文（全十八条）、および践祚式・即位礼・大嘗祭に関する詳細な附式は、明治三十六年調査局副総裁に就任した伊東巳代治と奥田義人ら御用掛により起草検討され、枢密院の議をへて同四十二年公布された。その中には、『皇室典範』登極規定の施行細則でありながら、改元や即位礼の時期と方法等について、典範の原則を若干修正するような規定も含まれている。

このうち、㈠と㈡は、先学らの明らかにされた成果をふまえて纏め直したにすぎない。しかし㈢と㈣は、宮田豊・阪本是丸・牟禮仁の三氏等に示教を頂きながら、国立公文書館や国会図書館憲政資料室等の記録文書を調査して発掘した新史料（資料）に基づく新事実の確認を盛り込み、『登極令』の成立過程を跡付けたものである。

この『登極令』をはじめ数十件にのぼる皇室令案などは、帝室制度調査局で伊東巳代治の副総裁時代に準備されたことであって、その功労は『伯爵伊東巳代治』の強調するとおりであろう。[58] しかも、その成案を次々上奏すると、明治天皇は「親しく御査閲遊ばされたる後、逐次主管大臣に御下附あらせられ、制定の手続を行はしめ」られたという。[59] まさに誠実な天皇と忠実な臣僚たちの一致協力により、近代国家として不可欠な法的整備が、皇位継承の関係事項についても、明治の終り頃までに大体完成されたのである。

こうして出来あがった『登極令』は、公布三年半後の明治四十五年七月三十日未明（事実は少し前）、明治天皇が崩御されたことにより、新帝の大正天皇による代始諸儀で初めて適用された。[60]

すなわち、まず本文第一条と同附式第一編によって、先帝崩御約二時間後に、宮中で新帝に対して「剣璽渡御の儀」があり、同じく賢所と皇霊殿・神殿で祭典と奉告の儀が行われた。ついで本文第二・第三条に基づき、万一に備えて、西園寺公望首相が「旨を承けて元号勘進の内案を（数名の学者に）作成せし」めていた。そして新帝が同日早朝「元号建定の詔書案・元号案」を枢密院に諮詢されると、山県有朋議長以下四十名出席のもと「難陳と同一なる難問・講究を重ね」たうえで「大正と為すことに……全会一致を以て可決」し、夕方上奏した。すると、直ちに〝勅定〟されたので、全閣僚の副署を添えた「大正」改正詔書によって、何とかその日のうちに公布することができたのである。[61]

さらに、この践祚・改元と同じ日、勅令により「大喪使官制」が公布された。ついで諒闇あけの翌大正二年十一月、勅令により「大礼使官制」が公布される。

その第一条に「大礼使は内閣総理大臣の管理に属し、即位の礼及び大嘗祭に関する事務を掌る。」と明示された。それに対して、皇室の大事は勅令でなく皇室令によるべきだとの批判が現れ、いわば勅令派と皇室令派との激しい論争が繰り返された。その複雑な顚末に関しては、すでに詳しい研究があるので[62]、ここには割愛し、ただ『登極令』の成立史に直接関連することのみ略述するに留めよう。

すなわち、勅令派の伊東巳代治は、前述のごとく、つとに明治三十六年八月、帝室制度調査局の副総裁として立案した「調査方針」のなかで、「皇室の事は天皇の私事なりとする理論は（を）断然排斥し、皇室を以て国家の要素なりとし」（二）「皇室の例規も亦国家に向て有効なる所以を明にする」（四）ため、従来の「公文式」を改め『公式令』を定める必要ありと指摘していた。従って、同局で起草議定した『登極令』第五条の義解（説明文）上奏案には、大礼使は「勅令を以て其の官制を定むること」と注記したのである。

ところが、伊藤総裁の上奏段階で「勅令を以て云々の字句を削除」したために、それは「勅令に依り官制を制定すべきの趣旨を否認した」のか「事理当然にして特に釈註を要せずとした」のか、論議を蒸し返すことになった。そこで、大正三年四月、昭憲皇太后の崩御により一たん廃止された大礼使官制は、枢密院に諮詢され、その委員会決議に従って、翌四年四月、勅令により再置の旨が公布され、ようやく決着をみたのである[63]。

かような勅令による大礼使官制の公布は、『公式令』公布以来の皇室法を、国務法と同じく〝日本帝国の大法〟として扱う法理の延長線上に実現されたものといえよう。

かくして大正天皇の即位礼と大嘗祭（および大饗）は、再置された大礼使（総裁＝伏見宮貞愛親王、長官＝侍従長鷹司熙通）のもとで諸準備が進められ、同四年十一月、京都御所内の紫宸殿と仙洞御所敷地内の大嘗宮（および離宮二条城内の大饗場）において滞りなく行われた[64]。

しかし、前々年来の大礼使官制論議は、明治時代に成立ずみの皇室諸令が必ずしも完全でないことを関係者に知らしめる機会となった。しかも当時、かつて帝室制度調査局で議定上奏されながら未だ制定公布されるに至っていない皇室令案等が十数件あったのである。

そこで伊東巳代治は、翌五年九月、宮内大臣等に意見書「皇室制度再査議」を提出し、「皇室の法典完備の事業を以て目下の急務」と切言した。[65]これは早速認められ、同年十一月に設置された「帝室制度審議会」（宮内大臣所管）では、伊東が総裁となり、十数名の委員（岡野敬次郎・平沼騏一郎・倉富勇三郎・奥田義人など）と共に鋭意審議を進め、十年後の廃局ころまでに、皇室令十二件（皇統譜令・皇室儀制令・皇族就学令・皇族後見令・皇族遺言令・皇室喪儀令・皇室陵墓令および王公家軌範など）と勅令三件（請願令・国葬令・位階令）などの制定公布を実現している。

ここに至って、一連の大任を完了した伊東総裁は、廃局直前の同十五年十月十九日、東宮御所に召され、「帝室制度完成の経緯について」と題する御前講話をした。[66]これは、明治初年以来六十年近い皇室関係法典の形成と充実に関する経緯を総括したもので、『登極令』の成立過程など各論には及んでいないが、伊東（および関係者）の皇室法に対する基本的な考え方は、次の点に明示されているとみられる。

我が国家の根本法とは、皇室典範と憲法とを併せて言ふ……憲法は時勢の変遷に伴ひ改正を要する場合……議会の議を経ざるべからず……之に反して皇室典範は……万世一系の皇統、君臣の分義明白にして、皇位継承に付決して民議を容るべからず。……皇室典範付属の法令に至つては……公式令を起草して皇室法規の形式と効力とを昭定し、続いて重要の諸皇室令案を順次審議立案して闕下に奉呈し、恭しく聖鑑を仰ぎ奉れり。……

この御前講話を聴かれた皇太子摂政宮裕仁親王は、二箇月後の十二月二十五日、父帝の崩御により皇位を継承されることになった。そこで、十五年前と同じく『登極令』及び同附式に基づいて、直ちに践祚の式と改元の儀が行われ、[67]公布後間もない『皇室喪儀令』に基づき、勅令で大喪使官制が設置された。ついで諒闇あけの昭和二年十二月三十日、勅令によって大礼使官制が設置され（総裁載仁親王、長官近衛文麿）、同日付で『登極令』附式の一部が改正された。

この改正作業はいつ誰の手で進められたのか、今のところ明らかでないが、大正四年の大礼実施に際して気付いたであろうような、参列者の服装や儀式の一部分などを微調整したにすぎず、本質的な変更は含まれていない(68)。そのうち、大礼後の「大饗第二回の儀」と「大饗夜宴の儀」の場所は、「二条離宮内の朝集所に参集す」との規定から傍点六字を削除したので、昭和三年十一月の即位礼（十日）、大嘗祭（十四日夜～翌日未明）に続く大饗は、第一日の儀（十六日）も第二日の儀と夜宴の儀（十七日）も、京都御苑内（御所の東、大宮御所の北）の饗宴場で行われた。

以上、『登極令』公布後の二度にわたる適用状況と附式の部分改正について略述した。最後に付け加えておきたいのは、本令の戦後における扱いである。

従来の『皇室典範』および『登極令』などの欽定皇室令は、新しく法律として定められた『皇室典範』『皇室経済法』『皇統譜令』などの施行に先立ち、昭和二十二年五月二日限りで全廃された。しかし、そのさい宮内府長官官房文書課長（高尾亮一）より「皇室令及び附属令廃止に伴い……事務は概ね左記により取り扱うことになったから、命によって通牒する」との依命通牒が出されている。その第三項に、「従来の規定が廃止となり、新らしい規定ができていないものは、従前の例に準じて、事務を処理すること。（例、皇室諸制式の附式、皇族の班位等）」と示されている(69)。

それ以後今日まで、『登極令』及び同附式は「新らしい規定ができていないもの」であるから、将来の皇位継承儀式も、「従前（大正・昭和）の例に準じて事務を処理する」場合、必ず参照される旧法なのである（追記参照）。

（昭和六十三年十二月二十五日稿）

注

（1）たとえば、諸橋轍次氏『大漢和辞典』も引いているごとく、唐の呉競撰『貞観政要』の中に「自㆓登極㆒以来……」とあり、その注に「北極為㆓天極㆒、居㆓其位㆒而衆星拱㆑之。……故人君即㆑位為㆓登極㆒。」とみえる。また我が国では、律令用語としては「践祚」と「即位」しかないが、たとえば『続日本紀』元正天皇霊亀元年（七一五）九月庚辰条の改元詔書に「朕欽承二禅命一……。履レ祚登レ極欲レ保二社稷一」とある（『日本書紀』持統天皇四年正月己卯条には、「公卿百寮拝朝……奏賀騰極。」と記す）。

なお、大正四年の大礼記念展示に際して作られた『内閣文庫図書陳列目録』（国立公文書館所蔵）には、中国の参考書として『大明会典』礼部（巻四五・四六・四七）の「登極儀」（太祖即位儀礼）に「我邦近古の即位礼と頗る相似たる点多し」と注し、他に『古今図書集成』明倫彙編皇極典「登極部」彙考（一～二八）や『欽定大清通礼』嘉礼巻二一「皇帝登極之礼」などをあげ、また日本の写本として『登極礼式』（宝永七年中御門天皇御即位記）などをあげている。

（2）国立公文書館所蔵『枢密院会議筆記』「登極令・立儲令・摂政令・文官懲戒令中改正の件」（明治四十二年一月二十七日）にみえる宮中顧問官奥田義人委員の答弁（東大出版会影印『枢密院会議議事録』第十二巻二六一頁）。

（3）『登極令』の解説書には次の二点がある。このうち、前者は本文のみの注解で、大正元年に印行されているが、架蔵する所が少ない。後者は本文も附式も詳しく注解したもので、草稿のまま宮内庁書陵部に所蔵されている。そこで、両方とも簡単な解題を添え、読みやすくするため句読点・濁点等を加えて、全文翻刻した（丸括孤内参照）。

○賀茂百樹・明治四十二年講述『通俗講義　登極令大要』（本書第七章「賀茂百樹講義『登極令大要』」）

○多田好問・大正三年草稿『登極令義解』（皇學館大学神道研究所編『続・大嘗祭の研究』）

なお、上杉慎吉「登極令謹解」（本文の略解、『法学協会雑誌』第三十三巻第十一号、大正四年十一月発行）。

（4）晨亭会編『伯爵伊東巳代治』（昭和十三年三月刊）下巻の第十七章「皇室制度の完備と伯の功績」。

（5）栗原広太述「皇室典範其他皇室法令の制定史に就いて」（昭和十六年七月、伊東治正氏主宰の憲法史研究会第六回例会の講演記録）ガリ版刷二七頁。

（6）小早川欣吾著『明治法制史論公法之部（上巻）』（昭和十五年九月刊）本論第一編の第二章「皇室制度確立への過程」に明治十年代の動向が詳述されている。

（7）主要史料の集成と解説は國學院大學梧陰文庫研究会編『梧陰文庫影印――明治皇室典範制定前史』（昭和五十七年十一月刊）

と同『梧陰文庫影印——明治皇室典範制定本史』（同六十一年八月刊）に尽くされている。

その先行研究としては、小嶋和司氏「帝室典則について」（柳瀬博士東北大学退職記念『行政行為と憲法』所収、昭和四十七年刊）、同「明治皇室典範の起草過程」（杉村章三郎先生古稀記念『公法学研究』所収、同四十九年刊）、稲田正次氏『明治憲法成立史の研究』（昭和五十四年刊）、葦津珍彦氏『大日本帝国憲法制定史』（昭和五十五年刊）、島善高氏「明治皇室典範制定史の基礎的考察」（『國學院大學紀要』第二二巻、昭和五十九年三月発行）などがあり、詳細で参考になる。

(8) 小松裕氏「登極令の制定について」（『歴史評論』第三五八号、昭和五十五年二月発行）は、その副題に「元号問題との関連において」とあるごとく、本令の元号規定を中心にした〝研究ノート〟である。

(9) たとえば、植木直一郎著『皇室の制度典礼』（川流堂、大正三年二月刊。第一書房復刻、昭和六十一年十月）、三浦周行著『即位礼と大嘗祭』（京都府教育会、大正三年三月刊。神社新報社復刻、昭和六十三年十一月）など、十冊以上出版されており、その大半に『登極令』が本文も附式も収録されている。

(10) 武部敏夫氏「貞享度大嘗会の再興について」（『書陵部紀要』第四号、昭和二十九年三月発行）・同「元文度大嘗会の再興について」（『大正大学大学院研究論集』第一〇号、昭和六十一年二月発行）など参照。

(11) 多田好問編『岩倉公実記』（明治三十九年刊。昭和四十八年復刻）中巻所引の慶応四年五月二十七日付書翰。傍点引用者。なお、これは岩倉の私的な依頼であり、公式の「御即位新式取調御用掛」任命は八月十七日。加藤隆久氏「明治即位式と津和野藩主従」（『神道史研究』第三六巻第四号、昭和六十三年十月発行）参照。

(12) 伊藤博文編『秘書類纂　雑纂』弐（一九四～二〇九頁）所収『即位新式抄』。なお、福羽美静を含む「新式取調御用掛」から、唐礼の廃止、地球儀の設置と共に、宣命を大声で読むこと、奏賀の寿詞を奏すること、なども提案し採用されている（国立公文書館蔵『公文録』明治元年「御即位雑記」。本書第一章「明治元年の「御即位雑記」」に翻刻掲載）。

(13) 伊木寿一氏「明治天皇御即位式と地球儀」（『歴史地理』第五二巻第六号、昭和三年六月発行）、井上勝生氏「近代天皇制の伝統と革新——明治天皇の即位式」（『法学セミナー』増刊総合特集シリーズ33『天皇制の現在』昭和六十一年四月刊）など参照。なお、福羽は前掲『即位新式抄』に「将来の盛なる御儀式」への希望を具体的にいくつか提案しているが、そのうち「御即位……式日数日前に伊勢神宮を始め重き御陵へ勅使を進ぜらる、のこと」「御即位の式大なるに従ひ、日を重ねて行はる、饗礼を起させらるべきこと」などの趣旨は、やがて『登極令』に盛り込まれるに至った。

(14)　拙著『日本の年号――揺れ動く元号問題の原点』（昭和五十二年二月刊）Ⅴ「一世一元制の推移」、同『年号の歴史――元号制度の史的研究』（同六十三年三月刊）第九章「一世一元制の史的考察」（初出『産大法学』第二一巻第一・二合併号）参照。

(15)　『岩倉具視関係文書』第四（昭和十年刊、同四十四年復刻）一〇七頁。なお、岩倉は既に同年三月ころと推定される意見書（同上第七所収「御即位之事」）に「御即位同日改元、御一代御一号之事」と記している。

(16)　加藤隆久氏「明治大嘗祭と福羽美静」（安津素彦博士古稀祝賀会編『神道思想史研究』所収。のち同氏著『神道津和野教学の研究』第四章、昭和六十年十月刊収録）参照。

なお、高木博志氏は「明治維新と大嘗祭」（『日本史研究』第三〇〇号、昭和六十二年八月発行）で、「維新官僚と結びついた福羽ら大国派国学者による大嘗祭」の特色を四点指摘され、その第一に「嘉永元年までの大嘗祭が畿内の地域的基盤を有して行われてきたのに対し、明治四年の大嘗祭は廃藩置県後の統一国家の新たな全国的秩序に基づき首都東京でとり行われた点」をあげ、それに伴って従来宮中や京畿の社寺で行われてきた「神仏習合的な儀式」が解体し、新たに「伊勢神宮を頂点とする全国的な神社秩序」が樹立されたとみなしている。

(17)　伊藤博文著『憲法義解』（岩波文庫版、昭和十五年四月刊）一三六～一四一頁による。

なお、島善高氏「皇室典範の制定と義解の成立」（注7『梧陰文庫影印――皇室典範制定本史』解説Ⅰ、四一五～四二二頁）によれば、『皇室典範義解』は井上毅が明治二十年二月に伊藤博文あてに提出した典範の「説明草案」を基に推敲を加えたものである。同二十二年二月、それを文科大学教授兼帝室制度取調局委員の重野安繹や宮内省調査課長の股野琢らにみせたところ、重野から「歴史考証を主とする」修正意見が多く付けられ、また股野からは原説明文にあった「外国の事例を殆ど都て削除する」修正指示が出された。よって、井上がそれらの意見・指示を整理して伊藤の裁定を仰ぎ、四月に「国家学会蔵版」として出版されるに至ったのである。

(18)　明治十一年八月刊の元老院編（序文柳原、校閲福羽）『旧典類纂　皇位継承編』全十巻には、巻七に「践祚」の諸例、巻末の附録に「三種神器」の沿革に関する史料が列記されている。

また同十三年十二月上奏された元老院の『国憲』案（『秘書類纂　憲法資料』下巻所収）は第二章「帝室継承」に、オランダ憲法等を参考にして「皇帝即位の礼を行ふときは、両院の議員を召集し国憲を遵守することを誓ふ。」との一条を設けている。しかし、この国憲案は岩倉具視等の反対で採りあげられなかった。

(19) 明治九年の建議自体＝Aは伝存しないが、井上毅の「奉儀局取調不レ可二挙行一意見」＝Bが『井上毅伝』史料篇第一（昭和四十一年十一月刊）一一九〜一二一頁および『梧陰文庫影印――明治皇室典範制定前史』（注7）史料2六〇〜六九頁などに収録されている。ただ、Bの表紙と文末に井上の自筆で「九年」とある点につき、伝記はそのまま明治九年と認めているが、影印の解題（四三五〜四三七頁）はBを『岩倉具視関係文書』（四〇四）『伊藤博文関係文書』（書類二八二）など所収の「儀制局開設建議」＝Cおよびそれを一部補訂した『岩倉公実記』下巻（五二七〜五三二頁）所引の「儀制調査局を置かんことを請ふの儀」＝Dに対する井上の反対意見とみなして、Bの年代を「明治十一年（一八七八）三月以降（自筆の九年は誤り）」と直している。しかし、Bは九年の「奉儀局」、CDは「儀制（調査）局」と明記しているのだから、これを影印解題のごとく明治十一年のものとみなすのは無理であろう。

ちなみに『伊藤博文関係文書』（書類二三九）等所収「奉儀局調査大要」の「議目」一覧表（これを上記『憲法資料』は十一年の「儀制局」のそれとして所収）には、「憲法」の部に「国号……国体……三種神器、太上天皇……即位・践祚・即位宣誓式、尊号……改元……諡号……皇上不可侵……国政責任……」等四十二件（なお、雑件に「京都を西京と改称」等）をあげている。

これに対応して井上は、Bで「奉儀局議目中、国号・改元の類、大半は儀文名称の類にして政体上に甚しく関係あらざる者とす。然るに其内、国体と云、即位宣誓式と云……が如きは……真に至大の議題にして、果して其深く慎重を加ふべくして躁急挙行すべからざるを信ず。……即位宣誓式は果して何等の要用なるや。欧州諸国にて帝王即位に宣誓式を行ふの起由は、英国に人民煽乱して『マグナカルト』と云へる国憲を要求し、帝王をして是を遵守し若し遵はざる時は国民叛乱するとも敢て不義とせざるべしとの誓言を宣べたるより始まりたるにて……現今果して挙行すべきの事なるや、亦挙行せざるべからざるの要用あるや。……」と、英国流の「即位宣誓式」に反対を唱えている。

（20）『梧陰文庫影印――明治皇室典範前史』（注7）一五八頁、『岩倉公実記』（復刻版）下巻七一七頁。

（21）『岩倉公実記』下巻九六九頁所引の柳原前光より岩倉あての明治十五年（一八八二）七月二十七日付書翰、小早川欣吾氏前掲書（注6）四七頁参照。

なお、葦津珍彦氏稿『大日本帝国憲法制定史』（講談社、昭和五十五年）七六二頁によれば、明治十五年、勅令によって渡欧した侍従藤波言忠も、ウィーン大学教授スタインに憲法を受講するのみならず、イギリスの王室制度を詳しく研究し報告している（『秘書類纂　帝室制度資料』上巻四四八～四七五頁に、明治二十一年四月六日の藤波言忠『意見書』所収）。

（22）『岩倉具視関係文書』第七所収の明治十五年十月十九日・十一月二十七日付書翰。『岩倉公実記』下巻「具視、宮内省内規取調局総裁心得と為る事」九五八～九八〇頁。

なお、同記下巻九五六頁所引の岩倉具視と三条実美の内諭（明治十五年十二月付）では、「大嘗・新嘗の御祭典は朝廷の重き事なる」所以を説き、全国地方長官会議で「大嘗会及び毎歳新嘗祭に当り、各地方の豪農、神饌新米貢納の情願を許すの道を啓く」ことなどを提言している（注48参照）。

（23）『岩倉公実記』下巻九九一～九九七頁。意見書は、ⓐに続いて、ⓑ桓武帝神霊（官幣大社、平安神宮）奉祀の事、ⓒ伊勢神宮幷に神武帝遥拝所の事、ⓓ賀茂祭旧儀再興の事、ⓔ石清水祭（現今の男山祭）旧儀再興の事、ⓕ白馬節会再興の事、ⓖ大祓の事、ⓗ三大節拝賀の事、ⓘ宮闕の近傍に洋風の一館を築造する事、ⓙ宝庫築造の事、ⓚ宮殿幷に御苑に関する事、ⓛ二条城を宮内省の所管と為す事、ⓜ留守司を置く事、ⓝ社寺分局を置く事、以上十四条をあげ、一々理由を簡単に付記している。

なお、将来の大礼を京都で挙行すべしという意見は、同年四月二十六日に山県有朋も、また五月一日には三条実美ら十名も上奏している。若井勲夫氏「〝大礼を京都で〟論の沿革」（別冊歴史読本『図説・天皇の即位礼と大嘗祭』昭和六十三年十一月発行）参照。

（24）『岩倉公実記』下巻九九七～一〇〇〇頁。

(25) 柳原前光は、公家出身で日本古来の先例故実に明るく、またロシア公使等を勤めて欧州諸国の王室法制にも通じていたから、ⓐを修訂したⓑ『帝室典則』に対する意見を求められると、その修正案『帝室法則綱要』（本則四章二十八条と附則五条）および欧州各国の関係法令を列挙した『帝室典則備考』を作っているが、そこには登極関係の条文が入っていない。

柳原が明治十九年十一月に伊藤博文の命をうけてから独自に起草したⓒ『皇室法典初稿』では、内外の先例法制に鑑みて「践阼即位」（阼＝祚）の章を新設したのであろう。それを修訂したⓕ三稿『皇室典範艸案』の欄外に、柳原の自筆で各条立案の参考資料とみられる日本の古例と欧州王室の事例を注記したものが、梧陰文庫（國學院大學図書館所蔵）に現存する（木野主計氏の示教による）。

ちなみに、それ以前（同十九年初め頃か）オーストリア公使西園寺公望から伊藤あてに届けられたと推定される『スタイン帝室家憲』訳稿（『梧陰文庫影印——明治皇室典範制定前史』三九〇頁以下所収）の第二章「皇室家憲」第四条「皇位継承権」には、次のごとく記されている。これを柳原がみてⓒの参考にした可能性は少なくないと思われる。

皇帝崩御するときは、其の皇位を継承するの権を有する正統の皇子は、更に儀式及び公布を待たず、先帝崩御の時に於て即ち践祚して皇位を継承す。但其の儀式及び公布は、其の践祚の後相当の順序を以て之を執行すべし。

(26) 『ロエスレル氏答議』（『秘書類纂　帝室制度資料』上巻二七八～三二三頁所収）によれば、明治二十年（一八八七）のはじめ、井上毅が「欧洲の帝王国に於て、王位継承の後、更に儀式《ホルマリチー》上の即位の礼《セレモニー》を行ふは、登極の祭祀にして専ら宗旨上の朝儀《ユートセラモニー》なるが如し。而して其の国法上の関係は如何。或国に於て、憲法に掲載したる即位の宣誓の外、此の儀式は何等の価格を付すべきや。憲法又は家憲に於て之を掲載するの要用を見るや。」と質問したのに対して、一月十七日付でロエスレル（レースラー）は次のごとく回答している（同上二九八～九頁）。

即位は天帝より王位を受くることを表証する所の祭儀なり。天祐を保有すと言ふことは、則ち此に基くものなり。往古の国法上、即位の効用は王位及び之に附帯したる権利は、此れに由て始めて之を得有するに在り。……然れども、近世に至ては、即位は儀式に止まり、各国之を行ふことは甚だ稀なり。普国の今上は、千八百六十一年に即位を行ひたりと雖も、其の即位は自ら王冠を載（戴）きたることにて、嘗て僧侶の手を仮りたることなし。……即位に附帯して即位宣誓なるものあり。此の宣誓に依て国王は発令を保護し、法律を遵守するの義務を有し、又教会は国王に対し諸侯の背反を保障すべきの義務を帯ぶ。王位継承法の未だ確定せざる中古に於ては、之を近世に比すれば即位に大なる価値を与へたりと雖も、即位を以て始めて統治権を得るには非らずして、此に依て其の統治権を鞏固にしたるのみ。近世に至ては、即位は殆んど人類の間然すべからざる天授の統治権を表証し、国民に対し王位を得有するの儀式たる価値を有するのみにして、一も其の権利を生ぜしむるものに非らず。……

純粋の政事上便宜の点より論ずれば、王位を得有するの祭儀は、之を除却するの必要なし。何となれば、此の祭儀は人心に道徳上の感覚を銘刻するものなればなり。若し憲法宣誓に加ふるに此の祭儀を行ふに於ては、国王は人民に対して憲法上の義務を負ふのみならず、更に人民の間然すべからざる天授の権を有することを表証するの効あり。

(27)『秘書類纂　帝室制度史料』上巻二二九〜二五二頁所収「皇室典憲に付疑題乞裁定件々」。

(28)国立国会図書館憲政資料室所蔵・伊東巳代治文書（憲政四七七）「疑題件々に付、柳原伯意見」（『梧陰文庫影印――明治皇室典範制定本史』解題四六三頁所引）。

(29)同右「皇室典範・皇族令草案談話要録」（憲政五三。『梧陰文庫影印――明治皇室典範制定本史』附録四八八〜四九八頁所収）。伊藤博文はⓔ『再稿』の第十四条（皇位の尊号）も第十五条（太上天皇の称号）も第十六条（天皇の諡号）も「皇室典範に掲ぐるの要用を見ず、全文を削除すべし。……第二章……尊号の二字を削り践祚の下に即位の二字を加ふべし。」としている。また第二十一条「即位の後元号を建ること……」も、伊藤が「即位の字を改めて践祚の二字に作るべし。」と主張して修正されたのである。

(30)(32)国立公文書館所蔵『枢密院会議筆記』明治二十一・二年（東大出版会刊影印『枢密院会議議事録』明治篇第一巻〜第三巻）。若井勲夫氏「枢密院会議における大嘗祭論議」（『日本』昭和六十二年十二月号）参照。

(31)以下の(イ)(ロ)は東久世通禧、(ハ)(ニ)は吉井友実、(ホ)(ヘ)は河野敏鎌、(ト)は榎本武揚、(チ)は熾仁親王、(リ)は佐野常民の説である。他に、土方久元は「時宜に依り西京に於て行はせられざることもあらん。殊に東国も……昌威に赴くべければ、孰れにても行はせらるることにせば、蓋し実際にて干格を生ずるの虞なからん。」と中間案を示している。

なお、この当時は反対派の吉井友実も、明治十二年六月、井上馨の意を承けて岩倉具視に、将来の大礼は京都御所で挙行すべき旨を進言したことがある（国会図書館憲政資料室所蔵『吉井友実文書』）。

(33) 國學院大學図書館所蔵梧陰文庫本（B―六一）『皇族令大意』（明治二十二年七月三十日付）。島善高氏「明治皇室典範制定史の基礎的考察」（注7）結言参照。

(34) 国会図書館憲政資料室所蔵『臨時帝室制度取調局書類』（番号四三）。前の通牒は「局残務取扱」の図書助田辺新七郎から調査課長山崎直胤あて。なお、後の建議者矢野文雄が同局の「皇族令案」に対して示した「矢野案」も同上書類中にある。

(35) 香川敬三文書は、昭和五十七年に皇學館大学の史料編纂所へ一括して寄贈されたので、その整理にあたっておられる上野秀治氏に照合したが、今のところ〝帝室礼式取調〟関係の資料は見あたらない由である。

ただ、『明治天皇紀』第八・一五四頁によれば、委員の矢野文雄は、同じ二十五年十一月、「皇室をして社会百事の中心として国民敬愛の標的たらしむべし」との意見書を上っており、また宮内省図書頭の都筑馨六は、同二十九年十一月、帝室の記録整理の方針につき上申している。

(36) 『明治天皇紀』第九・明治三十年一月十四日条（一八一～一八二頁）によれば、同月十一日に崩御された英照皇太后の大喪使を設置するにあたり「宮内省と内閣と議を異にし、其の所在を争ふ。……（総理大臣松方）正義、閣僚諸官の言に依り、大喪使は内閣に設くるを至当とする旨を奏す。（宮内大臣土方）久元等、固より宮中に置くべきを主張して已まず。……遂に思召を以て宮中に設くるに決す。……仍りて是の日、宮中に大喪使を置き、宮内大臣、勅を奉じて之れを令達す。」とみえるごとく、後年の大礼使官制問題と同趣の議論があったのである。

(37) 春畝公追頌会編『伊藤博文伝』下巻（昭和十五年十月刊）第二十九編第二章三三五～三四八頁、所引の意見書は、①「皇室及び皇族の冠婚葬祭の事」②「皇族侍遇の事」③「帝室経済の事」④「神社及び寺院に関する事」⑤「人民の請願等……の事」⑥「皇族及び勲功ある臣僚を賞与し又は国葬に関する事」⑦「叙爵及び昇爵に関する事」⑧「外交の事」⑨「東宮之事」⑩「帝室経済令改正の事」から成り、①に「祖宗及び皇族の祭事を厳正にし、濫祀を容れざるは、是又帝家の遺法なり。」と述べている。

(38)　優詔は『伊藤博文伝』下巻四一七頁、職務章程は『伯爵伊東巳代治』下巻五頁所載。

なお、前者には、「天皇はこの優詔と共に、調査事項十二箇条を親しく公（伊藤）に授け給ひたるが、それは公が前年奉呈せる意見書とその趣旨を同うするものであつた。」（四一八頁）とあり、後掲の総裁訓諭の末尾に「一、皇室及び皇族の婚儀、及び葬祭喪祀其の他、朝儀に関する事項」以下十二の調査事項が示されている（四二五～六頁）。

(39)　『伊東巳代治伝』下巻四一九～四二二頁。

なお、この後に「本件は断じて政治と相渉らず、民意の如何を顧みるの必要は無い。故に一切の事は都て秘密を厳守せねばならぬ。」（四二五頁）と述べているのは、『皇室典範義解』（岩波文庫本一二七頁）にいうごとく、「皇室の家法は祖宗に承け、子孫に伝ふ。既に君主の任意に制作する所に非ず。又臣民の敢て干渉する所に非ざるなり。」との基本的な考えを承けたものにほかならない。

(40)　小早川欣吾氏『明治法制叢考』本論第一編第二章五頁に、帝室制度調査局における当初の「御用掛分担事項」として次のごとく記されている。

即位の件　　細川潤次郎・多田好問
皇族令及び財産納税の件　　伊東巳代治・広橋賢光・穂積陳重・花房義質
財産民事訴訟の件　　広橋賢光・梅謙次郎
婚儀及び葬祭喪祀の件　　高崎正風・三宮義胤・多田好問

(41)　ただ『秘書類纂　雑纂』参・二七頁所載の明治三十七年「皇族会議令上奏案」によれば、かって同三十四年二月「帝室制度調査局総裁心得、伯爵土方久元」より「皇族会議令を審議し其の査定する所の案」として叡覧に供したことが知られる。また、同三十三年五月の皇太子嘉仁親王御成婚に先立って『皇室婚嫁令』が制定され、また翌三十四年四月の皇孫裕仁親王御誕生のあと『皇室誕生令』が制定されており、これらも帝室制度調査局で起草されたとみて間違いないであろう。

(42) このうち、(イ)(ロ)(ロ)′は『伯爵伊東巳代治』下巻七〜一四頁所引（(イ)′は省略）、(イ)′(ロ)′(ハ)′は『秘書類纂　雑纂』壱一五一〜一六六・一九〇〜一九三頁所載（「調査著手方針　三」は「天皇及び皇族の庶子に関する件」等）、(ハ)(ニ)は『伊藤博文関係文書』第二巻四三四〜四三六頁、(ニ)′は伊東伯爵家蔵版『伊東巳代治遺文書（其の五）』に翻刻（それに若干の校注を加えて『産大法学』第二三巻第一号に再録した）。

(43)『伯爵伊東巳代治』下巻（八〜一九頁）。調査分担の全貌は明らかでないが、前掲(ニ)（十月二十日付書翰）の中略部分に「公式令案に付ては、更に奥田・一木・有賀・広橋・穂積諸氏と共に会同審議を尽し度条。」とあり、また『皇室弁』については、栗原広太氏の講演筆記（注5・一七頁）に「主として御用掛の梅謙次郎博士・穂積八束博士・奥田義人博士・有賀長雄博士などが主査として起草された」とみえる。

(44)『公式令』（勅令）は、翌三十七年十月、調査局の原案が上奏され、翌三十八年十月、法制局の審査を終了し、翌四十年二月に公布されたが、その第五条に「皇室典範に基づく諸規則、宮内官制、其の他皇室の事務に関し、勅定を経たる規程にして発表を要するものは皇室令とし、上諭を附して之を公布す。」とある。また、五世以下の皇族男子に臣籍降下の制を設けた『皇室典範増補』も、ほぼ前後して立案・上奏・審査・公布された。

これらにより、『皇室典範』も「皇室令」も単なる「皇室の家法」ではなく『帝国憲法』や法律命令と同じ「国家の公法」としての性格が一段と明確になった意義は大きい。

(45) 国会図書館憲政資料室所蔵・西川本『岩倉具視（定）文書』第五八号の中から発見した。A2判大の洋紙に印刷されている。岩倉具定が帝室制度調査局に関与した時期は明らかでないが、明治四十二年六月、田中光顕に代って宮内大臣に任じられており、このような資料も入手しえたのであろう。

(46)『秘書類纂　雑纂』弐一八五〜一八九頁。なお、同上一九〇〜一九三頁所載の「登極令草案」には、もと全六章二十二条から成っていたものを、全五章十八条に修正したあとが示されている。原案にあって改訂・削除された主要箇所は左の通りである。

第一章の第三条「……三箇日賢所に祭典を修せしむ。」→「……賢所に祭典を行はしむ。」

第二章「三后尊称」→「三后称謂」

第三章の最後「第十六条　天皇賢所を奉じ東京の宮城に還御するときは、賢所大前に於て御神楽を奉す。」→削除

第四章「皇后正位」→削除

「第十七条　皇后正位の礼は、天皇即位と同時に之を行ふ。」→削除

「第十八条、皇后正位の礼を行ふ期日並に其の儀式に関する事項は宮内大臣之を公告す。」→削除

第五章の第十九条「……三后尊称・皇后正位に関する……」→第四章の第十六条「……三后称謂に関する……」

第六章「年号改元」→第五章「改元」

「第二十条　天皇即位の礼を行ひたるときは、年号を改元す。」→削除

（原案の第二十一条・第二十二条「年号……」→第十七条・第十八条「元号……」）

(47) 皇室令の草案には、ほとんど各条に説明文（ないし理由書）が付されており、これによって立案者の意図を明らかに知ることができる。ただ、前述の原「登極令草案」の説明文および後述の新「登極令」案の理由書は、今のところ見あたらない。

(48) 「大祀令」草案第七条（新穀献納）については、説明文に「毎年新嘗祭に際し各府県の臣民新穀を献納するは、明治廿五年に昉まる。故に大嘗祭に於ても仍ほ其の献納を聴許し、悠紀・主基両殿の神饌の用に加へしむ。」とある。

しかも、このような全国からの献穀は、つとに明治十五年十二月、岩倉具視が三条実美と共に、上京中の全国地方長官に示した「内諭」のなかに「……大嘗祭及び毎歳新嘗祭に当り、各地方の豪農、神饌新米貢納の情願を許すの道を啓くべし。但其の量は固より多きを要せず。其の人は則ち地方官の適宜を以て各郡中に就て毎歳交代せしむ。……其の内規の如きは、宮内省中に不日取調の局を被ㇾ置、此の件及び人民献物内規を査定せられ、来歳迄に各地方官へ御沙汰可ㇾ有……」（『岩倉公実記』下巻九五六頁）とみえ、これを採り入れた文案ということになる。

(49)「公式令」案と「皇室典範増補」案および後者の上諭文案と説明文が上奏されたのは、明治三十七年十月である。また翌三十八年四月には、伊東巳代治副総裁が伊藤総裁あての「報告覚書」（『秘書類纂　雑纂』壱一四四～一四九頁）に、次のごとく記している。

茲に審議を結了したる議案、左の如し。

一、皇族身位令／二、皇室親族令及び附式／三、成年式令及び附式

四、皇室財産令／五、皇族後見令／六、皇室遺言令

以上六種の法案と、曩に上奏を経たる㈠皇室典範増補及㈡皇族会議令との関係を示せば、左の如し。（㈠㈡との関係説明、省略）右六案の大要、左の如し（一～六の大要、省略）

備考／親族令及び成年式令に附随するの儀式は、主として古例に憲り本朝宮掖の典故を酌存して之を定めたりと雖も、朝廷の大礼は諦盟列国との交際に関するもの尠からざるに由り、此を以て果して時宜に適したるものとすべきや否は、頗る考量を要す。故に此の点に関しては、更に閣下（伊藤総裁）の定奪を煩はし、御指誨に因りて重て審議を竭くさむことを期す。

(50)『伊藤博文関係文書』第二冊（昭和四十九年三月刊）四四〇～四四二頁。

(51)『秘書類纂　雑纂』壱一二九～一三七頁所収。なお、この中に、前掲書翰の⑵にいう六月十三日以前に伊藤総裁が上奏した一～十の上奏文案（いずれも「明治三十九年六月　日」とあり日付未記入）を列挙している。本「登極令」の上奏案が今のところ見あたらないので、参考までに「立儲令上奏文案」を左に引いておこう。

臣博文、帝室制度調査の／大命を恪み、伏して惟るに、皇儲立坊の儀は、皇室典範の精神、蓋古来の典礼を酌存し此に由て以て天序の崇厳を豊にし国棟の瞻仰を盛にするに在り、茲に此の精神に基づき立儲令を査定し、附するに其の儀注を以てす。乃謹で上奏し、恭しく／聖鑑を仰ぐ。

(52)「伊藤博文関係文書」第二冊四四二～四五〇頁。

なお、㈠②の中略部分に「皇室祭祀令の如きは全く他の法律関係の諸案と其の趣を異に致し居申候次第にて、茲に

祭祀令として御制定相成候以上、成るべく皇室の古礼を今に酌存するの主義を恪奉仕候は勿論の所、従前に在て荘重なりし儀典も、将来に向つては未だ皇室の尊厳を加ふるに足らずと被二思考一候ものも無レ之に非ず。此等に向ては折衷斟酌相加へ……可二出来得一限りは、当初創局の御主意を遵行し、一定の規型の内に燦然整備仕候様致度方針を以て、或は往代の掌故を考査し、或は当局者に付維新以後の慣例を聞取り、熟商凝議の結果、漸く審定の運と相成申候。」とある。「登極令（及び附式）」の起草・審議には、恐らくこれ以上の慎重な配慮が払われたとみてよいであろう。

(53)『伯爵伊東巳代治』下巻二二一～二二三頁。

(54) 同右二四～二七頁および『伊藤博文伝』下巻七三八～七三九頁によれば、この二月十一日、明治天皇は正副総裁に多年の功績を嘉賞された勅語と金品を賜わり、御用掛一同にも拝謁と叙勲の栄を賜わった（当時の御用掛は、前記の残務取扱を仰せ付けられた十名、および戸田氏共、花房直三郎、小宮三保松、有賀長雄の四名、他に秘書の古谷久綱）。

(55)『枢密院会議議事録』（東大出版会刊影印本・大正篇第十八巻）「大礼使官制の形式に関する件」二一八・二一九頁。

(56) 国立公文書館所蔵『枢密院文書』（2Ａ15・16）、『枢密院会議筆記』明治四十二年（東大出版会刊影印本・明治篇第十二冊）「登極令・立儲令・摂政令・文官懲戒令中改正の件」。

なお、本会議の出席者は、「議長　山県議長／大臣　桂総理大臣兼大蔵大臣、寺内陸軍大臣、小村外務大臣、斎藤海軍大臣、平田内務大臣、大浦農商務大臣、後藤逓信大臣、小松原文部大臣、岡部司法大臣／顧問官　松方・樺山・細川・九鬼・杉・蜂須賀・伊東・岩倉・金子・末松・清浦・南部・加藤・青木各顧問官／委員　奥田・岡野両宮中顧問官、森宮内大臣秘書官／報告員　河村書記官長／書記官　柴田・清水両書記官」（欠席者は皇族五名と東久世副議長と顧問官十三名）の三十名である。

(57) 九鬼隆一顧問官の質問は、㈠本令の標題を「即位令」でなく「登極令」と命名した主意は何か（答は前記「はじめに」注2参照）、㈡大礼の時期を「秋冬の間」としたのはなぜか（答「大嘗祭は新穀の実る時に於てで無ければ之を行ふことを得ざるなり。」）、㈢「前帝四代の山陵」と㈣斎田地「京都以東以南」「京都以西以北」との意味を問うただけである。

(58)『伯爵伊東巳代治』下巻一九～二〇頁によれば、「明治四十年二月迄の間に於て、皇族会議令以下の皇室令案三十五件……華族世襲財産法等の法律案三件、請願令・位階令・国葬令等の勅令案三件、施行規則等の宮内省令案十件、宮内省達……規定案四件の起草審議を了し……、天皇在世中に制定公布せられたるものは、皇室典範増補を始め皇室令二十六件、法律二件、勅令一件、宮内省令七件等の多きに達せり。」とある。

(59) 同右。なお、明治天皇は帝室制度調査局の廃止に際して伊藤博文総裁を召され、「是に於て皇室諸般の令草始めて備はり、以て後嗣に貽す所あり。朕深く其績を嘉す。」(『明治天皇紀』第十一巻六八五頁)との勅語を賜わった。
また御用掛栗原広太氏の講演筆記(注5)によれば、明治四十五年「しる人の世にあるほどに定めてむ　ふるきにならふ宮のおきてを」との御製は、「法制に通じた者が此の世に在る間、皇室の制度を完備させたいと仰せられた」ものと解されている。

(60) 大正度の詳細な『大礼記録』については、本書第十三章「大正大礼の概要と『大礼記録』」参照。その編纂が必要なことを提唱した当時の貴族院書記官長柳田国男氏「大正大礼に関する意見書」については、佐伯有清氏『柳田国男と古代史』(吉川弘文館、昭和六十三年)参照。

(61) 大正改元については、拙著『年号の歴史』(雄山閣出版、昭和六十三年)第九章「一世一元制の史的考察」(初出、『産大法学』第二十一巻第一号)、松島栄一氏「近代天皇制における元号問題」(『元号を考える』昭和五十二年刊、所収)参照。
なお、当時『皇室喪儀令』は、上奏案が枢密院に諮詢されたままで公布されていなかったが、大喪儀はそれに準拠して行われることになったので、その第二条「天皇崩ずるときは追号を上つる。……」(その草案説明文に「……皇室典範一世一元の制に因り元号を以て之に充つるも亦妨なかるべし。」とある)により、八月二十七日、大行天皇に「明治」天皇の追号が贈られた。これによって、元号と皇位の一体性と重要性が一段と明白になったといえよう。

(62) 田中真人氏「近代天皇制国家における即位礼・大嘗祭——一九一四年の大礼使官制論争」(『日本史研究』二〇七号、昭和五十四年十一月発行)、牟禮仁氏「大礼使官制問題について」(昭和六十三年六月三日神道史学会第三十四回大会研究発表、詳細な資料配布)など参照。

(63) 枢密院では、九顧問官を審査委員として数回論議を重ね、大正四年三月末、審査報告書を提出したが、それによって両論の要旨を整理すれば、次の表の通りである（前記の牟禮仁氏資料を参考にさせて頂いた）。

なお、審査委員のうち、勅令論を唱えたのは、伊東巳代治・金子堅太郎・加藤弘之・末松謙澄、三浦梧楼（他に政界では西園寺公望・原敬・奥田義人・政友会系、学界・官界では美濃部達吉・岡野敬次郎・有賀長雄など）、それに対して皇室令論者は、都筑馨六、清浦奎吾、南部甕男、蜂須賀茂韶（他に政界では山県有朋・桂太郎・斎藤隆夫・若槻礼次郎・立憲同志会系、学界・官界では上杉慎吉・一木喜徳郎・波多野敬直・河村金五郎など）である。

勅令論	皇室令論
(一)　大礼とその官制についての基本的な考え方	(一)　同上
①a　大礼（登極）の性質は何か……国家として最高の大典（国家の大事）。	①a　皇室の盛儀（国家の大典に関するものと雖も、同時に皇室の公事は即ち国家の公事）。
b　大礼の事務の性質は何か……国家の事務（国務・国事で、皇室一家の事務に非ず）。	b　皇室の事務（国務に関連するは勿論だが、宮内諸官制は皇室に関する国務を掌理する）。
②　「宮中」の字義は何か……府中に対する宮中の意を以て、官庁の所在場所を示す。	②　府中に対する宮内の義にして、宮内の官として、官庁の系統を示す。
③　大礼使官制の性格は何か……大礼を掌理する官吏の組織権限を定めるもの（大礼に関する規定に非ず、皇室典範に基づく規則でもない）。	③　皇室典範に基づく規則たる登極令に附属するもので、公式令第五条により皇室令の形式をとるべきもの（国務大臣の副署を要する）。
(二)　宮内大臣の副署についての考え方	(二)　同上
現行公式令の定めによる結果でやむをえない。	勅令では宮内大臣の副署がなく不都合を生ずる。
(三)　大礼経費の支弁方途についての考え方	(三)　同上

国費として国庫より直接支出すべきもので、官制が皇室令では国庫予算たる大礼費を支出できない。	官制が皇室令であっても国費を支出することはできる（国務大臣をして官制に副署せしむれば可）。
（四）大喪儀の前例に関する考え方	（四）同上
a　英照皇太后の例……従前の一例（国葬ではない）にすぎず、規矩とすべきでない。	a　皇室事務として宮内大臣の主管した前例（官制は宮内省告示、枢密院の議決を経たもの）で尊重すべし。
b　明治天皇・昭憲皇太后の例……皇室喪儀令案及び国葬令案に則り、勅令によったもので尊重すべし。	b　大喪儀に関する規定は公布以前の一草案にすぎず、拘束力を有しない。
（五）登極令の制定沿革についての考え方	（五）同上
登極令義解草案に官制は「勅令」たることを明記していたが、事理の当然、釈註を要せずとして削除。	上奏の登極令義解には削除した形跡歴然、確定した登極令の精神は勅令を排斥するにある。
（六）明治天皇大喪以後の先例・状況との関連	（六）同上
大礼使官制を勅令から皇室令に変更することは先例が誤りとなり、皇室の尊厳を傷つける虞れがある。	大礼は政局・政争から超脱し、以て皇室儀礼の神聖の保持に努めることが肝腎。
（七）結　論	（七）同上
大礼は統治の主体たる天皇が国家の元首として行う国家の大典だから、大礼使の官制は勅令で公布し、その事務は国務として政府が管掌すべきである。	大礼の本質は天皇が皇室の首長として行う皇室の盛儀であるから、大礼使の官制は皇室令で公布し、その事務は宮内省が掌るべきである。

（64）ただし、厳粛なるべき大嘗祭が、十一月十日の盛大な即位礼の興奮さめやらぬ十四日夜から八百人以上も参列して行われたことに対しては、当時貴族院書記官長として供奉した柳田国男が批判的な意見を遺稿「大嘗祭に関する所感」

（『定本柳田国男集　第三十一巻』所収に書いている。これは山県有朋あての建議書として起草されたが、「結局出さずじまいになつたもの」（橋川文三氏『柳田国男――その人間と思想』所引大藤時彦氏回想談）といわれている。

そのなかで、「言はば国威顕揚の国際的儀式」たる即位礼と「斎忌を厳重にする必要のある」大嘗祭とを「同じ秋冬の交（十一月）に引続きて行はせらる、と云ふ点は、頗る考慮の余地ある所なり」という指摘は、『登極令』第四条に対する本質的批判である。しかも、将来の改善策として示された具体的提言のうち、「即位礼は東京に於て華々しく之を挙行し、或期間を隔て、古き慣例の如く新暦十二月（旧暦十一月）に京都に於て此祭（大嘗祭）を行はる」べしとの案などは、今後とも慎重に検討する必要があろう。

(65)「皇室制度再査議」は『伯爵伊東巳代治』下巻三〇〜三四頁所引。

(66)「帝室制度完成の経緯について」の御前講話筆記は、同右四三〜五九頁所引。その自筆草稿と渡部信（審議会幹事）による筆記は、国会図書館憲政資料室所蔵「伊東巳代治文書」の中にあり、牟禮仁氏が『神道史研究』第三七巻第一号に校訂翻刻している。

(67)昭和改元については、石渡隆之氏「公式記録上の〝昭和〟」（『北の丸』第七号、昭和五十一年九月発行）、また猪瀬直樹氏『天皇の影法師』（昭和五十八年二月刊）、本書第十六章（「昭和」改元と「元号法」）など参照。

(68)昭和二年の『登極令』附式改正は、四十八箇所に亘るが、その内訳を仮に三分すれば、参列者の服装関係が三十一箇所、儀式の次第関係が十二箇所、官名の改称関係が五箇所となる。本書末尾「付一」参照。

(69)高尾亮一氏『皇室典範の制定過程』（憲法調査会冊子、昭和三十八年月発行）、大原康男氏「神道指令と皇室祭祀」（『國學院大學日本文化研究所紀要』第六十輯、昭和六十二年九月発行）所引。
なお、皇室法研究会編『共同研究・現行皇室法の批判的研究』（神社新報社、昭和六十二年十二月）一一八頁には、現行『皇室典範』の法案審議に際し、政府が「即位の礼を行ふことは、当然に憲法上の国事行為の儀式であると考へるが……即位の礼の中に大嘗祭がふくまれることになるか、それとも即位の礼を国が行ひ、大嘗祭は同時に別に、皇室のみの儀式として行はれることになるか、そのあたりは未定である」との趣旨で応答した、と記されている。

『登極令』成立過程の関係年表

〈前　史〉

Ⅰ

明治11年3月（一八七八）　右大臣岩倉具視、儀制調査局の設置を建議。

〃15年12月　内規取調局を設置（総裁心得＝岩倉）〜16年12月廃止。

〃16年1月　岩倉建策「即位・大嘗会・立后の三礼は……平安京の宮闕に於て古式の如く執行せらるゝものと定むべし。……」→4月勅許。

Ⅱ

〃17年3月　制度取調局を設置（長官＝伊藤博文）〜18年12月廃止。

〃18年12月　内閣制度発足（伊藤が内閣総理大臣兼宮内大臣）

〃19年6月　宮内省立案『帝室典則』を提出。

〃20年正月　柳原前光初稿『皇室法典』を提出（「践祚即位」規定初見）

2月　井上毅、右初稿前半を修訂・改称（皇室典憲→皇室典範）

〃21年5月（一八八八）　枢密院『皇室典範案』審議（十三回）……22年1月再審。

臨時帝室制度取調局を設置（委員長＝柳原）〜23年10月廃止。

〃22年2月　『皇室典範』制定、『大日本帝国憲法』発布。6月『憲法・典範義解』刊。

史〉

Ⅲ

〃24年3月　矢野文雄「宮廷の諸式（即位式・大嘗祭式……）制定」を建議。

〃25年11月　帝室礼式取調委員を設置（委員長＝香川敬三）

〃31年2月（一八九八）　伊藤意見書奉呈（十条）

〃32年8月　帝室制度調査局を設置（総裁＝伊藤）〜40年2月廃止。

〃33年4月　『皇室婚嫁令』制定。　┌これ以前、「即位令」「大祀令」案起草。

〃35年5月　『皇室誕生令』制定。　┌〃皇室令構成案〃（230〜231頁掲出）作成か。

〃36年7月　帝室制度調査局活動再開（副総裁＝伊東巳代治）←

10月　伊東『皇室弁』成稿。これ以前「大祀令」成案。

〈本

Ⅳ

〃 37年10月 「公式令」案・「皇室典範増補」案を上奏→40年2月公布。
〃 39年6月 皇室諸令（立儲令及附式・皇族就学令・皇室服喪令・皇室喪儀令……）案を上奏。
「登極令」案は議了、附式を起草中。
10月 伊東ら京都で「登極令」附式案につき実地検分。
〃 40年2月 「登極令」案を上奏。『公式令』『皇室典範増補』『皇族会議令』公布。
8月 「登極令附式」「皇室喪儀令附式」案を上奏。

Ⅴ

〃 41年2月（一九〇八） 皇室令整理委員を設置（委員＝奥田義人等）～44年3月
9月 『皇室祭祀令』公布。12月、「登極令」案を枢密院に諮詢。
〃 42年1月 「登極令」案、枢密院の審査委員会・本会議で可決。
2月 「登極令」（及附式）『摂政令』『立儲令』等公布。六月『皇室服喪令』公布。
〃 43年3月 『皇族身位令』『皇室親族令』公布。
〃 44年5月 『皇族服喪令』公布。6月『皇室喪服規程』告示。

〈後　史〉

Ⅵ

大正元年7月（一九一二） 明治天皇崩御。皇太子践祚、「大正」改元即日施行。
〃 2年1月 大礼準備委員会を設立。11月、大礼使官制設置。
〃 3年2月 斎田点定。4月、昭憲皇太后崩御により大礼延期。
〃 4年11月 即位礼（10日）・大嘗祭（14・15日）・大饗（16・17日）・親謁（20～26日）

Ⅶ

〃 5年9月 伊東「皇室制度再査議」提出。11月、帝室制度審議会設置（総裁＝伊東）
〃 15年10月 『皇室儀制令』『皇室喪儀令』『皇室陵墓令』等公布。伊東が摂政宮に御進講。
昭和元年12月（一九二六） 大正天皇崩御。皇太子践祚、「昭和」改元即日施行。
〃 2年12月 『登極令』の附式一部改正。大礼使官制設置。
〃 3年11月 即位礼（10日）・大嘗祭（14・15日）・大饗（16・17日）・親謁（20～25・29日）

【追記】 昭和天皇の崩御された昭和六十四年（一九八九）一月七日午前、「賢所の儀」「皇霊殿・神殿に奉告の儀」（内廷行事）と「剣璽等承継の儀」（国事行為）が執り行われた。ついで一月九日「即位後朝見の儀」（同上）が、『登極令』の附式第一編「践祚の式」を参考にした式次第で行われた。さらに一月十九日「殯宮移御の儀」（二十二～二十四日「殯宮一般拝礼」）、一月三十日「追号（昭和）奉告の儀」、二月二十三日「霊代（権殿）奉安の儀」、二月二十四日「斂葬の儀」（葬場殿の儀と陵所の儀）、二月二十五日「権殿・山陵五十日祭の儀」（～平成二年一月六日「権殿・山陵日供の儀」）、三月二日「倚廬殿の儀」（いずれも皇室行事。但し「葬場殿の儀」に続く「大喪の礼」のみ新『皇室典範』第二五条により国の儀式とされた）等は、『皇室喪儀令』『皇室服喪令』『皇室祭祀令』等の附式を参考にして行われた。

つまり、昭和二十二年の依命通牒によって「新らしい規定ができていないものは、従来の例に準じて事務を処理する」との方針が実際に踏襲されたのである。

従って、平成二年秋（十一月）に予定されている「即位礼」と「大嘗祭」についても、この『登極令』附式が参考にされる可能性は大きいと思われる（『文藝春秋』三月特別増刊「大いなる昭和」所載拙稿「即位礼と大嘗祭」参照）。

（平成元年三月五日記）

第七章　賀茂百樹講義の『登極令大要』

解　説――三つの注解と著者の紹介

皇位継承に伴う践祚・改元・即位礼・大嘗祭について規定した『登極令』（及び同附式）は、明治四十二年（一九〇九）二月十一日に公布された皇室令である。その複雑な成立の経緯については、本書第六章「『登極令』の成立過程」に詳述したが、内容を全般的に解説・注釈したものは少なく、今のところ管見に入ったのは左の三点にすぎない。

(イ)　賀茂百樹『登極令大要』（大正元年十月刊行冊子）

(ロ)　多田好問『登極令義解』（大正三年二月草稿）

(ハ)　上杉慎吉『登極令謹解』（大正四年十一月発行雑誌所載）

これら三点は、明治四十五年＝大正元年（一九一二）七月三十日、明治天皇の崩御に続く大正天皇の践祚により、初めて適用されることになった『登極令』への関心が高まった機会に、相次いで作られたものと見られよう。

事実、(ハ)は大正三年十一月の予定が昭憲皇太后の崩御により翌四年十一月挙行されることになった即位礼と大嘗祭を迎えるにあたって、「法学協会雑誌も此のめでたき御大礼をことほぐ微意をあらはさんとて、委員等我に……登極令の義解をものせんことを嘱せり。」（『法学協会雑誌』第三十二巻第十一号所載、のち大正五年刊・同氏著『国体憲法及憲政』第一編所収）といういきさつにより、その本文を簡潔に逐条解釈されたものである。

またロは、明治三十二年から十年間、帝室制度調査局御用掛のひとりとして『登極令』などの立案起草に尽力した多田好問（弘化二年一八四五〜大正七年一九一八）が、その公布前後に「稿本」を編修した。しかも、大正三年早々、大礼使事務官に任命された際「其の稿本《草稿》の刪潤を加へたるもの数本を参看し、其の意義を考究し、其の要を撮み、以て之を令文・附式の下に記す」（自叙）ことにより纏められたものである。ただ、これは公刊されることなく、草稿のまま宮内省図書寮＝宮内庁書陵部に伝えられてきた。

これに対してイは、大正に入ってから刊行されている。その全容はすでに三年半前、『登極令』公布直後、講演の草案として纏められたものにほかならない。

ただ、活版冊子が二種類ある。両方とも「大正元年十月十日」付の発行で、「定価金弐拾五銭」ながら、その一つはA発行者が東京の「会通社」、いま一つはB発行者が「大橋朗」となっている。けれども、組み方が少し異なるだけで、総頁数は変わらない（A5判一〇一頁）。両者を対校してみると、Aを基にしながら、冒頭を省略して末尾に自説を加筆し、文中も少し修正を加えたのがBにほかならない。

私は三十年程前、Aの本文を翻刻したことがある（平成元年一月。付載の図版と登極令は省略）。またBは、近年に至り国立国会図書館においてデジタル化されている。しかし、今あらためて両者を対校し、読みやすくして本書に収録することは、必ずしも無意味ではないと思われる。

そこで、以下にAを底本とし、Bとの校異を▲印で示すと共に、両方の原本に付載されている図版の影印を加える。その前に、著者の序文を掲げれば、左の通りである（AB全く同文）。

この書は、去し明治四十二年三月二十日、広島県開催の斯民会において講演せんとして、草案せしものなり。初め登極令の発布せらるゝや、拝読して思へらく、登極の大典は、建国の大本を原ねて行はせられ、これに由りて国家の元首立ち、これに由りて国家の中心定まる所以のものなれば、周くこれを国民に知得せしむる要ありと。然れども、事志と違ひ、空しく数年を経過し、其の原稿の如きも、当時一二の雑誌などには掲載せしこと有りしも、爾後久しく筐底に忘れられたりき。頃日、大橋・井上・内藤・新海等の諸子、これを見出て、徒に紙魚に任すを惜しみ、一小冊子と為して広く世間に頒たんことを乞ふこと切なり。

惟ふに、今や恐くも／当今　陛下、祚を践ませ給ひ、将に期年の後に、即位の盛儀、大嘗の大礼をも行はせ給はんとす。今日よりこれを見れば、迂遠且つ粗笨の記述たるを免がれざれども、そも登極の御事たるや、故実を考証して詳記せんか、千頁の紙を以てするも尽すを得ざるべく、其の要を摘みて簡明切実なる読本的佳章を編せんか、譾才の其の任に膺らざる所。況や大喪第二期中、未だ稿を改むる勇気なく、強ひて筆を執れば滴々紙面を濡すもの有るをいかにせむ。因つて、寧ろ当年草案のまゝこそよけれと、掌典宮地大人に嘱して懇篤なる閲読を煩はし、出版に附することゝせり。

もとより、本書は一時の筆のすさびに成れる通俗的一場の講演案にして、世の学者たちに資せんとするものにあらざれば、附図の如きも成るべく簡略に従へり。そは旨とする所、御令（登極令）の大要を敷衍して、未だ知らざるものをして此の国家樹立の大本を知らしめ、此の卓越せる国体の尊厳を欽仰せしめんとする微意なればなり。これによりて、啓発して益するもの有らば、独り予の本懐たるのみならず、諸子の如きも亦満足すべし。少か其の由を記して、緒言となす。

大正元年九月二十三日

／賀　茂　百　樹

この著者である賀茂百樹は、慶応三年（一八六七）周防国熊毛郡平生に藤井厚鞆（白井田八幡宮司）の三男として生まれたが、青年時代、伊勢の御巫清直に師事して国学関係の典籍習読に努め、東京で井上頼圀・栗田寛などに学んだ。

明治二十九年（一八九六）、賀茂真淵の後裔・岡部清子の養嗣となる。同三十二年、神宮奉斎会の広島本部長となって神道の弘布に努め、十年後の同四十二年三月二十九日、靖国神社宮司に抜擢され、昭和十三年に退隠するまで三十年近く同社に奉仕している（同十六年歿、七十五歳。『靖国神社百年史』資料篇中「宮司略歴」参照）。

従って、この講義草案は、広島の本部長を離任する直前（当時四十三歳）纏められたことになるが、他にも『神祇に関する問答五百題』などがある。とくに大著『日本語源』（昭和十年刊）は、近年、名著普及会から復刻されたが、そのさい加えられた佐藤通次博士（言語学者）の解題にも記されているごとく、国語学史・語源学史上いまなお評価の高い名著といえよう。この『登極令大要』においても、大礼関係の語句解説が詳しく、著者独特の注目すべき見解も少なからず盛り込まれている。

なお、右の序文にみえる「掌典宮地大人」とは、百樹より二十歳年長（弘化四年一八四七生れ）の宮地厳夫《いずお》（土佐出身、城内八幡宮祠宮宮地重岑の門人・養嗣）で、伊勢神宮の禰宜をへて明治十年から教導職を歴任し、同二十一年から宮内省掌典を拝命（楽部長兼任）、大正の初め大礼使事務官として典儀部に勤めている（神社新報社編刊『神道人名辞典』参照）。登極の諸儀や宮中祭祀の実際に精通した神道家として重んぜられていたから、百樹もこの講義草案にその「懇篤なる閲読を煩はし」て正確を期したのであろう。

今回、Aを底本として翻刻するにあたり、読みやすくするために、原本では少し不備・不統一な句読点を正して、送り仮名・改行などを多くするなど、調整をはかった（本文の仮名遣いは原文のまま）。夥しい傍点や頭書（要点の小見出し）は省略したが、主要な語句を太字で示す。またBとの大きな異同は※印で注記した。

（平成元年正月十五日記・同三十年三月二十日訂）

※靖国神社宮司としての賀茂百樹については、藤田大誠氏「国家神道と靖國神社に関する一考察――神社行政統一の挫折と賀茂百樹の言説をめぐって」（『國學院大學研究開発推進センター研究紀要』創刊号、平成十九年）に詳しく論及されている。

登極令大要

賀　茂　百　樹

登極令は、天皇の宸極に登らせらるゝ御手続、御儀式等を規定せられたる御令なること、申すまでもなし。謹んで本令を拝読するに、其の旨とする所、践祚式・即位式・大嘗祭の三なり。践祚の式と即位の礼とは、もと同一事にして、時間の関係上、二つに分れたるまでのことなるのみ。能くこれを思へば、践祚式に於ける賢所の御祭典及び剣璽渡御の儀と、即位の礼に於ける神器を京都に奉じて行はせらるゝ賢所大前の儀とは、其の趣一にして、践祚式に於ける朝見の儀と、即位式に於ける紫宸殿の儀とも、亦其の旨二ならず。

斯くこれを見る時は、**天皇登極に於ける重大の要件**は、左の三なることを知るべし。

一　祖宗の神器を承け給ふ。

二　天津日嗣を継承し給ふことを宣り給ひ、宝祚無窮の寿詞を受け給ふ。

三　大嘗祭を行ひ、斎庭の御饌を聞食し給ふ。

以上の三に外ならず。而してこの三の因て起る本源は、わが国家肇造の際に於ける　皇祖天照大神の垂れ給ひし三**大神勅**に起因するなり。其の神勅に曰く、

一　吾児、視二此宝鏡一当レ猶レ視レ吾。可三共レ殿同レ床以為二斎鏡一。

二　豊葦原千五百秋之瑞穂国、是吾子孫可レ王之地。宜二爾皇孫就而治一焉、行矣。宝祚之隆、当下与二天壌一無上レ窮者矣。

三　以二吾高天原所レ御斎庭之穂一亦当レ御二於吾児一。

第一の神勅は、天位の信徴たる天璽の神器中、神鏡の尊むべきを明示し、第二の神勅は、皇統の無窮を宣言して、なほ千万世に祝福あらせられ、第三の神勅は、孝敬の道を致して、衣食の重ずべきを教へ給ひしなり。これによりて之を見る時は、上に云へる三大要件は、やがてこの三大神勅に起因すること、明白なりとす。〔この三大神勅によりて我が国家の基礎は定り、天皇の宸極に即かせ給ふ所以なれば、本令を講ずるに当りては、之を詳述せまほしけれども、茲には之を略す。古事記・延喜式・祝詞・神皇正統記所載の皇祖の神勅をも合せ見て大旨を了るべし。〕

歴世の天子よく其の本源を忘れ給はず、忠実なる国民亦これを奉事して、天孫降臨より幾千載、猶能く天上の儀を存し、優然として皇祖の左右に奉侍するが如く、儼然として今日に実現せるもの、我が国体の尊厳、我が聖徳の深原なる、心を潜めて思はざるべがらざるなり。

▲以上、Bになし。次の「この御令」をBは冒頭「天皇登極の御令」に作る。以下ほぼ同文。

この御令を、肇国知看《はつくにしろしめ》し、神武天皇登極の日、即ち紀元節の嘉辰（明治四十二年二月十一日）を以て公布せられしは、最も忝き叡慮の有らせらるゝ所なるべし。殊に（大日本帝国）憲法発布の満二十年に相当する日なるは、更に深き思召のほどを拝察するに足る。

制令は多く、儀式は数あれども、天皇登極の御ことばかり、重くして且つ尊きは無し。〔往年、憲法の御発布も、この嘉節の日を以てせられたるなり。〕これ、全く祖宗の遺烈を揚げ、洪謨を弘め給はんとの叡慮なりと拝察せられて、恐しとも恐し。祖先を追念し祖先の遺風を顕彰せんとするは、皇祖の遺訓にして、わが国風なれば、吾々臣民もこれに習ひて、一家の重き式典は、祖先成功などの紀念日を以て行ふ如きは、誠に宜しきことなりかし。

登極とは、嵩崇至極の**天津《あまつ》高《たか》御座《みくら》に登り賜ふこと**を云ふ。続紀、元正天皇御即位の詔に「履レ祚登レ極」とあるをはじめて、儀式また延喜式にも、登極の文字は見え、持統紀には「騰極」とも書けり。践祚と云ふも即位と申すも登極と称するも、皆天津高御位に即かせ給ふ御事なるが、後世に至りて、即位の礼と践祚の式とは、別々に行はるゝこと、なり、且別々に行はせざるを得ざるを以て、こゝには登極の字を以て、践祚の式と即位の礼との二つを総括せられ、猶一世一度の大嘗祭を加へられたるものと知るべし。

令とは、令義解に「教令也、教《ふるに》以《て》二法制一《を》令《む》三其不《ら》二相違《して》越《え》一、故曰《にふ》レ令《と》。」と有り。今日にては、皇室祭祀令・摂政令・立儲令・皇室成年式令・皇族会議令・公式令など、多くの御令は有れども、中にも天皇登極の御事は、皇室の大典たるのみならず、実に国家の大典なれば、令中の最も重き御令なりとす。

皇室令第一号とある皇室令は、内閣に於ける閣令、省県に於ける省令・県令の如く、皇室に於ける令の意なり。公式令第五条によると、皇室典範に基づく諸規則、宮内官制、其の他、皇室の事務に関する勅定を経て発表する規程は、皇室令として上諭を附して公布せらるゝことなり。而して同条の一項に、前項の上諭には、親署の後、御璽を鈐し、宮内大臣、年月日を記入し、之に副署す。国務大臣の職務に関連するものは、皇室令の上諭には、内閣総理大臣、又は内閣総理大臣及び主任の国務大臣と倶に之に副署す、とあり。

この登極令及び摂政令などの上諭には、総ての国務大臣之に副署せらる。こは国家に重大の関係あれば、大臣全体が其の主任たる意を明かにせるなり。第四号の成年式令には、宮内大臣のみの副署なるに比しても、此の御令の重きことを知るべし。

謹んで案ずるに、皇祖の神訓は、天孫降臨に際して煥発せられ、これによりて我が国体の基礎は確定したり。この故に、わが国家諸般の事は、多くは皆此の時に発源せり。中にも天皇登極の御儀の如きは、殊に茲に根原せるを以て、国民たるもの、又我が国体を知らんとするもの、この登極令を一読せざるべからず。これ不肖を顧みず、この御令の大要を敷衍する所以なり。

第一条　天皇践祚の時は、即ち掌典長をして賢所に祭典を行はしめ、且つ践祚の旨を皇霊殿・神殿に奉告せしむ。

践祚の二字を、書紀崇神巻に、「アマツヒツギシロシメス」と訓ず。天津日嗣知食すの義にて、**天皇の位に即き給ふこと**を云ふ。〔礼記に「践《む》レ阼《を》」とも「涖《む》レ阼《に》」ともかき、史記に「即《く》レ阼」とも書けり。阼とは、古、支那にては殿前に両階ありて、東階を主人の階とし之を阼と云ひ、天子は即位の時その阼階を昇りて祭祀を行ふにより、阼階を以て天子の位となしたるなりと云ふ。字義の相通ずるより、践胙とも践祚とも書く。胙は祭肉也とも位也ともあり。我国には、天祚・宝祚・践祚・登祚・即祚・重祚・再祚など、祚の字をのみ用ゐらる。祚は福也、禄也、位也とも、（春秋）左伝に「祚《さいはひす》二明徳《に》一」などあり。字義はとにかく、御位を履み給ふことを践祚と称す。〕

令義解に「即位謂《ふ》二之《を》践祚《と》一」とありて、昔は即位と践祚とは、文字こそ違へ同一のことにて、更に差別は無きことなりしを、桓武天皇の御世に至りて、始めて践祚の後、更に日時を撰みて即位の礼を行はれにき。然れども、此の時は未だ践祚と即位との名は分たれざりしが、朱雀天皇に至りて、先づ践祚の御事ありて後に、更に即位の大礼を挙げさせらるゝことを定例となし給ひ、践祚と即位との名を分たるゝに至れり。

この御令は、いづれに拠らせられたりやと云ふに、既に皇室典範第二章第十条第十一条に御規定相成りし如く、先づ践祚の御事ありて、後に諒闇を出でさせられて、更に即位の礼を挙げさせらるゝ御事なり。上古は凡て崩後を受け給へる登極のみなりしが、継体天皇の安閑天皇に譲位ありて即日崩御し給ひ、この後九代を経て、皇極天皇に至り孝徳天皇に譲位し給ひしより受禅のこと起りて、竟に譲国儀など制定せらるゝに至り、爾来、崩後の登極と受禅の登極とが二ながら随時に行はるゝに至りしを、明治の昭代となりて、譲位と云ふことは一切行はせられぬこと、定められて、古に復されたるは誠に尊き御事なり。〔譲位の践祚は即日即位せられしが、崩御の践祚に至りては多少の時日を経て行はせらる、例なれども、今日は時勢古の如くならず、一日も君位を空うすべからざれば、崩御の後直ちに践祚あらせらるゝなり。但、宇多・後三条・鳥羽・後桜町天皇の如きは、崩御即日御践祚あらせられたり。〕

賢所は、日本紀略に「加之古止古呂《かしこどころ》」とあり、賢の字は借字にて、**かしこみも敬ひ奉る所**のよしの名也。〔今音読してケンジヨとも称す。〕村上天皇聖《(御)》記、また扶桑略記に「威所」に作り、小右記に「恐所」とかき、中右記に「畏所」とある如きは言義に近し。御堂関白記に「尊所」ともあり。誠に上、御一人より始めて、下、万民に至るまで、尊むべく惶むべきは、皇祖天照大御神の御霊代とます宝鏡にこそませ。天徳以来、数度の火災にも灰燼とならせ給はず、寿永の乱、海底にも沈ませ給はず、嘉吉の変、敵手にも渡らせ給はず、其の威霊赫々として今日に至らせ給へり。

されば歴世の聖皇、尊崇浅からざるなり。大日本史に「凡《そ》天子、毎日沐浴《して》易《へ》レ服《を》、拝《し》三大神宮、内侍所於《をて》二石灰壇《に》一、両段再拝《す》。礼容最《も》謹《み》、列聖眷々崇敬之厚《きこと》如《し》レ此《の》。可《し》レ謂《ふ》レ体《すと》二天祖授鏡之意《を》一矣。」といへる、真にさることなり。古は温明殿《うんめいでん》に斎はれ、後に春興殿《しゆんきようでん》に遷座あり。今の宮城にては更に一殿を建てさせられて斎ひ給ひぬ。この御殿を今猶、温明殿と称せらる。

皇霊殿は、賢所の西〔右方〕の御殿にて、歴代の皇霊―皇后―皇妃、並に皇親の霊を祭らせ給ひ、**神殿**は、賢所の東〔左方〕の御殿にて、天神地祇を祭らせ給へり。

附式、第一編　践祚の式にて、賢所の儀、皇霊殿・神殿に奉告の儀、剣璽渡御の儀、践祚後朝見の儀の四つに分たる。この四儀を行はせられて、始て践祚を了らせられたる御事となり、この後、即位の礼と大嘗祭とを行はせられて、登極をば全く了せさせられたる御事となることゝ伺ひ奉らるゝなり。

践祚の御儀は、登遐の御事有らせらるゝや、東宮より宮城に入らせられて挙げさせらるゝなり。賢所にて三日間、祭典を行はるゝは古例なり。御代拝なるは、諒闇中の御事なればなるべし。〔祭祀令第八条に規定せらる。〕

剣璽渡御の御儀は、最も重き御事なれば、賢所第一日の御祭典と同時に行はせらる。宝剣と神璽とは侍従奉仕し、国璽と御璽とは内大臣秘書官の奉持せるを、内大臣進みて、先づ剣璽を御前の案上に奉安し、次に国璽・御璽を御前の案上に安きて、渡御の御事は了せらるゝことなり。

〔**神器は伝国の至宝**なれば、必ず此の器を授受して践祚の信憑となし給ふべき　皇祖の御遺訓なるを、後鳥羽天皇及び北朝の天皇の之を受け給はずして践祚し給ひし如きは、乱世非常の異例にして、当時朝臣の大に異議を鳴らせしことなりき。玉海(葉)に、後鳥羽天皇の践祚の御事を「抑《も》不レ受《け》二剣璽《を》一、踏《む》二天下《を》一之例、人代以来曽《て》無《し》二蹤跡一。依二一日《も》不レ可レ空二宝位一猶践祚省被《る》二　怱《にはかに》行《は》一。雖《も》二理可《れど》レ然《る》、至《りては》二　于即位之時《に》一、猶試《みに》　可《き》レ有《る》二此《の》沙汰一歟《か》。非《ず》三啻《に》遺《すのみに》二　無《き》レ例之恨《を》一、殆《ど》可《き》レ為《る》二招《く》レ乱《を》之源《と》一歟《か》。（中略）何況《ぞや》不レ帯《び》二剣璽《を》一　即位之例出来《すれば》　者、後代乱逆之基、只可《し》レ在《る》二此事《のに》一。」と云へり。実に止むを得ざることなりとは云へ、歴史上の一大瑕瑾なりとぞ申すべき。明治四年の詔に惟るに「神器は天祖威霊の憑る所、歴世聖皇の奉じて以て天職を治め給ふ所なり」とあり。嗚呼尊き哉。〕

抑ゝ国民として、我が国に**三種の神器、即ち八咫鏡・草薙剣・八尺瓊曲玉**の三神物の存することを知らざるものなからむ。この神器は、皇祖の皇孫瓊々杵尊に授け給ひ、代々相伝へて、君主の徴信となし給ひ、これに困りて、国家を治め、大義を定め、忠孝の道を教へ給ひぬ。

神武天皇に至りて、特に尊崇し給ひ、神勅のまにまに正殿に奉安せられしを、崇神天皇に至り、神威を褻さんことを畏れて、此の鏡剣を奉造したる神の子孫〔天目一箇命八世孫国振立命と、石凝姥命八世孫贏津足命との二人〕を徴して、更にこの二器を模造し奉り、天授の二霊器をば、同六年に皇女豊鍬入媛命に托して、笠縫邑に遷座して奉斎せしめ給ふ。これ後に、伊勢神宮と熱田神宮との御霊代にましまして、今日に至るまで替らせ給ふこと無し。

朝廷にては、この模造の鏡剣を以て皇祖に賜ひしものとして、天皇と同殿共床にて大座ましゝを、御鏡をば皇祖の「吾を視るが如く為よ」と宣らせ給ひし神訓によりて、猶安く思召させられず、何時の代よりか、別殿に遷して斎ひ給ふことゝなれり。

〔江家次第・禁秘御抄・公事根源等には、垂仁天皇の世に温明殿に遷されしよしに云ひ、本朝事始には、崇神天皇の御代とあり。当時温明殿など云ふ名称の御殿有るべくとも思はれず。温明《うんめい》とは、漢書の故事より出たる語にて、鏡のことなれば、御鏡を斎ひ奉られたる御殿なるを以て、後世、博士などの名づけたる名なるべし。古今著聞集に「内侍所は、昔は清涼殿にさだめ安かせ参らせけるを、自ら不礼のことも有らば其おそれ有るべしとて、温明殿に移されにけり。此の事、何時の事にか覚束なし。彼の殿、清涼殿よりさがりたる便なしとて、内侍所に定められたる方をば、板敷を高く敷き上げられたりけるとぞ。」とあり。また撰集抄に「内侍所をば、御誓と御詞に任せて、主上と同殿におはしましけり。崇神御位の時、恐れをなし奉らせ賜ひて、別殿に還し奉らせ給ひにけり。宇多の帝の御時より、温明殿に入らせ給へりけり。」とあり。公事根源に「内侍所一日の御供は、寛平年中に始る」などあるによれば、早く別殿にも又は清涼殿にても斎はせ給ひしを、宇多帝の時、更に温明殿に入らせ給ひしにや有らむ。此の後、大内裏廃れて後は、温明殿もなくなりしさまなれば、所々うつろひ給ひて、嘉吉の頃には既に春興殿を以て温明殿代と定め給ひしなり。〕

令義解に「践祚之日、中臣奏《り》二天神之寿詞《を》一、忌部上《る》二神璽之鏡剣《を》一。」、また古語拾遺に「今践祚之日、所レ献神璽之鏡剣也。」とある如く、かの深く斎ひ奉り給ふ神鏡をも、上古には即位の日に、剣璽と共に高御座の大前に捧安し奉りしなり。其の例は、日本紀継体巻に「大伴金村大連、乃跪上《り》二天子鏡剣璽符《に》一再拝《を》。」また持統巻に「奉三上神璽剣鏡於二皇后一。」などあるにて知らるゝなり。但、続後紀、仁明天皇崩御の条に「賫二天子神璽・剣・符節・鈴印等一、奉二皇太子直曹一。」文徳実録に「献二天子神璽・宝剣・符節・鈴印等一。」三代実録に「奉二天子（清和）神璽・宝剣・符節・鈴印等一。」などある神璽は、八尺瓊曲玉の御事なるべし。斯く上古は即位の御時に神器を上りたりしが、文武天皇の頃より大嘗祭にのみ上ることゝなりたるは、即位の礼は旨を唐制によられたるを以てなり。

然れども、**神鏡**は別殿に神と斎はせ給へば容易に動し奉らず。よりて竟に剣璽とは全く離れさせ給ひしなり。延喜式また儀式に、忌部氏の鏡剣を奉ることの見ゆるは、旧文を録し儀式を存せしまでのことなり。其は、北山抄に「忌部奉二神璽鏡剣一共退出。〔群臣起。寛平式云、天長以来此事停止。清涼抄云、近代不レ給二此神宝一、只奏二其詞一者。而寛平以後記文、忌部凡不二参入一。天慶記云、頼基申云、件鏡剣自二御所一暫下給奉レ之。而天長或奏輙給二重物一、非レ無二事危一者、其後忌部雖レ申不レ給。〕」と有るにて知らる。忌部氏は、衰微して祖業を纉ぐことを得ず、弥ゝ卑く下り、内侍所は弥ゝ神威を増し給へば、鏡剣を奉ることは止み、寿詞のみを奏することゝなりしなり。

斯く**御鏡**は、**皇祖の霊**として、伊勢の大神宮につぎて斎き奉らしめ給へば、諒闇の践祚などには殊更慎しみ憚るべき事となり来て、漸く大嘗祭の時に捧安の古儀を存せられしも、これ亦止みて、今回の御令によれば、恐くも天皇親ら、賢所を奉じて京都に至らせ、春興殿に斎はせ給ひて、その御内陣に進みて同床に大座まして、皇祖に奉答し給ふことゝなりしは、世の自らの状とは云へ、これ全く皇祖の同殿同床の神勅を忽にし給はざる、全く随神の御業なりと、伺ひ奉るも恐きことなりかし。

神璽は、神代のまゝの**御曲玉**にて、御筥に安ぜらる。禁秘御抄に「以二青色絹一裹レ之、以二紫糸一結レ之如レ網。」と記さる。古よりシルシノハコと申し奉りて、御尊重浅からず。御緒は、遠くは延喜年中に、近くは天明元年にも嘉永三年にも、結び改めしめられしとぞ。

御剣は、寿永の役、海底に沈ませ給ひて再び出で給はず。仍て、後鳥羽天皇の建久元年より二十一年間は、昼の御座の神剣を以て神器の御剣に代へられしが、後に**神宮祭主の献上せし剣**を以て神剣に准ぜしめられたり。

禁秘御抄に「承元譲位時有二夢想一、自二伊勢一進レ之、又准二宝剣一、以レ剣為レ先。」とあり。後世、御剣を陛下の御左に、御璽を御右に奉安せらるゝも、これに拠らせ給へるなり。

この御剣・神璽は、昔は、寝殿に二階厨子を据ゑさせられて奉奠せられしが、近世に至りては、同じ御殿の上の御間を**剣璽の御間**と定められ安置せられ給ひぬとなり。

第二条　天皇践祚の後は、直に元号を改む。元号は、枢密顧問に諮詢したる後、之を勅定す。

▲Bの初めに「元号は年号のことにて」の十字あり。以下「我国にて」に続く。

我国にて**元号**を建てられしは、孝徳天皇の大化に始まり、文武天皇の大宝以来断ゆることなし。

改元（**理由**）には、御代始の改元、祥瑞の出でし時の改元、災異の起りし時の改元、革命とて神武天皇即位の年の干支、即ち辛酉の年の改元、革命とて干支の首なる甲子の年の改元、等あり。中世に至りては、屢〻改元ありて、甚しきは一天皇の御宇に七八度も改められしこと有しが、明治元年より**一世一元の制**に定められたり。皇室典範第十二条に「践祚の後、年号を建て、一世の間に再び改めざること、明治元年の定制に従ふ」と規定せられしを、猶茲に委しく明記せられたるなり。

〔**明治元年の定制**とは、同年九月八日の改元詔に「詔、体二太乙一而登レ位、膺二景命一以改レ元。洵聖代之典型、而万世之標準也。朕雖二否徳一、幸頼二祖宗之霊一、祇承二鴻緒一、躬親二万機之政一。乃改レ元欲下与二海内億兆一更始一新上。其改二慶応四年一、為二明治元年一。自今以後、革二易旧制一、**一世一元、以為二永式一**。主者施行。」とあるを云ふなり。〕

古は、**改元の時**（**方法**）には、先づ年号勘者の宣下ありて、式部大輔・文章博士、其の他、其の事に堪能なる菅家の五家などをして、出典を具して勘文を奉らしめ、公卿をして難陳とて互にその優劣を論争簽議せしめ、その難陳の語を奏問して、勅裁を仰ぎて決定せしなり。採用すべき字数にも限りあり、引証すべき書籍にも定冊ありて、随分むつかしこきことなりき。

今其一例を云はゞ、**享保二十一年改元**の難陳に、唐橋（在秀）大内記は、周易の「天下嚮レ明而治」とある語によりて、明治の字を撰進せり。時に清閑寺（秀定）右大弁は「代始被レ用二治字一、凡七八度、各〻年序不レ久、可レ有二如何一哉。」

と難ぜり。然るに、西園寺（公晃）大納言は「此二字、其義用甚大。夫明二明徳于天下一者、聖王之所三以治二天下一也。故礼曰、明照二四海一、而不レ遺二微少一。又云、参二於天下一、並二於鬼神一、以治レ政也。」云々と、第一難を排して原案を陳ぜり。坊城（俊将）中納言は「然析レ字言レ之、則明字為二日月一、治字従二台《は》星名一也、水既逼二日月星辰一、則有二洪水滔天之象一。平時尚恐二其不一レ叶、況於二龍飛之始一乎。」と、第一陳に対して第二難を試たり。

次に式部権大輔は、この第二難に対して更に第二陳をなして曰く「然、明字為二日月一。按二周易一、大人者、与二天地一合二其徳一、与二日月一合二其時一。此文可レ為二嘉徴一。如下治字従二台水一之難上者、天治号可レ謂三水逼二天文星辰一也。亦在二龍飛之始一、而無二決水之事一。推レ古験レ今、強無二其難一、「可レ被二採用一哉、可レ在二上宣一。」と。

然るに、この第二陳も終に採用に至らずして、元文と改元せられたりき。この元文も、今より之を思へば、漸く五年にて止み排斥せられし。明治の号の、百七十年の後に於て、歴史上赫々の光輝を放つに至りしを思へば、誰か今昔の感なからむ。

明治維新に至りて、斯る煩雑なることを停められ、一世一元とせられ、この御令にて、枢密院顧問官に諮詢を経て、勅定せらるゝことに定められしなり。

▲末尾「られしなり」をB「られしは洵に当然のことなりと云ふべし。」に作る。

第三条　元号は、詔書を以て之を公布す。

古より改元の時には、詔書式を以てせらる。西宮記・北山抄等に「詔書事《の》、改元、改銭、並赦令等之類也。但臨時《の》大事《を》為レ詔、尋常小事為レ勅也。」とあるにて知るべし。

これらの古例によらせられて、建元は重きことゝして、詔書を以て公布せらるゝなり。詔書の勅書より重きことは、明治四十年一月三十一日の勅令を以て発布せられし「公式令」の第一条・第二条にて知るべし。

第四条　即位の礼及大嘗祭は、秋冬の間に於て之を行ふ。
大嘗祭は、即位の礼を訖りたる後、続て之を行ふ。

即位の礼とは、別式によりて按ずるに、即位の当日、皇霊殿・神殿に奉告の儀、賢所大前の儀、紫宸殿の儀、即位礼後一日賢所御神楽の儀、等のことなり。

皇霊殿と神殿に奉告の御儀は、勅使を遣はされて行はる。これ、天皇京都に座せばなり。賢所大前の御儀と、紫宸殿の御儀とは、この大礼中の最も主要なる御儀なるを以て、左に之を述ぶべし。

賢所大前に於ては、当日早旦、御殿を装飾せられ、御簾《みす》・幌《とばり》・壁代《かべしろ》を更め、〔幌はトバリと云ふ。帷幔に同じ、戸張の儀なり。壁代とは壁に代ふる義、表裏両面絹を用ゐる軟障《ぜんしょう》の如く、御簾に接して内に懸くるものなり。〕内陣の中央に、天皇御拝の短帖の御座を設けられ、御側に剣璽を奉安すべき案を置かれ、皇后の御座を其の東方に設けらる。

時刻到りて、建礼門〔京都御所の正南門〕及び建春門〔東方の側門〕を開く。文武高等官・有爵者・外国交際官並びに夫人等、朝集所に参集、天皇・皇后には宜陽殿に渡御あり。天皇には、御束帯《ごそくたい》・帛御袍《はくのおんはう》、未成年に座す時は空頂御黒幘《くろのさく》〔帛御袍は天子神祭の御服なり。幘《さく》はヒタヒノカガフリとも云ふ、額の冠の義なり。空頂の御幘は今の末額の如きものなり。〕、皇后には、御五衣《おんいつつぎぬ》・御唐衣《おんからぎぬ》・御裳《おんも》〔五衣はイツツギヌと云ひ、同色又は異色の衣を五領重ねたるなり。唐衣はカラギヌと云ふ、半臂《はんぴ》の如く肢に及ばされば、胴衣《からきぬ》の義なりと云ふ。裳はモと云ふ、腰に着くる服なり。〕を召換させられ、御手水あり。

此の間、皇太子・同妃以下、宮内大臣・内大臣・侍従長・大礼使長官・式部長官・皇后宮大夫・女官等の供奉員一同も、男子は束帯・剣、女子は五衣・唐衣・裳に服装を易へらる。

次に建礼門外、建春門外に儀仗兵整列すれば、大礼使高等官六人、冠は巻纓《まきえい》・緌《おいかけ》〔緌はオイカケともホホスゲとも云ふ、

貂尾馬尾などにて作る。緌を着くる時は必ず巻纓にするなり。〕

縹袍《はなだのほう》は闕腋《けってき》・纔着《ざいちゃく》、〔袍《ほう》はウヘノキヌとも云ふ、表衣なり。つぎ〴〵縹袍・緋袍・黒袍などあるは、当色とて位階の高下によりて色の異るなり。闕腋・縫腋などあるは、其の製によりて云ふなり。闕腋《けってき》はわきあけのころもと云ふ、腋を縫はざればなり。武官の服なり。縫腋《ほうてき》はマツハシノウヘノキヌと云ふ。腋を縫ひて纏はしたれば云ふなり。文官の服なり。纔着《ざいちゃく》はザイチヤクと称す。纔《わずか》に地に着くよしにて、身の丈に着ることを云ふなり。〕

錦の裲襠《りやうたう》、錦の摂腰《せつよう》、〔裲襠はウチカケなり。摂腰はコシアテなり。〕単下襲《ひとへしたがさね》〔下襲とは、袍をウヘノキヌと称するに対し、袍の下に重ぬる衣なれば下重と云ふなり。其の製、衿は衣の如く、袖は袍の如く、腋は闕け、尻は長く地に引く。後世、尻を切り放ちて裾を別にせり。〕半臂《はんぴ》〔下襲に重ねて、袍の下に着する半袖の衣なり、襴及び忘緒あること袍の如し。〕大口《おほくち》、表袴《うえのはかま》〔大口は括《くゝり》なく、口広く大なれば大口と云ふ。小口袴に対する称、赤地又は白地なり。表袴はウヘノハカマと称す。下袴・中袴等の表に着く。襞積《ひだ》及び括緒なく、地は白にて綾絹にて作る。〕

白布《の》帯、緋脛巾《ひのはばき》、糸鞋《いとのくつ》、〔脛巾《はばき》は脛にはくよしの名。ムカハキとも云ふは、向佩の義。糸鞋は俗にシガイとも云ふ。もと糸にて作り、足袋に似て歩行に易し。〕を穿ち、平緒附けたる剣を佩き、箭を挿みたる平胡籙《ひらやなぐひ》を負ひ、手には弓を執りて参進、南門の外掖に各左右三人宛、相対して衛門の本位に就き、次に司鉦、司鼓〔鼓及び鉦を撃つ人〕、高等官左右各〻一人は束帯・剣・鞾《くつ》〔鞾は靴に同じ、クワノクツと云ふ。図参照すべし。〕、判任官左右各六人は束帯《そくたい》、冠は細纓〔細纓とは細燕尾とも云ふ。鯨の髭を曲げたるなり。六位以下の冠なり。〕の人、本位に就き、次に大礼使高等官左右各二十人、威儀物《いぎのもの》を捧持して参進、本位に就く。〔威儀物とは、太刀八口・弓八張・壺《つぼ》胡籙八具・桙八竿・楯八枚を云ふ。太刀は両面錦嚢に、弓は赤色綾嚢に、壺胡籙は紫色綾嚢に納められる。威儀物を建つるは、『古語拾遺』に、神武天皇即位の時の御事を「物部乃立二矛盾一、大伴来目建レ仗開レ門、令下朝二四方之国一観中天位之貴上。」とあり。『延喜式』にも「諸衛立レ仗、諸司陳二威儀物一、如二元日儀一。石上・榎井二氏各二人〔この二氏は物部氏より別れたる氏なり〕、皆朝服、率二内物部四十人一立二大嘗宮南北門神楯戟一。」などありて、最も重き儀なり。〕

この威儀の物を捧持するものは、垂冠の束帯・帯剣・韡の服装にて、太刀捧持者は黒袍、弓及び胡籙の捧持者は緋袍、桙・楯の捧持者は縹袍なり。

次に大礼使高等官左右各十人、束帯は巻纓・緌、袍は闕腋、桂甲《けいこう》〔ウチカケヨロヒともカケヨロヒとも云ふ〕、肩当《かたあて》〔肩に当る衣〕、錦の摂腰〔帯に似たり〕、単、大口、表袴、白布の帯、韡の服装に平緒の剣、箭を挿める胡籙、弓を持ちて〔但、前列者は黒袍・平胡籙《ひらやなくひ》、後列者は緋袍・壺胡籙《つぼやなくひ》なり。平胡籙は其の製平なれば、差したる矢、上は広く開き、壺胡籙は其の製深ければ、其の矢すぼむなり。矢の数は二十一筋、又は十一筋なるべし。〕参進、威儀の本位に着くなり。

かく列位定まれば、鉦と鼓とを撃ち鳴らす。これを合図に、朝集所に参集の百官等、本位に着く。

次に春興殿内殿の開扉あり。次に神楽歌を奏する中に、神饌と幣物とを供せらる。〔この神饌は、折敷高坏六基—折櫃四十合なり。四十合の神饌は、『禁秘抄』に「即位始供二神物四十合一、自二内職寮一進レ之。」また『江家次第』に「代始被レ奉二四十合御供。一」などあるによらせられたるなるべし。〕

次に掌典長、祝詞を奏し終れば、天皇・皇后、内陣の御座に著御ありて、天皇には御拝礼の後、御告文の奏あり。かくして、天皇・皇后入御ありて後、諸員拝礼、撤饌、閉扉等のことあり。

謹んでこの御盛儀を拝して、天皇の大孝を申べ給まふ至誠に感泣せざらんとして得ず。「吾児視二此宝鏡一、当猶レ礼レ吾与共レ床、以為二斎鏡。一」、また「皇孫就而治焉、宝祚之隆、当下与二天壌一無上窮者矣。」と宣ひし皇祖の神勅を体せられて、今更に皇緒を受け給ひ、皇祖の吾が御魂と為せよと宣らせられて、御手づから賜ひし宝鏡の大前に、宝祚に騰り給ふ。実に感極りて、申し加へ奉るべき言辞なし。

会沢正志（斎）先生がその著『新論』に、即位の御事を述べ来りて「毫無レ異二於天祖伝レ祚之日一。而君臣皆不レ得レ忘二其初一也。夫以二天祖之遺体一、而膺二天祖之事一、粛然優然見二当初儀容於今日一。則君臣観感、洋洋乎如レ在二天祖之左右一。而群臣之視二天孫一、亦猶レ視二天祖一。其情之発二於自然一者、豈得レ已哉。而群臣也、亦皆神明之冑、其先世事二天祖天孫一、有レ功二徳於民一、列二在祀典一。而宗子糾二緝族人一、以主二其祭一。入以孝二其祖一、出以供二奉大祭一、亦各以二其祖先之遺体一、行二祖先之事一。惻然悚然、念下乃祖乃父、所二以敬二事皇祖天神一者上、豈忍下忘二其祖一背中其君上哉。於レ是乎、孝敬之心、父以伝レ子、子以伝レ孫、継レ志述レ事、雖二千百世一、猶如二一日一。孝以移二忠於君一、忠以奉二其先志一、忠孝出二於一一。教訓正俗、不レ言而化、祭以為レ教、教之与レ政、未二嘗分為レ二一。故民唯知下敬二天祖一奉中大胤上、所レ嚮一定、不レ見二異物一。是以民志一而天人合矣。」と云はれしは、実によく尽されたりと云ふべし。

斯かる立派なる御国柄なるに、若し国民として未だこれを知らざる者ありとすれば、豈《あに》それ教へざるの罪深からずや。自己が抱ける玉は連城の璧なることを知らずして、他人の持てる土塊をうらやみて、これに換へんとする如きもの有らば、これをこそ白痴癲狂と云はめ。慨歎せざらんとして得んや。これ、いつも不肖を顧みず、絶叫警告する所以なり。

斯く　皇祖の大前に大礼を致されぬれば、これより紫宸殿の高御座に登り、大詔を下し給ひて、寿詞を受けさせ給へる大儀あるなり。当日は、御殿の南栄《なんえい》〔南栄とは南の栄《ひさし》なり。栄は『字鏡』に「比佐之《ひさし》」とあり。『安斎随筆』に「栄の字ノキと訓む」とあり。『説文』に栄は「屋翼也」とあり。〕に、五綵瑞雲《ごさいずゐうん》に日像の繡ある帽額《もこう》を懸け、〔帽額はモカウと云ふ。首服の名より転じて、長押に横に長く引く布帛なり。水引幕はこの遺製なりと云ふ。〕母屋《もや》の中央に南面して、三層の黒漆《くろぬり》の継壇《つきだん》を立て据ゑ、其の上に高御座《たかみくら》を安置せらる。

高御座とは、天皇の御座の名にて、『延喜式』祝詞に「天津高御座」ともあり。其の高御座の蓋上中央の頂には、金色の大鳳形一翼、棟上の八角には、同小鳳形各一翼づつ、瑞雲を続ける搏風と蓋下とに、大小鏡を立て棟下の八角に玉旛を垂る。其の内部に紫の御帳あり。御帳の上層に帽額、蛇舌を懸く。

壇上第一層・第二層には赤地《あかぢの》錦を敷き、第三層には青地錦を敷く。其の上に繧繝縁畳《うんげんべりのたゝみ》二枚〔繧繝縁畳はウンケンともウケンとも云ふ、正字は暈繝なり。五色の絹にて織る。紋は菱なり。〕大和錦縁龍鬢土敷《やまとにしきのへりりうびんのつちしき》一枚〔龍鬢は龍鬢草を以て織る故に称す。

今は畳の表を以てし、龍紋を貼綴す。土敷とは俗に土塗に敷くと云ふが如し。〕大和軟錦毯代《やまとのぜんきんのたんだい》一枚、東京錦毯代一枚〔毯代はダンダイと云ふ、毯の代用として布帛を以て製るなり。毯とは毛席なり。俗にダンツウと云ふは毯子の訛なり。大和の軟錦にて作るを大和軟錦毯代と云へば、支那東京より出づる錦を以て作るを東京毯代と云ふべきか。然れども『延喜式』に「唐経錦」とあるものと同一なるべければ、東京《とうけい》は唐経の仮字とす。〕を累敷せらる。其の上に御倚子を立て玉座となし、〔倚子はイシと云ふ。倚憑するよしの名。欄あり、褥を敷く。〕その御左右に螺鈿案各一脚を安き、剣璽奉安の所とせらる。

抑ゝこれを天津高御座と申すは、天照大神より受け継ぎませる御座なればなり。この高御座に登り給ひて、始て天皇とならせ給ふ訳なれば、実にこの高御座は神聖のものにて、決して他人の覬覦《きゆ》すべからざること勿論なり。『延喜式』祝詞に「皇親神魯美之命《すめむつかむろみのみこと》以氏、皇御孫之命乎天津高御座爾坐氏、天津璽《あまつしるし》乃剣鏡乎捧持賜天、言寿宣志久《ことほぎのりたまいしく》、天津日嗣遠、万千秋乃長秋爾大八洲豊葦原瑞穂国之国乎、安図止平気久所知食止言寄奉賜。」とあり。

此の祝詞によりても、この天津高御座には、天皇が自ら登り給ふにもあらず、また国民が天皇として登らせ奉る義にもあらずして、皇祖の登らしめ給ふ義なることを知るべく、上にも述べし如く、天祖如在の礼を尽して、大礼を挙げさせらるゝ最も重大の儀式と知るべし。継壇の下、南東西の三面に両面錦を敷き、其の北階の下より後に至る間、筵道《えんどう》を敷きて天皇の御通路とす。

この高御座の東側に**皇后の御座**を設けらる。其の儀、三層継壇を立て、八角にて棟端、蕨手《わらびて》なる御帳台を安し、其の蓋上に霊烏形一翼、八角の棟下に玉幡一各一旒を懸く。其の他の装飾、高御座に準ずとあり。

抑ゝ皇后のこの大礼に列し給へること、古は即位の式は、大凡元日の儀に同じかりしかば、『内裏式』元正受㆓群臣朝賀㆒式の条に「整㆓設御座於大極殿㆒、敷㆓高座㆒以㆑錦、高座壇下南幷東西鋪㆓両面㆒云々。張㆓班幔於高座後左右㆒也。設㆓皇后御座於高座東幔之後㆒云々。」とあり。これらによりて、この御令は御制定あらせられしなり。天皇の御座の正中にして、皇后の御座の其の東側に設けらるゝは、自らその別のあらせらるゝことを明かにせられしなり。

南庭、桜樹の南方には日像纛幡《とうのはた》、この御旛は赤地錦に日像を繡にし、纛竿《とうのさお》に懸けらる丶なり。其の南に頭**八咫烏形**《やたがらすがたの》**大錦旛**、この旛は五彩の瑞雲の錦に八咫烏形を繡にし、戟竿《ほこのさお》に懸けらる丶なり。八咫烏は、神武天皇東征の御時に出で、嚮導し奉りし霊烏なるを以て、殊に用ゐられしなるべし。

次に菊花章の中、錦旗五旒〔一旒は青地錦、一旒は黄地錦、一旒は白地錦、一旒は紫地錦にて、並びに金糸を以て菊花章を繡にし、戟竿に懸けらる。〕、次に菊花章の小錦膳五旒〔同上〕を順次に樹てらる。

橘樹の南方には月像纛旛一旒、この旛は白地錦に月像を繡にし、纛竿に懸けらる。その南に**霊鵄大錦旛**一旒、この旛は五彩雲の錦に金色鵄《とび》を繡にし、戟竿に懸けらる。金鵄も亦、神武天皇の皇弓に止まりて奇瑞を示し丶こと、皆人の知る所なり。次に菊花章の中、小錦旛十五旒を樹つること、東方の如し。

左右の大錦旛の前面に**萬歳旛**各〻一旒づつを樹てらる。萬歳旛は赤地錦に、上に厳瓮《いつべ》及び魚形《うおのかた》を繡にし、下に金泥を以て萬歳の二字を書し、戟竿に懸けらる丶なり。厳瓮・魚形とは、神武天皇紀に「天皇祈之曰、吾今当以二厳瓮一沈二于丹生之川一、如《もし》魚無二大小一悉酔而流《れんこと》、喩猶《ば》二被葉《まきのは》之《の》浮流一者、吾必能定二此国一云々。頃《しばらくして》之魚皆浮出、随レ水喩《あゐ》喁《たふ》、云々。天皇大喜云々。以祭二諸神一。自レ此始有二厳瓮之置一也。」とある。瑞祥の故事によらせられしなり。

小錦旛の前面には、鉦鼓を左右に各三面づつ置かれ、金鍔黒柄の桙を左右十竿づつ布列せらる。此の桙には金繡の鞆の絵ある赤錦の旛を着く。鞆は応神天皇に由縁あり。こは右の近衛陣の竿に替へられたるものと伺はる。

今回の新令にて、唐制によられし龍像纛とか鷹像幢とか四神桙などを停止せられて、わが紀元を開始せられし皇祖神武天皇の故事によりて頭八咫烏・金色鵄・厳瓮等を用ゐられ、又菊花章に定められしは、誠に明治昭代の賜にて、万世動くまじき盛儀と申し奉るべきなり。

神社は、古来朝廷に習ひ奉りしこと多く、狛犬を置くとか、四神桙を樹るとか、随身像を置くとか、鼓鉦を撃つとか、大概朝儀にならへることとなるが、今後は更にこの盛儀にならひ奉りて、狛犬や四神桙を止めて、旗旒の模様の如きも、其の祭神に関係したることなどを用ゐること、すれば、教育上にも益する処、多大たるべしと思はる。

斯く準備調へば、儀仗兵は建礼《けんれい》・建春《けんしゅん》両門外に整列し、文武高等官等は日華《につか》・承明《しょうめい》の二門外に列立し、大礼使高等官三十人、承明・日華《につか》・月華《げつか》・長楽《ちょうらく》・永安・左掖・右掖等の諸門に参進、衛門の本位に就き、次で司鉦・司鼓の者もその本位に就き、次に大礼使高等官左右各二十人、威儀物を捧持して日華・月華の各門より参入し、中錦旛の前面なる本位に就き、次に大礼使高等官左右各十人、同上の門より参入、南庭桜橘樹の前面の本位に就く。其の服装は凡て賢所の大前の如くなれば、喩ふるに物なき盛観なるべし。

次で鉦・鼓各三下を撃てば、〔古は、大臣たる人が撃つことを命ぜしなり。〕諸員列立し、次で大礼使高等官前導して、門外列立の文武高等官を殿上の東廂又は軒廊に参進し本位に着かしめ、総理大臣・大礼使長官等は、殿上南廂に参進して班に着く。

皇太子・親王等には、高御座の前面の壇下の本位に就かれ、次に警蹕を称ふれば、天皇には御束帯・黄櫨染《きはぜそめ》御袍。〔黄櫨袍は麹塵《きくじん》に同じ。『装束唯心抄』に「黄櫨染、色海松茶《みるちや》のばけたる様の色なり。裏、平絹・花田《はなだ》染。御紋、桐・竹・鳳凰・麒麟等也。夏薄物、無レ裏云々。四方拝・小朝拝・節会・行幸・内侍所御神楽之出御に著御し給ふなり。」とあり。海松茶とは、緑色に黒みある、俗にアヰミルチヤと云ふ色なり。〕

高御座の北階より昇御遊ばさる。此の時、侍従、剣璽を御帳中の案上に奉安し、内大臣、高御座の御帳外東北隅に候し、侍従長・侍従武官長等は、高御座後方の壇下に侍立するなり。此の時に於て、皇后にも御帳台に昇らせらる。次に侍従二人分れて、東西両階より壇上に昇りて、大前の御帳を挙げ、女官二人も皇后の御帳台の御帳を挙ぐ。

斯くて、天皇には御笏を端し給ひて立御、皇后にも御檜扇《ひあふぎ》を執りて立御遊ばさるれば、此の時、百官一同は最敬礼を行ふなり。これは古の再拝舞踏に相当するものとも申すべし。

次に内閣総理大臣、西階を降りて南庭階下に北面して立てば、**勅語**あり。〔この勅語は、皇祖より歴世受継ぎて万民を撫

育し給ふことを宣らせらる、こと、『続日本紀』に見ゆる宣命にて知るべし。〕

総理大臣は、謹みて之を受けて、真直に南階を昇り、南栄《みなみのひさし》の下に進みて、**寿詞**を奏して南階を降り、〔寿詞はヨゴトと訓す。『神祇令』に「凡践祚之日、中臣奏㆓天神之寿詞㆒。」、『(令)義解《ぎげ》』に「謂以㆓神代之古事㆒、為㆓万寿之宝詞㆒也。」とあり。皇祖の詔を以て、此の大日本国を皇孫に任じ給ひしこと等を述て、皇統の無窮、宝算の長久を祝せる詞なり。昔は、大嘗祭の翌日、中臣玉串を笏に持ちそへ、跪きて奏したり。康治元年の寿詞は「現御神止大八嶋国所知食須、大倭根子天皇我御前仁、天神之寿詞遠、称辞定奉良久止申須」云々にて、祝詞文体なり。中世以降はともかくも、上古の中臣氏は執政の長官たり。総理大臣のこの寿詞を奏すること、まことに然るべきことなり。猶、第十五条に云ふべし。〕

南庭の萬歳旛の前面に至りて、萬歳を称ふること三声、〔諸員も一同之に和して奉唱す。古は此の時、武官萬歳の旗を振りしなり。〕訖て西階を昇り本座に復すれば、天皇・皇后には入御遊ばされ、次で鉦・鼓の撃を聞いて、文武の諸員退下することとなり。これにて御式もめでたく済ませられたることとなれ。

然れども御即位の式は御即位礼後一日、賢所御神楽の御儀を済ませられて全く了し給ひしと云ふべし。其の儀は、文武高等官参集のこと、及び天皇・皇后・皇太子等御拝礼のこと、御服装等のこと、御神楽奉仕の外は、大凡そ賢所大前の儀と大同小異なれば、こゝに云はず。

賢所に於ての**御神楽**の初めは、一条天皇の長保四年(一〇〇二)五月五日なること、『一代要記』に見ゆ。『江家次第』に「内侍所御神楽事、代始被㆑奉㆓四十合㆒。毎月一日被㆑奉㆓例供二十合㆒。」云々とあり。『禁秘抄』にも「十二月有㆓御神楽㆒。但、多隔㆑年行㆑之。近代毎年有㆑之。新所之時、或被㆑行㆑之云々。即位始供㆓神物四十合㆒。」とあり。これによれば、中世に始まりしが如くなれども、猶遠き古より始りて、御代始には一さかり盛に行はれ給ひけむかし。

※Bは右末尾「かし」なく、次も「抑ゝ御神楽は……知るべし」と本文に作る。

〔御神楽は、天岩戸の故事に起因して、猿女氏の仕へて大御神の御心を和め奉るが本なれば、朝廷にては上古より行はるゝこと、申すまでもなけれど、後世転じて他の神の前にも行ふことゝなりし故に、里神楽《さとかぐら》といふ称出来しなるべし。されば、朝廷に行はるゝ神楽は、最も重き儀にして、殊に御代始の御神楽は深きゆゑあることゝ知るべし。

御神楽の御作法は、『内侍所神楽部類』また『公事根源』等に見ゆ。『公事根源』に、十二月の御神楽のことを「官人庭燎《ていりょう》をたく。本末《もとすえ》の座二行に設けたり。近衛の召人後《うしろ》にあり。人長《にんじょう》末に横座《よこざ》なり。次第に座に着く。人長進みて軾《ひざつき》など敷かせ、鳴高《なりたか》しなどいましめて、次第にめす。笛・篳篥《しちりき》・本末の歌・和琴、次第に軾につきて仕奉る。人長おほするに従ひて、笛・和琴・拍子木にさぶらふ。末の拍子、篳篥は末に着く。和琴は位によらず、本の座の上に座す。鈴鹿を給ふ故とかや。よりあひ庭火末はてゝ、人長帰り入る。」云々などあるにて知るべし。

抑ゝ**即位の儀式**は、（※B、以上の六字なし）、『古語拾遺』『旧事紀』等によるに、神武天皇の大和橿原宮に於て行はれし御即位式は、盛儀なりしが如し。

※B、右末尾「盛儀なりけんも、今委しく知るよしもなし。」とし、以下「降りて孝徳・天智の世に至りて、大いに漢土の儀式を採用せられ、ついで中世以降、朝制弛廃して、旧儀を失はんことも、少なからざりしが、明治の……」に作る。それが(イ)では左の通り三行程に書き直されている。

『大日本史』礼楽志に、此の時のことを「大祖元年正月朔、即二位於橿原宮一。天富命、率二諸忌部一、奉二天璽鏡剣一。天種子命、奏二天神寿詞一。可美真手命、帥二内物部一、執二矛楯一点設二儀衛一。道臣命・大久米命、率二大伴・久目二部一、護二宮門一、始受二四方朝賀一。元正朝賀即位之礼、自レ此而定矣。」と云へり。上古、風俗樸にして人文開けざれば、其の実ありて其の名著れざりしこと多かるべし。

降りて、推古天皇の世、大楯及び靫を作り、旗幟に画きて儀衛を整へ、唐礼を採用して漸く古俗を変ず。天智天皇、学士を集めて即位賀正の諸礼を制し、文武天皇に至りて『大宝令』を定め、爾後、即位・大嘗祭、みな其の儀に拠れり。此の後、嵯峨天皇の世、『弘仁式』『内裏式』『弘仁儀式』の撰あり。淳和天皇天長中、『内裏式』を改定し、清和天皇貞観中、『弘仁式』を改定して『貞観式』二十巻となし、又『儀式』十巻あり。醍醐天皇に至りて『延喜格』また『式』あり。初め弘仁の制、諸儀を分つて大・上・中・下の四儀となせしが、こゝに至りて大・中・小の三儀とし、即位の礼を大儀とす。村上天皇に至り、『延喜式』を古として『新儀式』を制せられ、又親ら『清涼記』を撰み給へり。

此の後、一条天皇以後は朝典一変し、白河・堀河両帝の御代に至り又一変せり。これ、大江匡房の『江次第』ある所以なり。此の後、花山・冷泉の世に至り旧儀やゝ衰替し、鳥羽帝以後、風俗いよ〳〵頽敗し、保元の乱を経て宮闕すたれてまた典礼を問ふもの少なし。されば寿永以後に至りては、時に臨みて漸く旧儀を存するありさまなりしが、明治の大御世に至りては、万事神武の古に復さるゝ叡慮のまゝに、古今内外をも参酌せられ、神武紀元の故儀に則らせ給ひて、万世不磨の令制を定められしは、実に感激の至に堪へざるなり。

大嘗祭は、字音にダイジヤウサイと称す。古言にはオホニヘマツリと云へり。ニヘは新饗《にいあえ》の約言なり。『続紀』二十六に「大新嘗」と書けり、この義なり。新嘗祭（シンジヤウサイ）も、古くはニヒナヘマツリと云ふ、猶正しく称呼すればニヒアヘマツリなり。嘗は支那にて秋祭を云ふ字なれば、借りたるまでなり。この祭を「大嘗会」とも云ふは、節会の方より称するなり。

起源は、皇祖天照大御神の新嘗聞食し給ひしに起り、神代以来、歴代の天皇相受け相継ぎてこれを行ひ給ふ所以は、天孫降臨の時に際して、皇祖天照大御神の「以㆓吾高天原所御斎庭《きこしめすゆには》之穂㆒、亦当《まかせまつる》㆑御㆓於吾児㆒。」と宣り給ひし神勅による。此の祭は、天皇即位の後、始めて新穀を以て、天照大御神及び天神地祇を奉祭し給ひて、御親《みずから》も喫し、臣下にも賜ふ。一世一度の新嘗なれば、年々の新嘗祭に分ちて大嘗祭と云ふなり。

諸祭祀中にありて、古来「**大祀**」として最も重んずるは、此の祭に限れり。されば、荘厳鄭重に行はれ、準備用度の如きも他に其の比を見ず。御儀式は古代の御式にて、更に外国風めけること、一節だに加はらざれば、純日本式とぞ云ふべき。其の祭日は、昔は、年々の新嘗祭と同じく、十一月卯日の祭に始まりて、辰巳の両日の節会及び午日の豊明節会に至るまで、四日間に亘れりき。

祭前の斎戒は、『大宝令』（※B「養老令」に作る）には、散斎三月〔九・十・十一月〕、致斎三日〔十一月中の丑・寅・卯の日〕と定められしが、大同三年（八〇八）に散斎を一ケ月とせられ、八月上旬、大祓使を卜定して、五畿七道に遣はし大祓をなし、十月中旬、諸国に斎戒の事項・忌詞等を告知し、十月下旬、天皇河頭に行幸して御禊を行はれ、又八月より十月まで、晦日毎に大祓あり。

十一月晦日には、在京諸司の解斎大祓、十二月上旬には、斎郡の大祓を行はれたりき。国家重大の大祓なるを以て、斯く天下に大斎戒を行はれし所以なれば、今本令に其の御事なしと雖も、国民として宜しく注意すべきことなり。（※末尾九字B「国民たるもの、空しくこの注意を要す」に作る）

（※B頭に「抑〻」あり）大嘗祭は、其の儀、年々行はるゝ新嘗祭と同じきを以て、天智天皇の御世頃までは、大嘗をも新嘗と書き、新嘗をも大嘗と云ひて、区別なかりき。思ふに、こは自然の結果として、即位の最初に行はるゝ新嘗祭は盛大となり、年々のは縮少せられて、後世の如く定りしならむ。

「（皇室）祭祀令」第十七条に「新嘗祭は大嘗祭を行ふ年には之を行はず。」と規定せらる、以て同儀なるを知るべし。但、年々の新嘗祭は、神嘉殿に於て御親祭あらせらるることとなるが、大嘗祭に至りては、悠紀《ゆき》・主基《すき》の地方を撰定し、大嘗宮を建設せられ、其の規模の広大なること、次に規定せられたるが如し。

大嘗宮《だいしょうぐう》は、悠紀《ゆき》・主基《すき》の両殿より成る大嘗祭を行はせらるゝ正殿の名なり。古制を考ふるに、祭に先つこと七日、始めて地鎮祭を行ひて、斎鍬《いみくわ》・斎斧《いみおの》を以て工を起し、五日間に造り畢る。〔其の材料は、山神を祭りて木を採り、野神を祭りて萱を苅り、之を豫《あらかじ》め北野の（※「北野の」、Bなし）斎場に運置して準備しおくなり。斎場のこと、第十条に云ふべし。〕

東西二十一丈、南北十五丈、之を中分して東を悠紀院、西を主基院と為す。繞らすに柴垣を以てし、隔つるに屏籬を以てす。垣の四方に黒木《くろき》の鳥居を建つ。其の内に悠紀・主基の両殿を建つ。長四丈、広一丈六尺、〔後世に至り、五間に三間なり。〕総て黒木を以て構へ、黒葛を以て結び、青草を以て葺く。席《むしろ》を天井となし、草を壁蔀となし、地に束草を鋪き、簀を繋ぎ席を敷き、白端の御畳を席上に加へ、坂枕を畳の上に施す。北方を内陣とし、南方を外陣とす。東西南の三面、葦簾あり。主基殿も亦、これに同じ。別に廻立殿あり。〔天皇、沐浴し給ひて、祭服を著け給ふ所。〕膳屋・盛膳所あり、神服楉棚あり、臼屋あり、以て其の素朴なる古儀を思ふべし。

大嘗宮地は古来一定せず。或は太政官院に、或は豊楽院に設く。然れども、多くは大極殿龍尾道の前なりき。降て東山天皇以後は、都て紫宸殿の前庭に定められたれども、この御令にては、別に良地を選定し給ふことなるが如し。

古儀によれば、卯日夜に入りて、天皇廻立殿に行幸ありて、沐浴し祭服を着け給ひて後、悠紀の正殿に御す。小忌・大忌の群官参入の後、吉野国栖《よしのゝくず》は古風を奏し、歌人は国風を奏し、語部《かたりべ》は古詞を奏し、隼人は風俗の歌舞を奏す。次に天皇親ら神饌・神酒を神祇に供し、亦自ら御饌を喫し給ふ。畢て廻立殿に還御し、更に沐浴して服御を改め、主基の正殿に御す。国栖以下の奏、鷹享の式、凡て悠紀殿に同じきなり。かくて、其の翌辰日には悠基の節会あり。巳日には主基の節会あり。其の夜は神宴・御遊あり。之を清署堂御神楽と云ふ。午日には豊明節会ありき。〔この三節会のことは、第十五条のところにて云ふべし。〕

「秋冬の間に於て之を行ふ」とは、其の時期を明示せられしにて、新穀の熟したる時に行はるゝは太古よりの定なり。『高橋氏文』にも、十一月に新嘗の行はれしこと見ゆれば、景行天皇頃に既に十一月に定りしにや。仁徳天皇紀にも「新嘗の月」とあり。これ其の月のはやく定りしを証すべきか。古例に拠りて推す時は、上に云へる如く、大嘗祭の当日を以て行はせらるべければ、即位の礼は十一月中旬以後なりとす。（※末尾十六字、Bなし）

(付)別式によりて**大嘗宮に於ける次第**を伺ふに、当日、天皇・皇后には同宮に於ける頓宮に着御あらせられ、〔頓宮とは仮宮なり。これによりて、大嘗宮の位置は御所以外の地と知るべし。〕儀仗兵は正門に整列し、大礼使の高等官、束帯して平胡籙を負ひ、弓を持ち、小忌衣〔小忌はヲミと称す。小忌官人著するによりてなり。山藍を以て模様を青く摺るによりて青摺《あおずり》と云ひ、専ら祭祀に用ゐるにより斎服とも云ふ。小忌を著する時は、日蔭鬘《ひかげのかづら》或は日蔭糸《ひかげのいと》を纏ひ、心葉《こゝろば》を附するなり。心葉とは冠の巾子《こじ》に著くる模造の花枝なり。日蔭糸とは、白糸又は青糸などを組て、心葉に結び付けて冠の左右に垂るゝものなり。もと山陰の清き所に生る蔓を用ひしなり。〕を加へ、日蔭蔓を著けて、南北両面の神門〔鳥居なり〕の外掖に左右各三人づつ、東西両面の神門の外掖に左右二人づつ〔合二十人〕、衛門の本位に就き、また南神門内掖に左右各六人づつ、威儀の本位に就く。

掌典長以下、悠紀・主基両殿の神座を奉安し、繒服《にぎたえ》、麁服《あらたえ》〔これ神の御服なり。繒服《にぎたえ》は絹にて、麁服《あらたえ》は布（麻）なり。昔は繒服は神服使を三河国に使はし（今、宝飫郡赤日子神社の地）、糸及び女工を徴して、神服殿にて之を織らしめ、麁服は阿波国忌部より献らしめらる。麁服京に向ふ日は、路次の国に祓す。以て其の重きを知るべし。〕（※「これ……べし」の注、Bなし）を両殿の神座に安し、斎火の灯燎を点じ、庭燎を焼く。〔この火炬子の服装は、冠細纓・緌・桃華染布蟐・白布《の》単・白布《の》袴・葉脛巾・麻鞋《あさのくつ》なり。麻鞋は麻にて製る。下部の者の歩行に易ければ也。葉脛巾《しのはばき》は葉にて造る。脛巾《はばき》は今の脚絆《きやはん》の類にて、ムカバキとも云ふ。〕

時刻到れば、〔新嘗祭の例によれば、午後六時頃なるべし。〕天皇廻立殿に渡御ありて、小忌《をみ》の御湯を召し、〔小忌・大忌と云ふことあり。即ち小斎・大斎なり。厳なる斎戒をなすを小忌《をみ》とし、麁《そ》なる斎戒をなすを大忌とす。天皇には、これより先、大忌の湯あり。こゝに至りて、小忌の御湯を召し給ふなり。小忌をなして小忌衣を着する人は、天皇沐浴の後は、大嘗宮及び廻立殿に入ることを得れども、大忌の人は入ることを得ざるなり。〕御祭服を著け給ふ。

その**御装束**は、御幘《さく》とて、白絹にて御冠の纓を巾子の前へ二折にして結ばせ給ふ。これは重き神祭の時に於ける天皇の儀式なり。御斎衣に、御下襲・御衵・御単・御表袴・御大口・御石帯・御襪なり。〔石帯は皮にて作る。金・石・玉・角等を以て銙を着く。銙の方なるを巡方と云ひ、円なるを丸鞆と云ふ。玉帯・角帯などの名あれども、多くは石を以て飾れば、惣じて石帯と云ふなり。襪はシタウヅと云ふ。内沓《したうず》の義、其の製今の足袋にて股なきなり。衵はアコメと云ふ。間《あひ》にこめて着るよしの名なり。其の製、衣《きぬ》の体にて短し。袷と単なるとあり。御単の表に着給ふなり。〕其の供奉諸員、皇太子以下の方々も、束帯に小忌衣を加へ、日蔭蔓を着けらる。

次に皇后も渡御し給ひて、御服を改め給ひ、皇太子妃以下、供奉のものも、五衣・唐衣に日蔭蔓並びに心葉を着く。次に朝集所に参集の文武高等官、南神門外の幄舎に就く。

次に膳屋〔第四条に云へり〕に楽官のもの、稲春歌〔昔は造酒児《さかつこ》、稲実公ら、臼《うす》の側に立ち、八乙女《やおとめ》、臼を一回右旋しつゝ、微声に歌ひたりき。〕を発すれば、掌典、神饌を調理し、南庭の帳殿に庭積《にわづみ》の机代物を安けば、掌典長、本殿に参進、祝詞を奏す。奏し畢れば、天皇には廻立殿より徒跣して、大嘗宮に進御あらせらる。

此の夜、警蹕せず、又高声を発せず。御路には布単を鋪き、其の上に葉薦《はこも》を鋪く。式部長官・宮内大臣、前行し、御前侍従、剣璽を奉じ、御後侍従、菅蓋《すげがさ》を捧持し、御綱《つな》を張る。侍従長以下、御後に供奉す。此の時、掌典長は本殿南階の下に候す。侍従長、剣璽を奉じ南階を昇り、外陣の幌内の御案上に奉安して退下、簀子《すのこ》に候すれば、天皇は外陣の御座に著御し給ふ。〔供奉の諸員は、本殿南庭の小忌の幄舎に著床するなり。〕

次に皇后には、皇后大夫以下の供奉によりて、南庭の帳殿に進み給ひて、着御あれば、大礼使の高等官は楽官を率ゐ、悠紀・主基の地方長官も地方の楽官を率ゐ南庭に参入し、先づ国栖《くず》の古風を奏し、次に悠紀地方の風俗歌を奏す。〔国栖の古風とは、応神天皇吉野に行幸し給ひし時、国栖人参来りて、醴酒を献りて歌ひしに起り、爾来、朝廷の節会の時には参りて歌笛を奏し、土物を進ることなり。『儀式』の践祚大嘗祭儀条に「国柄十二人云々。奏二古風一五成。」とあり。『古事記伝』に「小右記に、寛弘八年正月一日乙亥云々、無二国栖奏一。依レ不二参上一也。近年如レ之。」云々と見えたれば、このほどより参入して仕奉ることは絶えたるなり。此の後、『江次第』、其の他のものに「国栖奏二歌笛一。」と記したるは、真の国栖人に非ず、只其のまねびのみなり。『公事根源』に、今の国栖の奏とて、歌をうたひ笛を吹き鳴らすは、吉野より年始にまゐりたり、と云ふこゝろなり。近代、『年中行事細記』に「国栖奏二音取《ねとり》一平《へう》調《ちょう》」と云へり。楽人笛の音取を吹き、其まねびをするなりとあり。これらによれば、この御令の国栖の古風も、宮内省の楽員、そのまねびをするなるべし。風俗歌とは、もと諸国に行はれし歌謡にして、後、曲調のよろしきものを撰びて、朝家の謡物《うたひもの》となしゝなり。古来フウゾクと字音に称す。大嘗祭の時には、悠紀・主基の両地方より、其の地方の風《ふり》の歌舞を奏ずる例なり。されば、此の御令にても、両地

方人の奉仕することなるべし。〕

奏し畢りて、皇后御拝礼ありて、廻立殿に還御し給ふ。皇太子・親王・王には、拝礼ありて本殿に参進、南階を昇りて簀子に候せらる。

次に本殿南庭の廻廊に**神饌の行立**あり。神饌の行立とは、神饌及び御直会祭具等を豫《かね》てはこびおくことなり。其の儀、先づ脂燭につゞきて、削木〔『大嘗会神饌調度之図』に、長三尺とあり、白杖なり。〕海鰭盥槽《えびはたの》〔土の御手洗の具なり・蝦の鰭《はた》に似たる手左右に着く。『大嘗会指図』に、長一尺三寸一分、鰭長各二寸四分・高四寸八分とあり。〕多志良加《たしらか》〔『壬生家記』に、土水瓶なりとあり。御手水を入るゝ器にして、手《た》を清《しら》む土器《か》の義なるべし。〕、御刀子筥〔同紀に「御揚枝筥、中に御楊枝二、小刀、はをすべ十筋、筥は竹をまげて本とし、黒木柱にてつくるなり。」とあるものと同物なるべし。〕、御巾子筥〔同記に、俗に手ぬぐひなりとあり、御手拭を容れたる筥なるべし。〕、神食薦《かみのすごも》、御食薦《おんすごも》〔『大嘗会神饌調度之図』に、神食薦《かみのすごも》、悠紀一枚・主基一枚、長四尺、付二木綿一。但切二白紙二而二所付貫レ之、あみめ五所あり。御食薦、悠紀一枚・主基一枚、長四尺、不レ付二木綿一、あみめ五所ありとあり。神食薦《かみのすごも》は神の御食を献り、御食薦は天皇の御食を供ふるに用ゐるなり。食薦とかくは御食に用ゐるよりなり、スコモと称ふべし。〕、御箸筥〔壬生家に竹の箸六つを入、五つは神の料、一つは御直会料、竹一筋を引まげて裏上を糸にてかけたりとあり。『大嘗会神饌調度之図』によるに、青竹にて長一尺七寸の節一あるを押曲て作る也。筥は黒葛筥にて、長九寸・横三寸也。〕、御枚手筥〔同記に、中に平手あり、葉をかさね上下丸く折、竹ぐしさしとめたりとあり。ひらては葉盤と書く、くぼての深きに対して平手と云ふ。〕、御飯筥〔同記に、窪手《くぼ》にもる稲米・粟なりとあり。筥は黒葛筥にて、長一尺一寸五分・弘八寸五分・高六寸五分なり。但、生物筥・干物筥・菓子筥等は各長一尺一寸五分・弘八寸五分・高三寸のよし、調度の図に見ゆ。〕、鮮物筥〔同記に、窪手に入る土器四枚あり、廿干鯛・鮓鮑・雑魚鮓・醤鮒とあり。〕、干物筥〔同記に、窪手に入、蒸鯛・干鯛・干堅魚・鰺とあり。〕、御菓子筥〔同記に、窪手に入、干棗搗栗・生栗・干柿とあり。〕、鮑汁漬、海藻汁漬、空盞、御羹八足机〔御羹《おんあつもの》を据うる机なり。御羹は同記に、鮑和布とあり。机は『大嘗会神饌調度之図』に、一案は長二尺二寸・弘一尺・高一尺八寸、一案は長一尺五寸・弘一尺・高一尺四寸一分とあり。〕、御酒八足机〔同図に、一案は長三尺八寸・

弘一尺八寸・高一尺八寸、一案は、長三尺五寸・弘三尺・高一尺八寸とあり。『壬生家記』に、御酒は清酒、黒白なりとあり。〕、御粥八足机〔同記に、御粥、稲米・粟なりとあり。〕、御直会八足机、の次第にて、掌典以下これを奉仕するなり。

かくて次に天皇内陣の御座に著御。御手水ありて、掌典以下の行立せし神饌を、**御親供**遊ばされ、御拝礼、御告文を奏し、次に**御直会**あらせらる。次に陪膳の女官、神饌撤下を奉仕し、次に御手水あらせらる、次に廻廊の神饌を膳舎に行立撤下し畢れば、天皇には進御の時と同一の供奉にて、一度廻立殿に還御あらせられ、更に時刻到るを待ち給ひて、御沐浴あり、御祭服のことありて、主基殿に進御あらせらるゝこと〔新嘗祭の例によれば、二十四日午前一時なるべし。〕、其の儀、更に悠紀殿と異ることなし。

抑〻この御儀たるや、我が国太古より行はせらるゝ所の最も鄭重なる大典たり。皇后の廻立殿に渡御ありて御拝あることは、明治四年の大嘗祭の御儀によらせられたるなり。前条にも述べたる如く、上古は年々の新嘗祭と其の称呼さへも別たざりし有状なれば、現今に至りても、神嘉殿にて行はせらるゝ新嘗祭の御式と大異なし。但、新嘗祭には皇后の渡御はあらせられざるなりと承る。

第五条　即位の礼及び大嘗祭を行ふときは、其の事務を掌理せしむる為、宮中に大礼使を置く。大礼使の官制は別に之を定む。

古は即位の礼と、大嘗祭とは、別時に行はれしを以て、其の事務を掌理するものも別々に定められき。即位の御時は、内弁には中納言、褰帳《けんちょう》には女王、擬侍従には三四位のもの、宣命使には中納言、典儀には少納言、この他、賛者・焼香等を命ぜられて、庶事に当らしめらる。

大嘗祭の時は、検校・行事を置かれ、検校は祭典に関する一切のことを監査董督し、大納言・参議を以て充てられ、行事は悠紀・主基に分ちて、各其の事を分掌せしめ、弁官を以て充てられしなり。

この新令にては、**大礼使**を置かれて、一切の事務を弁理せしめらるゝことにて、長官・次官以下、高等官・判任官に至るまで、多数の人員を要することとなるべし。

第六条　即位の礼及び大嘗祭を行ふ期日は、宮内大臣・国務各大臣の連署を以て之を公告す。

本条は、期日公告の手続を規程せられしなり。国務大臣の連署するは重き儀なればなり。大宝の制は、七月以前の受禅即位は当年行事し、其れ以後は明年行事なり。また古は、即位を行はるゝ日は吉日を撰定せられ、大嘗祭は十一月《の》卯日に始まり、辰巳両日の節会及び午日豊明節会に終りしこと、上条に云へるが如し。

第七条　即位の礼及び大嘗祭を行ふ期日定まりたるときは、之を賢所・皇霊殿・神殿に奉告し、勅使をして神宮・神武天皇山陵、並びに前帝四代の山陵に奉幣せしむ。

この条は、大礼の日定まりぬる時は、賢所と皇霊殿と神殿とに、奉告祭を行はせられ、神宮と神武天皇山陵と前帝四代の山陵とに、奉幣せしめらるゝ旨を規定せられたるなり。附式第二編の「賢所に期日奉告の儀」を拝見するに、文武高等官・有爵者みな参集し、天皇には御束帯にて出御、皇后には御五衣・御小袿・御長袴にて出御、同じく御手水ありて、賢所御内陣の御座に着御、御拝礼、天皇は御告文を奏し給ふ。此の時、侍従剣璽を奉じて、外陣に候し侍べり、御鈴は内掌典・掌侍奉仕するなり。〔『江家次第』に「主上召二御笏一御拝両段再拝、訖《て》女官引レ鈴鳴レ之三度。」とあり。〕次に皇太子・同妃以下拝礼、次に両陛下入御とあり。〔皇霊殿と神殿とへ期日御奉告の御儀も、賢所の式に同じ。〕

次に神宮・神武天皇、並に前帝四代の山陵に、勅使発遣の御儀を拝見するに、当日先づ御殿を装飾せられ、大礼使高等官・内閣総理大臣等着床、次に勅使、衣冠帯剣烏皮履《くりかわぐつ》にて着床。次に天皇は、御引直衣《なほし》〔御引直衣は天子の褻の御服なり。〔其の製、縫腋の袍に同じけれども、当色なし。〕にて出御。此の時、式部長官・宮内大臣、衣冠にて前行、侍従長・侍従等、衣冠にて御後に候す。

天皇、幣物を御覧せられ、次に神宮参向の勅使を召させられ、宮内大臣を経て、御祭文を授けられ、勅語を賜ふ。勅使、つゝしみて幣物を奉じて、御殿を辞し下れば、式部官、警蹕を称す。次に神武天皇山陵、前帝四代の山陵に、参向の勅使を順次に召して、御祭文を賜ふこと、前の如し。

勅使、幣物を奉じて、御殿を辞し下れば、同じく警蹕あり。かく神宮の勅使にのみ、勅語あるは、特に神宮を尊崇し給ふ叡慮なり。斯くて、勅使、神宮に参りての奉幣の儀は、神宮の祭式によられ、山陵に参られての奉幣の儀は、「皇室祭祀令」附式の山陵奉幣の式に依らる。

凡て事の前に於て神を祭るは、我が国古来の風にして、特に御即位の御事たるや最も重大の御儀なるを以て、先づ之を祖宗に告げ賜へるなり。この御盛儀を拝して、天皇の祖宗に対し奉りて、至誠慇懃到らざる所なきを見て、感激せざらんとして得んや。

古は御即位の日の定りし時は、先づ建礼門にて大祓を行はせられ、天皇には建礼門まで行幸遊ばされて〔後には神祇官〕、御即位あるべき由を伊勢大神宮へ奉告の為に、奉幣使を発せられしなり。これを由《よし》の幣帛と称す。醍醐天皇には諸神社へも奉幣使を発せられたり。山陵へは必ず勅使を発して申告せられ、時には御外戚等、最も御親しき功臣の墓へも、御使を以て告げさせられたることも有り。今回の御令も、これらの古例を参酌して、御定めあらせられたるなるべし。

帝皇の冢墓を山陵と申すは、『令義解』に「帝王墓、如レ山如レ陵、故謂二之山陵一。」とあるが如く、其の規模広大なればなり。仁徳天皇の山陵の如きは、周囲十町に余り、高十七間余もあり。平安朝以後は、上古の如く壮大ならず。四陵とは、先帝以前三代の帝の陵を云ふ。「祭祀令」にこの四帝の式年祭は、大祭に加へられたり。

第八条　大嘗祭の斎田は、京都以東以南を悠紀《ゆき》の地方とし、京都以西以北を主基《すき》の地方とし、其の地方は之を勅定す。

斎田とは、斎み清まはりたる田の義にて、悠紀及び主基の地の、抜穂《ぬきほ》田を云ふ。この両斎田は、古は、抜穂使をして卜定《ぼくじょう》せしめ、其の卜《うら》に合へる御田の四方に、木綿《ゆう》を懸けたる榊を立て、人をして之を守らしめしなり。

悠紀・主基とは、大嘗祭に神に献り給ふ両回の御饌の名にて、先づ献り給ふ御饌を悠紀の御饌と称し、次に献り給ふを主基の御饌と云ふ。その御饌を献り給ふ為に、二つの宮殿を設けらる。これを悠紀殿・主基殿と云ふ。而して其の悠紀の方を担任する国を悠紀の国と云ひ、主基の方を担任する国を、主基の国と云ひて、其の国郡司が一切の諸事を負荷せしなり。現今にては、府県の制なるを以て、悠紀の地方、主基の地方と定められて、京都の東部の府県中にて一府県を撰み、京都西部の府県中にて一府県を撰定せられ、その府県の地方官をして、名誉なるこの神事に当らしめらるゝなり。

悠紀の言葉は忌清《ゆき》の義、**主基**の言義はそれに次ぐ義〔ツとスと通音の例多し。〕と云ふ説、古くよりあることなれども、本居翁は、悠紀は忌清《ゆき》、主基は濯清《すきすき》の義と説かれたり。神を祭るには、清潔を主とすべきは、勿論なれども、殊に重き典礼なれば、一しほ潔斎せらるゝなり。

斯く京都より東西に両分して、其の地方中より一地方を撰定せらるゝは、古来の慣例に拠らせられたるにて、古は亀卜《きぼく》によりて、両国郡を定めしが、中世以後は、近江を悠紀の国とし、丹波と備中とを交番に、主基の国と定めて、郡のみを卜定すること、なれり。この新令によれば、神殿に於て点定の儀ありて、両地方を勅定あらせらるゝなり。

〔『玉勝間』に、悠紀・主基は必ず京都より東と西なる国を定めらるゝやうに見えたれども、さしもあらざるにや。神亀元年の度は、由機《ゆき》備前国、須岐《すき》播磨也。天平神護元年の度は、由機美濃、須岐越前の国なりきとあり。これらは一時の変制にして、今回この新令にて、東

西に両分せられしは、誠に忝き御事なりかし。〕

第九条　悠紀・主基の地方を勅定したるときは、宮内大臣は、地方長官をして斎田を定め、其の所有者に対し新穀を供納するの手続を為さしむ。

悠紀・主基の御饌を負荷する府県を勅定せられたる時は、宮内大臣は、地方長官をして斎田を定め、点定せられたる斎田所有者より、新穀を供納する手続をなさしむとなり。古は悠紀・主基共に、斎田は六段にて、百姓の営田を用ゐられ、其の代に百姓には正税を賜ひしなり。

第十条　稲実成熟の期至りたるときは、勅使を発遣し斎田に就き、抜穂の式を行はしむ。

抜穂《ぬきほ》**の式**とは、斎田に至りて供御に用うべき御饌・御酒等を造るべき御稲を、抜き採る式を云ふ。別(付)式、斎田抜穂の儀によるに、先づ大礼使高等官・地方高等官等、抜穂田の斎場に臨み、勅使たる抜穂使、衣冠にて斎場へ参進、随員、神饌・幣物を献り、使、祝詞を奏し、次に抜穂の儀を行ひ、次に神饌・幣物を撤して退下とあり。古は、八月に神祇官にて、抜穂使たる人を卜定し、太政官に申して、悠紀・主基の両国へ遣す。抜穂使は、其の国に至りて、国司を率ゐて斎郡にて郡司・百姓に大祓を行ひ、而して田及び斎場雑色の人を卜定し、卜に合へる斎田には、木綿《ゆう》を着けたる榊を田の四角に立て人夫をして守らしめ、物部・造酒童子《さかつこ》・稲実公《いなみのきみ》・大酒波《さかなみ》・大多未酒波・粉《こ》走《はしり》・相作《あいつくり》・焼灰《はいやき》・採薪《かまぎこり》・歌女《うため》等を定め、また方十六丈の斎院を構へ、柴垣を回らし葦楉を編て扉とし、四方に榊を刺す。其の建つる所の諸舎は、皆黒木を以てし、葺くに草を以てす。

九月に至り、**抜穂使**は、川辺に大祓を行ひ、斎田に入りて御稲を抜き取る。其の抜き取る順序は、先づ造酒童子・

稲実公、次に酒波、次に物部、次に雑色等にて、共に抜き取り訖れば、若干束となして斎院に乾し、其の中の先抜きし四束を別に納め、供御の飯に擬し、自余を黒白二酒に擬し、一束づつ籠に盛り、二籠を一荷となし、荷毎に足を著け、編茅を蓋とし、榊を挿し、木綿を着け、駈使丁に荷はしめ、卜部、国郡司等、前後検校して京に運送す。其の行列は、御飯稲を前とし、稲実公、木綿蘰を著けて之を導くなり。斯くて九月下旬、京の斎場に至れば、在京の官人、麻と塩湯を以て、南門に迎へ祓ひ、暫く院外の権屋《かりや》に収むるなり。

京の斎場院は、京の北野に其の地を卜して構造せらる。悠紀の斎場は東に、主基の斎場は西にありて、其の方四十八丈、四方に木綿を著けたる榊を立つ。其の結構、皆黒木を以て造り草を葺く。悠紀・主基に関する諸般のことは、皆此の斎場にて準備し、十一月大嘗祭の当日にこの斎場より大嘗宮に運び送りたりしなり。

第十一条　即位の礼を行ふ期日に先だち、天皇、神器を奉じ、皇后と共に京都の皇居に移御す。

この条は、「皇室典範」第十一条に「即位の礼及び大嘗祭は京都に於て之を行ふ。」とあるに拠らせられたるなり。神器を奉じとは、剣璽は申し奉るまでもなく、更に賢所を奉遷あらせらるゝなり。

(付)別式によりて**京都行幸の御儀**を伺ひ奉るに、先づ賢所御殿に、大礼使高等官着床、開扉、献饌、掌典長、祝詞奏上ありて、次に侍従、衣冠にて天皇の御代拝を仕へ、次に女官、袿袴《うちぎ》にて皇居の御代拝を仕ふ。〔袿は打著の義、裳・唐衣を着せざる時の表衣《うはきぬ》なり。〕次に撤饌ありて、御車を南階に差し、賢所を乗御し奉り、第一公式鹵簿にて、賢所・天皇・皇后の御順序にて、宮城より出御、停車場に到らせられ、掌典長・掌典は、衣冠にて供奉しまゐらすなり。停車場には、皇太子以下皇族参着、文武高等官等参集、奉迎し御発軔を待ちて奉送す。京都に着御あらせらるれば、在京都の皇族文武官奉迎し、皇宮に入御せらるゝや、賢所は春興殿に渡御あらせらる。

かく京都へ行幸ありて、この大典礼を挙げさせらるゝは、誠に深き叡慮の有らせらるゝ所なるべく、而して、賢所をも奉遷あらせらるゝは、皇祖共殿同床以為二斎鏡一と宣らせ給ひし神勅に因らせ給へる所以にして、昔は必ず忌部のこれを献りし古例にして、此の器と離れさせ給ひては即位の御式は挙げさせ給ふことを得ざる、深き遠き皇祖の大詔を体し給へる大御心と、伺ひ奉るだに畏きことなりかし。

第十二条　即位の礼を行ふ当日、勅使をして之を皇霊殿・神殿に奉告せしむ。大嘗祭を行ふ当日、勅使をして神宮・皇霊殿・神殿、並びに官国幣社に奉幣せしむ。

御即位の礼を行はるゝ当日、皇霊殿と神殿とに勅使の御事あるは、東京に残り給へばなり。古は即位と大嘗祭とは、別時に行はれたれば、即位後に於て即位奉告の為に、天神地祇に奉幣ありき。〔即位前に於て、伊勢神宮へ御使ありしこと、第七条に云へり。〕持統紀に「朱鳥四年正月戊寅朔、皇后即二天皇位一。庚子、班二幣於畿内の天神地祇一云々。」、『続日本紀』二十一〔淳仁〕「天平宝字二年八月庚子朔、皇太子受レ禅、即二天皇位於大極殿一。戊午云々、大神宮及天下諸国神社等、遣レ使奉レ幣。」など多く見ゆ。これ『令義解』に「凡天皇即位、総二祭天神地祇一。」とある如く、古来の定例なり。而してまた大嘗祭の御時にも、更に諸社に奉幣あり。『延喜式』によるに、大嘗会を行はるゝ年の八月、先づ大祓使を五畿七道に〔各一人〕遣し、天下を解除し、続で奉幣使を諸社に派遣せられき。

然るに此の御令にては、即位の礼を行はれし後に於て、引き続きて大嘗祭を行はせらるゝを以て、即位の礼を行はるゝ当日は、皇霊殿・神殿へ奉告せられ、大嘗祭の当日、更に同両殿をはじめ、伊勢神宮以下官国幣社へ勅使を発遣して、奉幣あらせ給ふこと、定められしなり。

㈲別式によると、即位当日、皇霊殿・神殿奉告の儀は、掌典次長祝詞を奏し、侍従勅使として拝礼、御祭文を奏するなり。〔当日の賢所大前の儀は、第四条に云へり。〕

大嘗祭当日の賢所の儀は、侍従の御代拝にして、神宮・皇霊殿・神殿奉幣の儀は、奉告の時に準じ、神宮に奉幣は、神宮の祭式に拠られ、官国幣社への勅使奉幣は、山陵勅使発遣の式に準ぜらる。但、地方にありては、場合によりて地方長官に、勅使を命ぜらるゝことあるべし。

第十三条　大嘗祭を行ふ前一日、鎮魂祭（ママ）の式を行ふ。

鎮魂祭は、古は天皇・皇后・東宮は勿論、庶人に至るまで、行ひたりしが如し。百日の招魂、毎日の招魂、臨時、病中などにも行へり。朝廷に於て毎年新嘗祭の前日に行はるゝことの史に見ゆるは、文武天皇以来のことなり。されば、大嘗祭の前日に於て、此の祭の執行せらるゝは、申すまでもなきことなり。（付）別式によるに、其の儀は年々の新嘗祭の前一日の式に同じとあり。

抑ゝこの祭典は、『旧事紀』神武天皇元年の条に「十一月、宇麻志麻治命奉レ斎二殿内於天璽瑞宝一、奉《み》三為《ために》帝后一、崇二鎮御魂一、祈二禱寿祚一、所謂御鎮魂祭自レ此而始矣。」とあり。『古語拾遺』に「凡鎮魂之儀者、天鈿女命之遺跡。」とあるによるに、鈿女命の神楽によりて、天照大神を天岩戸より招き出し奉りし、尊き愛《めで》たき吉例のまゝに、代々受け伝へて、神武天皇の御代に到りしなるべし。天武天皇紀「十四年十一月丙寅、是日為二天皇一招魂之《みたまふりす》。」とあるは、鎮魂祭のことなり。

鎮魂をオホミタマフリとも、オホミタマシヅメとも申す。タマフリとは、『江家次第』『小野宮年中行事』に、御衣を御魂実《みたましろ》として、振り動かし奉るよし見ゆるが如く、振るより云ふ。タマシヅメとは、斯くして御魂を鎮め奉ればなり。『令義解』に「招二離遊之運魂一、鎮二身体之中府一、故曰二鎮魂一。」とある如く、人の心は物事にうつろひて、うつし心もなきまでに、あくがるることの、あるものなればなり。〔『源氏物語』「歎きわび空に乱るゝ我魂を　むすびとどめよ下がへのつま」、『狭衣物語』「あくがる、我魂もかへりなむ　思ふあたりにむすびとどめよ」、和泉式部「物思へば沢の蛍も我身より　あくがれ出づる魂かとぞ見る」など詠めり。此の式、後花園天皇以後中絶せしを、光格天皇寛政九年に至り再興せられたり。祭神は神魂・高御魂・足魂・魂留魂・大宮売・御饌神・辞代主等にして、笛を吹き琴を弾じ、歌を和し拍子に従ひて舞ひ、宇気槽《うけふね》を覆せて、其の上に立ちて、桙を以て撞くこと十度、度毎に御魂緒の糸を結ぶ、また節に応じて、御衣の筥を振り動かすよし、古き書に見ゆ。」

第十四条　即位の礼及び大嘗会は、附式の定むる所に依り之を行ふ。

附式は、巻末に掲載せり。其の要を示せば左（上）の如し。

・登極
- 践祚式
  - ・賢所にて三日間祭典あり。其の第一日には、皇霊殿・神殿へ奉告祭あり。
  - ・剣璽渡御の儀、第一日賢所祭典と同時に行はる。
  - ・践祚後朝見の儀、三日間内にて行はる。此の間、改元のことあり。
- 即位の礼
- 大嘗祭
  - ・賢所・皇霊殿・神殿へ期日報告（東京）あり。又神宮及び五陵へ勅使派遣あり。
  - ・斎田点定の儀（東京）。また斎田抜穂の儀（地方）あり。
    天皇、賢所を奉じて京都へ行幸あり。
  - ・即位礼当日、賢所大前の儀（京都）あり。また皇霊殿・神殿へ奉告（東京）あり。
  - ・即位礼当日、紫宸殿の儀（京都）あり。
  - ・即位礼後一日、賢所御神楽（京都）行はる。
  - ・大嘗祭前一日、鎮魂祭（京都）あり。
  - ・神宮・皇霊殿・神殿、官国幣社へ勅使派遣ありて、大嘗祭当日奉幣あり。
  - ・大嘗祭当日、賢所へ大御饌を供進（京都）す。
  - ・大嘗宮にて悠紀・主基の儀行はせらる。
  - ・大饗第一日の儀・第二日の儀及び夜宴（京都）あり。
  - ・神宮及び五陵（橿原と先四帝陵）へ親謁あり。
    天皇、賢所を奉じて還幸あらせらる。
  - ・還御の後、賢所御神楽及び皇霊殿・神殿へ親謁（東京）あり。

第十五条　即位の礼及び大嘗祭訖りたるときは、大饗を賜ふ。

大饗は、古の大嘗会に相当すべし。古は、後宮・東宮及び摂関大臣は、正月に大饗を行へり、大に饗宴する義なり。大嘗会とは、大嘗祭の節会の儀にて、古は、卯日大嘗祭ありて、辰日に悠紀の節会を行ひ、御膳及び白黒の酒を天皇に供し、臣下にも亦、饗膳を賜ふ。悠紀国司より、多米都物《ためつもの》・鮮味等を献じ、〔多米都物とは、美味飯食を云ふ古言なり。〕又挿頭《かざし》・和琴等をも献ず。寿詞の奏とて、中臣氏、天神寿詞を奏することあり。神璽の鏡剣を献るとて、忌部氏、神鏡と御剣を献ることあり。こはこの両氏の祖先なる天児屋根命と太玉命とが、天孫降臨の時に際して、天孫の左右に侍し、皇祖天照大御神の此の神器を持ち捧げしめ賜ひて、宝祚を祝し給ひし、めでたき故事によること、既に上に云へり。〔寿詞を奏するは、「大宝令」に見えたるは、御即位の日のことなり。これ上古の風なるべし。其の御世頃より既に大嘗祭にのみ行はれしを、此の御令は之を復古せられて、即位の日、総理大臣の奏することに、改められたるなり。〕標山《しるしのやま》とて、悠紀・主基両国司が、山形を作り、種々の装飾を施したる標木《しるしのき》を立つ。〔この標山は、卯日に北野なる斎場より、他の供神物と共に、大嘗宮へ輓くなり。後世、神社の祭日に輓く所の鉾山山尻《ほこやまだんじり》の類は、これより転じたる遺風なるべし。〕

巳日に主基の節会を行ふ。〔寿詞の奏なく、白酒・黒酒を供する事なし。其の他は大略辰日に同じ。但、辰日にも悠紀節会の後に、主基の節会の略儀あり。巳日にも亦、主基の節会の略儀あり、故に、辰巳両日共に、悠紀・主基両節会を行はるゝ訳なり。〕巳日の節会畢りて、清暑堂の御神楽とて、豊楽殿の後房なる清暑堂に臨御し、終夜神宴御遊あり。この御神楽は、内侍所の御神楽と共に、古来最も重しとする所なり。

午日には豊明節会《とよのあかりのせちえ》あり。悠紀・主基両国司及び朝臣を豊楽《ぶらく》殿に会して、宴を賜ふ。吉野の国栖《くず》、歌笛を奏す。久米舞あり。〔『江次第』に「舞人二十人、琴工六人如二駿河舞一。夾二版位一舞、終頭抜レ剣舞、無レ歌以レ琴為レ節。」とあり。〕吉志舞あり。

〔『江次第』に「高麗乱声、舞二十人、楽二十人」とあり。〕宣命使、宣命を読み、群臣には禄を賜ふなり。これらの古の例によるに、本令の大饗は、この三日の節会に相当するものなること明らけし。

（付）別式を見るに、大嘗祭後、**大饗第一日の儀**あり、**大饗第二日の儀**あり、**大饗夜宴の儀**あり。第一日の儀は豊明殿にて行はる。殿の北廂に千年松・山水の図ある錦の軟障を設け、〔軟障は、又はゼンジヤウ、又はゼジヤウとも云ふ。軟は硬に対す。軟なる障子の義にて、紐を著け壁代の如く、懸くるものなり。障子とは、今の衝立なり。中世以降、遣戸障子をのみ障子と云ひて、従前の障子をば特に衝立障子とも衝立とも云ふ。近代は更に転じて、明障子をのみ障子と云ひて、布帛を以て作れる襖障子を襖《ふすま》とのみ云へり。軟障は、普通は表は白生絹、裏は白練絹にて、紫綾の縁に、絵は高松及び四季の景を画くなり。こゝは錦の縁にて、松と山水の画なり。次に綵綾軟障とあるは、綵りたる綾の縁なるべし。〕東北隅に悠紀地方の風俗歌の屏風、西北隅に主基地方の屏風を立つ。〔風俗歌の屏風とは、風俗歌をかける屏風なり。〕母屋の四面に〔モヤはオモヤの略言なり、廂の中なれば身屋《おもや》と云ふなり。〕壁代を作り、之を挙げて、その中央に天皇の御座を、其の東方に皇后の御座を設け、各〻御椅子並びに台盤を立つ。昔は皇后には臨御なかりし故に、その御座は無りき。また天皇の御座は、悠紀の御帳・主基の御帳とて、両日に用ゐらるべき御帳を別に設けたるを、後には帳は一つにて、其の帳の廻りに悠紀の屏風を廻らせば悠紀の帳となり、主基の屏風を廻らせば主基の帳と呼びかへたりしなり。

この御令によれば、一日に行はるゝを以て、古代の制を参酌せられて、二地方の屏風を、東北隅と西北隅とに立てらるゝことゝなりしなり。かくて南東西の三方の廂の周囲には、青簾を懸け、之を挙げ、其の内に諸員陪宴の第一座を設け、床子並びに台盤を立つ。〔床子はシヤウジともソウジとも云ふ、四足にて俗に床机《しやうぎ》と云ふものにて、官人の腰を掛くるものなり。昔は、中納言以上は漆床子、自余は素大床子なり。台盤《だいばん》とは、食椀を載する台なり、俗に飯台と云ふものなり。〕顕陽・承歓・歓徳・明義の各堂に諸員陪宴の第二座を分設せられ、南庭の中央に舞台を構へ、其の東南隅に楽官の幄を設くるなり。かくて、儀鸞・逢春・承秋・嘉楽・高陽の各門を開けば、当日賜宴の文武官、所定の座に著き、式部官驚蹕を称ふれば、天皇・皇后出御、御座に着御あらせらる。先づ勅語ありて、総理大臣の奉対あり。

次に**白酒・黒酒**を供す。〔白酒とは白き酒、黒酒とはクサキの灰を加へて造れる酒なり。〕次に悠紀・主基地方献物の色目を奏す。此の時、其の献物を、南栄に排列するなり。〔古の献物色目を発する詞は「悠紀爾供奉留其国宰姓名等加進礼留雑物合若干荷、就レ中献物黒木御酒若干缶、白木御酒若干缶、飾䞘若干口、倉代若干輿、缶若干缶、多米都物、雑菓子若干輿、飯若干缶云々進礼留事乎申賜波久止奏。」となり。この御令によれば、悠紀・主基同時なるべし。〕次に御膳並びに御酒を供す。〔昔は鮓・塩・酒・醤・餛飩・索餅・餲餬・桂心の八台、之を晴御膳と云ひ、残の御膳にて䭔子・黏臍・饆饠・潮喜の四種をも供し、御飯御菜を供したり、天泉の御箸下りて、臣下も応ずる也。〕次に**久米舞**を奏す。次に御穀物を盆に供し、次に**悠紀・主基の地方風俗舞**を奏す。〔久米舞は、神武天皇の時、久米部の歌ひしに始まる。されば中世に至るまで、大伴・佐伯の二舞人を率ゐて舞はしめたり。舞に剣を抜くは、古の余波《なごり》見えてゆかし、近来宮内省にて再興せられたり。風俗舞は、地方の風俗歌を歌ひつゝ、地方人の舞ふなり。古は、音声人・歌人・歌女ら風俗の歌を歌ひ乍ら参入し、八人にて風俗の歌舞を奏したりき。両地方を同時に行ふ時は、十六人となる訳なり。〕次に**大歌及び五節舞**を奏す。〔大歌はオホウタと云ふ。公に用ゐらるゝ歌を大歌と云ひ、世に私に歌ふを小歌と云ふ。古は、大歌所にて、風調雅正なるものを採りて、鼓吹に合せて奏楽し、朝会公儀の時に用ゐしなり。今は専ら、雅楽部にて掌ること、なれり。五節舞は、天武天皇の、上下を斉へ和するには礼楽こそよけれとて、製定せられし舞なり。五節とは、舞姫の衣の袖を五度翻して舞ふを以て云ふ。〕次に挿華《かざし》を供す。〔古は挿頭《かざし》、天子は桜銀製、大臣は藤、大中納言は山吹、参議は梅、いづれも真鍮にて作り滅金す。但これは一定せず、時々変れり。今後は其の製の如きも、時世に適するものを以てせらるべきか。〕かく御酒・御肴・挿華等を天皇に供する時は、陪宴の諸員にも各〻みな之を賜ふなり。

斯くて第一日の儀は畢りぬ。今之を古儀に按ずるに、第一日の儀は、辰日の節会と午日の豊明節会とを合して行はるゝものと察せらるゝなり。第二日の儀は、二条離宮にて行はる。勅語なく、黒酒白酒のことなき等、第一日に比して簡略なるは、古の巳日に準じて説くべきか。大夜宴の儀も、亦、二条離宮にて行はる。古の清暑堂神宴、御遊にや准へ申さむ。その儀は、陪宴の著席の後、天皇・皇后出御あり。次に舞楽〔萬歳楽・大平楽〕を奏して、賜宴あるなり。以上の三儀を、こゝに大饗と称するなり。

第十六条　即位の礼及び大嘗祭訖りたるときは、天皇・皇后と共に神宮・神武天皇山陵、並びに前帝四代の山陵に謁す。

即位の礼及び大嘗祭を訖らせ給ひたる時は、皇太子・同妃以下、宮内大臣・内大臣・大礼使長官・皇后宮大夫・女官等を率ゐて、京都より発して、先づ伊勢に向はせ給ひ、頓宮に入らせ給ふべし。〔頓宮には、神宮司庁を用ゐさせ給ひし先例、明治三十九年にあり。〕

親謁の御儀は、天皇・皇后先づ頓宮を出御、神宮板垣御門外にて、御下乗あらせられ、玉垣御門外にて大麻・御塩を奉り、同門内にて御手水を供す。此の時、正殿の御扉を開き奉り、御幣物を殿内案上に奉安すれば、天皇・皇后御階を昇御、御大床《おほゆか》の御座にて、親しく御拝礼あらせらるゝなり。神武天皇及び前帝四代山陵に親謁の御儀には、先づ神饌・幣物の供進ありて、掌典長祝詞を奏することなるが、神宮に此の事なきは古来の例なりとぞ。

抑ゝ本条の御制は明治の御制にして、敬神崇祖の礼を明かにし、大孝を申べ賜ふ所以、返す〴〵も忝く難有き大御制令にぞ有りける。恐れ乍ら、我々臣民もこの御令の旨を恐みて、祖先崇敬の道を全ふせんことを期すべきなりかし。

第十七条　即位の礼及び大嘗祭訖りて東京の宮城に還幸したるときは、天皇・皇后と共に皇霊殿・神殿に謁す。

(付)別式によるに、還幸の儀は、京都へ行幸の時の式に同じく、賢所温明殿に還御の儀は、春興殿渡御の儀に同じ。而して還幸後、温明殿にて賢所御神楽の御儀あるなり。

此の御親謁を畢りて、全く登極の御事は、完了遊ばされし御事なりと察せらる。この御令を拝見するに、神祇の祭典に始りて、神祇の祭典に終る。敬神尊祖を以て建国の大本とする我が国体の懿美、見つべきなり。

第十八条　諒闇中は即位の礼及び大嘗祭を行はず。

諒闇の字は、綏靖天皇紀に始て見ゆ。亮闇とも亮陰とも書けり。塵添壒嚢抄に「諒闇とも諒陰とも云ふ也。諒陰をばマコトニモダスと読む也。諒に陰《もだす》とは、天子は日々に万民の訴を断じ給ふべきを、一向に黙して不㆓聞食㆒故也。」とあり。古は一期十三月間、錫紵を御し給ふべきなれども、万機暇なければとて、月を日に易へて、十三日間の御服に止みて、其の余の月日は心喪を服し、一期の後、大祓を行ひて終闋とせらる。天皇着服の間は、別室に御し給ふ、之を倚廬と云ふ。板敷を地上に下し、布帽額の葦簾を垂れ、御調度みな質素になし給ひき。

此の御令によりて考ふるに、考妣（皇太后）の一年祭を行はせ給ふまでは、諒闇なるべければ、此間は慶賀を表する即位の大礼、潔斎を要する大嘗の大祀は、行はせ給はざるなり。

▲B、この後（「予は……」の前まで）に左の文を補う。

古は、国喪ある時は、固関警固のことあり。音楽、慶弔、停止のことあり。侍臣に素服を賜ふことあり。斯くて天下謹慎の意を表したりき。令義解に「凡服紀者為㆓君（謂天子也）父母及主㆒一年」とありて、同集解に「凡君服者、着㆑服就㆑座、聴㆑政令㆑行㆑事」とあり。これによれば、君主の喪には、官吏は凶服を着けながら行事執務せしことなれども、一般国民は凶服を着くるが如きことは無かりき。抑〻喪《も》の語源は、思《おもふ》と同語源にして、活用してモヒ、モフと云ふ。心に纏《もつ》れ懸りて、忘るゝことを得ざるものを称して、思《おもひ》と云ふ。君父を喪ひ、妻子を失ふが如き、これより思慕の甚しきものあること無し。されば、殊更に死に於ける悲歎を、モともオモヒとも云ふなり。古今集に「母のおもひ」、詞花集に「子のおもひ」とあるは、母の喪、子の喪なり。然るに、本居翁がモはマガコトの約言なりとして、禍孽の意義に解かれしは非なり。死は勿論、人世最大の凶事に相違なきも、その喪に遇ふものを見て直に汚穢となして忌避するが如きは、喪の本義にあらず。中世以降、死尸と、喪とを混同するが如きものあるは、歎くべし。肉親の情としては、美食も味からず、音楽も楽しからず。慶事祝言などを見聞すれば、却て悲哀追慕の情を催すは、人情の誠なり。美食せざれよ、美衣せざれよ、弔賀せざれよ、音楽せざれよ、嫁娶せざれよ、公事に従はざれよ、神事に関せざれよ、兄弟財を分たざれよ、剃鬚せざれよ、湯沐せざれよなど云ふ掟を待ちて、始めて之を知ると云ふが如きものにあらず。然れども、世は自然に放任することを許さゞれば、後世服期を定め、禁条を掟てゝ之を制し、この禁条を実行せしめんが為に、政府は服者の徭役を除き、また之を侵すものゝ為に、罰則を定めたり。〔仮令ば、父母の喪に居りて、身自ら嫁娶し、若くは楽を作し、服を釈きて吉に従ふは、不孝なり、夫の喪に楽を作し、服を釈きて吉に従ひ改嫁するは、不義なり、不孝不義は、其罪八虐の一なり、父母の喪に居りて、子を生み、妾を娶り、兄弟別籍、異財の如きも亦罪なり、と云ふが如きこれなり。これらは多くは、世に行はれざりき。〕

かく多くの禁条中にて、不孝不義と云ひしことをさへも、全く忘れたるが如にして、今日は唯、神社に詣せぬことをのみ存す。芝居を観、酒舗に飲むは、彼の歓迎を受くるわけなるも、神明の御前に出づるは、神の不謹慎を咎め給はんことを、恐るゝによるものか、かはともかくも、前陳の如き意味にて、服紀禁制は定りしものなれば、時宜に応ずべき明治の制定ありたきことなり。また喪に、義服、正服あり。義服には、師あり、本主あり、君主あり。〔今日にては、他の皇室の服を国際上、我が皇室に於て服せらるゝが如きあり。〕我が君主の間には、義と親とを兼ねたれば、君主の服を義服と云ふは、いかゞ有らむ。昔は国喪には、国民の喪服を着けざりしこと、上に云へる如くなるが、今や外国人と雑居するに当りては、之を着けて、彼我を分つの要あるべし。国喪中には、外国人と宴会をなし、又は、観光の為に、外国旅行をなすが如きは、最も用捨すべきことなりとす。国喪と私喪と異るは、令義解に「凡凶服不レ入二公門一、謂凶服者、縗麻也、公門者、宮城門及諸司曹司院、其国郡庁院亦同云々／遭レ喪被《めさ》レ起者朝参処、亦依二位色一、『謂、入二公門一及朝参処、並依二位色一也、』在レ家依二其服制一」とあるは、官吏の私喪に有る時のことなれども、同書に「凡君服者、着レ服、着レ座、聴レ政、令レ行レ事」とあれば、国喪には官吏は喪服のまゝに事に従ひしなり。これ国喪と私喪との別なり。これによりて、一般国民も、私喪はその親族間にて慎み、国喪は国民間にて慎むの別あることは、知るべきなり。〔追加、この後、明治四十二年六月皇室服喪令の発布あり、参照すべし。〕

以上述べたる如く、登極の御事は、前半、践祚の御式は、諒闇中なれば、国民一般謹慎の意を表すべく、後半、即位の大儀は、国家の一大礼なれば、奉祝の意を表すべきなり。古は、崩御を受けたる践祚は多少の時日を経て行ひ給ふを、例とせしかども、今日は、時世古の如くならず、一日も君位を空うすべからざれば、崩御に引き続きて祚を践ませ給ひ、諒闇を闋りたる後、即位の大儀を行はせ給ひて、皇祖・天神地祇を祭らせ、百僚にも饗宴を賜はせらる、なり。

予は本令を拝見して、皇祖神祇に敬事し給ふ叡慮に感激して思へらく、此の御令は国体の根原を明かにし、君臣の大義を示し、斯の道の大本を実行し給へる御儀なれば、我が国体の尊きを説き、皇祖皇宗の道を教へんとするには、能く本令の御主旨を敷衍するに如かずと。大日本史に、「凡祭祀莫レ重二乎大嘗一、敬神尊祖之道、報本反始之義、咸備焉。」と云へり。

予は更にこの登極令に至りて、大成の美を済せるものと云はんとす。また同書に「我天朝、神聖肇レ基、光二宅日出之邦一、照二臨宇内之表一。其典章文物、夐出二於三方之外一乎。夫祭祀者、政教之所レ本、敬レ神尊レ祖、孝敬之義、達二于天下一。凡百制度亦由レ是而出焉。天皇以二天祖之遺体一、世伝二天業一。群臣以二神明之冑裔一、世亮二天功一、君之視レ民如二赤子一、民之視レ君如二父母一、億兆一心、万世不レ渝、莫レ不三各献二其力一、以致二忠誠一。」と云へり。

誠に斯の道は、我が国の精神なれば、政治と云はず、農と云はず、商と云はず、工と云はず、文学と云はず、皆これと一致せざるべからず。彼の宗教の如きだに、これと一致せざれば、我が国にては成立すまじきなり。これ他なし、国体を擁護するは国民の義務にして、国体に適応するものは存し、国体に背反するものは亡ぶは、当然のことなればなり。豈独り祭政のみ一致ならむや。

▲B、この後に「而して天皇の登極は、国家発動の根源にして、その大儀は国家精神の大本なれば、大に本令を敷衍して、之を一般臣民に知らせしめざるべからず。これ譾（浅）学を顧みず、疎雑なる草案を以て、この講壇に登りし所以なり」とある。

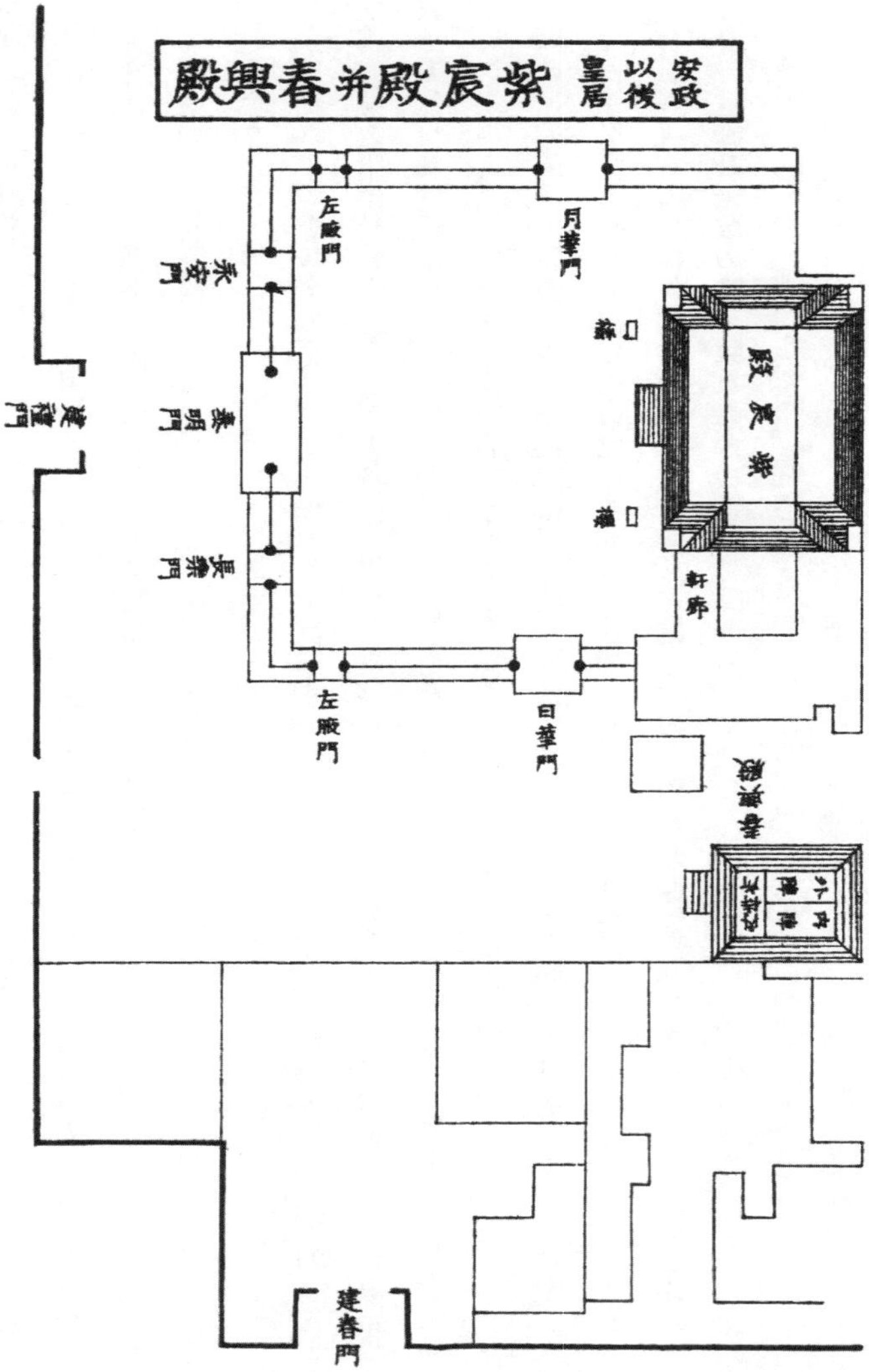

「安政以後（現存）皇居　紫宸殿 并 春興殿」（右が北）

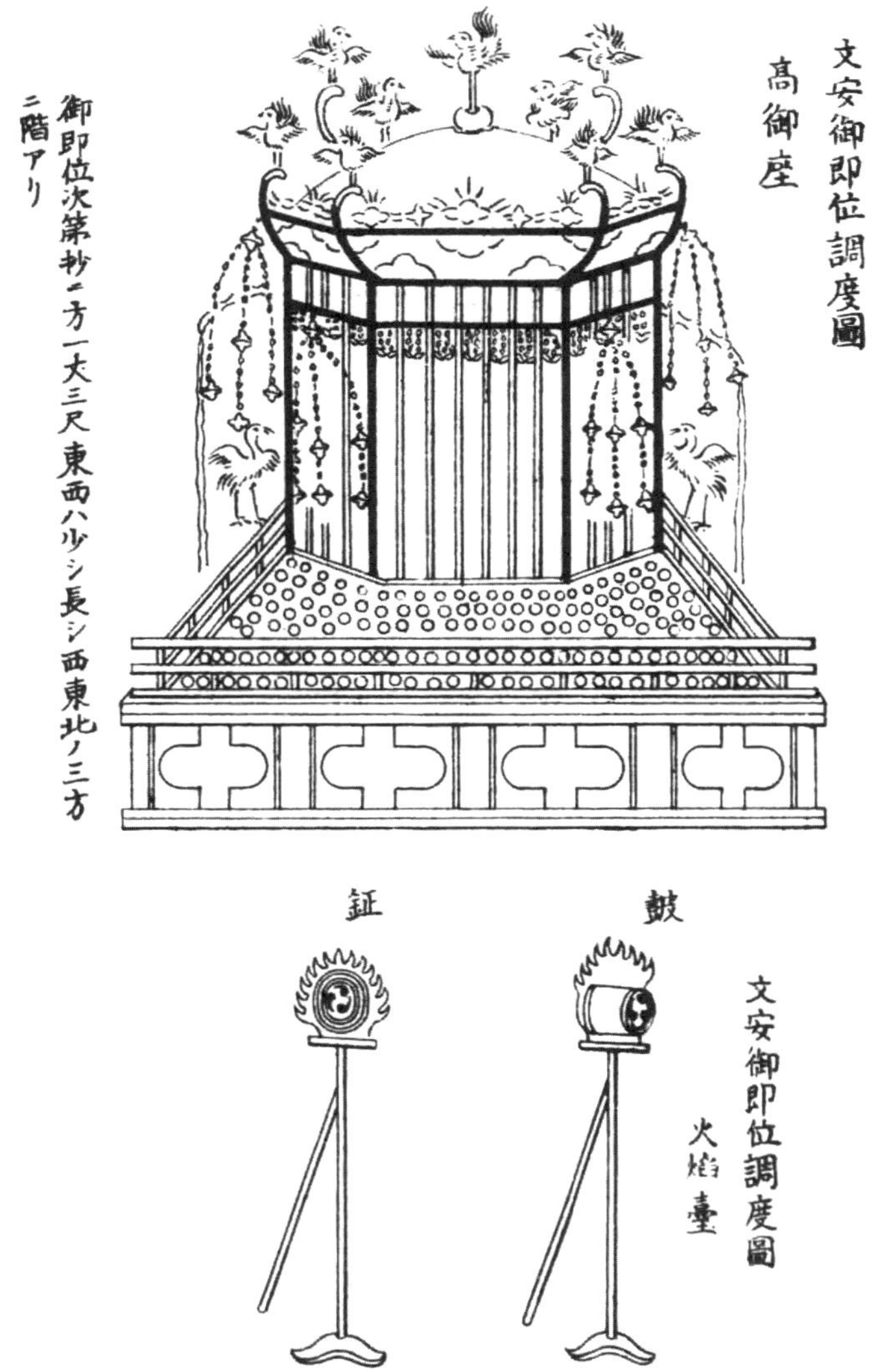

「**文安御即位調度図**」高御座（方１丈３尺）と鼓・鉦

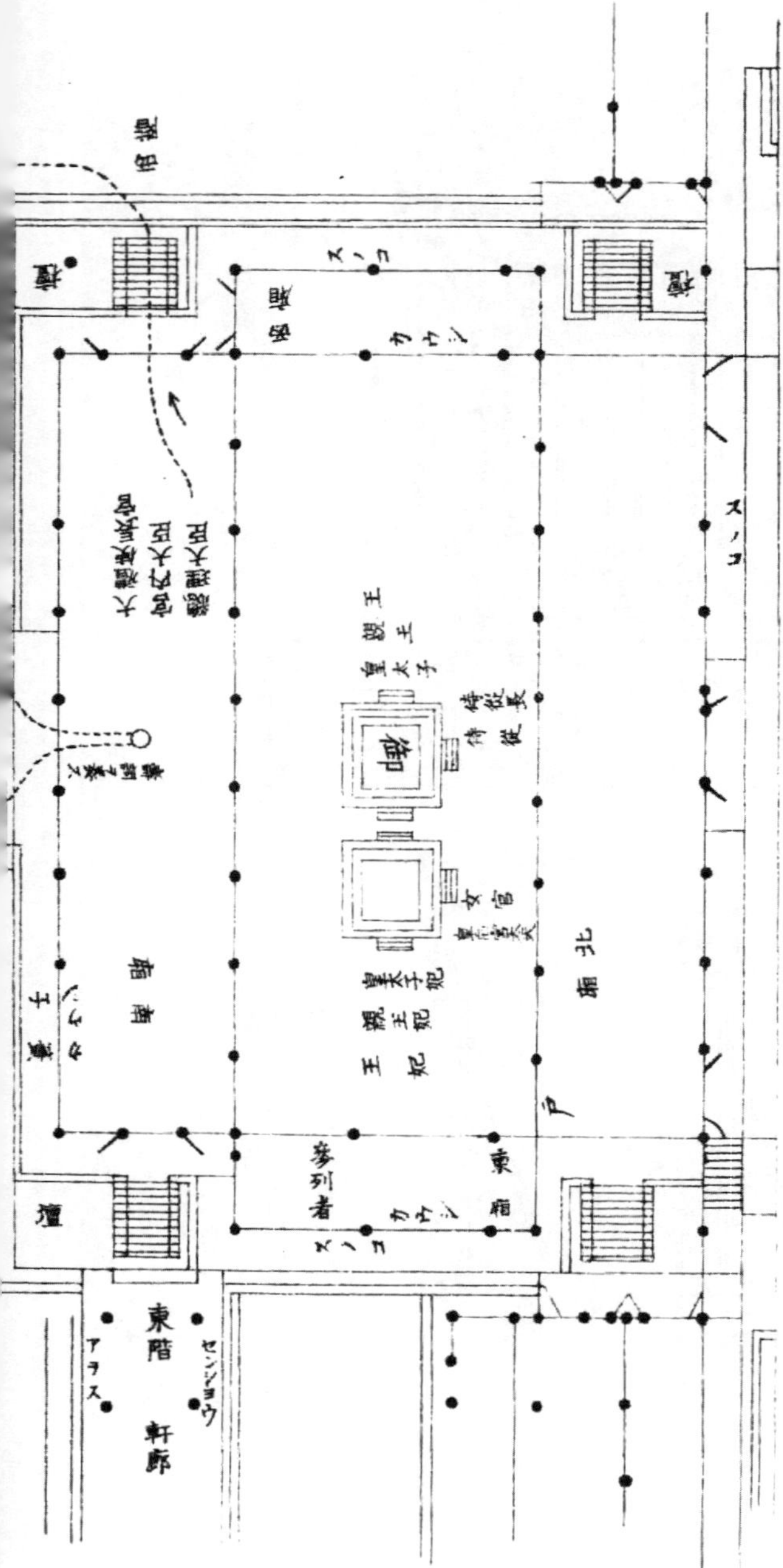

紫宸殿ノ儀

將來行ハルヘキ即位大禮紫宸殿上ノ高御座並參列官ノ位置、及南庭ニ於ケル裝飾威儀物等ノ配列圖------ハ總理大臣ノ參進ヲ示ス

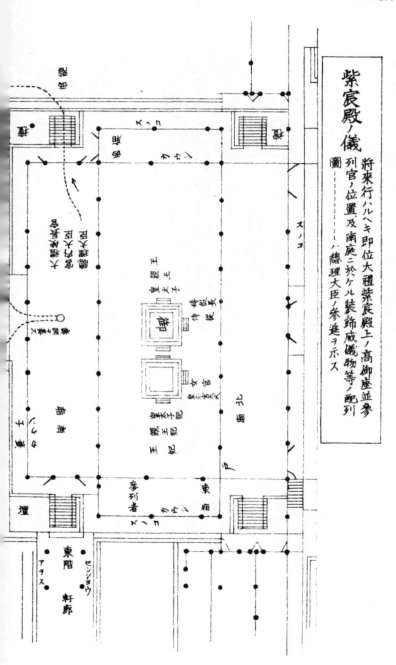

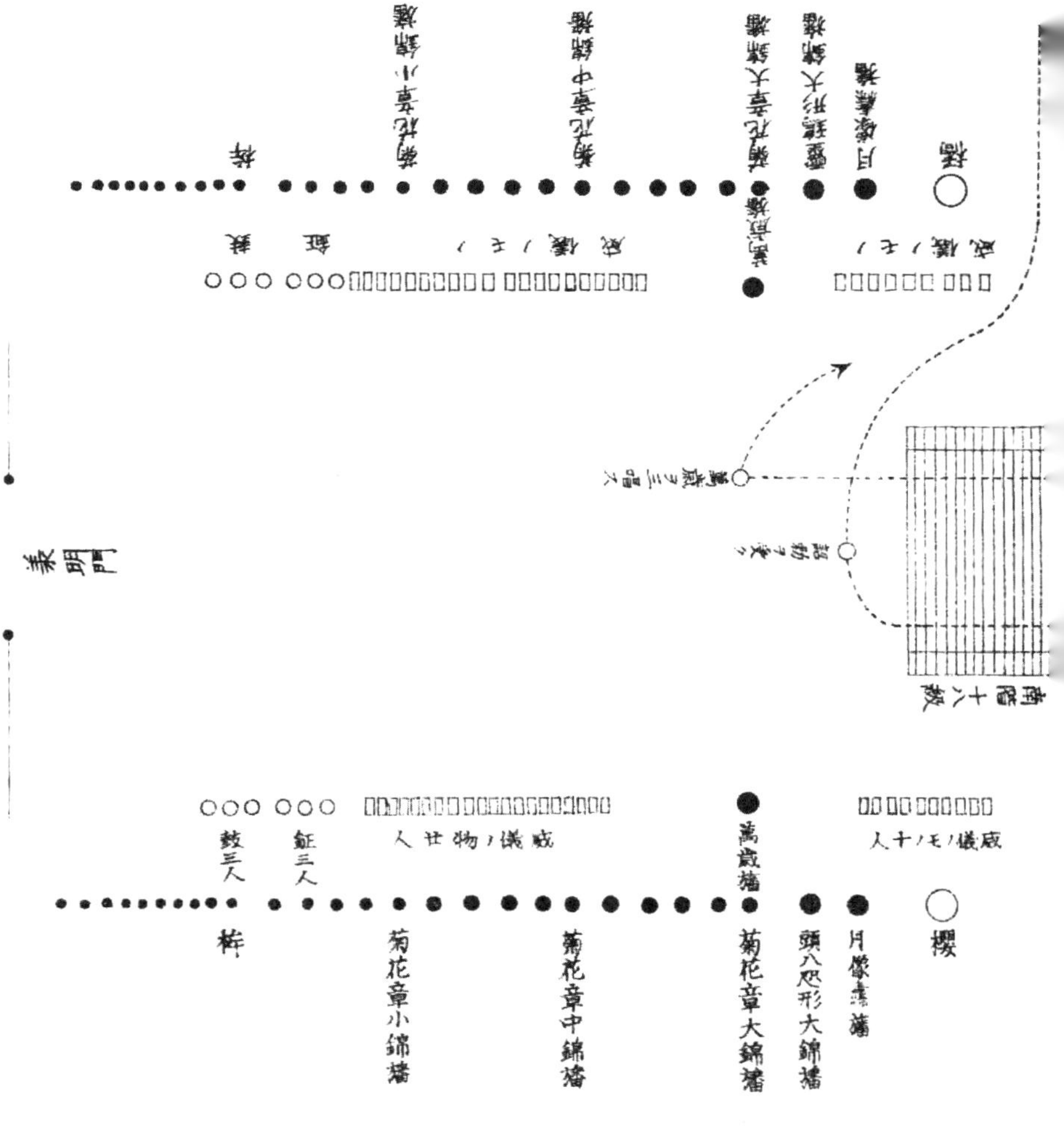

「**紫宸殿の儀**」将来行はるべき即位大礼、紫宸殿上の高御座、並に参列官の位置、及び南庭に於ける装飾・威儀物等の配列図。点線は総理大臣の参進巡路を示す。（右が北）

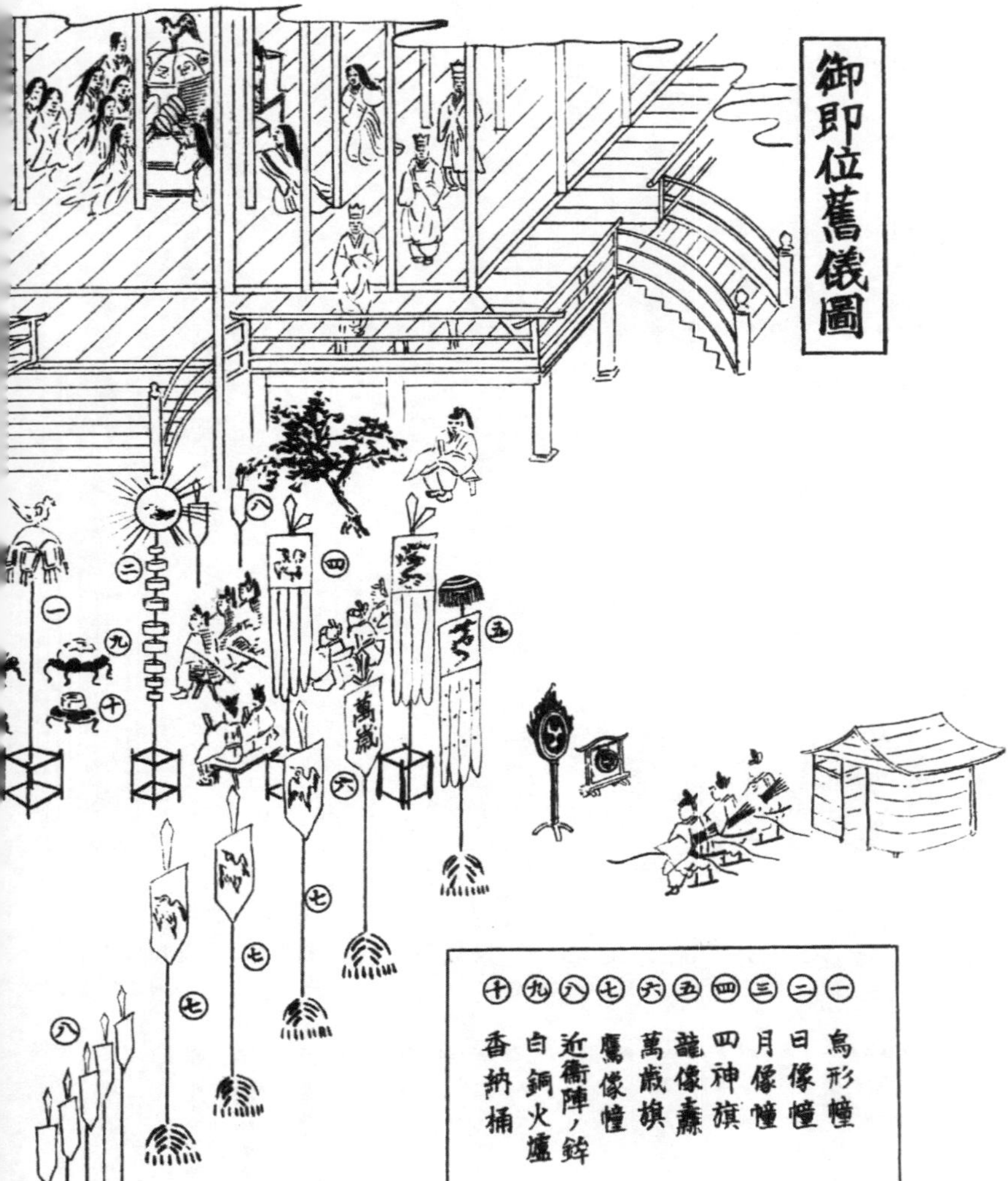

「御即位（孝明天皇まで）旧儀図」

四
八
三
五
萬歳
六
七
七
七
八

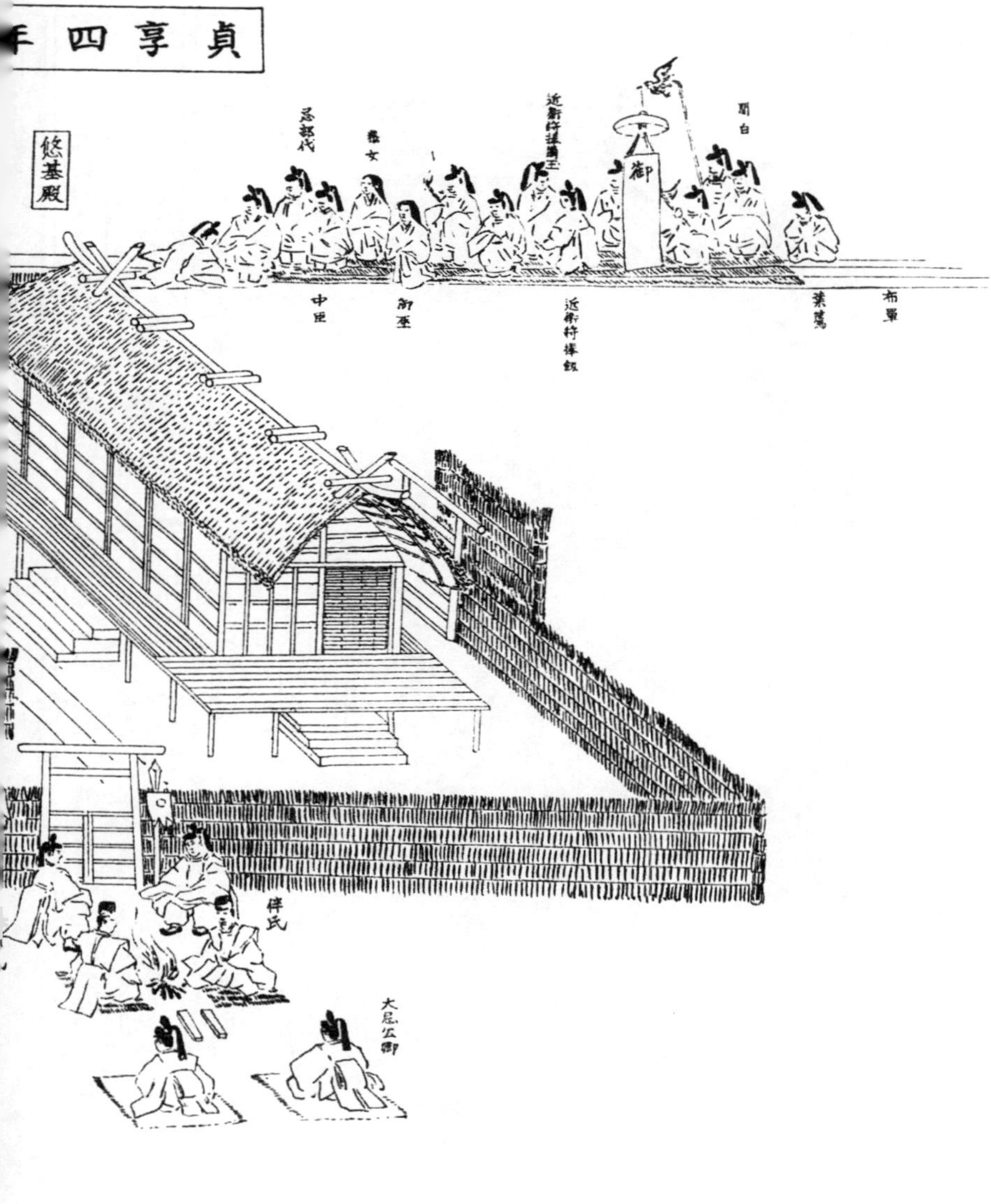
貞享四年
悠基殿
忌部代
采女
御
関白
中臣
御巫
葉薦
布單
伴氏

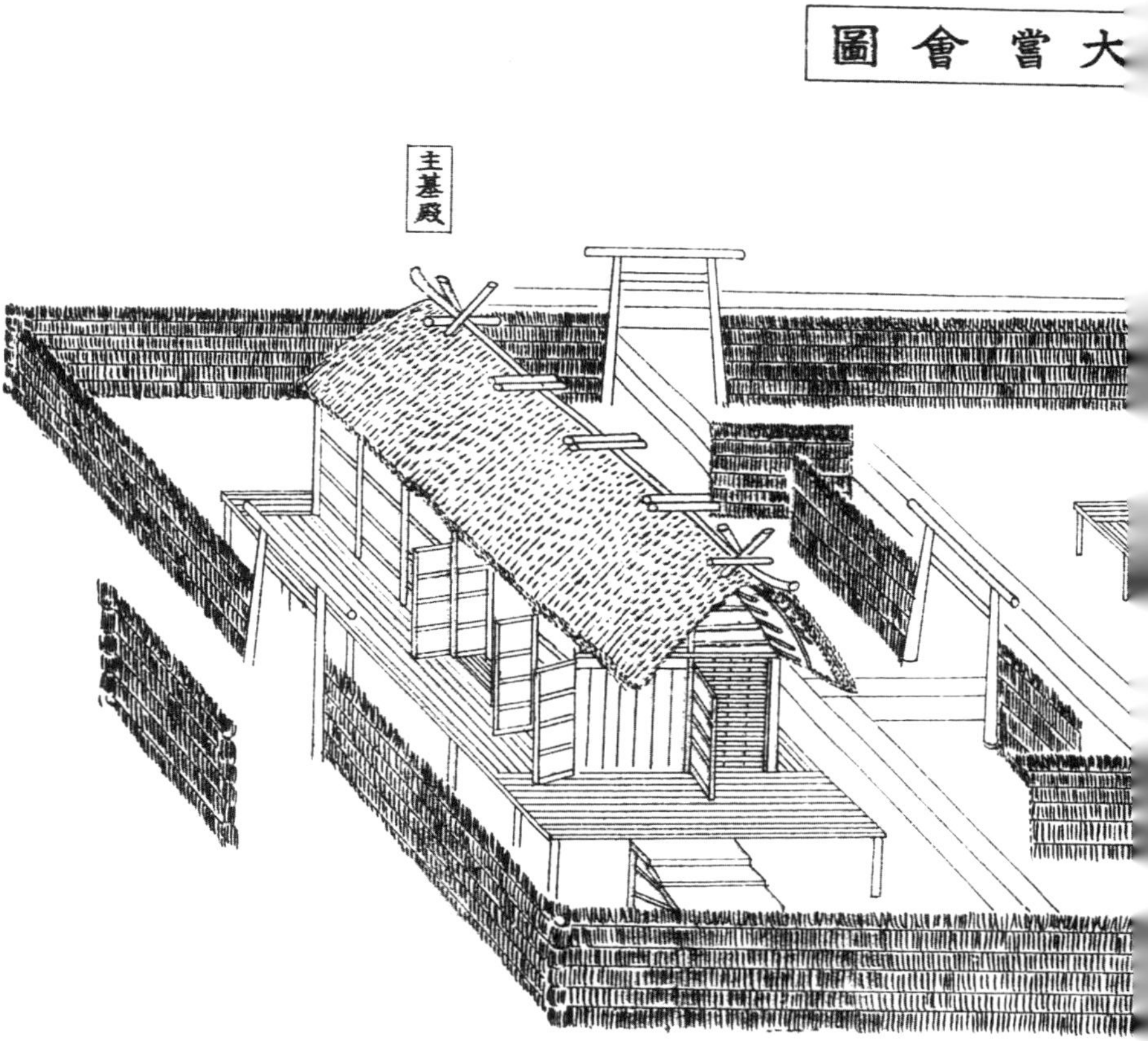

東山天皇「貞享四年（1687）大嘗会図」（紫宸殿南庭の悠紀殿と主基殿）

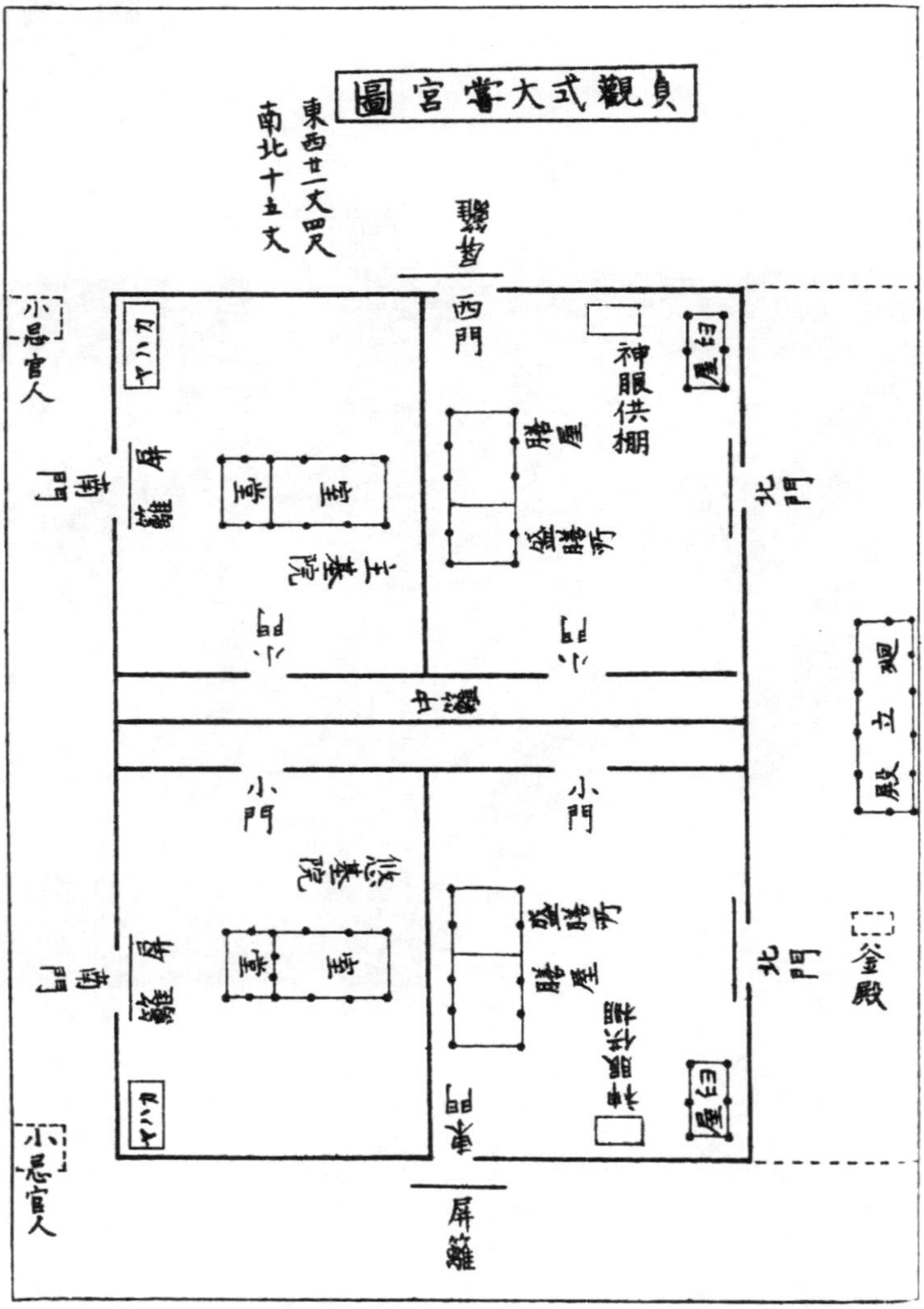

平安初期「貞観（儀）式 大嘗宮図」（東西21丈４尺、南北15丈）

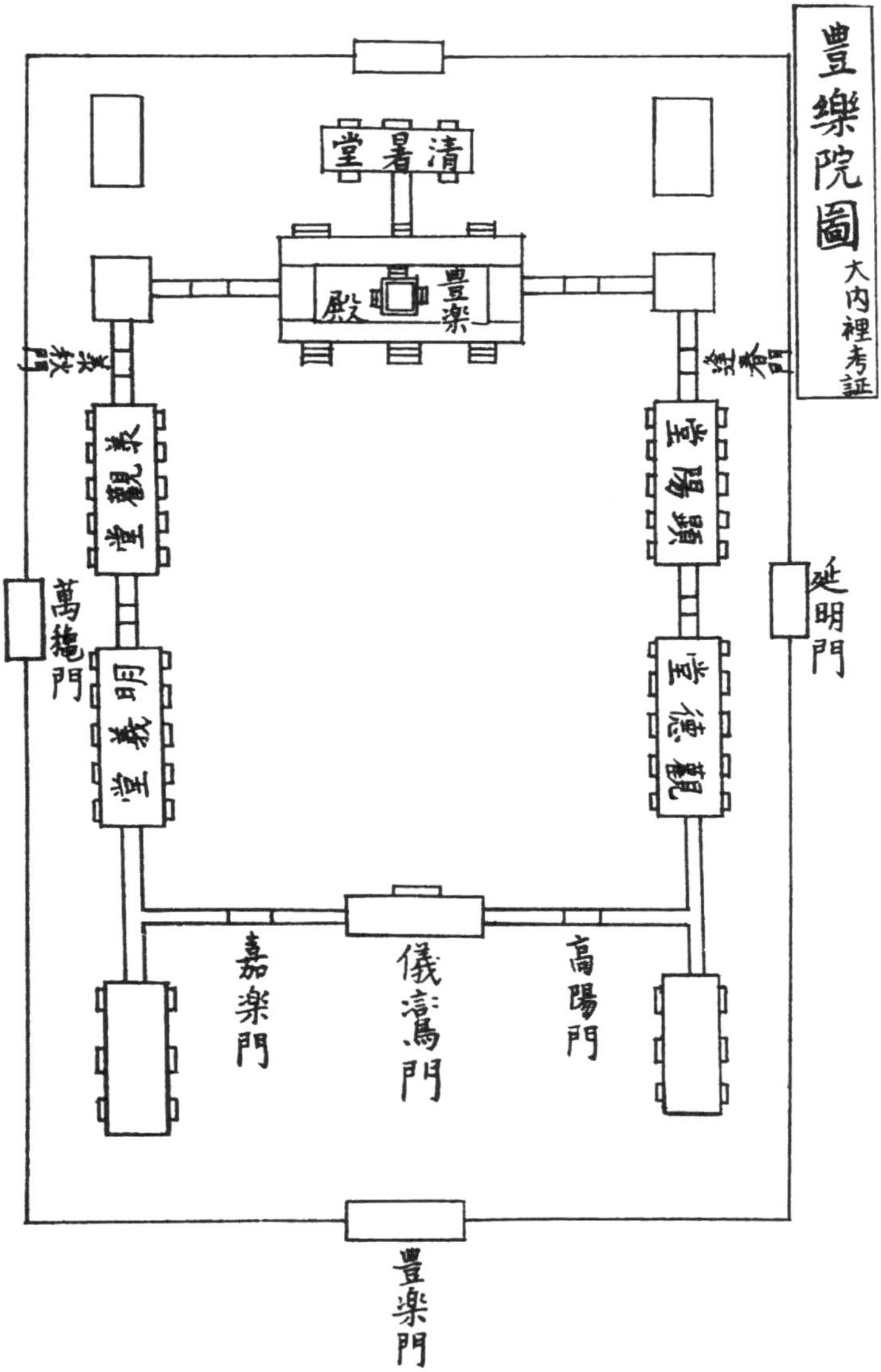

平安時代「豊楽院図」（江戸後期『大内裡考証』）

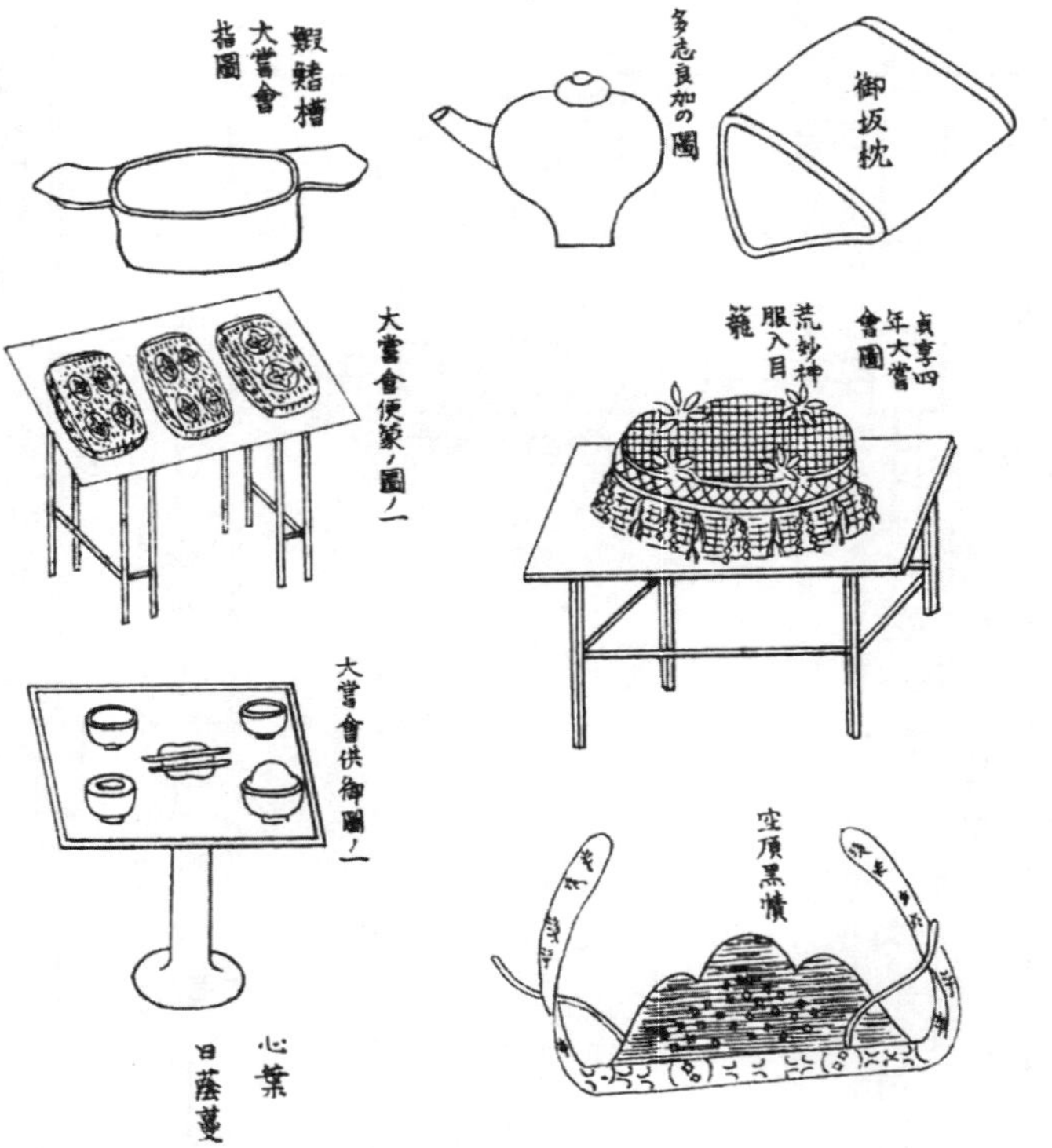

江戸時代『大嘗会指図』『大嘗会図』『大嘗会便蒙』『大嘗会供御図』などから、御坂枕・多志良加・蝦鰭槽・荒妙神服入目籠・神饌（御飯・鮮物・干物の筥／米と栗の御粥各二）・空頂黒幘・御冠幘・小忌・心葉の日蔭蔓。

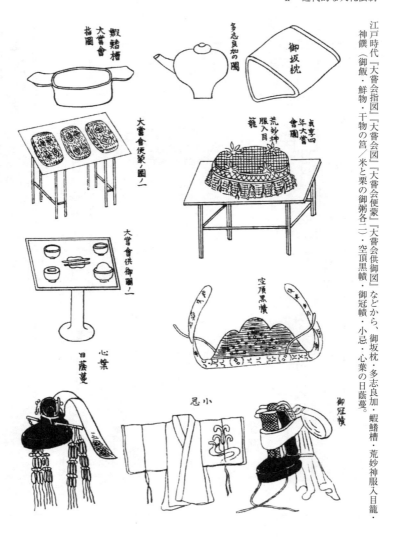

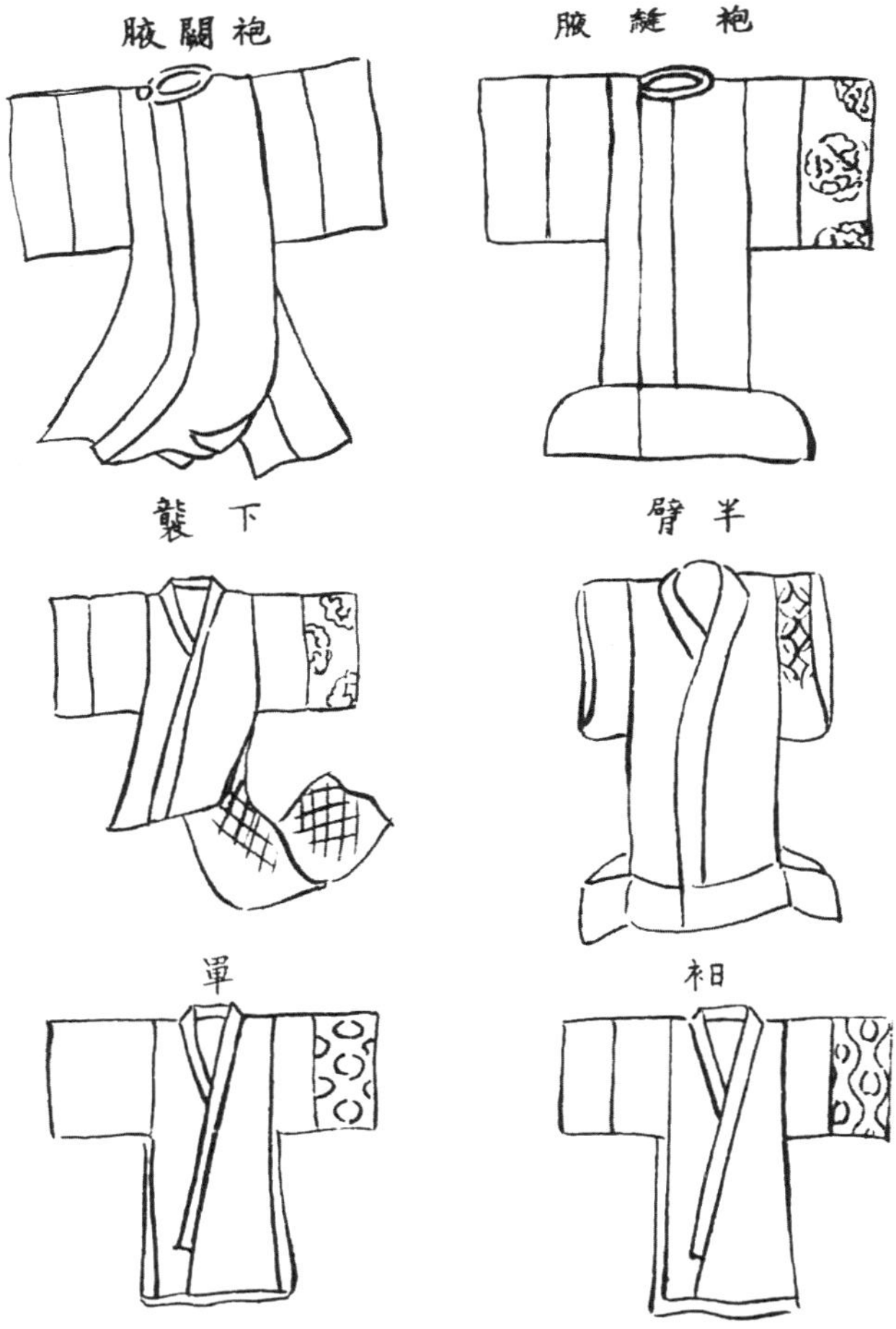

縫腋《ほうえき》の袍・闕腋《けってき》の袍・半臂《はんぴ》・下襲《したがさね》・衵《あこめ》・単《ひとえ》

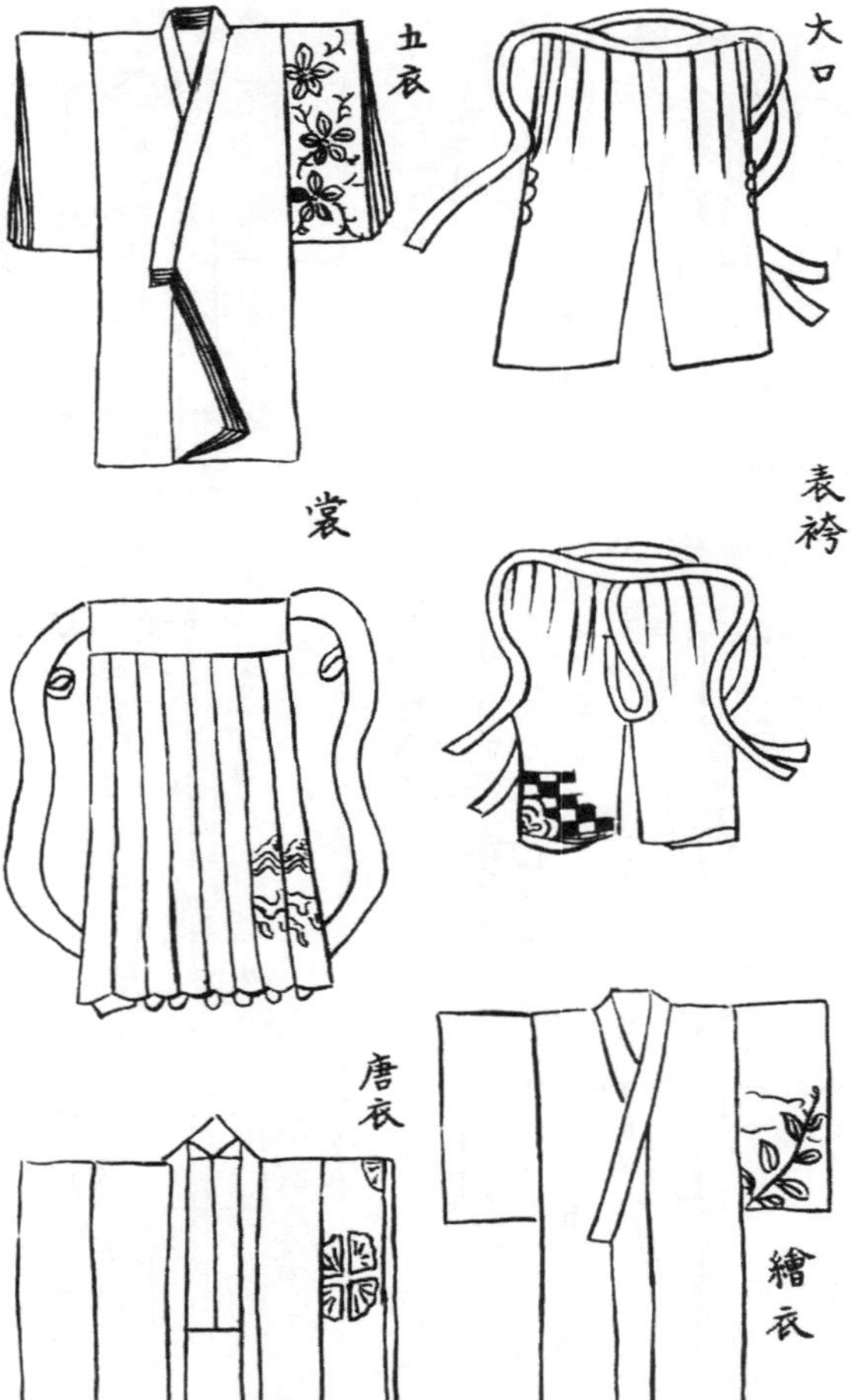

大口《おおぐち》・五衣《いつつぎぬ》・表袴《おもてばかま》・裳《も》・繒衣《にぎたえ》・唐衣《からぎぬ》

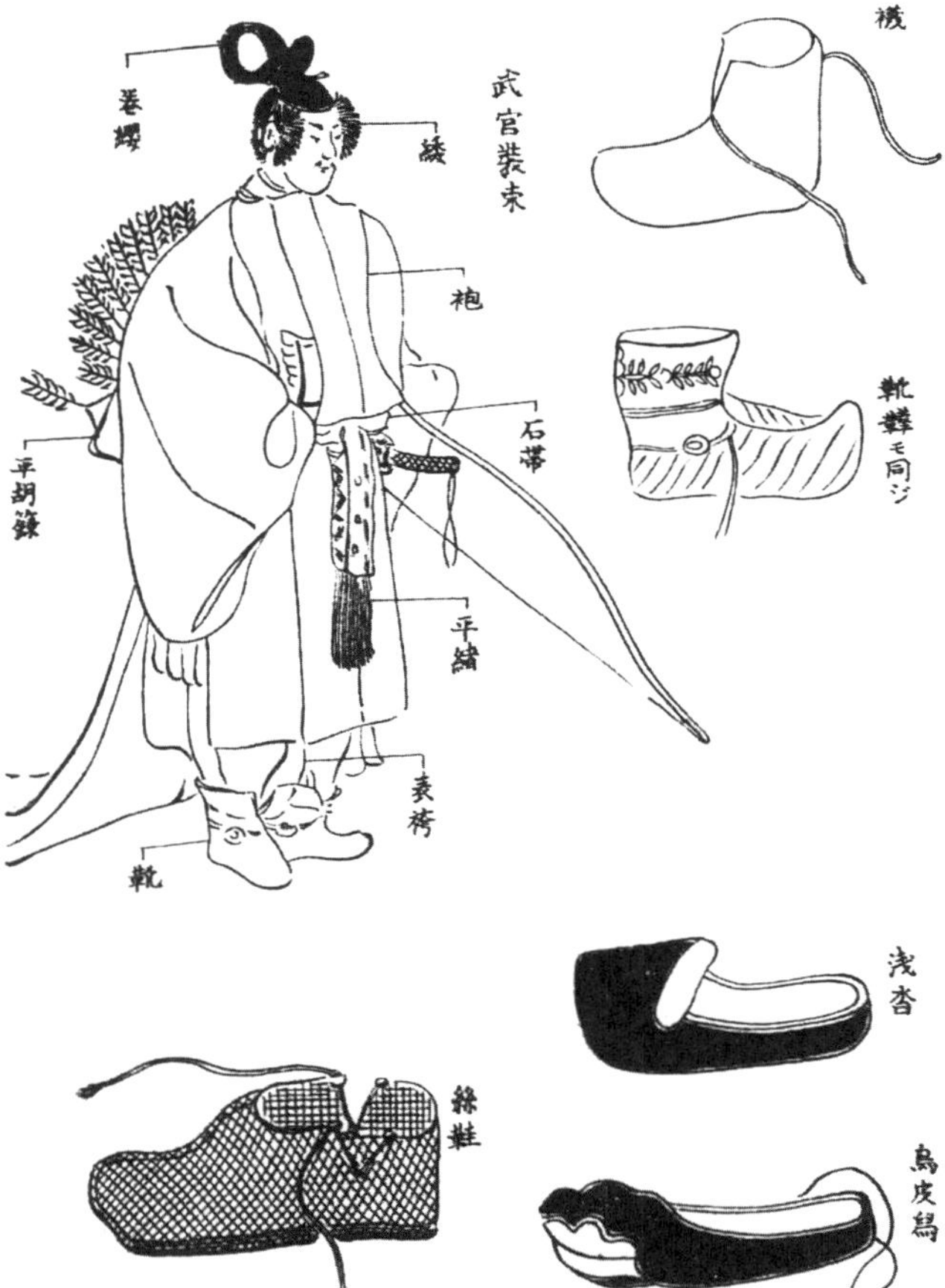

武官装束（巻纓《まきえい》・緌《おいかけ》・袍《ほう》・石帯《せきたい》・平緒《ひらお》・表袴《おもてばかま》・平胡籙《ひらやなぐい》・靴《くつ》）・
襪《しとうず》・靴（鞾）・浅沓《あさぐつ》・烏皮舄《くりかわのくつ》・糸鞋《いとぐつ》

III

大正・昭和の大礼

III　大正・昭和の大礼【細　目】

第八章　大正天皇の「践祚の式」 *335*
第九章　大正即位礼の「勅語」と「寿詞」 *359*
はじめに／　一　『大礼記録』と平沼騏一郎／　二　平沼騏一郎の「希望」意見書／　三　「勅語案」の成立経緯
四　「寿詞案」の起草次第／　五　即位礼の「勅語」と「寿詞」
第十章　御大礼記念会編『御即位大嘗祭絵巻』 *383*
はじめに／　一　大正・昭和の大礼関係資料／　二　『御即位大嘗祭絵巻』の詞書／　三　本絵巻各場面の略解説
第十一章　高御座の来歴と絵図 *399*
はじめに／　一　「高御座」の成立／　二　平安時代の高御座／　三　中世・近代の高御座　(イ)紫宸殿用に造られた
高御座　(ロ)『礼儀類典』絵図の高御座　(ハ)宝永以来用いられた高御座）／　四　大正造立の高御座　(イ)孝明天皇朝の高御座と
絵図　(ロ)「登極令」と高御座の造立）／　むすび
第十二章　大正・昭和の『大礼の要旨』 *455*
A『大礼の要旨』（大正）／　B『大礼の要旨』（昭和）
付　杉浦重剛『倫理御進講草案』（大正四年第二学年） *474*
第十三章　大正大礼の概要と『大礼記録』 *477*
はじめに／　一　『登極令』と大礼日程／　二　柳田国男の提言／　三　本記録の編纂経緯
四　二種の大礼記録／　むすびにかえて
大正『大礼記録』総目次 *497*

第八章　大正天皇の「践祚の式」

解説

皇位の継承に伴う儀礼を総称して「大礼」という。この大礼も、他の歴史事象と同様、古来幾多の変遷を重ねてきた。とくに近代の大礼は、王政復古と諸事変革を国是とした明治維新の方針に則り、古来の先例と外国の類例を子細に調査して検討を加え、近代国家にふさわしい皇室儀礼として形成され、しかもそれが詳細に法文化されている。

その基本原則は、明治二十二年（一八八九）二月制定された『皇室典範』の第二章「践祚即位」に、左の三条がある（便宜、改行・傍点等を加えた。以下同）。

第十条　天皇崩ずるときは、皇嗣即ち践祚し、祖宗の神器を承く。

第十一条　即位の礼及び大嘗祭は、京都に於て之を行ふ。

第十二条　践祚の後、元号を建て、一世の間に再び改めざること、明治元年の定制に従ふ。

これを承けて、二十年後の同四十二年二月公布された『登極令』には、本文（全十八条）に践祚・改元・即位礼・大嘗祭・大饗・親謁などの明確な規定が設けられ、その付式として第一編「践祚の式」（全四儀）および第二編「即位礼及大嘗祭の式」（全三十儀）に、詳細な儀式次第が定められている。その成立経緯については、本書第六章「『登極令』

の成立過程」、また、その内容説明については、成立後間もなく纏められた賀茂百樹氏講義『登極令大要』（本書第七章「賀茂百樹講義の『登極令大要』」に翻刻）、多田好問氏草稿『登極令義解』（皇學館大学神道研究所編『続・大嘗祭の研究』に翻刻）などを参照されたい。

さて、この明治『皇室典範』に基づく『登極令』が初めて適用されたのは、いうまでもなく大正天皇の大礼である。その全容は、大礼記録編纂委員会編『大礼記録』（A４判・刷絵二枚・写真八〇葉・本文八九七頁。大正八年八月刊）に詳しく記されている（以下、既刊本という）。しかも、それより遥かに詳しい同じ題名の未刊記録が別に存する。

この二種の記録作成については、本書第十三章「大正大礼の概要と『大礼記録』」に詳述した。

本書第十三章に詳述したとおり、第一種の未刊本『大礼記録』は、後代の軌範とすべく、全事項を網羅した詳密このうえない記録であるが、宮内省図書寮（現在の宮内庁書陵部）と内閣文庫（現在の国立公文書館内閣文庫）とにしか所蔵されておらず、「世に公にせず」との方針により、従来は特別の関係者以外、閲覧することもできなかった。

しかしながら、すでに大正大礼から八十年近く経過したこと、昭和から平成に移って今上陛下の大礼も無事終了したこと、大礼に関心をもつ研究者等から閲覧の希望が強いこと、などを当局で検討された結果、平成四年（一九九二）四月より内閣文庫所蔵本が公開されることになった。

そこで、私は早速上京し、順次閲覧させて頂いた。とはいえ、何分膨大な記録集成である。従って、当面必要なところから拝見し、写真撮影を依頼して、頒布された紙焼により検討を進めてきた。

今回は、そのうち巻四に収められている、「第二輯　践祚改元」の中の「第一編　践祚の式」の部分（３Ｅ㊗一七三）を、資料として翻刻紹介する。

その骨子は、「第一章　賢所の儀、並皇霊殿・神殿に奉告の儀」（全九節）、「第二章　剣璽渡御の儀」（全六節）、「第三章　践祚後朝見の儀」（全六節）から成る。この章立ては『登極令』付式の第一編「践祚の式」に拠ったものである

（但し付式の「賢所の儀」と「皇霊殿・神殿に奉告の儀」を第一章に一括）。

その内容は、ほぼ各儀の「総説」「次第・付図」「鋪設」「関係員・参列員」「雑」等に分けて、事実のみを淡々と記録したもので、余分な説明や論評は何も加えられていない。しかし、事実の正確詳細な記録こそ、後代の大礼担当者にとって参考になるものであり、それを遺すことが本書編纂の目的にほかならなかったのである。

なお、このような記録作成の必要を大礼前後に提唱した一人は、当時貴族院書記官長で大礼使事務官として全儀式に参列した柳田国男氏である（大正四年十二月発行『新日本』第五巻第十二号所載「大嘗祭より大饗まで」、翌五年五月発行『明治聖徳記念学会紀要』第五巻所載「御大礼参列感話」参照）。

これは「柳田が傑出した歴史家的素質を持っていたことを示している」（佐伯有清氏『柳田国男と古代史』）といえようが、直接的な動機は遺稿「大嘗祭に関する所感」（『定本柳田国男全集』第三一巻所収）と同じく「後の当局の用に供せむ」としたものにちがいない。

この編纂に参与したことが判明するのは「石原健三・伯爵児玉秀雄・下条康磨・文学博士三上参次・多田好間・国府種徳・久保得二・高橋泰・渡辺克太郎等」数十名の諸氏である（既刊本例言）。

（平成四年十一月十日記）

凡　例

一、原本は、B５判洋罫紙に各頁20字10行、全文毛筆で清書されているが、濁点も句点・読点もないので、便宜それらを加えた。

一、紙幅の都合により、第三章第四節に掲載される「参否人名調」（既刊本に掲載）および同一内容の通知などは省略した。

『大礼記録』巻四　第二輯　践祚改元

第一編　践祚の式

第一章　賢所の儀、並皇霊殿・神殿に奉告の儀

第一節　総　説

明治天皇の懿徳鴻業は、申すも畏し、億兆斉しく聖寿の無疆を祈り奉りしに、明治四十五年七月十九日、俄に御不例に渉らせられ、御病症日々に漸ませ給ひて、同月三十日、終《つい》に崩御ましまししは、悲哀言語に絶え、痛恨惜く所を知らず。然れども、天位は一日も曠《むな》しくすべからざるを以て、皇太子嘉仁親王殿下は、直に鴻緒を継ぎて践祚し、其の式を行はせ給ひ、賢所の儀〔賢所第一日の儀〕と同時に、宮中に於て剣璽渡御の儀を行はせられたり。

賢所第一日の儀及び皇霊殿・神殿に奉告の儀は、七月三十日午前一時に行はる。先づ賢所・皇霊殿・神殿を開扉し、掌典、神饌を供し、次に掌典長岩倉具綱、祝詞を奏す。次に天皇陛下御代拝〔岩倉（具綱）掌典長奉仕。衣冠単《ひとえ》〕。御玉串〔長さ二尺五寸許の榊の枝に紅白の帛を垂る〕を奉り、御告文を奏す〔御鈴、朝山（儀子）内掌典奉仕〕。次に皇霊殿、次に神殿に参進、御玉串を奉りて、御告文を奏す。次に皇后陛下御代拝〔宮地（厳夫）掌典奉仕。衣冠単〕。賢所・皇霊殿・神

殿に順次御玉串を奉る。継いで神饌を撤して閉扉し、当日の式を訖る。

賢所第二日の儀は、七月三十一日、**同第三日の儀**は、八月一日に之を行はれ、両日とも午前九時、御殿の御装飾を奉仕し、次に開扉、神饌を供し、次に掌典長、祝詞を奏す。次に御鈴の儀〔朝山内掌典奉仕〕あり。次に天皇陛下御代拝〔岩倉掌典長奉仕〕、御玉串を奉り、次に皇后陛下御代拝〔宮地掌典奉仕〕、御玉串を奉り、継いで神饌を撤して閉扉し、当日の式を訖る。

賢所の儀は、第一日より三日に渉りて之を行はせらる。是れ蓋し古来御代始には、三箇日の間賢所に神饌を供するを例とせらる。因りて登極令に之を定められしものなり。

以上の諸祭式は掌典部のみにて之を奉仕するは、掌典部員は喪を服せざるを以ての故なり。但し、神饌供撤の間には奏楽せず。

第二節　次　第

○明治四十五年七月三十日

践祚／賢所の御祭典第一日次第

時刻、御殿を装飾す。〔午前一時。〕／次開扉。／次神饌を供す。／次掌典長、祝詞を奏す。

次天皇御代拝〔掌典長奉仕〕、御玉串を奉り拝礼、御告文を奏す〔御鈴、内掌典奉仕〕。

次皇后御代拝〔掌典奉仕〕、御玉串を奉り拝礼。

次神饌を撤す。／次閉扉。／次各退下。

践祚／皇霊殿・神殿の御祭典次第

時刻、御殿を装飾す。／次開扉。／次神饌を供す。／次掌典長、祝詞を奏す。

次天皇御代拝〔掌典長奉仕〕、皇霊殿・神殿へ御玉串を奉り拝礼、御告文を奏す。
次皇后御代拝〔掌典奉仕〕、皇霊殿・神殿へ御玉串を奉り拝礼。
次神饌を撤す。／次閉扉。／次各退下。

○大正元年七月三十一日

賢所の御祭典、第二日次第（省略。時刻を「午前九時」とし、天皇御代拝に御告文がないこと以外、第一日と同じ。）

○大正元年八月一日

賢所の御祭典、第三日次第／総て第二日に同じ。

第三節　御告文・祝詞

一、御告文

賢所の御告文

賢所乃大前爾白左久、由々志支禍事乃起利弖、朕今歎支悲美為術知良受有礼止、天位波一日母曠志久為倍支爾有禰波、践祚乃式乎行比弖、皇考乃基業乎承継支奴。我皇考乃皇祖皇宗乃伝給閉留洪謨爾遵比弖、皇基爾弥張爾張利、民福乎弥進爾進米弖、大御稜威乎内爾外爾輝加志米給比志事波、歴朝爾超給閉利。朕拙劣支身乎以弖、其広支高支御業乎承継支弖過知汚須事無支加止只管爾慄知恐留。是乎以弖、皇祖皇宗及我皇考乃恩頼乎蒙利、足波奴乎補比逮波奴乎助計給波受婆、如何弖此鴻業乎整閉全久須留事乎得倍支。故其深支厚支大御恵爾頼利弖、我皇国乃稜威波弥益々爾四方八方爾輝支、皇祖皇宗乃伝給比遺給閉留大御業乎、弥遠永爾常磐爾堅磐爾立栄坐左志米給閉止、祈請白須事乎聞食世止白須。

皇霊殿の御告文

畝傍橿原宮爾天下知食志々天皇乎始米、御代御代乃天皇乃大霊乃大前爾白左久、由々志支禍事乃起利弖、朕今歎支悲美為術知良受有礼止、天位波一日母曠志久為倍爾支有禰婆、今志践祚乃式乎行比弖皇考乃基業乎承継支奴。我皇考波皇祖皇宗乃伝給閉留洪謨爾遵比弖、皇基乎弥張爾張利、民福乎弥進爾進米弖、大御稜威乎内爾外爾輝加志米給比志事波、歴朝爾超給閉利。然爾朕拙劣支身乎以弖、其広支高支大御業乎承継支過知汚須事無支加止只管爾慄知恐留。是乎以弖、皇祖皇宗及我皇考乃恩頼乎蒙利、足波奴乎補比逮波奴乎助計給波受婆、如何弖此鴻業乎整閉全久須留事乎得倍支。故此由乎告奉留事乎聞食志弖、我皇国乃稜威波弥益々爾四方八方爾輝支、皇祖皇宗乃伝給比遺給閉留大御業乎婆弥遠永爾常磐爾堅磐爾立栄坐左志米給閉止、祈請白須事乎聞食世止白須。又白左久、後爾尊号贈利奉礼留天皇御代御代乃皇后・皇妃・皇親乃大霊母、同状爾聞食世止白須。

神殿の御告文

天神地祇八百万神乃大前爾白左久、由々志支禍事乃起利弖、朕今歎支悲美為術知良受有礼止、天位波一日母曠志久為倍支爾有禰婆、今志践祚乃式乎行比弖皇考乃基業乎承継支奴。我皇考波皇祖皇宗乃伝給閉留洪謨爾遵比弖、皇基乎弥張爾張利、民福乎弥進爾進米弖、大御稜威乎内爾外爾輝加志米給比志事波歴朝爾超給閉利。朕拙劣支身乎以弖其広支高支大御業乎承継支過知汚須事無支加止只管爾慄知恐留。是乎以弖、天神地祇・八百万神乃恩頼乎蒙利、足波奴乎補比逮波奴乎助計給波受婆、如何弖此鴻業乎整閉全久須留事乎得倍支。故此由乎告奉留事乎聞食志弖、我皇国乃稜威波弥益々爾四方八方爾輝支、皇祖皇宗乃伝給比遺給閉留大御業乎婆、弥遠永爾常磐爾堅磐爾立栄坐左志米給閉止、祈請白須事乎聞食世止白須。

二、祝詞

賢所の祝詞

挂巻母恐支／賢所乃大前爾、掌典長位苗字名、恐美恐美母白左久、今践祚乃式乎行波世給布賀故爾、御食・御酒乎始米種々乃物乎備奉利弖、慎敬比仕奉良志米給布事乎聞食世止恐美恐美母白須。

皇霊殿の祝詞

挂巻母恐支御代御代乃／天皇乃大霊乃大前爾、掌典長位苗字名、恐美恐美母白左久、今践祚乃式乎行比此大前爾其事由乎告奉利給布賀故爾、御食・御酒乎始米種々乃物乎備奉利弖、慎敬比仕奉良志米給布事乎聞食世止恐美恐美母白須。又一所爾鎮坐須後爾尊号贈利奉良世給倍留／天皇御代御代乃皇后・皇妃・皇親乃天霊母、同状爾聞食世止恐美恐美母白須。

神殿の祝詞

挂巻母恐支／天神地祇、八百万神乃大前爾〔以下、皇霊殿に同じ〕

賢所の祝詞　第二日・第三日

挂巻母恐支／賢所乃大前爾、掌典長位苗字名、恐美恐美母白左久、今回践祚乃式乎行波世給倍留爾依弖、今日乃此日、大前爾御食・御酒乎始米種々乃物乎備奉利弖、慎敬比仕奉良志米給布事乎聞食志弖、／天皇乃大御代乎茂御代乃足御代止幸倍奉利仕奉留百官人等、天下四方国乃公民爾至留万弖爾、伊加志夜具波延乃如久立栄志米給倍止、祈請白須事乎聞食世止恐美恐美母白須。

第四節　神饌

賢所第一日御祭典、並皇霊殿・神殿御祭典神饌、台数は三方十台にて、其の色目は左の如し。

洗米　酒二瓶／餅一重　海魚／川魚　鳥／海菜　野菜／菓　塩・水

賢所第二日及同第三日御祭典神饌、色目は総て第一日に同じ。

賢所・皇霊殿・神殿／神饌細目

洗米　三合／餅径六寸　三重／鯛尺二寸　三尾／鯉尺　三尾／家鴨大　三羽／昆布　二十一枚／干海苔　九帖／和布　二十一把／白瓜　二十一本／黄瓜　二十一本／新牛蒡　六把／桃　七十五個／干柿大　九十個／塩　三合

賢所第二日御祭典／神饌細目

洗米　一合／餅径六寸　一重／鯛尺二寸　一尾／鯉尺　一尾／家鴨大　一羽／昆布　七枚／平荒布　五把／大根　七本／人じん　七本／桃大　七個／李大　二十個／塩　一合

賢所第三日御祭典／神饌細目

洗米　一合／餅径六寸　一重／鯛尺二寸　一尾／鯉尺　一尾／家鴨大　一羽／昆布　七枚／平海苔　三帖／長芋　七本／白瓜　七本／梨子大　七個／干柿大　三十個／塩　一合

第五節　鋪設

賢所第一日御祭典、並びに皇霊殿・神殿御祭典は、御代拝なるを以て、殿内に於ける鋪設は之を省き、恒例祭祀の際、賢所正門外に樹つる大真榊も、之を樹てず。幄舎内に於ける椅子も、著床者なきを以て之を設けず。且夜陰の式なるを以て、御殿の外陣及び簀子には御燭を、御後の廊下には燭を照したるのみ。

賢所第二日及び第三日御祭典の鋪設は、第一日の儀に同じく、記載すべきものなし。但し、午前九時よりの祭儀なるを以て、燭を照せず。

第六節　御代拝

賢所第一日御祭典、並びに皇霊殿・神殿御祭典、賢所第二日・同第三日御祭典に於ける、両陛下御代拝は左の如し。

天皇陛下御代拝　　掌典長　岩倉具綱

皇后陛下御代拝　　掌　典　宮地厳夫

第七節　関係員

七月三十日、践祚に付、賢所第一日御祭典、並びに皇霊殿・神殿奉告祭に奉仕したる者、左の如し。

掌典長　岩倉具綱／掌典　宮地厳夫／掌典　子爵前田利鬯／掌典　園池実康／掌典　男爵久我通保／掌典　佐伯有

義／掌典補　金子保五郎／掌典補　高橋庄松／掌典補　与謝野修／掌典補　米田民／掌典補　星野輝興／掌典補
河井延吉／掌典補　菱田清次
御鈴奉仕内掌典　朝山儀子／御簾内掌典　松浦田女／同内掌典　北畠いし
奉仕者中、掌典の人員少きは、事倉卒に起り、当時詰合の人のみを以て奉仕せしに因る。
翌三十一日、賢所第二日御祭典に奉仕したる者、左の如し。
掌典長　岩倉具綱／掌典　宮地厳夫／掌典　子爵前田利鬯／掌典　園池実康／掌典　男爵久我通保／掌典　佐伯有
義／掌典　中山勝任／掌典補　金子保五郎／掌典補　菅野忠雄／掌典補　高橋庄松／掌典補　与謝野修／掌典補
米田民／掌典補　星野輝興／掌典補　河井延吉／掌典補　菱田清次
御鈴奉仕内掌典　朝山儀子／御簾内掌典　松浦田女／同内掌典　北畠いし
八月一日、賢所第三日御祭典に奉仕したる者、左の如し。
掌典長　岩倉具綱／掌典　宮地厳夫／掌典　子爵前田利鬯

第八節　時　刻

践祚に付、賢所第一日御祭典、並びに皇霊殿・神殿御祭典に於ける開扉並びに閉扉の時刻、左の如し。
開扉　午前一時／閉扉　同二時十分
賢所第二日御祭典に於ける開扉並びに閉扉の時刻、左の如し。
開扉　午前九時／閉扉　同十時五分
賢所第三日御祭典に於ける開扉並びに閉扉の時刻、左の如し。
開扉　午前九時／閉扉　同十時五分

第九節　雑

践祚に付、三日間御祭典記事（掌典部）

一、三日共御祭典行はせられたる旨、官報に掲載せり。

一、第一日御祭典は、三十日午前一時に始まり二時十分に訖る。第二・三両日は、次第書の如し。

附記　先帝崩御は、三十日午前零時四十三分なり。

一、第三日御祭典は、旬祭前に行はせられたり。

一、御代拝服装は、衣冠単を著用す。／一、御祭典奉仕員服装は、三日共、祭服甲種を著用せり。

第二章　剣璽渡御の儀

第一節　総　説

践祚の式は、賢所の儀、皇霊殿・神殿に奉告の儀、剣璽渡御の儀、並びに践祚後朝見の儀によりて成る。**剣璽渡御の儀**は、賢所の儀〔第一日の儀〕と同時に行はせらるべき制なるを以て、七月三十日午前一時、宮中正殿に於て行はせられたり。

其の儀、先づ御座に御椅子を立て、其の前に宝剣・神璽の案、及び国璽・御璽の案を設く。次に大勲位・国務大臣・枢密院議長・元帥は、式部官の誘導に依りて、正殿に参進班列す。次に陛下は、式部長官伯爵戸田氏共・宮内大臣伯爵渡辺千秋の御先導にて、侍従長代理侍従職御用掛公爵九条道実・侍従子爵河鰭公篤・侍従子爵松浦靖・侍従武官長男爵中村覚・侍従武官男爵西紳六郎・侍従武官男爵山根一貫を随へさせられ、貞愛親王・載仁親王・依仁親王・博恭

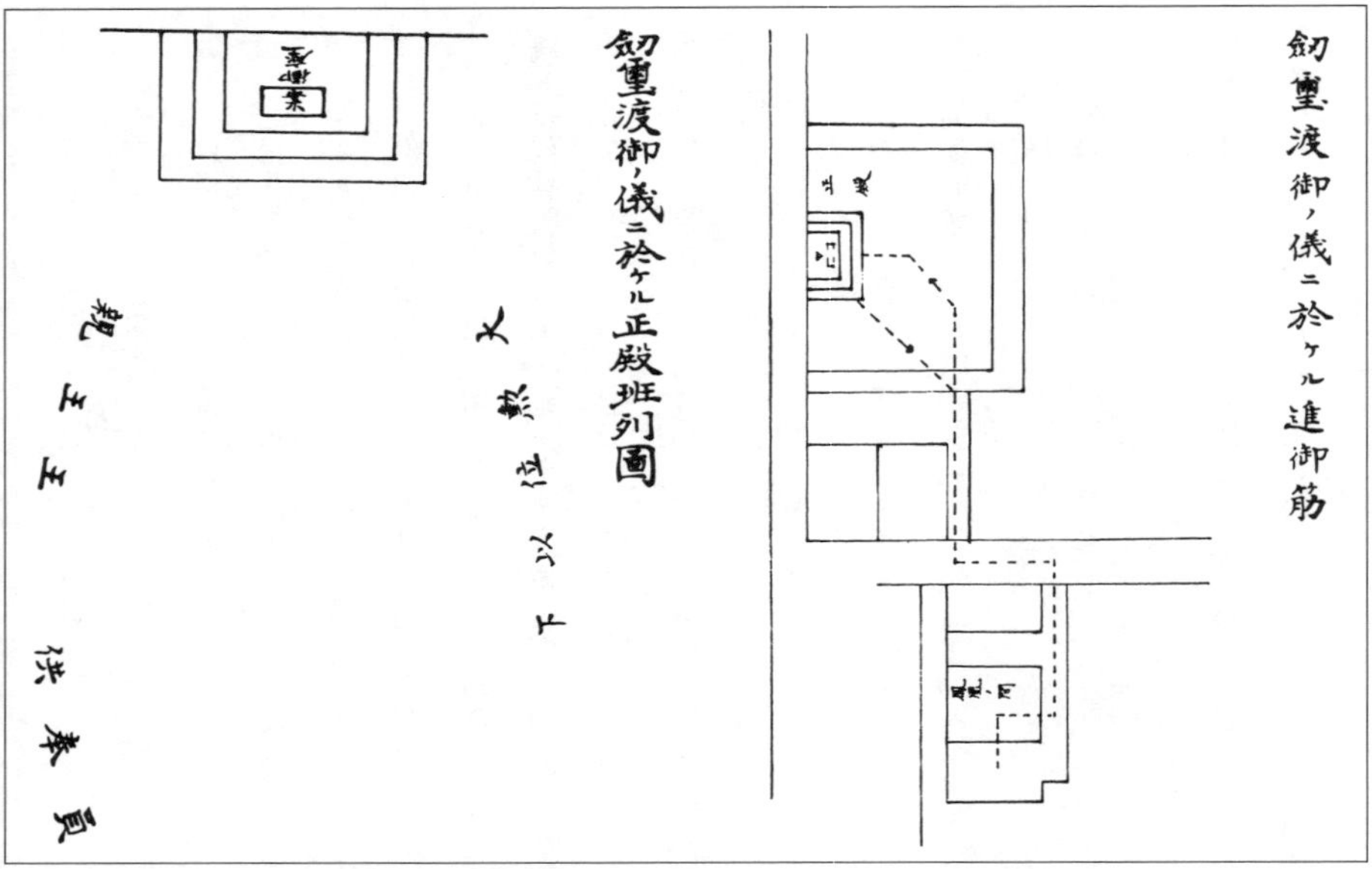

「剣璽渡御の儀に於ける進御筋」「同正殿班列図」（左：御座・案／親王・王・供奉員／右：大勲位以下）

王・守正王・鳩彦王・稔彦王・成久王・恒久王各殿下の供奉にて、出御あらせられ、諸員最敬礼の中に正殿の御座に著御あらせらる。

次に式部次官公爵伊藤博邦・内大臣公爵徳大寺実則の前行にて、剣璽渡御〔宝剣は侍従子爵東園基愛奉仕、神璽は侍従子爵北条氏恭奉仕〕あり。国璽・御璽〔内大臣秘書官日高秩父捧持〕之に従ひ、侍従武官上田兵吉扈従し、正殿御座の前に進御す。

是に於て、徳大寺内大臣、先づ宝剣、次に神璽、次に国璽・御璽を順次御前の案上に奉安し、了て所定の班に就く。此の時、陛下は御会釈あらせられ、畢て入御あらせらる。侍従子爵東園基愛、宝剣を奉じて御前に、侍従子爵北条氏恭、神璽を奉じて御後に従ふ。

其の他、前行・供奉等、総て出御の時の如し。次に内大臣、国璽・御璽〔日高内大臣秘書官捧持〕を奉じて退下。諸員、続て退出。午後一時五分、儀訖る。

第二節　次第、附図

剣璽渡御の儀

七月三十日午前一時、大勲位・国務大臣・枢密院議長・元帥、正殿に班列す。／但し、服装通常服、関係諸員、亦同じ。

次に出御〔御通常服、御椅子に著御〕。

式部長官・宮内大臣前行し、侍従長・侍従・侍従武官長・侍従武官御後に候し、親王・王供奉す。

次に剣璽渡御〔侍従奉仕〕、国璽・御璽之に従ふ〔内大臣秘書官捧持〕。／式部次官・内大臣前行し、侍従武官扈従す。

次に内大臣、剣璽を御前の案上に奉安す。／次に内大臣、国璽・御璽を御前の案上に安く。

次に入御。

式部長官・宮内大臣前行し、侍従剣璽を奉じ、侍従長・侍従・侍従武官長・侍従武官御後に候し、親王・王供奉す。

次に内大臣、国璽・御璽を奉じて〔内大臣秘書官捧持〕退下。／次に各退出。

第三節　鋪　設

本儀に於ける鋪設は、正殿の玉座に御椅子一脚を立て、其の前に白木の案三脚を設け、宝剣・神璽、及国璽・御璽の案とす。

主殿寮の鋪設品目録

一、剣璽案〔檜白木製、作り付〕壱組／但し、長さ二尺四寸五分、幅八寸、高さ二尺一寸、壱個／長さ一尺二寸、幅八寸、高さ二尺一寸、壱個。

一、国璽・御璽案〔檜白木製、作り付〕壱個／但し、長さ一尺二寸、幅八寸、高さ一尺七寸五分。

一、御椅子〔正殿常備〕壱脚／但し、金粉塗全体彫刻獅子頭付、海老茶色鷲絨製張金糸飾房付。

※国璽は「大日本国璽」、御璽は「天皇御璽」〔共に金印〕。

第四節　参列員

剣璽渡御の儀に於ける参列員は、
大勲位　五人／国務各大臣　十人／元帥　三人
以上十八名にして、其の人名は左の如し。
大勲位　公爵山県有朋／同　公爵大山巌／同　侯爵松方正義／同　侯爵井上馨／同　伯爵東郷平八郎
内閣総理大臣　侯爵西園寺公望／元帥海軍大将　伯爵伊東祐亨／元帥陸軍大将　伯爵奥保鞏／元帥海軍大将　子爵井上良馨／海軍大臣　男爵斎藤実／逓信大臣　伯爵林　董／司法大臣　松田正久／内務大臣　原　敬／外務大臣　子爵内田康哉／農商務大臣　男爵牧野伸顕／文部大臣　長谷場純孝／大蔵大臣　山本達雄／陸軍大臣　男爵上原勇作

第五節　関係員

剣璽渡御の儀に於ける関係員は左の如し。
供奉皇族
貞愛親王／載仁親王／依仁親王／博恭王／邦彦王／守正王／鳩彦王／稔彦王／成久王／恒久王
前行　宮内大臣　伯爵渡辺千秋／同　式部長官　伯爵戸田氏共
扈従　侍従長代理侍従職御用掛　公爵九条道実／同　侍従　子爵河鰭公篤／同　侍従　子爵松浦靖／同　侍従武官長　男爵中村覚／同　侍従武官　男爵西紳六郎／同　侍従武官　男爵山根一貫
宝剣奉仕　侍従　子爵東園基愛／神璽奉仕　侍従　子爵北条氏恭

国璽・御璽捧持　内大臣秘書官　日高秩父
剣璽供奉　内大臣　公爵徳大寺実則／同　式部次官　公爵伊藤博邦／同　侍従武官　上田兵吉／式部官　恩地轍／同　浅野長之／同　蜂須賀正韶／同　伯爵亀井茲常／同　加藤泰通／舎人　高橋重久／同　山下篤信／同　品川十一郎／同　高橋勇治／同　醍醐忠直／同　村上正志／同　淵川忠太郎／同　前島富太郎／同　松井錞之助／同　安田慥爾／同　三戸本十郎

第六節　雑

剣璽渡御に関する記事（式部職）

一、七月二十九日夜、弥〻御重体に渉らせらるるに付、大勲位・各大臣・枢密院議長・元帥等、皆参内す。三十日午前零時四十三分、遂に崩御あらせ給ふにより、式部次官公爵伊藤博邦、口頭にて之を大勲位以下各員に報じ、同時に午前一時、宮中正殿に於て剣璽渡御の儀を行はせらるるに付、参列可レ有之旨を告ぐ。尋いで山県（有朋）大勲位以下、順次正殿東側に宮中席次に依りて列立。陛下は、式部長官・宮内大臣の前行に依り、鳳凰の間口より西渡を経て正殿へ出御あらせられ、親王以下扈従し、第二節附図の如く列立す。続いて侍従長の前行に依り、剣璽出御。渡御の式次第書の通り行はせられ、午前一時五分、儀式終了す。

一、是の日、参列諸員以下関係員は、総て喪章を附せず。

一、各皇族は、前日来御参内あらせられ、威仁親王殿下は舞子に御静養中なるを以て参列なく、多嘉王殿下には御上京中なりしも参列せられずして、是の日午後七時新橋御出発、京都へ御帰邸相成りたり。蓋し神宮祭主の職を奉ぜらるるを以ての故なり。

一、同時、掌典長をして賢所に祭典を行はしめ、皇霊殿・神殿に奉告せしめ給へり。

第三章　践祚後朝見の儀

第一節　総説

本儀は、践祚の翌日、即ち七月三十一日午前十時、正殿に於て行はせられたり。

是より先き午前九時四十分、大勲位・親任官・同待遇・貴族院議長・衆議院議長・公爵・従一位・勲一等、侯伯子男爵総代各一名、朝鮮貴族総代二名、各庁勅任官総代各三名〔以上並夫人〕、同奏任官総代各三名、以上総計二百七十五名〔服装、男子は大礼服正装正服、服制なき者は通常礼服、喪章を附す。女子は通常服（喪服）〕は、朝集所〔西溜の間〕に参集し、定刻に至るや、式部官に導かれて正殿に参進し、各其の本位に就く。

次に**天皇陛下**〔御正装〕出御。此の時、式部官警蹕を称ふ。式部長官伯爵戸田氏共・宮内大臣伯爵渡辺千秋前行し、侍従日根野要吉郎は宝剣を、侍従日野西資博は神璽を奉じ、侍従長男爵波多野敬直・侍従本多正復・侍従子爵海江田幸吉・侍従武官長中村覚・侍従武官男爵西紳六郎・同男爵山根一貫・同上田兵吉扈従し、貞愛親王・載仁親王・依仁親王・博恭王・邦彦王・守正王・鳩彦王・稔彦王・成久王・恒久王各殿下供奉せらる。

出御に先ち、鳳凰の間に於て、各皇族及び王族・宮内親任官・同勅任官・同待遇・麝香間祗候・錦鶏間祗候、百七人に拝謁を賜はり、宮内奏任官・同待遇のものは、桐の間口より正殿に出御の際、廊下に列立して拝謁を賜はる。

陛下、正殿に出御あらせられ、御椅子に著かせ給ふ。次いで**皇后陛下**〔御通常服〕出御、御椅子に著かせ給ふ。皇后宮大夫心得公爵一条実輝前行し、女官吉見光子・女官生源寺政子扈従し、載仁親王妃・依仁親王妃・邦彦王妃・守正王妃・成久王妃・恒久王妃各殿下供奉せらる。次に両陛下立御あらせられ、勅語〔別項に記載す〕あり。

勅語了るや、内閣総理大臣侯爵西園寺公望は、御前に参進して奉答文〔別項に記載す〕を奏す。陛下之を聞食され、御会釈あらせらる。畢りて入御あらせられ、続いて皇后陛下入御あらせらる。供奉、出御の時の如し。次に各退下し、当日の式を訖る。

第二節　次第、附図

践祚後朝見の儀

七月三十一日午前十時、文武高官・有爵者・優遇者、朝集所に参集す。

但し、服装、男子は大礼服正装正服、服制なき者は通常礼服。女子は通常服。関係諸員、亦同じ。

次に式部官前導、諸員正殿に参進、本位に就く。／次に式部官、警蹕を称ふ。

次に天皇〔御正装〕出御〔御椅子に著御〕。

式部長官・宮内大臣前行し、侍従剣璽を奉じ、侍従長・侍従・侍従武官長・侍従武官御後に候し、親王・王供奉す。

次に皇后〔御通常服〕出御〔御椅子に著御〕。／皇后宮大夫前行し、女官御後に候し、親王妃・王妃供奉す。

次に勅語あり。

次に内閣総理大臣、御前に参進、奉対す。

次に天皇・皇后入御。／供奉・警蹕、出御の時の如し。／次に各退下。

第三節　勅語・奉答文

一、**勅　語**

朕、俄かに大喪に遭ひ、哀痛極り罔し。但だ、皇位一日も曠くすべからず、国政須臾も廃すべからざるを以て、朕は茲に践祚の式を行へり。

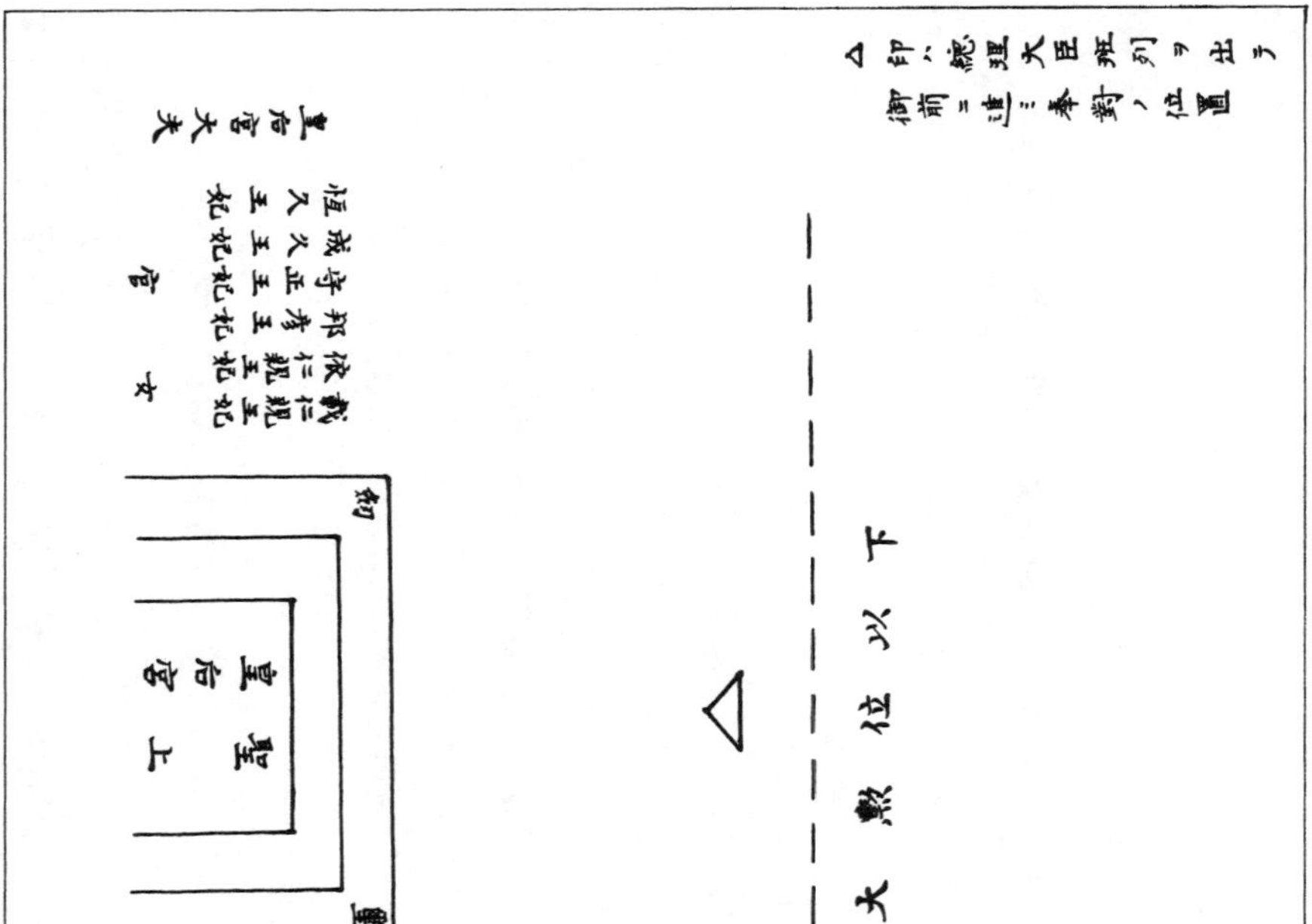

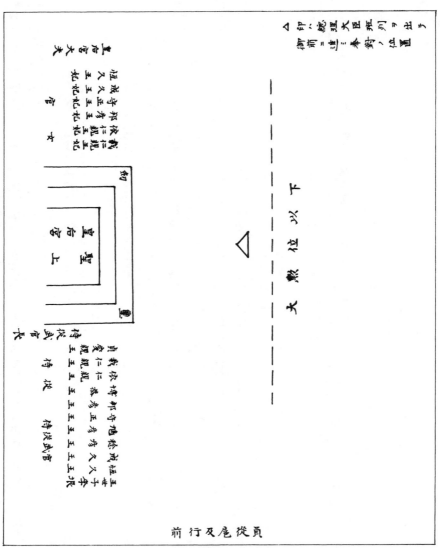

践祚後朝見の儀、附図
（左が北。△印は総理大臣、班列を出て御前に進み奉対の位置）

顧ふに、先帝叡明の資を以て、維新の運に膺り、万機の政を親らし、内治を振刷し、外交を伸張し、大憲を制して祖訓を昭にし、典礼を頒て蒼生を撫す。文教茲に敷き、武備茲に整ひ、庶績咸熙り、国威維揚る。其の盛徳鴻業、万民具に仰ぎ、列邦共に視る。寔《まこと》に前古未だ曽て有らざる所なり。

朕、今万世一系の帝位を践み、統治の大権を継承す。祖宗の宏謨に遵ひ、憲法の条章に由り、之れが行使を愆ること無く、以て先帝の遺業を失墜せざらむことを期す。有司、須らく先帝に尽したる所を以て朕に事《つか》へ、臣民、亦和衷協同して忠誠を致すべし。爾等、克く朕が意を体し、朕が事を奨順せよ。

二、奉　答

臣（西園寺）公望、誠惶誠恐、伏して言うす、

大行天皇、奄《にわか》に登遐あらせられ、臣民、憂懼措く所を知らず。今／叡聖文武なる天皇陛下、大統を承けさせられ、茲に彝訓《いくん》を垂れ給ふ。

聖猷遠く慮り、叡図遺すなく、上は／先帝の鴻業を纉ぎて憲法の条章に循ひ、下は億兆の和協を奨めて忠誠の至情を輸さしめ、以て祖宗の休光を無窮に発揚せむとし給ふ。是れ寔に宇内の斉しく仰ぐ所にして、臣庶の永く頼る所なり。臣等、聖勅を拝し感激の至に勝へず。今より後、益々匪躬の節を効し、夙夜淬礪、邦家の進運を扶翊し、以て／聖旨に答へ奉らむことを誓ふ。臣公望、誠惶誠恐、頓首謹みて奏す。

第四節　参列員

本儀に於ける参内総人員は、四百八十七人にして、内鳳凰の間にて拝謁せるもの、皇族十六方、王族一方、宮内親任官・勅任官・同待遇・麝香間祗候・錦鶏間祗候〔並に以上夫人〕、計九十人、正殿に参列せるもの、大勲位・親任官・同待遇・貴族院議長・衆議院議長・公爵・従一位・勲一等、及侯伯子男爵総代各一名〔並以上夫人〕、朝鮮貴族総代二名、

各庁勅奏任官総代各三名、計二百七十五人、通御掛け列立拝謁せる宮内奏任官・同待遇、百五人にして、其の氏名は参否人名調に詳なり。

※参否人名調〔○印を附したるは参列せるもの〕（以下、四八七人の氏名、省略）

皇族御参内の儀は、七月三十日、式部長官より之を申上げ、又大勲位以下・錦鶏間祗候以上参内の儀は、同日、式報すべき旨を追書せり。

参内日時其の他の通牒

践祚後朝見の儀、明三十一日午前十時、被ㇾ為ㇾ行候に付、右時刻前御参内相成度、此段申上候也。

明治四十五年七月三十日　／式部長官

親王・王殿下／同　妃殿下

追て、御著服（正装正服）勲章大綬、妃殿下は通常服、且当日皇室喪服規程に依り、別紙の通、喪服御著用相成度、此段添て申上候也。

（別紙）皇室喪服規程抄録

一、男子

大礼服・正装・正服／黒紗〔幅九三寸〕を左腕に纏ふ。／黒紗を以て剣又は刀の柄を巻く。

通常礼服／黒紗〔幅九三寸〕を左腕に纏ふ。／黒羅紗〔幅九三寸〕を以て帽を巻く。

一、女子

通常服／衣は黒色とし、地質適宜光沢なきものとす。／黒紗の飾を附す。其の他の飾は総て黒色とす。

帽・帽飾・髪飾は総て黒色とす。但し黒縮紗を背後に垂る。〔覆面は黒色とす。手套・扇・傘・靴・靴足袋は黒色とす。〕

前同文、右時刻前参内相成度、此段及二御通知一候也。　／式部長官

大勲位／親任官同待遇／貴族院議長／衆議院議長／公爵／従一位／勲一等／宮中顧問官　宮内省御用掛（勅任待遇）
／麝香間祗候／錦鶏間祗候／同　令夫人

追て、文官有爵者・有位者は大礼服、陸軍将校は正装、海軍将校は正服勲章大綬、夫人は通常服。且つ当日皇室喪服規程に依り、別紙の通、喪服著用相成度、此段申添候也。

（以下、勅任官総代～宮内奏任官総代への通知、省略）

践祚後朝見の儀、明三十一日午前十時、被㆑為㆑行候に付、皇族及大勲位・親任官・公爵・従一位・勲一等以下、右時刻前参内候条、為㆓御心得㆒此段及㆓通牒㆒候也。

明治四十五年七月三十日　／式部職

守衛隊司令部

（以下、主殿寮・総務課等に対する通牒、省略）

践祚後朝見の儀、明三十一日午前十時、被㆑為㆑行候節、参内の夫人方取扱の御人、例の通り、右廂（化粧の間）へ右時刻三十分前御差出相成度、此段及㆓御通知㆒候也。

明治四十五年七月三十日　／式部職

皇后宮職／御中

総代人名照会書へ添紙

本封は大至急の要件に付、接受の上は即刻御取扱の上、可㆑成速に御回答相成度、及㆓御依頼㆒候也。　／式部職

秘書官／御中

秘書官なき分は宛名を書せず。

第五節　関係員

本儀に於ける関係員は左の如し。

天皇陛下供奉／貞愛親王（※以下、親王三名、王七名、省略）

皇后陛下供奉／載仁親王妃（※以下、親王妃二名、王妃四名、省略）

警蹕式部官　浅野長之

天皇陛下前行宮内大臣　伯爵渡辺千秋／同　式部長官　伯爵戸田氏共

御剣奉仕　侍従　日根野要吉郎／御璽奉仕　侍従　日野西資博

扈従　侍従長　男爵波多野敬直／同　侍従　本多正復／同　侍従　子爵海江田幸吉／同　侍従武官長　男爵中村覚／同　侍従武官　男爵西紳六郎／同　侍従武官　男爵山根一貫／同　侍従武官　上田兵吉

皇后陛下前行　皇后宮大夫心得　公爵一条実輝／扈従　女官　吉見光子／同　女官　生源寺政子

式部官　伯爵　前田利同／恩地轍／鍋島精次郎／上野季三郎／子爵松平頼和／松井修徳／渡辺直達／蜂須賀正韶／山辺知春／子爵土屋正直／酒井清三郎／立花寛篤／松根豊次郎／伯爵亀井茲常／井上虎／高橋　皞／加藤泰通

舎人　高橋重久／黒沢滋太郎／品川十一郎／武藤安理／高橋勇治／醍醐忠直／山下伝之進／玉木三郎／岡本晟／県直樹／早川政吉／佐古清栄／小林半／村上正志／川崎行蔵／安田慥爾／松崎宇三郎／大野義行／上野義撰／時岡茂弘／淵川忠太郎／中沢忠三郎／松木政好／木島金次／南条茂雄／小西金次郎／松井錞之助／河田明／児玉実大／井上芳吉／都筑釣太郎／伊藤三郎／八色宗之助／村井猛／前田政徳／藤田熊雄／西岡景美／重見予之助／三戸本十郎／磯島義彦／伊丹寅治／吉村豊三／大坪藤朔／栗林誠／伊部癸未一／高橋忠吉／鎌田幸雄／野口正雄／松平信復

第六節　雑

践祚後朝見に関する記事（式部職）

一、七月三十一日午前十時、朝見の儀行はせらるる旨、三十日午前二時、仰出されたり。宮内省式部職は、直に各皇族以下参内に関する諸通知の取調に著手し、翌三十一日午前六時、通知を総て発送せり。

一、鳳凰の間に於て拝賀の宮内官には、麝香間・錦鶏間祇候を含むや否や、式部職より調査課長栗原広太に商りたるに、両祇候は宮内官とは言ひ難きも、斯る場合には宮内官同様、鳳凰の間に於て拝謁仰付らるる方穏当ならむ、との意見なりしを以て、宮内官の中に入ることとして、拝謁仰付られたり。

一、衆議院議長は、是迄議員法第十五条議長の意味を以て、宮中の御待遇は之れ無きも、七月二十九日議長の職務を継続するものは議長なり、と解釈することに決定成りたる旨、内閣書記官長南弘より宮内次官河村金五郎へ通知ありたるに因り、今回より通知せり。是に因りて、衆議院議長大岡育造は燕尾服にて参内せり。

一、各官衙の勅奏任官総代、各一人参内の筈なりしも、内閣より申出の次第も有レ之、結局各二人となれり。但し、枢密院・東京府・警視庁・貴衆両院は、勅任一人、奏任総代三人と為せり。

一、大勲位以下、順次宮中席次に依り、正殿裏廊下を経て東口より参入列立せしめたり。

一、天皇陛下は、桐の間口より出御、正殿西口より出御あらせられ、皇后陛下も、御同様に正殿裏廊下を通、御東口より出御あらせられたり。入御の節は、両陛下共、西口より通御あらせられたり。

一、**剣璽の位置**は、最初、聖上の方、即ち右方に剣、皇后宮の方、即ち左方に璽の事に決定せしが、先年、憲法発布の際は、之と反対の位置なりしを以て、結局、前例に拠り、璽を右方にし剣を左方にすることに決定せり。

一、王世子李垠殿下は、当日式場に侍立せられたり。殿下は未成年者なれども、特に李王殿下の御名代としての意に由れり。侍立の席は別席にして、休所は葡萄二の間を用ひたり。

一、威仁親王・同妃両殿下は御不在、博恭王妃・鳩彦王妃両殿下は御妊娠中に依り、参内あらせられず。

一、皇族御休所は、西一二の間を以て之に充て、右廂を附属武官に充てたり。

一、大勲位以下、親任官・公爵・従一位・勲一等、各庁総代は、最初、東溜の間、宮内官は西溜の間を控所に充てしが、東溜の間は、枢密院会議の為必要なるに依り、已むを得ず、大勲位以下の控所を西溜の間に、宮内官及び麝香間・錦鶏間祗候の控所を東一二間に変更せり。宮内奏任官の南溜は旧の如し。

一、宮内官は総て鳳凰の間にて拝謁の筈なれども、宮内勅任官以下の内、親任官・同待遇・公爵・従一位・勲一等の向は、正殿にて拝謁せり。

一、鳳凰の間に於て拝謁せしもの百七名、正殿にて拝謁せしもの二百七十五名、通御掛け拝謁せしもの百五名にして、合計四百八十七名なり。

一、伊勢・森永両侍医より、未だ勅任官の大礼服調製の暇之あらざるに付、明三十一日朝見の節、奏任官の大礼服にて参内差支なきやとの問合せに対し、式部職より差支ある旨返答に及べり。

第九章　大正即位礼の「勅語」と「寿詞」

はじめに

大正天皇の大礼は、明治の『皇室典範』と『登極令』に基づいて実施された最初の近代的な大礼であったから、その全容を後世に伝えるため詳細な『大礼記録』（全百二十八巻）が編纂されている。それが平成に入って公開された。

本章には、国立公文書館が所蔵する、大正四年（一九一五）十一月の即位礼当日、天皇が読みあげられた「勅語」と、国民代表の内閣総理大臣が奉った「寿詞《よごと》」の部分に関する資料を紹介させて頂く。

この勅語・寿詞の草案作成に最も積極的に関与したのは、大礼使参与官の平沼騏一郎である。彼は大礼の準備に先立ち「希望」意見書を提出しているので、まず彼の略歴と意見書の全文を紹介する。

ついで、「勅語」の文案を作成した平沼と股野琢・多田好問・国府種徳が、各自の文案を持ち寄って討議し修訂を加えた「平沼第二勅語案」と「股野第二勅語案」および「平沼・多田折衷勅語案」、さらに大礼使参与官の高橋作衛が纏めた「平沼・股野・高橋協定案」の各全文を紹介する。

一方、「寿詞」の文案起草にも関与した平沼・股野・多田・国府の四人が協議しながら作った「股野第二寿詞案」と「平沼・多田折衷寿詞案」の全文も紹介する。

そして最後に、大正天皇の裁可をえた「勅語」の正文と、閣議を経て上覧に供された「寿詞」の本文とを掲出する。

一　『大礼記録』と平沼騏一郎

大正天皇の〝大礼〟は、明治四十五年（一九一二）七月三十日、明治大帝の崩御当日、践祚式と改元儀が行われ、諒闇明けの翌大正二年八月から即位礼と大嘗祭の準備が本格的に進められて、翌三年（一九一四）十一月に実施される予定であった。しかし、同三年四月九日、昭憲皇太后の崩御によって延期され、翌四年（一九一五）十一月に京都で斎行されたのである。

この大正大礼の中心をなす即位礼と大嘗祭は、明治二十二年（一八八九）制定の『皇室典範』および同四十二年公布の『登極令』（詳細な同付式も含む）に基づいて、しかも前述の事情により二年以上の再度にわたる周到な準備の上で実施された。

それだけに膨大な関係資料が残されており、その多くが内閣編纂の『大礼記録』全百二十八巻（毛筆清書本）に網羅されている。これは長らく非公開であったが、昭和から平成へと御代の替った機会に、国立公文書館の内閣文庫所蔵本が全文、閲覧も撮影も許可されることになった（その後、宮内庁所蔵本もＷＥＢ公開）。

そこで、私は平成二年（一九九〇）から部分的に調査を進め、本書第八章「大正天皇の「践祚の式」」に「践祚の式」、また本書第十五章「『大礼記録』の「大正」改元」に「改元の儀」の部分を解説・翻刻した。

ちなみに、右の『大礼記録』とは別に、同名の書（本文八九七頁・写真等一七四頁）が大正八年八月、内閣書記官室記録課から出版されている（頒布所、清水書店）。

その例言に「大礼記録に二種あり。第一種は、永く軌範を後代に貽《のこ》さむが為にする者にして、詳密を旨とし、一切の事項を網羅し、二本を作製して、一は宮内省図書寮に、一は内閣文庫に蔵し、之を世に公にせず。第二種は、儀典の根柢に存する真精神を国民一般に周知せしめむが為にする者にして、本書、即ち是れなり」とみえる。従って、大正大礼の概要を知るには後者で事足りるが、その準備・論議の経緯などを明らかにしようとすれば、詳密な前者を子細に検討しなければならない。

本章では、そのうち巻二十（㊗一八九）の「第六編　即位礼勅語並寿詞」の中から、「勅語」と「寿詞」の成立経緯に関する記録の要点を紹介させて頂く。

ところで、この勅語と寿詞の草案作成に最も力を尽くした一人は、平沼騏一郎である。平沼は、慶応三年（一八六七）美作（岡山県）の津山に生まれ、明治二十一年、東京帝大（法科）を卒業し、司法関係の要職を歴任して、大正元年（四十六歳）検事総長となった。そして、大正四年四月、大礼使参与官を仰せ付けられ、同年十一月の大礼に奉仕し、ついで翌五年五月から七年九月まで「大礼記録編纂委員会委員」を務めている。

さらに、大正十年（一九二一）から昭和二十年までの間に、大審院長・司法大臣・貴族院議員・枢密顧問官・枢密院議長・内閣総理大臣などの顕職を歴任した。戦後、いわゆるA級戦犯に指定されて終身禁錮の判決を受け、同二十七年（一九五二）満八十五歳の生涯を閉じたのである。

このように平沼は、司法官から政治家への道を歩んだが、早くより国民道徳と東洋文化の振興を唱え、明治四十年代から修養団々長や国本社々長を引き受け、また大正大礼の最中に「同志と謀って無窮会を創立し、東洋の道徳学術を究明」することに尽力している（『平沼騏一郎回顧録』昭和三十年刊、三四七頁）。

かような経歴をもつ平沼は、大正大礼の準備段階で積極的に「希望」意見書を出し、また大礼使参事官として自ら「勅語」と「寿詞」の草案も作り、信念貫徹に努めた。

そこで、まず平沼の意見書から紹介しよう。

二　平沼騏一郎の「希望」意見書

大正の『大礼記録』には「参考資料」として、「大礼使の設置せらるるに先だち、検事総長法学博士平沼騏一郎より……提出」された「即位礼・大嘗祭を挙行せらるるに際し希望の件」と題する意見書の「全文」を掲載している。ただし、第四項の末尾にある「別に考ふる所」は、この記録に収められておらず、国立国会図書館憲政資料室所蔵「平沼騏一郎文書」（№二三三〇二）に全容がみえる。それは「皇室に於て一の学校を創建せられ、主として本邦の歴史・典故及義理名分の学を講習せしめられ」るよう具体的な構想を提示したものであるが、ここには割愛する。

なお、この意見書の作成時・提出先は明記されていない。ただ、第二の文中に「昨年、践祚後朝見の儀に……」「昨年大喪の際……」とみえる。従って、おそらく明治天皇諒闇あけの大正二年八月ごろ書かれ、やがて設置された大礼使（第一次）のもとに出されたものとみられる。

※　翻刻は読み易くするため、改行を多くした。〔　〕内は原注、（　）内は私注（以下同）。

即位礼・大嘗祭を挙行あらせらるるに際し希望の件

第一　即位の礼を挙行あらせらるるに際し、大詔煥発して、以て人心を一新せられ度き事。

一、右の大詔には、首として建国の故事を掲げ、以て昭に皇室の由て起る所、国体の淵源、君臣の大義等を宣示せられ度き事。

晩近、人心漸く邪僻に流れ、往々不敬に渉るの言説をなして忌憚なきものあり。是れ本邦古来の歴史典故の講習漸く廃れるが為、建国の大義明かならず、臣民たるもの、其の本分を忘却するに由れり。昔時、皇室の盛なるとき、即位の礼、其他大事あるに当り下し給へる詔勅には、概ね其冒頭に建国の故事を称述し給へり。其他、官祭に百官男女に宣聞する祝詞中にも、往々之に言及するものあり。

今、例証として詔勅、祝詞各一篇を左に掲ぐ。

『続日本紀』巻第九に曰、天璽《あまつしるし》国押開《くにおしひらき》豊桜彦《とよさくらひこの》天皇（聖武天皇）云々。二月（神亀元年）甲午。受禅即㆓位於大極殿㆒。大㆓赦天下㆒。詔曰、云々。高天原爾《たかまのはらに》神留坐《かむづまります》皇親《すめらがむ》神魯岐《かむろぎ》神留美命《かむろみのみことの》吾孫《あがみまの》将知食国天下《しらさむをすくにあめのしたの》止与佐斯《とよさし》奉志《まつりし》麻爾麻爾《まにまに》高天原爾《たかまのはらに》事波自米而《ことはじめて》四方食国天下乃《よものをすくにあめのしたの》政乎《まつりごとを》弥高《いやたかに》弥広爾《いやひろに》天日嗣止《あまつひつぎと》高御座爾坐而《たかみくらにまして》大八島国《おほやしまくに》所知《しろしめす》倭根子《やまとねこ》天皇乃《すめらみことの》天命爾坐《おほみことにませ》詔久《のりたまはく》云々。

『延喜式』巻第八。祝詞《のりとこと》六月《みなつき》晦《つごもり》大祓《おほはらへ》の条に曰、（中略）。

小中村清矩曰、「上古以来、天孫降臨、建国の主旨を、何事に附ても先づ臣民に宣り聞かせ給ふ事は、国内一般の人、自国の君臣の本源を弁へて愛国の心を失はしめざる聖慮の深遠に出たる業といふべく云々」と。先王、制を設くるの微意を得たるものと謂ふべし。

先帝の明治二十二年憲法を頒布し給へる詔勅にも、亦劈頭に祖宗の遺烈を承け、万世一系の帝位を践み給ふことを宣示し給ひ、其告文にも、首めに天壌無窮の宏謨に循ひ惟神の宝祚を承継し、旧図を保持して敢て失墜し給はざることを称述し給へり。蓋し祖宗の遺意を酌み給へるなり。

而して其国家統治の大権は、朕が之を祖宗に承けて之を子孫に伝ふる所なりと断決し給ひ、朕が現在及将来の臣民は此の憲法に対し永遠に従順の義務を負ふべしと命令し給へるに至ては、予め今日の弊あるを測り給へるが如し。

嗚呼今僅に二十余年のみ、而して已に此の如し。今に及で計を為さざれば、将来殆ど其底止する所を知らざらむとす。故に某等、願はくば皇上の遠く上世の遺制に則り、近く先帝の貽範に法り、上記の詔勅を発布し給ひ、国体を明にして人臣の忠を勧め、皇道を宣揚して、以て人心の帰嚮を一にし給はむことを。

詔勅中、建国の事実の次に、歴世祖宗の克く其業を継述恢弘し給ひて、以て今日に至りしこと等を挙示し給ふべきは、固より当然の事に属すれば、今復た一々之を贅せず。

一、詔勅の趣旨は、極めて精明にして天人に感孚すべきは勿論なるも、其文体は、古来の慣例に従ひ宣命体を用ゐらるるとも、或は漢文書き下し体とせらるるとも、別に希望なし。

一、本条に希望する所の詔勅は、内閣総理大臣の奏する寿詞に述ぶる所の如何に拘らず、之を発布せらるることを希望す。

古来、即位の日、中臣の奏する寿詞には、天孫降臨の際に於ける一事実を叙述せしが、明治元年、先帝即位の日に外弁上首の上りし寿詞は、之を潤色して全然建国の故事となせり。今回奏する所のものも、定めて類似のものならむ。

果して然らば、詔勅にも亦建国の故事を述ぶるは、互に相重複するが如しと雖、詔勅と寿詞とは其性質、効用素より同日にして談ずべからず。且つ其目的・方式も亦各相殊なり。是れ本項の希望ある所以なり。

此の詔勅に関しては、尚ほ次条に述ぶる所あらむとす。閲者参考せられむことを望む

明治元年、先帝御即位の日奏する所の寿詞を左に掲げて、以て参考に資す。

（前略）言巻波《いはまくは》雖畏《かしこけれど》末国稚土稚利志時《いまだくにわかくつちわかくりしとき》、高天原爾《たかまのはらに》天神諸《あまかみもろ〳〵》伊邪那岐命《いざなぎのみこと》・伊邪那美命《いざなみのみこと》二柱乃大神爾《ふたはしらのおほかみに》此多陀用《このただよ》幣流国乎《へるくにを》修理固成止《つくりをさめかためなせと》詔知弖《のりごちて》言依志賜比岐《ことよさしたまひき》。次《つぎに》伊邪那岐命《いざなぎのみこと》、天照大御神爾《あまてらすおほみかみに》詔久《のりたまはく》、汝命《いましみこと》波高天原爾《はたかまがはらに》所知止《しらせと》事依而賜比岐《ことよさしたまひき》。次《つぎに》天照大御神《あまてらすおほみかみ》、高木神之命《たかぎのかみのみこと》以弖《もちて》皇御孫之命乎《すめみまのみことを》天津高御座爾坐弖《あまつたかみくらにませて》天津璽止為弖《あまつしるしとして》八尺勾璁《やさかのまがたま》・八咫《やたの》鏡《かがみ》・草那芸剣《くさなぎのつるぎ》三種乃神宝《みくさのかむたから》乎捧持賜比弖《をささげもちたまひて》、言寿岐宣波久《ことほぎたまはく》、皇我宇都御子《すめらがうつのみこ》皇御孫命《すめみまのみこと》、此乃天津高御座爾坐弖《このあまつたかみくらにまして》天津《あまつ》日嗣乎《ひつぎを》天地乃共《あめつちのむく》万《よろず》千秋乃長五百秋爾《ちあきのながいほあきに》大八州《おほやしま》豊葦原乃瑞穂之国乎《とよあしはらのみづほのくにを》安国乎平気久《やすくにをたひらけく》所知食止《しろしめせと》言寄奉賜比岐《ことよさしまつりたまひき》。国中爾荒《くになかにあら》

振《ぶる》神等《かみたち》乎波《をば》神問《かみとは》志爾《しに》問《とは》志賜比《したまひ》神掃《かみはら》 掃《ひはら》 賜比弖《ひたまひて》語問《こととは》志《し》磐根《いはね》樹《き》立草《たちくさ》乃《の》垣葉《かきは》乎毛《をも》語止弖《かたやめて》天之《あめの》磐坐放《いはくらはなち》 天之《あめの》八重雲《やへくも》乎《を》伊頭乃千《いづのち》別爾《わきに》千《ち》別弖《わきて》天降《あまくだし》 依志賜比岐《よさしたまひき》云々。

〔『法規分類大全』第一編政体門三に載す。但、傍訓は北川舜治編輯『明治新史』に拠る。〕

第二　即位の礼の、単に皇室の典礼に止まらずして、国家の大典たるの趣旨を、事実上に明徴にせられ度事。

即位の礼の国家の大典たるは更に喋々を須ゐず。按ずるに、古語拾遺に神武天皇即位の事を記して云々、然後物部乃立二矛盾一、大伴来目建レ仗、開レ門令下朝二四方之国一以観中天位之貴上と曰ひ、歴朝印位の宣命の冒頭には、必ず現御《あきつみ》神止《かみと》大八州国所知《おほやしまくにしらす》天皇《すめらが》大命《おほみこと》良麻止《らまと》詔《のりたまふ》 大命《おほみこと》乎《を》集侍《つにはれる》 皇子等《みこたち》・王臣《おほおみたち》・百官 人等《ももつかさひとたち》、天下 公 民《あましたのおほみたから》 諸《もろもろ》 聞食《きこしめされ》 止《と》詔《のる》と云へる文を冠せり。〔字句は時に随て少異同あり。〕其古より単に朝廷の儀式として視ざりしこと、推して知るべきなり。

一、右に付、前条に述たる詔勅の冒頭には、古例に準拠し、闔国臣民に宣誥し給ふ旨の明文を掲げられ度事。

一、右の詔勅は、公式令第一条の規定に従はれ度事。

登極令附式第二編中、即位礼当日紫宸殿の儀に、云々、次に天皇御笏を端し立御云々、次に内閣総理大臣西階を降り南庭に北面して立つ、次に勅語あり云々とあり。

而して昨年、践祚後朝見の儀に際し宣し給へる勅語は、官報号外宮廷録事の欄に之を記載し、公式令第一条の規程に依られざりしを以て、前記紫宸殿の儀に載せたる勅語も、亦宣誥の手続に依られざるべきが如しと雖、明治二十二年、憲法発布の例を按ずるに、其発布式次第には、云々、次高御座に着御云々、次内大臣憲法を奉る、次勅語あり、憲法を内閣総理大臣に下付し給ふ云々とありて、其勅語は憲法と倶に頒布せられ、又公式令第一条にも、皇室の大事を宣誥し及云々に関する勅旨を宣誥するは、別段の形式に依るものを除くの外、詔書を以てすとあれば、勅語と雖、其性質に依り詔勅として宣誥せらるることあるは、殆ど疑を容れざるなり。

一、即位の礼式に、貴族院議長・議員、衆議院議長・議員、府県会議長等を参列せしめらるべしと雖、之を優遇者とせずして、明に臣民の代表者たるの資格を以てせられ度事。

登極令附式には、参列者中に文武高官・有爵者・優遇者等を掲げ、臣民代表者の明文なし。然れども、即位の礼、既に国家の大典たる以上は、理に於て闔国臣民挙げて其儀式に参すべしと雖、事実之を容さざるを以て、其代表者を参列せしめらるるものなるべければ、単に優遇者として之を視るべきに非ざるなり。

一、命令を以て適宜の方法を定め、一般臣民をして適宜の場所に於て大典の挙行を慶賀せしめられ度事。

昨年大喪の際は、民間随意に方法を設けて、以て奉送せり。其他、皇室に大儀あるに当り、往々同様の方式に出たり。

然れども、国家の大典たる以上は、命令を以て一般に奉賀せしむること、当然の理なりと思考す。

一、爾後、元旦・天長節等、皇室の盛典大儀には、亦前項の趣旨に準拠実行せられむことを希望す。

皇室の国家に君臨し給ふこと、万古一日の如きは固より言を俟たず。只億兆の衆を以て一人を瞻仰し、千里の遠に居て天の一方を望む、動もすれば上下疎隔し易く、遐邇同仁なり難し。或は忠愛の念、為に漸く薄きを致さむことを恐る。故に皇室に在ては、可ㇾ成臣民と相接近すること、務め給はむことを要すべし。一方に於ては、又教育の宜しきを得ざるより、君臣の大義日に僭きの感なき能はず。故に亦皇室に於て、時としては、大に君臨の実を天下に示し給ふの要ありと思考す。是れ本項の希望をなす所以なり。

第三　大嘗祭に就ても亦大体前条と同一趣意の希望を有す。

会沢安（正志斎）著『草偃《そうえん》和言《わげん》』の新嘗祭豊明節会の条下に、大嘗会の事を叙して曰、云々。されば諸国の人民も、各作る所の米穀諸物を京師に送り、天神に供し奉らむ事こそ本意なるべけれ云々。かたじけなくも至尊これを受取せ給ひて云々。親ら天神に供し給ふ。是万民の天神に報い奉らむとする誠心を玉体に負はせ給ひて、これを天神に通じ給ふ御事なれば、天下の臣民も此義を知りて、此日には祝ひ喜びて天恩を仰ぎ奉るべきなり云々と。其他、同人著の『新論』『下学通信』等の中にも、亦此趣旨の言説あり。某等、素と典故を諳せず、其言の当否を知らずと雖、其説く所果して真ならば、凡そ其祭儀に関して、飽まで其趣旨の貫徹実行せられむことを希望す。而して前条に臣民代表者の参列及一般臣民の慶賀等に関して、述べたる事に就ては、大嘗祭に関しても亦同一の希望を有するなり。

第四　本邦の古史及び典故を講究し、義理名分を明かにするの学を興す事。

近時、風俗の頽敗日に加はり、廉恥の風殆ど地を掃はむとす。是れ主として義理の学を講ぜられざるに由れり。且つ思想の紊乱益〻甚しく早く、之れが所を為さざれば、其の結果寒心すべきものあらむことを恐る。是れ亦名分の漸く世に明かならざるに由るなり。独り此れのみならず、後生子弟古史に於て茫乎として通ずることなし。故に国体の淵源、君臣の大義等に至ても、瞭として掌を指すが如きこと能はざるなり。且つ妄りに私意を以て臆度して以為へらく、我邦、古昔は蒙昧未開にして其礼俗一も観るに足るものなしと、徒らに崇レ外卑レ内念を長じ、而して其中古、文運大に闡け、朝廷の典礼の如きは儀容の盛、文物の懿を極め、之を今日欧米文明の諸邦に比すとも、其儀文の美は多く遜らざるものあることを知らず。是れ則ち典故の学、闕如たるを以てなり。

故に今若し此四科の学を興隆せば、其人心を正し風俗を敦うするの効、必ず大に観るべきものあらむ。此れを以て大典の紀念となさば、豈一大美事にあらずや。而して其実施の方法の如きは、別に考ふる所あらむとす。

三　「勅語案」の成立経緯

即位礼当日、紫宸殿の儀において新天皇が「勅語」を読みあげられることは、すでに明治四十二年公布の『登極令』付式第二編に示されていた。従って、当初大正三年十一月に予定されながら、同年四月九日の昭憲皇太后の崩御により延期され、その諒闇あけの同四年五月から本格的に活動を再開した第二次大礼準備過程で、この勅語も立案起草されることになったのである。

『大礼記録』第六編の「第二章　勅語案並寿詞案の起草」によれば、まず大正四年の六月四日、大礼使長官鷹司熙通により「勅語案並寿詞取調起草委員」として次の人々が任じられた。

①大礼使参与官・法学博士　平沼騏一郎　②大礼使参与官　股野　琢　③大礼使次官　河村金五郎　④大礼使次官　江木翼　⑤大礼使参与官・法学博士　高橋作衛　⑥大礼使事務官　多田好問　⑦大礼使事務官　近藤久敬　（※同年八月、③の河村に換り石原健三が大礼使次官兼当委員となる）

この七名に加えて、⑧大礼使事務嘱託の国府種徳（「大正」年号の考案者）も「立案事務補助」を命じられた。全般的には、主として①平沼・②股野と⑥多田および⑧国府が事に当っている。

すなわち、①②⑥⑧の四人が勅語の「内容及文体」について数日協議し、即位礼は「国家の大典」だから、勅語には「闔国臣民に宣誥し給ふ旨」を冒頭に示した上で、「建国の故事を掲げ……皇室の由て起る所、国体の淵源、君臣の大義等を宣示」すると共に「国民皆私を舎（捨）て公に徇ひ、挙国一致、以て皇室を扶翼すべきことを訓諭」する内容を盛り込むこと、その文体は、古来の宣命体でなく「人心に感孚し易くて、且……典雅壮重ならむ」ため「漢文書き下し体を用ふること」に決している。これらの方針は、前掲の平沼が提示した「希望」意見（第一・第二）の趣旨を、ほぼ全面的に採り入れたものといえよう。

ついで、この方針に基づき、平沼・股野・多田・国府の四人が文案を作成することになった。しかし、六月二十八日、宮内大臣の官邸に初めて会合した時から、平沼と股野との間で意見が対立している。

即ち、股野（琢）参与官は、文体に「務めて四六文に近き対句法を用ひ……平易流麗を旨とせむこと」を主張したのに対し、平沼（騏一郎）参与官は、「文体は寧ろ古体の散文を用ふる」方がよく、また内容は「国体の尊厳と君臣の分義……其の淵源する所を明かにする」必要があると強調して、それぞれの案を作り始めたのである。

そこで、七月に入り、二日・五日・七日・十二日の四回、検事総長室に四人会合し、平沼の原案に対して国府嘱託が修訂を加え、「平沼第二案」を作成した。その全文は左の通りである。

維れ昔、天祖天津彦彦火瓊瓊杵尊、皇祖天照大神の命を奉じ、下土に降臨し、肇て鴻基を樹つ。爾来、天日の胤、世々惟神の祚を伝へ、代を歴ること実に一百二十有四（ママ）にして以て朕が躬に逮べり。

朕、明治四十五年七月三十日を以て皇考明治天皇に紹て践祚す。乃ち茲に皇室典範の定る所に循ひ、祇みて神器を奉じ即位の礼を行ひ、昭に以て中外に宣示し、普く爾臣民衆庶に告ぐ。

皇祖の斯邦を以て天祖に授たるや、勅して曰く「葦原千五百秋之瑞穂国は、是れ吾子孫王たる可きの地なり。宜く爾皇孫、就て治すべし、行け。宝祚の隆なる、当に天壌と与に窮り無かるべき者なり」と。天祖、廼ち群神を帥て降て西州に居る。是を吾皇室及群黎万姓の祖と為す。故に曰く、我国開闢以来君臣定ると。昔より治法・政道、時に斟酌損益ありと雖、吾皇室君臨の位、統治の実に至ては、古今を通じ将来に亘り儼然一定、少しも変ずることあらず。朕は是の如くにして之を祖宗に承たり。亦当に是の如くにして之を後嗣に伝へ千万世に及ぼし、以て皇祖の宝訓を明徴にすべし。朕が祖宗に負ふの責、豈此より重且つ大なる者あらむや。

抑々我邦の斯無比の国体ある、固より歴世祖宗懿徳茂烈の致す所と雖、亦未嘗て爾臣民の祖先が皇祖皇宗に事へて世々克く其節を致せしに之れ由らざるはあらず。朕は、爾臣民が先志を述べ子孫に貽す所以の者、亦必ず名分を正し大義を明にし、以て斯国体を永遠に擁衛するに在ることを知る。

朕は、我が帝国の邦土が上古天神の経営せし所に起原するを念ひ、又其臣民が、歴世祖宗の慈恤恵養する所なるを念ひ、乃ち斯国土を保有し斯民人を養治するは、朕が祖宗に承る所の天職に在て最重しと為すを審かにせり。唯慚らくは、涼徳薄材、膺荷に任ふるなからむことを。頼に爾臣民、僉な忠義家に伝ふ。其れ必ず其祖先が皇祖皇宗に事へし所以を以て朕に事へ、朕が事を翼賛し、朕が天職を尽すに於て、毫髪の遺憾なからしめむ。朕固く之を信じて疑はず。

吾皇考の維新の大業を成し、開国の鴻図を定たるや、其遠猷宏謨、僉な曠古の無き所にして、万世子孫の典憲たり。朕、其遺緒を承け、継述恢弘、其端寔に繁し。矧《いわん》や今日、五洲形勢、復た平昔に非ず。朕の菲薄を以て斯非常の運に会ふ。爾臣民の扶翼の力に藉《か》るに非れば、何ぞ克く済るあることを得むや。

夫れ君臣徳を同し、億兆心を一にするは、是れ即朕の祖宗と爾臣民の祖先とが我国体を数千載に維持したる所以にして、古より国家、此に従へば則昌へ、此に違へば則衰ふ。祖宗神霊、昭臨上に在り。朕、尚はくば爾臣民と与に、誓て斯に従事せむ。

大正四年十一月　日

しかし、九月五日、宮内大臣の官邸に四人参集した際、股野は更めて勅語案を提出している。その際彼は、自分の案が「短章短句を累ねて篇を成し、略〻対句を用ひ典雅壮重を尚ぶ」文体であり、内容も「意を諸案の融和に致し」たものと説明する。のみならず、平沼案について、「達意」だが壮重典雅に欠け、「文長きに過ぐれば、至尊の御誦読に煩累を増し奉るの虞あり」、しかも「神代の事迹を挙ぐるが如きは、今世の事宜に適せず」とまで批判している。

それに対して平沼は、自分の文案が長いのは「包含する所の事多からざるを得ず」ためであり、その文辞は典雅壮重さよりも「暢達明鬯……人心を感発せしむる」ものでなければならぬ、と反論している（多田も、別途自分の案を用意したが、文体も内容も平沼案に近い）。

そこで、九月八日、官邸に再会合した際、股野は平沼・多田の所見を参酌し、さらに「全篇を簡約にせむと努め」た修正案を再提出している。その「股野第二案」は、漢文と書き下し文の両様あるが、紙幅の都合により後者のみ左に掲げる。

朕、欽んで登極の憲章に遵ひ、爰に即位の典儀を行ひ、以て爾臣民に誥ぐ。

朕惟ふに、皇祖極を建て国を肇め、列聖統を承け裕を垂れ、天壌無窮の神勅を奉じて、以て万世一系の宝祚を伝へ、神器を護して以て山河を鎮じ、仁政を布て以て雨露を施したまふ。爾臣民の祖先、亦能く義勇公に奉じ、忠貞国に報ひたり。

皇考、機を制して無前の鴻業を立て、時を察して不磨之宏謨を定め、大に祖宗の遺猷を紹述し、倍〻臣民の福祉を増進したまひたり。朕、菲薄の資を以て俄に其の丕績を纘ぎ、敢て或は失墜せんことを恐る。爾臣民の忠良なる、爾の祖先が朕の祖宗に事へたる如く、協戮奮励上下相頼り、邦光を宣揚して、以て朕が不逮を助けよ。

皇祖・皇宗・皇考の神霊、照鑑上に在り。爾等、其れ克く朕が意を諒せよ。

ここに至って、股野は「其の第二案を底案とし……平沼・多田両案を参酌して綜合折衷の後、新に一案を作製し」たいとの希望を述べた。しかし、平沼案と多田案は同趣旨だから折衷可能であるが、股野案との綜合は時間的に不可能なため、前二者の折衷案を主案とし、股野案を別案として、委員会へ報告することになった。

　そこで、九月十日、内閣の大臣面謁室に四者会合し、平沼・多田・国府の三人が、股野からの「更に内容の要項を整頓して国史抄録の痕跡なきを期し、且つ全篇を更に簡練し浮文惰句を省き、語々千鈞の力あらしめられたき旨」の要望を考慮して、「平沼・多田・折衷案」に修正を加えた。その全文は左の通りである。


朕、祗て皇祖の遺訓に循ひ、万世一系の皇祚を践む。茲に即位の礼を行ひ、祗て皇祖・皇宗・皇考曁《およ》び天神地祇に祭告し、普く爾忠良なる臣民に誥ぐ。

皇祖、天壌無窮の神勅を以て皇孫を立て葦原中国の主と為し、廼ち三種の神器を錫ひて永く天璽と為す。爾来、皇祖の神胤、連綿相承け、以て宸極に光臨し、万族臣民、亦累葉相継ぎ、以て天業を翼賛す。義乃ち君臣にして、情父子を兼ね、以て無比の国体を成す。

朕、寡薄を以て天津日嗣高御座の業を纉ぎ、皇祖・皇宗、惟神の宸謨を龔承し、皇考、維新の鴻業を紹述し、以て万世不抜の皇図を保持するは、是れ即ち朕が天職なり。

顧ふに、皇家君臨の位、統治の実、肇国以来、儼然一定して動かず。是れ自ら建国の大本にして、祖宗の遺制なり。朕は之を祖宗に承く。亦当に斯の如くにして、之を後嗣に伝へ、以て千万世に及ぼす可し。朕が祖宗に負荷するの責は、之より重きは莫し。

抑〻我邦、坤輿の上に無比の国体を有するは、固より祖宗威烈の然らしむる所と雖、亦未だ曽て爾臣民の父祖が、世々分義を守りて其の忠節を致せしに由らずむばあらず。朕は爾臣民が先志を継ぎ君国に尽す所以の者、亦必ず斯の国体を永遠に扶持するに在ることを知る。朕は爾臣民が朕の祖宗が恵撫慈養する所の臣民たるを念ひ、当に履霜の聖範に恪遵し、益〻力を煦育に致すべし。爾臣民は忠貞家に伝へ、世〻廉節を養守し、信義を履順す。亦必ず爾が父祖の皇祖・皇宗曁皇考に事へし前蹤を回顧し、朕が股肱羽翼と為り、共に藎誠を輸し、以て爾が父祖の遺風を顕彰せむ。朕深く之を信ず。

皇祖・皇宗曁皇考、照鑑し上に在り。其威徳を宣揚し、其遺訓を明徴にし、広く治平の沢を推し、永く磐石の安を図るは、責朕が躬に在り。今や五洲の形勢、復た平昔の比に非ず。朕の否徳を以て斯の非常の時運に会ふ。爾臣民の翊賛に藉るに非ざれば、朕何ぞ能く済す所あらむ。

夫れ国家隆替の機、決するは人心に在り。君臣徳を一にし、上下心を同ふするは、朕が祖宗と爾臣民の父祖と、我無比の国体を数千年に保持したる所以の者にして、洵に万世率由すべきの大道なり。朕、庶幾くば爾臣民と与に斯に従事せむ。爾臣民、其れ克く朕が意を体せよ。


かくて「勅語案並寿詞案取調起草委員会」に提出された草案のうち、Ⓒ「平沼・多田折衷修正案」とⒷ「股野第二案」は謄写され、また他の原案類および過去の即位礼に用いられた「宣命・寿詞の例」「支那に於ける登極の詔」「英露独三国皇帝戴冠式に関する件」も蒟蒻《こんにゃく》版に刷り、大礼使の関係者等に配布された。そのうえで、九月十五日から、「勅語案会議」が宮内省の大臣官房分室で開かれたのである。

（※参加者は、大礼使の長官・次官二名・参与官三名・事務官七名・事務嘱託の計十四名）


この第一回会議では、平沼と股野が各自の案について説明した後、両案を折衷するため大礼使参与官の高橋作衛に「別案作製の事」を付託した。

また、九月十七日の第二回会議においては、枢密院議長山県有朋と宮内大臣波多野敬直との注意により、勅語文中に「皇化の新付民に及べる一項を補足す」ることになった。

そこで高橋作衛は、早速徹夜で新折衷案を作成し、股野邸と平沼邸を訪ねて意見を聴き、さらに従来の諸案も参取して推敲を重ね、新たに「恩沢、新付の民に洽し」との一句を加えた「高橋第一案」を十月十二日付で提出している。しかも高橋は、もと国府案にあった「内は率普の綏安を完くし、臣民の福祉を進め、外は万邦と惧に平和を衛り文明に嚮ひ、以て斯の金甌無欠の帝国をして弥々光輝あらしめんことを庶幾ふ」との趣旨を簡潔に採り入れた「高橋第二案」を作った。さらに、それを平沼・股野の両参与官等に見せて意見を聴き、修正を加えた次のような「平沼・股野・高橋協定案」を十月十四日、関係諸臣に回付している。

朕、欽みて　皇祖の遺訓に遵ひ、維神の宝祚を践み、爰に皇祖・皇宗及皇考を祭りて即位の礼を行ひ、普く爾臣民に誥ぐ。朕惟ふに　皇祖国を肇め、列聖統を承け、天壌無窮の神勅を奉じて、以て万世一系の皇祚を伝へ、神器を護して以て国土を鎮し、仁政を布きて以て臣民を撫す。爾臣民、克く忠に克く孝に、鞠躬公に奉ず。義は即ち君臣にして情は父子を兼ね、以て金甌無欠の国体を成す。

皇考、機を制して以て〔平沼氏曰く、削ること如何〕無前の鴻業を立て、時を察して以て〔同上〕不磨の宏謨を定め、仁風遐に揚り四海会同す。〔平沼氏曰く、二句削ること如何〕光は四表に被り、沢は新附の民に普し。

惟ふに　神胤君臨の位、統治の実、開闢以来、儼然として動かず、是れ建国の大本にして、祖宗の遺制なり。列聖是の如くにして、之を祖宗に承け、又是の如くにして、之を後嗣に伝へたり。朕今、寡薄を以て爰に丕績を纉ぎ、夙夜拳々尚ほ或は失墜せんことを恐る。

皇祖・皇宗及皇考の神霊、照鑑上に在り。彝訓《いくん》を服膺し　皇猷を紹述し、広く治平の沢を推し、永く磐石の安を図る。朕の祖宗に負ふ所、之より重きは莫し。況や今五洲警を伝へ、世態〔平沼氏曰く、此の二字不明瞭なり〕変多し。朕の菲徳を以て機に応じ宜を得るには、切に爾臣民の忠誠に俟つ。朕深く　皇祖・皇宗及皇考の爾臣民を慈恤恵養せるを念ひ、覆燾の聖範〔股野氏曰く、再考を要す〕に恪遵〔同上〕して、益〻煦育愛撫することを期す。爾臣民、

亦爾の父祖の　皇祖・皇宗・皇考に事へし所以を念ひ、益〻大義を明にし、忠節を守るべし。〔平沼氏曰く、再考を要す〕庶幾くは、君臣徳を同ふして、以て愈国体を擁護し〔平沼氏曰く、別に文字なきか〕、億兆心を一にして、益〻邦光を宣揚せんことを。爾臣民、其れ克く朕の意を体せよ。

これを承けて、十月十六日の第三回勅語案会議では、平沼参与官を座長として三者協定案を一語ずつ審議し、ほぼ全文に修正を加えて「第一修正案」を作った。しかも、同日夜中までかけて、その案を再び大幅に修訂し「第二修正案」を作っている。

さらに、十月十八日の第四回会議では、それを逐一審議し、三たび二十箇所近くを改めて「第三修正案」を作り、同日中にそれを再点検して新たに数句を修訂し、「第四修正案」を仕上げたのである。

この四次にわたる字句修正論議は、新天皇の勅語案として最も相応しい内容・表現とするため、様々の観点から細心の注意が払われている。

紙幅の都合で、それらを一々紹介できないが、十月十九日、大礼使長官に提出された最終案の重要な修正部分を一例のみあげよう。即ち、最終案まであった「朕……其の責を全くせむことを期す」との表現に対し、総理大臣大隈重信が「天皇は責を負ふ所なしとの原則に基き〝責〟の字を用ふるを不可とした」のを承けて、「朕……天職を全くせむことを期す」と改めることに決したのである。

この「確定案」は、十月二十七日、大隈首相に上申され、ついで波多野敬直宮内大臣に意見を求めて、異存なしの回答をえた。そこで、同三十日、天皇に上奏して裁可をえたのである。

四 「寿詞案」の起草次第

一方、即位礼の勅語に続いて、内閣総理大臣から上る寿詞の草案も、勅語案と並行して作成し審議された。その経過を略述しよう。

まず大正四年の六月四日、大礼使評議会で「勅語案並寿詞案立案担当」は、平沼・股野・多田・国府の四人に決した。そこで、同二十六日、股野琢が国府種徳に「寿詞案起草に関する大体の方針」を示し、また先に平沼騏一郎の提出した「希望」意見書も参酌して原案を作成するよう求めている。

ついで同二十八日、宮内大臣の官邸に会合して、寿詞案は「総て勅語案に対応せしめ……勅語案所掲の事項に対し註疏を付する意を以て、国体の精華とする所を明かにする」との方針を決定したのである。

そこで、国府が原案を作り、七月二日、平沼の意見を聴いて修訂を加えた。その後、暫くは勅語案の審議を優先したが、漸く九月五日に股野案、同十日に多田案も提出された。

その股野による寿詞案は、勅語の時と同じく「典雅壮重を主として、略〻対句法を用ひ、短句短章を以て編成」された。それに対して平沼は、勅語の際と同じく「内容を重じ……国体の淵源、道徳の根柢を闡明」すべしとの観点から、その所見に近い多田案を推している。

そのため、股野は多田案を参酌した「股野第二案」を作ったが、平沼も多田案に自分の意見を加えた「平沼・多田折衷案」を作り、九月十一日、両案とも取調起草委員会へ提出するに至った。両案の全文は、左の通りである。

〈股野琢第二の寿詞案〉

臣（大隈）重信、誠惶誠恐謹で曰す、／皇祖、神勅を垂れ、皇孫、下土に君臨し、皇基を確立したまひしより、君臣の大義炳焉たり。聖子　神孫、相承け国家を統治し、臣民を綏撫し、以て無疆の業を紹き、永く有道の体を垂れたまひたり。

皇考明治天皇、万難を排し、以て復古の宏猷を全ふし、大勢を審らかにして、以て立憲の良政を行ふ。天を奉じ運を撫し、治化百王より高く、文を経とし武を緯とし、声教四海に被る。皇基逾ゝ牢く、国勢倍ゝ隆なり。今や陛下、宝祚無疆の天業を継ぎ、金甌無欠之国体を護り、洪範に依り令辰をとし、諸れを宗廟に告げ、諸れを中外に宣したまふ。社稷之尊き、是に於てか逾いよ彰らかに、君臣之分、是に於てか倍ます厳なり。伏て惟ふに陛下、天資聖明、祖宗を崇敬して、以て衆庶を愛撫し、機務を総攬して、以て丕緒を紹述し、宵旰競業、充職闕くることなし。是を以て、王化遠邇に昭かに、皇沢群黎に洽ねし。

而るに　宸慮の謙抑なる、猶ほ臣等の毘賛を望みたまふ。臣等恐懼して措く所を知らず。臣等夙夜淬礪し、戮力協心忠藎之節を励み、報效之忱を竭し、各ゝ其の分を守り、以て叡旨に奉答せんことを期す。／皇祖・皇宗・皇考之神祐／陛下之聖躬に在り。　皇運之旺盛、国勢之隆昌、知るべきなり。

臣重信、幸に宏典に陪して親しく天儀を拝し、瑞雲の金殿を遶り、仁風の宝旛を颸すを覚ふ。因て臣民を代表して、虔んで／陛下の万寿無疆を祝し奉つる。臣重信誠惶誠恐、頓首頓首。

〈平沼騏一郎・多田好問折衷の寿詞案〉

顕《あきつ》御神《みかみ》と大日本帝国を御し、万世一系の皇祚を践み給へる天皇陛下、即位の礼を行はせらる。天津《あまつ》高御座《たかみくら》の御前に、内閣総理大臣正二位勲一等伯爵臣大隈重信、誠恐誠惶頓首頓首、謹で言す。

伏して惟みるに、皇祖天照大神《あまてらすおほかみ》、高天原に御し、皇位を　皇孫彦火瓊瓊杵尊《ひこほににぎのみこと》に伝へて葦原中国《あしはらのなか》の主と為し給ひ、葦原千五百秋之瑞穂《あしはらのちいほあきの》の国《くに》は、是れ吾《あ》か子孫王《きみ》たるべきの地なり。宜く爾皇孫、就《ゆき》て治《しら》すべし。宝祚の隆へまさむことは当に天壌と与に窮り無かるべしとの神詔を昭垂し給ひ、廼ち八咫鏡《やたのかがみ》・八坂瓊曲玉《やさにのまがたま》・草薙剣《くさなぎのつるぎ》の　三種　神宝を錫ひ、天児屋命《あめのこやねのみこと》・太玉命《ふとたまのみこと》・天鈿女命《あめのうずめのみこと》・石凝姥命《いしこりどめのみこと》・玉屋命《たまやのみこと》、五部の神を配侍せしめ給ふ。

皇孫尊《すめみまのみこと》、既に　日向高千穂宮《ひむかのたかちほのみや》に降臨し、宝鏡を奉じ同殿共牀、以て大政を視させられ、五部の神、各々其の職を供奉す。一に天上の儀の如くにして、万世不易の皇基、是に於てか確然として定まり、君臣の分義、是に於てか儼然として立つ。

皇宗神武天皇、西州に在《いま》し、　皇祖大神《おほかみ》が授国の　聖意を体して　天業を恢弘せむとし、廼ち　皇師を帥ひて東征し給へり。

中州既に平定するに迨びて、　大和橿原宮《やまとのかしはらのみや》を経営し、　天皇此れの宮に於て　皇位に即き給ふ。天富命《あめのとみのみこと》、諸《もろ〳〵の》斎部《いむべ》を率ひ、天璽鏡剣を奉じて之を正殿に奉安し、天種子命《あめのたねこのみこと》、天神寿詞《あまつかみのよごと》を奏す。可美真手命《うましまてのみこと》、内物部《うちのもののべ》を率ひ、矛盾を執りて儀仗を設け、道臣命《みちおみのみこと》、大久米命《おほくめのみこと》・大伴来目《おほともくめ》の二部を率ひて、宮門を護衛す。始て四方の朝賀を受け、衆庶をして　朝廷の尊きを知らしめ給ふ。其の威儀、一に神代の故事の如くにして、万世一統の　天業、是に於てか愈々蔚爾として崇く、君臣の分義、是に於てか正爾として益々厳なり。

皇考明治天皇、践祚の初、維新の宏図を啓き給ひて、復古の偉績を挙げさせられ、橿原朝の式典に基き給ひて、即位の礼を行はせられたり。而して宇内の大勢を察せさせられて、開国の国是を定め給ひ、藩邦の旧制を廃せさせられて、政令を一途に帰せしめ給ひ、又不磨の大典を宣布させられて、立憲の政体を建て給ふ。

是れ咸《ことごと》く　皇祖・皇宗の垂貽し給へる統治の洪範を紹述させられしに外ならず。国家の綱紀、是に於てか廓如として張り、君臣の分義、是に於てか皦如として明かなり。

今　陛下、惟聖惟神、不世の天資を以て　天津日嗣高御座の業を纘ぎ給ひ、　皇祖・皇宗曁《およ》び皇考の訓謨に遵由し、益〻文武の政を修めて、臣民の康福を増進し、金甌無欠の国体を擁全せむことを図り給ふ。茲に即位の礼を行はせられ、明詔を下して国家の大事を終始せむ為に、群下の　聖明を佐けむことを諭し給ふ。聖旨懇到、臣等慚惶に任ふる無し。

伏して見るに、　陛下　皇祖・皇宗曁び皇考の丕緒を承けさせらるるに、仁孝恭倹の天徳を以てし給ひ、今や宇内形勢に鑑み、帝国の威武と光栄とを保持するに、祇慎の　宸衷を以てし給ふ。兢兢業業、宵衣旰食、一日の懈りをなし給ふこと無し。

臣等夙夜淬礪、力を戮《あわ》せ心を同ふし、臣等が父祖相承け、世〻　皇祖・皇宗曁び皇考、海岳の恩沢に浴して、芹曝の誠を献ぜし遺志を継ぎ、各〻其の分を尽して報效を図り、以て　聖旨に答へ奉らむことを誓ふ。

臣等此の盛儀に班列し、瑞雲の金殿を環繞し仁風の宝旛を颺すを望で、皇孫尊降蹕の儀衛を追想し、万方衣冠の朝会を瞻て、　皇祖神武天皇・皇考明治天皇、登極の礼典を追想す。誠に大慶に勝へず。

臣重信、鞠躬如として進み、　陛下が恵撫慈育し給へる帝国臣民に代りて葵藿の心を捧げ、謹で即位の礼を賀し奉り、千萬歳の寿を上つる。臣重信、誠恐誠惶、頓首頓首。

この両案を受け取った「勅語案並寿詞案取調起草委員会」では、九月十七日、高橋作衛参与官に両案の折衷を委ねた。そこで高橋は、両案と国府種徳案等も参酌して一案を作り、十月十六日の会議に出したところ、二十数箇所に意見がついたので、それらを修正した第二案を同十八日の会議に再提出し、そこでの指摘を入れて訂正第三案を作っている。

その「確定案」は、翌十九日、鷹司熙通大礼使長官に提出され、ついで十一月四日、閣議を経て成案となった。それが直ちに大隈首相から天皇の上覧に供されたのである。

五　即位礼の「勅語」と「寿詞」

このように即位礼当日（大正四年十一月十日）紫宸殿において読みあげられる勅語と寿詞は、六月初めより約五箇月かけて、複数の草案を徹底的に審議しながら、より相応しい折衷案が纏め上げられたのである。最後に、その正文を左に掲げる。なお、『大礼記録』には、両方の英訳文“Imperial Address on Accession to the Throne”and“The Congratulatory Address of the Premier”を付載しているが、紙幅の都合で割愛する。

即位礼当日、紫宸殿に於て賜ひたる勅語

朕、祖宗の遺烈を承け、惟神の宝祚を践み、爰に即位の礼を行ひ、普く爾臣民に誥ぐ。

朕惟ふに、皇祖・皇宗、国を肇め基を建て、列聖、統を紹ぎ裕を垂れ、天壌無窮の神勅に依りて万世一系の帝位を伝へ、神器を奉じて八洲に臨み、皇化を宣べて蒼生を撫す。爾臣民、世世相継ぎ、忠実公に奉ず。義は則ち君臣にして情は猶ほ父子のごとく、以て万邦無比の国体を成せり。

皇考、維新の盛運を啓き、開国の宏謨を定め、祖訓を紹述して不磨の大典を布き、皇図を恢弘して曠古の偉業を樹つ。聖徳四表に光被し、仁沢遐陬に霑洽す。

朕、今丕績を纘ぎ、遺範に遵ひ、内は邦基を固くして永く磐石の安を図り、外は国交を敦くして、共に和平の慶に頼らむとす。朕が祖宗に負ふ所、極めて重し。祖宗の神霊、照鑑上に在り。朕、夙夜競業、天職を全くせむことを期す。

朕は、爾臣民の忠誠其の分を守り、励精其の業に従ひ、以て皇運を扶翼することを知る。庶幾《こいねがは》くば、心を同くし力を戮せ、倍々国光を顕揚せむことを。爾臣民、其れ克く朕が意を体せよ。

即位礼当日、紫宸殿の儀に於て、内閣総理大臣伯爵大隈重信の奏したる寿詞

臣重信、謹みて言す。伏して以みるに、／陛下、万世一系の宝祚を践み、乾綱を攬《と》りて坤維を総べ、爰に天津高御座に昇御し、即位の大礼を行ひ給ふ。遠邇瞻仰し、億兆抃舞す。

臣重信、誠懽誠喜、頓首頓首、伏して惟みるに、／皇祖、天壌無窮の神勅を　皇孫に錫ひて八洲に君臨せしめ、三種の　神器を親授して五部の神を臣事せしめ給ふ。万世不易の　皇基、確然として爰に定まる。皇宗、英武聖明、／皇祖授国の　宸意を体し、天業を恢弘せむとし、皇師を帥ゐて中州を平定し、皇位に即きて万機を親裁し、大に経綸を行ひ、洪範を　後聖に貽し給ふ。而して　皇孫に奉事せし諸部の子孫、亦咸先志を継ぎて皇謨を翼賛す。億載一統の皇業、蔚爾として維れ崇し。

先帝、登極の初、復古の廟策を定めて維新の皇図を啓き、開国の鴻猷を宣べて万邦の善長を採り、藩封の旧制を廃して一途の治化を施し、不磨の大典を布きて立憲の政揆を明かにし、兵制を建定して陸海の戎備を厳整し、文教を闡敷して黎元の智徳を啓養し、産業を殖興して厚世の道を拡め、制度を釐革して庶政の規を宏にし給ふ。是に於てか、国家の綱紀、廓如として光張し、邦運の旺盛、駸々として止まず。

陛下、大統を承け懿績を纘《つ》ぎ給ひ、／皇祖　皇宗曁び　列聖の宏謨に遵ひ丕基を鞏固にし、徳光を宣揚して天職を全くせむとし、宵衣旰食　聖衷を労し給ふ。今、大礼の吉辰に方り、明詔を下して肇国の大本を申明し、臣子の恒道を提誨し給ふ。臣等、感激已む無し。

伏して見るに、陛下、仁孝恭倹の天資を以て、至隆の治を図り給ふ。

皇祖　皇宗曁び　列聖の神祐、／陛下の聖躬に在り。皇業愈〻昌にして、徳沢益〻洽く、頌音四海に洋溢せむ。

臣等、夙夜勤勉、力を戮せ心を同ふし、忠藎の節を励まし、報効の誠を竭し、以て聖旨に答へ奉らむことを誓ふ。

臣等、幸に盛儀に班列し、瑞雲の鳳殿を繞り、仁風の錦幢を颺すを望みて、聳慶躍悦の至に任ふる無し。

臣重信、帝国臣民に代り、恭しく大礼を賀し、千萬歳の寿を上つる。臣重信、誠懽誠喜、頓首頓首、謹みて言す。

大正四年十一月十日

内閣総理大臣正二位勲一等伯爵　臣大隈重信

※大隈重信の寿詞奉読場面は第十三章図四参照。

第十章　御大礼記念会編『御即位大嘗祭絵巻』

はじめに

平成の大礼は、即位礼が国事行為、大嘗祭が皇室行事、と色分けされた。けれども、具体的には、両方とも従来の儀式を参考にしながら、若干の修正を加えて実施されたことは変わりない。実は昭和二十二年五月、明治以来の皇室典範および皇室令等を廃止するにあたって、宮内府の文書課長より「従来の規定が廃止となり、新しい規定ができていないものは、従前の例に準じて事務を処理する」との通牒が出されており、今なお大礼に関する「新しい規定」は何もできていないから、当面「従来の例に準じて」行うほかないのである。

その先例として最も近いのは昭和三年（一九二八）の大礼であるが、それは基本的に大正四年（一九一五）の大礼を踏襲しており、共に明治四十二年（一九〇九）公布の『登極令』に依拠して行われた。従って、平成二年（一九九〇）十一月の大礼も、おおむね旧の『登極令』に準拠して行われたのである。

もちろん、大正・昭和には、即位礼も大嘗祭も京都であったが、今回は共に東京で行われたので、賢所の渡御など不要となる反面、「即位礼正殿の儀」のあと皇居から赤坂御所まで「祝賀御列の儀」を行われ、同夜から七回に亘って「祝宴の儀」を催され、十八日（日曜日）には一般参賀を受けられるなど、従来なかった新儀も付け加えられた。

しかし、即位礼と大嘗祭そのもの、および後者に続く「大饗《たいきょう》の儀」と神宮・山陵への「親謁《しんえつ》の儀」などは、従来に近い形で行われたことは確かである。

一　大正・昭和の大礼関係資料

そこで、平成の大礼に先立って大正・昭和の大礼に関する資料を調べておく必要があると思い立ち、いくつかの図書館・文庫などを訪ね歩いた。また平成元年秋、昭和大礼満六十年を記念して、別冊歴史読本『図説・天皇の即位礼と大嘗祭』の編集に携り、翌二年春、江戸以来の大礼関係絵図を集成して、別冊歴史読本『古式に見る皇位継承儀式宝典』に盛り込んだ（共に新人物往来社刊）。さらに同二年夏、共同通信社の企画した「即位儀礼にみる宮廷文化展」に協力して、民間・個人所蔵の関係資料も数多く拝見することができた。

そのうち、大正・昭和の大礼関係資料として注目すべき著作で、左のものを翻刻・復刻・転載した。

(1)賀茂百樹『通俗講義　登極令大要』（大正元、会通社。本書第七章「賀茂百樹講義の『登極令大要』」に翻刻）
(2)多田好問「登極令義解」草稿（大正三成稿。平成元『続・大嘗祭の研究』に翻刻）
(3)三浦周行『即位礼と大嘗祭』（大正三、京都府教育会。昭和六十三、神社新報社復刻、解題執筆）
(4)和田英松「御即位礼・大嘗祭の沿革」（大正三講演、『國學院雑誌』第二十一巻第九号所載。『古式に見る皇位継承儀式宝典』転載）
(5)御即位礼記念協会『今上天皇御即位礼絵巻』『今上天皇大嘗祭絵巻』各一巻（大正四、同協会。同(4)
(6)『昭和聖帝御即位大典画史』（昭和三、国際情報社。同前転載）
(7)出雲路通次郎『大礼と朝儀』（昭和十七遺稿、桜橘書院。昭和六十三、臨川書店復刻、解題執筆）

このうち、まず(1)は、神宮奉斎会の広島県本部長の賀茂百樹が、『登極令』公布直後に行った講義の原稿を、掌典宮地厳夫に校閲してもらい出版したもの。同令本文の意義を最も早く国学・神道の立場から簡潔に説いている。また

(2)は、帝室制度調査局の御用掛として『登極令』（及び同付式）の起草作業を直接的に担当した多田好問が、同令の本文だけでなく付式全般にわたって義解を試み、大正の大礼使事務官に任じられてから纏めあげたもの。未定稿であるが、立法者の一見解を示す資料としても注目に値する。

一方、(3)は京都帝国大学教授の三浦周行博士が、京都府教育会において行った講演の原稿であり、また(4)は東大史料編纂掛の和田英松博士が、國學院大學において行った講演の記録である。共に確実な史料に基づいて古今の沿革と儀式の要点を判り易く解説しており、今なお必読の概論といえよう。

さらに(7)は、大正・昭和の大礼に際して故実調査を命じられた出雲路通次郎が、個々の儀式・調度・装束などを的確に説明したものである。復刻に際して私が詳細な索引も加えたから、辞引のように使うこともできる。

その上、(5)は大礼使事務官の多田好問氏が検校（監修者）となり、宮内省臨時編修局の池辺義象が詞書を執筆し、丹青（彩色）は吉崎地陵が補助の小堀鞆音・邨田丹陵・関保之輔らと共に描いた絵巻であり、御即位記念協会（会長清岡長言）より発行されたもの（二巻）。また(6)は宮城出御・承明門・紫宸殿・大嘗宮・悠紀殿進御・五節舞姫・萬歳楽の七場面を絵師の松岡映丘・山口蓬春・吉村忠夫・山田秋衛らが描き、尾上八郎が各場面に和歌を添え、国府種徳が解説を加えている（一巻。昭和五十三年、神道文化会より『昭和御大典画帖』と題して複製）。

しかし、大正・昭和の大礼関係資料は、右の七点以外にも沢山ある。とりわけ大礼記録編纂委員会編の『大礼記録（要録）』（大正八、清水書房）と『昭和大礼要録』（昭和六、清水書房）と『昭和大礼要録』（昭和六、内閣印刷局）は、京都府編刊の『大正大礼京都府記事』（大正五）と『昭和大礼京都府記録』（昭和四）、および愛知県編『悠紀斎田記録』（大正五）・香川県編『主基斎田記録』（大正七）・滋賀県編『昭和大礼悠紀斎田記録』（昭和五）・福岡県編『昭和主基斎田記録』（昭和七）等と共に、公的な記録として頗る参考になる。

とはいえ、儀式は文字よりも絵図のほうが理解しやすい。この点、大正・昭和の大礼に際して出版された絵図を探すと、前掲の(5)(6)以外に次のようなものがある（他に写真帖、画報類も多くあるが省略）。

㈠大日本国体宣揚会編『今上陛下御即位式大嘗祭図説』（大正三）
㈡池辺義象・今泉定介編『御大礼図譜』（大正四）
㈢御大礼記念会編『御即位大嘗祭絵巻』（大正四）
㈣関根正直撰・石本永平画『昭和御大礼掛図』（昭和三、六合館）
㈤帝国軍人教育会編・直斎画『御即位大礼御絵巻』（昭和三）

このうち、即位礼と大嘗祭の要点を比較的よく描いているとみられるのは、前掲の(5)と右の㈢である。しかも、㈢を所蔵する所は必ずしも多くないように見受けられるので、平成元年に横浜の小原利康氏より拝借し複写を快諾された本絵巻の全容を紹介させて頂こう。

二　『御即位大嘗祭絵巻』の詞書

本絵巻は、縦幅三九センチ・横長一〇四一センチの一巻本である。流麗な詞書（筆者不明）と彩色の大和絵（絵師不明）各十面から成り、別冊の解説が付されている。その詞書は左の通りである（変体仮名は現行常用の平仮名に直した）。

①御即位の式おこなはせ給ふ。当日、まづ京都御所春興殿のうちにいつきまつらせ給へる賢所の大前にて、いとおごそかに御親祭行はせらる。このおほみまつりごと畢りて後に、紫宸殿の御儀をおこなはせらるゝなり。此日は南おもての建礼門及びひがしおもての建春門前には、儀仗兵整列していとゆかしくとのへの御門をまもりまつるなり。

②この日、承明・日華・月華の三門外に左右おの〳〵三人、長楽・永安の二門外に左右おの〳〵二人、また左掖・右掖の二門外に左右各一（二カ）人、いづれも束帯に兵仗をおびたるつかさ人、御門の本位につく。左右の衛門督佐已下、御

門の前をかため、伴・佐伯二氏、門部をひきゐて御門の内をまもれるなり。

③紫宸殿のみなみ庭上には、日像・月像の纛旛《とうばん》、八咫烏形・霊鵄がたの大錦旛、菊花章の中・小錦旛桙など、あひむかひにたて、萬歳旛二旒を大錦旛の前にたて、更に諸員の進退をはかる鉦・鼓をもすゑらる。これらの御装飾は、とほく古例をたづね、ちかく時勢にかんがみさだめおきてさせたまへる御新例なり。そのゆかしくかう〴〵しき御有様、しのびまつるもたふとし。

④紫宸殿の南栄には、日像に五彩の瑞雲をぬひとりたる帽額《もこう》をかけ、母屋の中央に南面して、聖上の高御座を安じ、其の東のかたに皇后の御帳をすう《据》。いにしへは皇后のいでましあることなかりき。これも御新例にして、まことにかしこくもたふとき御儀とこそおぼゆれ。

この日、聖上には黄櫨染の御袍をめさせたまふ。昔は唐風にして冕冠・礼服をめしたるものなりき。

⑤御即位の式はて、後一日、賢所の大前に御神楽たてまつらせ給ふ御儀あり。御神楽はかならず夜の御神事にして、点灯の時にはじまり、鶏鳴の前後にをはるを例とす。其儀、尤も荘厳を極む。そも〳〵此の楽は、古より朝廷にてもいたく重んじ給ひ、宮中・神宮のほかはみだりに行ふ事をいましめ給へり。その鋪設は庭上に神楽舎をつくり、三面に幌をめぐらしたり。神前の一面をひらきて、そこに庭燎をたく。時刻に及びて伶官おの〳〵本末にわかれ、座につきてつかうまつる。その曲は、庭燎より始まり、その駒にをはる。人長の舞あり。

謹みてこの儀のおこりを按ずるに、神代の昔、天照大神の天石窟にこもらせたまひし時に、天鈿女命、天のかぐ山のてる日かげをかづらとし、天のまさきをたすきにかけ、小竹草をたくさにゆひ、さなにつけたる矛をとり、槽ふせて御前に歌舞したるにはじまるといふ。

⑥大嘗祭は、天皇の即位ありての後、御一代にたゞ一度おこなはせ給ふ大祀にして、その御儀のおもくゆかしきこと申しまつるもかしこし。まづこの大祭を行はせらるゝにあたりては、斎田点定の御事あり。古はこを国郡卜定と称

し、神祇官の中臣・卜部等、軒廊にて御卜のことをつかうまつれり。このたびは宮中賢所《（神殿）》にて卜定のことおこなはせられしよしにもれ承る。

さて、この御卜によりて悠紀・主基の国郡は定めらるゝなり。こたびは、悠紀には三河、主基には讃岐の両国この御卜にあひて定められたり。かくさだめられたる国中にて、さらに斎田を定められ、その田を太田といひ、其太田にとれる稲を選子稲といふ。この新穀をもて悠紀・主基の御祭つかへまつらせたまふなり。

この儀のふるき御儀を按ずるに、国郡卜定につきて抜穂使をば両国につかはされ、其の国にて斎田をうらなひさだめ、且つこの神事につかへまつる造酒童女・稲実公・歌人歌女などをも卜ひさだめ、稲実殿をかまへ、九月に至りて稲穂をぬきとり、これを稲実殿にてとゝのへたる上、造酒童女以下列を立て国司・郡司これをゐて京に上り、かねて設けられたる洛北の斎場におさめはて、大嘗祭つかうまつるまうけしたるものなり。

⑦大嘗宮はその構造すべてわが古風をうしなひたまはず、いとも〳〵森厳なる御しつらへざまなりと承る。当日は大嘗宮南北の神門の外には左右おの〳〵三人、東西の神門外には左右おの〳〵二人、いづれも束帯に小忌衣をかけ兵仗をおひて、衛門の本位につく。また南門のうちには左右おの〳〵六人、おなじく束帯に兵仗をおひて威儀の本位につく。こは夜の御祭なれば、さだめのところにて火炬手・庭燎をたく。いにしへは伴・佐伯の二氏、南門外の左右をまもり、庭上には大忌の公卿、さだめの位につきたるなり。

⑧当日時刻いたれば、廻立殿にわたらせ給ひて、小忌の御湯をめし、御服をあらためてまつ。悠紀の嘗殿に渡御の儀あり。この間、膳屋にて稲つき歌を発し神饌を調理す。

宸儀、本殿に進御ありて、御みづから御祭おこなはせ給ひ、事をはりて廻立殿にかへらせたまひ、更にさきの如く、御湯をめし、御服をかへさせたまひて、主基殿の御祭行はせ給き。その儀、悠紀の行事におなじ。

⑨御即位礼および大嘗祭をはりてのち、大饗の御事あり。その儀、第一日・第二日及び夜宴の三回にわたりておこな

はる。昔は辰の日悠紀の節会、巳の日主基の節会、午の日豊明の節会として行はれたり。此度のも御名はことなれども、その三回にわたれるよりうかゞひまつれば、おほかたは古儀にのりとり給へるにこそあらめ。
⑩第一日の御儀には、豊楽殿に出御ありて群臣に饗饌をたまふなり。賜宴の間に伶官、久米舞を奏す。この舞は神武天皇御東征に長髄彦をうち給ひし時、御歌よませたまひ、久米部のつはものもこの歌をうたひていさみまひし故事によれるものにして、古くより今に伝はれるなり。いにしへは久米氏の人つかまつりしを、後にはその氏の人もたえたれば、中古より伶官これを伝へて奏すること、なれり。
最終の大饗夜宴の御儀も、おなじく豊楽殿にいでまして、群臣に宴をたまふ。その間に萬歳楽・太平楽の二曲を奏ず。ここにゑがけるは萬歳楽にて、この舞楽は太平楽と、もに、もともろこしより伝へしものにして、いづれもめでたき曲として奏せらる、なり。

三　本絵巻各場面の略解説

上掲の詞書①〜⑩には、各々続けて①〜⑩の絵図があり、内容的にほぼ対応している。しかし、詞書の一部を図示したのが絵図であり、詞書は絵図の解説文として書かれたものではないから、絵図の各場面には若干の説明を要する。そのため、本絵巻には別冊の解説（全九一頁、無署名）が付いており、左の部分から成る。

(イ)御即位大嘗祭絵巻の発行趣意と凡例（二頁分）
(ロ)御即位礼の意義と其の沿革（四六頁分）
(ハ)大嘗祭の起源と其の沿革（三九頁分）
(ニ)御即位大嘗祭絵巻の図解（四頁分）

このうち、(イ)によれば、本絵巻は「専ら登極令の明文によりて編纂したるもの」であり、(ロ)(ハ)の解説も「登極令の明文を掲げて、之に一々註釈を加へ……処々に挿画を入れ」ているが、それほど立ち入った説明はない。従って、絵図の解説として直接参考になるのは(ニ)である。それと(ロ)(ハ)の説明も参照しながら、各場面に略解説を加えよう。

①「建礼門《けんれいもん》の図」……京都御所の正門たる建礼門を南から描いたもので、即位礼当日、この御門と東の建春門との外に儀仗兵が整列して警衛にあたった。

②「承明門《しょうめいもん》の図」……建礼門より内側の承明門と左右掖門の外で本位に就いた大礼使高等官を描いたもので、往時の衛門府官人と同じ装束に弓矢を帯びている。

③「紫宸殿《ししんでん》南庭の図」……承明門より入る紫宸殿南庭の様子を描いたものである。向って左（北）の紫宸殿南階前の東（上方）と西（手前）に大礼使高等官各十人が列立し、ついで東に日像纛旛《にちぞうのとうばん》と萬歳旛と八咫烏《やたがらす》形大錦旛、西に月《がっ》像《ぞう》纛旛と萬歳旛と霊鵄《れいし》形大錦旛を各一旒《りゅう》樹て、続いて東西とも菊花章五色（青・黄・赤・白・紫）の中錦旛と小錦旛を各々五旛、および桙《ほこ》を各十竿《さお》並べた前に大礼使高等官各二十人が五種の威儀物（太刀・弓・胡簶《やなぐい》・桙・楯《たて》）を棒持して立ち、さらに合図用の鉦・鼓を鳴らす縹袍の官人各六人が着牀している。

④「紫宸殿上の図」……即位式の行われる紫宸殿内の様子を描いたもので、正中に天皇陛下の登られる高御座《たかみくら》、その東（向って右）に皇后陛下の登られる御帳台《みちょうだい》を据え、南の軒（上長押《うわなげし》）に日像五彩の繡帽額《ぬいもこう》を懸けわたし、高御座の前（南西）に皇太子殿下と各宮殿下および首相以下、その後（北西）に侍従長以下が束帯姿で並び、御帳台の前（南東）に各宮妃殿下と女王殿下、その後（北東）に女官長以下が女房装束で立っている（但し貞明皇后は御懐妊のため出御されなかったが、皇太子裕仁親王は未成年でも参列された）。

⑤「賢所《かしこどころ》御神楽《みかぐら》の図」……即位礼の翌日夜、賢所（春興殿に奉安）の大前で奉奏される御神楽の様子を描いたもので、殿前に仮設した神楽舎で庭燎をたき、榊《さかき》を手に舞っているのは人長《じんじょう》の舞である。

⑥「斎田点定の儀」……大嘗祭に供する饌米を作る悠紀・主基の斎田を選ぶために行う亀卜の様子を描いたもの。ただ、この絵は紫宸殿東脇の軒廊における古式の御卜であって、大正からは『登極令』により神殿（吹上御苑の宮中三殿のひとつ）で行われ、大正度は、悠紀国（東日本代表）が三河、主基国（西日本代表）が讃岐と定められた。

⑦「大嘗宮の図」……京都御所南東の大宮御所空地に建てられた大嘗宮を南から描いたもの。向って右（東）が悠紀殿、左（西）が主基殿で、共に高床式・掘立柱・黒木造・萱葺《かやぶ》き・妻入りの素朴な建物である。

⑧「大嘗祭渡御《とぎょ》の図」……天皇陛下が廻立《かいりゅう》殿で潔斎されてから悠紀殿（ないし主基殿）に渡り給う様子を描いたもので、純白無紋生絹《すずし》の御祭服を召して、御襪《しとうず》（足袋）のまま筵道《えんどう》を歩まれ、侍従が菅蓋《かんがい》をさしかけている。

⑨「久米舞《くめまい》の図」……大嘗祭翌日の大饗《だいきょう》第一日の儀において奏される神武東征ゆかりの久米舞を描いたもの。豊楽殿（大正度は二条城離宮）の前庭において、楽人（青摺衣の束帯）の拍子・和琴・笛・篳篥《ひちりき》にあわせながら、舞人（赤袍の束帯）が歌い舞っている。

⑩「萬歳楽《ばんざいらく》の図」……大饗第二日の夜宴において舞台で奏される唐土伝来の萬歳楽を描いたもの。笙《しょう》・篳篥・笛および鞨鼓《かっこ》・太鼓《たいこ》・鉦鼓にあわせながら、赤袍に鳥兜《とりかぶと》の舞人が勇壮に舞っている。

以上の十場面は、大正大礼の主要な部分を描いているが、もちろんそのすべてではない。とくに大嘗祭の悠紀・主基殿内における親供共食の神事などは、絵にすべきものではないと考えられたであろう。また、大饗終了後、日を改めて伊勢神宮と神武天皇陵および前四帝陵に親謁《しんえつ》されたことなどは、分量の都合で省かれたものと思われる。しかしながら、カラー写真のなかった当時、このような絵巻は、一般の人々に即位礼・大嘗祭の雰囲気を伝えるため、少なからず役立ったにちがいない。

なお、本絵巻を編刊した「御大礼記念会」については、別冊の解説に何も記されていない。従って、詞書の筆者も絵図の画家も解説文の担当者も、今のところ不明であるが、いずれも内容は一流といってよく、前記の(5)御即位礼記念協会編『今上天皇御即位礼・大嘗祭絵巻』（二巻）に優るとも劣らぬ資料的価値を有するものとみられる。

（平成二年十月三日稿、同三十年四月三十日補訂）

※　これ以下の図、見開きの都合で、冒頭の１・２を末尾に移した。

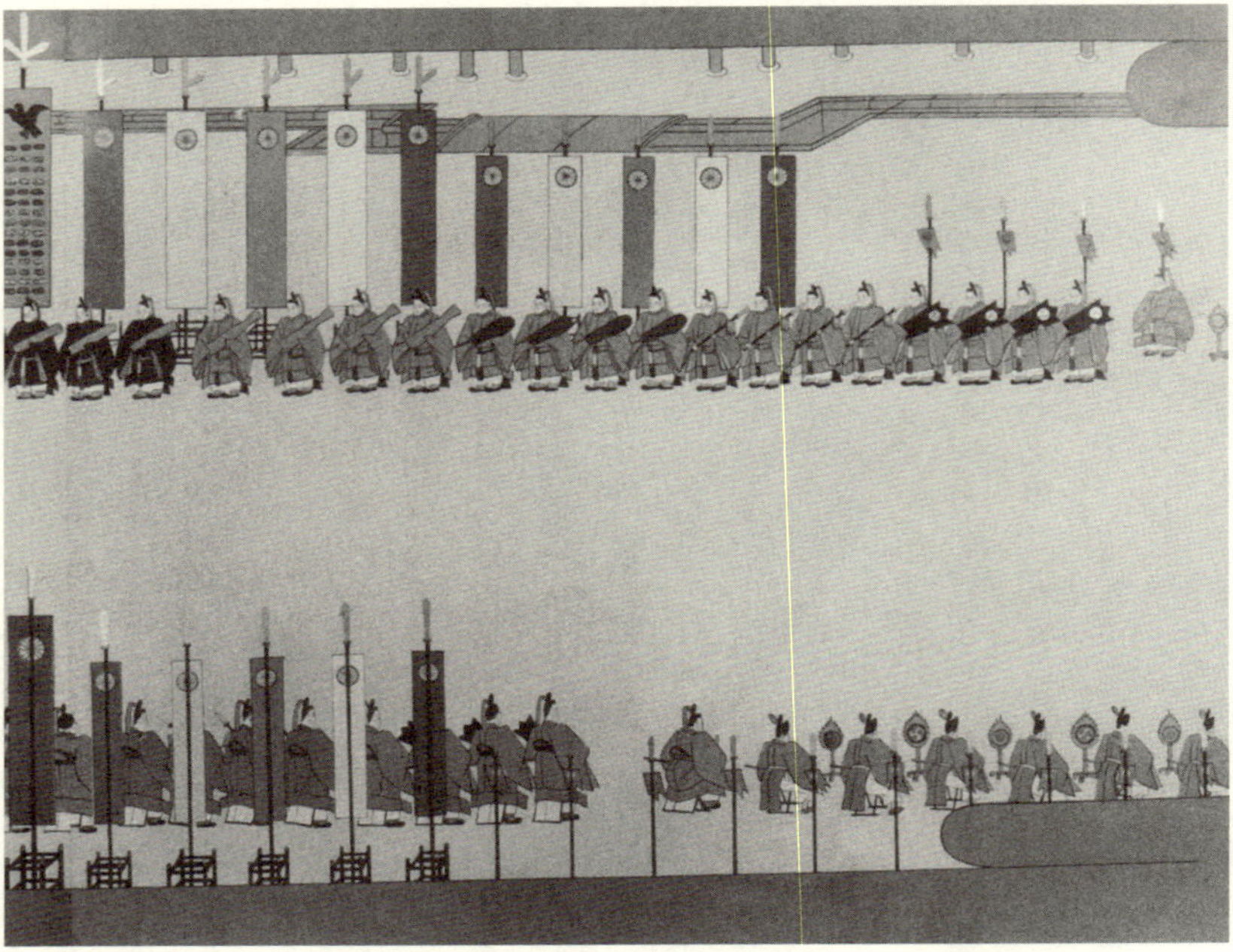

3　紫宸殿南庭の図（左が北）

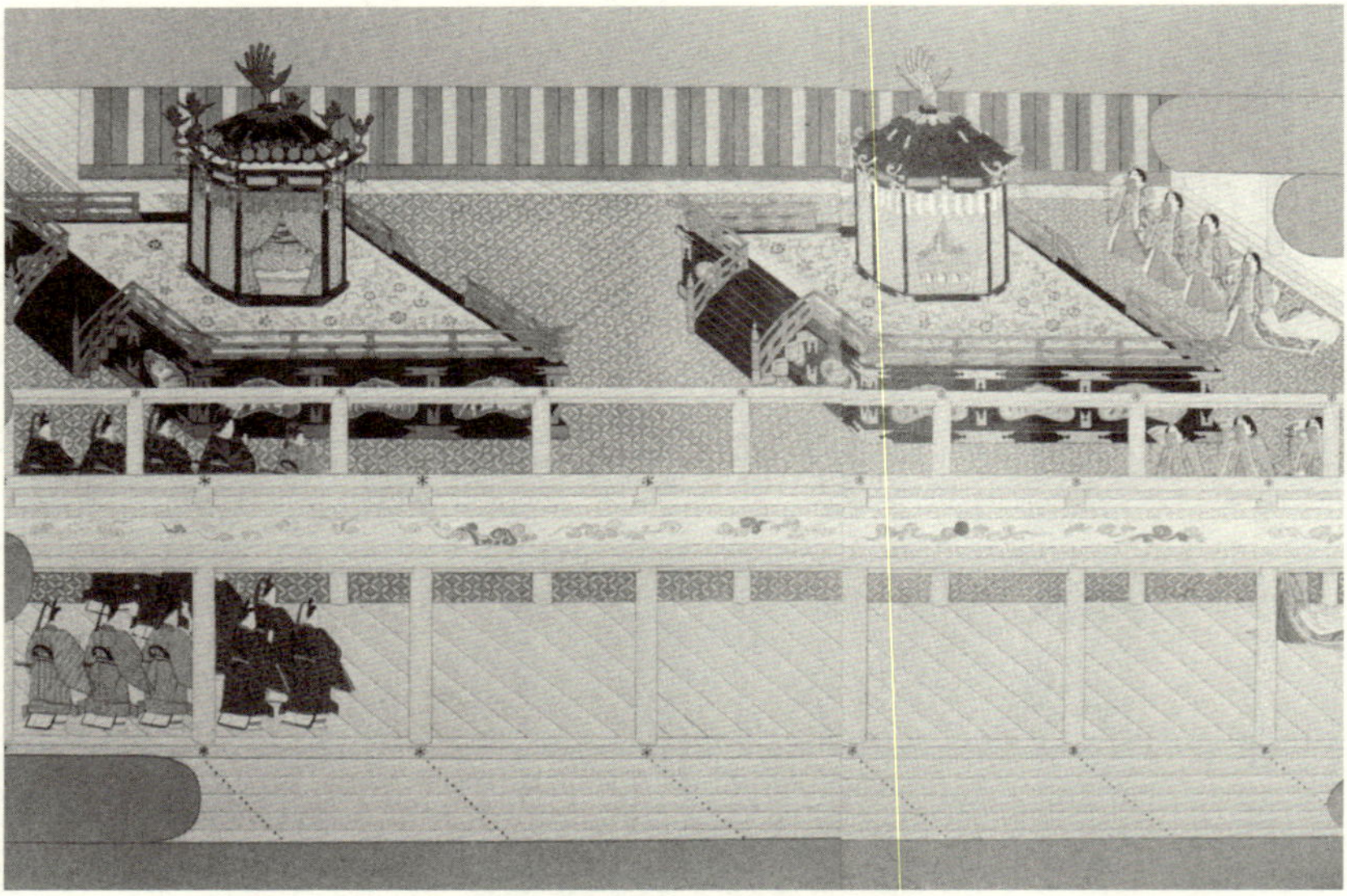

4　紫宸殿上の図（左：高御座　右：御帳台）

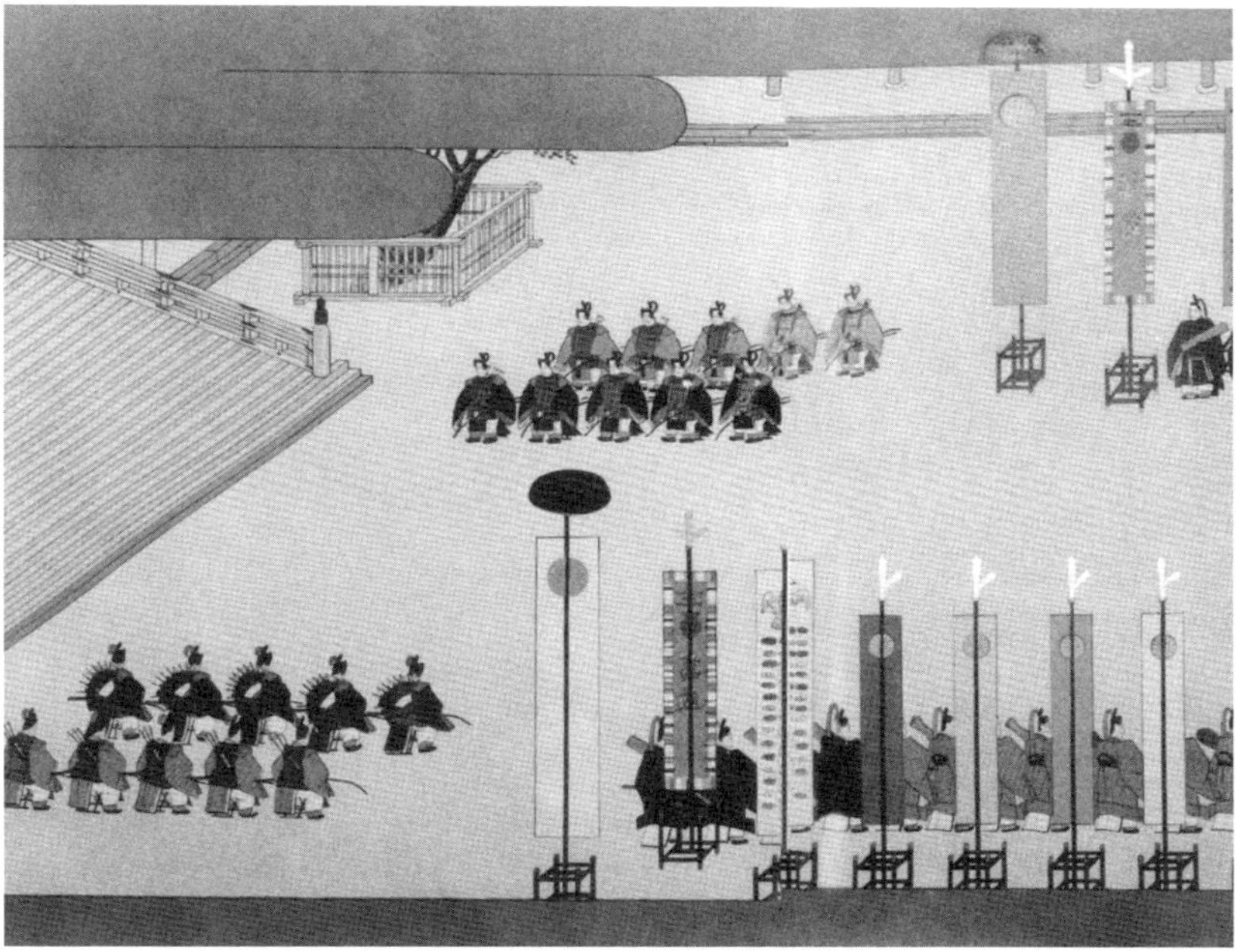

5　賢所（春興殿）御神楽の図（人長の舞）

6　斎田点定の図（紫宸殿の東での軒廊御卜）

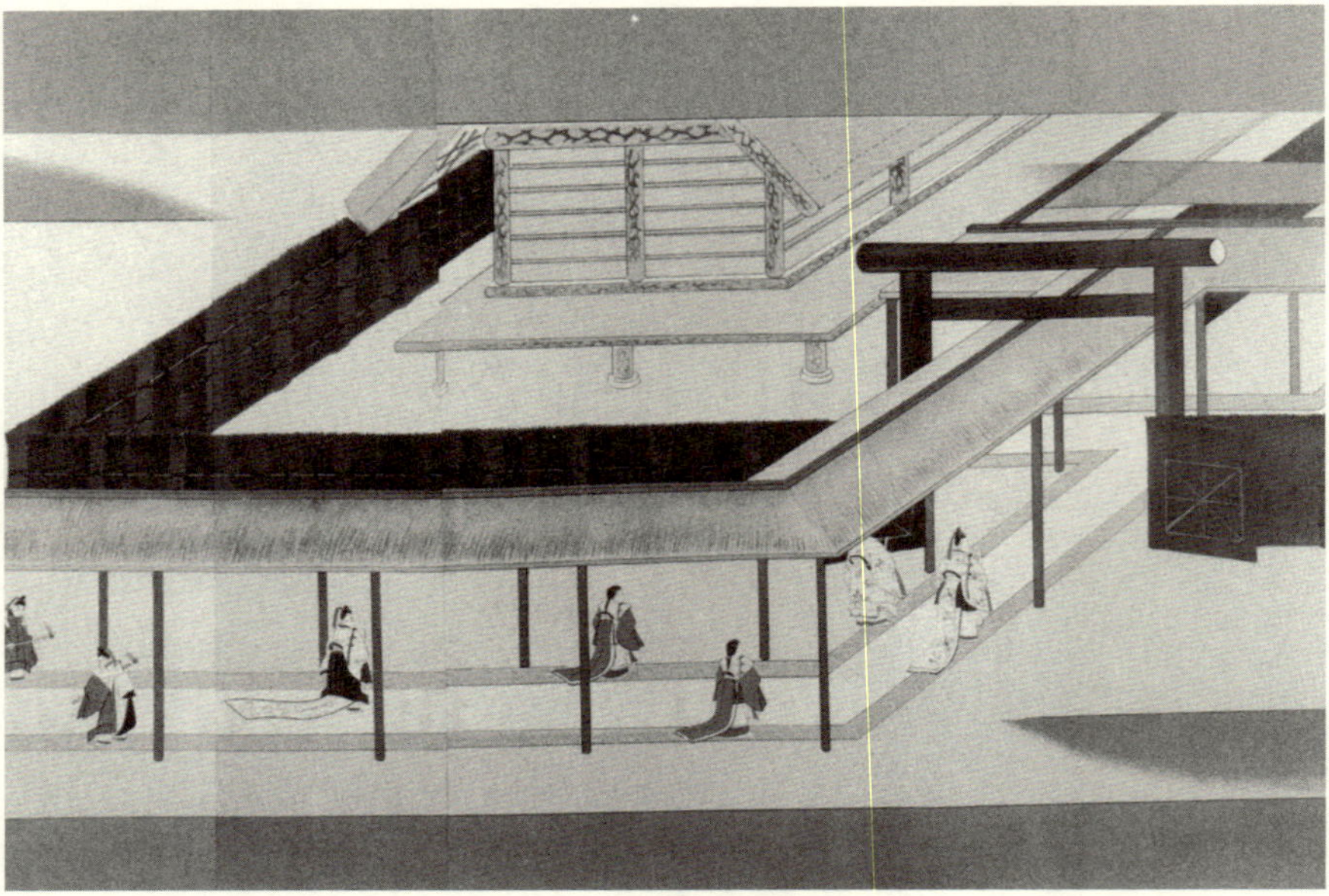

7　大嘗宮の図（西：主基殿　東：悠紀殿）

8　大嘗祭渡御の図（廻立殿から大嘗宮への筵道）

9　久米舞の図（大饗第一日）

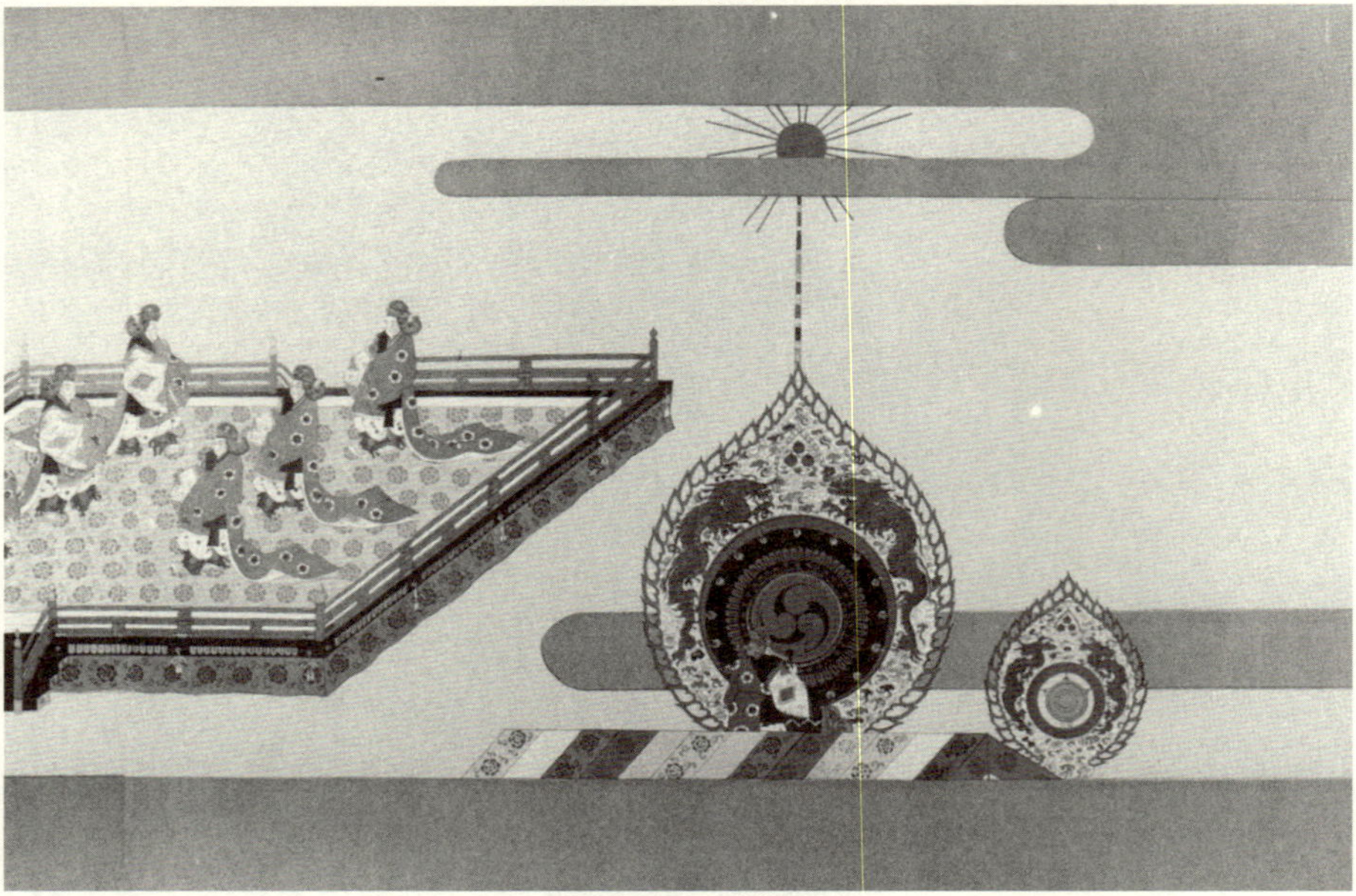

10　萬歳楽の図（大饗夜宴）

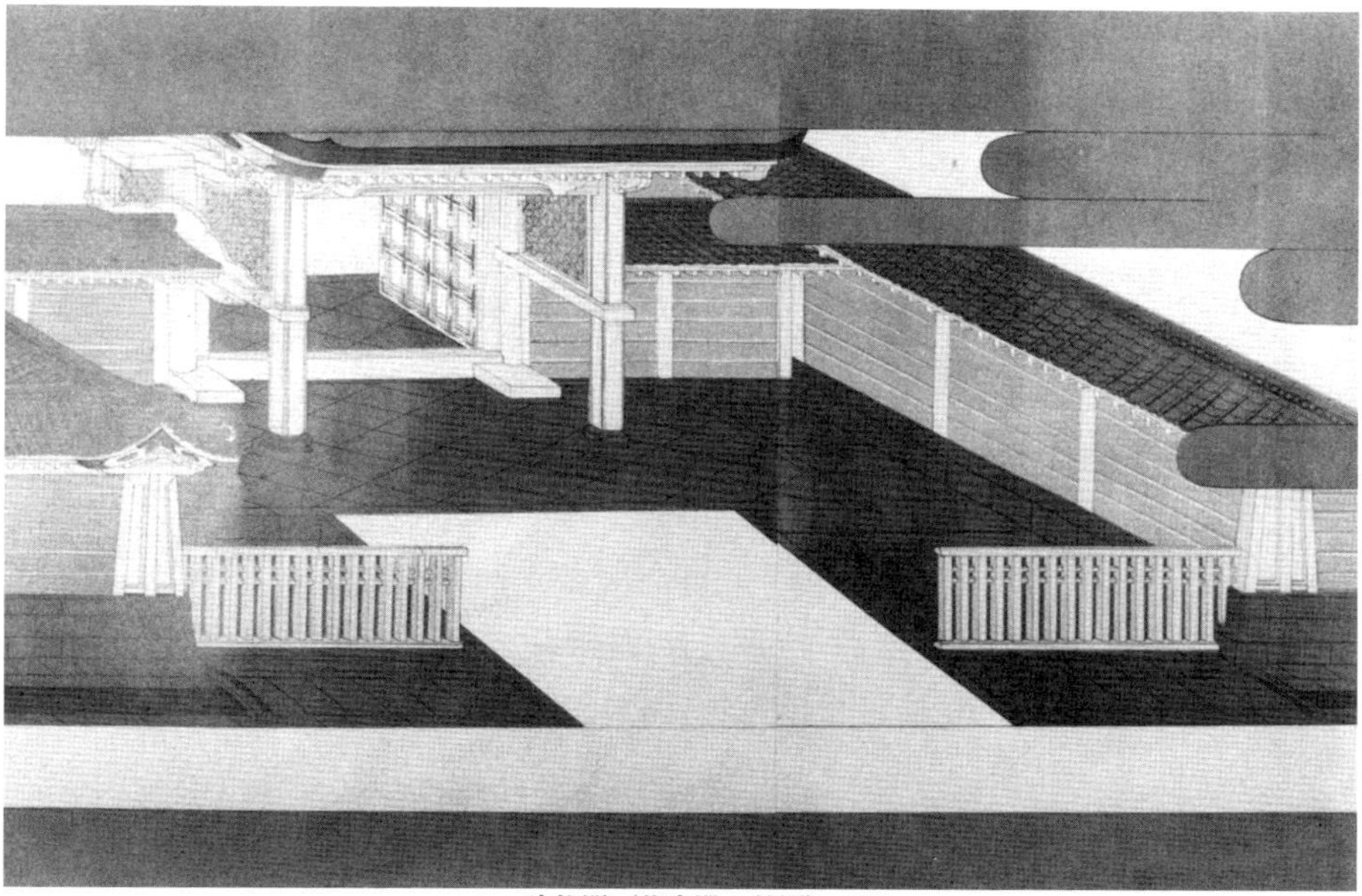

1　建礼門（紫宸殿の外門）の図

2　承明門（紫宸殿の内門）の図

第十一章　高御座の来歴と絵図

はじめに――問題点

平成元年（一九八九）秋、京都近在の松島志夫氏[1]が京都産業大学の研究室へ訪ねて来られ、立派な軸装の絵図[2]をみせられた。私は美術史の素養をもちあわせないが、その軸を開いてみると、高御座《たかみくら》の全体像が精緻に極彩色で描かれており、歴史的な資料として有意義なものと感じられた（次頁図1参照）。

そこで、この絵図の由来を尋ねたところ、もと冷泉家にあり、明治時代に版画家の巨勢小石が譲り受け、その娘の子にあたる版画家の徳力富吉郎氏に伝えられていたが、それを有職故実の研究資料として松島氏が頒けて頂いたものだという[3]。これを聞いて私は一層興味を覚え、早速カラー写真に撮ってもらい、その成立年代・作者・類例などを調査することになった。

その翌年（一九九〇）正月、諒闇が明けるころから、政府と宮内庁では、新天皇の皇位継承に伴って行う「即位の礼」について内々検討し着々準備を進めつつあった。そして秋の十一月十二日、皇居正殿で催す即位礼には、京都御所紫宸殿の高御座が東京へ移送使用されるに至った[4]。

この高御座は、明治四十二年（一九〇九）制定された『登極令』附式[5]に基づき、大正天皇の即位礼にあたって新調

図1　高御座絵図（京都・松島志夫氏旧蔵）

されたものである。しかし、それが何を参考として造形されたのか、またどのようにして製作されたのか、等の成立事情はまだ公表されていない[6]。

よって、この機会に『国書総目録』などを手懸りとして高御座関係の史料や絵図を探し求めたところ、注目すべきものを少なからず見出すことができた。まだ調査の途上にあるが、そのうち、国立公文書館内閣文庫所蔵の『高御座勘物』は別稿に翻刻し解説を加えた[7]。本章では、それ以外の新史料や絵図類も使って、高御座の来歴を明らかにしながら、冷泉家旧蔵の絵図（図1）に関する考証の中間報告としたい。

ところで、高御座（タカミクラ）について、最近の一般的理解を知るために、新版の『国史大辞典』（昭和六十三年九月刊）をみると、建築史家の福山敏男博士が次のごとく説明しておられる[8]（適宜改行し、符号を冠した）。

(イ)　朝廷で重要な儀式が行われる時の天皇の御座で、大極殿内部の中央に置かれる（『大内裏図考証』三上にのせる『御質抄』大極殿図）。『続日本紀』の天平十六年（七四四）二月条に、恭仁宮の「高御座」と大楯を難波宮に運ぶとあるのが、記録にみえる古い例である。のちの事例から考えて、この高御座も大極殿に安置されたものと見られ、ひいては平城宮などの大極殿においても同様であったろう。

(ロ)　平安宮大極殿に関しては、弘仁十二年（八二一）成立の『内裏式』の元正受群臣朝賀式条に「高座」と記し、その飾付けやそこでの儀式の次第を述べている。『貞観儀式』の元正受朝賀儀条には「高御座」とし、類似の記事がある。『延喜式』などにも、大極殿での天皇の即位や朝賀の場合などに高御座（高座）が用いられることを記す。『文安御即位調度図』は、平安時代後期の高御座の絵図を載せ、木造方形の浜床（台）上に八角の宮殿を構えた形式としている。

(ハ)　現在の京都御所の紫宸殿の高御座は、大正四年（一九一五）十一月十日の大正天皇即位の際に、右の『文安御即位調度図』などを参考にして、新造されたものであり、高御座内の天皇の御座は、昔の大極殿の高御座の場合ている。

の平座と異なって、紫宸殿の御帳台の場合のように、御椅子（ごいし）を置いている。登極令でも御椅子となっ

いずれも典拠をふまえた手堅い解説であるが、これだけで高御座の具体像を摑むことは難しい。右のうち、今少し明らかにすべき点、やや疑問に思われる点を挙げれば、次のようなことがある。

㈠　高御座の成立は、正史初見の天平以前、どこまで遡ることができるのか、また当初の高御座はどのような形状であったのだろうか。

㈡　平安時代の高御座は、儀式書などの記事からどんな形状であったと推定できるのか、それと『文安御即位調度図』は一致するのだろうか。

㈢　中世・近世の高御座について何も説明されていないが、武家時代でも励行された即位式にはどのような高御座が用いられたのだろうか。

㈣　大正新造の高御座は、『文安御即位調度図』以外にも何かを参考にしたのか、またどのようにして作られたのだろうか。

もちろん、これらの問題点は容易に判明しないから敢て言及されていないのかもしれないが、先学の論著や私の調べた史料・絵図などにより解明しえたことを、以下に論述させて頂こう。

なお、貴重な史料・絵図などの閲覧・撮影を快く許可された宮内庁書陵部・国立公文書館・東京国立博物館・東大史料編纂所・京大の国文学研究室と国史学古文書室、伊勢の神宮文庫、京都の松島志夫氏・森本安之助氏・井筒與兵衛氏、さらに調査の便宜を与えられ有益な助言を賜わった関係各位（芳名省略）に、心よりお礼を申しあげたい。

※平成元年から交誼をえた小原利康氏のコレクション（のち皇學館大学の神道博物館に寄贈された「小原家文庫」）にも、関係資料が数多く含まれている。

一　「高御座」の成立

まず、「タカミクラ」という言葉は、そう訓みうる「宝位」「天位」等という表現が、『日本書紀』の神武天皇紀あたりからみえる。また「高御座」（ないし高座）という用語も、すでに和田萃氏[9]の指摘しておられるごとく、『続日本紀』以下の諸史料に屢々出てくる。おもな例を少しあげてみよう。[10]

㋑『続日本紀』巻一・文武天皇元年（六九七）九月庚辰条

「詔曰……天津日嗣高御座之業止現御神止大八嶋国所レ知倭根子天皇……」

㋺『万葉集』巻十八・天平感宝元年（七四九）「幸二行芳野離宮一之時」のために大伴家持「儲作歌」

「高御座天の日嗣と天の下知らしめしける天皇の……」

㋩『延喜式』（九二七撰進）巻八・「大殿祭祝詞」

「皇御孫之命、此乃天津高御座爾坐氐天津日嗣乎万千秋乃長秋爾大八洲豊葦原瑞穂之国乎安国登平気久所二知食一……」

㋥『台記別記』康治元年（一一四二）十一月十六日条所引の「大嘗祭中臣寿詞」

「皇孫尊波……天都日嗣乃天都高御座仁坐天……」

このうち、㋑は藤原京時代の文武天皇即位宣命、㋺は平城京時代の聖武天皇行幸予祝歌である。また㋩・㋥は平安時代の法典・記録に載っているが、内容的に奈良時代の中頃以前まで遡るとみてよい。[11]㋩は新嘗祭や大嘗祭などの前後に宮殿の安全を祈った際の祝詞、㋥はもと践祚の日（のち大嘗会の際）に中臣氏が新しい御代をことほいで奏上した寿詞である。しかしながら、これらの用例は、皇祖から連綿と継承されてきた天皇の御位＝皇位を象徴する表現であって、具体的な天皇の御座＝玉座そのものを指しているわけではない。

しからば、高御座に相当するものは、いつころから設けられるようになったのだろうか。この点に関して検討すべきは、『日本書紀』の雄略・清寧・武烈・孝徳・天武各天皇の即位記事にみえる「壇」「壇場」である。たとえば雄略天皇即位前紀丙申（四五六）十一月甲子条に、

天皇命二有司一、設二壇於泊瀬朝倉一、即二天皇位一、遂定レ宮焉。……

とみえる。この「壇」について、校訂標註六国史本も日本古典文学大系本も「タカミクラ」と訓を付け、前者は「後漢書光武紀に、命二有司一設二壇場一云々とある文を取りたれど、土もて壇を築きたるにあらで、神代ながらの高御座を設けさせ給へるなり」と注記するのに対して、後者は「天皇の即位の場、中国では、祭礼を行うために設けた一段高い所」と頭注している(12)。

そこで、中国の「壇」についてみると、前者の指摘する『後漢書』光武帝紀建武元年（AD二五）条に次のような記事がある（和刻本記入の「唐章懐太子賢註」も［　］内に引用(13)）。

夏四月……光武於レ是命二有司一、設二壇場於鄗南千秋亭成陌一。［壇謂レ築レ土、場謂レ除レ地。……］

六月己未、即二皇帝位一、燔レ燎告レ天。［天高不レ可レ達、故燔レ柴以祭レ之。庶高煙上通也。……］

これによれば、劉秀＝光武帝は、あらかじめ鄗（高邑）の南（陌郷）に土盛りの「壇場」を設けさせ、その場所で燔燎（柴を燔き煙を出す）して「皇帝位」に即いたことを天（皇天上帝）に告げる儀式を行ったという。また、尾形勇氏(14)によれば、延康元年（二二〇）十月、後漢の献帝から禅譲された三国魏の文帝の即位儀礼について、『続漢書』（司馬彪撰）郡国志の劉昭注に「献帝……禅二帝位魏一。……有司即造二壇於穎陰一。庚午、登レ壇……受二璽綬一……降レ壇視レ燎……」とあり、三国志『魏書』文帝紀所引「献帝伝」に、

辛未、魏王（曹丕）登レ壇受禅。公卿・列侯・諸将・匈奴単于、四夷朝者数万人、陪位。燎二祭天地・五獄・四瀆一曰、皇帝臣丕（曹丕）、敢用二玄牡一、昭二告皇々后帝（皇天上帝）一……（昨日庚午）謹択二元日《よきひ》一、与二郡寮一登レ壇、受二帝

璽綬」……。

とみえるから、曹丕＝文帝はあらかじめ有司に「壇」を造らせ、まず庚午（二十八日）登壇して皇帝の璽綬を受けることによって「皇帝位」に即き、ついで辛未（二十九日）登壇して天地などを燎祭し皇天上帝に昭告することにより天命を受けて「天子位」に即いたことになる。

しかし、このような古代中国の登壇燎祭告天による即位儀礼は、王朝交替時の「禅譲」か同一王朝内の「譲位」の場合に限られている。従って、いわゆる易姓革命が無く、また大化以前には譲位例の少ない日本では、即位に際して燎祭告天の儀礼が行われていた可能性は少ない（もっとも、平安以後の即位式では、庭上に火爐と香桶を置き、焼香による告天の儀は行われている）。

ただ、前掲の雄略天皇紀に「壇を泊瀬朝倉に設けて天皇位に即き、遂に宮を定む」とあるから、おそらく亀卜により選んだ所に土盛りの「壇」を築き、そこで即位式を挙げるだけでなく、そこを中心に「宮」（王宮）を造ったのではないかと思われる。その「壇」の形状は明らかでないが、孝徳天皇即位前紀乙巳（六四五）六月庚戌条に、

軽皇子……升レ壇即レ祚。于レ時、大伴長徳（字馬飼）連、帯二金靫一立二於壇右一、犬上建部君、帯二金靫一立二於壇左一、百官臣連国造伴造百八十部、羅列匝拝。……

とあるから、天皇だけでなく高官も左右に侍立できるほどの大きさ、また百官たちが仰ぎみるほどの高さであったことになろう。

さて、ほぼ一代ごとに王宮を遷し替える在り方は、天武天皇の飛鳥浄御原宮で終り、次の持統女帝時代からは、本格的な内裏や大極殿・朝堂院などより成る藤原宮が造られると、そこで年中行事や臨時儀式も行われるようになった。そして、この藤原宮で主題の高御座が本格的に登場したのではないかとみられる。

もっとも、その直接的な証左は見あたらないが、すでに和田萃氏も前掲論文（注9）に指摘しておられるとおり、「大

極殿の成立とタカミクラの出現には密接な関わりがある」と考えてよい。ただ、この大極殿に天皇が出御される儀式行事（一般の朝政を除く）は、『延喜式』等によれば年間十例近くあるが、[15]藤原京（六九四～七一〇）・平城京（七一〇～七八四）・長岡京（七八四～七九四）の時期はどうであったか、また必ず高御座に登られたか否かも検討を要する。

そこで、儀式行事の代表として即位と朝賀の儀に関する『続日本紀』（以下『続紀』）の記事を調べてみると、[16]朝賀は文武天皇二年（六九八）から大極殿で行われており（②）、その儀場調度も大宝元年（七〇一）段階で一まず備わり（③）、引き続き平城京時代前期に唐風の服制などが段々整えられた（④⑤⑨⑬⑭）。ただし、その朝賀に際して大極殿に高御座が設けられたことは、『続紀』にも他の史料にも記されていない。とはいえ、全般に記事の簡略な『続紀』は、自明の事柄に触れず、特別な事態を取りあげていると考えれば、注目すべきは天平十六年（七四四）二月甲寅条の、「運二恭仁宮高御座幷大楯於難波宮一。」との記事である。

これによれば、聖武天皇が平城宮を離れて、恭仁宮より難波宮へ遷られるという慌しい時でさえ「高御座」を運ばせておられる（恭仁宮跡でも難波宮跡でも大極殿の遺構が発掘されている）。従って、当然それ以前から「高御座」が儀式行事に不可欠の調度となっていたものと推定して大過ない。

おそらく遅くとも文武天皇朝の初めまでに「高御座」が造られ、朝賀の際それを大極殿に設け天皇が登られることになったからこそ、大宝元年の朝賀でその前庭に烏形幢や日像・月像幢とか四神旗などが樹てられるに至り、ようやく「文物之儀於レ是備矣。」と評されたのであろう。

こうして高御座は、藤原宮に大極殿が創建されて間もない文武天皇朝初頭（大宝元年以前）に造られたとすれば、それが以後歴代の践祚＝即位に際しても使われた可能性は、十分に考えられる。もっとも、大宝・養老の『神祇令』には「凡践祚之日、中臣奏二天神之寿詞一、忌部上二神璽之鏡剣一。」[17]とあるだけで、後の即位式にあたる規定がない。

しかし、『続紀』の元明・元正・聖武・孝謙・淳仁・光仁各天皇紀（注16記事⑦⑩⑫⑰⑲㉒）には、大極殿で即位（＝

践祚）されたことが明記されており、その宣命に殆ど「天日嗣高御座」という表現が常用されている。この宣命文は、前述のごとく皇位そのものを意味しているけれども、それは大極殿の高御座に登られる新帝の前で宣命使により読みあげられたものと思われる。

ちなみに、『日本書紀』の持統天皇即位（皇后称制四年十一月）関係記事をみると、まず元日条に「物部麻呂朝臣樹大盾、神祇伯中臣読天神寿詞。畢忌部宿禰色夫知奉上神璽剣鏡於皇后。皇后即天皇位。公卿百寮、羅列匝拝而拍手焉。」とあり、ついで二日条に「公卿百寮、拝朝如元会儀。丹比嶋真人与布勢御主人朝臣、奏賀騰極。」とある。つまり、この場合は『神祇令』のとおり「践祚之日」に寿詞奏上と鏡剣奉上が行われ、その翌日「元会之儀」のごとく拝朝奏賀の式も行われている。当時まだ後代のような形状の高御座はなかったかもしれないが、それに相当する玉座を設けて両日の儀が催されたと考えて差し支えないであろう。

なお、当初の高御座がどのような形状のものであったかは、不明というほかない。ただ、もし後の高御座と同じく塼（煉瓦）を敷き詰めた大極殿中央の継壇上に八角屋形を据える形式であったとすれば、その八角形は中国の影響もあろうが（注13参照）、七世紀の陵墓に多い〝八角方墳〟などと関係があるかもしれない[18]。また和田萃氏は、同じく七世紀ころに形成された「推古・舒明朝以降の〝やすみしし（八隅知之）吾大王〟の観念、孝徳朝に生み出された〝オホヤシマグニ（大八洲国）シロシメススメラミコト〟の呼称」などから、八角形の高御座は「八嶋国・大八洲支配を象徴している」と推定しておられるが[19]、妥当性の高い卓見と思われる。

二　平安時代の高御座

ついで、高御座の形状や用法が明確になる平安京時代の主要な史料を順次検討しよう。

儀式書・諸司式にみえる高御座

まず嵯峨天皇朝の弘仁十二年（八二一）撰進された『内裏式』＝(内)と、それを承けて貞観十五～十九年（八七三～七）ころ撰修された『儀式』＝(儀)には、朝賀の条がある。その必要部分を対比して示せば、左の通りである[20]（同文が長く続く部分は後者を〃で略す。以下同）。

(内)元正受㆓群臣朝賀㆒式／前一日、整㆓設御座於太極殿㆒、敷㆓高　座㆒以㆑錦。高　座壇下南幷東西　鋪㆓両面㆒。
(儀)元正　朝賀儀／前一日、装㆓飾　於太極殿㆒、敷㆓高御座㆒以㆑錦。高御座南幷東西壇上敷以㆓両面㆒

……自㆓後房㆒　属㆓高　座㆒（是備㆓御路㆒）人不㆓敢躡㆒。……張㆓斑幔於高　座後左右㆒也。
〃自㆓小安殿㆒属㆓高御座㆒、以備㆓御歩㆒、人不㆓敢踏㆒。　〃　高御座　〃

設㆓皇后御座於高　座東幔之後㆒、鋪㆓褰帳命婦座於高　座東西二丈㆒……。……
〃　高御座　〃　〃　高御座　〃　……

(内)其日……辰一刻、皇帝乗輿　入㆓太極殿後房㆒……皇帝服㆓冕服㆒就㆓高　座㆒。……皇后服㆓礼服㆒
(儀)当日……辰一刻、乗輿出㆑自㆓建礼門㆒御㆓太極殿後房㆒……　〃　高御座。〃　〃

後就㆓御座㆒。……皇帝還㆓入後房㆒、皇后還入如㆓出御儀㆒。……
〃　……皇帝　入㆓後房㆒、　〃　……

これによれば、高座＝高御座は、朝賀の前日（大晦日）その中に錦を敷き、その周囲三面（南と東西）に両面を敷くと共に、後房（小安殿）より高御座の北階まで「御路」＝「御歩」（筵道）を備え、高御座の後と左右に斑幔を張るなどの用意をしたこと、当日（元日）辰一刻、冕服を召された天皇が後房からそこへ出御して群臣の賀を受けられたことなどが判る。

一方、即位式については、現行の『内裏式』に当該条がない（『北山抄』に短い逸文を引くのみ）。けれども、その撰進二年後（弘仁十四年四月二十七日）の記録『淳和天皇御即位記』＝㊔が伝存しており[21]、また清和天皇朝の『貞観儀式』＝㊐巻五には「天皇即位儀」があるので、その必要部分を対比して示そう。

㊔前一日、弁官率二所司一装二束大極殿一。……供設一如二元正儀一。……（当日）辰三剋、皇帝出レ自二建礼門一御二大極殿後房一。……皇帝服二冕服一就二高御座一。……

㊐前一日、整二設大極殿一。〔各供一如二元会議一〕当日諸衛服二大儀一。……辰一刻、皇帝出二常宮一御二大極殿後房一。……皇帝服二冕服一就二高　座一。……

これによれば、新天皇は即位式当日、元日朝賀と同じく、冕服を召して高座＝高御座に登られたことが判る。前述のごとく、すでに藤原京・平城京の時代から、践祚の日に大極殿へ出御して、おそらく高御座に登られたと推定される天皇は六例あるが、践祚と別に準備を整え、後日あらためて即位式を挙げられたと認められるのは、奈良期末期の天応元年（七八一）桓武天皇からである[22]。爾来それが慣例化するにつれて、即位式として段々盛大になったであろうと思われるが、その基本的な式次第は、前掲の『淳和天皇御即位記』や貞観の『儀式』にみえるようなものであったと考えられる。

しからば、この高座＝高御座は、どのような形状のものであっただろうか。その手懸りになるのが、従来の式文を諸司式として集成した醍醐天皇朝の延長五年（九二七）撰進『延喜式』である。特に(i)巻十五「内職寮」式と(ii)巻十七「内匠寮」式、(iii)巻三十八「掃部寮」式には、次のような規定がみえる[23]。

(i)　元正預前装二餝大極殿一。鳳形九隻、順鏡廿五面、玉幡八旒、玉冒甲十六条、障子十二枚〔韓紅花綾表、白綾裏〕、帳二条〔浅紫綾表、緋綾裏〕、上敷両面二条、下敷布帳一条。〔已上高御座料〕錦幔一条、緋綱八条、漆土居桁柱二具、土敷布帳卌七条、鎮子鉄一百廿廷〔廷別納レ袋〕。

与二内匠・主殿・掃部等寮一共依レ例装束。従二小安殿一至二高御座一之間、敷二両面一為二御道一。……

大極殿高御座帊〔黄表、帛裏。長一丈五尺、六幅〕若有二破損一、随即申レ省。

(ii)　凡毎年元正前一日、〔内匠寮〕官人率二木工長上等一、装二飾大極殿高御座一〔㋑蓋作二八角一、角別上立二㋺小鳳像一、下懸以二㋩玉幡一、毎レ面懸二㋥鏡三面一、当レ頂著二㋭大鏡一面一、蓋上立二㋬大鳳形一。惣鳳形九隻、鏡廿五面。㋣幔台十二基、立二高御座東西各四間一〕。……元日高御座餝物収二内蔵寮一、当時出用幔台及火爐収レ寮。

(iii)　元正前一日、設二御座於大極殿高御座一。去二御座左右一各一丈二尺、褰二御帳一命婦座、其後左右各去二一丈五尺一東北折五尺威儀命婦座。……殿内鋪二葉薦一、上加二調席一鋪二御帖八枚一、立二五尺御座一上施レ茵。左右立二五尺御屛風四帖一。

天皇即位設二御座於大極殿一、同二元日儀一。

右のうち、(ii)の古写本頭注に「弘貞」とみえるから、この条文は、弘仁十一年（八二〇）に撰進された『弘仁式』以来の規定と考えてよいであろう。これによって、当時（平安前期）の高御座は、㋑蓋（屋根）が八角形で、その八角隅に㋺小鳳像各一隻を立て、その下に㋩玉幡各一旒を懸け、また（軒上）八面に㋥鏡（順鏡）各三面を据え、さらに（蓋裏）頂上に㋭大鏡一面を著け、蓋上に㋬大鳳形を立て、しかも東西に㋣幔台十二基を立てるようになっていたことなどがわかる。ただ、各々の寸法が記されていないから、正確な復原はできない。

調度図・記録類にみえる高御座

そこで、この高御座を図示したものがないか探してみると、たとえば上述のごとく福山敏男博士が大正の高御座新造に際して参考にされたといわれる『文安御即位調度図』（群書類従公事部所収）に描かれている[24]（図2）。ただし、すでに岩橋小弥太博士も『群書解題』第六に指摘しておられるごとく、この調度図は本奥書に「文安元年正月令二書写一了、藤原光忠」とあるけれども、文安元年（一四四四）は、二月五日に嘉吉四年を改元したのであるから「文安元年正月」はありえない。また藤原光忠は明応二年（一四九三）に五十三歳で薨じた葉室光忠であろうから、文安元年当時（四歳）これを書写せしめるはずがない。

とはいえ、その内容を調べてみると、日像幢の説明文中に「保安記」が引かれ、また「大極殿南栄上十一間懸ニ瓦獣形繡帽額ニ」と記されているから、保安（一一二〇～四）以降、大極殿の焼失する治承元年（一一七七）以前の成立だとすれば、福山博士の推定どおり「平安時代後期の高御座の絵図」といえるかもしれない。

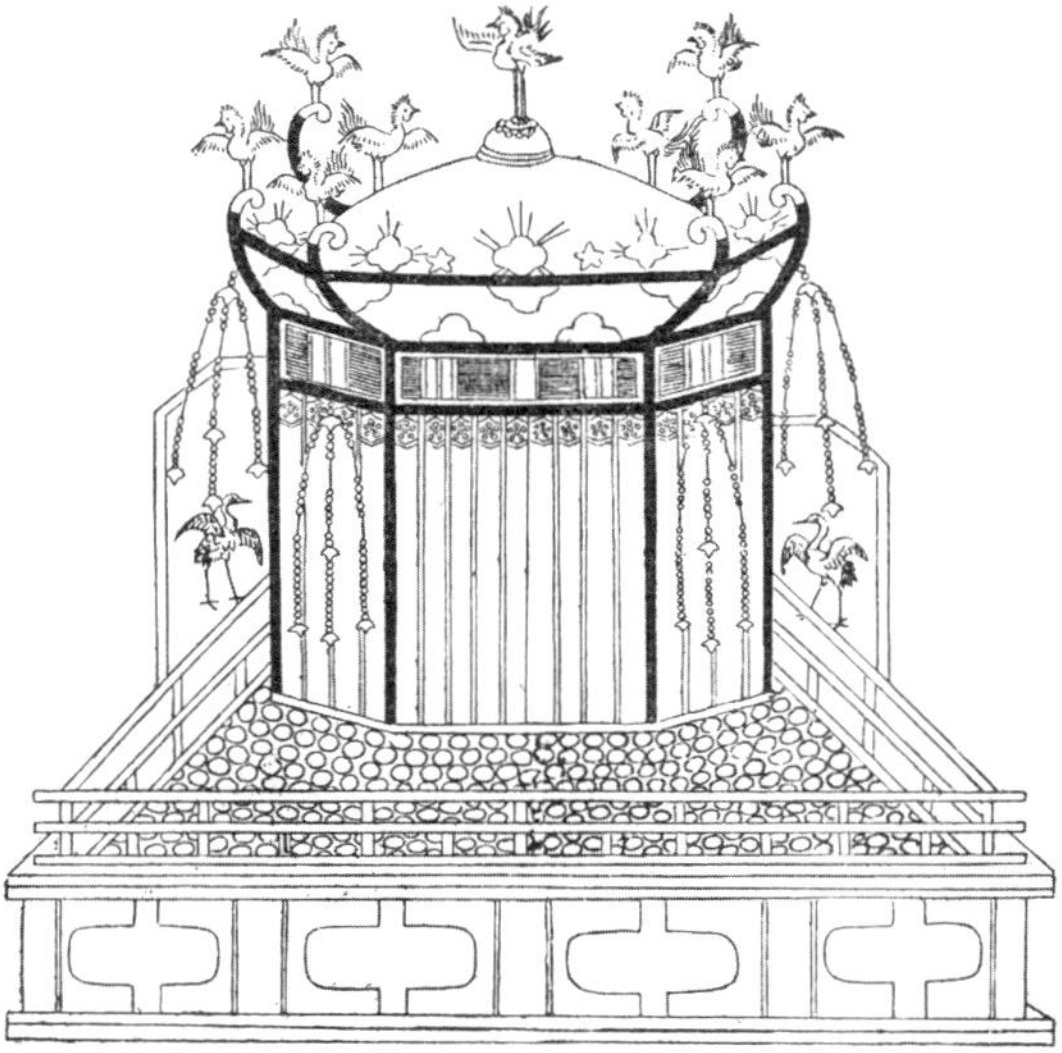

図２　『文安御即位調度図』所載の高御座

ただ、この絵図および説明文が平安後期の記録類と符合するかどうかは、検証を要する。この点に関しては、幸い平安後期より鎌倉初期にかけての日記などから主要な記事を抄出し、往時の高御座を考証する資料とした先人の労作が、管見の限り少なくとも二つある。『大内裏図考証』と『高御座勘物』である。

まず前者は、裏松固禅（光世、父権中納言益光）が三十年近い歳月を費して完成し、天明八年（一七八八）から寛政二年（一七九〇）にかけての本格的な内裏復興に有力な参考資料とされたものである。その第三之上に「高御座」の項があり、左の諸史料（1～7）を引き、考定図（8～10・①②）を掲げている。[25]

1　『延喜式』内蔵寮式・内匠寮式・掃部寮式・主計寮式

2（不知記）正暦五年（九九四）五月十五日条
3『帥記』治暦四年（一〇六八）七月二十一日条
4『頼業記』久寿二年（一一五五）十月二十六日条
5『兵範記』仁安元年（一一六六）十一月十六日・同三年十一月二十三日条
6『仁安三年（一一六八）即位御装束次第』（俊経卿撰）
7『山槐記』治承四年（一一八〇）四月二十二日条
8『江家次第』斎宮群行御装束考定の「高御座土壇図」
9『御質抄』所載の「大極殿及土壇等図」（平面図）
10『文安御即位調度図』の「高御座」（立体図、『群書類従』所収本から図2に示す）
※①諸書考定の「高御座壇及河牀図」
※②諸書考定の「御畳御茵等図」

一方、後者の『高御座勘物』は、別稿（注7参照）に全文を翻刻紹介したごとく、前者より約三十年ほど後の文化十四年（一八一七）、仁孝天皇の即位式にあたって、命を受けた式部少丞平（谷口）胤禄が勘注したものである。その所引史料は、前者と同じものも少なくないが（1・3〜7）、それ以上に他の儀式書や記録類が多い（同じ1・4・5でも引用箇条がふえている）。その書名と箇所を列挙すれば、左の通りである（前者に続けて一連番号を冠した）。

11『大唐六典』殿中省
12『内裏式』元正受群臣朝賀
13『儀式（貞観儀式）』元正朝賀（第六）
14『北山抄』即位（巻五）
20『参語集』／※「法隆寺所蔵褥」（図）
21『小右記』寛弘八年（一〇一一）記
22『師時記』嘉承二年（一一〇七）記
23『師元記』保安四年（一一二三）記

15『釈奠次第』
16『類聚雑要抄』
17『仮名装束抄』
18『三条中山口伝抄』
19『新任弁官抄』

24『仁安三年記』
25『顕朝卿記』寛元四年（一二四八）記
26『仁部（資宣卿）記』正元元年（一二五九）記
27「高御座事」（鎌倉時代の勘物か）

しかし、これらの中でも高御座の各部分まで詳しく記しているものは少ない。ここには10の説明文を基にして、それと近似する4などの記事を〈　〉内に補って左に示そう（後述の便宜上、各部分の名称に符号と傍線を付した）。

○高御座、蓋上立二ⓐ大鳳形一翼一〔〈金銅、以レ木作レ之、以二金簿一押レ之〉高一尺七寸許、南向〕。薄（榑）風八角上立二ⓑ小鳳形各一翼一〔高一尺許、各向二其方一〕。南面薄風上並立二ⓒ鏡五面一、〔有二順光一、大四寸許〕、其鏡中央〔三面〕東西間立二ⓓ彫物唐草各一面一〈其中各彫二入白玉一顆一〉〔北面准レ之〕。自余六面立二ⓒ′鏡三面一、其中央鏡左右立二同一本一〈立二ⓓ′彫物唐草二一、又有二白玉一〉。……

○蓋裏内著二ⓔ″大鏡一面一〔〈経一尺許〉以二鏡裏一令二通入一、以二六寸釘一固レ之〕。角木下懸二ⓕ玉旃（旛）各一旒一。其内入二一尺許一懸二ⓖ玉帽額一〈金銅掘物帽額各二枚、合十六枚〔高一尺余。帽額上以二緋綱一筒貫（以二金箔一押レ之）懸二付之二〕〉、其内懸二ⓖ′掘物蛇舌一〔付レ帷懸レ之。南北各七枚、自余六方各五枚〕。其内懸二ⓗ紫綾帷四帖一〔先懸二件帷一之後懸二蛇舌之帽額等一。面紫唐綾、裏緋絹。九幅四帖、有二懸緒糸一〕、南面以レ東為レ上、東西以レ南為レ上。

○以二高御座一敷二ⓘ繧繝端大帖（二カ）一枚一、其上敷二ⓘ′唐錦端龍鬢一〔裏蘇芳打物〕、其上敷二ⓙ唐軟錦端茵一〔狭レ自二龍鬢上一五寸許〈前後左右各二寸許〉。縁上有二伏組一〔紫糸〕、面白唐綾、裏蘇芳打物〕、其上加二ⓙ′東京錦茵一枚一〔大如レ例〈並東西行〉〕。左立二ⓚ螺鈿御脇息一脚一、右立二ⓚ張脇息一〈並南北妻〉。御座中立二ⓛ御几帳一脚一〔手尋常黒塗、朽木形。帷本宮儲レ之〕。土居上・壇上共敷二ⓜ赤地唐錦一、所々置二ⓜ′鎮子一〔件錦、院六端、殿下三段、今儲献給〕。壇上乾艮角立二ⓝ孔雀屏風各二帖一。壇上艮方頗進レ南敷二ⓞ厚円座一枚一為二摂政座一。

このうち、ⓐ以下ほとんどの部分が他の記録と基本的に異ならない。しかし、よくみると、明らかに違う点も存する。たとえば、『調度図』は榑風上の鏡について、ⓒ南北両面が「並立二五面一」、ⓒ′自余六面が各「立二鏡三面一」と記すのに対して、『頼業記』によれば、久寿二年（一一五五）の後白河天皇即位式までは、『延喜式』（内匠寮式）と同じく八面とも「小鏡各三面」とあり、次の保元三年（一一五八）の二条天皇即位式や仁安三年（一一六八）の高倉天皇即位式では、南北両面が「小鏡各四面」、自余六面が「小鏡各三面」となっている（前掲記録6・24参照）。

この南北両面に小鏡を「五面」ずつ立てるようになったのはいつからか、まだ確認できないが、おそらく治承元年（一一七七）以後のことであろう。ただ、『調度図』高御座図（図2参照）は、南面に小鏡三面、その東西面に各一面しか描いておらず、細部を省略した不正確なものといわざるをえない。[26]

そこで、今のところ『文安御即位調度図』は、平安後期の史料に基づき鎌倉時代に入ってから纏められたものとみなし、参考資料として使うに留める。

むしろ、より確かな手懸りは、前述の『大内裏図考証』や『高御座勘物』にも引かれている平安後期の日記類である。今それらを整理して、当時の高御座のおもな部分の概要・寸法を表1（次頁）に表示しておこう。

三　中世・近世の高御座

叙上の高御座は、いずれも大極殿で使われることを前提としたものである。しかし、その大極殿も、平安時代約四百年間に三度火災に遭い、貞観十八年（八七六）と康平元年（一〇五八）には間もなく再建されたが、治承元年（一一七七）の焼失以後は復興されなかった。[27]けれども、それによって高御座が消滅してしまったわけではない。

以下、中世から近世にかけての高御座について、管見の及んだ史料により来歴の一端を辿ってみよう。

(イ)　紫宸殿用に造られた高御座

まず、『大内裏図考証』も引いている『山槐記』治承四年（一一八〇）四月二十二日条に「即二位紫宸殿一。今度擬二南殿御帳一立二高御座一（新調、寸法随レ殿計減）。此事有レ疑。康保（四年）不レ立二高御座一用二御帳一之由、見レ式。……予問二子細於頭弁一、答曰、為レ違二康保例一今度被レ立二高御座一也者」とある。

また『高御座勘物』所引の27「高御座事」に「治承（元年）大極殿火事以後、元暦（一一八四）度官司被レ立レ之。今度又可レ為二新造一。元暦沙汰不レ可レ有二相違一歟。……」とみえる。

- 蓋上の鳳形
  - 中央頂上の大鳳形1隻……高さ1尺7寸
  - 八角棟上の小鳳形各1隻……高さ1尺（計8隻）
- 蓋裏中央の大鏡1面……径1尺 ／ 八面榑風上の鏡各3面……径4寸（計24面）　（全25面）
- 八角棟下の玉幡各1流（全8流）
- 八面の玉冒甲（掘物帽額）各2条……高さ1尺（全16条）
- 八面の障子（欄間）（表韓紅花綾 裏白綾）南北東西各2枚、自余四面各1枚（全12枚）
- 八面の帷（帳）（表浅紫綾 裏緋綾）2条（左右に懸け廻し）
- 帷内の敷物
  - 上敷：繧繝端弘畳2枚……長さ7尺5寸、広さ3尺6寸
  - 下敷：錦布……1丈四方
- 継壇（浜床）……東西2丈4尺、南北2丈2尺

表1　平安後期の日記類による高御座概要

これによれば、大極殿焼失三年後の治承四年（一一八〇）に迎えた安徳天皇の即位式は、紫宸殿において行われることになったので、御帳（台）に擬して高御座を〝新調〟したが、大極殿より少し小さい紫宸殿にあわせて寸法を減じたという。[28]また、次の元暦元年（一一八四）に後鳥羽天皇即位式の際に立てようとされた高御座が、その時の「沙汰」どおりに「今度」（不明、建久九年の土御門天皇即位式か）にも〝新造〟されたようである。

このような造替や修理は、これ以後も折々に行われたことであろう。[29]正続群書類従所収の歴代御即位記などを通覧しても、鎌倉時代から室町時代に至る即位式には、必ず高御座が用いられている。[30]

そのうち、後土御門天皇の即位式（一四六五）までは、殆ど践祚後一両年中に太政官庁で行われた。応仁・文明の乱（一四六七〜七七）直後の文明十年（一四七八）、一条兼良が飯尾宗祇の所望に応えて纏めた『代始和抄』の「御即位事」にも、「むかしより太極殿の高御座につかせ給て此事をおこなはる。……後鳥羽院元暦元年は太政官庁にして即位事あり。それより後は一向に官の庁にておこなはる、事となれる也」[31]とある。

ただ、戦乱により太政官庁も廃絶したので、次の後柏原天皇からは、土御門東洞院殿（もと里内裏、今の京都御所あたり）の紫宸殿で行うほかなくなり、それすら再三遅延を余儀なくされている。[32]

このように鎌倉・室町時代の高御座は、太政官庁か紫宸殿に据えて用いられた。しからば、それは具体的にどんな大きさであったのだろうか。とり急ぎ目を通した中世の日記類には、今のところ手懸りをえられないが、幸い最近、東大史料編纂所に所蔵されている正親町家文書のなかに、「天文四年／高御座寸法事」（正親町本―一二―一一四）と題する覚書があることを知りえた。天文四年（一五三五）は後奈良天皇の即位式が漸く行われる前年であって、何らかの関係があろう。その内容を整理して表示すれば、表2の通りである。

これによれば、室町末期（後奈良天皇朝）ころの高御座は、平安末期までの大極殿に据えられたものに較べて、継壇の平面が少し狭くなっている（東西三間で、一間六尺なら一八尺）が、大極殿より一まわり小さい紫宸殿で用いる高御座としては、これ位の方がふさわしかったのであろう。しかも、壇上屋形の様式と各部分の寸法は、往時のそれと殆ど変わっていない。むしろ、南北二面の榑風上の鏡をみると、上述のごとく後白河天皇（久寿二年）までは各三面となっていたが（表1参照）、この段階では各五面にふえている（他の六面は従来どおり各三面）。もちろん、それらの材料や彫り・塗り・織りなどがどうであったかは不明というはかないが、高御座そのものは、いわゆる戦国時代にも廃絶せず、遅延しても即位式などの際に使い続けられていたのである。

蓋上に金銅大鳳形、1翼……高さ1尺7寸※
八角棟上に小鳳形各1翼……高さ1尺（全8翼）
南北二面上に鏡、各5面……大さ4寸（順光あり）
自余六方に鏡、各3面　……大さ？（八角で全28枚）
鏡と鏡の間に掘物唐草　……八花形（白玉を彫入）
蓋裏中央に大鏡、1面　大さ1尺※
八角棟下に玉幡、各1旒……大さ？（全8旒）
八角柱間に帳……（全8面）
帷の八面に金銅掘物帽額、各2枚（全16枚）……高さ1尺余
帽額内の帷に蛇舌、南北各7枚、自余六方各5枚（全44枚）
壇上の敷物｛下壇：簀薦の上に赤地唐錦
　　　　　　中壇：青地錦／上壇：青地錦（所々に鎮子）
帷内の上敷｛繧繝端大畳2枚、唐錦端龍鬢1枚
　　　　　　唐軟錦端茵1枚、東京錦茵1枚
帷内の置物｛左方：螺鈿御脇息1脚、右方：張脇息1脚、
　　　　　　御座の中に御几帳1脚
継壇の寸法……東西3間（南北不明）

表2　「天文四年／高御座寸法事」による高御座概要
※大鳳形と大鏡は「高御座寸方之大小によるべし」との注記あり。

ついで、天下統一の進んだ桃山時代から江戸初期にかけては、豊臣秀吉も徳川家康も朝儀に関心を寄せ費用を整えたので、後陽成・後水尾両天皇の即位式は、践祚後半月余の天正十四年（一五八六）十一月、慶長十六年（一六一一）四月に行われている。(33)

とくに次の明正女帝は、将軍徳川秀忠の女（東福門院・徳川和子）の所生であったから、幕府（徳川家光）が積極的に費用（米四千百四十石、銀八百匁など）を出し、高御座も旛なども新調して、践祚十箇月後の寛永七年（一六三〇）九月、即位式を挙げられた。

その際の『明正天皇御即位記』（宮内庁書陵部所

蔵）をみると、当時の高御座について次のごとく記されている（林羅山著『寛永御即位記略』の記述もほぼ同文）。

殿中に高御座を立たり。方一丈三尺ばかりにて、東西少し長し、三方に階ありて南方なし。其上は鳳輦のかたちに似て八角に作れり。やねに八葉ありて頂に銅鳳凰あり。或者八葉に皆小鳳凰をすへて、八角のまはり鏡を掛る事も有といへり。中に繧繝縁の畳を二帖敷、茵二重あり。左右に案あり。剣璽を載んためなり。紫の帳をめぐらし掛たり。帳中のうしろに白き木帳を引、八角の外に縁あり。其めぐりへ欄干を作れり。都て高御座は皆黒漆に塗たり。

これによれば、江戸初期（明正天皇朝）の高御座は、室町末期のそれに較べると、継壇の平面が更に狭くなっている（東西一丈三尺余）が、全体の形はさほど変わっていないように見うけられる。[34]

(ロ)『礼儀類典』絵図の高御座

しかし、江戸時代の高御座といえば、宝永七年（一七一〇）十一月の中御門天皇即位式に際して新調されたと推定されるものが、幕末に至るまで重んじられている。しかも、この年の八月に水戸藩から朝廷と幕府に対して徳川光圀編『礼儀類典』（本文五百十巻、絵図三巻、他に首巻と目録を併せて全五百十五巻）が献上されており、その中に高御座も描かれている（図3）から、それとの関係を検討しておきたい。

すなわち、京都大学国史学古文書室に所蔵される厖大な『大日本史編纂記録』（往復書案）の第二二二所収書をみると、元禄十一年（一六九八）の八月、京都遺仰院（天台宗）の応空和尚および出納の中原職直から水戸彰考館の安積角兵衛《覚》（澹泊）にあてた次のような書状がある[35]（適宜改行等を加えた）。

A一、内々出納方へ御頼被レ遊候行事官調進物四神之旗・高御座之図・御即位庭上之図、漸出来仕、近日指下し可レ申と、出納被レ申候。殊之外手間入延引に罷成候。

右之外、礼服等之図仕立候様こと、（佐々）介三郎殿より被二仰聞一候得共、御即位庭上之図人形に而礼服等相知れ申候と、出納被レ申候。（中略）

一、右之外、大嘗会庭上之図・悠紀主基両殿廻立殿諸事調進物等之図も仕立候而指上候様にと、介三御殿より被二仰聞一候。是は未二取付申一候。（中略）重而御頼被レ遊候絵図之義者、御即位之図程手間入申間敷と、絵師も申候共（中略）自然御好も御座候はば、其段被二仰聞一可レ被レ下候。（下略）

（元禄十一年）八月十日

図3　高御座（国立公文書館内閣文庫所蔵。『礼儀類典』絵図巻一）

B

遣仰院／応空（花押）

安積角兵衛様

（前略）前黄門（徳川光圀）様（中略）内々被二仰下一候図之義（中略）漸出来仕候故、今度目録之通木内弥助殿迄進二上之一仕候間、早々可レ被二指上一之条、宜レ被レ遂三御披二露／御前一、可レ然様に御取成偏所レ仰御座候。（下略）

（元禄十一年）八月十二日　出納豊後守

（中原）職直

安積覚兵衛様

目録

一、御即位総図一帖　一筥

一、高御座図一巻　一筥

幷丈尺之記一巻　一筥

一、大礼幢之図　一巻／　一、御装束諸具之図　一巻／　一、御殿御調度之図　一巻

右三巻一筥／已上／

出納豊後守職直

これによれば、かねて「前黄門様」徳川光圀の内命を承けて佐々介三郎（宗淳）より依頼を受けていた京都の「出納豊後守」中原職直が、「絵師」に描かしめた即位式関係の絵図六巻四筥を、意外に手間入りで延引したけれども、漸く完成させて進上する運びになったという。佐々宗淳はこの元禄十一年（一六九八）六月に卒去しているが、光圀は存命中（元禄十三年十二月薨）だから、まもなく水戸へ送られてきた絵図を見たにちがいない。その絵図は、彰考館に襲蔵されてきたものと思われる。

そこで、『彰考館図書目録』（大正七年刊、昭和五十二年復刻も）巻七・寅部を調べると、「大礼御装束幢図」と「御殿御調度図」の名はみえるが、残念ながら戦災で焼失したと注記されている。(36)

ところが、宮内庁書陵部には、おそらくこの時に京都で用意したとみられる『高御座惣絵図装飾幷丈尺寸法等事条（案カ）』（五一六―二五九）の草稿と清書が現存する。その奥書に次のごとく記されている。(37)

右者行事官調二進之一（謂二装束師一、史生是也）、当家雖レ非二調進一、今度依二厳命一而考二家伝旧記一今新図二画之一、巨細以二彩色文様等一悉彰レ之。亦至二丈尺寸法一者、詳書二一巻一而贅レ之、以備二台覧一畢。恐多二魚魯之誤一而已。

出納従五位上行豊後守兼院主典代　中原朝臣職直

この中原（平田）職直は、『地下家伝』八（蔵人方出納）によれば、明法博士大蔵大輔（中原）職央の二男（慶安二年生れ）で、天和二年（一六八二）豊後守、貞享三年（一六八六）院主典代、元禄四年（一六九一）十二月に従五位上、同十二年十二月に正五位下大蔵大輔となっている。(38) 従って、位署は元禄十一年（一六九八）八月当時のものとみて矛盾せず、文中の「厳命」は水戸光圀の内命であり、「丈尺寸法……一巻」は前掲書状Bの目録にいう「丈尺之記一巻」とみなし

て間違いないであろう。その〝丈尺寸法〟を表示すれば、表3の通りである。

これによれば、中原職直の書き出した高御座は、従来のそれと著しい違いはないが、細かくみると異なる点も少なくない。まず継壇は江戸初期（明正天皇朝）のそれより七尺余ほども大きい。ただし、八面榑風上の鏡は室町末期（天

土台（継壇）……南北1丈8尺9寸余、東西2丈有余。
　同高3尺8寸余（惣地平文黒漆、四方回朱塗）
　八方内の壇上〈中壇〉高6寸有余（平文黒漆籠板彩色）
物　高……1丈5尺余。柱惣長1丈1尺9寸余、丸柱太7寸余。
蓋頂上の鳳凰……鳳形1羽高2尺有余（金銅造）
薇手上の鳳形……各1尺3寸余（金銅造、計8隻）（全9隻）
八方形の薇手……4寸5分に3寸5分余（惣黒漆、金銅金物仮掘）
八面軒先の鏡……雲形（繧繝）、の上に毎面鏡3面、大8寸余（順光あり）
蓋上裏の大鏡……1面（頂上の裏に着く）（鏡全25面）
（八面）鴨居……内法6尺有余、太さ4寸余
八面二色綾帳……（表に紋綾小葵、裏に紅打）／玉幡（五色玉飾）
※御座中に御几帳1基、壇上乾艮の角に孔雀屏風各2帖（近代なし）
※壇上艮方に厚円座1枚（摂政座）
壇上の内敷……東京錦（紺地牡丹唐草錦）、繧繝端厚畳二帖、龍鬢御座5尺4寸四方、
　大御茵3尺8寸4方、小御茵2尺7寸四方。
壇下の地敷……東京錦（赤地牡丹唐草錦）階下の莚道……両面
壇四方の欄……高1尺4寸余（朱塗、金銅金物）
階段の高欄……堅柱表4尺3寸、太4寸8分余（朱塗）／階段5重（平文黒漆）

表3　「丈尺之記一巻」による高御座概要

文四年。表2参照）のそれより少ない各二面（この点は平安時代に同じ。表1参照）となっている。おそらく職直は、元禄当時実在した高御座が満足なものでなかったから、敢て「家伝旧記」に拠りながら紫宸殿にふさわしい寸法と形状を考え、それを新しく絵師に描かせ「丈尺寸法」も添えて水戸へ送ったのではないかと思われる。

この高御座の「惣絵図」は、残念ながら伝存していない。しかし、それらを参考にして作りあげたとみられる絵図がないわけではない。他ならぬ『礼儀類典』の付図中に収められている高御座の絵図（図3）がそれに相当しよう。

『礼儀類典』の本文（五百十巻）は、朝廷の恒例行事・臨時儀式に関する平安中期から室町後期までの日記等を項目ごとに整然と編成した一大部類記であり、その編纂事情は、橋本義彦・時野谷滋両氏が詳しく解明しておられる。[39]

それに対して、絵図三巻に関する研究は、殆ど見あたらないが、茨城県立歴史館の小川知二氏によれば、元禄八年（一六九五）徳川光圀に召し出されて四神旗を描き、のち享保十五年（一七三〇）に「『礼儀類典』の勤功を以つて切符を賜わつ」た水戸の絵師桜井才次郎は、「いわば職能的な画工として、その内の絵図三巻に参加したと推定することができよう[40]」といわれている。

もっとも、現存の『礼儀類典』絵図は、朝廷献上本（宮内庁書陵部所蔵、四〇〇―五）と幕府献上本（国立公文書館内閣文庫所蔵、二五九―二）以外にも少からずあり、各々若干異なるから、すべて桜井才次郎一人の筆になるものとは限らない。しかしながら、前掲の書状と同じ元禄十一年（一六九八）に稲田神社などへ奉納された四神旗が、京都から送られてきた「大礼幢之図」所載の四神旗と無関係ではなく、それを基にして『礼儀類典』絵図の四神旗も描かれたであろうことは、推定して差し支えないであろう。そうだとすれば、『礼儀類典』絵図の高御座は、やはり京都から送られてきた「高御座図」を参考にして描かれたであろうことも、推測に難くないのである。

なお、『礼儀類典』絵図は、御即位調度を描いた後に「右出二于文安元年正月藤光忠卿図説一」と典拠を示している。しかし、現存の『文安御即位調度図』と『礼儀類典』絵図を較べてみると、後者は前者を主要な拠り所としているにせよ、大極殿南栄上の獣形帽額も庭上の幢幡旗等も大巾に書き改められており、また高御座も全面的に修正が加えられている。しかも、後者では、中原職直の書き出した『高御座惣絵図装飾幷丈尺寸法等事条』にいう「壇上の乾《いぬい》と艮《うしとら》の角に孔雀屏風を立つ……近代この儀無し」との注記どおり、前者にあった壇上両脇の孔雀屏風を省いているから、その修正が中原職直の「丈尺之記」およびそれに基づく「高御座図」を参考にして行われたことは、ほぼ間違いないと思われる。

(ハ)　宝永以来用いられた高御座

ところで、『礼儀類典』は、徳川光圀の薨じた翌年（元禄十四年）、稿本の段階で京都の野宮定基に校閲を求めた上で、やがて宝永七年（一七一〇）八月、朝廷と幕府に絵図三巻も添えて献上された（注39論文参照）。時あたかも前年六月に践祚された中御門天皇の即位式が、この七年十一月に挙行される三箇月前であった。従って、そのさい高御座を新調するにあたり、この絵図も参照された可能性は少ないが、決して無いとも言い切れない。

ただ、今のところそれを立証する記録が見出せない。また、当時の御即位図をみても、高御座の正確な形状や寸法まで知ることはできない。おそらく実際は絵図より貧弱なものしか造れなかったのではないかと思われる。何となれば、そのさい平興胤の著した『御即位見聞私記』[41]（神宮文庫本）をみると、次のごとく記されている。

紫宸殿の中央に高御座を餝り玉へり。方一丈三尺にて、東西はすこし長し。東西北の三方には階ありて、南の方には階なし。其の蓋は鳳輦の形に似て八角を作れり。八の角ごとに、上にちいさき鳳凰を立て、下に玉の幡を掛けたり。又八の面ごとに鏡三面づつ掛けたり。蓋の頂の上には大きなる鳳凰一つを画たり。又御座の頂に大きなる鏡一面を掛たり。玉座には繧繝縁の畳二帖敷き、御茵二重を敷けり。玉座の左右に案あり。是は宝剣・神璽を置き奉るためなり。高御座のめぐりに紫の帳を掛けたり。帳の中のうしろに白き几帳を引く。紫帳の外は縁也

〔是を壇緑といふ〕。縁の東北に摂政の座し玉ふ円座あり。外縁に布氈を敷き、欄干を作れり。都て高御座は皆黒き漆にて塗れり。

これによれば、当時（中御門天皇朝）の高御座は、継壇が「方一丈三尺」という点など、前述の江戸初期（明正天皇朝）のそれと殆ど変わっていないのである。

ちなみに、この前後、霊元上皇の非常な熱意によって、戦国時代から二百年以上断絶していた大嘗祭が、東山天皇の貞享四年（一六八七）一たん略式で復興されたものの、次の中御門天皇朝にまた中断してしまう状態であった。それが次の桜町天皇に至り践祚後四年目の元文三年（一七三八）、将軍徳川吉宗の協力もえて本格的に再興された。(42)その元文大嘗祭を拝観した荷田在満は、『大嘗会儀式具釈』巻九（豊明節会次第）に、次のごとく記している。

高御座は階ある高き御座なり。御座の廻には檻欄あり。四方には鏡・瓔珞などを掛て、前には錦帳をたれ、上には八角の屋根あり。其の頂には鳥形を居ゆ。藤原光忠卿の図説に見えたる昔の高御座は最も玲瓏たる物なり。今はさほどにはあらねど、猶金玉を以て飾り、丹青を以て綵り、其の荘厳観つべし。其の様は筆し難し。大略当時大社の神輿に似たり。今世、高御座は行事官之を掌る。今度も行事官紀春清〔行事官和泉守〕之を飾る。(43)

つまり、当時（桜町天皇朝）の高御座は、「藤原光忠卿の図説」（いわゆる文安御即位調度図）に及ばず、ましてその図説に修正を加えた『礼儀類典』絵図に較べれば、かなり見劣りするものであったと考えざるをえない。(44)

ところで、よく調べてみると、江戸時代には、高御座を単独で描いた絵図もいくつか作られている。そのうち今までに見ることのできた主なものをあげれば、左の通りである。(45)

(イ)「高御座図」（東大史料編纂所所蔵、近—九〇）
(ロ)「高御座白絵図」（国立公文書館内閣文庫所蔵、一四七—五四〇。図4）
(ハ)「高御座之図」（『御即位式図譜』『御即位次第図』所載）

(ニ)「高御座図」（神宮徴古館旧蔵、図録所載）

(ホ)「高御座之図」（宮内庁書陵部蔵、二〇八―一四〇九。図5）

このうち、まず(イ)は、江戸幕府の書物奉行を勤めた近藤重蔵＝藤原守重の旧蔵で、一見して判る通り『礼儀類典』絵図の高御座を彼自身が白描で写したものにすぎない（右上に「高御座、藤原守重写」、所々に色の注記あり）。

つぎに(ロ)は、大きな白絵図であるが、軒先の雲形を屋根の模様とし、鏡を軒の上でなく下に吊すなど、全般に不正確な描き方といわざるをえない（継壇南面の模様も花か鳥かわからない）。

図4　(ロ)「高御座白絵図」（国立公文書館内閣文庫所蔵）

ついで(ハ)は、『御即位式図譜』（京都大学国文学研究室所蔵、VO10）および『御即位次第図』（宮内庁書陵部所蔵、一七五―三八八）の文中に、見開きで高御座の正面全景を描き、次の半丁に「高御座内之図」を示し、絵の左右に説明文を加えている（後述）。(イ)より簡略に描かれているが、(ロ)に較べればより正確な写生といえよう（別冊歴史読本『皇位継承儀式宝典』にカラー写真掲載）。

つぎに(ニ)は、かつて伊勢神宮の徴古館にあり、大正三年の同館編『即位礼大嘗祭資料陳列目録』に白黒写真を載せているが、戦災で焼失した由。同目録によれば、「高御座の前面・背面・平面、敷物及繧繝の厚畳を極彩色にて画きし

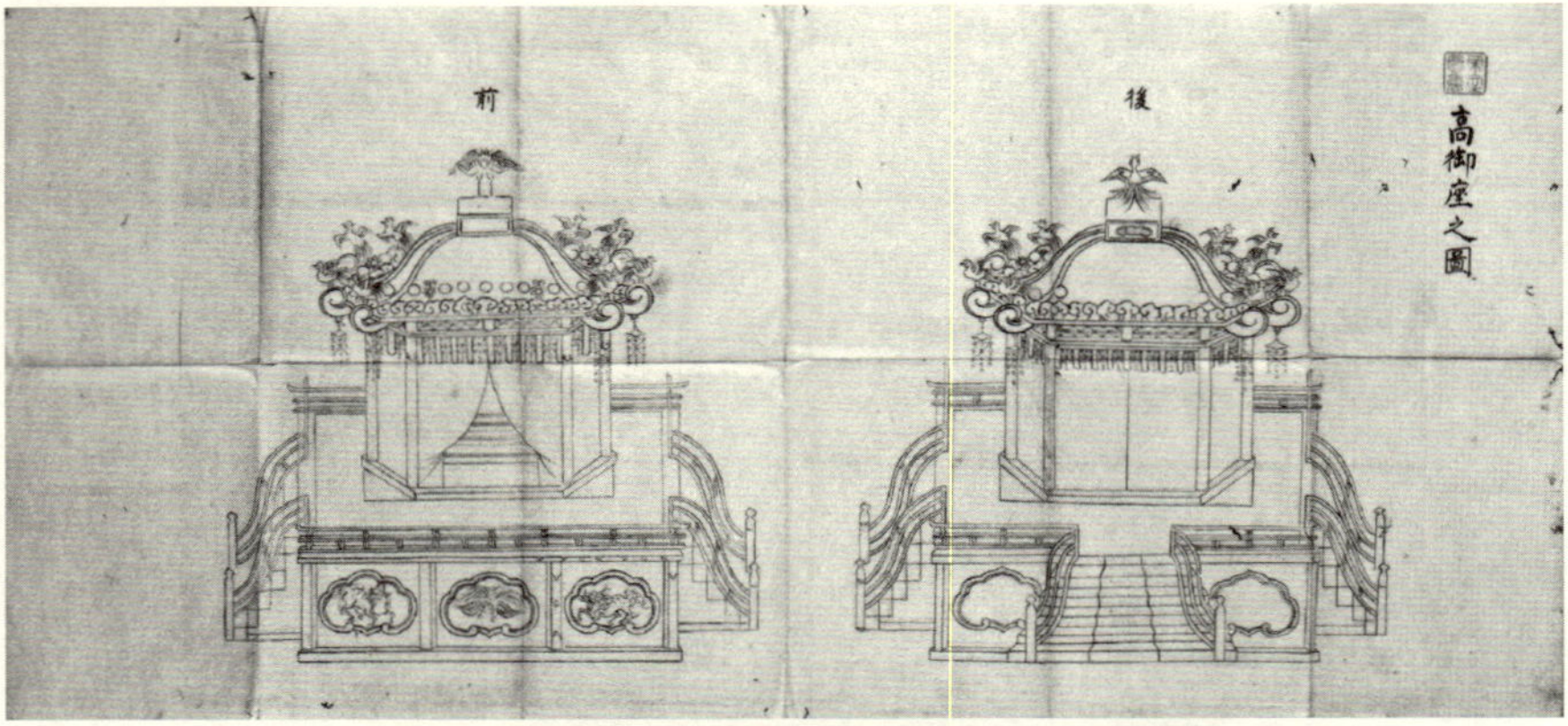

図5　(ホ)「高御座之図」　前後両面白描（宮内庁書陵部所蔵）

図」五張の一つである。南面軒上の鏡が五面（(イ)(ハ)では三面）、壇上艮角の摂政座、継壇南面の模様など、かなり正確に描かれている。これと類似の高御座が、大槻装束店所蔵『御即位式絵図』（鎌倉鶴岡八幡宮発行『悠久』第四十一号の口絵所載）にみえる。

さらに(ホ)は、宮内庁書陵部の所蔵する大きな白描であり、高御座の前面と背面を並べている。南面軒上の鏡が七面も書いてあるのは解し難いが、おおむね正確な描写だと思われる。

このように江戸時代の高御座は、何種類も絵図化されている。けれども、はたしていつころのものか、どれだけ正確か（何かの引き写しか実在の高御座を見て画いたかどうか）、不明な点が多く、慎重に扱う必要がある。そこで、これを管見に入った文献で検証しておこう。

まず、(ハ)の脇に次のような説明文がある。

○高御座《たかみくら》之図／高御座は紫宸殿の中央に餝り玉ふ。方一丈三尺にて、東西は少し長し。西東北の三方には階《きざはし》ありて、南方には階なし。其蓋《がい》は鳳輦《ほうれん》の形に似て八角に作れり。八の隅《すみ》ごとに上に小さき鳳凰を立て、下に玉の幡《はた》をかけたり。又八の面ごとに鏡三面宛を立たり。蓋の頂の上に大なる鳳凰一つを立たり。

高御座のめぐりには紫の帳《とばり》を掛り。紫帳の外の縁《えん》を壇と云ふ。壇の東北に大宗の屏風を立て円座《えんざ》を敷き、摂政の座を設く。外縁に布氈《せん》を敷き、朱塗の欄干《らんかん》を作れり。都て高御座は皆黒き漆《うるし》にて塗れり。
○高御座内之図／高御座の内に玉座を設く。繧繝端《うんげんべり》の畳《たたみ》二帖《でう》を敷、御茵《しとね》二重を敷けり。玉座の左右に剣璽《けんじ》を置奉る案あり。玉座の後に白き几帳を引けり。御座の頂き大きなる鏡一面を掛たり。

これによれば、継壇が一丈三尺四方（東西は少し長い）、また軒上の鏡は八方とも各三面で、前述の宝永当時と同じだったことになる。この絵を収める『御即位式図譜』＝『御即位次第図』は、奥書によれば、「土佐将監藤原光芳」が享保二十年（一七三五）十二月、桜町天皇の即位式直後に仕あげたものである。香納桶などの説明に平（谷口）興胤の『御即位見聞私記』（宝永七年）を引いており、本当に高御座を見て書いたか否か、明らかでない[46]が、一応これにより、享保当時の高御座も、宝永以来ほぼ同形同大であったと解してよいと思われる。

しかし、江戸時代の高御座がすべて同形同大であったわけではない。東京国立博物館所蔵の『高御座考証』は、奥書を欠くが、前述の『高御座勘物』とほぼ同じ本文であるから、同じく文化十四年（一八一七）平胤禄の注進と認めて大過ないであろうが、その末尾に左の付記がある。

当時高御座之寸法

一、惣高一丈八尺〔従鳳頭壇床地処迄〕
一、壇床高三尺五寸　／一、同幅一丈九尺余　／一、同前後幅一丈七尺余
一、左右階段之幅六尺三寸余〔桁上より壇上迄〕
一、柱高八尺四寸余
一、帳高八尺四寸余　／一、帳中広一丈一尺七寸余　／一、同前後九尺九寸余
一、高欄長一丈九尺三寸
一、露盤高一尺　／一、同幅二尺余

右の寸法は、文化十四年の翌年（文政元年）の大嘗会に関する記録所載の寸法とほぼ一致する。すなわち、『壬生家記』の「文政元年　悠紀主基御帳継壇御装束類之事」[47]にみえる記事で、それを整理して表示すれば、表4（次頁）の通りである。

これによれば、当時の継壇（東西一丈九尺余・南北一丈七尺余）は、平安時代のそれ（二丈四尺×二丈二尺。表1参照）より小さいが、江戸前期（一丈三尺四方）より大きく作られたことになる。[48]また、軒上の鏡は、南北二方が各五面、自余六方が各三面で合計二十八面あり、室町末期（天文四年。表2参照）のそれと一致する。おそらくこれが江戸後期（少なくとも文化前後）に実在した高御座のかなり正確な記録だと思われる。

ところで、このころ、江戸初期以来のやや貧弱な高御座を、より立派な形に復原しようという動きが現れてきた。前述の裏松固禅による『大内裏図考証』の著作や平胤禄による『高御座勘物』の注進なども、その動きに沿うものと思われるが、それを明確に裏付ける「高御座一封意見案」と題する次のような文書がのこっている。[49]

可レ被レ造二高御座一事／可レ被レ用二宝永造立之／形一哉、又依二旧記文一可レ／被レ造哉間事、竊以二／短慮一論《勘》レ之時者、被レ依二／旧注文一之条、尤珍重／候歟。但往代於二大極殿一／被レ行二登壇《の》礼一。其《の》後於二／官《の》庁一有二此礼一。於二紫宸／殿一被レ行《立高御座事》漸　存二治承《の》例一。／於二近代一者為連綿為二此／殿一。又於二新造一《者》八省官庁宸殿等有《各可》二差異事一《歟》。／旧記不二分明一歟。今度／被レ用二旧記文一雖レ可レ然／《（於）》注文不二全具一歟。《者如何。※》於二宝永新造形一者、雖レ不レ見二慥／記文一、既有二六代之嘉蹤一。／於レ今《被レ用亦》者、可レ謂二累代《無二異議一》／形一歟。《管見》不レ足レ論二／佳否一《可》、宜レ在二群議一乎。

※「如二文安図一〔若是永享度被レ立二官庁一時図歟〕。可レ謂二全備一歟。」

（正親町）実光

この文書には年次が記されていないけれども、筆者の「実光」は文化十四年（一八一七）十一月に四十一歳で薨じた権大納言正二位の正親町実光にほかならない。従って、おそらく同年九月の仁孝天皇即位式に先立って出された意見書だと思われる。

それによると、高御座を造立するにあたって二案あるが、「旧記文」「旧注文」によって造ろうとすれば、大極殿において登壇の礼を行われた往代の規模を復原することになる（紫宸殿には大きすぎる）。それに対して「宝永造立之形」「宝永新造形」を用いれば、治承の例以来とくに近代以降連綿と行われてきた紫宸殿の即位式にふさわしく、すでに「六代之嘉蹤」は「累代」の形といってよいから異議も出ないであろうが、可否は群議に委ねるとしている。

継　　壇……東西1丈9尺余、南北1丈7尺余、高さ3尺余
四方の高欄……高さ1丈《ママ》余
三方の階段……東西階の幅5尺余、北階の幅6尺余（各3級）
壇の四面画……牙象形、南面正中は鳳、他は麟
御　帳　中……東西1丈1尺余、南北9尺余
八　角　の　柱……高さ9尺余（壇上より桁まで）、桁と鴨居の間に青鎖
八角屋根の軒……南北二方8尺余、自余六方6尺余
八方軒上の鏡……雲形の上、順光あり、全28面（南北二方各5自余六方各3）
　鏡の間の金銅唐草、全16本（各2本）
屋根頂上の大鳳1翼（金銅）……露磐の上
蕨手上の小鳳各1翼（計8翼）
蕨手下の玉幡各1流（蛇舌の帽額8枚）
八面の御帷……4帖（表小葵紋紫綾、裏蘇芳平絹）
帳中の敷物……錦1帖（紺地倭錦、裏蘇芳平絹、八角仕立て）、畳2帖（繧繝端）、龍鬢御座1帖、御茵2帖（各繧繝端）
※豊明節会の平文御倚子1脚……黒漆金平文、金銅金物、御褥1帖（表幸菱白綾、端赤地唐錦、裏紅打）

表4　『壬生家記』による高御座概要

ここにいう「旧記文」「旧注文」とは、おそらく文化十四年（一八一七）に式部少丞の平（谷口）胤禄が注進した『高御座勘物』などの内容をさすのであろう。しかし、群議の結果は、勘物の書写奥書によれば、「但今度……依二宝永已来図一被二新造一」ることになったようである。これによって、江戸時代の高御座は、宝永七年（一七一〇）即位式をあげられた中御門天皇以来、桜町・桃園・後桜町・後桃園・光格の六代および仁孝天皇の即位式に至るまで百年余り、ほぼ同形式のものが造立使用されてきたことになる。ただ、前掲の二史料によれば、その寸法は文化十四年の新造に際して一まわり大きくされたものとみられる。

四　大正造立の高御座

しからば、このような「宝永造立之形」を受け継いだ江戸時代の高御座と、大正初年に造立された高御座とは、どのような関係になるのだろうか。これを明らかにしようとすれば、幕末から明治時代にかけての関係史料を調べてみなければならない。

(イ)　孝明天皇朝の高御座と絵図

孝明天皇は、父帝仁孝天皇の崩御を承けて弘化三年（一八四六）二月十三日践祚され、翌四年九月二十三日即位式を紫宸殿で行われた。[50] その間一年七箇月余もあるが、『孝明天皇紀』をみても、即位式の準備過程は殆ど判らない。ただ、式五日前の九月十八日条（四一三頁）に「高御座造立始」とあり、『公卿補任』によってその奉行が甘露寺愛長（権右中弁）であったこと、『言成卿記』によって大宮御所から名香が進上されたことを示した後、次のような『平田職寅日記』九月十九日条を引いている。

殿庭御装束、卯刻前、父子著二略束帯一出仕。……南殿高御座〔行事官自二昨日一造二立之一〕辺五个間へ両面鋪設之仕立師六人計〔素襖、或麻上下体有レ之〕奉二仕仕之一。以二赤糸一閉二付之一。御庭に幡鉾之籆計立レ之。……

これによれば、即位式の五日前から行事官（前掲の「高御座惣絵図装飾幷丈尺寸法等事条」奥書によれば、行事官＝装束師は史生）が造立し始め、蔵人方出納の中原職寅（職直の六代後）らも紫宸殿南庭の装束に奉仕したという。しかし、この高御座が文化十四年（一八一七）父帝即位のさい建造されて以来のものか、新しく造立されたものかについては、何も記されていない。

ちなみに、嗣永芳照・吉田純一両氏編「近世京都御所年譜」等によれば、紫宸殿を含む御所の大火は六度あるが、[51]そのたびに高御座を新調したような記録は、今のところ見あたらない。高御座は紫宸殿で即位式や大嘗会（辰巳午の節会）などに使われる時以外、解体され倉に納められていたとも考えられるから、類焼を免れた場合もありえようが、おそらく焼失すれば新造され、破損するたびに修理を加えられたのではないかと思われる。

そこで、あえて推測するならば、この弘化四年（一八四七）の即位式に際しては、従来より立派な高御座が新しく造られたか大巾に修理を加えられたのではないかと思われる。[52]そう考える一つの手懸りは、宮内庁書陵部所蔵『高御座帳中図』に「弘化度被レ改前」と注記されており、これを「帳中」の鋪設に限って改められただけでなく、高御座の全体が改装されたことの一部を示すとも解しうるからである。[53]

ただし、この高御座は、安政元年（一八五四）四月の御所大火で焼失したとみられる。その後、御所は早速「寛政度内裏指図」に基づいて復興工事が進められ、翌二年十一月新造御所に遷幸されたが、高御座は新調されないまま十何年経過したと考えざるをえない。なぜなら、慶応二年（一八六六）十二月に崩御された父帝の後を承けて翌三年正月九日践祚された明治天皇は、翌四年＝明治元年（一八六八）八月二十七日、紫宸殿で即位式をあげておられるが、そのさい「御即位新式」の取調掛を命じられた福羽美静の記録などをみても、高御座の代りに「御帳台」を用いたと注

記されており、事実それを描いた絵図がある。(54)

従って、孝明天皇の即位式に用いられた高御座は、そのとき新調されたとしても、七年後の安政元年（一八五四）に焼失して再興されなかったようであるから、その形状を具体的に伝えるものは絵図以外ない。それは僅かしかないが、そのうち最も確かな由緒をもつのは、宮内省編『孝明天皇紀』の附図（図6）である。今江広道氏の解説(55)によれば、これは明治三十年代に「絵様筆者」として委嘱された北小路随光・香川陽太郎・入江為守が分担して下絵を画き、同三十四年（一九〇一）四人の検閲をへて完成させた。全三十五図のうち、高御座を描いているのは第十七「即位図」で、その下絵筆者は判明しないが、編修委員松浦辰男の「絵様解説」に次のごとく記されている。

> 御即位式の本文に「前一日装二飾於紫宸殿一、敷二高御座《たかみくら》一以レ錦。高御座南幷東西敷以二両面一……張二班幔於高御座後一、左右各二箇間……南面九間上亙二獣形帽額一云々」。また御即位次第に「宸儀著二御高御座一云々……」。また山科言成卿の記に「……昇二高御座一褰レ帳（八字）宸儀初顕云々」とあり。
> 此の図の親王代、東は持明院基延卿、西は東坊城聡長卿、東の擬侍従は中園公利朝臣、西は藤井行道朝臣、東の少納言は清岡長煕朝臣、西は石井行光朝臣なり。是の日、宸儀（天皇）は、王冠・御大袖（赤色綾……）玉佩等を著御す。……（図の額と帽額とは今一段下にあるべきを写し誤れり。）

これによれば、この図は弘化四年九月二十三日に即位式の行われた紫宸殿の様子を具体的に描いたものであり、末尾注記の点を除けば、「御即位式」「御即位次第」「言成卿記」などに照応し、帷内に座っておられる孝明天皇の大袖（赤色綾）などまで正確に書かれている。もっとも、絵様筆者の三人は安政元年焼失した高御座を実際見ているかどうか判らないが、四人の校閲者（九条道孝・久我建通・嵯峨実愛・長谷信成）は「実際その儀式に参仕した人々であるから、当時の記憶によって誤りを指摘する事もあった」（注55今江氏解説）という。

また、絵様筆者の一人に選ばれた北小路随光は、これより先に完成された『公事録』附図の筆者でもある。この附図を『図説・宮中行事』として公刊された嗣永芳照氏の解説(56)によれば、『公事録』は岩倉具視の提案により、明治十一年から旧公家（中山忠能など）および地下官人で有職故実に詳しい者が、「維新以前諸儀式取調」の御用掛に任命され、同二十年に編纂を終え、天覧に供された。附図は大和絵に堪能な北小路随光（明治二十年当時五十六歳）が中心になり作成したようで、そのなかに「大嘗会辰日、奏寿詞之図」があり、紫宸殿の母屋中央に高御座、左右に悠紀・主基の御帳台が描かれている。

図6　孝明天皇紀附図（宮内庁宮内公文書館所蔵）

この『公事録』付図と『孝明天皇紀』付図とにみられる高御座を対比すれば明らかなごとく、全体の形状は実に良く似ている。ただ、細部（壇・階の金飾りなど）には必ずしも一致しない点があり、奉仕官人の顔つきや余白の雲の形などの描き方も少し異なるように思われるから、両方同一の筆者ではないかもしれないが、対象は同じ孝明天皇朝の高御座とみて間違いないであろう。

ところで、図1に記した松島志夫氏のもとにある（その後別の個人蔵となる）高御座の絵図（軸装）は、まさに右の両付図中の高御座と酷似しており、細部に至るまで精密鮮明に描かれている。その伝来に関しては、前所蔵者の徳力富吉郎氏（版画家、平成二年八十八歳）が、自筆の覚書「巨勢家所蔵の高御座図に就いて」に次のごとく記されている。

此の図は、大体徳川中期以後頃に描かれたもの、様で……絵としては精緻を極め……品格のある描写である。吾が母方の祖父巨勢小石翁は、冷泉家より此の図を譲り受けて所蔵されたもの。当時祖父は京都府画学校創立者の一人でもあり、其の晩年には英照皇太后御葬儀の際、宮内省より命じられて皇太后御大葬の儀のうち京都の儀式の絵巻の執筆を担当したこともあって、当時は京都の日本画壇を代表する作家の一人であったのである。……

京都に在住中、名家冷泉家と交友し……交際深き間に当高御座古図も譲り受けた、と祖父より聞いていた。祖父歿後、其の形身として其の他の遺品と共に頂戴したのである。図の右下の押印は巨勢家の所蔵印であり、冷泉家の印は無い。……

文中にみえる京都府画学校の創立は明治十三年（同二十二年京都市に移管）、英照皇太后の崩御・大喪は同三十年であるから、この高御座図はおよそ明治中頃に「冷泉家」から巨勢小石が譲り受けたことになる。しかし、この「冷泉」当主が誰であるかは、徳力氏も伝え聞いておられないという。

ちなみに、幕末から明治時代にかけての冷泉関係者を調べると、明治天皇の即位式に宣命使を務めた為理（同年薨）の長男の為紀が、宮内省御用掛・御歌所参候・貴族院議員などを拝命している（明治三十八年薨）。また為理の三男の為守は、入江為福の養子となり（同八年）、御歌所参候・貴族院議員（大正三年から東宮侍従長など）を拝命し、大和絵もよくして、『孝明天皇紀』附図の絵様筆者に選ばれたことは前述のとおりである。だから、巨勢小石と明治中頃に交友がありえたのは為紀あたりかもしれないが、憶測の域を出ない[57]。

ただ、為紀も父の為理も、為守のような絵図を残しておらず、画才があったか否か判らない。従って、この高御座図を実際に画いたのは別の絵師かもしれず、もし敢て幕末の大和絵画家を一人あげるとすれば、岡田（冷泉）為恭《ためちか》に注目したい。為恭は嘉永三年（一八五〇）二十八歳で正六位下式部大掾に叙任されたが、狩野永岳の養子となり、田中納言に学んで土佐派の浮田一蕙らにも似た緻密鮮明な宮殿故実・位官人物を得意とし、朝儀行事の絵巻も数多くのこしている。[58]あるいは彼が安政元年（三十二歳）以前に紫宸殿の高御座を拝見して描写したものかと想われる。

(ロ)「登極令」と高御座の造立

このように明治の中ごろ冷泉家から巨勢小石が譲り受けていた高御座図は、筆者も完成の年次も確定できないが、もし岡田（冷泉）為恭あたりが嘉永前後（弘化四～安政元年）ころ画いたものだとすれば、焼失した孝明天皇朝（弘化四年の新造か改修）の高御座像を今に伝える貴重な作品といえよう。しかも、これが現存の高御座（図7・8）を復原造立するにあたり、参考資料の一つとされた可能性も少なくないと思われる。

ちなみに、この高御座図は、大正四年（一九一五）十月、東京帝室博物館において催された「御大礼関係品特別展覧会」に陳列され、その目録に写真まで掲載されている（注45参照）。同趣旨の展覧会は、まず大正二年と三年、京都史蹟会（代表清岡長言氏）主催で行われ、ついで同三年、伊勢の神宮徴古館で催されている。けれども、さらに同四年に至り、再び東京帝室博物館で行われたものが質量とも一番充実しており（約千点出陳）、まさに当時の総力を結集した成果といえよう。[59]

その目録をみると、当時は公的機関（宮内省の図書寮、内閣文庫、東京と京都の帝室博物館・帝国大学など）だけでなく、民間の社寺や個人（旧公家・故実家など）も、ほぼ江戸時代の大礼に関する服飾・調度の現物や絵図を実に沢山もっていたことがわかる。大正大礼の諸準備は、おそらくそれらを参考にして進められたのであろう。高御座の図もその一例とみられる。[60]

しかし、さらにいえば、この高御座図などは、すでに明治三十九年前後から『登極令』制定関係者が参考にしていたのではないかと思われる。明治四十二年（一九〇九）二月公布の『登極令』は、数年前の同三十六年までに帝室制度調査局（副総裁伊東巳代治）において「即位令」と「大祀令」の二本建て案が作られ、同三十九年、それが一本化されると共に、同令の詳細な「附式」も起草されて事実上できあがり、やがて枢密院の議をへて可決成立をみたものである（注5拙稿＝本書第六章「『登極令』の成立過程」参照）。その附式の「即位礼当日、紫宸殿の儀」の中に、高御座の形状が次のごとく規定されている。

（紫宸殿）母屋の中央南面に三層継壇（黒漆）を立て、高御座を安く。其の蓋上中央の頂に大鳳形（金色）一翼、棟上の八角に小鳳形（金色）各一翼。搏風（毎レ角瑞雲を絵く）の上、南北二角《(面カ)》に大鏡各一面・小鏡各四面（毎レ鏡両傍に金銅彫鏤の八花形及唐草形を立て、各白玉を嵌入す）。其の他の六角《(面カ)》に大鏡各一面（両傍に金銅彫鏤の八花形及唐草形を立て、各白玉を嵌入す）、小鏡各二面を立つ。

蓋下の中央に大円鏡一面、棟下の八角《(面カ)》に玉旛各一旒。其の内面の御帳（深紫色小葵形綾、裏緋色帛）、御帳の上層に金銅彫鏤の唐草形帽額及蛇舌を懸く。壇上第一層及び第二層に赤地錦を敷く。第三層に青地錦を敷き、其の上に繧繝縁畳二枚、大和錦縁龍鬢土敷一枚、大和軟錦毯代一枚、東京錦毯代一枚を累敷し、御椅子を立て、左右に螺鈿案各一脚を安く。継壇の下、南東西三面に両面錦を敷き、其の北階の下より後房に至る間、筵道を敷く。

まことに精密な規定である。この『登極令』附式を起草したのは、帝室制度調査局御用掛の多田好問とみられるが、彼のところにおそらく明治三十九年六月ころ、高御座などの復原関係資料を集め、それらを参考にして右のような付式の文案を作ったのではないかと思われる。[61]

この『登極令』（同附式）が公布されてから三年後に明治天皇が崩御された。そこで、大正天皇の大礼（即位礼と大嘗祭）は、大正二年から大礼使のもとで準備を進め、翌三年四月昭憲皇太后の崩御によって同年十一月の予定を翌四年十一月に延期して実施されるに至った。

けれども、その間に高御座がどのようにして復原造立されたかについては、『大礼記録』の原本に詳しく記されているが、その要点を抄出した既刊の『大礼記録』および現存の実物により、復原された高御座の寸法などを知ること

図７　現存の高御座（総理府・宮内庁『高御座・御帳台』所収）

図８　現存の御帳台（総理府・宮内庁『高御座と御帳台』所収）

ができるので、それを整理して表5（次頁）に掲げておく。[62]

むすび

以上、論旨多岐に亘ったが、要点を箇条書に纏めて結びにかえよう。

㈠　日本の高御座は、古代中国の「壇」と異なり、おそらく持統女帝の藤原宮あたりから造られた大極殿の中に設けられて、元日の朝賀などで使われると共に、代始の践祚式で用いられるようになったと思われる。

㈡　しかし、践祚式と別に大極殿で盛大な即位式を行われるようになったのは、桓武天皇朝以降である。平安宮の大極殿に据えられた高御座の形状は、儀式書や日記類によってかなり具体的に知られる。

㈢　ただ、高御座を図示した現存最古の『文安御即位調度図』の絵は必ずしも正確でなく、むしろその説明文および平胤禄注進の『高御座勘物』などにより、平安時代のそれを復原することができる。

㈣　即位式が紫宸殿において行われるようになった中世近世の高御座は、往時より少し小さくなった。しかし、全体の形に大きな変化はなく、ただ江戸時代も後期に入ると、前期より少し立派なものが造立されている。

㈤　江戸時代の高御座を描いた絵図は、京都より資料を取り寄せて作った水戸の『礼儀類典』絵図をはじめ、何種類も伝存する。ただ、実在の高御座を観て画いたとは限らず、慎重に扱う必要がある。

㈥　孝明天皇の即位式に用いられた高御座は、安政の大火で焼失した。しかし、冷泉家旧蔵の高御座絵図は、それを忠実に描いたものではないかとみられ、『孝明天皇紀』附図に先行する貴重な資料である。

㈦　明治四十二年公布の『登極令』附式に高御座の規定を設ける際にも、それに基づき大正大礼に先立って高御座を造る際も、従来の資料、就中㈥の絵図などが参考にされたのではないかと思われる。

（平成元年十一月三日稿、同三十年三月三日補訂）

表5　大正高御座概要

①継壇一層	檜材・黒漆塗（高さ3.05尺、東西20尺、南北18尺）
②壇の四面	極彩色の眼像形（中央の鳳凰１翼、左右に麒麟各１頭）
③壇の階段	北階５級（広さ6.05尺、毎級高さ0.508尺、幅１尺）、東西各３級
④壇周の高欄	朱漆蠟色塗（高さ1.4尺）、各所の金具は金銅に彫鏤
⑤継壇二層	黒漆八角形（高さ0.4尺、東西14.1尺、南北11.95尺）
⑥継壇三層	黒漆八角形（高さ0.4尺、東西13.1尺、南北10.95尺）
⑦八角《やすみ》の柱	円柱、黒漆蠟色塗（長さ12尺、径0.45尺） （押下7.5尺、押高0.3尺）
⑧欄間（青瑣）	８面（高さ１尺）
⑨屋　蓋	八角形黒漆（高さ2.9尺）、八方の垂（1.4尺）
⑩棟端の蕨手《わらびて》	８本（上面幅0.26尺）、側面0.45尺、反り高さ1.6尺）
⑪蓋端の搏風《はふ》	８面・青雲形彫刻（高さ0.46尺、反り高さ1.6尺）
⑫搏風上の鏡	南北二面に各５面（中央に大鏡〈径0.66尺〉、 左右に小鏡各２面〈径0.47尺〉） 他の六面に各３面（中央に大鏡、左右に小鏡）、 大小合計28面（各々順光あり） 各鏡両傍に金彫鏤八花唐草形（長さ0.6尺、幅0.35尺）、 白玉を嵌入（径0.26尺）
⑬蓋下中央の大鏡	円鏡１面（径0.9尺、四方に帯あり）、御倚子頭上の本匡に嵌す
⑭蓋上中央の露盤	４面に眼象形青鎖（高さ1.05尺、東西2.3尺、南北2.2尺）
⑮露盤上の大鳳凰	１翼（高さ2.9尺、張翅広さ4.5尺、南向き）瓔珞を銜む
⑯棟端の小鳳凰	８翼（高さ1.2尺、張翅広さ1.58尺、外向き）瓔珞を銜む
⑰棟端下の玉旛	八角に各１旒（長さ3.5尺、幅１尺余）金銅笠形
⑱長押下の帽額《もこう》	26枚（南北面に各４枚、他の６面に各３枚）、金銅彫鏤の唐草形（長さ1.365尺）、蛇舌（幅0.185尺）
⑲八面の御帳	深紫綾地文葵・裏緋の帛（長さ9.3尺、広さ五幅物４条と四幅物４条）
⑳第三の敷物	青地牡丹文の錦
⑳′第一・第二層の敷物	赤地牡丹文の錦（北側階段の敷物も同じ）
㉑繧繝縁《うんげんべり》の畳	２枚（長さ各7.6尺、幅2.75尺、厚さ0.3尺、縁0.22尺）
㉒畳上の敷物	大和錦（青地菱文）緑龍鬢《りゅうびん》の土敷１枚（長さ5.3尺、幅4.5尺、緑0.6尺） 大和軟錦《せいきん》と東京錦《とんきん》の毯代《たんだい》各１枚（東西4.95尺、南北3.63尺）
㉓御倚子	鳥井式直方形杢目蠟色螺鈿入、肱掛勾欄形（高さ3.3尺、笠木3.12尺、床面間口と奥行1.95尺、床面下1.24尺）
㉔牀上の敷物	繧繝縁の畳と白地菱文の御褥１枚（共に0.27尺）
㉕螺鈿の剣璽案	２脚、黒漆蠟色塗（長さ2.55尺、長さ1.625尺、幅0.94尺） （東＝御剣、西＝御玉）

※継壇の下四方に布単・両面錦（東西31.15尺、南北31尺）、北階より後房までの筵道に二幅の布単と両面錦（長さ316.8尺）を敷く。〈以上、大正の『大礼記録』による〉

注

（1）松島志夫《ゆきお》氏は、平成の初め当時、伝統文化保存協会・衣紋道研究会の会員、京都府城陽市寺田樋尻在住。

（2）この絵図は、紙本彩色、縦一一三㎝・横一〇三㎝、軸装の縦一六七㎝・横一三一㎝。原作者の落款はないが、受贈者の捺した「巨勢家印」が右下にみえる。

（3）徳力富吉郎氏（巨勢小石外孫）筆の由緒書「巨勢家所蔵の高御座図に就いて」が箱に入っている（本章の四に引用）。

（4）平成元年十二月二十日、即位の礼準備委員会発表。高御座の移送は平成二年五月二十九～三十日に行われた。

（5）本書第六章「『登極令』の成立過程」参照。なお、その附式全文は、句読点濁点等を加えて別冊歴史読本『図説・天皇の即位礼と大嘗祭』（昭和六十三年十一月発行）に掲載した（本書付一に収載）。

（6）大礼記録編纂委員会編『大礼記録』（国立公文書館・宮内庁書陵部等蔵）は未公開であったが、国立公文書館所の内閣文庫所蔵本が平成二年から公開され、そのマイクロフィルム版を臨川書店より『国立公文書館所蔵マイクロフィルム版大正大禮記録』（平成十三年刊）として刊行した。現在では、両方ともＷＥＢ公開されているが、写真と絵図は近く勉誠出版から刊行の予定。

（7）拙稿「平（谷口）胤禄注進『高御座勘物』」（『産大法学』第二十四巻第一号、平成二年七月発行）参照。なお、本稿の要点は、別冊歴史読本『古式に見る皇位継承儀式宝典』（平成二年五月発行）所載「高御座の来歴」に略述した。

（8）他に旧版『国史大辞典』（八代国治等編、明治四十一年刊・大正四年増訂）、『広文庫』第十二冊（物集高見編、大正六年刊）、『神道大辞典』（佐伯有義等編、昭和十二年刊）、『日本歴史大辞典』第六巻（当項執筆猪熊兼繁氏、昭和四十五年度改訂増補版刊）、『平凡社大百科事典』第九巻（当項執筆平林盛得氏、昭和六十年刊）等も参考になる。ただ、絵図にまで触れた解説は福山敏男氏以外にない。

（9）和田萃氏「タカミクラ――朝賀・即位式をめぐって」（岸俊男教授退官記念会編『日本政治社会史研究』上所収、昭和五十九年刊、のち平成七年、同氏『日本古代の儀礼と祭祀・信仰』上〈塙書房刊〉第一章再録)。

(10)　㋑は新訂増補国史大系所収『続日本紀』(昭和十年刊)、㋺は日本古典文学大系所収『万葉集』(昭和三十二年刊)、㈧㈡も日本古典文学大系所収『古事記・祝詞』(昭和三十三年刊)による。

(11)　金子武雄氏『延喜式祝詞講義』(昭和三十年刊)、青木紀元氏『祝詞古伝承の研究』(昭和六十年刊)等参照。

(12)　校訂標註六国史『日本書紀』上巻(昭和三年刊、同十五年増補、佐伯有義校注)二六一頁、日本古典文学大系所収『日本書紀』上(昭和四十二年刊、雄略天皇紀校注担当青木和夫氏)四六〇頁。

(13)　和刻本正史『後漢書』一(汲古書院、昭和四十六年刊)帝紀第一光武二六〜七頁。同書志第七祭祀二五四頁にも「建武元年、光武即二位于鄗一、為二壇営於鄗之陽一、祭二告天地一。……」とあり、その注に「上帝壇《のは》円《して》八觚《あり》、径《り》五丈、高《さ》九尺。……神霊壇《のは》各於《て》其《の》方《に》一、面三丈。凡《そ》天宗上帝宮壇《のは》営、径《り》三里、周《り》九里、営《り》二三重《に》一通《ず》二八方《に》一。后土壇《のは》、方五丈六尺、……」等と記されている。この壇は円いけれども「八觚」があり、「八方」に通ずるというのは、高御座の八角形に影響を与えているのかもしれない(『漢書』郊祀志にも「紫壇八觚、宣通象二八方一。」とみえる)。

(14)　尾形勇氏「中国の即位儀礼」(『東アジアにおける儀礼と国家』学生社、昭和五十七年刊所収)三五〜六頁参照。同氏によれば、漢代以降、同一王朝内の先帝崩御による伝位の場合は、殯所の柩前において、まず「天子位」に即き、ついで璽綬の伝受により「皇帝位」に即く儀が行われている。

なお、『史記』封禅書の注(和刻本正史『史記評林』巻二十八・四二二頁)に「泰山上築レ土為レ壇、以祭レ天報二天之功一、故曰レ封。泰山下小山上除レ地報二地之功一、故曰レ禅。」とあり、土壇を築いて天を祭る封禅祭祀は秦代ころから行われていたとみられる(福永光司氏「封禅説の形成」『東方宗教』六参照)。

(15)　年中行事では、正月元日の朝賀、正月八日の御斎会始、四孟月(一・四・七・十月)の視告朔、春秋二仲月(二・八月)の季御読経など。臨時儀式では、即位式、出雲国造神賀詞奏上、諸蕃使上表・献物、伊勢斎王群行、代始仁王会など(中務省式・図書寮式・内匠寮式・式部省式・掃部寮式・隼人司式・六衛府式・兵庫寮式など)。

(16)　念のため、『日本書紀』の持統天皇八年〜十一年には朝賀の記事がない。また、孝徳・天智両天皇紀に「賀正礼」、天武・持統両天皇紀に「拝朝」、とくに天武十五年正月癸卯（二日）条には「御二大極殿一而賜二宴於諸王卿一」、また持統天皇三年正月甲寅朔条には「天皇朝二万国于前殿一」とみえるが、藤原京以前から本格的な大極殿の存在した可能性は少ない。とすれば、朝賀は行われていたにしても、後の「高御座」に相当するものがあったとは考え難い（拙著『平安朝儀式書成立史の研究』第二篇第二章「朝賀儀式文の成立」参照）。

ちなみに『続日本紀』の関係記事を抄出すれば、左の通りである。

①文武天皇元年（六九七）八月甲子朔「受レ禅即レ位。」同年同月庚辰（十八日）「詔曰……」（前掲㋑参照）

②文武天皇二年正月壬戌朔「天皇御二大極殿一受レ朝。文武百寮及新羅朝貢使拝賀。其儀如レ常。」

③大宝元年（七〇一）正月乙亥朔「天皇御二大極殿一受レ朝。其儀、於二正門一樹二烏形幢一。左、日像・青龍・朱雀幡。右、月像・玄武・白虎旗。蕃夷使者陳二列左右一。文物之儀於レ是備矣。」

④大宝二年正月己巳朔「天皇御二大極殿一受レ朝。親王及大納言已上始著二礼服一、諸王臣已下着二朝服一」

⑤慶雲元年（七〇四）正月丁亥朔「天皇御二大極殿一受レ朝。五位已上座始設レ榻焉。」

⑥慶雲三年正月丙子朔「天皇御二大極殿一受レ朝。新羅使金儒吉等在レ列。朝廷儀衛有レ異二於常一」

⑦元明天皇慶雲四年七月壬子「天皇即二位於大極殿一。詔曰……天豆日嗣止高御座爾坐而此食国天下乎撫賜比……。」

⑧和銅三年（七一〇）正月壬子朔「天皇御二大極殿一受レ朝。隼人・蝦夷等亦在レ列。……」

⑨霊亀元年（七一五）正月甲申朔「天皇御二大極殿一受レ朝。皇太子始加二礼服一拝レ朝。……其儀、朱雀門左右陣二列鼓吹騎兵一。元会之日用二鉦鼓一自レ是始矣。」

⑩元正天皇霊亀元年九月庚辰「受レ禅即二位于大極殿一。詔曰……履レ祚登レ極、欲レ保二社稷一。……」

⑪養老三年（七一九）正月庚寅朔「廃レ朝。大風也。……」辛卯（二日）「天皇御二大極殿一受レ朝。……」（以下、神亀元年・同四年・同五年・天平二年・同十五年の正月も同趣文）

⑫聖武天皇神亀元年（七二四）二月甲午「受レ禅即二位於大極殿一大二赦天下一。詔曰……天日嗣止高御座爾坐而……」

⑬天平四年（七三二）正月乙巳朔「御二大極殿一受レ朝。天皇始服二冕服一。左京職献二白雀一。」

⑭天平十二年正月戊子朔「天皇御二大極殿一受レ朝。……奉翳美人更着二袍袴一。……」
⑮天平十三年正月癸未朔「天皇始御二恭仁宮一受レ朝。宮垣未レ就、繞以二帷帳一。……」
⑯天平十四年正月丁未朔「百官朝賀。為二大極殿未一レ成、権造二四阿殿一於レ是受レ朝。石上・榎井両氏始樹二大楯槍一。」
⑰孝謙天皇天平勝宝元年（七四九）七月甲午「皇太子受レ禅即二位於大極殿一。詔曰……天日嗣高御座乃業乎受賜……」
⑱天平勝宝二年正月庚寅朔「天皇御二大安殿一受レ朝。……」（天平神護元年正月癸巳朔「御二南宮前殿一受レ朝。」とあり。）
⑲淳仁天皇天平宝字二年（七五八）八月庚子朔「皇太子受レ禅即二天皇位於大極殿一。詔曰……天日嗣高御座之業乎……」
⑳称徳天皇神護景雲二年（七六八）正月丙午朔「御二大極殿一受レ朝。旧儀少納言侍二立殿上一。是日設二坐席一。余儀如レ常。」
㉑神護景雲三年正月庚午朔「廃朝、雨也。」辛未「御二大極殿一受レ朝。文武百官及陸奥蝦夷、各依レ儀拝賀。……」（宝亀三年・同四年および同十年・十一年も同趣文。）
㉒光仁天皇宝亀元年（七七〇）十月己丑朔「即二天皇位於大極殿一、改二宝亀一。詔曰……天津日嗣高御座之業者……」
㉓桓武天皇天応元年（七八一）四月癸卯「天皇御二大極殿一、詔曰……天日嗣高御座之業乎……被賜……」
㉔延暦四年（七八五）正月丁酉朔「天皇御二大極殿一受レ朝。其儀如レ常。石上・榎井二氏各竪二桙楯一焉。……」

(17) この条文は、『令集解』によれば、大宝令も養老令も同文であったとみられる。また『日本書紀』持統天皇四年正月戊寅朔条（本文中に引用）と符合するので、同趣条文が飛鳥浄御原令からあったとも考えられる。なお、平安初期の『令義解』にも「天皇即位謂二践祚一。祚、位也福也。」と注釈しているごとく、践祚と即位は本来同義語であるが、践祚の儀と別に即位の式が行われるようになってから、便宜区別して使用する。

(18) 網干善教氏「八角方墳とその意義」（『橿原考古学研究所論集』第五所収、昭和五十四年刊）等参照。

なお、中国でも日本でも古くからある八角形の仏塔・厨子・須弥壇等は、円形にすべきところ技術上八角形としたものではないかといわれている（中西亨氏著『日本の塔総鑑』同朋社、昭和五十年刊参照）。

(19) 和田萃氏前掲論文（注9）二六七・八頁。

(20) 『内裏式』は新訂増補故実叢書31（昭和二十九年刊）、『儀式』は神道大系朝儀祭祀編1（昭和五十五年刊）所収。『内裏式』

は天長十年（八三三）清原夏野らにより修訂再進されているが、儀式文の大部分は弘仁十二年（八二一）までの成立とみて差し支えない（拙著『平安朝儀式書成立史の研究』第一篇第一章「『内裏式』の成立」参照）。

なお、朝賀の後の節会は、大極殿の西隣の豊楽殿に出御して行われたが、『儀式』元日御二豊楽殿一儀に「前一日、内匠寮官人率二官人等一構二立御斗帳於豊楽殿高御座上一……。当日昧旦……掃部寮敷二御座於高御座一。……」とある。また『延喜式』の内匠寮式・掃部寮式に関連条文がみえる。

(21)『淳和天皇御即位記』（続群書類従公事部、続類従完成会本第十輯下七八八〜七九〇頁所収）

(22)桓武天皇は平城京で天応元年（七八一）四月三日に践祚、同十五日に至り大極殿へ出御して即位宣命を発せられた。これが本格的な即位式の初例とみられる。しかも、桓武天皇が唐風の儀礼導入に熱心であったことは、たとえば延暦四年十一月と同六年十月、長岡京南郊の河内国交野郡柏原に天壇（円丘）を築いて「天神」＝「昊天上帝」を祀る例を創めておられる。瀧川政次郎氏「御代始めの諸儀式の法的意義」（『律令と大嘗祭』所収、国書刊行会、昭和六十三年刊）、村尾次郎氏『桓武天皇』（人物叢書、吉川弘文館、昭和三十八年刊）、林陸朗氏『長岡京の謎』（新人物往来社、昭和四十七年刊）等参照。

(23)新訂増補国史大系本『延喜式』による。他に巻十四「縫殿寮」式、巻二十四「主計寮上」式、巻三十「織部司」式などにも、関連条文が若干ある。

(24)『国書総目録』によれば、『文安御即位調度図』の写本は、内閣文庫に二本（享保十年・寛政三年写）、神宮文庫に一本（寛政八年写）、尊経閣文庫に一本（享和二年写）、種久邇文庫に一軸、東大史料編纂所と京大付属図書館にも各一軸ある。絵図に若干の巧拙はみられるが、本奥書に校異はない。

(25)新訂増補故実叢書本『大内裏図考証』第一・一一〇〜一一六頁。なお、同書には「付録」として「続土壇幷欄・階・御帳」の諸史料と『台記』による「続壇図」を掲げている。

(26)他にも、たとえば壇上の敷物について、この『調度図』は単に「土居上・壇上共敷二赤地唐錦一」と記すだけであるが、『頼業記』には「高御座壇上敷二満簀薦一、其上敷二唐錦一（赤地蛮絵……謂二第一層一）、中壇上敷二青地錦一（謂二第二層一）、第一壇上敷二満青地錦一」とあり、また『仁安三年（一一六八）即位御装束次第』には「土居上（第二層）并壇上（第三層）敷二満唐錦一（件錦等借物也。……如二記文一者、第二層青地錦、第三層緋地綾也。而近代皆敷レ錦。其色随レ有之由、大夫史申レ之。今度皆赤地錦也）」とみえるから、必ずしも一定していなかったことがわかる。

なお、『仁安三年即位御装束次第』は続けて「東西北三面階上有二纐纈敷物一（此事、記文并度々記不レ見、可レ尋レ之）、壇上艮乾両角立二孔雀御屏風一帖一（如二記文一者各二帖也、然而応徳記一帖也。又如二記文一者、以二緋綱一固レ之。今度無二此綱一失也）」と異同を注記している。

(27) 福山敏男博士編『大極殿の研究』（平安神宮、昭和三十年刊）等参照。

(28) 『山槐記』同日条（増補史料大成Ⅲ七〇頁）に次のように注記されている。

「代々皆於二大極殿一有二此事（即位式）一。而治承元年（一一七七）四月廿八日、八省焼亡之後、備前国奉二大極殿一……雖レ致二土木之営一、未レ及レ立レ柱、只材木少々在二龍尾壇一云々。仍任二康保（九六七）例一於二紫宸殿一可レ被レ行歟、将依二治暦（一〇六八）跡一於二太政官（庁）一可レ被レ行歟之間……任二右大臣定一被レ用二南殿一也。於下非二大極殿一之所上即位例、陽成院（八七七）於二豊楽（殿）一即位……。冷泉院於二紫宸殿一即位、雖レ有二大極殿一依二御悩恐一云々。後三条院於二太政官（庁）一即位、八省豊楽院及内裏康平（一〇五八）焼亡。」

(29) 藤原（姉小路）顕朝『顕朝卿記』（『御即位部類記』所収、大日本史料第五編之二十所引）の後深草天皇の寛元四年（一二四六）三月十一日条に、次のごとくあり、必要に応じて新調したり修理していたことが判る。

「正庁（太政官庁）南面七个間打二簾台一懸二廻獣形帽額一（……累代旧物紛失之間、承久新調云々）、高御座（中央間立レ之也。官行事所給二六百疋一、任官功修二理之一）、蓋頂并八角棟上等、立二金銅鳳形一（実以レ木作レ之押二金簿一也）、蓋上八角置二立巡鏡等一（逼レ蓋所立レ之也）、当二八角中央一立二蛇舌一（交二立巡鏡中一也、貫玉如二羅網一）、八面懸二御帳帷一（紫面、緋裏二帖。湿損之間、今度新調）。……朱欄内敷二満青打絹一（旧例敷二簀薦一歟。而称二近例一今度敷二青打一也）。其上敷二満赤地唐錦七段一（……任二仁治例一被レ供レ之也）。御帳内敷二繧繝端帖一（官行事所調レ之……）。其上敷二唐錦端龍鬢一枚一（累代旧物也。宝蔵破損之間、被レ侵二雨露一朽損）、其上敷二東京錦茵一枚一。左辺立二螺鈿御脇息一脚一、右立二張脇息一脚一（已上両物破損之間、今度加二修理一）」

ただ、南北朝期に入ると、吉野方だけでなく、京都方でも費用に事欠き、たとえば建武四年（一三三七）の光明天皇即位式には、金銀珠玉・綾羅錦繡などが整わないので、平絹に画いたり木などで代用したという（『光明院御記』参照）。

(30) 群書類従には、前掲（注21）の淳和天皇をはじめ、後三条天皇（正編）・二条・六条・高倉・安徳・後鳥羽・順徳・四条・花園・光厳・光明・称光の各天皇（以上続編）および正親町天皇（正編）の御即位記が収められている。それ以外については、『大日本史料』所引の歴代即位記事を参照した。

(31) 群書類従雑部所収『代始和抄』、新訂増補故実叢書23所収『御代始鈔』、神道大系朝儀祭祀編（践祚大嘗祭）所収『御譲位御即位御禊行幸大嘗会仮字記』、いずれも本文に大きな校異はない。なお、現存最古の明応八年（一四九九）持明院基春書写本が尊経閣文庫にあり、また東京大学国文研究室本居文庫に『代始和抄聞書』がある。

(32) 後柏原天皇は践祚後二十一年目（大永元年）、また後奈良天皇は践祚後十一年目（天文五年）に漸く即位式を挙げられたが、費用不如意のため、儀式も簡略にせざるをえなかったという。和田英松博士「御即位礼及び大嘗祭の沿革」（『國學院雑誌』第二十一巻第九号、大正四年）、同「後柏原天皇御即位指図に就いて」（『史学雑誌』第二十六編第三号、大正四年）参照。両方とも同『国史国文之研究』（明治書院、大正十五年刊）所収。なお前者（講演記録）は別冊歴史読本『古式に見る皇位継承儀式宝典』（注7）に再録した。

(33) 和田博士は前掲の講演記録（注32）で、これほど早く即位式が行われた理由として、豊臣秀吉の場合は「尊王心と共に「関白の行ふことになつて居つた即位の灌頂を御授け申したいと云ふ考もあつた」こと、徳川家康の場合も「朝廷を尊ぶ」と共に「儀式を拝観したいと云ふ考もあつた」ことを推測しておられる。

(34) ちなみに、宮内庁書陵部には、明正女帝以降、後光明天皇の寛永二十年（一六四三）御即位図（五五八―一一三）、後西天皇の明暦二年（一六五六）御即位図（五一六―三二一）、霊元天皇の寛文三年（一六六三）御即位図（葉―六二二）、東山天皇の貞享四年（一六八七）御即位図（五一六―三二〇）などがある。いずれも紫宸殿内に高御座を描いているが、正確な形状や寸法は判らない。ただ、狩野景信画『東山天皇即位図屛風』（六曲一双、小原利康氏蔵、共同通信社企画『即位儀礼にみる宮廷文化展』口絵所載）の高御座は、かなり丁寧に描かれており、しかも八字形に開かれた御帳の間から若い東山天皇

（十三歳）の赤い衮衣《こんえ》姿を垣間見ることができる。

(35)　この書状は、はじめ水戸史学会理事の但野正弘氏より御示教賜わり、後日京都大学で拝見した。共に年次不明であるが、これと対をなす安積澹泊（格之進・角兵衛）より応空和尚と「出納豊後守」中原職直あての「九月十九日」付の書状は、「元禄十一年戊寅九月より十二月迄／京都御用書案」と内題のある『大日本史編纂記録』第七一に所収されている。各冒頭に「八月十日・十三日両通貴札」（A・A′）「八月十二日の貴札」（B）と謝意を述べているから、いずれも同年の往復書案とみなされる。

なお、Aと同趣の書状A′（八月十三日付、応空から安積角兵衛あて）がBの後に収められており、その後半に「此度之絵図之義も……拙僧、大形毎日参、急ぎ候様こと催促申候得共、殊外手間入故、絵師も精出し候得共延引に罷成、尤豊後守殊外被レ入レ精諸事吟味之上に而相違無レ之様にと精出し被レ申候。……」と努力のほどを報告している。この絵師に関して、同上『大日本史編纂記録』第二二二所収の「丑（元禄十年丁丑）七月三日」付の「出納豊後守」あて「注文」見積書に「絵師六兵衛」「絵師狩野弥之助」と記されている。

(36)『彰考館図書目録』寅部によれば、「高御座」（出納大蔵所撰）一枚・「御即位之図」（模写、加納（狩野）永納図記）一枚および「御即位旗桙図（藤原光忠真跡写）」一冊などが現存するという。彰考館本は修理などのため拝見できなかったが、最初の「高御座」一枚は、注記の「出納大蔵」が元禄十二年十二月に大蔵大輔となった中原職直だとすれば、少なくとも元禄十一年に進上された「高御座図」一巻とは別のものと考えざるをえない。

ちなみに、同目録によれば、焼失した「大嘗会目録」に「出納大蔵大輔撰」との注記があり、他に現存する大嘗会関係の絵図として「大嘗宮廻立殿図」「大嘗会図絵」「大嘗宮内置絵」「大嘗会器服図」「国郡卜定図」「荒見河祓図」「忌火御飯図」「由奉幣図」「廻立殿内置絵」などが列挙されている。

これらが元禄十一年の応空書状にみえる佐々宗淳より要請していたという「大嘗会庭上之図・悠紀主基両殿廻立殿諸事調進物等之図」に相当するか否かは速断できない。しかし、同じく『大日本史編纂記録』第一二三所収の「元禄十四年巳」「正月九日」付の安積澹泊より「出納大蔵大輔」あて書状は、かねて「故西山中納言殿」より依頼していた「大嘗会絵図」「調進物之図四巻」「庭上之図一枚」などを受納した礼状である（同第二二三所収の年次不明「十二月九日」付の遺仰院応空および「出納大蔵大輔」中原職直より安積覚兵衛あて書状も、元禄十三年十二月に出来あがった「大嘗会之絵図」の送り状であることが判明する）。従って、それらの絵図は、元禄十一年八月より二年五箇月後に追送されたものとみてよく、「高御座」一枚もその中に含まれていたのかもしれない。

（37）引用は草稿によった。清書には却って誤写があり（台覧を怠覧と誤る等）、末尾の位署も「出納兼院主典代従五位上行豊後守中原朝臣」と改められており、他人が写したものと思われる。
なお、草稿には、この奥書の後に「大礼庭上御装束右近府之分」として纛幡・萬歳幡・鷹形幡・中務省小鉾・胡床・右近陣太鼓・同鉦鼓・御手水具などの簡単な説明と各々の寸法が記され、最後に次の奥書がある。

「右近陣代々依レ為二庁頭一、出納調二進之一。／兵庫寮有レ故而同家調二進之一。／翳幷虎皮代、御手水具等、依レ為二内蔵寮年預一同家調二進之一。

如二旧記一者、当家調進其品々繁多也。雖レ然中絶而近年調進之分僅其一二図レ之畢。／　出納中原朝臣職直」

（38）中原氏は平安後期から外記を家職としてきたが、その系流をくむ平田家は鎌倉時代から校書殿に候して御物の出納を掌り蔵人所の雑事を受けもってきたので「出納《しゅつのう》」を肩書とし、多くの記録をのこしている。

（39）橋本義彦氏『平安貴族社会の研究』（吉川弘文館、昭和五十一年刊）所収「部類記」、時野谷滋博士『律令封禄制度史の研究』（吉川弘文館、昭和五十二年刊）所収「礼儀類典の編纂」参照。他に安見隆雄氏「礼儀類典と大嘗祭の再興」（『水戸史学』第三十号）などがある。なお、本書の全巻および『類典拾遺』『類典脱漏』のマイクロフィルム版は、私の別冊解説を加え、徳川光圀編『礼儀類典』（雄松堂フィルム出版、平成三年）として刊行した。

（40）小川知二氏「近世水戸画壇の形成（中の一）——桜井才次郎と桜井雪館」（『茨城県立歴史館報』第十三号、昭和六十一年発行）。その論拠は彰考館文庫所蔵『水府系纂』に「元禄八年乙亥正月十九日、義公（徳川光圀）西山に忠重（桜井才次郎、十八歳）を召て吉田・静・稲田の三社へ奉納の四神の旗を画き且諸画を献ず。……（享保）十五年庚戌正月十三日、礼儀類典の勤功を以て切符を賜ふ。」とみえる。小川氏によれば、笠間市の稲田神社へ元禄十一年に奉納された四神旗図（軸装）

が遺っており、「四神各々によって描法を使いわけ……中でも墨隈と胡粉・朱を巧みに使った玄武の表現はなかなか迫力がある」という。

(41) 平興胤の『(宝永七年)御即位見聞私記』は、神宮文庫に享保二十年(一七二八)写、内閣文庫に天保十三年(一八二九)写などがあり、大正四年(一九一五)発行『御即位礼画報』第八巻に翻刻(但し片仮名を平仮名に直す)がある。なお、宮内庁書陵部には、中御門天皇の即位関係史料として「御即位次第」(葉—一四〇九/葉—二一〇八など)や「御即位下絵図」(南殿御装束図。五一六—二九)、「御即位南殿鋪設図」(二一〇—三八〇)、「御即位図」(五五八—一三八)などもある。

(42) 武部敏夫氏「貞享度大嘗会の再興について」(『書陵部紀要』第四号、昭和二十九年、のち岡田精司氏編『大嘗祭と新嘗』学生社、昭和五十四年刊所収)、同「元文度大嘗会の再興について」(『大正大学大学院研究論集』第十号、昭和六十一年、のち岩井忠熊氏他編『天皇代替り儀式の歴史的展開』柏書房、平成元年刊所収)等参照。

(43) 荷田在満『大嘗会儀式具釈』巻九(神道大系朝儀祭祀編『践祚大嘗祭』所収本五五二~三頁)。当時の高御座担当行事官としてみえる紀春清は、『地下家伝』五によれば、元文三年(二十六歳)の七月、木工権助から神祇大祐に遷任している。

なお、貞享四年(一六八七)の大嘗祭を見聞した壺井義知の『大嘗会本義』(神道大系所収)は高御座について何も触れていないが、壬生季連の『季連宿禰記』同年十一月十四日条には、「節会高御座、内敷㆓充錦㆒、艮角置㆓摂政座㆒(円座)等之事、如㆓即位時㆒。御座、朱塗御倚子、南面置㆑之。」「御倚子前火櫃……御即位冬之時近代不㆓置設㆒者、今度火櫃不㆑可㆑置」「高御座内御倚子与㆓内侍所㆒高卑之事、今度御倚子之方高之間、内侍所浜床之下置㆓二尺余之台㆒被㆑上㆓浜床㆒。……」と記されている。

(44) 宮内庁書陵部には、桜町天皇の享保二十年(一七三五)御即位図(五一六—二二/五五八—一三七など)、後桜町天皇の宝暦十三年(一七六三)御即位之図(五一六—三二二)、後桃園天皇の明和八年(一七七一)御即位図(五〇八—二〇二など)、光格天皇の安永九年(一七八〇)御即位之図(五一六—二八)、仁孝天皇の文化十四年(一八一七)御即位図(五五九—八/二〇八—一四〇四)などがある。ただ、桃園天皇の延享四年(一七四七)即位式図は、大正四年の『御大礼関係品特別展覧会目録』(東京帝室博物館)八三頁に「本館(蔵)」としてみえるが、現存するかどうか確認できていない。

(45)　他に宮内庁書陵部所蔵「高御座鋪設図」（五一六―八二）や国立公文書館内閣文庫所蔵「高御座之図」（一四五―五四一）および前述の『高御座勘物』文中挿図なども、高御座を描いてはいるが、簡略すぎて参考にならない。
　なお、大正四年の東京帝室博物館編『御大礼関係品特別展覧会目録』（八八～八九頁）をみると、(i)「高御座之図　一巻　東京美術学校」(ii)「高御座図（文化十四年、仁孝天皇御即位）一枚　京都江馬務」(iii)「高御座図　一枚　京都　谷口香嶠」(iv)「高御座図　一幅　京都　巨勢小石」(v)「高御座図　一枚　図書寮」(vi)「高御座及机案等図　一巻　本館」の六点をあげている。このうち、(iv)は本章図1にいう松島氏の所蔵品にほかならない。
(46)　ただ、京都大学付属図書館所蔵の「御即位図」一軸は、同じ土佐光芳の筆と伝えられるが、それに較べると、この『御即位式図譜』の絵図は、やや粗雑な感じがあり（転写本かもしれない）、絵によって年代を特定することは難しい。
(47)　『古事類苑』神祇一（洋装本）一四四七～八頁所引。これは大嘗祭（卯日）の後の辰日悠紀節会・巳日主紀節会に用いられる「悠紀主基御帳継壇」の装束類を書きあげたもので、その第一に「高御座」の説明（表示した寸法など）を記し、第二に「悠紀主基継壇、広さ東西一丈三尺、南北一丈七尺余、高さ三尺余、都て同二高御座壇に一」とし（但し東西は六尺も違いがあり同じではない）、第三と第四に悠紀と主基の御帳台について記し、第五に午日の「豊明節会高御座御調度」として帳中の調度をあげている。
(48)　他に、年代不明であるが、宮内庁書陵部所蔵『高御座記香納桶並班幔等之寸法』（平田家旧蔵本、五一六―八一）の「高御座寸法書付」に次のごとく記されており、また正面からみた継壇・東階・高欄が図示されている。その寸法は、前掲の二史料（『高御座考証』付記と『壬生家記』）にほぼ一致する。
「一、惣台（継壇土台）大さ三間（＝南北一八尺）に三間壱尺五寸（＝東西一九尺五寸）／一、柱長さ壱丈壱尺九寸、ふとさ六寸　／一、だん（継壇）たかさ三尺八寸、壇上きりめのなげし五寸四方　／一、かもひ内のり六尺、かもひふとさ四寸四方　／……／一、けた五寸に六寸　／一、かうらん（高欄）ぎぼし、ふとさ四寸五分・長さ四寸三分　／土居三寸四分にはば三寸七分　／ひらけた（平桁）あつさ一寸九分、たゝり大さ三寸四方　／つちいとひらけたのあひ三寸四分　／ほこのふとさ一寸九分　／惣かうらん高さ……壱尺四寸三分／……」

なお、八代国治氏等編の旧版『国史大辞典』（明治四十一年初版、大正元年増訂）には、『礼儀類典』絵図の高御座を挿図に示し、「宝永年間御即位の時の高御座は、高（壇の高さ）四尺余、三間（一八尺）四方許、東西北の三方に階あり。上に九尺許八角の玉座あり。玉座の中央には大鏡一面を懸く。屋根は八角の蕨手の上に小鳳八ツあり、正中に大鳳あり。八面毎に鏡三面づゝを立つ。周囲には紫帳を懸け、全体は黒塗、高欄は朱塗、所々に金物を置きたり」と説明している。

(49) 東大史料編纂所所蔵（正親町家旧職本、正親町本―一二―一一四）、包紙に「高御座事／権大納言（花押）」とあり、中に前掲の「天文四年（一五三五）／高御座寸法事」と、この「高御座一封意見案」が入っている。まさに案文であって、所々に加筆訂正がみられる。また傍注※にいう「文安図」とは『文安御即位調度図』であろうが、これを「永享度」に太政官庁で行われた即位式に用いられた高御座の図と解している理由は判らない。

(50) 宮内庁書陵部には、孝明天皇即位式関係の史料として、「御即位図」（鷹―六七四）・「御即位庭上御構指図」（四五一―三二）、「御即位庭上装束並諸調度図」（四六四―一五）・「御即位式次第並鋪設図」（二一〇―三九二）、「御即位下絵」（平田本、五〇〇―七〇）など、弘化四年（一八四七）当時のものと、後述の『孝明天皇紀』および同付図がある。

(51) 同年譜および藤岡通夫氏『京都御所』（中央公論美術出版、昭和六十二年新訂版刊）等によれば、次の六回である。

(1)承応二年（一六五三）六月全焼（同四年十月紫宸殿上棟、翌年正月ここで後西天皇即位式）
(2)寛文元年（一六六一）正月全焼（同三年正月新造御所渡御、同年四月ここで霊元天皇即位式）
(3)延宝元年（一六七三）五月全焼（同三年十一月新造御所遷幸、十二年後の貞享四年四月ここで東山天皇即位式）
(4)宝永五年（一七〇八）三月全焼（同六年十一月新造御所遷幸、翌七年十一月ここで中御門天皇即位式）
(5)天明八年（一七八八）正月全焼（三年後の寛政二年十一月新造御所遷幸、二十七年後の文化十四年八月ここで仁孝天皇即位式）
(6)安政元年（一八五四）四月全焼（同二年十一月新造御所遷幸）

(52) この当時の高御座に関する具体的な記録は管見に入らない。ただ、小川常人氏の御示教によれば、久留米水天宮の祠官真木和泉守保臣は、弘化四年（一八四七）丁未九月上京し、参議野宮定功の従者として即位式を末席から拝観した。

その『観即位礼記』（『真木和泉守遺文』大正二年刊、補遺九二一〜二頁所収）に「紫宸殿中殿置二高御座一。則／天皇所レ御也。高御座八角、無レ壁又無レ扉。高一丈五尺許、博九尺、牀高五尺許、四方(ママ)有レ階、屋宇椽階皆黒漆五彩、屋上栖二金鳳一、檐建二鏡数十面一、内張二紫綾帷一、前後裁穿焉、有二一卓子一則所レ安二剣璽一、高御座後施二大宋屏風一……」と記しているが、必ずしも正確とはいえない。

(53)　この『高御座帳中図』（九条家旧蔵本）は、「宝永新調已来当時迄被レ用候」高御座置物御机や「寛政二年（一七九〇）被二改新調々進一当時被レ用候」南殿御帳中置物御机と共に、高御座御几帳一基、御茵大小二帖などを図示した後、「右者文化十四年（一八一七）／仁孝天皇御即位之度迄帳中如レ図。弘化四年（一八四七）／孝明天皇御即位之度被レ改レ之」と注記している。

(54)　福羽美静稿『明治御即位鋪設』（津和野郷土館所職）に「高御座（母屋中央に設く。今度御帳台被レ用レ之）。／御帳帷（御帳台に懸レ之）／青地錦（高御座上に敷レ之）／……筵道（自二清涼殿一属二高御座一敷レ之……）」とある。また、同『御即位新式抄』（内閣文庫所蔵『公事録』等所収）にも「出御直ちに高御座の壇に登らせる。……此高御座、今度は至急なる儀に付き、仮りに御帳台を以て用ゐさせらる。」とあって、高御座の代りに御帳台を用い、その御帳台を高御座とも称している（『明治天皇紀』も「高御座」と記す）。これを中心に描いた明治天皇の御即位式図が内閣文庫と明治神宮聖徳記念絵画館にあり、その御帳台のみ大きく描いたものが大正の『御即位礼画報』等に載っている（ともに注7『皇位継承儀式宝典』三七頁にカラー写真所載）。

なお、この御帳台（京都御所に現存）は、大正初年に皇后用の御座として新造された御帳台（高御座に類似、ただ大きさも飾りも少し控え目）と全く異なる正方形の簡素なもので、京都御所に現存する。その形状は、清涼殿に常置されている昼御座の御帳台に近い。島田武彦氏『近世復古清涼殿の研究』（思文閣出版、昭和六十二年刊）五三頁所引の「紫宸殿御帳寸法」によれば「御帳方壱丈」「高さ七尺五寸土居共」とある。

(55)　宮内庁蔵版『孝明天皇紀』別冊「附図目録并略解・附解題」（吉川弘文館、昭和五十六年刊）。附図自体の石版摺は明治三十九年に刊行されている。

(56) 嗣永芳照氏編『図説・宮中行事』（同盟通信社、昭和五十五年刊）一六七～九頁。『公事録』（宮内庁書陵部蔵）は、恒例行事の本文四十五冊と付図二帖、臨時儀式の本文二十二冊と付図一帖、および御即位関係の「御礼服図」一巻と「御調度図」三巻と「殿庭鋪設建図」一鋪から成る（他に光格・仁孝・孝明三帝の崩御から聖忌供養までの「御凶事」を記した本文二十八冊と付図一帖も加えられている）。

(57) もし想像を逞しくして、宮内省御用掛の冷泉為紀が高御座図を家蔵していたとすれば、北小路随光や実弟の入江為守がそれを見て、『公事録』や『孝明天皇紀』の附図に高御座を画く際の参考にしているかもしれない。

(58) 三上景文編『地下家伝』（昭和十三年、正宗敦夫「日本古典全集」所収本上三七九頁）では、為恭を「蔵人所衆（岡田）恭純男」とするが、古筆了仲編『扶桑画人伝』（阪昌員出版、明治二十一年）などには「伊勢守（岡田）永泰男」（狩野永岳の甥）とし、初め「冷泉三郎」と称したが、公家の冷泉ではなく、後「菅原」姓に改めたとある。文久四年（一八六四）四十二歳で浪士に暗殺されたが、数多くの作品をのこしている。逸木盛照氏著『冷泉為恭の生涯』（昭和三十一年刊）・中村渓男氏編『冷泉為恭と復古大和絵』（『日本の美術』第二六一号、昭和六十三年発行）参照。

なお、『国書総目録』などによって儀式行事に関するものをあげれば、(i)『公事十二箇月絵巻』（国会図書館蔵）、(ii)『年中行事図巻』（原良三郎氏蔵）、(iii)『大嘗会絵巻』（穂久邇文庫蔵）、(iv)『光格天皇策命使絵巻』（東京国立博物館蔵）、(v)『随身庭騎図』（香雨文庫蔵）、(vi)「石清水臨時祭・年中行事騎射図（白鶴美術館）」などがある。(i)と(ii)は明治四十五年に複製本が出ている。

(59) 京都史蹟会編『御即位大嘗祭資料図譜』（二冊あり、大正二年分が「全」、同三年分が「中」で、下は出ていない）、神宮徴古館編『即位礼大嘗祭資料陳列目録』、東京帝室博物館編『御大礼関係品特別展覧会目録』参照。

(60) 右の東京帝室博物館編の目録八九頁に「高御座《たかみくら》は天皇厳儀の御座にして、八省院の朝堂なる大極殿の身舎《もや》の中央に石灰壇を築きて其の上に案じ、又豊楽殿《ぶらくでん》の正殿の中央にも同じく壇を築きて、安んじたり。……後世、大極殿・豊楽殿焼亡後には、紫宸殿の殿上に木壇を居ゑて、其の上に高御座を安じたりしが、今回は其の木壇を継壇と称すること、なれり。」と説明を加えており、当時の帝室博物館員あたりは高御座の復原考証に関与していたかもしれない。

(61)『伯爵伊東巳代治』下巻によれば、伊東は多田好問らを伴って明治三十九年十月京都へ出張し「即位の礼並に大嘗祭を行はせらるべき場所……等に付き、附式案に照応して研鑽を重ね」たというから、紫宸殿で高御座や御帳台の配置などについても検討したにちがいない。

(62) 大正三年に「御即位礼記念協会」で発行した「高御座の由来」（一枚刷）は、全体の概要を説明したあと「此度の高御座は桂宮の内にて製作ありとぞ。」と記している。また大正八年刊の『大礼記録』三五〇頁には「大正二年三月二十六日、大礼準備委員会の決義を経、高御座「同四年十月五日……竣成す。」とある。

なお、京都在住の錺金具師森本安之助氏は、高御座と御帳台の蓋頂上に立つ鳳凰と鸞鳥を正面と側面から精密に描いた原寸大の絵図（軸装）を所蔵しておられる。これは祖父の初代安之助氏が「大正四年十月」に納入された「御即位高御座錺金具」を製作するにあたって用意されたものと思われる（『錺師　森本安之助』付載「事業経歴書」昭和四十五年刊参照。これによれば、昭和三年四月にも「御大典御式用高御座修理」に先代が奉仕しておられる）。

【付記】大正大礼の際、公的に作製された大きな高御座の模型が京都大学博物館に、また大嘗宮の模型が京都国立博物館に現存する。さらに民間で作製された高御座などの模型として、一つは、京都の人形師大木平蔵氏が、紫宸殿・南庭調度類から大嘗宮・筵道渡御列まで、すべて原寸の十分の一に仕上げたものが、大正四年十月、東京三越に展示された（『今上陛下御即位式写真帖』下巻、同年十二月刊、所載）。いま一つは、甘泉堂の依頼により、紫宸殿内と南庭の調度類を同じく原寸の十分の一に造ったもので、現在京都の㈱井筒「宗教文化研究所」に所蔵されている。

なお、今秋（平成三十年九月）京都市美術館別館・みやこめっせで開催予定の「京都の御大礼——即位礼・大嘗祭と宮廷文化のみやび」（京都宮廷文化研究所など主催）には、小原利康氏旧蔵『東山天皇御即位式図屏風』と、その屏風絵に基づく原寸四分の一の精巧な大型復元模型（㈱井筒装グループ作成）も展示される。

第十二章　大正・昭和の『大礼の要旨』

解説

皇位の継承に伴う代始儀礼の法制は、明治二十二年（一八八九）に『皇室典範』と『帝国憲法』が欽定され、その前者に代始儀礼の基本的な規定が設けられた。のみならず、それから二十年後の同四十二年には、代始諸儀の具体的な細則等を定めた『登極令』（本文十八条と詳密な附式）が公布されるに至った。ここにいう代始諸儀とは、践祚・改元、及び即位礼・大嘗祭、更に大饗・親謁などであり、一括して「大礼」と称する。

この『登極令』に則って大礼を行われたのは、大正天皇と昭和天皇である。その際、関係当局では、「大礼」の趣旨を内外の人々に理解してもらうため、様々な努力をしている。ここには平成二年春に横浜の小原文庫（現在、皇學館大学に寄贈）で拝見し複写させて頂いた大礼関係資料のうち、二点を紹介することにしたい。

その一つは、大正四年（一九一五）九月、全国の学校で行う講話用に、文部省から配布された『大礼の要旨』（活版刷、A5判、本文一二頁、付図二枚）であり（Aとする）、まえがきに次のごとく記されている。

此の大礼の要旨は、来る十一月行はせらるべき大礼の意義次第等の概略を記したるものにして、各学校に於ける大礼に関する講話の資料に供せんが為め、特に本省に委員を設けて編纂したるものなり。

なお、この大正大礼当時、皇太子裕仁親王殿下（満十四歳）のために特設されていた東宮御学問所において倫理を御進講中の御用掛杉浦重剛氏（日本中学校校長）は、『倫理御進講草案』の第二年第二学期第一回分に「御即位式と大嘗祭」と題して平易に講述している（本章末尾に付載）。

もう一つは、昭和三年（一九二八）七月、大礼使において「大礼に参列する外国人に大礼の要旨を会得せしむる為、英仏文に翻訳する目的を以て起草せるもの」（ガリ版刷、B５判、一九頁）である（Bとする）。

ちなみに、内閣大礼記録編纂委員会編『昭和大礼要録』（昭和六年刊、四二二頁）によれば、この時は日本に駐在する大公使（二十七箇国）を「特派大使又は特派使節」として招き、彼等のために「英仏文『大礼要旨』を編纂し、『登極令』の英訳と共に之を配布」したという。

なお、ここにいう「英仏文『大礼要旨』」（公式の翻訳文）は、未だ管見に入らないが、それよりも詳しいとみられる英文の大礼解説書 *The Imperial Ordinance Relating to The Ascension to The Throne* がある。ただし、これは既に大正四年に作成されたものを、一部補訂して昭和三年十月、「大礼使長官官房」がジャパン・タイムス社から出したものにほかならない（A５判、本文七六頁。新しく主要参列員の紹介八頁追補）。

凡例

一、読みやすくするために、原文よりも振り仮名を多く加えた。

一、大礼使起草「大礼要旨」（昭和）の文中三箇所の原注は末尾に移した。

一、文中に用いた典拠略称は次のとおりである。

憲＝大日本帝国憲法／典＝皇室典範／登＝登極令／登附＝登極令附式／服＝服喪令／儀＝儀制令

A　大礼の要旨（大正）

文部省

一　緒　言（以下、振仮名は原文のまま）

天皇陛下、本年（大正四年）十一月を以て即位《そくゐ》の礼《れい》及び大嘗祭《だいじやうさい》行はせたまはんとす。抑〻即位の礼及び大嘗祭は、御代の初に行はせらるる御一代一度の大礼にして、我が国至重の儀典なり。されば臣民は、よく其の意義を了解して、衷心より慶賀の誠を表し、聖寿の無疆を祈り奉るべきなり。

二　践　祚

天皇陛下は、大正元年七月三十日践祚《せんそ》あらせられたり。此の時、掌典長《しやうてんちやう》をして賢所《かしこどころ》に祭典を行はしめ、且つ践祚の旨を皇霊殿《くわうれいでん》・神殿《しんでん》に奉告せしめたまひ、同時に剣璽渡御《けんじとぎよ》の儀を行はせらる。翌三十一日、践祚《せんそ》後朝見《ごてうけん》の儀ありて、群臣を召し、勅語を下したまへり。其の中に、「朕　今万世一系の帝位を践《ふ》み、統治の大権を継承す。祖宗の宏謨《くわうぼ》に遵《したが》ひ、憲法の条章に由り、之れが行使を愆《あやま》ること無く、以て先帝の遺業を失墜せざらむことを期す。有司須《すべか》らく先帝に尽したる所を以て朕に事《つか》へ、臣民亦和衷協同して忠誠を致すべし。」と宣《のたま》へり。

三　大礼の準備

大正二年七月三十日、諒闇《りやうあん》の期尽きたれば、翌年秋冬の間に即位の礼及び大嘗祭を行はせたまはんとて、十一月二十二日大礼使を置かれ、三年一月十七日に至り、即位の礼は十一月十日を以て、大嘗祭は同月十三日を以て、各其の期日と定めたまひ、二月五日神殿の前庭に斎場を設けて斎田点定《さいでんてんてい》の儀を行はせられたり。斎田とは、大嘗祭に用ひらるべき新穀を作る田にして、悠紀《ゆき》・主基《すき》の二地方にこれを設く。悠紀・主基とは、何れも清浄潔斎の意なるべしといふ。悠紀の地方は京都以東以南に於て、主基の地方は京都以西以北に於て定めらるるものにして、其の儀式を斎田点定の儀といふ。

此の儀によりて、悠紀の地方は愛知県、主基の地方は香川県と定まり、ついで悠紀の斎田は愛知県碧海《あをみ》郡六ツ美《むつみ》村大字中島《なかじま》に設けられ、主基の斎田は香川県綾歌《あやうた》郡山田《やまだ》村大字山田上《やまだかみ》に設けられたり。

又、其の他の地方より、新嘗祭献穀の例によりて新穀の献納を願ひ出づるものあれば、これを聴許して大嘗祭悠紀・主基両殿の庭積《にはづみ》の机代物《つくえしろのもの》に加へらるべき旨をも公布せられぬ。

四　再度の準備

然るに大正三年四月十一日、昭憲皇太后の崩御によりて、世は再び諒闇となりたれば、大礼使は廃せられ、すべての準備も中止せられたり。されど斎田は曩《さき》に定められたるまま存置せらるることとなれり。

本年（大正四年）諒闇の期尽くるに及び、四月十二日再び大礼使を置かれ、ついで十九日に至り、即位の礼は十一月十日を以て、大嘗祭は同月十四日を以て、各其の期日と定められたり。

五　大礼挙行の地

即位の礼及び大嘗祭は、皇室典範の定むる所に依り、京都に於て行はせらる。

京都を以て大礼挙行の地と定められたるは、先帝（明治天皇）特別の叡慮に出づ。蓋し桓武天皇以来千有余年の深き由緒《ゆいしょ》を重んぜさせたまひしに因るなるべし。

六　即位の礼の意義

即位の礼とは、践祚あらせられし由を御親《みづか》ら皇祖天照大神に告げさせたまひ、国民一般に宣したまふ儀式をいふ。抑ゝ践祚《せんそ》は宝祚即ち皇位を践みたまふことにして、即位も亦皇位に即きたまふことなれば、文字は異なれども、意義は全く相同じ。

然るに神武天皇より千数百年の後に至り、前帝の崩御等によりて、新帝皇位を践みたまふを践祚といひ、ついで盛大なる儀式を挙げてこれを群臣・百姓に宣したまふを即位といふこととなれり。かくて明治の御代に及び登極令の制定によりて、即位の礼を上にいへる如く定められたり。

七　大嘗祭の意義

大嘗祭は遠く神代の昔より行はれたる最も重大なる祭祀《さいし》にして、御代の初、新穀にて造りたる御飯《みけ》・御酒《みき》を以て皇祖天照大神を初め、天神地祇を御親ら祭らせたまひ、御親らもきこしめすをいふ。年年行はせたまふ新嘗祭も同じ意義の祭祀なれば、大嘗祭を行はせたまふ年には別に新嘗祭は行はせられず。

即位の礼には、時代の変遷に伴ひて、唐風を採用せられたることもあれど、大嘗祭には更にかかること無く、すべて我が国上古の遺風を守らせせらる。

八　大礼の次第（「儀場殿舎平面図略解」参照）

即位の礼及び大嘗祭の儀式は登極令に詳なり。其の次第を略述すれば左の如し。

(一)　期日奉告より京都行幸まで

大礼を行はせたまふ期日定まりたる時は、其の趣を御親ら賢所・皇霊殿・神殿に告げさせたまひ、又勅使を遣はして神宮及び神武天皇山陵と前帝四代の山陵とに告げ奉らしめたまふ。ついで斎田点定の儀ありて、悠紀・主基の地方を定めたまふ。斎田の稲熟するに至れば、勅使其の地に至りて抜穂《ぬきほ》の式を行ふ。其の新穀は京都に送りて御飯・御酒を造る料とす。

大礼を行はせらるべき期日に先だち、天皇、神器を奉じて、皇后と共に京都の皇宮《くわうきう》に移らせたまひ、賢所は皇宮内の春興殿《しゆんこうでん》に渡らせたまふ。賢所とは神器の御鏡の御事なり。

(二)　即位の礼

即位の礼は、春興殿と紫宸殿とにて行はせらる。

春興殿にては、其の庭上に、太刀《たち》・弓《ゆみ》・箭《や》・桙《ほこ》・楯《たて》を捧持せる官人、威儀《ゐぎ》を整へ、文武高官・有爵者・議員等、外国交際官等と共に、定めの場処に参列す。

天皇、帛《はく》の御袍《ごはう》とて白き無地《むぢ》の御束帯《ごそくたい》を召し、皇族・内閣総理大臣等を率ゐて出御あり、皇后と共に殿内に進御、御拝礼ありて、践祚あらせられし由を御親ら皇祖天照大神に告げさせたまふ。此の儀式を賢所大前《かしこどころおほまへ》の儀といふ。

紫宸殿にては、中央に高御座《たかみくら》を置き、其の東に御帳台《みちやうだい》を置きて皇后の御座とし、庭上には、賢所大前と同じく、太刀・弓・箭・桙・楯を捧持せる官人、威儀を整へ、又諸種の旛《はた》・桙を樹てられ、皇族・文武高官・有爵者・議員等、外国交際官等と共に、殿の上下に参列す。

天皇、黄櫨染《くわうろぜん》の御袍《ごはう》とて桐・竹・鳳凰《ほうおう》・麒麟《きりん》の御模様ある黄赤色に近き色の御袍の御束帯を召し、高御座に昇御ありて親しく勅語を賜ふ。内閣総理大臣、寿詞《よごと》を奏し、又三たび萬歳《ばんざい》を称へ、参列の諸員、一斉にこれに和す。

此の日、勅使をして皇霊殿・神殿に賢所大前の御親告と同じことを奉告せしめたまふ。

㈢　大嘗祭

大嘗祭は、大嘗宮《だいじやうきう》にて行はせらる。大嘗宮は、御祭毎に新に建てさせらるるものにして、今回は京都皇宮の仙洞《せんとう》御所址《ごしよあと》に建てさせらる。大嘗宮は悠紀殿《ゆきでん》と主基殿《すきでん》とをいひ、東西に並び建てらる。御柱は皮付《かはつき》の松の木、御屋《おんやね》は茅《かや》葺《ぶき》にて、柴垣《しばがき》を廻らしたる、上古のままの質樸なる御建物なり。

当日、夜に入りて、悠紀殿供饌《きようせん》の儀あり。天皇、廻立殿《くわいりふでん》にて御湯浴《ゆあみ》あらせられ、御祭服に改めさせたまひて、悠紀殿に渡御あり。悠紀斎田の米にて造りたる御飯・御酒を初め種種のものを、御親ら皇祖天照大神を初め天神地祇に供へたまひ、御親らもきこしめす。

悠紀殿の御祭終りて、廻立殿に還御あり。夜半過ぐる頃、主基殿供饌の儀あり。天皇、更に御湯浴あらせられ、御祭服にて、主基殿に渡御あり。悠紀殿と同様の御祭を行はせたまひ、暁《あかつき》に及びて終る。

神宮・皇霊殿・神殿及び全国の官国幣社へは、勅使をして、当日幣物を奉らしめたまひ、賢所には神饌を供へ奉らしめたまふ。

㈣　大饗

即位の礼及び大嘗祭終れば、大饗《だいきやう》とて盛大なる御宴会あり。天皇・皇后臨御あらせられ、即位の礼及び大嘗祭に参列したる人人を召させたまふ。

大饗第一日の儀は豊楽殿《ぶらくでん》にて、第二日の儀は二条離宮《にでうりきう》にて行はせらる。

又、第二日には大饗夜宴《やえん》とて、二条離宮にて御夜会《おんやくわい》あり。

(五) 還　幸

大饗終りたる後、日を定めて天皇、皇后と共に神宮・神武天皇山陵及び前帝四代の山陵に参拝あらせられ、ついで神器を奉じて東京に還幸したまふ。

還幸の後、天皇、皇后と共に皇霊殿・神殿に参拝あらせらる。

右は登極令に基づく大礼に関する儀式の大略なり。されど、これを施行せらるるに際しては、多少の斟酌を加へらるることもあるべし。既に大饗第一日の儀を行はせたまふべき豊楽殿には、二条離宮を代用したまふこととなれり。これ質素を旨としたまふ大御心によると承る。

九　大礼と国民の覚悟

我が国は、万世一系の天皇の統治したまふ所にして、世界無比の国体を有す。歴代の天皇、皇祖・皇宗の遺訓を奉じて、厚く臣民を愛撫したまひ、臣民亦世々忠孝を励みて皇室に事《つか》へ奉り、以て千古の美風を為せり。

恭しく惟《おもんみ》るに、天皇陛下、先帝の鴻業を紹《つ》ぎたまひ、皇威遠く海外に及び、国運の隆昌、振古其の比を見ず。故に此の度の大礼は、我が帝国未曽有の盛典なりとす。帝国臣民たるもの、何んぞ満腔の赤誠を以てこれを奉祝せざらん。

今や欧洲の戦乱尚闌《たけなは》にして、我が国亦未だ全く干戈を戢《おさ》むるに至らず。而も上下和楽して此の盛典を奉祝するを得るは、抑ゝ何等の幸福ぞや。我等臣民は、此の盛典を奉祝すると共に、国史の成跡を顧み、又世界に於ける我が国現時の地位を念ひ、益々奮励努力して国体の精華を宣揚し、国運の発展を期図せざるべからざるなり。

春興殿紫宸殿平面圖

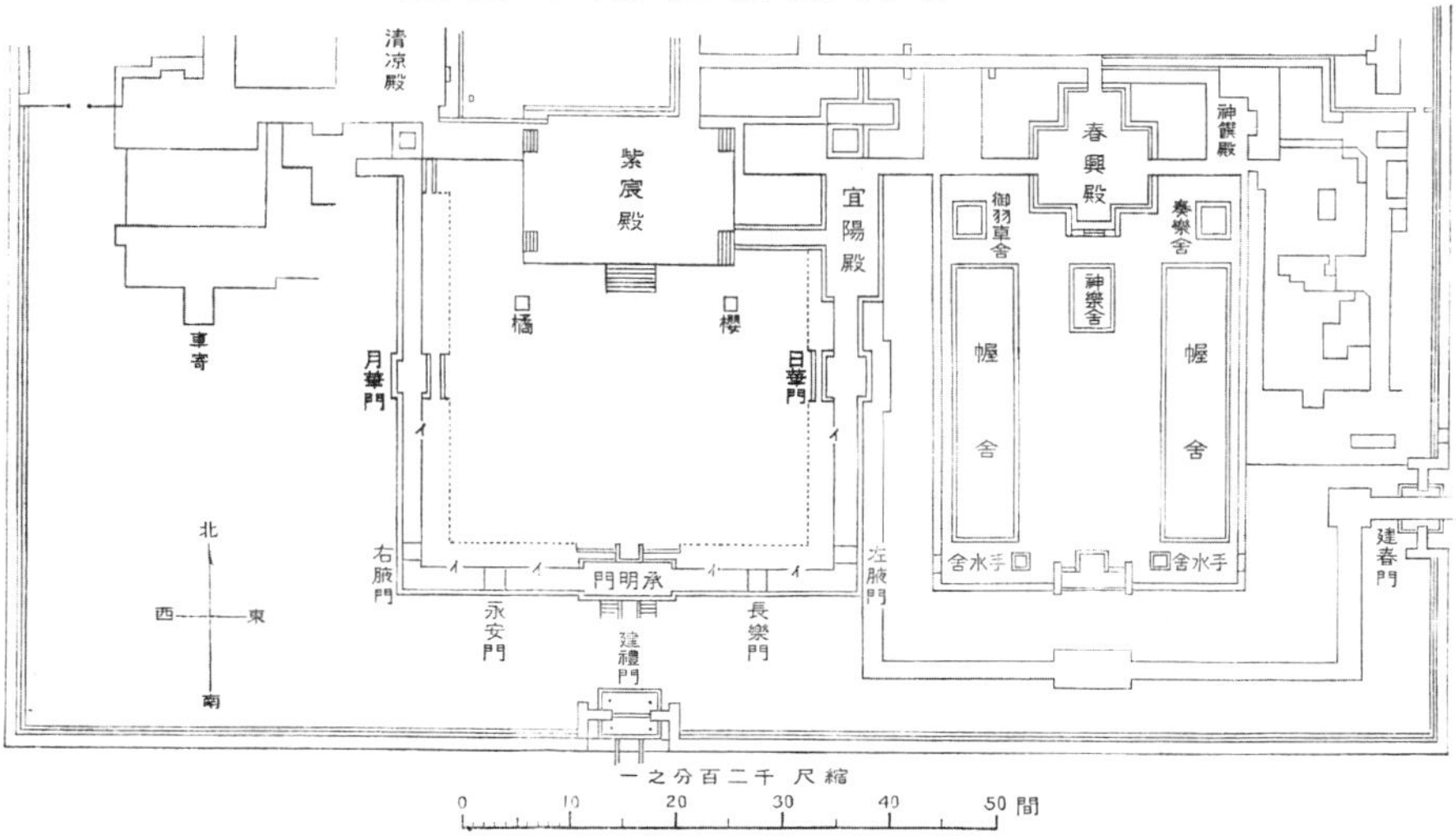

（上）春興殿・紫宸殿の平面図略解

御羽車舎《おはぐるましや》……御羽車を入れ置く所。御羽車は、賢所を乗せ奉る御輿なり。

奏楽舎《そうがくしや》……神楽歌を奏する所。

神楽舎《かぐらしや》……即位礼後一日、御神楽《みかぐら》を奏する所。

宜陽殿《ぎやうでん》……春興殿にて御親祭を行はせらるるに先だち、天皇・皇后・皇族の御服を更めたまふ所。

幄舎《あくしや》……参列諸員の著席する所。幄舎とは幄《あく(まく)》を張りたる仮舎のことなり。

前庭三方のイ……紫宸殿の儀に参列する諸員（殿上に著席するものを除く）の著席する所。

（次頁）大嘗宮の平面図略解

廻 立殿《くわいりふでん》……御親祭に先だちて、御湯浴あらせられ、御祭服に更めたまふ所。皇后も此の所にて御服をかへさせたまふ。廻立殿といふは、此の御殿より悠紀殿に渡御し、一旦ここに還御ありて更に主基殿に渡御し、又ここに還御せさせたまふに由る。

釜殿《かまどの》……廻立殿にて御湯浴に用ひさせたまふ御湯を沸す所。

帳 殿《ちやうでん》……皇后御拝礼の所。帳殿とは 帳《ちやう(とばり)》 を垂れたる御殿の儀なり。

小忌幄舎《をみのあくしや》……供奉諸員の著席する所。小忌とは潔斎のことなり。

殿外小忌幄舎《でんぐわいをみのあくしや》……皇后供奉諸員の著席する所。

庭積机代物《にはづみのつくゑしろのもの》……各地方の物産にして、庭上の机に積上げて供進せらるるもの。又、新嘗祭の例により、各地方の臣民より献納する新穀をもこれに加へらる。

悠紀膳屋《ゆきのかしはや》・主基膳屋《すきのかしはや》……悠紀・主基斎田の新穀を炊ぎて御飯《みけ》とし、又其の他悠紀殿・主基殿に供進せらるべき神饌を調理する所。

大嘗宮平面圖

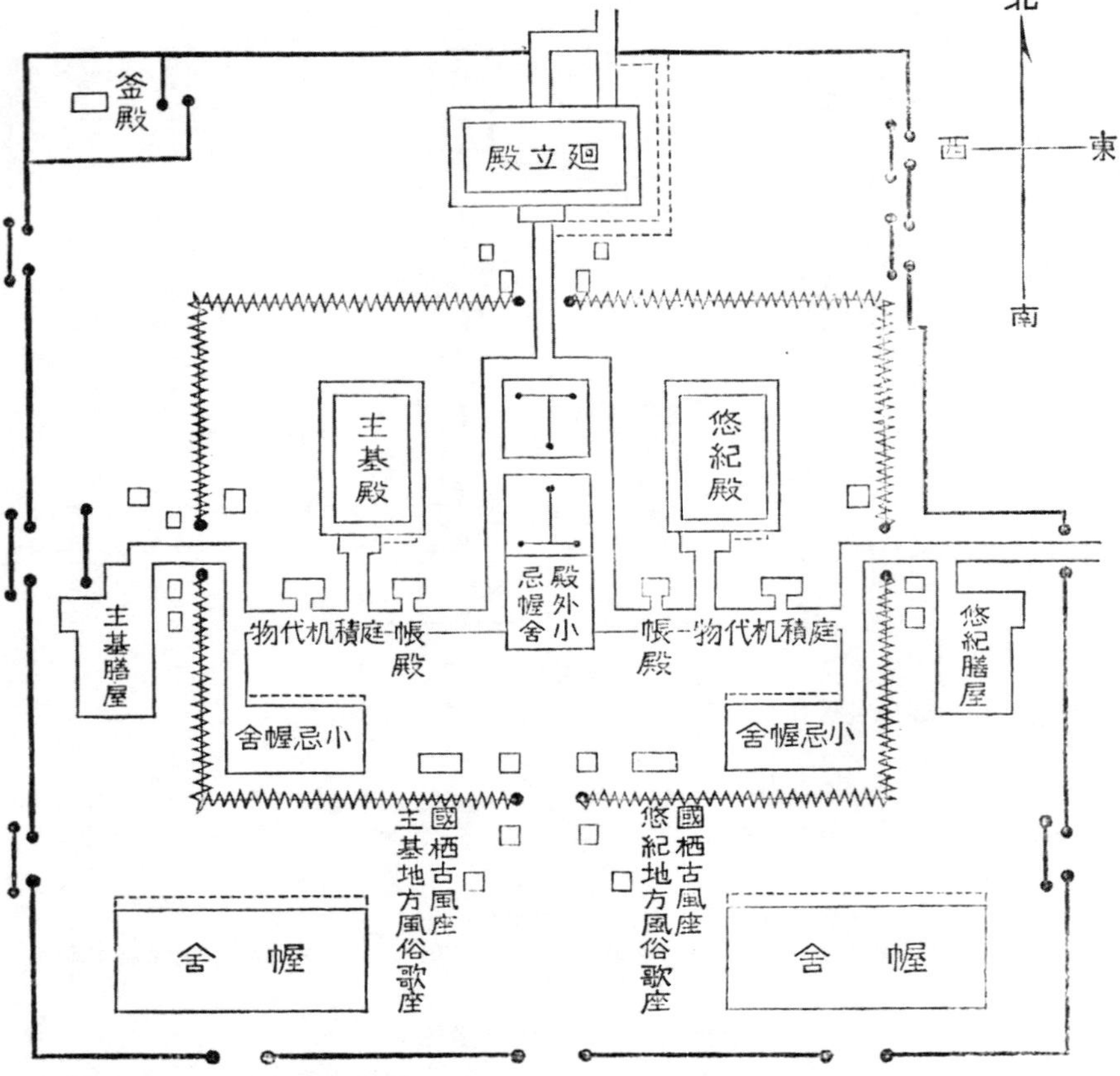

悠紀地方風俗歌座《ゆきちはうのふうぞくうたのざ》・主基地方風俗歌座《すきちはうのふうぞくうたのざ》……悠紀殿・主基殿の御祭の時、悠紀地方・主基地方の風俗歌を奏する所。もとは其の地方の人をして其の地方の風俗歌を奏せしめしが、後世は其の地方の各所を詠みたる和歌を、楽人をして歌はしむることとなれり。

国栖古風座《くずのこふうのざ》……国栖の古風を奏する所。国栖とは、奈良県吉野郡国栖村のあたりに、その昔住みたる人民なり。応神天皇吉野行幸の時、国栖、酒を献じ歌を歌ひしことあり。ついで、国栖、朝儀に参りて、土産を献じ歌・笛を奏することとなりたり。後世、其の遺風により楽人をしてこれを奏せしむるなり。

B　大礼の要旨（昭和）

大礼使

日本帝国は、万世一系の天皇之を統治す（憲一）る君主国体にして、此の国体は我国の創始以来、未だ曽て変改せられたることなし。

登極の大典は、**天皇の践祚**に始まる。往時は先帝の譲位に因り新帝の即位せられたる事例あるも、今上の皇祖考明治天皇は、我皇室の根本法規として欽定せられたる皇室典範に於て、歴史上例外的に存在せる女帝即位の事実を将来に断つと共に、先帝の崩御を以て新帝践祚の唯一の原因と定められたり。

先帝崩ずるときは皇嗣即ち践祚し（典一〇）、其の間瞬時の間隙をも許さず。是れ皇位は一日も曠《むなし》うすることを得ざればなり。天皇は践祚と共に祖宗伝来の三種の神器を承く（典一〇）。

三種の神器とは、八咫の鏡と称する神鏡、天の叢雲の剣と称する宝剣、及び八坂瓊の曲玉と称する宝玉を謂ふ。同時に掌典長をして賢所に祭典を行はしめ、且践祚の旨を皇霊殿・神殿に奉告せしむ（登一）。

賢所とは、三種の神器の一にして、皇祖天照大神の御形代たる八咫の鏡を祀れる神宮の分身として、宮中に神鏡を祀れる所を云ひ、皇霊殿は、皇祖・皇宗を初め、一切の后妃・皇親を奉斎し、神殿は、我国神代の諸神、及び天神地祇を祀れる社殿を云ふ。

践祚の後、直に枢密顧問の諮詢を経て元号を勅定し（登二）、詔書を以て之を内外に宣布す（登三）。古へは御一代に屢々改元せられたることあれども、明治天皇は一世一元の制を定めらる（典一二）。

又、践祚の後、皇族及び群臣を召して朝見式を行ひ、特に勅語を賜ふ（登附）。

以上は大礼の前儀にして、登極に関する其の他一切の儀式は、中古以来、践祚と時を隔てて行はるるを例とし、今制に於ても、大行天皇・皇太后及び皇妣たる太皇太后の為にする大喪即諒闇（服二二）中之を行ふことなく（登一八）、諒闇の終了後、秋冬の交を期し（登四）、京都に於て之を行ふ（典一二）ものとす。

登極の大礼を分ちて、即位の礼及び大嘗祭とす。

抑ゝ日本の皇位継承は、皇祖天照大神、皇孫瓊々杵尊に対し「豊葦原瑞穂国（日本古代の名称）は朕が子孫の君臨すべき地なり。汝尊《いましみこと》、此の国を統治せよ。宝祚の隆は天壌と与に窮なかるべし」と詔し、前に述べたる三種の神器を親授せられ、之を皇位の徴信として世々相伝へ、殊に此の鏡を視ること当に朕を視るが如くすべしと宣ひしに起源し、今を距ること二五八八年、日本帝国最初の人皇神武天皇、大和橿原宮に於て初めて天神奉告祭を行ふ。之を即位礼の濫觴とし、其の後、歴代の天皇、皆其の範に傚ふ。

蓋し**即位礼の主旨**は、一面、皇祖皇宗の天恩神徳に報ゆる祭典にして、又一面、天位の表徴たる神宝を伝受して、百官万民に示さるる儀式たり。随て当初より何等天皇親ら慶賀し給ふ意味を有せず。換言すれば、即位礼の精神は、祖宗を崇敬して孝道の範を垂れ、且つ君臣の分を明かにして万古不易の国体を内外に宣示すると共に、常に国民愛撫の天職を念とせらるる聖慮は、歴代天皇の詔詞に現はるる所なり。

唯古代支那・朝鮮との交際、彼我国使の往来に伴ひ、唐制の影響を受けたることも尠からざりしが、明治天皇の御代に至り、賢所大前の儀と云ふ神厳荘重なる新儀の制定ありたるを始として、旧来の制度を改め、多く日本固有の祭式に復し、尚時勢の要求を斟酌して定められたる点も少しとせず。

即位礼中、最も重要なる儀式を、賢所大前の儀、及び紫宸殿の儀とす。

賢所大前の儀は、天皇即位に当り、皇祖天照大神の大前に於て宝祚の無疆と民福の増進とを祈請せらるる儀式にして、天皇の奉ぜられたる賢所[※1]を京都皇宮内に造営せられたる春興殿に奉安し、式を行ふ。

此日、天皇の御服は、帛の御袍にして、帛の御袍は古来神事に召さるるの例なり。又、皇后[※2]の御服は、白色帛の五衣の上に唐衣を召され裳を著けらる。五衣とは五枚の衣を襲《かさ》ぬるを云ふ。是中古以来貴婦人の正服なり。唐衣とは長《たけ》稍短く袖亦稍狭き上衣にして、之に裳と称する「トレーン」如きものを加へ、髪に釵子を簪《さ》し、手に檜扇を持し、以て礼装とす。又、皇族男子は束帯（纔著《さいちゃく》）、皇族女子は五衣・唐衣・裳を著用し、参列の外国代表者及び有司百官等は、男子は大礼服（白下衣袴）、正装服制なき者は通常礼服、女子は大礼服又は袿袴とす。

其の他関係高等官の服装は、多岐に渉り茲に詳説し能はざるも、要するに文武官の区別あり。其の相違[※3]は、冠の装飾（文官は垂纓、武官は巻纓に緌）、袍の縫方（文官は袍の腋を縫ひ、武官は之を縫はず）等にありて、武官は更に矢を扇形・筒形に挿みたる胡簶《やなぐひ》、裲襠《りやうたう》・挂甲（古代の鎧の一種）等を以て武装す。而して文武官共、袍の黒は高級官、緋は中級官、縹は下級官なり。

紫宸殿の儀は、天皇、即位の為、高御座に昇御し、神器を奉戴し、以て皇祖天照大神より授けられたる宝祚を継ぎ、皇祖の遺訓を遵守し、臣民の福祉を増進し、且つ其の翼賛に頼りて国家の安固、国運の進展を図るべきことを、汎く内外宣示するの式なり。

此日、天皇、黄櫨染御袍を召し、皇后（有色帛を用ゐらるる外、皇后の御服は賢所大前の儀に同じ）と共に、皇族・外国代表者・有司百官並びに関係諸員（以上服装、概《おほむね》賢所大前の儀に同じ）等参列の裡に、天津高御座に昇り給ひ、南面して勅語を賜ふ。内閣総理大臣、南庭に立ちて勅語を拝し、進みて南階を昇り南栄の下に、臣民一同を代表して寿詞を奉る。是れ中臣《なかとみ》が天神寿詞《あまつかみのよごと》を奉るの古例に範るものにして、当代の臣民、尚皇祖及び歴代の天皇が恵撫慈育し給ひたる古の忠良なる臣民の如く、当代の天皇に対し忠誠を致すべきことを誓ひ奉るの意義なり。

寿詞訖て、首相は南階を降り、庭上なる萬歳旛の前面に於て、天皇陛下の萬歳を三称し、参列の諸員、之に和し、同時に日本全国民、亦萬歳を称ふ。

当日、庭上に樹立せられたる**各種大小の旛**の中、萬歳旛に現はしたる萬歳の模様〔二字、象形といづれがよき〕は萬歳を寿ぎたるもの、其の他種々の模様を刺繍したるは、皆神武天皇創業の時に於て出現したる祥瑞の故事に象りたるものなり。

即ち萬歳旛の上部に刺繍せられたる酒壺と魚形は、神武天皇、中国を平定せられたる時、大和の丹生《にう》川の辺に於て、天神に祈りて曰く、朕今此の酒壺を此の川に沈めん、若し此の川の魚悉く酔て秋の木葉の流るるが如く水面に浮ぶあらば、必ず兵刃の威を仮らずして能く中国を平定することを得んと。乃ち酒壺を水中に投じたるに、少時にして大小の魚酔て浮び出でたり、との故事に基けるものなり。

又、太陽に象りたる日像纛旛《とうばん》の次なる大錦旛の上部に刺繍せられたる黒色の鳥は、八咫烏を表すものにして、之に関する伝説は、神武天皇が紀伊の国より大和に入らんとし、熊野の深山に於て道を失へるとき、一夜、天照大神が明朝一大烏を遣はして嚮導せしむべし、と誨へ給へるを夢み、翌朝に至り空を仰げば、果して一羽の大烏翔り降りて先導せり、と謂ふにあり。

又、月に象りたる月像纛旛の次なる大錦旛に描かれたる金色の鳥は、則ち霊鵄《れいし》の像にして、彼の武運芽出度き神武天皇が、大和に入りて強賊長髄彦《ながすねひこ》と戦へるとき、適々金色の霊鵄、空中より飛び来りて天皇の弓弭に止まる。其の光、燦として流電の如し。賊軍迷眩し復た戦ふ能はず。長髄彦戦死し、他は皆降服せりと伝へらる。

尚、即位礼を行ふ当日、勅使をして皇霊殿・神殿に奉告せしむ（登一二）。

次に**大嘗祭**は、即位礼を行ふ年に行はるる新嘗なり。新嘗とは、皇祖天照大神、皇孫瓊々杵尊に神宝を親授せらるると同時に、天児屋根《あめのこやね》命・太玉《ふとたま》命の二神に対し「吾高天原に食《め》す所の斎庭《ゆには》の穂を以て又吾子に食《め》させ奉るべし」と宣ひて授けられし稲の穂を此国に播種し、以て国民食糧の基礎を得るに至れる沿革を尊重し、毎年秋収の後、新穀を以て皇祖大神及び天神地祇諸神を天皇親しく請饗し、後天皇親ら又食し、以て神恩に報ゆる為に行ふ祭典を云ふ。

新嘗も亦、祖神崇敬に出づるの外、古来我国民の食糧の基本たる農業を勧奨し、年穀豊熟を祈る祭祀たり。而して即位の年に行ふ新嘗は、御一代一度の大典なるを以て、特に之を大嘗祭と称す。

大嘗祭に於て神饌として供進すべき新穀は、**斎田**と称する清浄なる水田より収穫せられたるものに限る。斎田に付ては、京都以東以南を悠紀の地方とし、京都以西以北を主基の地方とし（登八）、極めて神秘的なる亀卜の方法に依り、先づ両地方を点定し、更に悠紀の斎田及び主基の斎田を撰定し、其の所有者をして夫々新穀を供納せしむるものとす（登九同附）。其の植付・耕耘・抜穂・刈入等、皆祭祀的儀式の下に行はる（登十）。

大嘗祭を行ふ前日に当り、特に両陛下の身心の安穏を神に祈願する為、鎮魂の式と称する祭典を行ひ（登一三）、其の翌日、大嘗祭の本儀を行ふものとす。

大嘗祭は**大嘗宮**に於て行はる。大嘗宮とは、皇宮構内に新営せらるる神殿にして、悠紀・主基の二殿に分たれ、前者には悠紀田の新穀を以て造りたる神酒・神饌を主として供し、後者には同じく主基田のものを以てし、宵暁両度に分ち、極めて複雑なる作法を前後二回反復して祭典を行ふ。

尚、本儀中、古例膳舎に於て歌ひつつ稲穂の臼搗を行ひたる遺風を存し、膳舎《かしはのや》に於て神饌調理の際は、宵暁両度共、稲春歌を歌ひて稲春を行ひ、又両陛下出御の後、本殿の庭前に於て、先づ人皇十五代応神天皇以来の由緒ある国栖《くず》の古風と称する地方部落民の古曲を奏し、次に悠紀地方・主基地方の民謡に因縁ある風俗歌を奏するものとす。而して此の儀式に参列する者は、其の範囲、即位礼よりも稍限極せらる。

諸般の儀式祭典に於て不浄を忌むは、日本古来の慣習なりと雖も、殊に大嘗祭に於ては最も身心の清浄謹慎を旨とし、天皇親ら沐浴斎戒し、関係の諸員亦皆専ら潔斎忌穢して事に当ることを必要とす。又前述の如く、即位礼に於ては、中古より外国文化の流入せるもの少からざりしと雖も、大嘗祭に於ては、昔より殆ど外国制度の影響を蒙りたること

なく、終始純粋なる国風其の儘の作法を伝来せるものと云ふも不可なし。

沿革上、即位礼は大嘗祭に先立ちて行はるるを例とするも、古は必ずしも即位礼と大嘗祭とを同年に行はず、或は翌年に亘り或は数年を隔てて行はれたることあり。然れども、屢々大礼を行ふは国帑を費し産業を妨ぐる虞あるを以て、今日に於ては、大嘗祭は即位礼を訖りたる後、続て之を行ふ（登四）ものとせり。

尚、大嘗祭を行ふ当日、勅使をして神宮・皇霊殿・神殿並官国幣社に幣物を奉らしむ（登一二）。

即位礼及び大嘗祭を行ふに当りては、宮中に**大礼使**を置き、其の事務を掌理せしむ（登五）。即位礼及び大嘗祭を行ふ期日定まりたるときは、其の期日を一般に公告す（登六）ると共に、天皇親ら之を賢所・皇霊殿・神殿に奉告し、尚勅使をして神宮・神武天皇山陵及び前帝四代の山陵に幣物を奉らしめ（登七）、期日切迫したるときは、天皇神器を奉じ、皇后と共に京都の皇宮に移御す（登一一）。

蓋し**京都**は、人皇五十代桓武天皇の御代より明治天皇に至る迄約千百年の久きに亘り、日本の帝都として歴史上深き由緒ある土地なるを以て、一世一代の大礼は須らく旧儀を温ね古代の国風に基きて之を行ひ、国民をして其の源を尚び其の始を忘れざらしめんとする明治天皇の思召を以て、特に京都に於て行ふことに定められたるものと拝察す。

斯の如く無二の盛儀を行ふ為、神器を奉じて旧都に行幸啓あることなれば、宮城より停車場に至る間、及び京都駅より同皇宮に至る間を始として、途中名古屋離宮（名古屋城）に宿泊せらるる場合、大礼終了後、神宮・山陵に謁せらるる場合等に於て、往復共、総て**最大公式の鹵簿**《ろぼ》を用ゐ（登附・儀二三）、大に威容を整へ、堂々たる行列を作り粛々

として通御せらる。

元来、大礼の諸儀は皆禁裏に於て行はるるを以て、極めて少数なる参列員の外、儀式の内容は全く衆庶の窺知を許さざる憾あるに、単り鹵簿のみは、国籍の内外を問はず、地位の上下を論ぜず、将又老幼男女の別なく、苟《いやしく》も其の途上に在る者、斉しく拝観することを得て、盛典の一端を知るべき唯一の機会なりと云ふべし。

即位礼及び大嘗祭訖りたるときは、大饗を賜ふ（登一五）。古来、大嘗祭後之が連続として、**節会**《せちえ》なるものあり。悠紀・主基両地方の穀を以て酒餐とし、遍く群臣を犒《ねぎら》ひ、慶成るの歓を頒たるる儀なり。当代の制度は、之を両日三回とし、外国代表者をも招き、宴を張るなり。

大饗第一日の儀は、概古の節会に範り、此時に用ひらるる酒餐は、斎田の産穀を以て造られたるものを以てす。其の儀式は、多く古例に倣ふと雖も、参列諸員の服装は皆近代式とす。饗宴中、演ぜらるる舞楽は、皆古来此の宴会に催さるるものにして、其の由来次の如し。

久米舞は、神武天皇が大和国を平定せられし時に、将士を励ます為に詠み給ひし歌に基く舞謡にして、悠紀・主基地方の**風俗舞**は、彼の地方の風俗に因みて新に詠ぜられたる歌舞なり。又**大歌**は、祝賀の意味を表す歌曲にして、従来此の宴には左の古歌を用ふるを例とせり。

　わたつみの浜の真砂《まさご》を数へつつ君が千歳の有数にせん

又五節舞は、天武天皇、曽て吉野宮に於て琴を弾き給ひしに、天女の降り来るありて琴曲に応じて舞ひ、其の袖を翻すこと五度との伝説に基けるものにして、此の舞曲は、古来身分ある者の女を選抜して之を演舞せしむるを例とし、今回も亦、旧公家華族中より演舞者を選出せり。

舞楽訖るや、古例に範り当日の記念として、天皇・皇后に挿華を供し、諸員にも之を賜ふ。

大饗第一日の儀は、前述の如く大嘗祭に於て神前に供したる酒饌の余瀝を以て、洽く群臣を犒《ねぎら》ふ主旨なるも、実際上、宴殿に召さるる者は極めて少数なれば、饗宴に召されざる文武百官其の他の優遇者に対し、特に大饗第一日の儀の当日、各所在地に於て饗饌を賜ふ（登附）。則ち此の地方饗饌は、理論上、大饗の一部をなすものなり。

大饗第二日は、晩餐と夜会とに分たれ、倶に新式の宴会なり。尤も夜宴中に天皇の萬歳を寿ぎ治世の泰平を祈る趣旨を以て、**萬歳楽**及び**太平楽**と称する古典的の舞楽を奏す。

斯くて即位礼及大嘗祭訖りたるときは、天皇、皇后と共に伊勢に行幸し、**神宮に親謁**し、次で神武天皇山陵、並前帝四代の**山陵に行幸**あらせられ（登一六）、神器を奉じて東京に還幸の後、更に賢所・皇霊殿・神殿に祭祀的儀式を行はせられ（登一七）、茲に、登極の大礼は全部完了す。

尚、即位礼・大嘗祭・大饗、其の他大礼各儀に於ける御殿の装飾及び儀式の次第は、登極令附式に詳かなれば（登一四・同附）、茲に説明を省略す。

終に一言せん。大礼は単に我が皇室の最大儀礼たるに止らず、実に全帝国の最上の国儀として、其の費用は一切国庫より支弁し、日本国民は衷心より此の無二の盛典に際会することを歓喜し、朝野挙つて奉祝の誠意を表し、各種の記念事業を起すを例とす。又新帝治下の第一歩に当り、今更に万邦無比の我が君主国体を誇りとし、其の淵源たる皇室の隆盛、宝祚の無窮を祝し、聖寿の無疆を祈り、併せて帝国の福祉安寧と国民の慶福繁栄とを期し、以て益々忠君愛国の念を昂上す。

皇室は亦此の機会に於て普く仁慈を布き、政府に命じて恩赦の事を行はしめ、特に内帑を割きて養老賑恤の典を行ひ、過去の功労者に対しては位階を贈り、尚孝子・節婦其の他の徳行者を表彰して蒼生を撫す。蓋し義は則ち君臣にして情は猶ほ父子の如く、**君民同治・忠孝一全の我が国体**は、登極の大典に於て正に其の精華を発揮するものと云ふべし。

原注

※１「賢所」の二字「神鏡」としてはいかゞ。前段に「賢所とは……神鏡を祀れる所を云ひ……」とありて、まぎらはしければ也。

※２「皇后の御服は」の下を左の如く改めてはいかゞ。／白色帛の唐衣・五衣をめされ、裳を著けらる。唐衣とは長稍短く袖亦稍狭き上衣にして、五衣とは五枚の衣を襲ぬるを云ひ、之に裳と称する「トレーン」の如きものを加ふ。是れ中古以来貴婦人の正服なり。面して髪には釵子《さいし（かんざし）》……以て礼装とす。

※３「其の相違は」の下、左の如くせられてはいかゞ。／冠袍の制等にありて〔文官の冠は垂纓、袍は腋を縫ひ、武官の冠は巻纓、緌を付け、袍の腋を縫はず〕、武官は更に……。冠の装飾といふ所には論あるべければ也。

【付記】昭和の大礼については、「大礼使長官官房」から、英文解説 *The Imperial Ordinance relating to the Ascension to the Throne*（Translation）（A５判一〇二頁）および *Synopsis of the Ceremonies of Aascension to the Throne of H.M. The Emperor of Japan*（英文三〇頁・仏文三〇頁、昭和三年十月八日発行）が出版されている（小原家文庫など所蔵）。

付　杉浦重剛『倫理御進講草案』（大正四年第二学年）

第一　御即位式と大嘗祭

古へ皇祖天照大神、御孫瓊瓊杵尊を大八洲に降し給はんとしける時、三種の神器を賜はり、且つ稲穂をも与へさせ給ひて、天壌無窮の御神勅ありたるは、既に数〻申述べたる所なり。爾来、我が大八洲は、天孫の嫡流之を統治して、万世一系たるべきことの、いとも尊き国体を確立し、伝へて二千五百七十五年の今日に至りぬ。

瓊瓊杵尊以下、史に所謂日向三代の間は、御即位に関する事実分明ならざるも、神武天皇より後、即ち人皇の世となりてよりは、天孫の嫡流が天日嗣の御位に登りて、鏡剣璽の神器を承け、国家の統治者として立たせ給ふ際には、必ず之を皇祖皇宗に親告せられ、同時に一般臣民にも宣誥せらるゝを必要とす。即ち之を行ふの大礼を御即位式と為す。

神武天皇は、中州の地を平定せられたる後、大和の橿原に都を奠め給ひ、宮殿を造営し、而して後、辛酉の歳を以て御即位の大礼を行はせられたり。之を史上最古の例となす。（明治五年以来、此の年を以て我が国の紀元を定め、紀元節を設けて国家の大祭となせり。）神武天皇以後、御歴代皆之に倣はせらる。

唯古は践祚と即位とを同一として区別を立てらるゝこと無かりき。践祚とは宝祚を践ませ給ふの意にして、神器をも継承せらるゝことなれば、事実御即位たることは何の疑もなき所なり。然るに斉明天皇よりして、践祚と即位との礼を分ちて行はせらるゝことゝなりぬ。即ち天皇は甲寅年十月御践祚、乙卯年正月御即位の礼を行はせられたり。

斯く践祚と即位との式を分たるゝ所以を考ふるに、既に神器を継承して御位に登らせ給ひたる上は、践祚即ち事実上の御即位なるも、更に時日を撰び、之を皇祖皇宗に奉告し、下は一般臣民及び外国に対して之を知らしめん為め、荘重なる礼式を挙行するの必要ありと認めさせ給ひたるが故なるべし。是れ即ち中古より特に御即位式の行はれたる所以にして、上古簡朴の世を去り、中古文化の漸く発達せる時勢に在りては、最も当に然るべき所なりとす。

御即位の大礼は、天皇御一代に一度行はせらるゝ重大の儀式なれば、崇高に森厳に挙行せらるゝことは申す迄もなき所なり。殊に此の儀式により、皇祖の遺訓を奉じて、日本の国家を統御せらるゝことを内外に宣布せらるゝものなれば、単に儀礼の崇厳なるのみならず、其の意義に於て極めて神聖に且つ極めて重大なるものなり。

又、本年御即位の大礼に引きつゞき行はせらるる**大嘗祭**は、新帝即位後、始めて新穀を天祖及び天神地祇に供へ給ひ、且つ親らも聞し食す所の大祭にして、天皇御一代に一度行はせらるゝ重大の神事なり。

明治天皇の御代には、明治四年に之を行はせられたるが、当時神祇官より大嘗祭の要旨を上陳したる文書あり。曰く、（省略、前掲）

大嘗祭の起原、意義等は、此の文章に於て簡単に且つ明瞭に記述せられたり。思ふに皇祖天照大神が皇孫を大八洲に降し給はんとせられし時、先づ三種の神器に稲穂を添へて賜はり、而して天壌無窮の詔勅を下されたるは、固より深遠なる御聖旨によりたる事なり。天尊、稲穂を携え来り、之を播種して以て国家万民の食物を供給し給へり。我が国に於て米の尊きこと、即ち言はずして知るべきなり。

かるが故に、天皇新に御登極の上は、悠紀・主基の田を定め、殊に神聖に作り上げたる米を以て天祖及び諸神を祭らせ給ふ。是れ実に天祖より封ぜられたる日本国を統御せらるゝに於て、先づ大祭を行ひて天職を明かにし、同時に政を統べさせ給ふことの責任をも明かにし給ふの意義なり。固より祭政惟れ一、能く天祖を祀るは能く政を施す所以なり。故に明治四年の十一月十七日、明治天皇が大嘗祭を行はせられたる折、一般臣民へ神祇官よりして発せられたる告諭中にも、夫れ穀は、天祖の授与し玉ふ所、生霊億兆の命を保つ所のものにして、天皇、斯生民を鞠養し以て其恩頼を報じ、天職を報じ玉ふこと斯の如し。然則、此大嘗祭に於けるや、天下万民謹で御趣旨を奉戴し、当日人民休業、各〻其地方産土神を参拝し、天祖の徳沢を仰ぎ、隆盛の洪福を祝せずんばあるべからざる也。

と云はれたり。要するに、此の重大なる祭祀の意義は、天皇が天祖の遺訓を奉じて、万民を鞠養せらるべき天職を尽し給ふことを奉告せられ、同時に報本反始の誠意を致さるる所以のものなれば、上下共に其の聖旨を奉戴すべきなり。

【追記】大正四年（一九一五）当時、皇太子裕仁親王は満十四歳、つまり未成年のため、十一月に京都で行われる即位礼への御参列可否が問題になった。宮内庁編『昭和天皇実録』大正四年十一月七日条（東京書籍刊本第二・一六一〜二頁）によれば、「宮内省内においては、宮内大臣以下、御参列に及ばずとする意見が優勢となる一方、東宮侍従入江為守・東宮御学問所御用掛杉浦重剛を始め東宮関係者の中には、御参列を求める声が根強かった。特に杉浦は、『登極令』制定時の関係者などの意見を徴し、あるいは故実を調査した上で、自らの主張を各方面に働きかけていった。そのため公爵山県有朋・侯爵松方正義・伯爵土方久元らも賛同するところとなり、（大正）天皇は、松方・土方らの言上を受け、皇太子の御参列を聴許された。」のである。そこで、九日の御習礼、十日の即位礼、十一日の饗宴に参列され、大嘗宮も見学しておられる。

第十三章　大正大礼の概要と『大礼記録』

はじめに

昭和六十四年（一九八九）一月七日、昭和天皇の崩御により、今上陛下は当日午前「剣璽等承継の儀」（践祚式）、同日午後「平成改元」、五十日目に「御大喪」、翌平成二年十一月十二日「即位の礼」、同二十二日「大嘗祭」などを、次々と行われた。それらの大筋は古儀をふまえながら、随所にかなり新しい様式を採り入れた。〝平成流〟である。

その古儀というのも、本来の趣旨は変わっていないにせよ、形式は近代化の過程で整備され大正初年に実施されたものである。それが昭和の大礼に引き継がれ、さらに平成の大礼にも踏襲された。言い換えれば、近代的な皇位継承儀式は、大正大礼の機会に、明治初年までの旧儀を一新して形作られたものにほかならない。

この大正大礼に関する著作は、当時から数多く出版されている。とりわけ内閣書記官室記録課編刊『大礼記録』は、四六倍判（A４判に近い）、絵と写真約八〇点、目次と本文約九〇〇頁にのぼる豪華な大冊である。その上、これと同じ題名の詳細膨大な『大礼記録』が別に在ることは、右刊本の例言（本章第四節参照）に明記されている。

しかしながら、この『大礼記録』原本（全一二八冊）は、当初より部外秘扱いとされ、当局者でなければ閲覧できなかった。けれども、平成二年（一九九〇）秋の即位礼・大嘗祭に際して、これを何とか一部分でも拝見したいと思い、国立公文書館に再三申請したところ、その終了後ではあるが、関係当局の英断により、幸い全冊公開されることになったのである。しかも、この百冊を越す大資料集が、大正大礼の行われた京都にある老舗《しにせ》の臨川書店から、マイクロフィルムの形で出版された（『国立公文書館蔵　マイクロフィルム版　大正大禮記録』平成十三年。以下、臨川書店版）ことは、研究者の一人として喜びにたえない（現在では同上本も宮内庁所蔵本もＷＥＢ公開されている）。

そこで、これから本記録を使われる人々のために少しでも参考になればと考え、その成立事情について簡単な解説を加える。ただし、近代史に疎い私の力では、大正初年の一等史料、とくに大礼使や当記録の関係者等が書き残しているであろう日記や手紙などまで調べることはできない。まして本記録を大正時代史の研究史料として正しく評価するようなことは、専門家の検討に委ねるほかない。

なお、この『大礼記録』という原題を、臨川書店版では〝大正大礼記録〟と称することにした。ちなみに、昭和のそれは『昭和大礼記録』が原題とされ（未公開）、一般向け公刊書を『昭和大礼要録』と名付けている。

一　『登極令』と大礼日程

大正の大礼は、すでに明治時代、多くの歳月をかけ慎重に検討のうえ成文化されていた法制を初めて適用することにより実施されたものである。

すなわち、まず明治二十二年（一八八九）二月、大日本帝国憲法の発布と同日に制定された皇室典範の「第二章　践祚即位」に、次のような条文がある（傍点等、引用者。以下同）。

第十条　天皇崩ずるときは、皇嗣即ち践祚し、祖宗の神器を承く。

第十一条　即位の礼及大嘗祭は、京都に於て之を行ふ。

第十二条　践祚の後、元号を建て、一世の間に再び改めざること、明治元年の定制に従ふ。

これによれば、天皇の御代替りに不可欠なことは、まず(イ)「践祚」の式をあげて「祖宗の神器」を承け継ぐこと、また(ロ)践祚の後に「元号」を改め定めること、さらに(ハ)「即位の礼」と「大嘗祭」を、新都の東京ではなく古都の京都で行うこと、の三点に尽きる。

しかしながら、これは基本的な大綱であって、具体的な実施細則は別に作る必要があり、二十年後の明治四十二年（一九〇九）二月、「登極令」とその附式として公布されるに至った（詳しくは本書第六章「『登極令』の成立過程」参照）。その本文は左の通りである（附式の各儀式一連番号を〈　〉内に注記）。

図１　大礼用御束帯姿の大正天皇（36歳）

第一条　天皇践祚の時は、即ち掌典長をして賢所に祭典を行はしめ、且践祚の旨を皇霊殿・神殿に奉告せしむ。〈①②／③④〉

第二条　天皇践祚の後は、直ちに元号を改む。／元号は枢密顧問に諮詢したる後、之を勅定す。

第三条　元号は、詔書を以て之を公布す。

第四条　即位の礼及大嘗祭は、秋冬の間に於て之を行ふ。／大嘗祭は即位礼を訖りたる後、続て之を行ふ。

第五条　即位の礼及大嘗祭を行ふときは、其の事務を掌理せしむる為、宮中に大礼使を置く。／大礼使の官制は別に之を定む。

第六条　即位の礼及大嘗祭を行ふ期日は、宮内大臣・国務各大臣の連署を以て之を公告す。

第七条　即位の礼及大嘗祭を行ふ期日定まりたるときは、之を賢所・皇霊殿・神殿に奉告し、勅使をして神宮・神武天皇山陵並前帝四代の山陵に奉幣せしむ。〈⑤⑥⑦⑧⑨〉

第八条　大嘗祭の斎田は、京都以東以南を悠紀の地方とし、京都以西以北を主基の地方とし、其の地方は之を勅定す。〈⑩〉

第九条　悠紀・主基の地方を勅定したるときは、宮内大臣は地方長官をして斎田を定め、其の所有者に対し新穀を供納するの手続きを為さしむ。〈⑩〉

第十条　稲実成熟の期至りたるときは、勅使を発遣し斎田に就き抜穂の式を行はしむ。〈⑪〉

第十一条　即位の礼を行ふ期日に先だち、天皇、神器を奉じ、皇后と共に京都の皇宮に移御す。〈⑫⑬〉

第十二条　即位の礼を行ふ当日、勅使をして之を皇霊殿・神殿に奉告せしむ。〈⑭〉大嘗祭を行ふ当日、勅使をして神宮、皇霊殿・神殿・並官国幣社に奉幣せしむ。〈⑲⑳㉑〉

第十三条　大嘗祭を行ふ前一日、鎮魂の式を行ふ。〈⑱〉

第十四条　即位の礼及大嘗祭は、附式の定むる所に依り之を行ふ。〈⑮⑯⑰・㉒㉓㉔㉕〉

第十五条　即位の礼及大嘗祭訖りたるときは、大饗を賜ふ。〈㉖㉗㉘〉

第十六条　即位の礼及大嘗祭訖りたるときは、天皇、皇后と共に神宮、神武天皇山陵並前帝四代の山陵に謁す。〈㉙㉚〉

第十七条　即位の礼及大嘗祭訖りて、東京の宮城に還幸したるときは、天皇、皇后と共に皇霊殿・神殿に謁す。〈㉛㉜㉝㉞〉

第十八条　諒闇中は、即位の礼及大嘗祭を行はず。

このような本文に対して、それぞれ詳細な附式があり（但し第二条・第三条の元号関係には附式なし）、各儀式の次第・人員・服装・調度などまで一通り示されている。しからば、大正の大礼は、どのように行われただろうか。

当時、大正天皇からは大礼を「なるべく簡易になすべき旨」の御沙汰が再三あった（『原敬日記』、原武史『大正天皇』朝日新聞社、参照）。しかしながら、実際は、その御叡慮を越える大規模な大礼が、「近代国家のページェント」（T・フジタニ『天皇のページェント』NHKブックス）として行われたのである。

その詳細な実績報告こそ、本記録全一三八冊にほかならない。従って、関心のある方々には臨川書店版（現在ではWEB版）を御覧いただくとして、ここにはその実施日程を抄出しよう（①〜㉞は「登極令」と附式の儀式一連番号）。

(a)大礼前儀

一　践祚の式

①賢所の儀……大正元年七月三十日
②皇霊殿・神殿に奉告の儀……同右
③剣璽渡御の儀……同右
④践祚後朝見の儀……三十一日

二　即位礼及び大嘗祭の式

⑤賢所に期日奉告の儀……ａ大正三年一月十七日／ｂ大正四年四月十九日
⑥皇霊殿・神殿に期日奉告の儀……同右
⑦神宮、神武天皇山陵並びに前帝四代の山陵に勅使発遣の儀……同右
⑧神宮に奉幣の儀……ａ大正三年一月十七日／ｂ大正四年四月二十一日
⑨神武天皇山陵、前帝四代山陵に奉幣の儀……同右

⑩斎田点定の儀……大正三年二月五日
⑪斎田抜穂の儀……大正四年九月十八・二十日
⑫京都に行幸の儀……大正四年十一月六〜七日
⑬賢所、春興殿に渡御の儀……同七日

(b)即位礼

⑭即位礼当日、皇霊殿・神殿に奉告の儀……同十日
⑮即位礼当日、賢所大前の儀……同右
⑯即位礼当日、紫宸殿の儀……同右
⑰即位礼後一日、賢所御神楽の儀……十一月十一日

(c)大嘗祭

⑱神宮・皇霊殿・神殿、並びに官国幣社に勅使発遣の儀……同十二日
⑲大嘗祭前一日、鎮魂の儀……同十三日
⑳大嘗祭当日、神宮に奉幣の儀……同十四日
㉑大嘗祭当日、皇霊殿・神殿に奉幣の儀……同右
㉒大嘗祭当日、賢所大御饌供進の儀……同右
㉓大嘗祭当日、大嘗宮の儀……十一月十四〜十五日
㉔大嘗祭当日、悠紀殿供饌の儀……同十四日
㉕大嘗祭当日、主基殿供饌の儀……同十五日

(d)大饗

㉖即位礼及び大嘗祭後、大饗第一日の儀……同十六日
㉗即位礼及び大嘗祭後、大饗第二日の儀……同十七日
㉘即位礼及び大嘗祭後、大饗夜宴の儀……同右夜

(e)大礼後儀

㉙即位礼及び大嘗祭後、神宮（外宮・内宮）に親謁の儀……十一月二十～二十一日
㉚即位礼及び大嘗祭後、神武天皇山陵、並びに前帝四代山陵に親謁の儀……同二十～二十六日
㉛東京に還幸の儀……同二十七～二十八日
㉜賢所、温明殿に還御の儀……同二十八日
㉝東京還幸後、賢所御神楽の儀……同二十九日
㉞還幸後、皇霊殿・神殿に親謁の儀……同三十日

※　即位礼と大嘗祭の期日は、先帝諒闇あけの大正三年一月（a）、一たん勅定されたが、同年四月、昭憲皇太后の崩御により、その諒闇あけの翌四年四月（b）、再び前年決定の通りとされたのである。

なお、この大正大礼の際、『登極令』により、初めて皇后も即位礼などに臨まれる予定であった。しかし、諒闇あけに御懐妊（まもなく崇仁親王御誕生）のため中止となり、京都にも伊勢などにも天皇のみお出ましになったのである。

二　柳田国男の提言

この大礼当時、貴族院書記官長の職にあった柳田国男（満四十歳）は、大正四年八月「大礼使事務官」に任じられ、十一月の即位礼・大嘗祭に奉仕している。周知のごとく、柳田はその数年前より民俗学の研究に力を入れていたから、大礼に際しても、むしろ学究として関心を寄せ、かなり積極的に論考や提言を公にしている。

たとえば、すでに同年七月発行『郷土研究』第三巻第五号所載の「徐福、纜《ともづな》を解く」において、その秋の大嘗祭は「今日の国柄及び政治と調和せしむるの必要から、新たに補正し制定せられた儀式が甚だ多く、而も其の評定に参与した人の考へは至つて進取的であるらしいから、其の結果はどうしても大正の新儀式であつて、即ち専ら後代の範と

図2　大嘗祭奉仕の柳田国男（40歳）

なる意味に於ての儀式と解すべきものだらうと思ふ。従つて、今度の御記録と歴代の公家の部類物の所述との関係は、恐らくは名目・称呼の共通が最も重要なもので、沿革と云ふ事に趣味を持つ今後の歴史家に豊富な題目を供与することになる」と、大正の大嘗祭が明治以前のそれと著しく異なる「新儀式」として行われることを的確に指摘している。

しかも、それについて柳田が必ずしも否定的でなく、むしろ肯定的な理解を示しながら、「形式を重んじて……荘厳の感も湧く」ように実施すべきだと考えていたらしいことは、佐伯有清氏の論じられる通りであろう（同氏『柳田国男と古代史』六七～七一頁。吉川弘文館）。

ただ、その十一月、京都へ赴いて即位礼と大嘗祭に奉仕した彼は、同年十二月発行『新日本』第五巻第十二号所載の「大嘗祭より大饗まで」において、今後のためにいくつかの問題点を鋭く指摘している。とりわけ「即位の礼は、できるだけ開放的に、大規模に……国家の威厳を中外にかがやかし給ふやうにあつてほしい」が、それに対して「大嘗祭は……神代のままに伝はつた我国第一の大祭事、天皇御一代に唯一度の重い御行事」だから、「あくまで純国家（日本）的の祭祀として……簡朴はあくまで簡朴に、神秘はあくまで神秘に執り行はれむことを望む」と述べ、両者の本質的な在り方の違いを明示しており、今なお傾聴に値する。

その上、われわれにとって一層注目すべきことは、右の文中で「今回の経験によつて……精確の記録をのこして置くことは、百歳の後のためには無用でない」と指摘し、さらに翌五年二月の講演要旨「御大礼参列感話」（同年五月発行『明治聖徳記念学会紀要』第五巻所載）において、より具体的に次のごとく提言していることである。

御大礼の記録は、三通若《もし》くは四通り作られんことを望みます。

即ち一は、極《ごく》大体の経過、換言すれば万事御式が都合好く運び、国民の感激歓喜等、国光を耀すに足るべき国民読本式・家庭読本的記録にして、此の一般記録は、出来るだけ多数を印刷して全国に配布する必要があります。

二は、次の御大典等、即ち後来此の事務に当たるべきもの、参考の為に書くべき事務記録にして、筆写若くは之に代ふべき極少数の印刷、即ち宮内省の図書館、内閣の文庫、京都府庁の文庫といふやうな処に備へて、其の湮滅を防ぐに足るだけの少部数で十分である。

三は、此の御祭は極めて神秘的でありますから、凡人には知らせぬ記録が入用である。畏《おそれ》多き事ながら、陛下の御動作等に就いて、先帝陛下が次の陛下に御遺しになるべき事が書いてあるもの、是に尚、此の御祭の神秘の部分を一部若くは二部、密閉して遺さなければならぬ必要があると思ひます。

つまり外と中程と内輪の記録との三つであります。其の外、直接此の事件に関係した私共や、又世の中の変遷、国民性情の変化、一国の思想生活の将来を何《ど》うするかといふことを研究する団体、例へばこの団体（明治聖徳記念学会）の会員諸君の如き御方が、矢張り銘々の備忘録を御作りになる必要があると思ひます。

柳田国男は、この「感話」末尾にも、大正の大礼に直接奉仕して「一方では古代のかゝる御儀式を鄭重に行なはせらるゝ時にも、尚他方では各種の方面に近代的分子が必然的に入り込んでをる事実を見ます以上は、この新旧両分子が如何に相関連し如何に相消長し、その将来や如何と云ふ問題も自然と起つて来る」と述べている。

そこで、今なすべきことは、可能な限り多様な「御大礼の記録」を残すために四種類の記録、つまり、

㈠一般国民に大礼の経過と感銘を知らせる家庭読本的なもの。

㈡将来の御大礼などの実務担当者に役立つ事務記録。

㈢先帝から次帝のために伝えられるような秘儀の記録。
㈣大礼奉仕関係者や民間団体有志などの備忘録。

を作るよう例示したのである。まことに深い見識に基づく懇切な提言といえよう（以上、佐伯氏前掲書の所収資料参照）。

三　本記録の編纂経緯

このような柳田国男の提言は、大正五年二月に講演の形で公表されてから、どのような反響をよんだのか、今のところ確かな資料を見出すことができない。しかし、他に同趣の提言をしたものがないこと、それに対して柳田は、かつて明治四十年代に宮内書記官や内閣書記官記録課長を歴任した経験からも、公的な記録を整理保存する重要性を認識し主張していたとみられる。

そのうえ当時は、貴族院書記官長で大礼使事務官も務めたから、内閣や宮内省の大礼関係者に進言できる立場にあった。このようなことを考えれば、彼の提言が採択された可能性は高いと思われる。

事実、早くも同五年春から「大礼記録」の編纂が開始された。そして以後二年四箇月に及ぶ一大事業のアウトラインを内閣書記官下条康麿の手で纏めた『大礼記録編纂経過概要』が、本記録の末尾に収められている。よって、以下これにより編纂経緯を略述しよう。

まず事の発端は、大礼終了後「之に関する記録を編纂して後代に貽《のこ》すべしとの議」があり（それを私は柳田の提議とみる）、それを承けて政府（首相大隈重信）は、「之を二箇年継続の事業」として、大正五年（一九一六）四月二十五日「上奏裁可」をえた。そこで、五月二十九日から、内閣に「大礼記録編纂委員会」を設け（事務室は宮城内の内閣大臣面謁室）、左の人々を委員と幹事および事務嘱託に任命している（以後の拝命者も列挙）。

編纂委員……（5月29日任命）平沼騏一郎・藤波言忠・古川阪次郎・片山東熊・石原健三・菅原通敬・近藤久敬・木下淑夫・天岡直喜・高橋作衛・多田好問・江木翼・西園寺八郎・河原作・小野義一・木村英俊・杉琢磨／（6月17日任命）戸田氏共・福羽逸人・馬場三郎・小原駩吉・牛塚虎太郎・佐伯有義／（11月2日任命）児玉秀雄・木子幸三郎

幹事……（5月29日任命）山崎直三・下条康麿

事務嘱託……（5月29日任命）三上参次・国府種徳／（7月21日任命）久保得二／（7年3月31日）高橋泰

このうち、編纂委員の多田好問（『登極令義解』の著者）、事務嘱託の三上参次（東大教授兼史料編纂官）と国府種徳（大正年号の考案者）および幹事の山崎直三（首相秘書官）と下条康麿（内閣書記官）の五名は、五月三十一日に小委員会を首相の官舎で開き、委員総会の議案を作成している。

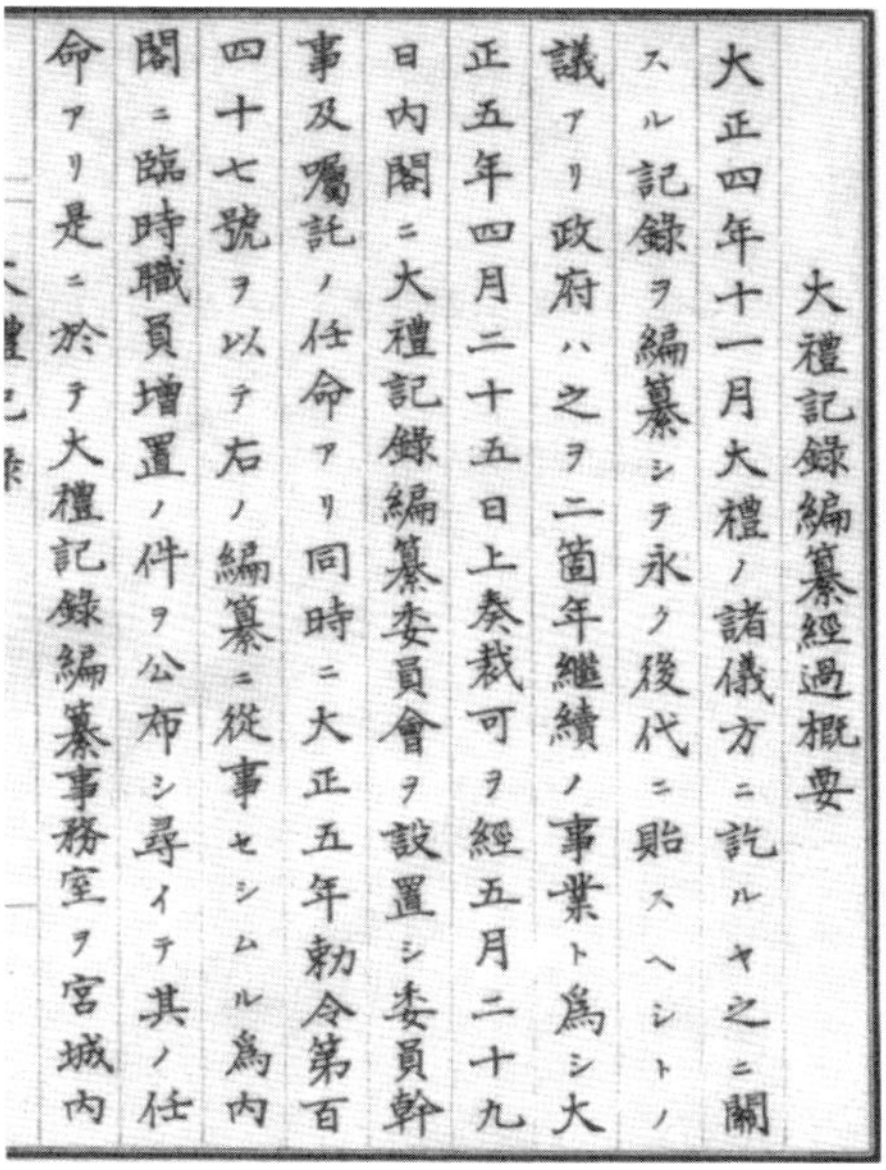
大禮記録編纂經過概要
大正四年十一月大禮ノ諸儀方ニ訖ルヤ之ニ關スル記録ヲ編纂シテ永ク後代ニ貽スヘシトノ議アリ政府ハ之ヲ二箇年繼續ノ事業ト爲シ大正五年四月二十五日上奏裁可ヲ經五月二十九日内閣ニ大禮記録編纂委員會ヲ設置シ委員幹事及囑託ノ任命アリ同時ニ大正五年勅令第百四十七號ヲ以テ右ノ編纂ニ從事セシムル為内閣ニ臨時職員増置ノ件ヲ公布シ尋イテ其ノ任命アリ是ニ於テ大禮記録編纂事務室ヲ宮城内

図３　『大礼記録編纂経過概要』
（第１種『大礼記録』巻128より）

ついで六月十四日、同所において大隈重信首相から次のような訓示があった。

……今回の大礼に関する記録を編纂するは、啻《ただ》に之を後代に伝へて軌範を万世に貽《のこ》すのみならず、又実に之に由り一般国民をして広く儀式の根柢に存する精神を周知せしめ、益々皇室の繁栄と国運の隆昌とを永久に希ふ所以に外ならず。之れが編纂の任に当る者、深く心を此に留めむことを要す。

……

これを承けて開かれた第一回の委員総会では、「大

図４　「即位礼紫宸殿御儀図」
（内閣総理大臣大隈重信の寿詞奉読場面）

礼記録編纂大綱」として、「編纂する大礼記録は二種」に分け、「第一種の記録は、永く後代に伝ふる目的を以て編纂するものにして、大礼に関する事項一切を記述し最も詳密なるを旨とする」が、「第二種の記録は、広く国民に周知せしむるの目的を以て編纂するものにして、第一種の記録に就き其の要領を摘記する」ことが確定された。

すなわち、この「大礼記録」は、一方で柳田国男が提言したごとく、「後来この事務に当るべきものの参考の為」に、大礼関係の全事項を網羅した詳密な記録を作るのみならず、他方で「広く国民に周知せしむる」ために、前者の「要領を摘記」したものを作る、という基本方針が決定されたのである。

ついで、六月三十日、第二回の委員総会で第一種の「編纂範囲」と「事務分掌」が定められた。その範囲は、大礼関係の法規と全八項の記録（後述の分掌(2)~(11)）および「記述説明の為め必要なる絵画・図表及び写真」と「秘密事項及び参考資料」から成る。また、その分掌と各々の主な委員は左の通りである。

(1)編纂幹部……石原健三・児玉秀雄・江木翼
(2)大礼に関する法規……牛塚虎太郎

(3)大礼使長官官房に属する事項など……福羽逸人ら四人（書記四人。以下(4)〜(11)にも書記各若干名、省略）
(4)践祚式・即位礼・大嘗祭に関する記録および大礼使典儀部に属する事項……戸田氏共ら四人
(5)大礼使調度部に属する事項……馬場三郎ら二人
(6)大礼使造営部に属する事項……片山東熊ら三人
(7)大礼使車馬部に属する事項……藤波言忠ら二人
(8)大礼使鉄道部に属する事項……古川阪次郎ら二人
(9)大礼使主計部に属する事項……菅原通敬ら二人
(10)（即位礼）寿詞に関する記録……平沼騏一郎ら二人
(11)大礼に伴う要務、奉祝の景況、記念事業等に関する記録……近藤久敬ら三人
(12)史実・文章……多田好問
（嘱託）三上参次・国府種徳・久保得二

※　編纂範囲にいう「大礼使の事務沿革及び人事」と「大礼使職務事務」に関する記録は(3)に入る。また(11)の内容は、編纂範囲にいう「授爵・贈位・叙位・叙勲・大礼記念章・恩赦・養老・賑恤・斎田免租・警戒・観兵式・観艦式・宮中夜宴・夜会・大礼奉祝唱歌・記念郵便葉書及び切手・大礼式場跡拝観及び拝観人の鉄道輸送等、大礼に伴ふ要務」「内外各地方国民大礼奉祝の景況」「大礼記念事業・贈呈品・献上品及び賀表の主なるもの」に関する記録を指す。

こうして編纂の範囲と分掌が定まったので、直ちに分掌事項の編纂材料を内閣書記官長から各関係官庁に照会している。即位礼・大嘗祭を実施するため特別に官制を定めて設けられた大規模な「大礼使」はもちろんのこと、他の官庁にも大礼関係の資料は大切に保管されていたから、その照会には直ちに応ずることができた。

また、七月初めには、幹事と「史実文章係」四人が首相官舎に集まり「編纂注意事項」を協議した。その要点を纏め直せば、次の通りである。

1　各部門に内容を表す標題を付して、それぞれを輯・門・編・章・節・項・目に分ける。各部の記述の重複などを調整するために索引を加える。日付はできるだけ明記する。

2　文体はなるべく公文体を用いるが、専門用語には振り仮名や割注を加える。数字は和算数字を用いるが、図表や欧文の記述には算用数字も使う。「インキ」は紙を汚す虞れがあるので、毛筆書きとするが、図表・欧文はペンでもよい。

3　絵画・図表や写真は、なるべく関係ある章・節・項・目の適当な所に挿入し、それぞれに名称と内容の説明をつける。部門の終りは紙を改め、絵図や写真の挿入箇所も紙を改める。

ついで十月（原文には「十二月」とあるが、前後の関係から十月の誤記とみる）の初め、事務室を内閣記録課の一室に設け、分掌ごとの書記を合計四十人近く任命し、早速「編纂材料の蒐集整理に着手」している。しかも引き続き、幹事が各部門の委員から「編纂完成期日大約の見込」を出させ（十一月六日までに回答）、また児玉秀雄内閣書記官長が地方長官会議の席上で各地の材料提出を依頼したところ、同五年末ころから漸次提出されるようになったという。

そこで、事務室において「大礼記録編纂事務便覧」を作って全職員に配布し、下条幹事が編纂順序を次のごとく定めている。すなわち、

①各委員から材料を幹事に提出する。
②幹事が編纂体裁の該当部門を決定する。
③編纂事務室で材料の適否や文章の繁簡などを審査する（担当、高橋泰・小杉醇）。
④審査ずみの材料を史実文章掛の二人以上に廻付し浄書する。

という段取にしたのである。

しかも、翌六年三月二十二日には、その「編纂材料審査手続」が更めて詳しく定められた。とりわけ④について、

史実文章掛は久保得二嘱託→国府種徳嘱託→多田好問委員→三上参次嘱託の順序で審査し、それぞれ青・黄・黒・朱の墨色で記入すること、この四人で審査を終えた編纂材料は、幹事が再整理して編纂幹部の審査を受け、その上で浄書することになったのである。

また、この段階で、「第一種大礼記録の取扱及び保存」について「其の記述は最も詳密を期し浩瀚に亘るのみならず、其の中に秘密事項もあるを以て、外部には一切秘密と為し、印刷に付せずして単に浄書二本を調製し、一本は内閣に、一本は宮内省に保存する」ことが決定されている。なお、その浄書用紙は、大礼のさい和紙を献上した東京日本橋の紙商中田治三郎が、高知県伊野町にある工場で調製することを命じられた。

かくて同年六月末の期限までに提出された編纂材料は、七月下旬以降次々と編纂幹部の決裁をえたので、いよいよ九月十日から浄書されることになった。その浄書作業は、紙数が一部で一万四千枚（二部で二万八千枚）にも及ぶため、筆耕業隆文社の写字生と校合係だけでは足りない。そこで、浄書分担者を新聞紙上で公募し、応募した百数十名中より選ばれた能書の二十五名も十二月十日から加わった。それによって、翌七年八月三十日までに、計一三一冊各二部が仕上げられたのである。

されば、本記録の編纂は、実のところ大正五年六月の材料収集開始から翌年九月の原稿審査終了まで一年三箇月、その事前準備と原稿浄書の期間を含めても二年四箇月

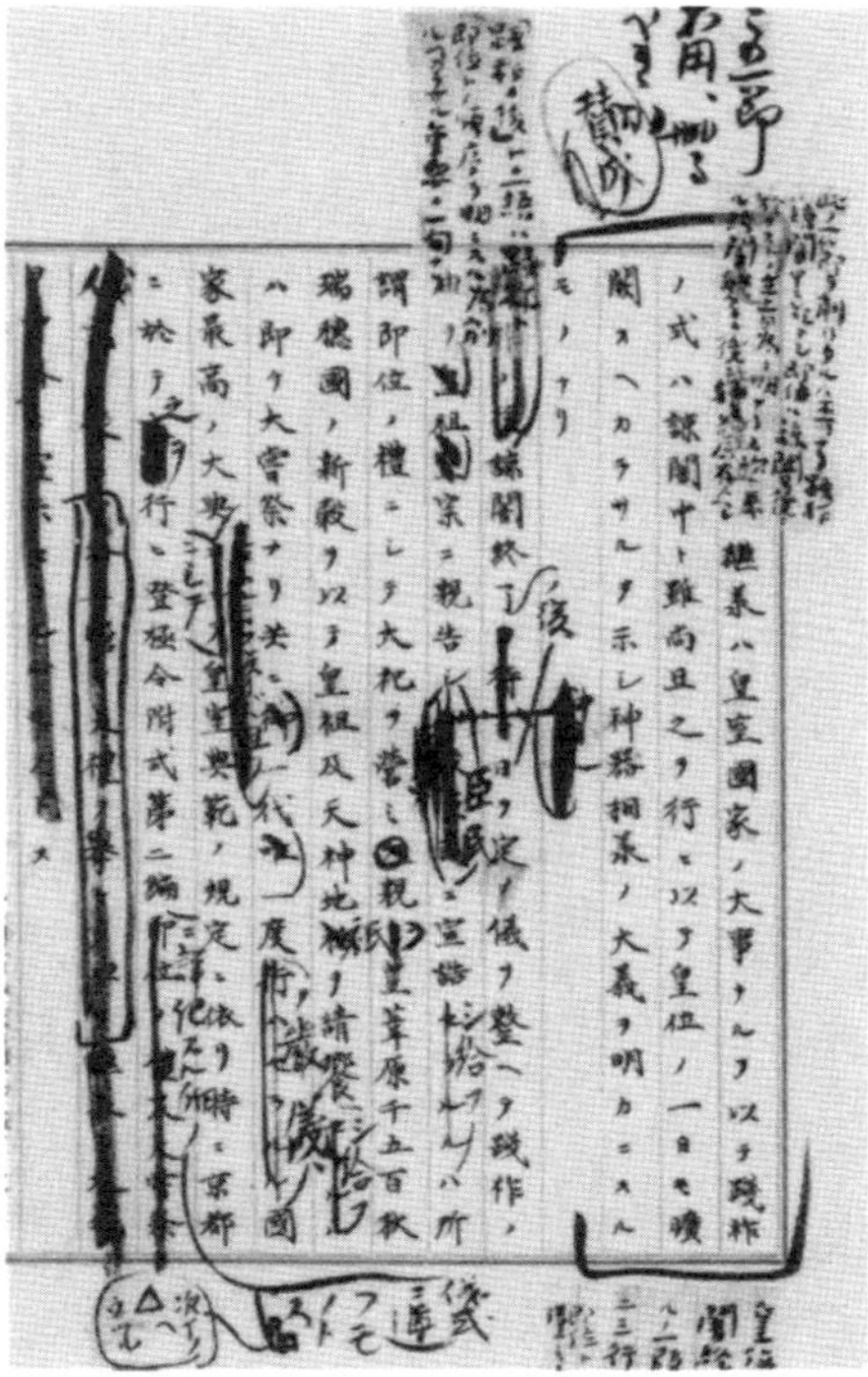

図５　編纂原稿の墨書修正部分
（第１種『大礼記録』二次草稿より）

で完成されたことになる。

四　二種の大礼記録

以上、第一種『大礼記録』の成立経緯を概観してきた。しからば、この膨大な記録を基にして作成され、翌八年八月刊行された第二種『大礼記録』には、どのような内容が盛り込まれているのだろうか。その扉には「大礼記録編纂委員会編纂」とあり（奥付は「内閣書記官室記録課」／頒布所は清水書店。ちなみに頒価二十二円）、例言に次のごとく記されている（要点抄出）。

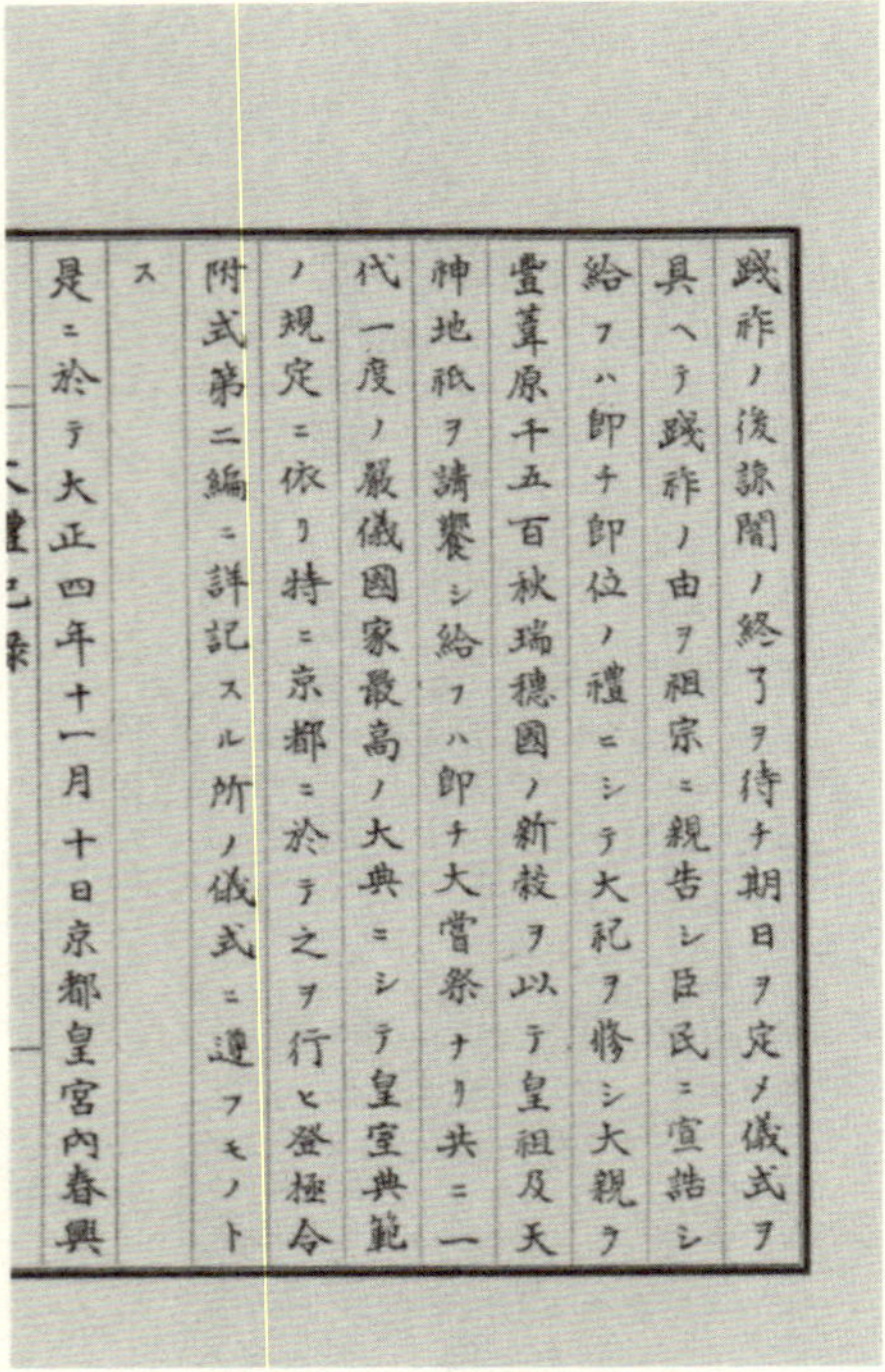
践祚ノ後諒闇ノ終了ヲ待チ期日ヲ定メ儀式ヲ
具ヘテ践祚ノ由ヲ祖宗ニ親告シ臣民ニ宣誥シ
給フハ即チ即位ノ禮ニシテ大祀ヲ修シ大親ラ
豐葦原千五百秋瑞穗國ノ新穀ヲ以テ皇祖及天
神地祇ヲ請饗シ給フハ即チ大嘗祭ナリ共ニ一
代一度ノ嚴儀國家最高ノ大典ニシテ皇室典範
ノ規定ニ依リ特ニ京都ニ於テ之ヲ行ヒ登極令
附式第二編ニ詳記スル所ノ儀式ニ遵フモノト
ス

是ニ於テ大正四年十一月十日京都皇宮内春興

図６　修正後の清書本文
（第１種『大礼記録』巻１より）

①　大礼記録に二種あり。第一種は、永く軌範を後代に貽《のこ》さむが為にする者にして、詳密を旨とし、一切の事項を網羅し、二本を作製して、一は宮内省図書寮に、一は内閣文庫に蔵し、之を世に公にせず。第二種は、儀典の根柢に存する真精神を国民一般に周知せしめむが為にする者にして、本書即ち是れなり。

②　本書は、決して第一種大礼記録を節略したる底の者に非ず。其の材を彼に採りしは勿論なれども、既刊の記乗中、確実と認むる者をも併せて取捨斟酌し、且つなるべく趣致あるを旨とす。

③　本書は、簡約にして要を挙ぐるを主とし……行文も亦た平明捷直を務め……、（ただし）関係法規に基づく用語・専門用語、及び大礼使の慣用語等は、之を襲用して改めず。

④　本書の編纂に参与したる者は、石原健三・伯爵児玉秀雄・下条康麿・文学博士三上参次・多田好問・国府種

〈第一種〉（巻）
第一輯　総叙法規（1～3）
一、総叙　二、法規
三、関係法規
第二輯　践祚改元（4～5）
一、践祚の式　二、改元
第三輯　総務（6～52）
一～五、大礼事務機関
六～九、大礼行事・事業
第四輯　典儀（53～88）
一、総説（53）
二、前儀（54～63）
三、本儀㈠即位礼（64～70）
㈡大嘗祭（71～75）
㈢大饗（76～80）
四、後儀（81～88）
第五輯　調度（89～101）
第六輯　造営（102～111）
第七輯　車馬（112～117）
第八輯　鉄道（118～123）
第九輯　主計（124～127）
第十輯　属編（128）
写真帖四冊及び写真帖目録、裂地帖・大礼調度品絵図目録（7冊）

〈第二種〉（頁）
第一編　序説（1～59）
一、大礼の意義
二、践祚／改元
三、大礼準備委員会並に大礼使
第二編　大礼の準備・施設（60～108）
第三編　大礼前儀・大正三年（109～149）
第四編　大礼前儀・大正四年（150～239）
第五編　大礼本儀㊤即位の礼（240～392）
第六編　大礼本儀㊦大嘗祭（393～474）
第七編　大礼後儀㊤大饗（475～546）
第八編　大礼後儀㊦親謁・還幸（547～640）
第九編　恩典・進献・祝典（641～746）
第十編　大礼余事（747～897）
絵図（2枚）・写真（76葉）

表1　『大礼記録』内容比較

徳・久保得二・高橋泰・渡辺克太郎等なり。

これによれば、④の編纂者は、第一種と同じ主要メンバー（編纂幹部と史実文章係）が関与している。しかし、その内容は①②にいうとおり、単に第一種の要点を摘記しただけでなく、一般国民に大礼の本旨を周知させるよう再編したものである。その一端を目次によって大まかに対比してみよう（表1参照）。

これによれば、第一種は総務に四十七巻、調度・造営・車馬・鉄道・主計・属編（大礼日暦、大礼記録編纂経過概要）に四十巻も宛てている。それらは将来の実務に必要な記録として収められたのであろうが、第二種ではそれらをほとんど省き、大礼の内容を中心に詳述し、一般国民に関係する恩典・進献・祝典および余事（記念事業）も一通り説明している。

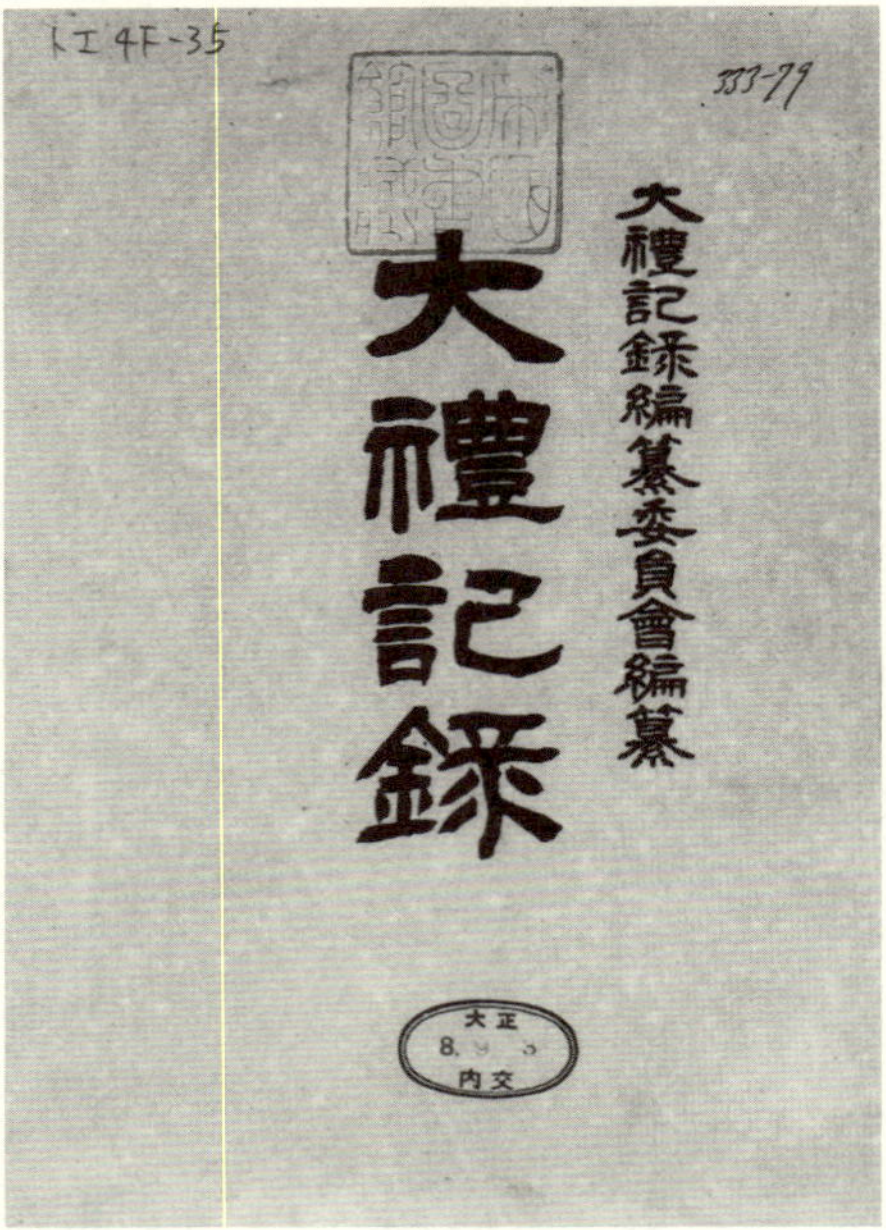

図7　『大礼記録』（大正8年8月刊）扉
（国立国会図書館ウェブサイト）

むすびにかえて

最後に、柳田のいう「国民読本的家庭読本」に近い市販の解説書で管見に入ったものを列挙すれば、左のものがある。

①牛塚虎太郎『大礼要義』（博文館）
②祝儀磨・松平静『大礼講話』（尚友堂）
③植木直一郎『皇室の制度典礼』（小林川流堂、のち第一書房）
④三浦周行『即位礼と大嘗祭』（京都府教育会、のち神社新報社）
⑤『御即位礼及大嘗祭』（御即位記念協会）
⑥鈴木暢幸・小松悦二『御即位式大典録』（御即位大典記念会）
⑦関根正直『即位礼大嘗祭大典講話』（宝文館）
⑧桜井秀『即位大嘗典礼史要』（博音堂）
⑨山田孝雄『御即位大嘗祭大礼通義』（宝文館）
⑩池辺義象・今泉定介『御大礼図譜』（博文館）
⑪神谷初之助『大典義解』（吉川弘文館）

しかしながら、これらはいずれも大礼終了前の大正三・四年に刊行されている。そのため、ほとんど歴史上の文献と『登極令』・附式および大礼途中の入手資料などに基づく解説の域を出ていない。

それに対して第二種の『大礼記録』は、最も詳細な第一種の要約とはいえ、大礼に関係した全機関からの提供資料を基にした政府の公式報告書である。従って、前記の民間で出版された一般むけ解説書よりも正確な大正大礼の概説記録である。これが市販され全国の公的機関（図書館・学校等）にも配備されたことは、柳田国男が期待した以上の措置といえよう。

　まして、その原典である第一種の『大礼記録』は、あらゆる関係資料を網羅したものであり、しかも平成大礼の終了まで七十年以上「一切秘密」とされてきたのである。従って、これをマイクロフィルムにより出版する許可が与えられ、大正大礼の全容解明に資する最大の素材が、広く学界の共有財産となる意義は、きわめて大きいといってよいであろう。

　なお、大正天皇は幼少期の御病気により皇太子期から健康に不安を懐いておられた。しかし、幸い大正四年十一月（満三十六歳）、三週間に及ぶハードな大礼日程を無事に務められた。とりわけ即位礼当日、高御座に登壇しての勅語朗読も堂々と行われたのみならず、十二月九日の東京市民大礼奉祝行事にも馬車で元気に出御しておられる。

　ところが、『大礼記録』（第二種）の公刊された同八年の八月から病状が進行し、同十年十一月には皇太子裕仁親王が摂政として大権を代行されるに至り、同十五年十二月、満四十七歳で崩御された。

図８　『昭和大礼要録』（昭和６年７月刊）表紙
（国立国会図書館ウェブサイト）

　そこで、直ちに摂政宮皇太子（満二十五歳）が践祚して昭和天皇となられ、同三年十一月、再び京都で即位礼と大嘗祭が行われた。この昭和大礼は、すべて大正の『大礼記録』（第一種）を参照しながら、ほとんど同じ日程で順調に進められ、しかも大正に倣って『昭和大礼記録』（部外秘）と『昭和大礼要録』（公刊）も作成されたのである。

（平成十三年七月十五日稿）

付記

前述のごとく、この第一種『大礼記録』には、本文全十輯一二八冊の後に、写真帖四冊および「裂地帖」と「大礼調度品絵図」の目録（計七冊）を収める。そして当然、後二者の本体が国立公文書館（および宮内庁）に現存する。けれども、臨川書店版には加えることができなかったので、ここに概要を付記しておこう。

まず、「裂地帖」は、御裂地の一（御幣物）一七点、その二（御式具）三五点、その三（旛類）一三点、その四～七（天皇・皇族・諸臣・女官らの装束裂地）一六九点、合計七冊二三四点から成る。ほとんどが天地37～51㎝、左右56㎝の分厚いもの（その三は特大）だが、どれも保存状態が良く色鮮やかで、天皇御束帯を始め、大礼に用いられた布地類の標本として参考になる。

また、「大礼調度品絵図」は、合計七〇〇点近くあるが、今のところ天皇の御衣装などに関する絵図は公開されていない。しかし、閲覧可能なものは、高御座・御帳台をはじめ皇族以下の男女装束や賢所御羽車・大嘗宮・御料車など、大礼調度が一点ずつ大きな和紙（天地左右が1ｍを越すものも少なくない）に、実物大か二分の一ないし三分の一ほどの縮尺で描かれている。その多くが極めて精巧に描かれており、有職故実のみならず、服飾・インテリア・美術工芸などの資料としても役立つにちがいない。

なお、本文のなかにも、彩色の付図が数百点以上挿入されている。たとえば、「京都皇宮地大礼設備配置図」「二条離宮大礼（大饗）設備配置図」のように儀場の全体像を把握できる地図・配置図類、「特別儀装車側面図」「掌典乗馬（和鞍）側面図」といった装飾された車馬の色彩を知ることができる絵図類など、資料として重要なものが多い。

（平成三十年三月三十日）

大正『大礼記録』総目次

凡例

一、マイクロフィルム版『大正大礼記録』（臨川書店。以下、臨川書店版）は、「大礼記録総目次」三冊、「大礼記録」一二八冊（全一二八巻）、「写真帖目録」・「裂地帖目録」・「大礼調度品絵図目録」各一冊、「写真帖」四冊の全一三八冊で構成されている。

本章に収録する総目次は、原本の「大礼記録総目次」を基に、適宜加筆・修正を加えたものである。

二、原本の『大礼記録』一二八巻は、本文内容に関わらず、分量により分巻されている。このため本文内容が前巻から続いている巻が存在するが、この場合、総目次では、前巻末尾の項目を再度記すことによりその内容を示した。

三、検索を容易にするため、臨川書店版には、各コマの下部にリール単位の通し番号を入れた。また総目次では、相当する項目の末尾に算用数字でそのコマ数を記載した（例えば、大礼記録第一輯総叙法規(163)）。

（リール１）

【総目次】（1）
大礼記録総目次（上）（第一輯～第三輯）（1）
大礼記録総目次（中）（第四輯）（47）
大礼記録総目次（下）（第五輯～第十輯）（101）

【巻一】（161）
大礼記録第一輯　総叙法規（163）
第一編　総叙（163）
第二編　法規（175）
第一章　法規（175）
第一節　皇室典範の規定（175）
第二節　登極令（176）
第一項　登極令（176）
第二項　登極令附式に引用せる祭式（232）
第一目　皇室祭祀令附式（232）
第二目　神宮の祭式（235）
第三項　登極令施行上の取捨（254）
第一目　取捨に関する御沙汰（254）
第二目　登極令附式中京都に行幸の儀以下の取捨（255）
【巻二】（264）
第二章　関係法規（266）
第一節　元号建定の詔書（266）
第二節　大礼準備委員会規則（268）
第三節　大礼使官制（272）
第一項　官制の制定（272）
第二項　官制の廃止（279）
第三項　大礼使処務規定（282）
第四節　大礼使の事務に関する規程（287）
第一項　旅費に関する制（287）
第一目　大礼使旅費支給規程（287）
第二目　大礼使旅費規則（290）
第三目　大礼使旅費支給規程（291）
第四目　大礼使経費支弁に属する大礼参列者旅費の件（295）
第二項　工作土木及物件の売買貸借等随意契約に依るの制（298）
第三項　建造物及其の附属物譲与の制（299）
第四項　大礼費会計に関する規程（300）
第一目　大礼使会計規程（300）
第二目　大礼使経費及収入取扱細則（318）
第三目　大礼使所属官有財産取扱規程（330）
第四目　大礼使所属工事施行に関する取扱概則（333）
第五目　大礼使所属直営工事施行細則（375）
【巻三】（393）
第五目　大礼使所属直営工事施行細則（395）
第六目　大礼使所属物品買入手続（395）
第七目　大礼使特別用文具規程（407）
第八目　大礼費の支弁に属する雇員及傭人俸給給料支給例（409）
第九目　大礼使職員賄料給与規程（411）
第十目　大礼使物品出納規程（414）
第十一目　大礼使所属設備損料工事請負契約書案並同請負人心得書（460）
第十二目　大礼参列外賓接待旅館用設備物品払下入札人心得書（474）
第五節　大礼に関する規程（485）
第一項　大礼に関し宮内職員増員の制（485）
第二項　大嘗祭斎田の土地免租の制（488）
第三項　大礼供奉近衛騎兵服制（489）
第四項　即位礼及大嘗祭当日神宮並官国幣社以下神社祭祀制（508）
第五項　大礼に関する休日の制（510）
第六項　恩赦並免除（511）
第一目　恩赦の詔書（511）
第二目　減刑（513）
第三目　懲戒又は懲罰の免除（517）

第四目　出納官吏弁償責任の免除（518）
第五目　陸軍に於ける懲罰の免除（520）
第六目　宮内職員の懲戒免除（521）
第七項　大礼記念章の制（522）

（リール2）

【巻四】（1）
大礼記録第二輯　践祚改元（3）
第一編　践祚の式（3）
第一章　賢所の儀並皇霊殿神殿に奉告の儀（3）
第一節　総説（3）
第二節　次第（5）
第三節　御告文祝詞（8）
第四節　神饌（13）
第五節　舗設（16）
第六節　御代拝（17）
第七節　関係員（18）
第八節　時刻（22）
第九節　雑（23）
第二章　剣璽渡御の儀（24）
第一節　総説（24）
第二節　次第附図（26）
第三節　舗設（29）
第四節　参列員（30）
第五節　関係員（32）
第六節　雑（35）
第三章　践祚後朝見の儀（37）
第一節　総説（37）
第二節　次第附図（39）
第三節　勅語奉答文（43）
第四節　参列員（45）
第五節　関係員（108）
第六節　雑（114）
【巻五】（121）
第二編　改元（123）
第一章　元号の建定（123）
第一節　総説（123）
第二節　元号建定の詔書（127）
第二章　元号建定の次第（129）
第一節　元号案並元号建定詔書案作成の次第（129）
第一項　元号案の作成（129）
第一目　元号の勘進（129）
第二目　元号勘文案の作成（135）
第二項　元号建定詔書案の作成（135）
第二節　元号建定詔書案並元号案の枢密院諮詢（136）
第一項　諮詢二案の僉議（136）
第二項　枢密院議長の上奏及通牒（139）
第三節　元号建定の件下付上奏並詔書の公布（141）
第三章　元号建定に関する参照事項（144）
第一節　大正の元号勘進理由（144）
第一項　元号勘進の標準考定（144）
第一目　元号引文並元号文字の標準考定（144）
第二目　元号文字制限に関する諸説（158）
第三目　諸説の綜合より得たる勘進標準（175）
第二項　大正の元号勘進に至りし理由（180）
第一目　大正の元号勘進の根拠（180）
第二目　大正以外の元号案参照事項（193）
第三項　大正改元後に於ける世評の一班（196）
【巻六】（205）
大礼記録第三輯　総務（207）
第一編　大礼事務機関の沿革（207）
第一章　即位礼及大嘗祭準備委員（207）
第二章　第一大礼準備委員会時代（210）
第三章　前大礼使時代（残務共）（217）
第一節　大礼使官制の公布（217）
第二節　大礼使処務規程の設定（223）
第三節　大礼使官制の廃止（226）
第四節　大礼使残務取扱（227）

第四章　第二大礼準備委員会時代 (228)
第五章　後大礼使時代（残務共） (233)
第一節　大礼使官制の公布 (233)
第二節　大礼使処務規程の設定 (239)
第三節　大礼使の事務経過 (242)
第四節　大礼使官制の廃止 (244)
第五節　大礼使残務取扱 (245)

第二編　大礼事務機関の人事 (246)
第一章　即位礼及大嘗祭準備委員 (247)
第二章　第一大礼準備委員会時代 (248)
第一節　任免 (248)
第二節　部属 (255)
第三章　前大礼使時代（残務共） (258)
第一節　任免 (258)
第二節　補職（附部属） (275)
第三節　出張 (300)
第四節　大礼使残務取扱 (304)
第一項　任免 (304)
第二項　部属 (309)
第三項　出張 (314)
第五節　賞与 (315)

【巻七】 (319)
第四章　第二大礼準備委員会時代 (321)
第一節　任免 (321)
第二節　部属 (327)
第五章　後大礼使時代（残務共） (331)
第一節　任免 (331)

（リール3）

【巻八】 (1)
第一節　任免 (3)
第二節　補職（附部属） (67)

【巻九】 (126)
第三節　出張 (128)
第一項　大礼使職員 (128)
第二項　大礼使職員に非ざる者 (153)
第四節　供奉 (178)
第一項　大礼使総裁内閣総理大臣枢密院議長並各省大臣及大礼使職員 (178)
第二項　大礼使職員に非ざる者 (205)

【巻十】 (249)
第五節　大礼使職員の行賞 (251)
第六節　大礼使残務取扱 (300)
第一項　任免 (300)
第二項　部属 (316)
第三項　出張 (323)
第一目　残務取扱 (323)
第二目　残務取扱に非ざる者 (326)
第四項　記念品を交付せられたる者 (327)
第五項　賞与 (327)

【巻十一】 (337)
第三編　大礼準備委員会 (339)
第一章　総説 (339)
第二章　即位礼及大嘗祭準備委員 (340)
第三章　第一大礼準備委員会 (341)

（リール4）

【巻十二】 (1)
第四章　第二大礼準備委員会 (3)

【巻十三】 (126)
第四編　大礼使評議会 (128)
第一章　前の大礼使評議会 (129)
第一節　評議会の組織 (130)
第一項　評議会の規定 (130)
第二項　評議会の職員 (132)
第二節　評議会の事務 (134)
第二章　後の大礼使評議会 (141)
第一節　評議会の組織 (142)
第一項　評議会の規定 (142)
第二項　評議会の職員 (144)
第二節　評議会の事務 (146)
附録　評議会諮詢案 (156)

【巻十四】 (259)
附録　評議会諮詢案 (261)

【巻十五】 (358)
附録　評議会諮詢案 (360)

（リール5）

【巻十六】(1)
第五編　大礼使の庶務　(3)
第一章　総説　(3)
第二章　前大礼使時代　(4)
第一節　一般的事項　(4)
第二節　諸儀　(22)
第一項　日時　(22)
第二項　参列員　(26)
第三項　官庁　(29)
第三節　旅費　(31)
第四節　服装　(32)
第五節　官印　(33)
第六節　物品　(35)
第七節　工事及物件　(38)
第八節　雑　(48)
第三章　後大礼使時代（残務共）(49)
第一節　一般的事項　(49)
第二節　皇室　(51)
第一項　登極令附式　(51)
第二項　行幸行啓　(65)
第一目　鹵簿　(65)
第二目　供奉　(94)
第三目　奉送奉迎　(98)
第四目　御代拝　(112)
【巻十七】(117)
第三節　諸儀　(119)
第一項　日時　(119)
第二項　参列員　(128)
【巻十八】(243)
第四節　服装及徽章　(245)
第一項　服装　(245)
第二項　徽章　(249)
第五節　諸給　(255)
第六節　宿舎　(261)
第七節　新聞通信及写真撮影　(278)
第八節　土地　(311)
第九節　物品　(323)
第十節　工事及物件　(327)
第十一節　寄附　(332)
第十二節　雑　(334)
【巻十九】(338)
第六編　即位礼勅語並寿詞　(340)
第一章　即位礼勅語並寿詞本文　(340)
第一節　即位礼勅語本文　(340)
第二節　寿詞本文　(342)
第二章　勅語案並寿詞案の起草　(345)
第一節　勅語案並寿詞案取調起草委員の任命　(345)
第二節　勅語案並寿詞案の内容及文体に関する大体の決定　(347)
第三節　勅語案立案起草の次第　(352)
第一項　勅語案立案経過　(352)
（一）立案要項の協定　(352)
（二）立案起稿の著手　(356)
（三）立案委員の主持評駁　(371)
（四）折衷案作製説　(372)
（五）平沼多田折衷第二案並股野第二案提出決定　(380)
（六）長官宣房の取調起草委員会開議準備　(384)
第二項　勅語案並寿詞案取調起草委員会の勅語案会議経過　(386)
（一）第一回勅語案会議　(386)
（二）第二回勅語案会議　(389)
（三）折衷修正案の作製　(390)
（イ）高橋第一案　(390)
（ロ）高橋第二案　(401)
（ハ）平沼股野高橋協定案　(403)
（四）第三回勅語案会議　(406)
（イ）第一修正案（第一委員会案）(406)
（ロ）第二修正案（第二委員会案）(416)
（五）第四回勅語案会議　(424)
（イ）第三修正案（第三委員会案）(424)
（ロ）第四修正案（確定案）(430)
第四節　寿詞案起草之次第　(442)
第一項　寿詞案立案起草経過　(442)
（一）立案要項の協定　(442)

（二）立案起稿の著手 (443)
（三）平沼多田折衷案並股野案の提出 (455)
第二項　勅語案並寿詞案取調起草委員会の寿詞案会商経過 (459)
（一）第一回並第二回寿詞案会商 (459)
（二）第三回寿詞案会商 (460)
（三）第四回寿詞案会商 (465)
(イ)　取調起草委員会案の修正 (465)
(ロ)　寿詞案の確定 (469)

（リール６）

【巻二十】(1)
第三章　即位礼に関聯せる陸海軍大臣の訓示 (3)
第一節　即位礼勅語に関する陸軍大臣の訓示 (3)
第二節　大礼観兵式及特別観艦式に関する陸海軍大臣の訓示 (5)
第四章　参考資料 (7)
第一節　即位礼大嘗祭を挙行せらるるに際し希望の件 (7)
第二節　皇祖皇宗皇考 (21)
第一項　皇祖皇宗の用語に関する調査資料 (21)
第二項　皇祖皇宗並皇考の用例に関する調査資料 (24)
第三節　即位礼及大嘗祭に用ゐられたる宣命寿詞の例 (37)
第一項　即位礼に関するもの (37)
第二項　大嘗祭に関するもの (68)
第四節　支那に於ける登極の詔 (76)
第五節　上表箋首末式及表箋 (93)
第一項　上表箋首末式 (93)
第二項　表 (94)
第三項　箋 (99)
第六節　英露独三国皇帝戴冠式に関する件 (105)
第一項　英国皇帝戴冠式に関する資料 (105)
第二項　露国皇帝戴冠式に関する資料 (118)
第三項　独逸皇帝戴冠式に関する資料 (127)

【巻二十一】(143)
第七編　大礼饗宴 (145)
第一章　総説 (145)
第一節　大饗 (145)
第二節　大饗の献立 (147)
第三節　大饗献立の決定 (151)
第四節　大饗の膳羞に従事したる者の服装 (157)
第五節　大饗の業務に従事したる職員の健康診断 (158)
第六節　大饗第一日及第二日賜宴配膳 (159)
第七節　大饗第二日食卓上及夜宴卓上の装花 (161)
第八節　大饗に使用したる飲食器具及装花器 (165)
第九節　大饗第二日及夜宴に於ける喫煙所の施設 (167)
第十節　大饗第一日及第二日饗宴料理の調製 (168)
第十一節　大饗宴場に於ける調理所 (170)
附一　饗宴行程表 (171)
附二　大饗第一、第二日、配膳人行程一覧表 (174)
第二章　大饗第一日 (176)
第一節　大饗第一日供進の清酒 (176)
第二節　大饗第一日玉食台盤盛図 (179)
第三節　大饗第一日料理注文書 (182)
第四節　大饗第一日賜宴卓配置図 (186)
第五節　大饗第一日賜宴卓上配膳図 (192)
附一　大饗第一日賜宴献立並主要材料産地 (204)
附二　大饗第一日卓上設備所要時間表 (207)
第三章　大饗第二日 (209)

第一節　大饗第二日供進の葡萄酒　(209)
第二節　大饗第二日献立用紙の調製　(211)
第三節　大饗第二日賜宴料理注文書　(212)
第四節　大饗第二日賜宴卓上装飾配置図　(216)
第五節　大饗第二日賜宴主要料理盛付図　(222)
附一　大饗第二日賜宴献立並主要材料産地　(234)
附二　大饗第二日卓上設備所要時間表　(237)
附三　大饗第二日卓子椅子等撤却及丸卓敷設所要時間表　(239)
【巻二十二】　(243)
第四章　大饗夜宴　(245)
第一節　大饗夜宴料理注文書　(245)
第二節　大饗夜宴卓上装飾及配置図　(248)
附　大饗夜宴卓上設備所要時間表　(256)
附録一　即位礼当日参列諸員に賜りたる弁当の献立　(258)
附録二　大嘗祭当夜参列諸員に賜りたる認の献立　(259)
第五章　地方饗饌　(260)
第一節　地方に於て賜はせらるべき饗饌の日時場所服装及範囲　(260)
第二節　各地方庁に於ける饗饌の事務並状況　(283)
第一項　準備　(283)
第二項　実施　(293)
第三節　陸軍省所管の地方饗饌の事務並状況　(307)
第一項　準備　(307)
第二項　実施　(317)
第四節　海軍省所管の地方饗饌の事務並状況　(327)
第一項　準備　(327)
第二項　実施　(338)
【巻二十三】　(352)
第八編　大礼に伴ふ要務　(354)
第一章　恩賞　(354)
第一節　贈位　(354)
【巻二十四】　(448)
第一節　贈位　(450)
（リール7）
【巻二十五】（1）
第一節　贈位（3）
【巻二十六】　(116)
第一節　贈位　(118)
【巻二十七】　(242)
第二節　叙位　(244)
第三節　叙勲（外国使節を含む）　(289)
【巻二十八】　(329)
第四節　授爵　(331)
【巻二十九】　(406)
第二章　恩赦　(408)
第一節　閣議決定　(408)
第二節　恩赦に関する詔書勅令軍令其の他　(413)
第一項　詔書　(414)
第二項　減刑に関する制　(414)
第三項　懲戒又は懲罰の免除に関する制　(417)
第四項　出納官吏弁償責任の免除に関する制　(419)
第五項　陸軍に於ける懲罰の免除に関する制　(419)
第六項　台湾総督府令及関東都督府告示　(420)
第三節　恩赦執行　(422)
第一項　内地　(422)
第二項　朝鮮台湾及関東州　(425)
第三項　陸軍及海軍　(434)
第四節　恩典赦宥に関する先例　(441)
第三章　養老賑恤並御下賜金　(483)
第一節　養老賑恤　(483)
第二節　御下賜金　(492)
第四章　神宮へ神宝御奉納　(493)
第一節　神宝御奉納の次第　(493)

第一項　神宝御奉納の上申　(493)
第二項　御奉納の時期品目　(500)
第二節　神宝品目御治定　(504)
第三節　神宝御奉納　(506)

（リール8）

【巻三十】(1)
第五章　大礼観兵式　(3)
第一節　大礼観兵式準備及施設　(3)
第一項　大礼観兵式要領　(3)
第二項　大礼観兵式委員執務規程　(5)
第三項　大礼観兵式要領細則　(16)
第四項　諸兵指揮官以下任命並大礼観兵式に関する命令　(27)
第五項　大礼観兵式出場部隊宿営並陪観者設備　(55)
第二節　大礼観兵式実施　(59)
第一項　行幸　(59)
第二項　閲兵式　(61)
第三項　分列式　(67)
第四項　勅語拝受　(68)
第五項　還幸　(78)
第六項　附記　(78)

【巻三十一】(91)
第六章　特別観艦式　(93)
第一節　特別観艦式準備及施設　(93)
第一項　特別観艦式艦隊の編成　(93)
第二項　事務委員任命及其の事務　(97)
第三項　御召艦供奉艦賜餐艦等の設備　(109)
第四項　賜餐に召させらるべき者の範囲　(122)
第五項　式場の設備及警戒　(129)
第六項　陪観者及拝観者準備　(147)
第七項　飛行機に関する諸準備　(156)
第八項　命令及訓令其の他　(165)
第二節　特別観艦式実施　(189)
第一項　行幸　(189)
第二項　御親閲　(192)
第三項　拝謁及勅語拝受　(193)
第四項　陪観及拝観　(201)
第五項　賜餐　(203)
第六項　還幸　(204)

【巻三十二】(208)
第七章　宮中晩餐並夜宴　(210)
第一節　晩餐並夜宴の準備　(210)
第一項　期日御治定　(210)
第二項　召状　(212)
第三項　晩餐に召させらるべき人名　(215)
第四項　夜宴に召させらるべき者の範囲及其の人員　(224)
第五項　晩餐並夜宴の次第　(227)
第二節　晩餐並夜宴の実施　(233)
第一項　晩餐並夜宴の光景　(233)
第二項　晩餐に於ける席割其の他　(241)
第三項　夜宴に於ける席割其の他　(248)
第四項　管絃楽及吹奏楽　(258)
第五項　能楽　(264)
第八章　東京市奉祝会行幸　(273)
第九章　大臣祝宴　(296)
第一節　内閣総理大臣大礼奉祝夜会　(296)
第一項　内閣総理大臣大礼奉祝夜会の準備　(296)
第一目　案内範囲並其の人員　(296)
第二目　会場内外の設備　(304)
第三目　会場並其の設備図　(312)
第四目　役員及其の部署　(319)
第二項　夜会の光景　(339)
第三項　夜会に関する経費　(342)
第二節　外務大臣大礼奉祝夜会　(343)
第一項　外務大臣奉祝夜会の準備　(343)
第一目　案内状　(344)
第二目　案内状発送範囲並其の人員　(345)
第三目　接待委員心得　(347)
第四目　接待員部署　(352)
第二項　夜会の光景　(359)
第三項　夜会に関する経費　(361)

【巻三十三】(368)
第十章　大礼記念章　(370)
第一節　前大礼使時代　(370)

第二節　大礼使時代（376）
第三節　大礼記念章授与数（380）
第十一章　警衛及警戒（390）
第一節　総説（390）
第一項　内務大臣指示事項（391）
第二項　警察部長打合会協議事項並参考資料（393）
第三項　内務大臣訓示大要（485）
（リール9）
【巻三十四】（1）
第二節　警視庁（東京府）（3）
第一項　主要なる警衛取締（3）
第一目　大礼警衛隊（5）
第二目　大礼観兵式行幸警衛隊（26）
第三目　大礼観艦式行幸警衛隊（47）
第四目　大礼祝賀会行幸警衛隊（58）
第五目　附記（82）
第二項　警衛心得（86）
【巻三十五】（127）
第二項　警衛心得（129）
第三項　司法及保安（129）
第一目　司法（129）
第二目　保安（132）
第四項　消防（174）
第一目　一般警戒（174）
第二目　大礼行幸還幸並観兵式観艦式祝賀会行幸の警戒（180）
【巻三十六】（204）
第三節　京都府（206）
第一項　警衛警備（206）
第一目　警衛心得（206）
第二目　警衛部隊の編成（233）
第三目　警備要員（237）
第四目　京都皇居警衛（279）
第五目　二条離宮警備（298）
第六目　京都駅警備（303）
【巻三十七】（312）
第六目　京都駅警備（314）
第七目　桃山御陵地域及其の附近の警備（322）
第八目　泉涌寺地域警備（325）
第九目　行幸御道筋警備（326）
第十目　汽車沿道警備（346）
第十一目　行啓御道筋警備（360）
第十二目　淳宮高松宮両皇子殿下の御警衛（370）
第十三目　行幸啓鹵簿警衛（377）
第十四目　汽車警衛（389）
第十五目　皇族御警衛（393）
第十六目　外国使節警衛（406）
第十七目　勅使警衛（411）
第十八目　大臣及同礼遇者警衛（414）
第十九目　警衛上に関する訓令（416）
第二十目　各署残留員勤務（419）
【巻三十八】（424）
第二項　高等警察（426）
第一目　高等警察事項に関する綱領（426）
第二目　精神病者に関する事項（427）
第三目　御用人夫身許調査に関する事項（444）
第四目　人力車輓夫自動車運転手車掌身許調査に関する事項（447）
第五目　御肖像及御宸筆に関する事項（450）
第六目　菊花章御紋に関する事項（451）
第七目　鹵簿撮影に関する事項（452）
第八目　新聞記者に関する事項（458）
第九目　新聞紙其の他の刊行物に関する事項（468）
第三項　保安（469）
第一目　交通（470）
第二目　電気瓦斯火薬石油（487）
第三目　製造場工場劇場興行場湯屋（495）
（リール10）
【巻三十九】（1）
第四目　司法（3）
第四項　消防（41）

【巻四十】(86)
第四節　大礼関係地方　(88)
第一項　神奈川県　(89)
第一目　警務　(89)
第二項　奈良県　(112)
第三項　三重県　(118)
第四項　愛知県　(128)
第一目　大礼警衛隊　(128)
第二目　視察警戒其の他　(149)
第五項　静岡県　(169)
第一目　鉄道沿道の警戒　(169)
第二目　即位礼当日警戒　(186)
第三目　官国幣社大嘗祭当日警戒　(187)
【巻四十一】(193)
第六項　滋賀県　(195)
第一目　計画　(195)
第二目　実施　(209)
第七項　岐阜県　(235)
第一目　警衛の計画及実施　(235)
第二目　警戒取締其の他　(255)
【巻四十二】(268)
第五節　大礼関係以外の地方　(270)
第六節　陸軍及海軍　(290)
第一項　陸軍の警衛及警戒　(290)
第二項　海軍の警備及警戒　(320)

【巻四十三】(349)
第十二章　衛生　(351)
第一節　総説　(352)
第一項　大礼衛生諸費　(352)
第二項　大礼関係衛生施設上の主要統計　(355)
第三項　伝染病の状況　(366)
第四項　海港検疫　(372)
第二節　鉄道院及各省　(386)
第一項　鉄道院　(386)
第二項　宮内省　(404)
第三項　内務省　(414)
第四項　陸軍省　(440)
第五項　海軍省　(440)
第六項　司法省　(440)
第七項　文部省　(447)
（リール11）
【巻四十四】(1)
第三節　大礼関係地方　(3)
第一項　東京府　(3)
第二項　京都府　(38)
【巻四十五】(126)
第三項　大阪府　(128)
【巻四十六】(244)
第四項　神奈川県　(246)
第五項　兵庫県　(264)
第六項　奈良県　(288)

第七項　三重県　(297)
第八項　愛知県　(309)
第九項　香川県　(351)
第四節　大礼関係以外の地方　(360)
第一項　御通過沿道及救護事項　(360)
第二項　衛生通達　(361)
第三項　飲料水　(362)
第四項　飲食物及飲食用器具類　(363)
第五項　営業者の取締　(364)
第六項　其の他の衛生施設　(364)
第十三章　大礼奉祝唱歌　(365)
第一節　歌詞募集　(365)
第二節　楽譜募集　(370)
第三節　大礼奉祝唱歌　(374)
【巻四十七】(381)
第九編　大礼奉祝の景況並記念事業　(383)
第一章　大礼記念郵便葉書切手及貯金台紙其の他　(383)
第二章　記念事業　(404)
第一節　総説　(404)
第二節　各地方に於ける大礼記念事業　(411)
第一目　北海道庁　(412)
第二目　東京府　(412)
第三目　京都府　(417)
第四目　大阪府　(423)

第五目　神奈川県　(425)
第六目　兵庫県　(428)
第七目　長崎県　(429)
第八目　新潟県　(430)
第九目　埼玉県　(431)
第十目　群馬県　(433)
第十一目　千葉県　(434)
第十二目　茨城県　(435)
第十三目　栃木県　(436)
第十四目　奈良県　(437)
第十五目　三重県　(440)
第十六目　愛知県　(441)
第十七目　静岡県　(445)
第十八目　山梨県　(446)
第十九目　滋賀県　(448)
第二十目　岐阜県　(449)
第二十一目　長野県　(451)
第二十二目　宮城県　(452)
第二十三目　福島県　(453)
第二十四目　岩手県　(454)
第二十五目　青森県　(456)
第二十六目　山形県　(456)
第二十七目　秋田県　(458)
第二十八目　福井県　(459)
第二十九目　石川県　(462)
第三十目　富山県　(464)
第三十一目　鳥取県　(465)

第三十二目　島根県　(467)
第三十三目　岡山県　(468)
第三十四目　広島県　(469)
第三十五目　山口県　(473)
第三十六目　和歌山県　(475)
第三十七目　徳島県　(476)
第三十八目　香川県　(477)
第三十九目　愛媛県　(479)
第四十目　高知県　(481)
第四十一目　福岡県　(483)
第四十二目　大分県　(485)
第四十三目　佐賀県　(486)
第四十四目　熊本県　(488)
第四十五目　宮崎県　(489)
第四十六目　鹿児島県　(491)
第四十七目　沖縄県　(492)
第四十八目　朝鮮総督府　(493)
第四十九目　台湾総督府　(495)
第五十目　関東都督府　(503)
第五十一目　樺太庁　(512)
第三節　海外に於ける大礼記念事業　(514)
第一目　北京　(514)
第二目　天津　(515)
第三目　芝罘　(515)
第四目　済南　(516)
第五目　上海　(516)
第六目　漢口　(516)

第七目　厦門　(517)
第八目　浦塩斯徳　(519)
第九目　桑港　(519)
第十目　ロスアンゼルス　(520)
第十一目　晩香坡　(522)
第十二目　ホノルル　(522)
第十三目　マニラ　(524)

（リール12）

【巻四十八】(1)
第三章　賀表贈呈品及献上品　(3)
第一節　賀表　(3)
第二節　贈呈品　(130)
【巻四十九】(135)
第三節　献上品　(137)
【巻五十】(234)
第三節　献上品　(236)
【巻五十一】(334)
第四章　国民大礼奉祝の景況　(336)
第一節　各地方大礼奉祝の景況　(336)
第一項　総説　(336)
第二項　大礼関係地方　(342)
第一目　東京府　(342)
第二目　神奈川県　(346)
第三目　静岡県　(349)
第四目　愛知県　(352)
第五目　京都府　(357)
第六目　三重県　(365)

第七目　奈良県 (369)
第八目　香川県 (372)
第三項　大礼関係以外の地方 (373)
第一目　内地各府県 (373)
第二目　台湾総督府 (377)
第三目　朝鮮総督府 (381)
第四目　関東都督府 (390)
第五目　樺太庁 (391)
第二節　海外各地方国民大礼奉祝の景況 (399)
第一項　亜細亜 (399)
第一目　遼陽 (399)
第二目　奉天 (403)
第三目　新民府 (405)
第四目　鉄嶺 (407)
第五目　長春 (410)
第六目　吉林 (411)
第七目　哈爾賓 (413)
第八目　斉々哈爾 (414)
第九目　間島 (417)
第十目　局子街 (419)
第十一目　頭道溝 (422)
第十二目　琿春 (423)
第十三目　安東 (427)
第十四目　天津 (428)
第十五目　北京 (430)
第十六目　芝罘 (432)
第十七目　済南 (435)
第十八目　上海 (436)
第十九目　蘇州 (440)
第二十目　杭州 (443)
第二十一目　南京 (446)
第二十二目　九江 (449)
第二十三目　漢口 (453)
第二十四目　長沙 (454)
第二十五目　沙市 (456)
第二十六目　重慶 (458)
第二十七目　福州 (460)
第二十八目　厦門 (462)
第二十九目　汕頭 (464)
第三十目　広東 (466)
第三十一目　盤谷 (467)
第三十二目　香港 (469)
第三十三目　柴棍 (472)
第三十四目　新嘉坡 (474)
第三十五目　カルカッタ (475)
第三十六目　孟買 (476)
第三十七目　バタビア (478)
第三十八目　マニラ (479)
第三十九目　浦塩斯徳 (483)
第四十目　ニコラエウスク (485)

（リール13）

【巻五十二】 (1)
第二項　欧羅巴 (3)
第一目　巴里 (3)
第二目　里昂 (5)
第三目　倫敦 (5)
第四目　羅馬 (11)
第五目　ペトログラード (11)
第六目　莫斯科 (12)
第七目　ハーヴル (13)
第八目　マドリッド (14)
第九目　アムステルダム (16)
第十目　ストックホルム (17)
第三項　濠州 (18)
第一目　シドニー (18)
第四項　太洋州 (22)
第一目　ホノルル (22)
第五項　北亜米利加 (28)
第一目　華盛頓 (28)
第二目　紐育 (34)
第三目　市俄古 (36)
第四目　シアトル (38)
第五目　ポートランド (41)
第六目　桑港 (45)
第七目　ロスアンゼルス (46)
第八目　墨其西哥 (49)
第九目　オタワ (51)
第十目　晩香坡 (53)
第六項　南亜米利加 (55)
第一目　里馬 (55)

第二目　サンチヤゴ（60）
第三目　リオ、デ、ジャネイロ（61）
第四目　サンパウロ（67）
第五章　式場跡拝観（69）

【巻五十三】（84）
大礼記録第四輯　典儀（86）
第一編　総説（86）
第一章　大社各儀の経過（86）
第一節　各儀経過の大要（86）
第二節　前大礼使時代に行はれたる儀式（91）
第三節　大礼使時代に行はれたる儀式（93）
第二章　準備調査（97）
第一節　各儀の次第（97）
第一項　附式に記載せる各儀次第（97）
第二項　附式以外の各儀次第（111）
第二節　建設物（112）
第三節　鹵簿（118）
第四節　儀衛（121）
第五節　幣物（125）
第六節　神饌（129）
第七節　装束（135）
第一項　新調品（135）
第二項　借入品（152）
第八節　物品（153）
第一項　新調品（153）
第二項　借入品（157）
第三章　人事（158）
第一節　前大礼使時代（158）
第一項　任免（158）
第二項　事務分担（163）
第三項　出張（167）
第二節　大礼使時代（169）
第一項　任免（169）
第二項　事務分担（201）
第三項　出張（206）
第四項　職員外の使用（213）

【巻五十四】（248）
第二編　前儀（250）
第一章　大正三年期日奉告（250）
第一節　賢所皇霊殿神殿に期日奉告の儀（250）
第一項　総説（250）
第二項　次第（257）
第三項　舗設（260）
第四項　御告文祝詞（261）
第五項　幣物（265）
第六項　神饌（266）
第七項　奏楽（268）
第八項　調度（268）
第九項　時刻（270）
第十項　参列員（272）
第十一項　関係員（335）
第十二項　雑（339）
第二節　神宮神武天皇山陵並前帝四代の山陵に勅使発遣の儀（339）
第一項　総説（339）
第二項　次第（342）
第三項　舗設（346）
第四項　勅語（350）
第五項　調度（350）
第六項　時刻（351）
第七項　勅使（351）
第八項　参列員（353）
第九項　関係員（354）
第十項　雑（355）

【巻五十五】（359）
第三節　神宮に奉幣の儀（361）
第一項　総説（361）
第二項　次第（366）
第三項　舗設（395）
第四項　御祭文祝詞（395）
第五項　幣物（414）
第六項　神饌（417）
第七項　奏楽（420）
第八項　調度（421）
第九項　勅使（423）
第十項　儀衛（425）

第十一項　関係員 (427)
第十二項　雑 (443)

（リール14）

【巻五十六】(1)
第四節　神武天皇山陵に奉幣の儀 (3)
第一項　総説 (3)
第二項　次第 (5)
第三項　舗設 (6)
第四項　御祭文祝詞 (7)
第五項　幣物 (9)
第六項　神饌 (10)
第七項　奏楽 (11)
第八項　調度 (11)
第九項　勅使 (13)
第十項　儀衛 (14)
第十一項　関係員 (15)
第十二項　雑 (17)
第五節　明治天皇山陵に奉幣の儀 (18)
第一項　総説 (18)
第二項　次第 (20)
第三項　舗設 (21)
第四項　御祭文祝詞 (22)
第五項　幣物 (23)
第六項　神饌 (25)
第七項　奏楽 (25)
第八項　調度 (26)
第九項　勅使 (27)
第十項　儀衛 (29)
第十一項　関係員 (30)
第十二項　雑 (32)
第六節　孝明天皇山陵に奉幣の儀 (32)
第一項　総説 (32)
第二項　次第 (34)
第三項　舗設 (35)
第四項　御祭文祝詞 (36)
第五項　幣物 (37)
第六項　神饌 (39)
第七項　奏楽 (39)
第八項　調度 (40)
第九項　勅使 (41)
第十項　儀衛 (42)
第十一項　関係員 (43)
第十二項　雑 (44)
第七節　仁孝天皇山陵並光格天皇山陵に奉幣の義 (45)
第一項　総説 (45)
第二項　次第 (47)
第三項　舗設 (48)
第四項　御祭文祝詞 (49)
第五項　幣物 (52)
第六項　神饌 (54)
第七項　奏楽 (55)
第八項　調度 (55)
第九項　勅使 (57)
第十項　儀衛 (57)
第十一項　関係員 (57)
第十二項　雑 (58)
第二章　斎田点定 (58)
第一節　斎田点定の儀 (58)
第一項　総説 (58)
第二項　次第 (60)
第三項　舗設 (69)
第四項　祝詞 (73)
第五項　神饌 (75)
第六項　奏楽 (76)
第七項　調度 (76)
第八項　亀卜 (77)
第九項　時刻 (80)
第十項　参列員 (82)
第十一項　関係員 (86)
第十二項　雑 (89)
第二節　斎田点定の先例 (89)
第三章　大礼延期奉告の儀 (99)
第一節　総説 (99)
第二節　賢所皇霊殿神殿の儀 (100)
第三節　神宮の儀 (105)
第四節　神武天皇山陵の儀 (125)
第五節　明治天皇山陵の儀 (127)
第六節　孝明天皇山陵の儀 (129)
第七節　仁孝天皇山陵並光格天皇山陵の儀 (131)

【巻五十七】(137)
第四章　大正四年期日奉告 (139)
第一節　賢所皇霊殿神殿に期日奉告の儀 (139)
第一項　総説 (139)
第二項　次第 (146)
第三項　舗設 (150)
第四項　御告文祝詞 (151)
第五項　幣物 (155)
第六項　神饌 (155)
第七項　奏楽 (157)
第八項　調度 (158)
第九項　時刻 (160)
第十項　御代拝 (162)
第十一項　参列員 (162)
第十二項　関係員 (231)
第十三項　雑 (235)
第二節　神宮神武天皇山陵並前帝四代の山陵に勅使発遣の儀 (236)
第一項　総説 (236)
第二項　次第 (242)
第三項　舗設 (244)
第四項　勅語 (248)
第五項　調度 (248)
第六項　時刻 (249)
第七項　勅使 (249)
第八項　参列員 (251)
第九項　関係員 (252)
第十項　雑 (254)
【巻五十八】(258)
第三節　神宮に奉幣の儀 (260)
第一項　総説 (260)
第二項　次第 (289)
第三項　舗設 (300)
第四項　御祭文祝詞 (301)
第五項　幣物 (318)
第六項　神饌 (322)
第七項　奏楽 (324)
第八項　調度 (325)
第九項　勅使 (327)
第十項　儀衛 (329)
第十一項　関係員 (331)
第十二項　雑 (347)
第四節　神武天皇山陵に奉幣の儀 (348)
第一項　総説 (348)
第二項　次第 (354)
第三項　舗設 (355)
第四項　御祭文祝詞 (360)
第五項　幣物 (362)
第六項　神饌 (363)
第七項　奏楽 (364)
第八項　調度 (364)
第九項　勅使 (365)
第十項　儀衛 (366)
第十一項　関係員 (368)
第十二項　雑 (369)
第五節　明治天皇山陵に奉幣の儀 (370)
第一項　総説 (370)
第二項　次第 (375)
第三項　舗設 (376)
第四項　御祭文祝詞 (380)
第五項　幣物 (382)
第六項　神饌 (383)
第七項　奏楽 (384)
第八項　調度 (384)
第九項　勅使 (385)
第十項　儀衛 (387)
第十一項　関係員 (388)
第十二項　雑 (389)
第六節　孝明天皇山陵に奉幣の儀 (390)
第一項　総説 (390)
第二項　次第 (394)
第三項　舗設 (395)
第四項　御祭文祝詞 (399)
第五項　幣物 (401)
第六項　神饌 (402)
第七項　奏楽 (402)
第八項　調度 (403)
第九項　勅使 (404)
第十項　儀衛 (405)
第十一項　関係員 (406)

第十二項　雑　(407)
第七節　仁孝天皇山陵並光格天皇山陵に奉幣の儀　(407)
第一項　総説　(407)
第二項　次第　(413)
第三項　舗設　(414)
第四項　御祭文祝詞　(417)
第五項　幣物　(420)
第六項　神饌　(422)
第七項　奏楽　(422)
第八項　調度　(423)
第九項　勅使　(424)
第十項　儀衛　(425)
第十一項　関係員　(425)
第十二項　雑　(426)
【巻五十九】　(430)
第五章　斎田抜穂　(432)
第一節　悠紀斎田斎場地鎮祭の儀　(432)
第一項　総説　(432)
第二項　次第　(436)
第三項　舗設　(437)
第四項　祝詞　(440)
第五項　幣物鎮物　(441)
第六項　神饌　(442)
第七項　調度　(443)
第八項　参列員　(444)
第九項　関係員　(445)
第十項　雑　(446)
第二節　悠紀斎田抜穂前一日大祓の儀　(447)
第一項　総説　(447)
第二項　次第　(452)
第三項　舗設　(453)
第四項　大祓詞　(454)
第五項　調度　(456)
第六項　抜穂使　(458)
第七項　儀衛　(460)
第八項　関係員　(460)
第九項　雑　(462)
第三節　悠紀斎田抜穂の儀　(463)
第一項　総説　(463)
第二項　次第　(470)
第三項　舗設　(472)
第四項　祝詞　(474)
第五項　幣物　(477)
第六項　神饌　(477)
第七項　調度　(478)
第八項　抜穂使　(481)
第九項　儀衛　(482)
第十項　関係員　(482)
第十一項　雑　(482)
附　悠紀斎田新穀供納の式　(483)
第一項　総説　(483)
第二項　次第　(486)
第三項　舗設　(487)
第四項　関係員　(488)
第五項　雑　(490)
第四節　主基斎田斎場地鎮祭の儀　(490)
第一項　総説　(490)
第二項　次第　(493)
第三項　舗設　(493)
第四項　祝詞　(493)
第五項　幣物鎮物　(494)
第六項　神饌　(495)
第七項　調度　(495)
第八項　参列員　(495)
第九項　関係員　(496)
第十項　雑　(497)
第五節　主基斎田抜穂前一日大祓の儀　(497)
第一項　総説　(497)
第二項　次第　(501)
第三項　舗設　(502)
第四項　大祓詞　(503)
第五項　調度　(503)
第六項　抜穂使　(503)
第七項　儀衛　(504)
第八項　関係員　(505)
第九項　雑　(506)
第六節　主基斎田抜穂の儀　(507)
第一項　総説　(507)

第二項　次第 (509)
第三項　舗設 (511)
第四項　祝詞 (512)
第五項　幣物 (514)
第六項　神饌 (514)
第七項　調度 (514)
第八項　抜穂使 (514)
第九項　儀衛 (515)
第十項　関係員 (515)
第十一項　雑 (516)
附　主基斎田新穀供納の式 (516)
第一項　総説 (516)
第二項　次第 (517)
第三項　舗設 (518)
第四項　関係員 (518)
第五項　雑 (519)

（リール15）

【巻六十】(1)
第六章　京都行幸 (3)
第一節　東京発御 (3)
第一項　総説 (3)
第二項　次第 (19)
第三項　鹵簿 (24)
第四項　舗設 (35)
第五項　祝詞 (55)
第六項　神饌 (56)
第七項　奏楽 (57)

第八項　調度 (57)
第九項　時刻 (61)
第十項　御代拝 (62)
第十一項　御使 (63)
第十二項　参列員 (63)
第十三項　関係員 (64)
第十四項　奉送員 (94)
【巻六十一】(158)
第十四項　奉送員 (160)
【巻六十二】(246)
第十四項　奉送員 (248)
第十五項　予習 (279)
第十六項　雑 (281)
第二節　名古屋著御 (281)
第一項　総説 (281)
第二項　次第 (289)
第三項　鹵簿 (291)
第四項　舗設 (302)
第五項　祝詞 (309)
第六項　神饌 (310)
第七項　調度 (310)
第八項　時刻 (316)
第九項　関係員 (317)
第十項　奉迎員 (325)
第十一項　雑 (325)
附　賢所名古屋離宮仮殿地鎮祭の儀 (326)
第一項　総説 (326)

第二項　次第 (329)
第三項　舗設 (330)
第四項　祝詞 (333)
第五項　幣物鎮物 (334)
第六項　神饌 (335)
第七項　調度 (335)
第八項　関係員 (337)
第九項　雑 (338)
第三節　名古屋発御 (338)
第一項　総説 (338)
第二項　次第 (347)
第三項　鹵簿 (348)
第四項　舗設 (355)
第五項　祝詞 (355)
第六項　神饌 (356)
第七項　調度 (356)
第八項　時刻 (357)
第九項　関係員 (358)
第十項　奉送員 (362)
第十一項　雑 (362)
【巻六十三】(365)
第四節　京都著御 (367)
第一項　総説 (367)
第二項　次第 (386)
第三項　鹵簿 (386)
第四項　舗設 (399)
第五項　調度 (404)

第六項　時刻　(405)
第七項　関係員　(406)
第八項　奉迎員　(414)
第九項　雑　(441)
第五節　賢所春興殿に渡御の儀　(442)
第一項　総説　(442)
第二項　次第　(443)
第三項　御列次　(445)
第四項　舗設　(445)
第五項　祝詞　(448)
第六項　神饌　(449)
第七項　奏楽　(449)
第八項　調度　(450)
第九項　時刻　(465)
第十項　御代拝　(465)
第十一項　参列員　(466)
第十二項　関係員　(467)
第十三項　雑　(469)

（リール16）

【巻六十四】(1)

第三編　本儀　(3)
第一章　即位礼　(3)
第一節　即位礼当日皇霊殿神殿に奉告の儀　(3)
第一項　総説　(3)
第二項　次第　(4)
第三項　舗設　(6)
第四項　御祭文祝詞　(6)
第五項　幣物　(10)
第六項　神饌　(10)
第七項　奏楽　(11)
第八項　調度　(12)
第九項　装束　(14)
第十項　時刻　(14)
第十一項　勅使皇后宮使　(15)
第十二項　参列員　(16)
第十三項　関係員　(17)
第十四項　雑　(19)
第二節　即位礼当日賢所大前の儀　(20)
第一項　総説　(20)
第二項　次第　(32)
第三項　舗設　(41)
第四項　御告文祝詞　(83)
第五項　幣物　(85)
第六項　神饌　(86)
第七項　奏楽　(89)
第八項　調度　(89)
第九項　装束　(102)
第十項　時刻　(104)
第十一項　皇后宮御代拝　(106)
第十二項　皇太子御拝礼　(106)

【巻六十五】(126)

第十三項　参列員　(128)

【巻六十六】(298)

第十四項　関係員　(300)
第十五項　儀衛　(397)
第十六項　服装　(409)
第十七項　雑　(413)

（リール17）

【巻六十七】(1)

第三節　即位礼当日紫宸殿の儀　(3)
第一項　総説　(3)
第二項　次第　(20)
第三項　舗設　(27)
第四項　勅語　(49)
第五項　寿詞　(51)
第六項　萬歳　(53)
第七項　調度　(54)
第八項　装束　(56)
第九項　時刻　(57)
第十項　皇太子御参列　(59)
第十一項　参列員　(60)

【巻六十八】(129)

第十一項　参列員　(131)
第十二項　関係員　(172)
第十三項　儀衛　(241)
第十四項　服装　(245)
第十五項　習礼　(245)
第十六項　雑　(246)

【巻六十九】（251）
第四節　即位礼後一日賢所御神楽の儀（253）
第一項　総説（253）
第二項　次第（264）
第三項　舗設（273）
第四項　祝詞（283）
第五項　幣物（284）
第六項　神饌（284）
第七項　奏楽（286）
第八項　調度（288）
第九項　装束（294）
第十項　時刻（295）
第十一項　皇后宮御代拝（297）
第十二項　参列員（297）
【巻七十】（365）
第十二項　参列員（367）
第十三項　関係員（442）
第十四項　服装（461）
（リール18）
【巻七十一】（1）
第二章　大嘗祭（3）
第一節　神宮皇霊殿並神殿に勅使発遣の儀（3）
第一項　総説（3）
第二項　次第（9）
第三項　舗設（11）
第四項　勅語（14）
第五項　調度（14）
第六項　時刻（15）
第七項　勅使（16）
第八項　参列員（17）
第九項　関係員（18）
第十項　雑（19）
第二節　大嘗祭当日神宮に奉幣の儀（20）
第一項　総説（20）
第二項　次第（25）
第三項　舗設（36）
第四項　御祭文祝詞（36）
第五項　幣物（56）
第六項　神饌（59）
第七項　奏楽（60）
第八項　調度（61）
第九項　勅使（64）
第十項　儀衛（66）
第十一項　関係員（67）
第十二項　雑（83）
第三節　大嘗祭当日皇霊殿神殿に奉幣の儀（84）
第一項　総説（84）
第二項　次第（85）
第三項　舗設（87）
第四項　御祭文祝詞（87）
第五項　幣物（91）
第六項　神饌（92）
第七項　奏楽（93）
第八項　調度（93）
第九項　時刻（95）
第十項　勅使皇后宮使（96）
第十一項　参列員（97）
第十二項　関係員（98）
第十三項　雑（100）
【巻七十二】（103）
第四節　大嘗祭当日官国幣社に奉幣の儀（105）
第一項　総説（105）
第二項　次第（106）
第三項　御祭文祝詞（108）
第四項　幣帛神饌（110）
第五項　調度（139）
第六項　勅使（140）
第五節　大嘗祭当日賢所大御餞供進の儀（144）
第一項　総説（144）
第二項　次第（145）
第三項　舗設（146）
第四項　祝詞（147）
第五項　神饌（148）
第六項　奏楽（150）
第七項　調度（151）
第八項　時刻（153）

第九項　御代拝 (153)
第十項　参列員 (154)
第十一項　関係員 (155)
第六節　大嘗祭前一日鎮魂の儀 (158)
第一項　総説 (158)
第二項　次第 (160)
第三項　舗設 (162)
第四項　祝詞 (167)
第五項　八代物 (168)
第六項　神饌 (169)
第七項　奏楽舞楽 (170)
第八項　調度 (170)
第九項　時刻 (175)
第十項　参列員 (176)
第十一項　関係員 (176)
第七節　大嘗宮前儀 (179)
第一項　大嘗宮地鎮祭の儀 (179)
第一目　総説 (179)
第二目　次第 (183)
第三目　舗設 (185)
第四目　祝詞 (189)
第五目　幣物鎮物 (191)
第六目　神饌 (191)
第七目　奏楽 (192)
第八目　調度 (193)
第九目　時刻 (194)
第十目　参列員 (195)

第十一目　関係員 (196)
第十二目　雑 (197)
第二項　大嘗祭前二日御禊の儀 (197)
第一目　総説 (197)
第二目　次第 (199)
第三目　舗設 (200)
第四目　調度 (203)
第五目　時刻 (204)
第六目　参列員 (205)
第七目　関係員 (205)
第三項　大嘗祭前二日大祓の儀 (206)
第一目　総説 (206)
第二目　次第 (207)
第三目　舗設 (208)
第四目　大祓詞 (213)
第五目　調度 (215)
第六目　時刻 (217)
第七目　参列員 (217)
第八目　関係員 (219)
第四項　大嘗祭前一日大嘗宮鎮祭の儀 (221)
第一目　総説 (221)
第二目　次第 (226)
第三目　舗設 (229)
第四目　祝詞 (231)
第五目　神饌 (233)
第六目　調度 (234)

第七目　関係員 (235)
【巻七十三】 (239)
第八節　大嘗宮本儀 (241)
第一項　総説 (241)
第二項　次第 (255)
第三項　舗設 (261)
第四項　神饌 (313)
第五項　庭積机代物 (317)
第六項　奏楽 (332)
第七項　調度 (352)
第八項　装束 (381)
【巻七十四】 (396)
第九項　時刻 (398)
第十項　参列員 (403)
第十一項　関係員 (496)

（リール19）

【巻七十五】 (1)
第十一項　関係員 (3)
第十二項　儀衛 (62)
第十三項　習礼 (68)
第十四項　雑 (70)
第九節　大嘗宮後儀 (72)
第一項　神饌埋納の式 (72)
第一目　総説 (72)
第二目　次第 (74)
第三目　解除詞 (75)
第四目　通牒 (76)

第五目　関係員（77）
第二項　大嘗祭後一日大嘗宮鎮祭の儀（77）
第一目　総説（77）
第二目　次第（78）
第三目　舗設（78）
第四目　祝詞（79）
第五目　神饌（80）
第六目　調度（81）
第七目　関係員（82）
第三項　大嘗祭後大嘗宮地鎮祭の儀（82）
第一目　総説（82）
第二目　次第（86）
第三目　舗設（87）
第四目　祝詞（88）
第五目　幣物鎮物（89）
第六目　神饌（89）
第七目　奏楽（90）
第八目　調度（90）
第九目　時刻（92）
第十目　参列員（92）
第十一目　関係員（93）
【巻七十六】（97）
第三章　大饗（99）
第一節　即位礼及大嘗祭後大饗第一日の儀（99）

第一項　総説（99）
第二項　次第（114）
第三項　鹵簿（116）
第四項　舗設（133）
第五項　勅語（172）
第六項　奉対（173）
第七項　饗饌（176）
第八項　悠紀主基両地方献物（180）
第九項　舞楽（184）
第十項　時刻（221）
第十一項　調度（223）
第十二項　装束（232）
【巻七十七】（239）
第十三項　参列員（241）
第十四項　関係員（351）
第十五項　地方饗饌（382）
第十六項　雑（387）
【巻七十八】（391）
第二節　即位礼及大嘗祭後大饗第二日の儀（393）
第一項　総説（393）
第二項　次第（402）
第三項　鹵簿（403）
第四項　舗設（406）
第五項　献立及記念菓子器（408）
第六項　奏楽（415）
第七項　調度（420）

第八項　時刻（421）
第九項　参列員（421）
第十項　関係員（468）
（リール20）
【巻七十九】（1）
第三節　即位礼及大嘗祭後大饗夜宴の儀（3）
第一項　総説（3）
第二項　次第（17）
第三項　舗設（18）
第四項　舞楽及奏楽（30）
第五項　献立及記念菓子器（45）
第六項　時刻（46）
第七項　調度（47）
第八項　装束（50）
第九項　参列員（50）
【巻八十】（135）
第九項　参列員（137）
第十項　関係員（231）
第十一項　雑（252）
【巻八十一】（258）
第四編　後儀（260）
第一章　神宮及山陵親謁（260）
第一節　即位礼及大嘗祭後神宮親謁の儀（260）
第一項　総説（260）

第二項　次第 (281)
第三項　舗設 (292)
第四項　祝詞 (303)
第五項　幣物 (314)
第六項　神饌 (318)
第七項　奏楽 (320)
第八項　調度 (321)
第九項　行幸還幸 (325)
第十項　頓宮出御 (363)
第十一項　皇后宮御代拝 (393)
第十二項　関係員 (395)
第十三項　儀仗兵 (418)

（リール21）

【巻八十二】 (1)

第二節　即位礼及大嘗祭後神武天皇山陵に親謁の儀 (3)
第一項　総説 (3)
第二項　次第 (7)
第三項　行幸還幸 (9)
第四項　舗設 (40)
第五項　祝詞 (47)
第六項　幣物 (48)
第七項　神饌 (49)
第八項　奏楽 (49)
第九項　調度 (50)
第十項　時刻 (51)
第十一項　皇后宮御代拝 (53)
第十二項　参列員 (53)
第十三項　関係員 (54)
第十四項　儀衛 (57)

第三節　即位礼及大嘗祭後明治天皇山陵に親謁の儀 (59)
第一項　総説 (59)
第二項　次第 (63)
第三項　行幸還幸 (65)
第四項　舗設 (86)
第五項　祝詞 (91)
第六項　幣物 (92)
第七項　神饌 (93)
第八項　奏楽 (94)
第九項　調度 (94)
第十項　時刻 (96)
第十一項　皇后宮御代拝 (97)
第十二項　参列員 (98)
第十三項　関係員 (98)
第十四項　儀衛 (101)

第四節　即位礼及大嘗祭後孝明天皇山陵に親謁の儀 (103)
第一項　総説 (103)
第二項　次第 (107)
第三項　行幸還幸 (109)
第四項　舗設 (123)
第五項　祝詞 (128)
第六項　幣物 (129)
第七項　神饌 (130)
第八項　奏楽 (130)
第九項　調度 (131)
第十項　時刻 (132)
第十一項　皇后宮御代拝 (133)
第十二項　参列員 (134)
第十三項　関係員 (135)
第十四項　儀衛 (138)

第五節　即位礼及大嘗祭後仁孝天皇山陵に親謁の儀 (140)
第一項　総説 (140)
第二項　次第 (147)
第三項　行幸還幸 (149)
第四項　舗設 (149)
第五項　祝詞 (153)
第六項　幣物 (154)
第七項　神饌 (155)
第八項　奏楽 (155)
第九項　調度 (156)
第十項　時刻 (157)
第十一項　皇后宮御代拝 (158)
第十二項　参列員 (159)
第十三項　関係員 (159)
第十四項　儀衛 (162)

第六節　即位礼及大嘗祭後光格天皇山陵に親謁の儀 (163)
第一項　総説 (163)

第二項　次第 (163)
第三項　行幸還幸 (165)
第四項　舗設 (165)
第五項　祝詞 (169)
第六項　幣物 (170)
第七項　神饌 (171)
第八項　奏楽 (172)
第九項　調度 (172)
第十項　時刻 (174)
第十一項　皇后宮御代拝 (175)
第十二項　参列員 (175)
第十三項　関係員 (175)
第十四項　儀衛 (175)
【巻八十三】 (179)
第二章　東京還幸 (181)
第一節　京都発御 (181)
第一項　総説 (181)
第二項　次第 (194)
第三項　鹵簿 (196)
第四項　舗設 (204)
第五項　祝詞 (208)
第六項　神饌 (209)
第七項　奏楽 (210)
第八項　調度 (210)
第九項　装束 (212)
第十項　時刻 (214)
第十一項　御代拝 (215)
第十二項　参列員 (215)
第十三項　関係員 (216)
第十四項　奉送員 (233)
第十五項　雑 (253)
第二節　名古屋著御 (254)
第一項　総説 (254)
第二項　次第 (262)
第三項　鹵簿 (263)
第四項　舗設 (268)
第五項　祝詞 (272)
第六項　神饌 (273)
第七項　調度 (273)
第八項　時刻 (274)
第九項　関係員 (275)
第十項　奉迎員 (277)
第十一項　雑 (277)
第三節　名古屋発御 (278)
第一項　総説 (278)
第二項　次第 (287)
第三項　鹵簿 (292)
第四項　舗設 (292)
第五項　祝詞 (292)
第六項　神饌 (293)
第七項　調度 (294)
第八項　時刻 (294)
第九項　関係員 (295)
第十項　奉送員 (296)
第十一項　雑 (296)
【巻八十四】 (300)
第四節　東京著御 (302)
第一項　総説 (302)
第二項　次第 (314)
第三項　鹵簿 (314)
第四項　舗設 (320)
第五項　調度 (324)
第六項　時刻 (325)
第七項　御使 (326)
第八項　関係員 (326)
第九項　奉迎員 (332)
（リール22）
【巻八十五】 (1)
第九項　奉迎員 (3)
第十項　雑 (116)
【巻八十六】 (120)
第五節　賢所温明殿に還御の儀 (122)
第一項　総説 (122)
第二項　次第 (123)
第三項　御列次 (125)
第四項　舗設 (125)
第五項　祝詞 (126)
第六項　神饌 (126)
第七項　奏楽 (127)
第八項　調度 (128)
第九項　時刻 (129)

第十項　御代拝 (129)
第十一項　参列員 (130)
第十二項　関係員 (130)
第十三項　雑 (133)
第六節　東京還幸後賢所御神楽の儀 (134)
第一項　総説 (134)
第二項　次第 (136)
第三項　舗設 (138)
第四項　祝詞 (142)
第五項　幣物 (143)
第六項　神饌 (143)
第七項　奏楽 (145)
第八項　調度 (147)
第九項　装束 (150)
第十項　時刻 (150)
第十一項　皇后宮御代拝 (152)
第十二項　参列員 (152)
第十三項　関係員 (173)
第三章　皇霊殿神殿親謁 (179)
第一節　還幸後皇霊殿神殿に親謁の儀 (179)
第一項　総説 (179)
第二項　次第 (181)
第三項　舗設 (183)
第四項　祝詞 (185)
第五項　幣物 (186)
第六項　神饌 (187)

第七項　奏楽 (189)
第八項　調度 (190)
第九項　装束 (192)
第十項　時刻 (192)
第十一項　皇后宮御代拝 (194)
第十二項　参列員 (194)
第十三項　関係員 (210)
【巻八十七】 (217)
第五編　接待 (219)
第一章　総説 (219)
第二章　接伴機関 (222)
第一節　接伴掛 (222)
第二節　大礼使嘱託 (227)
第三節　執務の要領 (230)
第三章　外賓 (235)
第一節　外国交際官の範囲 (235)
第二節　実際の参列者 (246)
第四章　旅館 (253)
第一節　旅館の選定 (253)
第二節　旅館割並室割 (260)
第三節　旅館の設備 (278)
第一項　修繕工事 (278)
第二項　布設 (281)
第三項　其の他の設備 (283)
第五章　飲食 (287)
第一節　食事 (287)

第二節　飲料並煙草 (294)
第六章　車馬 (303)
第一節　東京京都（奈良）間汽車並荷物の扱方 (303)
第二節　京都（奈良）滞在中の車馬 (327)
【巻八十八】 (344)
第七章　警備儀衛 (346)
第一節　警備 (346)
第二節　儀衛 (347)
第八章　物品 (348)
第一節　設備品 (348)
第二節　被服徽章 (381)
第三節　印刷物 (389)
第九章　外賓の行動 (429)
第一節　東京出発 (429)
第二節　京都（奈良）滞在中の行動 (433)
第三節　東京帰還 (443)
附録　智利国使節逝去の件 (447)
第六編　残務 (451)
第一章　公文書類編纂 (451)
第一項　総説 (451)
第二項　前大礼使時代（残務共） (453)
第三項　大礼使時代 (454)
第四項　残務時代 (459)
第二章　物品処分 (460)
第一項　総説 (460)

第二項　贈与 (460)
第三項　保管転換引継 (464)
第四項　棄却 (464)
第五項　売却 (465)

（リール23）

【巻八十九】(1)
大礼記録第五輯　調度 (3)
第一編　総説 (3)
第一章　準備調査 (4)
第一節　準備委員会調査 (5)
第一　準備委員会 (5)
第二　準備委員会 (19)
第二節　準備製作 (24)
第一　著手 (24)
第二　著手 (31)
第二章　施設大要 (34)
第一節　紫宸殿装飾及庭上設備 (36)
第一　紫宸殿の装飾 (36)
第二　庭上設備品 (41)
第二節　御服及服装 (85)
第一　御服（附御菅蓋）(87)
第二　皇族及臣下服装 (87)
第三節　祭典具並神輿 (88)
第一　祭典具類 (88)
第二　神輿 (91)
第四節　饗宴所設備及御挿華類 (92)
第一　饗宴所設備 (92)
第二　御挿華其の他 (94)
第五節　雑事 (95)
第一　自動車及人力車 (95)
第二　運搬及通信 (96)
第三　事務用品及事務所 (96)

【巻九十】(103)
第二編　細説 (105)
第一章　賢所に期日奉告の儀 (106)
第一節　御服及服装 (107)
第一　御服 (107)
第二　臣下服装 (107)
第二節　幣物 (108)
第一　賢所に供進 (108)
第二　皇霊殿に供進 (108)
第三　神殿に供進 (109)
第三節　神饌 (109)
第一　賢所に供進 (109)
第二　皇霊殿に供進 (111)
第三　神殿に供進 (112)
第四節　祭典具類 (113)
第五節　朝集所設備 (115)
第二章　神宮神武天皇山陵並前帝四代の山陵に勅使発遣の儀 (116)
第一節　御服及服装 (117)
第一　御服 (117)
第二　臣下服装 (117)
第二節　幣物 (118)
第一　皇大神宮に供進 (118)
第二　豊受大神宮に供進 (119)
第三　別宮十三所に供進 (119)
第四　神武天皇山陵に供進 (119)
第五　明治天皇山陵に供進 (120)
第六　孝明天皇山陵に供進 (120)
第七　仁孝天皇山陵に供進 (120)
第八　光格天皇山陵に供進 (121)
第三節　神饌 (122)
第一　神武天皇山陵に供進 (122)
第二　明治天皇山陵に供進 (123)
第三　孝明天皇山陵に供進 (124)
第四　仁孝天皇山陵に供進 (125)
第五　光格天皇山陵に供進 (126)
第四節　祭典具類 (127)
第一　勅使発遣用 (127)
第二　神宮奉幣用 (128)
第三　神武天皇山陵奉幣用 (128)
第四　明治天皇山陵奉幣用 (130)
第五　孝明天皇仁孝天皇光格天皇山陵奉幣用 (132)
第三章　斎田点定の儀 (134)
第一節　服装 (135)
第二節　祭典具類 (136)
第一　亀との具 (136)
第二　祭典用具 (138)

第三節　神饌（139）
第一　神殿神饌（139）
第二　卜庭神饌（140）
第四章　斎田抜穂の儀（141）
第一節　祭典具類（142）
第一　斎田斎場地鎮祭用（142）
第二　抜穂関係員大祓用（145）
第三　斎田斎場清祓用（146）
第四　斎田抜穂用（147）
第二節　幣物（150）
第一　悠紀斎田抜穂用（150）
第二　主基斎田抜穂用（151）
第三節　神饌（151）
第一　斎田斎場地鎮祭神饌（151）
第二　斎田抜穂神饌（152）
第四節　服装（154）
第五章　神酒醸造（155）
第一節　祭典具類（156）
第二節　醸造用品（157）
第六章　京都に行幸の儀（160）
第一節　服装（161）
第二節　御羽車（161）
第三節　祭典具類（163）
第一　京都行幸準備用品（163）
第二　祭典用品（164）
第三　賢所乗御車清祓用品（165）
第四　賢所乗御車内用品（165）
第五　東京停車場用品（166）
第六　名古屋停車場用品（166）
第七　名古屋離宮賢所仮殿地鎮祭用品（167）
第八　名古屋離宮賢所仮殿清祓用品（168）
第九　名古屋離宮賢所仮殿用品（168）
第十　京都停車場用品（170）
第四節　神饌（171）
第一　賢所京都に行幸の儀神饌（171）
第二　名古屋離宮賢所仮殿地鎮祭神饌（172）
第三　名古屋離宮賢所著御報告神饌（173）
第四　名古屋離宮賢所御発輦報告神饌（173）
第五節　鹵簿用品（174）
第七章　賢所春興殿に渡御の儀（175）
第一節　祭典具類（176）
第一　春興殿清祓用品（176）
第二　春興殿設備用品（177）
第三　春興殿附属御饌殿用品（180）
第四　御饌殿内掌典扱用品（184）
第五　渡御用品（185）
第二節　神饌（187）
第八章　即位礼当日皇霊殿に奉告の儀（188）
第一節　幣物（189）
第二節　神饌（190）
第三節　服装（191）
第九章　即位礼当日神殿に奉告の儀（192）
第一節　幣物（193）
第二節　神饌（194）
第三節　服装（195）
第十章　即位礼当日賢所大前の儀（196）
第一節　御服及服装（197）
第一　御服（197）
第二　皇族御服（197）
第三　公族御服（198）
第四　臣下服装（198）
第二節　庭上参役服装（199）
第三節　威儀物（200）
第四節　祭典具類（201）
第五節　幣物（203）
第六節　神饌（204）
第七節　庭上設備品（207）
第八節　朝集所設備品（208）
第十一章　即位礼当日紫宸殿の儀（214）
第一節　殿上装飾（215）
第二節　幡類（216）
第三節　御服及服装（217）
第一　御服（217）
第二　皇族御服（217）
第三　公族御服（218）
第四　臣下服装（218）

第四節　庭上参役服装 (219)
第五節　威儀物 (220)
第六節　庭上設備品 (221)
第七節　朝集所設備品 (222)
第十二章　即位礼後一日賢所御神楽の儀 (223)
第一節　祭典具類 (224)
第二節　幣物 (227)
第三節　神饌 (228)
第四節　御服及服装 (230)
第一　御服 (230)
第二　皇族御服 (230)
第三　公族御服 (230)
第四　臣下服装 (231)
第十三章　大嘗祭前二日御祓及大祓の儀 (231)
第一節　祭典具類 (232)
第二節　御服及服装 (234)
第一　御服 (234)
第二　臣下服装 (234)
第十四章　大嘗祭前一日大嘗宮鎮祭の儀 (235)
第一節　祭典具類 (236)
第二節　服装 (237)
第三節　神饌 (238)
第一　悠紀殿神饌 (238)
第二　主基殿神饌 (239)
第三　神門神饌 (239)

【巻九十一】 (243)

第十五章　大嘗祭前一日鎮魂の儀 (245)
第一節　祭典具類 (246)
第二節　御帳台及附属品 (251)
第三節　舞装束 (252)
第四節　神饌 (253)
第五節　服装 (254)
第十六章　神宮皇霊殿神殿並官国幣社に勅使発遣の儀 (255)
第一節　祭典具類 (256)
第二節　御服及服装 (257)
第一　御服 (257)
第二　臣下服装 (257)
第十七章　大嘗祭当日神宮に奉幣の儀 (258)
第一節　祭典具類 (259)
第二節　幣物 (260)
第十八章　大嘗祭当日皇霊殿神殿に奉幣の儀 (262)
第一節　祭典具類 (263)
第二節　幣物 (265)
第三節　神饌 (266)
第四節　服装 (269)
附　大嘗祭に付官国幣社に奉幣の儀 (270)
第一節　祭典具類 (271)
第十九章　大嘗祭当日賢所大御饌供進の儀 (272)
第一節　祭典具類 (273)
第二節　神饌 (275)
第三節　服装 (278)
第二十章　大嘗宮の儀 (279)
第一節　大嘗宮地鎮祭及清祓用品 (280)
第一　地鎮祭用品 (280)
第二　清祓用品 (281)
第二節　廻立殿調度品 (282)
第一　廻立殿用品 (282)
第二　釜殿用品 (286)
第三節　大嘗宮調度品 (287)
第四節　神饌調理所用品並斎庫用品 (293)
第一　神饌調理所用品 (293)
第二　斎庫用品 (295)
第五節　御祭具 (296)
第六節　大嘗祭後鎮祭及地鎮祭の儀 (297)
第一　大嘗祭後大嘗宮鎮祭用品 (297)
第二　大嘗祭後大嘗宮地鎮祭用品 (298)
第七節　御服及服装 (299)
第一　御服 (299)
第二　皇族御服 (299)
第三　公族御服 (300)
第四　臣下服装 (300)
第八節　庭上参役服装 (301)
第九節　舞人装束 (302)
第十節　設備品 (303)
第一　御式具 (303)

第二　朝集所設備品（304）
第十一節　神饌（304）
第一　大嘗宮地鎮祭神饌（304）
第二　大嘗宮神饌（305）
第三　大嘗祭後大嘗宮鎮祭の儀に供進せらるべき神饌（307）
第四　大嘗祭後大嘗宮地鎮祭に供進せらるべき神饌（309）
第十二節　庭積机代物（311）
第二十一章　大饗第一日の儀（321）
第一節　設備品（322）
第一　式場用（322）
第二　饗饌用（324）
第三　朝集所用（325）
第二節　御挿華類（326）
第三節　舞姫装束（327）
第四節　饗饌具（328）
第二十二章　大饗第二日及夜宴の儀（329）
第一節　設備品（330）
第二節　饗饌具（331）
第二十三章　即位礼後及大嘗祭後神宮及山陵に親謁の儀（332）
第一節　祭典具（333）
第一　神宮に親謁の儀用（333）
第二　神武天皇山陵に親謁の儀用（334）
第三　明治天皇山陵に親謁の儀用（335）
第四　孝明天皇仁孝天皇光格天皇山陵に親謁の儀用（336）
第二節　幣物（338）
第一　皇大神宮に供進の分（338）
第二　豊受大神宮に供進の分（339）
第三　別宮十三所に供進の分（339）
第四　神武天皇山陵に供進の分（340）
第五　明治天皇山陵に供進の分（340）
第六　孝明天皇山陵に供進の分（341）
第七　仁孝天皇山陵に供進の分（341）
第八　光格天皇山陵に供進の分（341）
第三節　神饌（342）
第一　神武天皇山陵に供進の分（342）
第二　明治天皇山陵に供進の分（343）
第三　孝明天皇山陵に供進の分（344）
第四　仁孝天皇山陵に供進の分（345）
第五　光格天皇山陵に供進の分（346）
第四節　御式具（347）
第五節　御服及服装（348）
第一　御服（348）
第二　皇族御服（348）
第三　臣下服装（349）
第二十四章　東京に還幸の儀（349）
第一節　祭典具類（350）
第二節　賢所乗御車用品（351）
第三節　神饌（352）
第一　賢所東京に還御春興殿神饌（352）
第二　名古屋離宮賢所著御奉告神饌（353）
第三　名古屋離宮賢所御発輦奉告神饌（353）
第四節　服装（354）
第二十五章　賢所温明殿に還御の儀（355）
第一節　祭典具類（356）
第二節　神饌（357）
第三節　服装（358）
第二十六章　還幸後賢所御神楽の儀（359）
第一節　祭典具類（360）
第二節　幣物（362）
第三節　神饌（363）
第二十七章　還幸後皇霊殿神殿に親謁の儀（365）
第一節　祭典具類（366）
第二節　幣物（368）
第三節　神饌（370）
【巻九十二】（376）
第三編　調度品処分並残務処理（378）
第一章　調度品処分（379）
（リール24）
【巻九十三】（1）
第一章　調度品処分（3）
【巻九十四】（120）
第一章　調度品処分（122）
第二章　残務処理（161）

第四編　雑事（163）
第一章　自動車（164）
第二章　人力車人夫及運搬（166）
第三章　通信及電話（210）
第四章　水道其の他（215）

【巻九十五】（219）
附一　調度品説明（221）

【巻九十六】（336）
附一　調度品説明（338）

（リール25）

【巻九十七】（1）
附二　調度製品調（3）

【巻九十八】（136）
附二　調度製品調（138）

【巻九十九】（260）
附二　調度製品調（262）

【巻百】（378）
附二　調度製品調（380）

（リール26）

【巻百一】（1）
附二　調度製品調（3）

【巻百二】（131）
大礼記録第六輯　造営（133）
第一編　総説（133）
第一章　計画の大要（133）
第一節　計画の趣旨（133）
第二節　計画の変遷（136）
第二章　準備調査（138）
第三章　宮内省依託設備（140）
第四章　施設大要（143）
第五章　経費（160）
第六章　人事（192）
第二編　細説（204）
第一章　期日奉告設備（204）
第一節　賢所温明殿設備（204）
第一　大正三年設備（前大礼使）（204）
第二　大正四年設備（205）
第二節　鳳凰の間設備（209）
第一　大正三年設備（前大礼使）（209）
第二　大正四年設備（210）
第三節　伏見桃山陵設備（212）
第一　大正三年設備（前大礼使）（212）
第二　大正四年設備（213）
第四節　畝傍陵設備（218）
第一　大正三年設備（前大礼使）（218）
第二　大正四年設備（219）
第五節　後月輪陵設備（223）
第一　大正三年設備（前大礼使）（223）
第二　大正四年設備（224）
第六節　後月輪東陵設備（228）
第一　大正三年設備（前大礼使）（228）
第二　大正四年設備（229）
第二章　斎田点定設備（233）
第三章　斎田設備（237）
第一節　悠紀斎田斎場設備（237）
第一　地鎮祭設備（237）
第二　悠紀斎田抜穂大祓の儀布設（239）
第三　悠紀斎田斎場設備（240）
第二節　主基斎田斎場設備（250）
第一　地鎮祭設備（250）
第二　主基斎田抜穂大祓の儀布設（252）
第三　主基斎田斎場設備（253）

【巻百三】（265）
第四章　東京設備（267）
第一節　宮城内外設備（267）
第二節　一ッ橋厩舎設備（279）
第五章　名古屋設備（289）
第一　名古屋仮賢所地鎮祭設備（289）
第二　名古屋仮賢所（291）
第三　名古屋仮賢所附属舎（294）
第四　名古屋仮厩舎（297）
第五　名古屋停車場前其の他設備（300）
第六章　京都設備（309）
第一節　春興殿（309）

第一　春興殿地鎮祭設備（309）
第二　春興殿（311）
第三　春興殿附属舎（315）
第二節　紫宸殿（338）
第一　紫宸殿両翼建物設備（338）
第二　廻廊附庇設備（341）
第三　南庭設備（343）
第三節　御所朝集所（351）
第一　御所内第一朝集所（351）
第二　建春門外第二朝集所（357）
【巻百四】（383）
第四節　大嘗宮（385）
第一　大嘗宮地鎮祭設備（385）
第二　大嘗宮（387）
第三　朝集所食堂及調理所（403）
第四　著替所及采女掌典詰所（407）
第五　大宮御所内神饌調理所（410）
第六　大宮御所内皇族休所（413）
第七　仙洞大宮御所内設備（附神饌埋蔵標建設）（416）
第八　大嘗宮大祓設備（423）
第九　大祓後大川参向布設（423）
第十　大嘗宮鎮祭設備（424）
第十一　大嘗宮撤却後地鎮祭設備（425）
第五節　神酒醸造所（468）
第六節　饗宴所及舞楽場（474）
（リール27）
【巻百五】（1）
第七節　附帯設備（3）
第一　二条離宮朝集所設備（3）
第二　二条離宮南大手門及橋新設（附二条離宮内雑工事）（17）
第三　京都御所内鎮魂祭設備（22）
第四　京都御所内斎庫（23）
第五　京都御所大礼使事務所設備（附消毒所設備）（25）
第六　京都御所内衛兵舎設備（31）
第七　京都御苑内警手休所（33）
第八　京都御苑内新聞記者詰所（35）
第九　京都御苑内車夫人夫溜所（38）
第十　京都御苑内大礼使造営部出張所（40）
第十一　京都仮厩舎（45）
第十二　京都御苑内車馬置場其の他設備（49）
第十三　二条離宮構内諸建物（55）
第十四　二条離宮附近新聞記者詰所（62）
第十五　二条離宮内外車馬置場其の他設備（63）
第十六　軟障画室（67）
第十七　自動車庫設備（68）
第十八　京都停車場前其の他設備（72）
第十九　暖房設備（73）
第二十　電気設備（99）
第二十一　給水設備（110）
第二十二　路面築造其の他設備（112）
【巻百六】（195）
第七章　神宮設備（197）
第一節　内宮設備（197）
第一　神垣内設備（197）
第二　頓宮設備（200）
第三　神垣外御筵道設備（201）
第二節　外宮設備（207）
第一　神垣内設備（207）
第二　頓宮設備（210）
第三　神垣外御筵道設備（211）
第三節　山田仮厩舎（217）
第四節　山田停車場前其の他設備（222）
第八章　山陵設備（225）
第一節　畝傍山陵設備（225）
第一　畝傍頓宮設備（225）
第二　畝傍仮厩舎（227）
第三　畝傍停車場前其の他設備（230）
第二節　桃山陵設備（235）
第三節　後月輪陵設備（240）
第四節　後月輪東陵設備（240）
第九章　東京還幸設備（243）
第一節　京都設備（243）
第二節　名古屋設備（248）
第三節　東京設備（251）

第三編　建物処分並残務処理（261）
第一章　建物処分（261）
第一節　焼却（261）
第二節　各引継（267）
第三節　払下（315）
第二章　残務処理（322）
第一節　物件の取解其の他（322）
第二節　大礼後復旧工事（341）
第三節　人事（350）
【巻百七】（356）
第四編　工程工事日誌並統計（358）
第一章　工程（358）
第二章　工事日誌（383）
（リール28）
【巻百八】（1）
第二章　工事日誌（3）
【巻百九】（100）
第二章　工事日誌（102）
【巻百十】（214）
第三章　統計（216）
第一節　建物統計（216）
第二節　材料統計（直営）（234）
第三節　労力統計（直営）（244）
第四節　損料設備統計（252）
第五節　工事統計（265）

第六節　晴雨（322）
【巻百十一】（320）
第五編　宮内省主営設備（335）
第一章　大礼関係設備（336）
第一節　京都設備（336）
第一　京都皇宮内設備（336）
第二　二条離宮設備（347）
第三　京都雑設備（350）
第四　大礼後設備（351）
第二節　名古屋離宮設備（366）
第三節　伊勢神宮司庁其の他設備（371）
第二章　行幸設備（381）
第一　京都行幸設備（381）
第二　名古屋行幸設備（383）
第三　伊勢行幸設備（384）
第三章　宮中能楽設備（400）
（リール29）
【巻百十二】（1）
大礼記録第七輯　車馬（3）
第一編　総説（3）
第一章　準備調査（3）
第一節　臨時厩舎の設置（4）
第二節　車馬及附属品の購入調備（5）
第三節　外国注文品（9）
第二章　施設大要（11）
第三章　経費（13）

第四章　例規及服制（19）
第一節　例規（20）
第一項　主馬寮員臨時増置（20）
第二項　臨時嘱託員の職名（21）
第三項　主馬寮小者俸給（22）
第四項　臨時嘱託員及小者俸給支出方（22）
第五項　主馬寮雑仕小首雇用規則（22）
第六項　臨時雇入小者手当金（24）
第七項　一ツ橋厩収容馬匹飼糧の分量（25）
第八項　臨時嘱託員の諸願届書取扱方（25）
第九項　一ツ橋厩規則（26）
第十項　一ツ橋厩業務細則（30）
第十一項　一ツ橋厩磨方に関する規定（50）
第十二項　一ツ橋厩馬丁に関する規定（52）
第十三項　一ツ橋厩駅手心得（53）
第十四項　一ツ橋厩馬丁心得（63）
第十五項　輓馬の予行乗馬調教（69）
第十六項　輓馬調教順序（87）
第十七項　駅手の教習（97）
第十八項　宮内職員敬礼規程抜萃（102）
【巻百十三】（109）
第二節　服制（111）

第一項　宮内官制服令抜萃　(111)
第二項　宮内官職服の著用すべき場合及職員の区別抜萃　(127)
第三項　主馬寮臨時雇入小使服様式　(130)
第四項　一ツ橋厩磨方組長等の袖章　(131)
第五項　臨時嘱託馭手常務服　(132)

第二編　車馬及設備　(145)

第一章　馬匹　(145)
第一節　馬匹の購入　(146)
第二節　購買馬匹の収容　(155)
第三節　購買馬匹の調教　(158)
第四節　馬匹の衛生　(160)
第一項　購買馬匹の腺疫発生　(160)
第二項　購買馬匹の去勢　(162)
第三項　購買馬匹の衛生状態　(164)
第四項　購買馬匹の疾病及廃斃の原因　(166)
第五項　常備馬匹の衛生状態　(171)
第六項　大礼行幸期間の馬匹衛生状態　(179)
第五節　馬匹の飼養及栄養状態　(190)
第六節　蹄鉄及蹄の衛生状態　(193)

【巻百十四】　(200)

第二章　馬車　(202)
第一節　馬車の名称及種類　(203)
第二節　馬車の新調　(211)
第三節　馬車の寸法及重量　(216)
第四節　馬車の御用出　(217)
第三章　和鞍及輓道具類　(231)
第一節　和鞍　(231)
第二節　輓道具　(233)
第三節　馬車鞭　(237)
第四節　洋式乗鞍　(238)
第四章　厩舎　(251)
第一節　一ツ橋厩舎　(251)
第二節　地方厩舎　(253)
第一項　京都厩舎　(253)
第二項　名古屋厩舎　(254)
第三項　山田厩舎　(255)
第四項　畝傍厩舎　(256)
第五章　物品　(266)
第一節　厩舎用物品　(267)
第二節　庁用物品　(293)
第三節　口付布衫其の他　(305)

【巻百十五】　(314)

第三編　行動　(316)

第一章　車馬の行動　(316)
第一節　京都其の他の行幸鹵簿　(316)
第一項　宮城東京停車場間鹵簿　(318)
第二項　名古屋停車場名古屋離宮間鹵簿　(325)
第三項　名古屋離宮名古屋停車場間鹵簿　(330)
第四項　京都停車場京都皇宮間鹵簿　(335)
第五項　京都皇宮大嘗宮頓宮間鹵簿　(343)
第六項　第一日京都皇宮二条離宮間鹵簿　(346)
第七項　第二日京都皇宮二条離宮間鹵簿　(350)
第八項　神宮御親謁の節京都皇宮京都停車場間鹵簿　(354)
第九項　山田停車場宇治山田行在所間鹵簿　(358)
第十項　宇治山田行在所外宮頓宮間鹵簿　(362)
第十一項　宇治山田行在所内宮頓宮間鹵簿　(366)
第十二項　宇治山田行在所山田停車場間鹵簿　(370)
第十三項　神宮御親謁の節京都停車場京都皇宮間鹵簿　(374)
第十四項　神武天皇山陵御親謁の節京都皇宮京都停車場間鹵簿　(378)
第十五項　畝傍停車場畝傍山東北陵頓

宮間鹵簿 (382)
第十六項　明治天皇山陵御親謁の節京都皇宮京都停車場間鹵簿 (386)
第十七項　桃山停車場伏見桃山陵頓宮間鹵簿 (389)
第十八項　孝明天皇仁孝天皇光格天皇各山陵御親謁の節京都皇宮後月輪山陵頓宮間鹵簿 (393)
第十九項　京都皇宮京都停車場間鹵簿 (398)
第二十項　名古屋停車場名古屋離宮間鹵簿 (406)
第二十一項　名古屋離宮名古屋停車場間鹵簿 (411)
第二十二項　東京停車場宮城間鹵簿 (416)

（リール30）

【巻百十六】 (1)
第二節　皇后陛下御代拝皇族鹵簿 (3)
第一項　宇治山田御旅館外宮頓宮間鹵簿 (3)
第二項　宇治山田御旅館内宮頓宮間鹵簿 (5)
第三項　畝傍停車場畝傍山東北陵頓宮間鹵簿 (7)
第四項　桃山停車場伏見桃山陵頓宮間鹵簿 (9)
第五項　京都御旅館後月輪山陵頓宮間鹵簿 (11)
第三節　東宮京都行啓鹵簿 (14)
第一項　京都停車場二条離宮間鹵簿 (14)
第二項　二条離宮京都皇宮間鹵簿 (15)
第三項　二条離宮京都皇宮間鹵簿 (16)
第四項　二条離宮大宮御所及京都皇宮間鹵簿 (18)
第五項　二条離宮京都停車場間鹵簿 (19)
第四節　外国特派大使等参列列次 (21)
第一項　旅館京都皇宮間列次 (21)
第二項　旅館二条離宮間列次 (25)
第三項　旅館二条離宮間列次 (29)
第五節　大礼に関する車馬 (33)
第一項　皇子殿下京都御成鹵簿 (33)
第二項　皇族用馬車 (35)
第三項　予備馬車 (36)
第六節　大礼に伴ふ行幸鹵簿 (38)
第一項　観兵式の節宮城青山練兵場間鹵簿 (38)
第二項　観艦式の節宮城東京停車場間鹵簿 (42)
第三項　観艦式の節横浜停車場横浜波止場間鹵簿 (44)
第四項　東京市奉祝会の節宮城上野公園間鹵簿 (46)

【巻百十七】 (102)
第二章　車馬の配置 (104)
第三章　車馬の輸送 (118)
第一節　車馬発著時間表 (121)
第二節　車馬其の他発著細別 (123)
第四章　現業の分担 (141)
第一節　幹部 (142)
第二節　京都用務担任 (143)
第三節　名古屋用務担任 (155)
第四節　山田用務担任 (157)
第五節　畝傍用務担任 (159)
第六節　東京用務担任 (161)
第五章　衛生及警衛 (163)
第一節　衛生 (163)
第一項　公務に因する負傷 (164)
第二項　疾病 (176)
第二節　警衛 (179)
第四編　車馬及設備の処分 (183)
第一章　馬車類の処分 (183)
第二章　馬匹の処分 (185)
第三章　建設物の処分 (188)
第四章　物品の処分 (190)
第五編　雑事 (205)

第一章　献上馬匹　(205)
第二章　乗馬練習　(206)
第三章　馬匹の音楽馴致　(207)
第四章　供奉将校及御旗捧持下士の乗用馬匹　(208)
第五章　馬車等の保存方　(209)
第六章　長柄傘　(210)
第七章　当直　(211)

【巻百十八】　(215)
大礼記録第八輯　鉄道　(217)
第一編　総説　(217)
第一章　準備調査並施設大要　(217)
第一節　準備調査　(217)
第二節　施設大要　(226)
第一項　鉄道院総裁並管理局長訓示　(226)
第二項　鉄道部及鉄道院に於ける施設要項　(229)
第二章　経費　(240)
第一節　予算　(240)
第二節　決算　(249)
第三節　官有財産簿　(252)
第三章　人事　(253)
第一節　大礼使職員　(253)
第二編　設備　(260)
第一章　停車場及線路　(260)
第一節　準備施設　(260)
第一項　東京停車場及其の帝室用各室設備　(260)
第二項　京都停車場及其の便殿　(310)
第三項　参宮線軌条の更換　(345)
第四項　草津線枕木の増設　(345)
第五項　通信設備　(346)
第二節　特種施設　(347)
第一項　東京停車場　(347)
第二項　汐留停車場　(352)
第三項　名古屋停車場　(356)
第四項　京都停車場　(361)
第五項　梅小路停車場　(367)
第六項　桃山停車場　(367)
第七項　畝傍停車場　(378)
第八項　山田停車場　(401)
第九項　前各項の外一般停車場及線路に於ける諸施設　(407)
第十項　通信設備　(413)

（リール31）

【巻百十九】　(1)
第二章　車輛　(3)
第一節　賢所乗御車　(3)
第一項　設計製作　(3)
第二項　構造　(9)
第二節　賢所移御装置　(18)
第一項　設計製作　(18)
第二項　構造　(40)
第三節　賢所御外箱其の他並御羽車用金具製作　(46)
第一項　設計製作　(46)
第二項　構造　(56)
第四節　斎田供納米輸送車　(61)
第一項　設計製作　(61)
第二項　構造　(63)
第五節　御料車第七号及第九号　(66)
第一項　設計製作　(66)
第二項　御料車第七号の構造　(77)
第三項　御料車第九号の構造　(98)

【巻百二十】　(115)
第六節　特別儀装馬車及儀装馬車運搬用貨車並儀装馬車積卸装置　(117)
第一項　設計製作　(117)
第二項　儀装馬車運搬車の構造　(129)
第三項　儀装馬車積卸装置の構造　(137)
第七節　馬積有蓋貨車　(141)
第一項　設計製作　(141)
第二項　構造　(144)
第八節　御料車第六号及御料車第四号検査及修繕　(146)
第九節　宮廷列車其の他旅客貨物列車用車輛の検査及修繕　(147)
第一項　機関車　(147)

第二項　客車 (148)
第三項　貨車 (152)

第三編　運輸 (154)

第一章　宮廷列車運転 (154)
第一節　宮廷列車 (154)
第一項　運転 (154)
第二項　列車 (194)

【巻百二十一】 (205)

第三項　賢所移御及奉仕作業 (207)
第四項　停止位置及留置線路 (227)
第五項　宮廷列車の警護 (254)
第六項　機関車 (270)
第七項　乗組鉄道職員 (288)
第八項　御料車廻送 (297)
第九項　宮廷列車運転に伴ふ施設 (298)
第二節　指導列車 (303)
第一項　運転時刻 (303)
第二項　編成 (314)
第三項　乗組鉄道職員 (315)
第三節　試運転 (316)
第一項　関西線内に於ける模型列車の試運転及其の成績に伴ふ処理 (316)
第二項　本編成第一回試運転及其の結果 (319)
第三項　本編成第二回試運転及其の結果 (333)

【巻百二十二】 (341)

第二章　旅客及手小荷物運輸 (343)
第一節　皇族御列車 (343)
第一項　各皇族御乗用列車 (343)
第二項　皇后陛下御代拝の皇族妃殿下御列車 (348)
第二節　各国特派大使特派使節及外国武官乗車 (351)
第一項　乗車期日及時刻 (351)
第二項　列車編成 (360)
第三項　乗車人員 (368)
第四項　手荷物輸送及配達 (371)
第三節　参列員乗車 (376)
第一項　臨時列車運転期日及時刻 (376)
第二項　臨時列車編成 (379)
第三項　臨時列車定員及現乗車人員 (387)
第四項　通常列車に増結の客車種類及定員 (389)
第五項　釜山下関間連絡船船繰変更 (392)
第六項　参列員乗車取扱方 (393)
第七項　特種乗車券の発売其の他 (398)
第八項　手荷物輸送配達及特種荷票の調製 (401)
第九項　参列員に対する注意書 (405)
第十項　列車乗務員 (410)
第四節　外国武官其の他奈良ホテル宿泊 (411)
第一項　客室の準備 (411)
第二項　室料及賄費 (413)
第五節　斎田新穀輸送 (416)
第一項　輸送期日区間及列車 (416)
第二項　輸送数量及護送車 (417)
第三項　輸送車輛及船室準備 (417)
第四項　輸送賃金 (418)
第六節　儀仗兵輸送 (419)
第一項　陸軍儀仗兵輸送 (419)
第二項　海軍儀仗兵輸送 (424)
第七節　観兵式輸送 (428)
第一項　軍隊輸送 (428)
第二項　一般参観者輸送 (457)
第八節　観艦式輸送 (458)
第一項　皇族殿下御乗車 (458)
第二項　儀仗兵輸送 (460)
第三項　陪観者及拝観者輸送 (461)
第九節　鹵簿拝観者輸送 (467)
第十節　式場跡拝観者輸送 (471)
第一項　拝観者に対する汽車汽船賃割引 (471)
第二項　輸送人員 (472)
第三章　貨物運輸 (474)
第一節　準備 (474)

第一項　輸送券の調製 (474)
第二項　貨車車票の調製 (477)
第三項　大礼用貨物運賃 (479)
第四項　貨車及附属品の準備 (480)

（リール32）

【巻百二十三】 (1)
第二節　大礼用儀装馬車及馬匹の運送 (3)
第一項　車運有蓋貨車に依る運送 (3)
第二項　馬積有蓋貨車に依る運送 (9)
第三項　無蓋貨車積馬車の運送 (10)
第四項　儀装馬車積卸設備並関係停車場配線状態 (10)
第五項　儀装馬車積卸作業 (26)
第六項　儀装馬車積卸予習 (62)
第七項　運送計画及護送 (65)
第三節　大礼用貨物の運送 (74)
第一項　長官官房託送貨物 (77)
第二項　典儀部託送貨物 (78)
第三項　造営部託送貨物 (78)
第四項　調度部託送貨物 (79)
第五項　饗宴用品の運送 (80)
第四節　特別儀装馬車運送列車の試運転 (92)
第五節　特別儀装馬車運送列車の運転 (94)
第六節　献納品の輸送 (97)

第七節　大礼参列員乗用車輛等の運送 (99)
第四章　警戒衛生及奉送迎者 (101)
第一節　警戒 (101)
第二節　衛生 (106)
第一項　清潔保持 (106)
第二項　飲食物の取締 (112)
第三項　健康診断 (114)
第四項　救護 (116)
第五項　消毒 (121)
第三節　奉送迎者 (125)
第四編　施設処分並残務処理 (136)
第一章　大礼輸送事務完了に付訓示 (136)
第一節　鉄道院総裁並管理局長訓示 (136)
第一項　鉄道院総裁訓示 (136)
第二項　中部鉄道管理局長訓示 (137)
第三項　残務取扱者及残務事項 (138)
第四項　財産の保管転換 (139)
第五項　一時的施設物の処理 (140)
第五編　雑事 (141)

【巻百二十四】 (154)
大礼記録第九輯　主計 (156)
第一編　総説 (156)
第二編　予算　緒言 (166)

第一章　大礼費 (167)
第一款　大正二年度予算 (171)
第一項　概算 (171)
第一目　各部局提出の概算額 (173)
第二目　概算の査定 (173)
第二項　予算の編成及要求 (178)
第一目　予算金額及其の内容 (179)
第二目　予算の部局別 (187)
第三項　予算の成立 (187)
第四項　予算執行の委任 (188)
第五項　予算の配布 (189)
第一目　予算の科目 (189)
第二目　予算の部局別 (191)
第六項　予算の繰越 (192)
第二款　大正三年度予算 (198)
第一項　概算 (198)
第一目　各部局提出の概算 (199)
第二目　概算の査定 (201)
第二項　予算の編成及要求 (201)
第一目　予算金額及其の内容 (202)
第二目　予算の部局別 (207)
第三項　予算の成立 (209)
第一目　衆議院に於ける経過 (209)
第二目　貴族院に於ける経過 (210)
第四項　予算の公布 (212)
第五項　予算執行の委任 (212)
第六項　予算の配布 (213)

第七項　繰越予算 (218)
第三款　大正四年度予算 (219)
【巻百二十五】(275)
第三款　大正四年度予算 (277)
第一項　予算の成立 (331)
第一目　衆議院に於ける経過 (331)
第二目　貴族院に於ける経過 (332)
第二項　予算の公布 (333)
第三項　予算執行の委任 (334)
第四項　予算の配布 (335)
第五項　予算の繰越 (342)
第四款　大正五年度予算 (343)
第二章　大礼施設費 (345)
第一款　大正三年度予算 (347)
第一項　一般会計 (348)
第一目　外務省所管 (348)
第二目　内務省所管 (353)
第三目　大蔵省所管 (357)
第四目　陸軍省所管 (359)
第五目　海軍省所管 (365)
第六目　文部省所管 (368)
第七目　逓信省所管 (370)
第二項　特別会計 (375)
第一目　関東都督府 (375)
第二目　朝鮮総督府 (376)
第三目　台湾総督府 (378)
第二款　大正四年度予算 (380)
第一項　一般会計 (383)
第一目　外務省所管 (383)
第二目　内務省所管 (384)
第三目　大蔵省所管 (388)
第四目　陸軍省所管 (391)
第五目　海軍省所管 (392)
第六目　文部省所管 (392)
第七目　逓信省所管 (393)
第二項　特別会計 (393)
第一目　関東都督府 (394)
第二目　朝鮮総督府 (394)
第三目　台湾総督府 (396)
第三項　実施予算 (398)
第三款　大正五年度予算 (403)
第一項　一般会計 (403)
第一目　大蔵省所管 (403)
（リール33）
【巻百二十六】(1)
第三編　決算　緒言 (3)
第一章　大礼費 (4)
第一款　大礼費の経理に関する概綱 (4)
第二款　大正二年度決算 (19)
第一項　概要 (19)
第二項　決算 (20)
第一目　決算の部局別 (22)
第二目　決算の内訳 (25)
第三目　決算の月別 (29)
第三項　帝国議会に於ける予算外支出の事後承諾 (33)
第一目　衆議院に於ける経過 (33)
第二目　貴族院に於ける経過 (34)
第四項　会計検査院の検査 (35)
第五項　帝国議会に於ける決算の審議 (35)
第一目　衆議院に於ける経過 (36)
第二目　貴族院に於ける経過 (36)
第三款　大正三年度決算 (37)
第一項　概要 (37)
第二項　決算 (38)
第一目　決算の部局別 (40)
第二目　決算の内訳 (42)
第三目　決算の月別 (49)
第三項　会計検査院の検査 (55)
第四款　大正四年度決算 (56)
第一項　概要 (56)
第二項　決算 (58)
第一目　決算の部局別 (60)
第二目　決算の内訳 (63)
第三目　決算の月別 (69)
第三項　大礼使と他官庁とに於ける仕払 (75)
第一目　大礼使に於ける仕払 (75)
第二目　他官庁に於ける仕払 (84)
第四項　参列諸員の旅費 (150)

第五項　大礼使職員の行賞 (155)
【巻百二十七】 (160)
第五款　大正五年度決算 (162)
第一項　概要 (162)
第二項　決算 (163)
第一目　決算の部局別 (165)
第二目　決算の内訳 (168)
第三目　決算の月別 (174)
第三項　宮内省へ返償 (180)
第二章　大礼施設費 (184)
第一款　大正三年度決算 (195)
第一項　一般会計 (195)
第一目　外務省所管 (195)
第二目　内務省所管 (196)
第三目　大蔵省所管 (198)
第四目　陸軍省所管 (198)
第五目　海軍省所管 (199)
第六目　文部省所管 (200)
第七目　逓信省所管 (200)
第二項　特別会計 (201)
第一目　関東都督府 (201)
第二目　朝鮮総督府 (202)
第三目　台湾総督府 (202)
第二款　大正四年度決算 (203)
第一項　一般会計 (203)
第一目　外務省所管 (204)
第二目　内務省所管 (209)
第三目　大蔵省所管 (213)
第四目　陸軍省所管 (216)
第五目　海軍省所管 (223)
第六目　文部省所管 (226)
第七目　逓信省所管 (227)
第二項　特別会計 (230)
第一目　関東都督府 (233)
第二目　朝鮮総督府 (236)
第三目　台湾総督府 (243)
第三款　大正五年度決算 (247)
第一項　一般会計 (247)
第一目　大蔵省所管 (247)
第三章　歳入 (251)
第四編　皇室費と大礼費との関係 (254)
第一章　大礼準備委員会 (255)
第一節　前大礼準備委員会 (255)
第二節　後大礼準備委員会 (264)
第二章　大礼費より皇室費への返償 (275)
第五編　大礼使に属する財産の整理及処分 (275)
第一章　造営物 (279)
第二章　物品 (300)
【巻百二十八】 (307)
大礼記録第十輯　属編 (309)
一　大礼日暦 (309)
二　大礼記録編纂経過概要 (329)
【目録】 (361)
写真帖目録 (361)
裂地帖目録 (380)
大礼調度品絵図目録 (397)
（リール34）
【写真帖】 (1)
写真帖一 (1)
写真帖二 (160)
写真帖三 (285)
写真帖四 (380)

Ⅳ　近代的な年号改元

Ⅳ　近代的な年号改元【細　目】

第十四章　五箇条の御誓文と「明治」改元　537
はじめに／　一　国是の根本理念／　二　神と民への誓約／　三　一代一号の提言
四「明治」の改元経緯／　五　明治「親政」の原点
付表「年号の読み方」一覧　548
第十五章『大礼記録』の「大正」改元　555
第十六章「昭和」の改元と「元号法」　595
はじめに／　一「昭和」改元のいきさつ／　二　一世一元の再法制化
三　今後の元号の在り方
付一『登極令』同附式　614
付二　近現代の大礼関係略年表　641
付三　平成大礼の諸儀式日程　645
付四　近現代大礼関係の参考文献（抄）　658

第十四章　五箇条の御誓文と「明治」改元

はじめに

明治維新史には、さまざまの重要な転機・出来事があった。そのうち、最も大きな意味をもつと思われることは、慶応四年（一八六八）の三月十四日に出された「五箇条の御誓文」（同日の「告諭」宸翰も含む）にほかならない。ここで画期的な新国是が明確に示されたからこそ、以後の大胆な諸改革も可能になったとみられる。

事実、早くもこの御誓文公布から僅か数箇月後に実行されたのが、「新式」による即位礼であり、また「一世一元」の制を打ち出した「明治」改元である。共に千二・三百年来の伝統をもつ朝儀であるが、その具体的な在り方もこの機会に一新され、それが大筋において現代まで受け継がれている。

ここでは、すでに周知のことながら、まず五箇条の国是に通底する理念を確かめ、ついでこれが神々に誓うと共に人々に告げられた意義を考える。その上で、江戸時代から提唱されていた「一代一号」論を紹介し、それを実現した「明治」改元の経緯を振り返る。しかも、これこそ〝明治親政〟の原点とみなしうる所以を略述したい。

なお、以下の引用史料は、少しでも読み易くするため、漢文・擬古文を書き下し文に改め送り仮名を加え、また傍点などを付した。

一　国是の根本理念

「五箇条の御誓文」は、三箇月程前（前年十二月九日）に出された「王政復古の大号令」を承けて、新しい日本の建設に不可欠な国是（基本方針）を列挙している。その原案に影響を与えたのは、横井小楠の「国是三条」「国是十条」だという。それが由利公正稿「議事之体大意」で五箇条にまとめられ、それに福岡孝弟などによる改訂と木戸孝允による重要な修正が加えられて、正文が勅定されるに至った、という来歴が今では明らかになっている。

その五箇条は、それぞれ独立の項目として重要である。しかも、そこには共通の理念がこめられており、端的にいえば、一つの根本理念に基づいていると思われる。念のため、各条に若干の注釈を加えながら、そこに通底するとみられるものを確認しよう。

まず第一条に「広く会議を興し、万機公論に決すべし」とある。この前半は由利案に無く、福岡案で「列侯会議を興し」と加筆して冒頭に置かれ、その「列侯」が木戸案で最終的に「広く」と改められている。これによって、当時はともあれ、やがて広く一般国民の選挙による代議政治への道が開かれたことになろう。

また、後半にいう「公論」は、「王政復古の大号令」にも「縉紳武弁・堂上地下の別なく、至当の公議を竭《つく》し」とみえる。これは決して一党一派にこだわるような私議・私論に陥ることなく、国家国民のために公議を尽くし公論に決するという高邁な〝公《おおやけ》〟の精神を強調したところに、大きな意味が認められる。

ついで第二条には「上下心を一《いつ》にして……」とか、また第三条にも「官武一途、庶民に至る迄……」とある。由利案では、前者の初めが「士民」とされ、後者の初め四字がなかったのを、由利案から、前者が「上下」に改められ、後者に「官武一途」が加えられたのである。

これによって、上に立つ文官も武官も、従来国政に関与できなかった一般庶民も、心を合せて政治・経済などの発展に努め、みんなの希望を達成できるようにする。それが、まさに国家目標とされたのである。

さらに第四条では「旧来の陋習」（たとえば徳川時代の鎖国政策や身分制度など）を廃して「天地の公道」（普遍的な公論・道義）に基づくべきこと、また第五条でも「智識を世界に求め」ることで「大に皇基を振起」（積極的に日本の国柄を進展）させるべきことが示されている。

このうち、後者は由利案から一貫してある。また前者は木戸案で付け加えられた「……宇内の通義に従ふべし」が、最終的に「……天地の公道に基くべし」と改められたのである。それは決して海外（欧米など）の単なる模倣でなく、自主的な国際化によって「皇基を振起」することが目的とされている。

これらの五箇条に続く後文の勅意に、「我国未曽有の変革を為ん」とするにあたり、上記のような「国是を定め」たとある。しかも、その根本理念は「万民保全の道を立ん」とすることにほかならない。このような理念を実現するための具体的な方針として、公議政体の導入も官民一体の協力も開明進取の気象も必要とされたのである。

二　神と民への誓約

ところで、注目すべきは、このような理念と方針が、成立まもない新政府からの指示・命令としてではなく、若々しい明治天皇（数え十七歳）が、みずから「朕、躬を以て衆に先じ、天地神明に誓ひ」、そのうえで「衆亦此旨趣に基き、協心努力せよ」と呼びかけられていることである。このような勅旨表明の形は、おそらく当時でも他国に類例を見ないであろうが、わが国には同趣の先例が少なくない。

とりわけ、明治維新と並ぶ日本史上の大変革といわれる「大化改新」の冒頭段階であるが、「（孝徳）天皇・皇祖母尊（皇極天皇）・皇太子（中大兄皇子）、大槻の樹の下に群臣を召し集め盟曰《ちか》はしめたまふ（天神地祇に告げて曰はく「天は覆ひ地は載せ、帝道唯一なり。……今より以後、君は二つの政《まつりごと》無く、臣は朝に弐《ふたごころ》あること無し。若しこの盟に弐《そむ》かば、天災し地妖し……皎《いちじるし》きこと日月の如し」とまうす」。天豊財重日足姫（皇極）天皇の四年（六四五）を改めて大化元年と為す。」と『日本書紀』（孝徳天皇紀）に記されている。

すなわち、中大兄皇子が、中臣鎌足らの協力をえて蘇我氏の主勢力を誅滅した直後、即位早々の孝徳天皇は、群臣たちに対して天皇への忠誠と同志の結束を神々に誓約させ、その機会に初めて年号（元号）が定められたものである。同趣の「誓盟」は、天智天皇十年紀や天武天皇八年紀などにもみえる。

ちなみに、大化改新に貢献した「大夫」（議政官）の蘇我石川麻呂は、孝徳天皇の諮問に対し、「先づ以て神祇を祭り鎮め、然る後に政事を議すべし」（同上）と奏上している。

王政復古を宣言した維新政府は、このような先例を参考にしたのかもしれないが、とりわけ木戸孝允（三十六歳）は、「至尊（天皇）親しく公卿・諸侯及び百官を率ひ、神明に誓ひを為され、明かに国是の確定ある所をして、速かに天下の衆庶に示し為されたく」との建議書を奉り、福岡孝弟案の「会盟」を「誓（盟約）」と改めている。ここで、ようやく前引のような「御誓文」が出来あがり、最終的に天皇の勅裁を仰いで決定されたのである。

『明治天皇紀』明治元年三月十四日条によれば、「国是五箇条を誓ひたまふ」祭儀は、紫宸殿の母屋に天地神明を祀る神位が設けられ、その前で議定兼副総裁の三条実美が「祭文」を奏上すると、天皇ご自身「御拝あり、親しく幣帛の玉串を供」され、続いて実美が天皇に代り「御誓文」を捧読している。

しかも、その後「公卿・諸侯等……一人づつ中央の座に進みて、先づ神位を拝し、次に玉座を拝し」てから、左のような「奉対誓約の書」に毛筆で署名をしたのである。

勅意宏遠、誠に以て感銘に堪へず。今日の急務、永世の基礎、此の他に出る可からず。臣等謹んで　叡旨を奉戴し、死を誓ひ、黽勉《びんべん》事に従ひ、冀《こいねがわ》くは以て宸襟を安じ奉らん。

この誓約書への署名は、当日参列を許された文武高官だけでなく、それから三年後の明治四年五月まで続けられ、主要な文武官（旧幕臣でも朝廷側に立った千石以上の者など）も含めて、合計七六七人に及んでいる。まさに「上下心を一《いつ》にして」新国是の実現に協力する決意を、自署により明示したのである（但し、一般の藩士は実力者でも入っていない）。

その上、同じ三月十四日、この御誓文に添えて「告諭」の御宸翰が天下に布告された。それに、次のごとき重要な抱負が述べ尽くされている。

今般／朝政一新の時に膺《あた》り、天下億兆（全国民）一人も其の処を得ざる時は、皆／朕が罪なれば……朕自身、骨を労し心志を苦しめ艱難の先に立ち、古《いにしえ》／列祖の尽させ給ひし蹤を履み、治蹟を勤めてこそ、始めて／天職を奉じて億兆の君たる所に背かざるべし。……／朕ここに、百官諸侯と広く相誓ひ……親ら四方を経営し、汝億兆を安撫し、遂には万里の波濤を拓開し、国威を四方に宣布し、天下を富岳の安きに置かんことを欲す。……

三　一代一号の提唱

このように「五箇条の御誓文」は、「億兆の父母」と自覚される明治天皇御自身が、新国是を「天地神明に誓」うという日本古来の祭儀に則って公表された。しかも、その内容は、文武百官と全国民に一致協力と進取向上を求め、率先して親政に励む決意を示されたものである。これは、以後の国家目標として画期的な意味をもち、まもなく次々と具体的に実現される。

そのひとつが半年後の「明治」改元に際して打ち出された〝一代一号〟（一世一元）の制である。ただし、この改革も、すでに数十年以上前から提唱されていた論策を採択したものにほかならない。

わが国の年号（元号）制度は、古代の中国から伝えられた漢字文化の紀年法を、主体的に採り入れたものである。もっとも、大和時代（六世紀まで）には、中国の年号をそのまま奉ずるほかなかったようであるが、やがて国内体制の整えられる「大化」（六四五年）「大宝」（七〇一年）以降、日本独自の年号が建てられ、まもなく全国的に公用されるようになった。その意味で日本年号は、わが国の独立と統一のシンボルともいえよう。

しかしながら、飛鳥・奈良時代から幕末に至るまで千二百年余の間は、天皇一代に何度も改元された例が少なくない（一年号の継続年数は平均六年弱）。ところが、中国では明朝の洪武元年（一三六八）から、また清朝でも世祖の順治元年（一六四四）から、ほとんど〝一帝一元〟となっている。そこで、わが国においても、従来の改元の在り方を批判し〝一代一号〟に改めるよう唱える論者が現れた。

その一人が大坂の町人学者中井竹山である。懐徳堂学主の竹山に対して、老中松平定信が、焼失した内裏再建などのため上洛し大坂も巡検した際、「何事によらず……進言すべし」と内命したという。そこで、寛政三年（一七九一）提出したのが『草茅《そうぼう》危言《きげん》』五巻である。その巻一に「年号の事」をとりあげ、次のごとく論じている。

すなわち、「我が邦は李唐（中国）の制を取りて、大化……大宝以来、今に連綿」としているが、「千有余年の間、改元ありてさして吉もなく、改元なくてさらに凶もなし」の実情だから、「何分これは明・清の法に従ひ、一代一号と定めたき御事」である。また「年号の文字は、朝廷に字数の定まり」があるけれども、「旧弊を守るはいかがなり、広く文字を求むべきこと」だという。

このような改元の吉凶や文字の制限への批判は、すでに新井白石の自叙伝『折焚く柴の記』にみえる（白石は「我が朝の今　天子の号令、天下に行はれ候事は、ひとり年号の一事のみにて、異朝までも末代までも伝へ聞ゆべき」ものと強調している）が、「一代一号」の提唱にまでは及んでいない。ところが、竹山（六十二歳）はそれを明確に主張したのである。そのうえ同じ寛政三年、水戸藩士の藤田幽谷《ゆうこく》（十八歳）も『建元論』を書き、ほぼ同趣の提言をしている。

すなわち、およそ「人君即位して既已《すで》に年を紀す、あに復改むべけんや。……一世数元、濫と謂ふべきなり」とみる。しかも、わが国で「一千有余歳……改元は殆ど二百を過」ぎるが、辛酉（甲子）の歳を「革命（革令）」と結び付けて改元するのは「讖緯《しんい》の妄誕」である。また「災異は畏るべき」だが、「徳を修し以て之に勝つのみ」で、改元の必要はない。そこで今後は、明朝が建国以来やっているごとく、「即位の踰年《ゆねん》（翌年）に改元し、終身易《か》えず」とすれば、「一統慎始の義に於て両得と謂ふべき」であり「百世遵守すと雖も可なり」と説く。

つまり、有害無益な辛酉改元や災異改元を止めて「一世一元」にすれば、一年号で全国民を一統することも、当初の理念を一貫することもできるというのである。しかも、この『建元論』が「明治」改元の際の制度改革に影響を与えたのではないかとみられる。

何となれば、幽谷の孫清子（東湖の娘）を娶った宮崎幸麿が、明治二十四年発行の雑誌『如蘭社話』に、「御一世一元の制を定められしは、廟堂（朝廷）の大議に決せし者なるべけれど、……吾さきに加藤桜老翁〔水戸の会沢正志斎門人〕が当時そのすぢの人に出したる意見書を見し事あり。其は水戸藤田一正翁（幽谷）の建元論を引きて、いたく一世数号の不可なるよしを弁へられたる者なりき。これら必ず参考の一とはなりし者なるべし。……」と論じている。

加藤桜老は、文久三年（一八六三）から長州で藩校明倫館教授を務め、吉田松陰の伝記を書いている。だから、「そのすぢの人」（新政府参与の木戸孝允あたりか）に対して、『建元論』に基づく「意見書」を出し、それが参考にされた可能性は少なくないと思われる。

四　「明治」の改元経緯

では、「明治」の改元はどのように行われたのだろうか。古来の年号は、前述の竹山・幽谷も指摘するとおり、さまざまな理由でしばしば改元されてきたが、最も重要なのは御代替りごとの〝代始改元〟にほかならない。それは平安初期の「弘仁」改元（八一〇年）以降、践祚の年を踰《こ》えて翌年中に行う〝踰年《ゆねん》改元〟が慣例化していた。従って、慶応三年（一八六七）の正月九日、京都御所で践祚の儀をあげられた天皇は、翌四年のうちに代始改元を実施される予定だったのである。

ただ、その際、年号制度にも根本的な変革が加えられることになった。それを提案したのは、輔相の岩倉具視である。同年三月十四日「五箇条の御誓文」が出されて間もないころ、半年後に予定された「御即位の事」関係の覚書に、「御即位同日改元、御一代御一号の事」と記している。これが岩倉独自の着想か、あるいは誰かの提言（たとえば木戸孝允か、あるいは「御即位新式」を作った福羽美静など）をとりあげたものかは、今のところ明らかでない。

やがて同四年の閏四月二十一日、「国是を定め制度を建つるには、専ら五箇条御誓文の旨趣を以て目的とす」ることを冒頭に掲げた「政体書」が出された。

ついで八月二十七日、前例を一新した「即位式」が挙行され、さらに十日後の九月七日「改元の儀」が実施されている。その実情は『岩倉公実記』（多田好問編、皇后宮職出版、明治三十九年）に次のごとくみえる。

ⓐ中古以降、改元定の儀式、鄭重にして頗る虚文に属するもの有り。……具視は、難陳の如き閑論議を闘はすの儀式は繁褥の流弊たるを以て、首として其の改正を唱へ、且つ一世一元の制と為すの議を建つ。

ⓑ議定・参与、皆之を善《よし》とす。因て上奏、聖裁を経たり。是に於て、松平慶永に命じ、菅原家の堂上が勘文に就き、其の語の佳なる者二三を撰進せしめて、以て聖択を奏請す。

ⓒ九月七日夜、上（天皇）、賢所に謁し、御神楽を奉仕し、親しく御籤を抽き、明治の号を獲給ふ。……

これを他の資料も参酌して説明しよう。輔相の岩倉は、即位式（八月二十七日）の二日前、議定・参与たちに書状を送り、「改元の儀、……御大礼後直ちに行はれ候か、又は当年中にて然るべきか」「御一代御一号の制に決定せられ候ては如何」「年号の文字……賢所に於て臨時御祭典為し行はれ、聖上親しく神意に問ひ為され候ひて然るべきか。いはゆる祭政一致の御趣旨にて、これらの儀は鄭重に遊ばさるべしと存じ候」と、三点について提案し、議定や参与らに意見を求めている（同上）。それに対して、全員の賛同がえられたので、即位式の直後、新しい方法の改元に踏み切ったのである。

すなわち、従来の「改元定《さだめ》」では、公卿（十数人の議政官）が年号文字案を一つ一つ論難・陳弁した上で決める形を重んじてきた。しかし今回は、そのような閑論議を止め、菅原家（高辻・五条など）の儒学者から提出された「年号勘文」を、議定の松平慶永が受け取って吟味した。そして「好き年号（文字）を撰み五六号差出」したところ、「聖上みづから賢所へ入りなされ、神意御伺《うかがひ》の所、明治の年号、抽籤相成」ったという（『逸事史補』）。これは全く前例のない（以後にもない）改元方法であるが、天皇自身による新年号〝勅定〟の実を重んじたことに意味があろう。

しかも、この新年号を公表した「明治改元詔書」に、「改元して、海内の億兆と更始一新せんと欲す。それ慶応四年を改めて明治元年と為す。今より以後、旧制を革易し、一世一元、以て永式と為《せ》よ」とある。また同じ九月七日付の「行政官布告」でも、「これまで吉凶の象兆に随ひ、しばしば改号これあり候へども、今より御一代一号に定められ候ふ……」と通達している。

つまり、明治天皇を擁する新政府は、「五箇条の御誓文」に則って諸改革を進めたが、年号制度についても、長らく繰り返されてきた迷信的な理由による改元を廃し、本来の代始改元のみに純化して、「一世一元」（一代一号）を今後の「永式」と定めたのである。

その上、この「明治」年号は、『周易』の「聖人南面して聴かば、天下明に嚮《むか》ひて治まる」を出典としている。聖人たる天皇が宮殿に出て南面し、万機を親しく聴く（聞こしめし知ろしめす）ならば、天下はおのずから明るい方に向かって治まるという。これは単なる出典以上に、維新政府の念願であったにちがいない（【追記】参照）。

五　明治「親政」の原点

以上、「五箇条の御誓文」の特色と「明治」改元の概要を述べてきた。このように、両者には深い関連があり、前者で打ち出された理念・方針があったからこそ、それを承けて、後者も新しい方法により実行することができたとみられる。そして、ここに維新政府が目指した〝天皇親政〟のもとに近代国家を形作るための重要な拠点が据えられたといえよう。

明治天皇は、そのころ満十五歳（数え十七歳）であったが、すでに一月十五日、紫宸殿で元服の儀をあげ、また三月下旬から五十日近く大坂へ行幸された。その間に天保山で帆船（軍艦）を親閲したり、大坂城で藩兵の訓練を御覧になったり、東本願寺大坂別院で英国公使を引見されたりしておられる。

ついで閏四月二十一には、「先般御誓約の御旨趣」と天皇ご自身の「思召」により、毎日御所内の御学問所へ出御し「万機の政務を聞こしめされ」るために、輔相（三条実美と岩倉具視）などから奏聞を受けて精励中の由が、布告されている。さらに即位式と改元を行ってまもない九月二十日から九十日近く、初めて東京まで往復された。当時まだ戊辰内戦の最中であったから、これは旧幕府本拠地への〝親征〟も意味しよう。

まさにこのような未曽有の変革期に、五箇条の「国是」が「御誓文」として出され、また「明治」改元を機として「一世一元」の制が定められたのである。もちろん、いずれも維新政府の要人が立案し協議を重ねて仕上げたものにちがいない。とはいえ、それを明治天皇に上奏して勅裁・聖択を仰ぎ、天皇ご自身が神々に誓い人々に告げられることによって、最も権威のある国家目標・基本方針となりえたのである。

その後、たとえば明治八年の四月十四日には、天皇（数え二十四歳）が正院に行幸され、「朕、即位の初め首として群臣を会し五事を以て神明に誓ひ、国是を定め万民保全の道を求む。……今、誓文の意を拡充し、茲に元老院を設け以て立法の源を広め、大審院を置き以て審判の権を鞏くし、又地方官を召集し以て民情を通じ公益を図り、漸次に国家立憲の政体を立て、汝衆庶と倶に其の慶に頼らんと欲す」との詔書が下されている。

これを承けて、まもなく元老院で「国憲按」などが作られ、やがて明治二十二年（一八八九）の二月十一日、宮務法の「皇室典範」と国務法の「大日本帝国憲法」が〝欽定〟（天皇みずから欽《よろこ》び定める）という形で制定されるに至った。その典範は、第十二条で「践祚の後元号を建て、一世の間に再び改めざること、明治元年の定制に従ふ」と規定している。これによって「元号」（一世一元の年号）という表現が公式の法令用語となり、一世一元の制が明確に成文化されたのである。

しかも、それから二十年後の同四十二年（一九〇九）公布された『登極令』は、第二条で「天皇践祚の後は直ちに元号を改む。／元号は枢密顧問に諮詢したる後、之を勅定す」と定め、改元の時期（践祚直後）と改元の方法（枢密院の議決により天皇が勅定）を明らかにし、また第三条で「元号は詔書を以て之を公布す」ることも定めている。

これによって、三年後の「大正」改元（一九一二年）も、また次の「昭和」改元（一九二六年）も、新天皇の践祚当日〝勅定〟されることができたのである。

明治の初めに上述のような〝天皇親政〟の原点が築かれた意義は、まことに大きいといえよう。

（平成二十年七月十五日稿）

【追記】「明治」という二文字は、年号案として室町中期から江戸末期までに十回も候補にあげられており、ようやく十一回目に採用された。その出典章句と改元時・勘申者を、森本角蔵氏『日本年号大観』（目黒書店、初版昭和八年）二九四～五頁から抄出すれば、左の通りである。

A『周易』＝『易経』「聖人南面して天下を聴けば明に嚮ひて治まる。」

「長享」改元の時（一四八七）、菅原在治／「天和」改元の時（一六八一）、菅原在庸／「正徳」改元の時（一七一一）、菅原総長／「元文」改元の時（一七三六）、菅原在秀／「嘉永」改元の時（一八四八）、菅原長熙／「文久」改元の時（一八六一）、菅原在光／「元治」改元の時（一八六四）、同上／「明治」改元の時（一八六八）、同上

B『尚書』＝『書経』注「民明かなる君の治を為す」
「正長」改元の時（一四二八）、菅原長興／「承応」改元の時（一六五二）、菅原長維

C『孔子家語』「長聡明らかに五気を治む……」
「長享」改元の時（一四八七）、菅原在治／「慶安」改元の時（一六四八）、菅原長純／「嘉永」改元の時（一八四八）、菅原長熙

D『荀子』「上明を宣れば下治り弁ず」
「元文」改元の時（一七三六）、菅原在秀／「嘉永」改元の時（一八四八）、菅原長熙

付表　「年号の読み方」一覧

年号（元号）の読み方は、「大化」から「明治」に至るまで、公的に告示したような史料が、ほとんど見あたない（例外的に、『日本書紀』天武天皇朱鳥元年（六八六）七月戊午条のみ「改元して朱鳥元年と曰ふ（朱鳥、此を阿訶美苔利《あかみとり》と云ふ）」と和訓を注記。本書第十五章五六四頁に漢音・呉音の使い分けを「古例」とする）。しかし、明治時代に入ってから、学校教育の教材や国際社会への説明資料として、天皇や年号の読み方を統一的に表示する必要に迫られた。そこで、文部省は明治七年（一八七四）四月、『御諡号及年号読例』（和装九丁）を編刊し、その「緒言」に次のごとく記している。

御諡号及び世々の年号、人々其の唱ふる所を異にして、未だ一定の則あらず。是を以て小学に於て史を生徒に授る者も、或は漢音を用ゐ、或は呉音に依る。其の紛紜一にあらず。因りてこれを諸書に徴し、当時の称呼に原《もとづ》き、其の平易なる者を撰び、刻して以て之を頒布す。其の呼法をして一定に帰せしめんことを欲すればなり。

ただ、前述のごとく、諡号も年号も「当時の称呼」史料が稀有なため、異読が少なくない。それを丹念に精査されたのが、山田孝雄《よしお》博士の『年号読方考証稿』（宝文館、昭和二十五年）である。その主な出典は、左の諸史料であり（略符号を冠した）、それと『御諡号及年号読例』との異同を別表に示した（「大正」と「昭和」は追補）。

A『中家実録』（仁治三年以降成立）　B『年代号略称』（元和・寛文ころ成立）　C『番鍛冶次第』（元和・寛文ころ成立）　D『本朝通録』（寛文年中成立）　E『年号読様』（安永年中成立）　F『年号訓点』（安永三年ころ成立）　G『童蒙必読』（明治三年版行）　Hその他（仮名文書等）

No.	年号	『年号読例』	異読（カッコ内出典符号）
1	大《たい》化《か》	たいくわ	だいくわ（A） たいくわ（G）
2	白雉	はくち	
※	白鳳		※白鳳は白雉の追改
3	朱《しゆ》鳥《ちよう》	す てう	しゆ てう（E）
4	大《たい》宝《ほう》	だい ほう	たい ほう（C）
5	慶《けい》雲《うん》	きやう うん	けい うん（CD）
6	和銅	わ どう	
7	霊亀	れいき	
8	養《よう》老《ろう》	やうらう	
9	神亀	じん き	しんき（CD）
10	天《てん》平《びよう》	てん びやう	てん びやう（ABEFG） てん へい（D）
11	天平感宝《かんぽう》	※11脱。12〜14では天平＝てんびやう	※感＝かん、他脱。D の11 12天平＝てんぺい
12	天平勝宝	—しよう ほう	—しよう ぼう（AF） —せいほう（BCD） —しやう ぼう（G）
13	天平宝字	—ほう じ	
14	天平神護	—じん ご	
15	神護景雲	—けい うん	
16	宝亀	ほう き	
17	天応	てん おう	てん をう（BF） てん のう（C） てん のう（E）
18	延暦	えん りやく	

19	大同	だいどう	
20	弘仁	こうにん	かうにん(C)
21	天《てん》長《ちよう》	てんちやう	てんじやう(A) てんぢやう(G)
22	承和	じようわ	せうわ(BC) そうわ(EF)
23	嘉《か》祥《しよう》	かじやう	かしやう(BDEF)
24	仁寿	にんじゆ	にいじゆ(G左)
25	斉《さい》衡《こう》	さいかう	さいころ(B)
26	天安	てんあん	てんなん(BE、G左)
27	貞《じよう》観《がん》	ぢやうぐわん	でうぐわん(B) ぐわんきやう(BD)
28	元《がん》慶《ぎよう》	ぐわんぎやう	けんけい(C)
29	仁和	にんわ	にいわ(G左)
30	寛《かん》平《びよう》	くわんべい	くわんへい(B～F)
31	昌《しよう》泰《たい》	しやうたい	
32	延喜	えんぎ	えんき(BC)
33	延《えん》長《ちよう》	えんちやう	えんじやう(A) えんぢやう(G)
34	承《しよう》平《へい》	じようへい	せうへい(BCD) しやうへい(E)
35	天《てん》慶《ぎよう》	てんぎやう	てんきやう(BDEF) てんけい(C)
36	天暦	てんりやく	てんれき(C)
37	天徳	てんとく	
38	応和	おうわ	をうわ(BDE) わうあ(C)
39	康《こう》保《ほう》	かうほう	こうほ(F)
40	安《あん》和《な》	あんわ	あんな(BDF)
41	天禄	てんろく	
42	天延	てんえん	てんねん(E)
43	貞《じよう》元《げん》	ぢやうぐゑん	てんぐえん(B) ていげん(CDF)
44	天《てん》元《げん》	てんぐゑん	てんげん(B～F)
45	永《えい》観《かん》	えいくわん	やうくわん(ADG) えうくわん(F)
46	寛《かん》和《な》	くわんわ	くわんな(E)
47	永延	えいえん	やうえん(AG)
48	永祚	えいそ	やうそ(AG)
49	正暦《しようりやく》	しやうりやく	じやうりやく(AG) しやうれき(C)
50	長《ちやう》徳《とく》	ちやうとく	
51	長《ちよう》保《ほ》	ちやうほう	ちやうぼう(AG)
52	寛《かん》弘《こう》	くわんこう	くわんかう(C)
53	長《ちよう》和《わ》	ちやうわ	
54	寛《かん》仁《にん》	くわんにん	
55	治《じ》安《あん》	ぢあん	ちあん(CD)
56	万長	まんじゆ	
57	長《ちよう》元《げん》	ちやうぐゑん	ちやうけん(CF) ちやうげん(DE)
58	長暦《ちようりやく》	ちやうりやく	ちやうれき(C)
59	長久《ちようきゆう》	ちやうきう	
60	寛《かん》徳《とく》	くわんとく	
61	永《えい》承《しよう》	えいじよう	やうじよう(AG) えいせう(BC) えいしやう(E)
62	天喜	てんぎ	てんき(BCD)
63	康《こう》平《へい》	かうへい	かうべい(AG) こうへい(B)
64	治《じ》暦《りやく》	ぢりやく	ちりやく(CEG)
65	延《えん》久《きゆう》	えんきう	
66	承《しよう》保《ほう》	じようほう	せうほう(B) ぜうほう(D)

67	承《しょう》暦《りゃく》	じょう りゃく	せうりやく(B)　せうれき(C)　ぜうりやく(D)
68	永《えい》保《ほ》	えい ほう	やうぼう(AG)
69	応徳	おう とく	やうとく(A)　をうとく(BD)　わうとく(C)　いようとく(G)
70	寛《かん》治《じ》	くわん ぢ	くわんち(C)
71	嘉保	か ほう	
72	永《えい》長《ちょう》	えい ちやう	やうちやう(AG)
73	承《しょう》徳《とく》	じょう とく	せうとく(BC)　ぜうとく(D)
74	康《こう》和《わ》	かう わ	こうわ(B)
75	長《ちょう》治《じ》	ちやう ぢ	ちやうち(C)
76	嘉承	か じょう	かそう(AG)　かせう(B)　かぜう(D)
77	天仁	てん にん	
78	天永	てん えい	てんやう(AG)
79	永《えい》久《きゅう》	えい きう	やうきう(AG)
80	元《げん》永《えい》	ぐゑん えい	くえんえい(B)　けんえい(C)　げんえい(DE)
81	保安	ほう あん	

82	天《てん》治《じ》	てん ぢ	てんち(CE)
83	大《たい》治《じ》	だい ぢ	たいぢ(B)　たいち(C)
84	天《てん》承《しょう》	てん じょう	てんせう(BC)　てんぜう(C)
85	長《ちょう》承《しょう》	ちやう じょう	ちやうぜう(BD)　ちやうせう(C)
86	保延	ほう えん	
87	永《えい》治《じ》	えい ぢ	えいち(C)
88	康《こう》治《じ》	かう ぢ	こうぢ(B)　かうち(C)
89	天《てん》養《よう》	てん やう	てんにやう(E)
90	久《きゅう》安《あん》	きう あん	
91	仁《にん》平《ぴょう》	にん びやう	にんべい(B)　にんへい(CDE)　にんひやう(G)　にいひやう(G左)
92	久《きゅう》寿《じゅ》	きう じゆ	
93	保《ほう》元《げん》	ほう ぐゑん	ほうけん(C)　ほうげん(DF)
94	平《へい》治《じ》	へい ぢ	へいち(C)　びやうぢ(G)
95	永暦	えい りやく	やうりやく(AG)
96	応《おう》保《ほ》	おう ほう	をうほう(BDE)　わうほ(C)

97	長《ちょう》寛《かん》	ちやう くわん	ちようぐわん(A)　ちやうぐわん(G)
98	永万	えい まん	やうまん(AG)
99	仁安	にん あん	にんなん(AE、G左)
100	嘉応	か おう	かをう(BDEF)　かわう(C)
101	承安	じょう あん	しようあん(AG)　せうあん(BC)　ぜうあん(D)
102	安《あん》元《げん》	あん ぐゑん	あんげん(D)
103	治《じ》承《しょう》	ぢ じょう	ぢせう(BD)　ちせう(C)　ぢしよう(G)
104	養《よう》和《わ》	やう わ	
105	寿永	じゆ えい	しゆえい(B)
106	元暦	ぐゑん りやく	けんりやく(C)
107	文《ぶん》治《じ》	ぶん ぢ	ふんち(C)　もんち(H)
108	建《けん》久《きゅう》	けん きう	
109	正《しょう》治《じ》	しやう ぢ	じやうち(H)
110	建仁	けん にん	
111	元《げん》久《きゅう》	ぐゑん きう	げんきう(B～F)
112	建永	けん えい	けんやう(AG)

113	承《じよう》元《げん》	じよう ぐゑん	せう くゑ(B) せう げん(C) しよう げん(H)
114	建暦	けん りやく	
115	建《けん》保《ぽう》	けん ぽう	けん ほ(C) けん ほう(G)
116	承《じよう》久《きゆう》	じよう きう	せう きう(BCH)
117	貞《じよう》応《おう》	ぢやう おう	ぢやう をう(BD) てい をう(CF)
118	元《げん》仁《にん》	ぐゑん にん	げん にん(B) けん にん(C)
119	嘉禄	か ろく	
120	安貞	あん てい	
121	寛《かん》喜《き》	くわん ぎ	くわん き(H)
122	貞《じよう》永《えい》	ぢやう えい	ぢやう やう(AG) てい えい(BCF) てい ゑい(H)
123	天福	てん ぷく	てん ふく(A～H)
124	文暦	ぶん りやく	もん りやく(AG) もん れき(C)
125	嘉禎	か てい	
126	暦仁	りやく にん	れき にん(C)
127	延応	えん おう	えん をう(BDF) えん わう(CH) えん のう(F)
128	仁《にん》治《じ》	にん ぢ	にん ち(CH)
129	寛《かん》元《げん》	くわん ぐゑん	くわん けん(CH)
130	宝《ほう》治《じ》	ほう ぢ	ほう じ(B) はう ぢ(D)
131	建《けん》長《ちよう》	けん ちやう	
132	康《こう》元《げん》	かう ぐゑん	かう げん(BD)
133	正《しよう》嘉《か》	しやう か	
134	正《しよう》元《げん》	しやう ぐゑん	しやう げん(BDF)
135	文応	ぶん おう	ぶん をう(BDF) ぶん わう(C) ぶん のう(E)
136	弘《こう》長《ちよう》	こう ちやう	かう ちやう(C)
137	文永	ぶん えい	ふん ゑい(AGH)
138	建《けん》治《じ》	けん ぢ	けん ち(CH)
139	弘安	こう あん	かう あん(C)
140	正《しよう》応《おう》	しやう おう	しやう をう(BDEH) しやう わう(C)
141	永仁	えい にん	ゑい にん(G)
142	正《しよう》安《あん》	しやう あん	
143	乾《けん》元《げん》	けん ぐゑん	けん けん(CH) けん げん(DEF)
144	嘉《か》元《げん》	か ぐゑん	か げん(BF) か けん(CEH)
145	徳《とく》治《じ》	とく ぢ	とく ち(H)
146	延《えん》慶《きよう》	えん ぎやう	えん けい(CEF) えん きやう(G) ゑん きやう(H)
147	応《おう》長《ちよう》	おう ちやう	をう ちやう(BEFH) わう ちやう(C)
148	正《しよう》和《わ》	しやう わ	
149	文保	ぶん ぽう	ぶん ほう(BDEFG) ぶん ほ(C)
150	元《げん》応《おう》	ぐゑん おう	げん そう(BD) けん わう(C) けん をう(FH)
151	元《げん》亨《こう》	ぐゑん かう	げん こう(B) けん かう(CH) げん かう(D)
152	正《しよう》中《ちゆう》	しやう ちう	
153	嘉暦	か りやく	
154	元《げん》徳《とく》	ぐゑん とく	げん とく(BDF) けん とく(CH)
155	元《げん》弘《こう》	ぐゑん かう	けん かう(CH) げん こう(DF) ぐゑ こう(G)
156	建武	けん む	けん ふ(CH)
157	延《えん》元《げん》	えん ぐゑん	えん けん(B) ゑん けん(CH) えん げん(D)
158	興国	こう こく	
159	正《しよう》平《へい》	しやう へい	

160	建徳	けんとく	
161	文《ぶん》中《ちゆう》	ぶんちう	ふんちう（DH）
162	天授	てんじゅ	
163	弘和	こうわ	
164	元《げん》中《ちゆう》	ぐゐんちう	げんちう（D）
165	〔正慶《しようきよう》〕	しやうきやう	
166	〔暦応〕	りやくおう	りやくをう（BDEF） れきわう（C）
167	〔康永《こうえい》〕	かうえい	こうえい（B） かうゐい（CH）
168	〔貞和《じようわ》〕	ぢやうわ	でうわ（B） ていわ（C） ちやうわ（DH）
169	〔観応《かんのう》〕	くわんおう	くわんのう（E）
170	〔文和《ぶんな》〕	ぶんわ	ふんわ（CH）
171	〔延文〕	えんぶん	ゑんふん（CH）
172	〔康安《こうあん》〕	かうあん	こうあん（B）
173	〔貞治《じようじ》〕	ぢやうぢ	でうぢ（BF） ていぢ（C）
174	〔応安〕	おうあん	をうあん（BDH） わうあん（C）
175	〔永和〕	えいわ	ゑいわ（CH）
176	〔康暦《こうりやく》〕	かうりやく	こうりやく（B）
177	〔永徳〕	えいとく	ゑいとく（GH）
178	〔至徳〕	しとく	
179	〔嘉慶《かけい》〕	かきやう	かけい（CH）
180	〔康応《こうおう》〕	かうをう	こうをう（B） かうあう（C） かうおう（G）
181	〔明徳〕	めいとく	
182	応永	おうえい	をうえい（BDEH） わうゐい（C） おうゐい（H）
183	正《しよう》長《ちよう》	しやうちやう	
184	永《えい》享《きよう》	えいきやう	えいかう（C） ゐいきやう（HG）
185	嘉吉	かきつ	かきち（H）
186	文安	ぶんあん	ふんあん（B） ぶんなん（E） ふあん（H）
187	宝徳	ほうとく	はうとく（D）
188	享《きよう》徳《とく》	きやうとく	かうとく（C） けうとく（F）
189	康《こう》正《しよう》	かうしやう	こうしやう（B）
190	長《ちよう》禄《ろく》	ちやうろく	
191	寛《かん》正《しよう》	くわんしやう	
192	文《ぶん》正《しよう》	ぶんしやう	もんしやう（C）
193	応仁	おうにん	をうにん（BDE） わうにん（C）
194	文明	ぶんめい	
195	長《ちよう》享《きよう》	ちやうきやう	ちやうかう（G）
196	延徳	えんとく	ゑんとく（CH）
197	明応	めいおう	めいをう（BDEF） めいわう（C）
198	文亀	ぶんき	
199	永《えい》正《しよう》	えいしやう	ゐいしやう（H）
200	大《たい》永《えい》	だいえい	たいえい（C） だいゐい（G） 大ゐい（H）
201	享《きよう》禄《ろく》	きやうろく	かうろく（G）
202	天文	てんぶん	
203	弘《こう》治《じ》	こうぢ	かうぢ（C）
204	永禄	えいろく	ゐいろく（GH）
205	元《げん》亀《き》	ぐゐんき	げんき（BCDFH）
206	天《てん》正《しよう》	てんしやう	
207	文禄	ぶんろく	

番号	年号	読み	別の読み
208	慶《けい》長《ちよう》	きやう ちやう	けい ちやう(CFH)
209	元《げん》和《な》	ぐゑん わ	くゑん わ(B) げん わ(CFH) げん な(E)
210	寛《かん》永《えい》	くわん えい	くわん ゑい(GH)
211	正《しよう》保《ほう》	しやう ほう	
212	慶安	けい あん	きやう あん(BE)
213	承応	じよう おう	せう をう(BH)
214	明暦	めい れき	めい りやく(BFH) みやう りやく(H)
215	万《まん》治《じ》	まん ぢ	まん じ(F)
216	寛《かん》文《ぶん》	くわん ぶん	
217	延《えん》宝《ぽう》	えん ぽう	えん ほう(G) ゑん ほう(H)
218	天《てん》和《な》	てん わ	てん な(EH)
219	貞《じよう》享《きよう》	ぢやう きやう	じやう きやう(BH)
220	元《げん》禄《ろく》	ぐゑん ろく	げん ろく(F)
221	宝永	ほう えい	はう ゑい(G) はう えい(H)
222	正《しよう》徳《とく》	しやう とく	
223	享《きよう》保《ほう》	きやう ほう	
224	元《げん》文《ぶん》	ぐゑん ぶん	けん ふん(F) げん ぶん(H)
225	寛《かん》保《ぽう》	くわん ぽう	くわん ほう(EFG)
226	延《えん》享《きよう》	えん きやう	
227	寛《かん》延《えん》	くわん えん	
228	宝暦	ほう れき	ほう りやく(H)
229	明和	めい わ	
230	安永	あん えい	あん ゑい(GH)
231	天明	てん めい	
232	寛《かん》政《せい》	くわん せい	
233	享《きよう》和《わ》	きやう わ	
234	文《ぶん》化《か》	ぶん くわ	
235	文政	ぶん せい	
236	天《てん》保《ぽう》	てん ぽう	てん ほう(G) てん ぽ(H)
237	弘《こう》化《か》	こう くわ	
238	嘉永	か えい	か ゑい(G)
239	安政	あん せい	
240	万延	まん えん	
241	文《ぶん》久《きゆう》	ぶん きう	
242	元《げん》治《じ》	ぐゑん ぢ	げん ぢ(H)
243	慶応	けい おう	けい をう(H)
244	明《めい》治《じ》	めい ぢ	
245	大《たい》正《しよう》	たい しやう	
246	昭《しよう》和《わ》	せう わ	

第十五章　『大礼記録』の「大正」改元

解説

大正の大礼に関する公式記録は二種類ある。その一つは大正八年公刊の『大礼記録』全一冊本であり、いま一つは全事項の関係記録を網羅した未刊の『大礼記録』全一二八冊である（本書第十三章「大正大礼の概要と『大礼記録』」参照）。

本章には、後者の巻五「改元」（国立公文書館内閣文庫所蔵本3Ｅ㊗一七四）を翻刻紹介する。その骨子は「第一章　元号の建定」（全二節）、「第二章　元号建定の次第」（全三節）、「第三章　元号建定に関する参照事項」から成る。

この改元に際して、いかに先例等を精査したかを示す資料が、第三章に参照事項として列挙されている。もっとも、その若干は、明治中期に編纂された『古事類苑』歳時部（明治二十九年刊）の「年号」部分によって知ることもできるが、この第三章は「大正の元号」に関連する多様な資料を網羅しており、頗る参考になる。

凡例

一、原本は、Ｂ５判洋罫紙に各頁20字10行、全文毛筆で丁寧に清書されているが、濁点も句点・読点などもないので、便宜それらを加え、（　）内に校異・人名・西暦などを補った。

一、読みやすくするため、「並」を「並びに」などとし、付り仮名を加え、改行を増したところも少なくない。

『大礼記録』巻五（第二輯　践祚改元）

第二編　改元

第一章　元号の建定

第一節　総　説

明治四十五年（一九一二）七月三十日午前一時、践祚の式あり。賢所第一日の儀、並びに剣璽渡御の儀を行はせられたる後、元号建定の勅命あり。内閣総理大臣侯爵西園寺公望、宸展の次に奉侍すること、連日連夜未だ退出せず、勅命を奉ずるや、直ちに内閣書記官長南弘を宮中に招き、元号勘進の内案を提出せしむ。

是より先き、七月二十八日、明治天皇御悩大漸あらせ給ふや、西園寺内閣総理大臣は宮中に在り、予《あらかじ》め事を議するは非礼に属すと雖、怱卒の際失措あらむことを恐れ、旨を承けて元号勘進の内案を作成せしむ。是に於て宮中・府中の経術に通ずる臣を簡び、元号案予撰の事に従はしめ、勘文内案の整理は、南内閣書記官長をして之を掌らしむ。

按ずるに、近古、改元定の式あるや、改元の前数日、年号勘者の宣下あり。菅原・清原両姓《（ママ）》の堂上に命じて勘文を上らしめ、勘文は経史に拠りて好文字を択ぶものとす。是に於て、上卿・伝奏奉行等を勅定し、諸卿を召集して、勘者の堂上進むる所の諸案に就き仗議あり、其の文字の祥否を討論す。之を難陳の式と謂ふ。

難陳は末座に列する者より発言するを例とす。初難・初陳、二難・二陳、若《もし》くは三難・三陳を経て定申し、難陳の語と共に蔵人に付して奏聞し、聖旨を待ちて之を決定す。又、武家執政の時代には、幕府に諮詢せらるゝを常とせり。古昔は、改元に凡そ五種の別あり。代始改元、祥瑞改元、災異改元、辛酉革命改元、甲子革令改元、等是れなり。代始改元は、禅譲に因りて皇位の継承ありし際に行はれたるもの多く、崩御に因れる践祚に於ては、踰年《ゆねん》改元を行はせられたるを例とす。故に改元定の準備に数日を費すことを得たり。

然るに現制、登極令に於ては、天皇崩御の後直ちに践祚・改元の事あるべきを以て、日時に余裕なし。因て、元号の勘進及び其の祥否の難陳を簡捷ならしむるの外なし。是の故に、西園寺総理大臣、自ら其の衝に当り、南内閣書記官長、進むる所の勘文を点検して、難陳者の地位に立てり。

翌二十九日、宮中・府中の元号内案担当者は、其の撰択したる元号案を具して内閣書記官長に提出し、内閣書記官長は直ちに之を整理して勘文内案を作成し、夜来、内閣に参集せる各大臣の僉議に附すること二回、第一回並びに第二回元号勘進内案、是れなり。

第一回元号勘進内案に就きて各大臣特に異議なきに因り、内閣書記官長は其の案を持して宮中に候し、総理大臣の命を俟つ。総理大臣之を閲するに、元号案凡そ二種あり。一覧の後、難詰肯綮に中《あた》り一も采る所なく、更に第二回の勘進内案を撰進せしむ。案成りて再び各大臣の僉議を経、書記官長之を持して宮中に候し、総理大臣の命を俟つこと、前の如し。元号案復二種あり。

総理大臣復之を難詰して採る所なく、第三回の内案を作成せしむ。尋《つ》きて案成り、総理大臣復又之を難陳し、然る後、命を内閣書記官長に伝へて、元号建定の詔書案並びに元号勘文案を作進せしむ。両案、夜を撤して共に成る。

七月三十日午前一時、天皇登遐あらせられ、直ちに践祚の式を行はせ給ふ。賢所第一日の儀並びに剣璽渡御の儀訖りて、東方未だ白からず。総理大臣宮中に在り、内閣書記官長をして元号勘文案を提出せしめ、天顔に咫尺して親しく奏し、枢密院の議に付せられむことを請ふ。因て直ちに之を枢密院に諮詢せしめ給ふ。

枢密顧問官は、既に参集して宮中に在り、直ちに会議を開く。議長公爵山県有朋、勅を奉じて開議する旨を宣し、元号案を附議す。

法制局長官法学博士岡野敬次郎之を説明し、元号案諸案に就きて其の一を択申せむことを希望し、元号の称呼に就きても亦質疑・応答する所あり。討議の後、元号案を議決し、枢密院議長は直ちに之を奉答せり。

継ぎて枢密院議長の奉答書は、内閣に下付せられ、内閣総理大臣は、各大臣の議に附して後、正式に之を上奏し、勅裁を経たり。元号建定の詔書は、此の如くして内閣総理大臣並びに各大臣の副署を以て公布せられたり。

第二節　元号建定の詔書

明治四十五年七月三十日、枢密院の諮詢を経て、公布せられたる元号建定の詔書は、左の如し。

詔　書

朕、菲徳を以て大統を承け、祖宗の霊に誥げて万機の政を行ふ。茲に先帝の定制に遵ひ、明治四十五年七月三十日以後を改めて大正元年と為す。主者施行せよ。

御名　御璽

明治四十五年七月三十日

内閣総理大臣侯爵　西園寺公望／海軍大臣男爵　斎藤実／逓信大臣伯爵　林　董／司法大臣　松田正久／内務大臣　原　敬／外務大臣子爵　内田康哉／農商務大臣男爵　牧野伸顕／文部大臣　長谷場純孝／大蔵大臣　山本達雄／陸軍大臣男爵　上原勇作

第二章　元号建定の次第

第一節　元号案並びに元号建定詔書案作成の次第

第一項　元号案の作成

第一目　元号の勘進

明治四十五年七月二十八日、明治天皇御悩大いに漸《すす》ませらるゝや、内閣総理大臣は、宮中・府中に於ける儒雅の臣を択びて、元号勘進の内案を作成すべきを命じ、内閣書記官長をして勘文案の整理を掌らしめ、且つ明治の御宇には、開国進取の洪基を樹てさせられ、国運進暢の局面を恢弘せられたれば、陛下百年の後、御宇新なるに至らば、帝国の正しく雄飛すべき時運に際会するや必せり、皇国の昌にして国勢の隆なるを祝するの意を寓して、元号を選進せしむべし、との旨を伝へたり。

元号撰進者の具案は暁に徹して成り、二十九日其の宮中に提出せられたるものは、宮内次官河村金五郎之を総理大臣に転致し、総理大臣は之を内閣書記官長に交付す。書記官長乃ち内閣より提出せる具案と共に之を整理し、勘文案として前日来内閣に参集せる各大臣の僉議に供し、然る後之を宮中に齎らして、総理大臣の一覧に供せり。

是の日〔二十八日〕元号撰進の命を受けたる者を左の五人と為す。

内大臣秘書官長　股野琢／宮内省御用掛　多田好問／学習院教授　岡田正之

図書助　高島張輔／内閣書記官室事務嘱託　国府種徳

㈠第一回並第二回勘進内案

七月二十九日を以て綜合整理したる第一回勘進内案に於ける元号の文字、左の如し。

永　安／乾　徳

右勘進案は、各大臣の僉議に供せられ、然る後総理大臣に提出せらる。総理大臣は宮中に在り、坐に一書冊を挟むことなきに拘らず、勘進案を一見して直ちに之を難詰し、所謂難陳を労するの余地なからしむ。

第一号「永安」の二字に対し、総理大臣は曰く、永く帝国の安きを致すの意あり、佳字ならずとせず。然れども、蜀の先主昭烈帝崩ぜし所の宮殿も、其の名を永安といひしこと、王士禛〔漁洋〕の詩に見へたるを以て之を知る故に、之を採るは不可なりと。

第二号「乾徳」の二字に対し、総理大臣曰く、乾徳は宋の太祖の年号なること、著名なる蜀鏡鋳字の話柄を伝ふるに因りて記憶す。此の如きは採る可からずと。

是の日〔七月二十九日〕重ねて整理作成したる第二回勘進内案に於ける元号の文字、左の如し。

昭　徳／天　興

右勘進案の総理大臣に提出せられし手続、前に同じ。総理大臣、復之を難詰して採る所なし。

第一号「昭徳」の二字に対しては、曰く、唐代の后妃に昭徳王后あり、冊立の礼訖りて崩殂せるを以て知らる。採て以て元号と為す可らずと。

第二号「天興」の二字に対しては、曰く、前に伝へし帝国雄飛の吉祥を表するの旨に契ふと雖も、興の字は繁画にして書し易からず、挟書の児童を苦しましむるの虞あり。且つ此の二字は拓跋氏の元号に用ひし所なりしやに記憶す。偽僭の国、末季の世に於ける元号の文字は之を避くること、古来の慣例なりと。

総理大臣の論難、此の如く峻急にして、皆肯綮に当れるにより、勘進者は共に出典の調査粗笨を免がれざりしを愧づるのみ。第二回の勘進内案は直ちに撤せらる。

第一回並びに第二回勘進内案の撰進者、左の如し。

永　安　高島図書助奉撰／　乾　徳　岡田学習院教授奉撰

昭　徳　股野秘書官長奉撰／　天　興　国府内閣嘱託奉撰

㈡第三回勘進内案

七月二十九日、元号内案担当者は、更に群籍を渉猟して和漢古今の先例を調査し、古来難詰を受け若《もしく》は不吉として採用せられざりし文字を研覈し、腹案略成りし後、重ねて経藉を点検し、遂に第三回元号勘進内案を作進して、内閣書記官長に提出し、内閣書記官長は之を内閣に参集せる各大臣の僉議に付せり。

司法大臣松田正久は、第二回内案の中、殊に第一案を以て定中に値すと為し、内閣書記官長をして其の所見を総理大臣に告げしむ。書記官長は直ちに宮中に候し第三回内案を総理大臣に呈し、且つ告ぐるに司法大臣の所見を以てす。

第三回元号内案、左の如し。

大　正／　興　化

総理大臣は直ちに第一案を採択して、司法大臣の所見に加ふるに更に明確なる理由を以てし、命じて「大正」を第一とし、「天興」を第二とし、更に「興化」を第三として、元号勘文内案を作進せしむ。

第三回勘進内案を担当せる者、及び其の選進せる内案は、左の如し。

大　正　国府内閣嘱託奉撰／　天　興　同人奉撰／　興　化　多田宮内省御用掛奉撰

第二目　元号勘文案の作成

七月二十九日、第三回元号勘進内案は既に総理大臣の是認を経たるに因り、内閣書記官長は命を受けて之を整理し、元号勘文内案を作成して総理大臣に提出す。

総理大臣は、内閣書記官長を宮中に招きて更に元号勘文案を作進せしむ。其の案文は、第二節第一項所載内閣総理大臣より上奏枢密院の議に付せられむことを請ひし際に添付したるもの、即ち是れなり。

第二項　元号建定詔書案の作成

七月二十九日、元号案既に内定するや、内閣総理大臣は、内閣書記官長並びに法制局長官に命じて、更に元号建定の詔書案を作成せしむ。其の協議作成したる案文は、第二節第一項所載内閣総理大臣より上奏枢密院の議に付せられむことを請ひし際に添付したるもの、即ち是れなり。

元号建定の詔書案既に成り、内閣書記官長直ちに宮中に候して総理大臣に提出するや、総理大臣は内閣に参集せる各大臣の僉議に付せしに、一字の改竄せらるゝことなし。

第二節　元号建定詔書案並びに元号案の枢密院諮詢

第一項　諮詢案の僉議

七月三十日午前一時〔零時四十三分〕、明治天皇登遐あらせられ、皇太子嘉仁親王殿下直ちに践祚の式を行はせらる。賢所第一日の儀並びに剣璽渡御の儀を終はらせられたる後、勅命あり、元号建定の詔書案並びに元号案を徴せらる。

内閣総理大臣宮中に在り、内閣書記官長を招きて閣議を経たる両案を提供せしめ、親ら之を奉じて聖裁を仰ぎ、枢密院の議に付せられむことを請へり。上奏文、左の如し。

　元号建定の件

右謹て上奏し、恭しく／聖裁を仰ぎ、併せて枢密院の議に付せられむことを請ふ。

明治四十五年七月三十日　　／内閣総理大臣侯爵　西園寺公望

　詔書案

朕、菲徳を以て大統を承け、祖宗の霊に誥げて万機の政を行ふ。茲に先帝の定制に遵ひ、明治四十五年七月三十日以後を改めて大正元年と為す。主者施行せよ。

御名　御璽

明治四十五年七月三十日　　／内閣総理大臣／各省大臣

　元号案

大　正／天　興／興　化

参照

大　正／易経曰、大亨以正天之道也。又曰、剛上而尚賢能止健大正也。

天　興／国語曰、天之所興誰能禦之。

興　化／唐姜公輔対策曰、夫中於道者易以興化。

天皇陛下、直ちに之を枢密院に諮詢し給ふ。是の朝、枢密院議長・枢密院副議長並びに枢密顧問官は宮中に参集し、元号建定の件に就きて開議し、天皇臨御あらせらる。

法制局長官出席し、元号案に就きては所謂難陳と同一の慎重なる難問講究を重ね、又第一案「大正」の二字に就きて検覈を累ねたること等を説明し、且つ称呼に関する質問に対して、**元号の第一字を漢音に、第二字を呉音に依らしむ**るの古例に従はむことを希望する旨を陳ぶ。院議一の異議あることなく、諮詢の二案共に議決を経たり。

第二項　枢密院議長の上奏及通牒

元号建定の詔書案並びに元号案は、共に枢密院の議決を経たるに因り、枢密院議長は直ちに其の旨を上奏せり。上奏文、左の如し。

臣等元号建定の件、諮詢の命を恪《つつし》み、本月三十日を以て審議を尽し、元号を大正と改められ（て）然るべしと議決せり。乃ち謹で上奏し、更に／聖明の採択を仰ぐ。

明治四十五年七月三十日　／枢密院議長公爵臣山県有朋

且つ添付するに詔書案並びに元号案を以てせり。枢密院議長は、詔書案並びに元号案を議決せる旨を上奏せし後、直ちに又其の旨を内閣総理大臣に通牒せり。其の文、左の如し。

元号建定の件、別紙の通、本院に於て決議上奏候条、此段及㆓御通牒㆒候也。

明治四十五年七月三十日　／枢密院議長公爵山県有朋

内閣総理大臣侯爵西園寺公望殿

且つ添付するに前掲山県枢密院議長の上奏文を以てせり。

第三節　元号建定の件、下付上奏、並びに詔書の公布

元号建定の件は、既に枢密院の諮詢を経たるに因り、之を内閣に下付せらる。依て左記元号建定の詔書公布の儀、閣議を経て内閣総理大臣より上奏裁可を得たり。

元号建定の件

右、枢密院御諮詢を経て御下付に付、同院上奏の通詔書公布の儀、奏請相成然るべし。

詔書案

朕、菲徳を以て大統を承け、祖宗の霊に誥げて万機の政を行ふ。茲に／先帝の定制に遵ひ、明治四十五年七月三十日以後を改めて大正元年と為す。主者施行せよ。

御名　御璽

明治四十五年七月三十日　／内閣総理大臣／各省大臣

元号案

大　正／　天　興／　興　化

是に於て詔書は公布せらる。第一章第二節に掲げたるもの即ち是れなり。

尋で元号の称呼に関する内閣告示は発布せられたり。

内閣告示第一号

元号の称呼、左の如し。

大《たい》　正《しやう》

大正元年七月三十日　／内閣総理大臣

法律・勅令・閣令・告示等の、総て公布を要するものの番号は、改元と共に更新せらるべきものとす。故に元号称呼に関する告示は、内閣告示第一号とし、大正元年七月三十日附を以て発布せられ、内閣書記官長は直ちに各省次官等に対して、左の通牒を発せり。

各省次官へ通牒（拓殖局　鉄道院　検査院　行政裁判所）

本日、改元相成候に付ては、法律・勅令・閣令・告示等、公布を要するものの番号は、今より更新するごとに決定致し候間、念のため通牒に及び候也。

大正元年七月三十日

／内閣書記官長

第三章　元号建定に関する参照事項

第一節　大正の元号勘進理由

第一項　元号勘進の標準考定

第一目　元号引文並びに元号文字の標準考定

㈠**元号引文の標準考定**

元号勘進の次第は、古来定制あり。先づ勘者を定めて、元号勘文を奉進せしむ。勘者の引用する所の経史子集、亦自から一定の範疇あり。奉撰の文字、亦自ら然り。是を以て七月二十八日、元号勘進の内命下るや、勘進内案の担当者は、先づ古例を調査して、是等一定の範囲を明にせむことを務めたり。

試みに『元秘抄』載する所の年号引文を見れば、古来主として重きを六経に措きたるを知る。其の載する所の群籍、左の如し。

〔元秘抄、二〕年号引文

論語在良始出　孝経永範　礼記資業　毛詩輔正　尚書輔正　周易同　左伝同　論語疏資長　孝経援神契光範　儀礼成季　尚書伝実綱　尚書正義明衡　礼記正義定親　周易注疏永範　詩緯敦宗　易緯敦光　尚書尭典国成　毛詩章敦季　尚書孔安国伝敦光　周礼永範

史記挙周　漢書朝綱　後漢書挙周　漢書礼楽志在良　東観漢記長光　晋書定親　宋書在良　宋書志永範　斉書義忠　北斉書永範　魏志長光　隋書永範　呉志永範　後魏孝文帝登高文有元　魏文典論実光　新唐書敦周

孟子朝綱　荀子資業　老子同　抱朴子定親　淮南子実政　管子永範　孔子同　孟子解義永範　荘子実義　楊子法言敦光　顔氏永範　大公六韜為政　維城典訓家経　符瑞図同　張衡霊憲同　春秋元命苞資業　孔子家語同　崔寔政論定親　呂氏春秋正家　白虎通実綱　典言行家　論衡匡房　博物志成季　文選匡房　典言符命明衡　河図挺佐輔敦光　春秋繁露有光　漢武内伝成光　河図長光　帝王秘録永範　長短経光範　龍魚河図俊経

貞観政要光範　御註孝経為長　修文殿御覧経範　宋韻経範

右『元秘抄』所載書名の下に記せる人名に依りて之を推すに、此の例は堀河・鳥羽両帝の御宇、「長治」「天仁」「保安」の改元前後に在るが如し。爾来年所を経て、多少損益する所ありと雖、依然重きを六経に措きて之を標準としたるは、歴世改元に関する載籍の明示する所なり。故に元号勘進内案撰進の担当者は、其の渉猟すべき群籍の範疇を略定して、重きを六経に措き、以て文字の採択に著手せり。

七月二十九日、内閣総理大臣が第一回元号勘文内案所載の四案を総て難詰し、更に再度の勘進を命ずるや、第二回勘進内案の担任者は、如上の標準を恪守し、更に進みて六経の中、昔時聖賢の最も尊重せし『易経』の文字を以て奉撰するの方針を定めたり。

然るに、我邦中古に於ては、漢土五行讖緯の説頗る行はれ、易経の易字を忌むとの説あり。因て更に改元に関する諸記録を閲するに、此の説は『茅窓漫録』に出で、「易経の語を引くには、書名をいはず、或文に曰と書くは故実にて、変易変化を忌み嫌ふなりと。然るに、近歳にも化字を用ひて改元ありしは、いかなる事にや」と言へるに過ぎす。然れども、是れ固より準拠なく、古来各家の勘文には皆『周易』と書し、毫も書名を忌まざるが如し。勘文に於て既に然り、況や其の書を引用するに於てをや。現に『元秘抄』にも『周易』『易緯』等の書名を列記したるを見る。是に於て内案撰進の担任者は、竟に第二回元号勘進内案に於ける第一号案を、『周易』の中より採択することとせり。

㈡元号文字の標準考定

元号の文字奉撰に方《あた》りて、引用すべき書籍の標準は、既に略明なるを得たるを以て、次に文字の採択に関するの標準を考定せさるべからず。元号内案の担当者は、更に進みて之に関する古来の慣例を講究せり。古来の慣例を稽ふるに、元号の文字として採択せらるるものには、自から一定の制限ありしが如し。不祥の文字を避くるは論なく、之を用ひて不祥の事ありし文字も、亦之を忌む。随ひて奉撰する所の文字は、自から定限せられざるを得ず。即ち、

一、吉祥の字、嘉慶の字、好義の字を撰するを原則とす。

一、従来、難陳を経て多く議に上りたる文字を採り、其の範囲に於て適当の配置を得しむるを慣例とす。

一、異邦に於て曽て一たび用ひたる連用文字、若《もしく》は内外に於て諡号・宮名・殿名・地名に之あるものと同一なる連用文字は、之を避くるを例と為す。但し、本邦に於て異邦の年号と同一のものを用ひしを例外となす。

一、字義不祥なるもの、字形不祥なる他の文字に近似せるもの、析字して不吉不好の讖《しん》を成すもの、連用して発音の不祥なる他の文字の発音と相近きもの、等を忌み避くるを定規となす。

一、嘗て其の字を用ひ適不祥の事ありしとして知らるる如き文字、又は同一の文字を名称としたるものにして不祥・災異等の事ありしとせらるゝ如き文字も、亦之を忌み避くるを成例となす。

一、以上の条件を充たさしむるのみならず、更に経史中に確実なる出典あるものたるを正軌と為す。

此の如き種々の制限を付せらるるを以て、古来元号奉撰の案に供せられたる文字には、自から一定の限度あり。其の以内の文字にあらざれば採らす。但し、調査の不完なりしが為、知らず識らず是等の制限を侵したるの例、是れなきにあらず。

今、諱み避くべき文字とせらるるものの中、析字に依りて離合の讖をなすものとせらるる一例を示せば、左の如し。

『江家次第』十八　改元事

（前略）宣政〔宇文巳（亡）日〕　広運〔軍走〕　隆化〔降死〕　大象〔大人象〕　大業〔大苦末（未）〕　元亨〔二月七日〕　天正〔天一止〕

元始〔不吉〕　天漢〔漢字宜水〕　治暦、又件の例に因る。

五行讖緯の説、盛んに我が邦に行はるゝや、紀伝道其の他諸道の博士等も、亦其の説に浸漸し、遂に此の如き先例を貽《のこ》せしならん。必ずしも之に従ふの要なし。唯参考の料とすべきのみ。

元号として奉撰すべき文字に制限あることは、既上に述べたり。次に古来元号に用ひられたる文字の数、其の種類等を検討考覈するの要あり。

後土御門天皇応仁三年（一四六九）、「文明」と改元ありし以後に撰せられたる有職書に載する所の「元号上下字表」を見るに、或は上に置かれ或は下に用ひられ、連用配合の差異は固より之ありと雖も、其の所用文字は、凡そ五十六字に過ぎず。大宝以前、大化・白雉・朱雀・白鳳・朱鳥の年号は、此の数の以外に在り。今其の五十六字の上下字用数表を左に掲ぐ。

『有職書』　一　元号上下字〔文明改元之後撰〕

大〔上三、下〕　宝〔上三、下一〕　慶〔上一、下五〕　雲〔上、下一〕　和〔上一、下十一〕　銅〔上、下一〕　霊〔上一、下〕

亀〔上、下二〕　養〔上二、下一〕　老〔上、下一〕　神〔上一、下〕　天〔上十五、下〕　平〔上一、下五〕　応〔上七、下十〕

延〔上八、下三〕暦〔上二、下十一〕同〔上、下一〕弘〔上三、下二〕仁〔上四、下八〕長〔上十、下六〕承〔上六、下四〕嘉〔上七、下一〕祥〔上、下一〕寿〔上一、下三〕斉〔上一、下〕衡〔上、下一〕安〔上三、下十〕貞〔上五、下二〕観〔上一、下二〕元〔上八、下十一〕寛〔上八、下一〕昌〔上一、下〕泰〔上、下一〕喜〔上、下三〕徳〔上一、下十〕康〔上十、下〕保〔上五、下四〕禄〔上、下三〕永〔上十二、下五〕祚〔上、下一〕正〔上十、下三〕治〔上三、下十四〕万〔上一、下一〕久〔上二、下五〕文〔上八、下一〕建〔上八、下〕福〔上、下一〕禎〔上、下一〕乾〔上一、下〕中〔上、下一〕武〔上一、下一〕至〔上一、下〕明〔上一、下一〕亨〔上一、下一〕吉〔上、下一〕化〔上、下〕

此の外に、「天平勝宝」「天平宝字」「天平神護」「神護景雲」の四字年号に於ける勝・字・景・護の四字を補ひて、総数六十字を算すべし。

更に文明以後、明治に至るまでの年号を閲し、其の用ひられたる文字を点検して、新字の増加並びに上用下用の字数を算するに、新字は唯一を加へ、上用下用の字数、次表の如きを示せり。

大〔上四、下〇〕宝〔上五、下二〕慶〔上四、下五〕雲〔上〇、下一〕和〔上一、下十五〕銅〔上〇、下一〕霊〔上一、下〇〕亀〔上〇、下四〕養〔上二、下一〕老〔上〇、下一〕神〔上一、下〇〕天〔上二十、下〇〕平〔上一、下五〕応〔上七、下十三〕延〔上十一、下五〕暦〔上二、下十三〕同〔上〇、下一〕弘〔上五、下二〕仁〔上四、下八〕長〔上十一、下七〕承〔上七、下四〕嘉〔上八、下一〕祥〔上〇、下一〕寿〔上一、下二〕斉〔上一、下〇〕衡〔上〇、下一〕安〔上五、下十一〕貞〔上六、下一〕観〔上一、下二〕元〔上十三、下十一〕寛〔上十三、下一〕昌〔上一、下〇〕泰〔上〇、下一〕喜〔上〇、下三〕徳〔上一、下十二〕康〔上十、下〇〕保〔上五、下八〕禄〔上〇、下七〕永〔上十四、下十〕祚〔上〇、下一〕正〔上十二、下五〕治〔上三、下十八〕万〔上三、下一〕久〔上二、下六〕文〔上十三、下四〕建〔上八、下〇〕福〔上〇、下一〕禎〔上〇、下一〕乾〔上一、下〇〕中〔上〇、下一〕武〔上一、下一〕至〔上一、下〇〕明〔上五、下二〕亨〔上四、下四〕吉〔上〇、下二〕化〔上〇、下二〕

増一字、政〔上〇、下五〕

文明以後四百年間に増加せる文字は、唯「政」の一字あるのみ。元号文字の限定せらるる範疇、自から分明なりといふべし。「寛政」改元の時に於ける元号文字の計算数も、亦古来より五十九字と為し、政の一字を増して六十字と為ることを記せるものあり。即ち左の如し。／『視聴草』七集七

寛政改元之難陳翼略／改元之大略

（前略）年号の文字は、古来より五十九字に定りて、其余の文字は、新字とて容易には用ひられざる事也。〔今度の寛政の政の字、是即ち新字たり。〕然して今年より六十字と成る也。

是れ亦「亨」の字を逸したる計算なるべく、政の字を加へて正に六十二字、「明治」に至るも総数に於て損益する所なし。然るに『光台一覧』載する所に拠れば、総数六十四文字にして、近代の増字二十四字なりといふ、是れ大化・白雉・朱雀・自鳳・朱鳥をも算入したるものの如し。然れども、其の増字二十四字として列記する所を見るに、其の何れに拠りしやを審かにせず。『光台一覧』の載する所、左の如し。／『光台一覧』四

扨て菅家年号を撰出せらるるの法は六十四文字なり。本字は近代増字二十四字なり。上下に顚倒して字を双ふる也。書経魯論の熟字に符合させ書き出さるる事也。（原文は漢文体交り）

六十四字／吉 白 神 乾 康 保 永 寛 和 延 応 承 観 護 雉 鳳 雲 至 万 徳 元 仁
弘 禄 喜 文 明 勝 朱 字 鳥 正 禎 嘉 大 享 亨 寿 養 録 同 銅 霊 斉 慶
建 長 治 宝 天 暦 安 貞 福 衡 老 泰 化 祥 武 平 久 祚 景

増字二十四字／豊 中 奥 光 運 興 国 咸 孝 清 通 聖 熙 隆 顕 紹 淳 曜 靖 開 昭
寧 祐 宣

是に於て、改めて元号上下字表を作製するの必要を感じ、元号内案の担当者は、「大化」「白雉」「白鳳」「朱雀」「朱

鳥」をも収め、「天平勝宝」「天平宝字」「天平神護」「神護景雲」をも併算し、更に北朝の年号をも逸することなく、「明治」に至るまでの年号文字上下表を作れり。

大〔上五、下〇〕化〔上〇、下三〕白〔上二、下〇〕鳳〔上〇、下一〕雉〔上〇、下一〕朱〔上二、下〇〕鳥〔上〇、下二〕雀〔上〇、下一〕宝〔上五、下二、三字目一、四字目一〕慶〔上四、下三、北朝二〕雲〔上〇、下一、四字目一〕和〔上一、下十四、北朝三〕銅〔上〇、下一〕霊〔上一、下〇〕亀〔上〇、下五〕養〔上二、下一〕老〔上〇、下一〕神〔上一、四字年号上一、下〇、三字目一〕天〔上二十三、四字年号上四、下〇〕平〔上一、下六、二字目四〕感〔上〇、下〇、三字目一〕勝〔上〇、下〇、三字目一〕字〔上〇、下〇、四字目一〕護〔上〇、下〇、四字目一、二字目一〕景〔上〇、下〇、三字目一〕応〔上六、北朝一、下八、北朝三〕延〔上十、北朝一、下五〕暦〔上一、北朝一、下十三、北朝一〕同〔上〇、下一〕弘〔上六、下二〕仁〔上五、下八〕長〔上十一、下八〕承〔上九、下五〕嘉〔上十、北朝一、下一〕祥〔上〇、下二〕寿〔上一、下三〕斉〔上一、下〇〕衡〔上〇、下一〕安〔上四、下十、北朝二〕貞〔上五、北朝二、下一〕観〔上〇、北朝一、下二〕元〔上十五、下十二〕寛〔上十四、下一〕昌〔上一、下〇〕泰〔上〇、下一〕喜〔上〇、下三〕徳〔上一、下十二、北朝三〕康〔上六、北朝四、下〇〕保〔上三、下十二〕禄〔上〇、下七〕永〔上十四、北朝二、下十二、北朝一〕祚〔上〇、下一〕正〔上十一、北朝一、下五〕治〔上三、下十七、北朝一〕久〔上二、下八〕万〔上二、下一〕文〔上十五、北朝一、下三、北朝二〕建〔上九、北朝一、下〇〕福〔上〇、下一〕禎〔上〇、下一〕乾〔上一、下〇〕亨〔上〇、下二〕中〔上〇、下三〕武〔上〇、下一、北朝二〕興〔上一、下〇〕国〔上〇、下二〕授〔上〇、下二〕△至〔上〇、北朝一、下〇〕明〔上五（南、北朝のものを一とす）、下二〕吉〔上〇、下一〕享〔上四、下三〕政〔上〇、下三〕

計七十二字／内、北朝のみに用ひられたる至字を含む。

此の如くにして計算し得たる元号所用の文字数は合計七十二字を算するに至れり。第二回元号勘進内案に於ける第一号案の文字も、亦此の中に在り。

文字奉撰の標準、既に明白となれり。第二回元号勘進内案の勘進担任者は、此の如き標準に基きて、其の奉撰すべき文字を是等の限定せられたる文字の範疇内に求め、又一方には総理大臣第一回勘進内案に於ける四号案を難申するに際し、「興」の字は庠序挟書の児童之を書するに艱むあらむといへる主旨を参酌し、務めて字画の単純なるを択ぶの方針を取り、先づ引文とすべき経籍中最も尊重せらるる『易経』に就きて、此の如き一切の条件を充たすに足るべき適当の文字なきやを講究せり。第二回内案の第一号案は、此の如くして始めて之を得たるものとす。

第二目　元号文字制限に関する諸説

(一)元号文字意義上の制限に関する諸説

元号文字に関する意義上の制限は、古来自から一定せるが如しと雖も、学者往々其の拘束に過ぐるを論じ、更に進みて厳密なる制限以外に出づるも亦妨げざるべしとの説を立つるものあるに至れり。

今、奉撰文字に関する制限に就きて、之を是認したるの説を求めたるに、歴世の改元定に於て、所謂難陳の列に参入したる群卿は、何れも是認説を採りて、其の事に従ひたるものの如し。其の説、素と唐土に出でたりと雖も、之に関して明確なる説明を与へたるは、降て明代に在り。明の張燧が『千百年眼』に論ずる所は、以て其の根拠とする所を知悉するに足る。因て『茅窓漫録』中の二三所説を、左に掲ぐ。／〔茅窓漫録、下〕

革命紀元〔中略〕文字を用ふるも、一字より四字まで、古例法則あり。方日升曰はく「紀元を案ずるに云はく、一字を以て元を紀したるは、漢の文帝後元年、景帝の中元年に始まる。二字を以て元を紀したるは、漢の武帝建元元年に始まる。三字を以て元を紀したるは、梁の武帝中大通元年に始まる。四字を以て元を紀したるは、漢の哀帝大初元将元年に始まる。今、号を立て元を紀るすことを詳にせるは、当に文景に始まれりとすべし。武帝には非ざる也。」〔韻会挙要小補に見ゆ〕と。

此邦〔日本をいふ〕異年号に、兄弟和、倭黄縄、白鳳雉の三字あり。又天平感宝、天平宝字、天平神護、神護景雲の四字あり。いづれも漢土の例に傚ひたるにや。文字の美悪・義理などは、勿論吟味講究して、古人の論弁したるを考索し、紀元あるべき事と覚ゆ。

漢土にて改元の誤を論じたるは、明の燧和仲が『千百年眼』〔巻十二〕に「国家は改元を以て重しと為す。然れども、歴世は窮まり無くして、美名には限り有り。遂に前後相複の嫌ひあり」〔中略〕「又当に詳しく国運を稽《かんが》ふべし。宋の治平と改めたるに、説者は火徳にして宜しく水を用ゆべからずと謂ひたれば、則ち我朝〔明朝〕は土徳にして宜しく水を用ゆべからず、之を犯す者は元気を耗損するの嫌ひあるが如し」「又当に国姓を審かにすべし。周の高祖姓字は文なるに、宣政と改元したるを、当時以て文亡ぶるの日と為したるが如き是れ也」「又当に国号を避忌すべし。唐の僖宗は広明と改元したるを、当時以て唐其の口を去り、而かも黄家の日月を著するなりと為したるに、後果して黄巣の為に簒せられたるが如き是れ也」「大率離合の讖は深微にして逃れ難し。最も宜しく熟察すべし。桓玄は大亨と改元したるを、議者以て一人二月にして了ると為したるに、果して二月乗輿は江陵に反正せられたり。梁の予章王は、武陵王の紀を撰びたるに、皆天正と改元したるを、説者は二人一年にして止むと謂へり」と。

其他、斉の後主緯は龍化と改元し、隋の煬帝は大業と改元し、北斉の顕祖は天保と改元し、宋の徽宗は宣和と改元し、欽宗は靖康と改元し、各皆其徴を載せたり。又正の字は、ただしき字義なれど、一止を合せて正とすれば、正始・正隆・正平・正暦・正法の類、皆古徴にあらずといへり。正の字も用ひどころによるべし。

此邦、改元ある毎に難陳といふ事あるは、専らに此等の事を是非せむが為なるべし。

古来、忌避し来れる元号文字の意義上の制限の如き、是れ無用の事なりとは、亦夙《つと》に学者の間に唱へられたり。『本朝改元考』の載する所は、実に其の一なるが如し。／〔本朝改元考〕〔原漢文体〕

宋の真宗の時、楊大年は豊亨の字を擬す。上曰はく、子と為て了せずと用ひられず。淳熙、本と純の字に作る時、人言ふあり、此の字必らず改められむと。言未だ既らずして改めらる。蓋し純の字に屯の字ありて旁に在ればなり。慶元の時、先づ隆平を擬す。某云はく、向来隆興と改められしに、時二人あり、議破して以為らく、隆の字は降の字に近しと。今既に説破したれば則ち用ふべからずと。語類、此を載して判断の言なし。余〔山崎闇斎〕謂らく、此れ皆閑議論なり。亨字は天徳の名にして、純字は文王の徳の純なり。之を美字に非らずと謂ふて可ならむ乎。隆は是れ降の反なり。豈に字の似たるを以てして之を廃せむ哉。

仁宗、即位して天聖と改元す。時に太后、朝に臨みて制を称す。議者謂ふ、撰号者は天字の文に於て二人を為すに取り、以て二人の聖と為す者なりと、太后を悦ばしむるのみ。明道と改元す。又以て明の字、日月の並ぶと為す。二人といふと旨同じ。帰田録に見ゆ。其の撰者、果して容悦を為せる乎、然らずむば則ち議者の誣ひし也。徽宗、即位して建中靖国と改元す。或謂ふ、建中は徳宗と同じければ、佳ならずと。謝上蔡云はく、恐らくは亦一播せらるるを免がれざらむと。後に獄に下らしめらる。語類に見ゆ。

楊方震曰はく、史に称す、上蔡は口語に坐して詔獄に繫がる、廃して民と為すと。其れ即ち建中年号の説ならむ乎。宋の年号にして衰世及び垂亡の小邦に同じき者、往々之れ有り。前の乾徳、後の建中の如き是れ也。然るに、乾徳には験あらずして、建中には則ち験あり。又徳の厚薄に在て、讖の有無に係らず。上蔡の論、特に徽宗に因て之を知ると。楊氏の此の論、之を得たり。

玉海載する所たる離合の讖、重複の嫌は、皆楊論を以て之を推断す可し。

本朝の撰号は、大略『園太暦』に見ゆ。人名に似たるに甘せず、異国の年号を避けず。但、其の文字の出処にして拠と為すに足らざるは、或は之れ有り。建安の険難の音に似たりとの嫌の如きは、何ぞ之を避く可けむや。

元号文字、意義上の制限を不必要とし、殊に文字の為に吉凶ありとする論者を説破して余蘊なきは、新井君美（白石）

推して其の尤と為す。今、『折焚く柴の記』に載する所を、左に掲ぐ。／〔折たく柴の記、下〕

此程、又（林）信篤、蜀都雑抄・秘笈・千百年眼等、三部の書をひきて、年号に正の字を用ふるは不祥の事なり、早く改元の事あるべき由をしるして、老中の人々にまゐらす。（間部《まなべ》）詮房朝臣、我（白石）思ふ所を問れしかば、当時、我言用ひらるべきものにあらず。されど、問ひ給はんに答ふまじきにもあらねば、しるしまゐらせし事どもあり。

其の大要は、近世大明の人〔燧和仲といふ〕、年号の事を論じて、正の字を用ひし代々不祥の事あり。凡そ文に臨みて忌むべき字なりなど申す事、信篤が引きし所の外の書にも見え侍れど、皆是君子の論にはあらず。天下の治乱、人寿の長短の如き、或は天運にかゝり、或は人事によれり。いかんぞ年号の字によりて祥と不祥と有るべき。魏の斉王芳、高貴郷公、梁の武陵王、金の煬王哀帝、元の順帝のごときは、皆その不徳によりたまひしなり。たとひ其の年号は正の字用ひられずとも、是等の人主、其の国を失ひ、其の身を滅し給ふ事なかるべしや。大明の世に至ては、正統・正徳の代々の事、皆其徳のいたり給はぬと、其の政のよからざるとによれり。年号の字の罪にはあらず。孟子、無㆑罪㆑歳とのたまひし所、よく〳〵心得給ふべきもの也。

天下の治乱、人寿の長短等、年号の字によらざることどもを論じ弁ぜむには、其の説殊に長くして、誠に無用の弁言の費なるべし。唯誰にも聞しめして心得わかち給ふに、たやすき証一つを挙て申べき也。

凡そ人の幼といひ、弱といひ、壮といひ、強といひ、艾といひ、耆といひ、老といひ、耄といふ、其の称同じからねど、唯その年の積れるにて、異なる人にはあらず。又生れて三月にして其の名つき、二十にして冠して字《あざな》つき、五十にして伯仲叔季を称するごとき、その称する所同じからねど、其の命ずる所は異なるにあらず。

かの年月日時といふものも、其の称同じからねど、時を積て日となり、日を積て月となり、月を積て歳となる事、譬へば幼弱壮強艾耆老耄などいふ事の同じからねど異なる人にはあらざるが如し。

さらば、年の号あるは、猶月の名あるがごとくにして、又これ人の三月の名、二十の字、五十の字ある事の如し。もし歳の号に正の字を用ひん事の不祥ならんには、月の名に正の字用ひんもまた不祥ならまし。

然るに、古聖人の世よりして今の世にいたるまで、毎年の一月を正月と名づけて孔子春秋の法にも、四始と申て正月をもて歳の始とは申す也。正の字誠に不祥ならんには、古の代より此の方、毎年に不祥の月を以て始とするなれば、夫より此の方、一年として不祥ならぬ歳といふは有まじき事也。

是等は余りに近き事にして、いはゆる睫を見ざるの論と申べしや。若し年号には正の字不祥にして、月の名には正の字祥たるべき理あらんには、尋ねきかまほしき事なり。君子動而世為二天下道一、行而世為二天下法一、言而為二天下則一とも、又不レ知レ命無三以為二君子一也とも承れば、かゝる不通の論など、君子の人の可レ申所とも覚えず。また、我が朝の年号に正の字を用ひられし事、凡十六度、不祥の事のみありとも見えず。もし武家の代となりし後、正慶に鎌倉滅び、天正に足利殿滅び給ひし、などとも申す事もあるべきにや。

正治・正嘉・正応・正安・正和・正中等の号、すでに七度を経たり。其の家、彼の時に滅びずして此の時に滅びしは、年号の字によれりとはみえず。これそのみづからとれる禍にぞあるべき。

平（北条）高時入道滅びしは、実に正慶《しょうけい》二年（一三三三）五月なり。されど、其の祖相模守時政より此かた九世の間、足利殿の滅び給ひしは、実に元亀四年（一五七三）七月三日、義昭出奔の御事によれり。これらの事によりて此の月二十八日に改元ありて天正とは号したりき。等持院（尊氏）よりこのかた十三世の間、正長・康正・文正・永正等の号、五度に及びしかど、その程に滅び給ひしにはあらず。

すべて本朝の年号始りしより此かた、其の代々の事を細かに論じて、其の事、彼の事不祥なりなど申さば、何れの字にか不祥の事のなからざらむ。其の故は、改元といふ事、和漢ともに多くは天変・地妖・水早(旱カ)・疾疫等によらざるはあらず。されば、古より年号に用ひしほどの字、一字として不祥の事に逢ふ事なかりしといふものはあらず。

若《も》し必ず不祥の事、年号の字の致す所ならん事を患へば、古の代の時の如く、年号といふもの丶なからんにはしくまじきにや。されど、和漢ともに年号といふものなかりし古の時にも、天下の治乱、人寿の長短、世として是なきにもあらず。

某、意多礼亞《イタリア》・喝蘭他亞《オランダア》等の人に逢ひて、当時蛮国の事ども具《つぶさ》に聞きしに、年号を用る国々わづかに二三に過ぎず。其の余は皆、年号といふ事はなくして、天地開闢より幾千幾百幾十年など申す也。されど二十余年の先より、西洋欧羅巴の国々、多くは其の君死してそれが世継の事によりて乱れし国すくなからず。こぞの冬、是の年のはるも、多く戦ひ死せしなど申す也。是らは又いかなる事のた丶りぬるによりて、かくはあるにや。されば、年号なしとも、天運のおとろへ人事の失ふ所あれば、乱れ亡ひざる事を得難しとは見へたり。

又、異朝代々に同じ年号を用ひし事、彼は興り是は亡びしも又少なからず。たとへば、永楽の号は、初め五代の時に張愚賢といひし蛮賊、中天大国王など称して、其元を永楽とせしが、ほどなく亡びぬ。其の後、宋の代に及んで、方臘といひしが、帝を称して永楽の号を用ひしに、わづかに八月にして亡びぬ。其の後、又大明の太宗、即位の後、永楽の号を用ゐられしに、二十六年の宝祚を目出度し給ひき。是等の類、悉くにかぞふるにいとまあらず。

また、本朝の号、異朝と同じきいくらもあり。たとへば、建武の号は、後漢の光武、漢室を中興し給ひて三十一年までおはしましき。後醍醐院、是を用ひ給ひしかども、二年にも及ばずして天下乱れぬ。天暦は、村上天皇の号にして、本朝の目出度き代のためしには申し伝へし所なれども、元の文宗の時、此の号を用ひられしに、わづかに五年にして崩ぜられき。これらの類も又かぞふるにいとまあらず。

凡そ和漢古今の事を併せ考ふるに、天下の治乱、年号の字にか丶はらざること如ㇾ此。

者に属す。

㈡元号文字用数上の制限に関する諸説

元号文字所用字数の制限に対しては、文字の配列変化多様なるを以て、必ずしも制限を撤するの要なし、とするものあり。又之に反して、此の如き窘蹙《きんしゅく》せる制限範域を定むるが為に、元号文字の清新なるものを得ざるを憾みとす、との論者あり。其の理由とする所、各〻傾聴に値するものあり。高田与清が『松屋筆記』に載する所の如き、又新井君美〔白石〕の『年号弁』に載する近衛家熙の言の如きは、共に前者に属し、『年号弁』の著者たる君美の所見は、後者に属す。

『松屋筆記』の載する所は、即ち左の如し。〔松屋筆記、百十二〕

改元年号の文字

戸田茂睡が『職原口訣大事』に「改元年号の事。年号の文字定りて六十余あり。然れば、上を下に下を上におきかへ、一字に六十余の文字をかへ〳〵して、六六三万六千にても、又三十六万とも三十六億萬歳にても、数定ればつくる期あり。尽くると云ふはよからぬ事也。それによりて、改元の時、勘文をはじめて上つる人、文字一字を定りたる年号の文字の中へ入るる也。

天和年号あらたまる時、唐橋〔菅原〕殿、慎の字を入れられし也。唐橋殿、又貞享の年号を勘へらるるとも、一人一字の作法なれば、はや文字をば入れられざる也。貞享の年号、余人勘へらるれば、又文字入る也。然れば、一字の文字にても、上におき下におきすれば、定り六十字に合はせても、百二十の年号あり。是にて浜の真砂はよみつくすとも、年号の文字の尽くることなき子細あり云々。〔原文、平仮名体〕

次に『年号弁』に載せたる近衛家熙と新井君美との所説は、左の如し。〔年号弁〕

去る年の冬、某〔新井君美〕在洛の日、前摂政殿下〔近衛家熙〕と本朝年号の事を論じ申しけることの候ひしに、某〔君美〕申す「我朝の今天子の号令、天下に行はれ候事は、ひとり年号の一事のみにて、異朝までも末代までも伝へ聞ゆべき所に、近き比ほひの年号、大きに古に及ばさる様に覚へ候。是は取り用ひらるる字の余り其数すくなく候によりて〔僅六十余字数〕、しかるべき号の得がたきが致す所と存候へば、いかにも用ひらるべき御事の候もの哉」と申し候ひしに、「されば、今も新字勘進の事勿論也といへども、新字におゐては、不祥の例あるよしを難じ申すに付て陳ずるに其詞なきが故なり」と答へ仰せられき。〔原文、平仮名体〕

第三目　諸説の綜合より得たる勘進標準

元号文字、意義上の制限を不要とするの説あり。又其の文字用数上の制限を不可とするの説あり。古来、此の如き制限を守り、之に基きて改元定に於ける難陳の論駁批判を累ねしものにして、此等の制限を認むるの所論は、何れも慣例を尚ぶに外ならず。之に反対するものは、実に条理を主とするに出づ。

是に於て、第二回元号勘進内案勘進の担当者は、務めて両者の一に偏せざるを期し、牽強附会に失するが如き文字の析義は断じて之を採ることなく、而かも古来難陳の理由として主持せられし所に就きても、其の然るべきものを採択するの方針を取れり。

因て古来改元定に際し難陳の事ありし諸種の先例を斟酌して、文字奉撰の標準を定めたり。難陳の先例にして、記録に載せらるるもの少しとせず。

今其の一斑を示さむが為、享保二十年（一七三五）、中御門天皇御譲位あらせられ、やがて桜町天皇即位、元文と改元ありし際、元号案中に明治の文字ありしに対して、反覆せられたる難陳の次第を左に掲ぐ。

〔一条兼香公記〕元文改暦年四月二日の条。

明治／周易曰、聖人南面而聴㆓天下㆒嚮㆑明而治。／荀子曰、上宣明則下治弁矣。

今、右に対する難陳の次第を記したるものを見るに、

明治　唐橋大内記〔在秀朝臣〕／周易曰、聖人南面而聴二天下一嚮レ明而治。

難　清閑寺右大弁〔秀定卿〕

明治号、代始被レ用二治字一凡七八度、各年序不レ久可レ有二如何一候哉。

注意、御代始に治字を用ひられしは、崇徳天皇の天治を二年とし、近衛天皇の康治も二年、二条天皇の平治は一年、後堀河天皇の寛治は七年、土御門天皇の正治は二年、後深草天皇の宝治は二年、後宇多天皇の建治は三年に止まれり。

陳　西園寺大納言〔公晃卿〕

明治号、被レ難之趣、有二其謂一。然此二字、其義用甚大矣。夫明二明徳于天下一者、聖王之所三以治二天下一也。故礼曰、明二照四海一而不レ遺二微少一。又云、参二於天下一並二於鬼神一以治レ政也、尤宜レ為レ号、可レ被二採用一候乎。猶可レ在二群議一。

二難　坊城中納言〔俊将卿〕

明治之号、所レ陳之其義、固尽菲才不レ能レ難也。然析レ字言レ之、則明字為二日月一、治字従二台水一。台星名也。水既逼二日月星辰一、則有二洪水滔天之象一。平時尚恐二其不一レ叶、況於二龍飛之始一乎。

二陳　高辻式部権大輔〔総長卿〕

明治号、析字被レ難之趣、離合之讖尤有二其謂一。然明字為二日月一。按二周易一、大人者与二天地一合二其徳一与二日月一合二其時一。此文可レ為二嘉徴一。如下治字従二台水一之難上者、天治号可レ謂三水逼二天文星辰一也。亦在二龍飛之始一而無二決水之事一。推レ古験レ今強無二其難一歟。可レ被二採用一哉。猶可レ在二上宣一。

注意。天治は崇徳天皇御代始改元の年号なり。

右の如く二難二陳を経て、明治の元号を採用せらるるに至らず、元文と改元せられたり。

今、明治の字面にして、元号の撰進案に上りし先例を尋ぬるに、元文改元の以前三たび之あるを見る。

慶安改元の時

〔改元部類〕明治　孔子家語曰、長聡明治㆓五気㆒設㆓五量㆒撫㆓万民㆒度㆓四方㆒。

明暦改元の時

〔忠利宿禰日次記〕明暦改年四月十三日の条に／明治　尚書注曰、其始為㆑民明君之治。

政徳改元の時

〔壬生家記録〕明治　周易曰、聖人南面而聴㆓天下㆒嚮㆑明而治。

此の如くにして、慶安・明暦・正徳の改元ありし際にも採用せられず。享保二十一年の改元定に於ては不祥の文字として斥けられし明治の元号案も、奇なる哉、百五十年後には大政維新の聖代に採用せられて、光輝ある四十五年間の盛運を開ける吉祥無比の好文字として、後代に炳耀するに至れり。

附　記／明治天皇、即位の式を行はせられ、改元の式あるや、旧来の儀式を用ひず、随て難陳の式も無く、元号勘進の案に就き吉祥の語二案を撰択し、賢所大前に於て、天皇親《みずか》ら其の元号を記したる鬮《くじ》を抽き、神霊を候して之を勅定せられたるものなり。茲に参照の為に附記す。

第二項　大正の元号勘進に至りし理由

第一目　大正の元号勘進の根拠

古来、元号文字を引文せる群籍は、主として六経を推し、而かも『易経』は六経の首たり。大正の文字は『易経』に出づ。是れ制限以内に於て最も尊重すべき根拠を有すとせられし所以なり。

今、大正の出典とする所を『易経』に求むるに、其の語、諸処に散出せり。即ち左の如し。

易経大畜、彖曰、大畜、剛健篤実輝光、日新㆓其徳㆒。

此以㆓卦徳㆒釈㆓名㆑卦之義㆒、剛健、乾之徳也。篤実輝光、充実而有㆓光輝㆒之謂。以釈㆓大字㆒、其既如㆑是。則其徳日新。〔伊藤長胤解〕

剛上而尚㆑賢、能止㆑健大正也。

又以㆓卦変㆒釈㆓卦義㆒。而并及㆓卦辞利貞之義㆒也。剛謂㆓上九㆒、自㆓无妄之初九㆒而上。上剛者尚㆑賢也。艮在㆓乾上㆒、故曰㆓止健㆒。

不㆓家食㆒吉、養㆑賢也。利㆑渉㆓大川㆒応㆓乎天㆒也。

此以㆓卦体㆒釈㆓卦辞㆒。四五倶応㆓乾体㆒。故曰、応㆑天有㆓得㆑君而済㆑険之象㆒。

同无妄、彖曰、无妄、剛自㆑外来、而為㆑主㆓於内㆒。

此以㆓卦変㆒釈㆓名㆑卦之義㆒。剛謂㆓初九㆒、外謂㆓大畜之上体㆒。

動而健、剛中而応、大亨以正、天之命也。

此以㆓卦徳卦体㆒釈㆓元亨利貞之義㆒。

其匪㆑正有㆑眚、不㆑利㆑有㆑攸㆑往、无妄之往、何之矣。天命不㆑祐、行矣哉。

行而无㆑所㆑期、豈得㆓天佑㆒哉。

同臨、彖曰、臨、剛浸而長。

此以㆓卦体㆒釈㆓名㆑卦之義㆒、剛謂㆓二陽㆒。

説而順、剛中而応、大亨以正、天之道也。

以㆓卦徳卦体㆒解㆓卦辞㆒、剛謂㆓九二㆒、上与㆑五応也。

至二于八月一有レ凶、消不レ久也。

以二卦変一解二卦辞一、此卦与二観相一往来。観四陰始生、当二夏正八月一、二陽在レ上而将レ消也。

同革、彖曰、革、水火相息、二女同居。其志不二相得一、曰レ革。

此以二卦象二一解二名レ卦之義一。

己日乃孚、革而信レ之、文明以説、大亨以レ正、革而当、其悔乃亡。

此以二卦象一解二卦辞一。革而当、則始疑而終信。所一レ以悔亡一也。

天地革而四時成。湯武革レ命、順二乎天一而応二乎人一、革之時大哉。

推二信革之道一、四時推移、天地之革也。国運互代、聖人之革也。而上順二天命一、下応二人心一、革之大者也。変革因レ時、故専賛二其大一也。

同大壮、彖曰、大壮、大者壮也。剛以動故壮。

此以二卦体一、解二名レ卦之義一。又以二卦徳一、中二明其義一。内乾而外震、剛以動也。亦可レ謂二大壮一矣。

大壮利レ貞、大者正也。正大而天地之情、可レ見矣。

又因二卦体一分一レ解大正一、為二二義一。推レ之及二天地之道一也。四陽非二皆正一也。因二利貞一。槩而言レ之、為レ物無レ弐、天地之大也。覆載無レ私、天地之正也。正大者、天地之性情、而人之所レ当二法而則二レ之者也。豈可下以二私意小智一求上哉。

右大畜の卦に於ける彖の語「剛上而尚レ賢能止レ健大正也」、无妄の卦に於ける彖の語「大亨以正天之命也」、並臨の卦に於ける彖の語「大亨以正天之道也」とあるに基き、大正の元号案は以て勘進するに足るとせられ、奉撰の中に加へられしものなり。

字義上の制限として、既に第一節第一項第一目に掲げたる所に徴すれば、「大正」の二字、共に嘗て難論の議に上りしものの如し。因て之を不祥とするの説と不祥にあらずとなすの説とを比推し、両者の主張する所の根拠を明かにして、其の毫も奉撰に妨げなきことを明かにせむ。

大字の憚るべきを難じたるは、二条天皇永暦元年（一一六〇）の改元定に方《あた》り、大喜の二字、元号の一案として勘進せられしに、之を難ずる者は、其の大字を以て平城天皇の大同に於けるの大字なるを理由とし、憚るべきかといひしに止まる。其の採用せられざりしは、大字の為にあらずして、大喜の二字、素と法華経に出づるが為、平治改元定の際、一たび択申せられたりと雖も、錫杖文たるの由を以て、其の難出で来りし所なり、といふに基づく。

是の故に、大字不祥説は、単に平城天皇大同五年（八一〇）、則ち嵯峨天皇の弘仁元年に藤原仲成の乱あり、是を以て弘仁と改元ありしといふに過ぎず。其の根拠とする所、極めて薄弱なり。

然るに、歴世の中、大字を用ひられたる元号を閲するに、孝徳天皇の大化、文武天皇の大宝、平城天皇の大同、崇徳天皇の大治、後柏原天皇の大永あり。大同の不祥説、大治の治字不祥説、大永の永字不祥説ありし外、未だ大字の不祥なるを難ぜし者を見ず。大化・大宝の如きは、盛運に駕馭し給ひし御宇なるを以て、寧ろ大字の吉祥たるを認むるを適当とすべきに似たり。

元号勘文内案の文字奉撰担当者は、因て右の見地に基き、大字を以て意義上の制限に合せざるの文字にあらざることを認めたり。

正字の不祥説は、崇徳天皇大治六年（一一三一）、天承と改元ありし際の改元定に於て、正字を析すれば一止となるを理由とし、之を難じたる者あるを嚆矢《こうし》と為す。今『塩尻』（天野信景著）載する所の正字不祥説を掲げて、如何に其の理由とする所の条理に拠らず、而かも尚能く時人の耳目を動かすに足るものありしかを示さむ。

〔塩尻四〕／謝肇淛曰く、古より正を以て号と為さば多く利あらず。梁の正平・天正、元の至正の類の如し。其の文たる一にして止まれば也、と云々。

按ずるに、是れ拘れる説か。夫れ正は君也、長也、定也、平也、是也、又邪の反にしてただしきを云ふ。何の止るといふ事かある。一にして止むとは析字の附会也。正の古文が𤴓なる、是をも一にして止むといふべきや、と云ひしに、或人曰く、吾子が言も又一偏の義か。

つら〳〵思ふに、我国文武帝の大宝已来、年号正の字を命ぜしは、一条院正暦〔九九〇〕を始とす。彼帝、花山〔院〕の淫風を継ぎ惰弱上古にもためしなかりし故、執柄家恣《ほしいまま》に天下を左右せし。是よりぞ王家の威衰へ、権下に移りし。其の後は、土御門院正治、其の元年〔一一九九〕に頼朝薨じ、同御宇に頼家横死し、帝も又譲位の後西狩し給へり。後深草院正嘉二年〔一二五七〕、暴風・洪水・流疫打続き、伏見院正応元年〔一二八八〕、大地震、其の三年、浅原八郎南殿を犯して自害せし。花園院正和四年〔一三一五〕、鎌倉大火の災。後醍醐帝正中元年〔一三二四〕、地妖数々ありて、帝外国へ遷らせましませし。光厳院正慶〔一三三二〕、空しく廃帝の号となれり。後村上院正平〔一三四六〕、立ちかへる皇運もましまさず、南山に終らせ給ふ。称光院正長〔一四二八〕は、凶に依り一年にして停めぬ。

後花園院、康正・寛正の如き、天変〔両日及三日現せしこと毎度。〕疫癘巷に満ちて中々あさましき世也。後柏原院永正元年〔一五〇四〕、天下飢饉前代未聞の凶事なりき。その他、三笠山の神木故なくして数株枯れ、彗星顕れて太神宮池魚の災ありし、山崩れ海溢れ〔永正七年八月廿日、洪濤遠州今切入海となる〕、或は武臣〔細川政元〕害せられ、将軍家東に奔り給ひし。正親町院天正に、京師寇火災しげく、其十三年〔一五八五〕、信長弑せられ給ふ。又大風・洪水・地震・疫病よからぬ事多かりし。

此等の凶事、それならぬ年号の時も毎々にありしかども、謝氏が言によつて史を見れば、さる事多し。

近頃、後光明院正保、さしも凶変なかりしかど、明主援兵を請ひ、世間さわがしく、且つ在位の内崩御の御事、近き世聞へ給はず。〔中略〕

今の正徳改元の後、寿経院〔一本作二女院一〕崩御、京極の宮打続き薨ぜさせまします。大樹の御幼君〔虎吉君〕も、過し冬御早世ありしごとし。夏、新上西門院崩御ありし。且つ去年及び此の秋も、諸州大風・洪水、庶民溺死千を以て数ふ。かかる事につけても、正の字のためし思ひ出て侍りしに、神無月十四日、幕下（徳川家宣）薨ぜさせ給ひし。嗚呼、賢哲の君にて渡らせましましければ、天下のおしみ奉る事いふばかりなし。

因て云ふ、宋の真宗の豊亨を、楊大年が為に不可といひ用ひざりしとかや。其外、純熙・隆平の号、義を論じ、天聖明道の字を質せしこと、帰田録等に見へ《え》たり。

我が国正保の時、京童の口吟に、正保は正しき人口木哉といへりし。延宝改号の時、内々は明和と号せらるべきなど議せられ、勘文を草して啓せしに、法皇〔後水尾院〕聞しめして、九年あらば如何、と仰事ありて停めしとかや。〔めいわくどしと聞ゆる叡慮とかや。〕倭漢、古へより年号の文字評議有る事にや。

賢按ずるに、年号の事、近年紀伝・明法の博士、難陳有りといへども、明和九之《也》と申されし後水尾帝の遺勅にもとり、九年に当りて江戸大火、八月大風、南鐐銀通用して天下の金気失せて白気の陰気強く行はれたる世とはなりたる也。是に依て安永と改めたれども、江戸大火・洪水・疫癘流行、諸国山やけ出し。又天明と改むれども、此尽くる節は如何成行く事哉覧《やらん》と、京童の口吟にあり。打続き浅間山焼出し、大水・飢饉打続き、六年は将軍（徳川家治）御他界、執政家に難あり。此の上は五穀豊饒を祈るのみ。

更に『茅窓漫筆』の載する所を見るに、是れ亦「正の字はただしき字義なれども、一止を合せて正とすれば、正始・正隆・正平・正暦・正法の類、皆古徴にあらずといへり。正の字も用ひどころによるべし」と言ひ、『塩尻』載する所、或人の言の如く、固執する所なしと雖も、正字の不祥説訛を非とすることなく、寧ろ之を是認するの感あり。

『塩尻』の著者は、謝肇淛の正字不祥説を以て、是れ拘れる説かと為し「一にして止むとは析字の附会なり。正の古文が正なる、是をも一にして止むといふべきや」と言ひて、直に正字不祥説の根拠とする所を否定せり。

新井君美に至りては、更に一歩を進め、前掲『折焚く柴の記』に於て、「古聖人の世より以来、毎年の一月を正月と名づけ、孔子春秋の法にも四始といへることありて、正月を歳の始とするに因り、爾来一年として不祥ならざるなしといふは、有り得べからざるの事たるべく、若し年号には正の字不祥にして、月の名には正の字祥なりと言はば、世に此の如き理あるべからずとの旨を論じ、一々之を史実に徴し、我が朝の年号に正の字を用ひられしこと、凡そ十六たびに及びしも、総べて不祥の事のみありしとも見へ《え》ず（中略、前掲五七七頁）」と言ひ、正字不祥説を批判すること、剴切にして復完膚なからしめたり。祥と不祥とは、正字に因るにあらずとの意、極めて明白なり。

是に於て、更に数歩を進め「本朝の年号始りしより此かた、其代々の事を細かに論じて、其事彼事不祥なりなど申さば、何れの字にか不祥の事なからざらむ。其の故は、改元といふ事、和漢ともに多くは天変・地妖・水旱・疾疫等によらざるはあらず。されば、古より年号に用ひしほどの字、一字として不祥の事に逢ふことなかりしといふものはあらず」と論じ、又曰はく、

若し必ず不祥の事、年号の字の致す所ならん事を思へば、古の代の時の如く、年号といふもののなからんにはしくまじきにや。されど、和漢ともに年号といふものなかりし古の時にも、天下の治乱、人寿の長短、世として是なきにもあらず。

と、正字不祥説の拠る所は茲に全く否定せられ、意義上の制限も亦必要なきものたるに至れり。意義上の制限に顧み、大正の二字、共に之を奉撰するに妨げなきものなることを明にし得たり。

因みて更に用数上の制限に徴して、其の文字の用数如何を点検したるに、大字の上層に用ひられたるの数五、下層に用ひられたること曽て之あることなし。正字に至ては、上層に用ひられたること十二、下層に用ひられたること五、何れも用数総計七十二字中の字なり。此の点に於ても、之を奉撰するに毫も妨げなきことを認め得たり。

其の他、『元秘抄』載する所、未だ用ひられざるの年号として知らるるものの如き、其の数亦甚だ鮮からず。和漢

同年号の例をも参酌し、逸年号の如きをも点検し、現今に於て知り得らるべき一切の年号に照合して、相複するが如きの事なからしめむことを要せり。

然るに、勘進の当時、大正の文字に関し、勘進者の一人たる岡田学習院教授は、此の二字を用ひたる年号、或は安南等に於て之なかりしやとの事を言へり。勘進者は因て直ちに『大越史記全書』を閲し、其の所謂莫氏なる者、実は明の附庸に過ぎず、僭国として見るに足らざることを知り得たり。随て其の建て、、元号と為しし所の如き、固より重視するに足らざることを認めたり。

第二目　大正以外の元号案参照事項

今、大正の外、元号案として勘申せられし永安・乾徳・昭徳・天興・興化の引文出典を掲ぐれば、左の如し。

永　安

〔日本書紀〕（崇神天皇）四年冬十月庚申朔壬午詔曰、惟我皇祖諸天皇等、光二臨宸極一者、豈為レ一身乎。蓋所下以司二収人神一経中綸天下上。故能世闡レ玄功、時流至徳。今朕奉二承大運一。愛二育黎元一、何当聿二遵皇祖之跡一、永保二無レ窮之祚一。其羣卿百僚竭二爾忠貞一、並安二天下一不二亦可一乎。

〔史記〕周穆王封造父趙城〔徐広注〕在永安。

〔後漢書郡国志〕河東郡有永安故彘。

〔又晋書地理志〕平陽郡永安県故霍伯国霍山在東。

〔又華陽国志〕先生委舟舫由歩道還魚復改魚復為永安。

〔寰宇記〕仍於州之西七里別置永安宮。

〔梁簡文帝詩〕建平督郵道魚復永安宮。

〔又東京賦〕永安離宮修竹冬青。

乾　徳

〔呉志薛瑩伝〕乾徳博好文雅是貴。
〔易林〕扶陽之政以保乾徳終無患惑。
〔長編〕趙太祖得四鑑皆有乾徳四年鋳竇儀日昔偽蜀街有此年号上嘆曰宰相須用読書人。

昭　徳

〔書〕王乃昭徳之致干異姓之邦無替厥服。
〔左伝〕君人者将昭徳塞違以臨照百官。
〔国語〕五色精心五声昭徳。
〔漢書礼楽志〕孝文廟奏昭徳文始四時五行之舞。
〔陵雲頌〕叡心昭徳淑問宣猷。
〔陸揰新刻漏銘〕昔嘉量微物盤盂小器猶昭徳記功載在銘典。
〔李程日五色賦〕設象以啓聖宣精以昭徳。
〔又遼史地理志〕承天門内有昭徳宣政二殿。

天　興

〔国語〕天之所興誰能禦之。
〔金史地理志〕鳳翔旧名天興県大定十九年更。
〔玉海〕宋祥符九年命丁謂修景霊宮南開三門二重正殿日天興。
〔困学紀聞〕扶風雍県今析為岐山天興両県又魏道武年号。

興化

〔後漢書蔡茂伝〕上書曰臣聞興化致教必由進善康国寧人莫大理悪。

〔晋書斉献王攸伝〕畢力稼穡以実倉廩則栄辱礼節由之而生興化反本于茲為盛。

〔同竇允伝〕詔曰当官者能潔身修已然後在公之節乃全身善有章雖賤必賞此興化立教之務也。

〔唐書裴度伝〕詔曰輔弼之臣軍国是頼興化致理則秉鈞以居取威定功則分閫而出。

〔伝咸贈建平太守李叔龍詩〕弘道興化実在良守。

〔陳子昂為司刑袁卿譲官表〕恭已受図任賢興化。

第三項　大正改元後に於ける世評の一斑

大正改元の詔書出てたる後、之に対して所見を陳べたるの学者、少しとせず。新聞雑誌の如き、亦之に関する批判を載せたるもの多し。今一二学者の説を左に記す。
○三島博士〔文学博士三島毅〕曰く、元号の改定は、宮中に於て行はれたるものなれば、其の字句の出典等に関し、濫りに臆測するを得ざれど、昨日の各新聞に見えたる公羊伝の「君子大居正」、又易の「大亨以正天之道也」より出でたりと伝ふるは、恐くは誤りならむ。自分の考ふる所にては、周易中の大畜の大象に曰く「剛上而尚レ賢能止レ健大正也」の字句より御採用あらせられたるものならむと拝察す。之が略解を試むれば、天下上に在まし、下賢臣を尚び、能く強きものを畏服せしむるには、大なる正しき徳具はりて、初めて之を期することを得べし、といふの御主意なるべし。（八月一日、東京日日新聞所載）
○細川男爵〔文学博士男爵細川潤次郎〕曰く、当日会議の席〔枢密院の会議〕上にて示されし新年号の参照書類には「易経曰、大亨以正天之道」とありしのみにして「也」の字をも脱せり。其の時、顧問官中の一人に、易を読みしも旧き事となりたれば能く記憶に存する所なきを以て、一応の説明ありたしとの事なりしに、法制局の説明も頗る簡単なるものにて、単に『易経』に斯くありとのみにて、多く説明する所なし。

因りて自分は自己の学問の為と思ひ、帰宅の後直ちに『易経』を閲し見たるに「大亨以正天之道也」といふものと「大亨以正天之命也」といふものとの二種あり。進みて大畜の彖伝に至れば「剛上而尚レ賢能止レ健大正也」とあるを見たり。健は陽にして強し、易に於ては最も尚ぶ所なり。

然るに其の卦を見るに、乾下艮上大畜なりとあり。上より二番目の爻と三番目の爻卜は陰なり。此の陰は柔かなりとす。本来大畜は陽の卦なれども、之によつて健に過ぐることなく、中庸を得べし。是れ即ち大正なり。

今此の語を解し見むに、本来は陽なれども賢者の説を容るるとの含蓄の意自から此の間に於て窺はるべし。集註にも「能止二至健一」とあり。之に由て観るも健に過ぐるを止むとの意なること明かなり。

次に春秋の公羊伝に「君子大居正」とあり。元来孔子の『春秋』を作りし主意眼目は此に在り。此の如き意義を有するの文字なれば、其の当を得たりと思考す。然れども、兎に角当日会議に提示せられし参照書類には、単に「易経曰、大亨以正天之道」とありとのみに過ぎず。〔参照として内奏せられしものには、大畜の卦に於けるものをも併書せらる。然るに、枢密院へ諮詢ありし際の参照書類には、何故に之を載せざりしや。固より此の如き事ありとも覚えず。何等かの遺漏に出でしものか。〕

次に年号を大正《たいしやう》と訓ましむるには、別に深き理由あるにあらず。正《せい》を正《しやう》と訓むは、古来年号には正《せい》といはずして正《しやう》といひ来りし慣例あるに由れり。正《せい》を正《しやう》と訓めば大《たい》をも大《だい》と訓むべき筈なれども、空に大正《だいしやう》と訓まむに誰の頭にも先づ大小といふ字を思ひ浮ぶべし。之を避くる為、大正《たいしやう》と訓ましめたるものの如し。別に深き意味のなき事なるべし。（八月二日、東京朝日新聞所載）

○星野博士〔文学博士星野恒〕曰く、今回の改元に就て、予は素より与り知らざるも、大正なる元号の出所は『公羊伝』及び『易経』より撰みたるものなりと伝聞し、最初予撰せられたる元号は、大正の外に、天興・興化等あり。遂に大正に決したる次第なりとも聞けり。

大正は年号として最も当を得たるものなり。『公羊伝』には「君子大居正」とあり。『易経』には「大亨以正天之道也」とあり。何れも元号の出所として不可あるべきにあらず。人或は此の上彖伝には「剛中而応、大亨以正、天之道也」の下に「至于八月有凶。消不久也」とあるを不祥なりといふ者あらば、そは未だ達せざるの説にして、八月必ず凶なりといふにあらず。陽の消すること久しからずとの意にて、或は凶あるも知れざれば之を戒めよといふなり。決して不祥といふべきにあらず。无妄の卦には「剛中而応、大亨以正、天之命也」とありて、臨の卦の「剛中而応は臣下」を指せるものなるも、此は九五の位即ち王者を指せるものなれば、前者に比して更に重きをなせるものと考へらる。

而して最も良句なりと思はるるは、大畜に「剛健篤実、輝光、日新其徳。剛上而尚賢、能止健、大正也」とあるもの是れなり。是は最も時勢に適せるものなり。剛健は天の徳、篤実は山の徳にして、光輝赫々日に其の徳を新にすとあり。赫赫の盛徳を含畜したるの意義にして、聖徳無辺といふべし。

而かも日に其の徳を新にするといふ。日に其の徳を新にするは、社会の進歩即ち日進月歩を示せるものと為す。尚又剛上にして賢を尚び能く健を止む大正也とあり。賢良を挙げて政治を輔翼せしめ、百般万物の発展を期せられ、而かも能く健を止むとありて、漫に其の健に頼り勇往邁進をのみ是れ事とするにあらず。其の時勢と程度とを慮り、宜しきに従ひて之を調節するは大正なり。前者に比すれば此の大畜の大正こそ最も時勢に適したるものなるべし。

（八月五日、東京朝日新聞所載）

【付記】森本角蔵氏『日本年号大観』（目黒書店、初版昭和八年）二九六頁によれば、「大正」が年号案として勘申された先例は、左のごとく四回あり、五回目で4と同じ典拠による案が採用されるに至ったのである。

1「元弘」改元の時（一三三一）、菅原長員

典拠『周易』「剛上而尚レ賢、能止レ健大正也。」

2「承応」改元の時（一六五二）、菅原知長

典拠『唐書』「陰陽大和元気已正、天地降レ瑞、風雨以レ時。」

3「万治」改元の時（一六五八）、菅原知長

典拠『後漢書』「通二天然之明一、建二大聖之基一、改レ元正レ暦、垂二万代之則一。」

4「貞享」改元の時（一六八四）、菅原長量

典拠『周易』「剛中而応、大亨以正、天之道也。」

第十六章　「昭和」の改元と「元号法」

はじめに

「昭和」年号は、敗戦直後にも、新憲法成立時にも廃止されず（ごく一部に、改元や西暦採用の声もあったが、それは日本語ローマ字化や英語公用の動きにさえ及ばなかったという）、日本のみならず中国にも例のない年号史上の最長記録である。これはとりもなおさず、昭和天皇の在位が敗戦・占領を越えて六十年以上継続してきたことを端的に示すものであるが、それを可能にした〝一世一元〟制度の法的裏付けや、それを支持し慣用してきた国民大多数の伝統意識などの存在も、見逃してはならないであろう。

「明治」改元のさい打ち出され、欽定の『皇室典範』および『登極令』に成文法化された〝一世一元〟の制度、および戦後の被占領下で日の目をみず、昭和五十四年に至り漸く制定された『元号法』の成立経緯については、すでに別稿に詳述した(1)。

よって本章では、論点を二つに絞り、まず「昭和」改元のいきさつを明らかにし、そのうえで今後の元号の在り方につき私見を述べさせて頂こう。

一　「昭和」改元のいきさつ

明治四十二年（一九〇九）に公布された『登極令』の第二条には、『皇室典範』第十二条を承けて、「天皇践祚の後は直に元号を改む。／元号は枢密顧問に諮詢したる後、之を勅定す。」と、改元の時期と方法が明記されている。

そこで、明治四十五年七月三十日、明治天皇が崩御（午前零時四三分と公表）されると、直ちに践祚された大正天皇から枢密院に「元号建定の件」が諮詢された。すると、実は内密に西園寺首相が五人の碩学から勘申させ精選してあった新元号案三つのうち、「大正」を顧問官本会議において全員一致で可決し上奏したところ、それに基づいて勅定され、夕刻「大正」改元詔書が発されたのである。(2)

それから十五年後の「昭和」改元も、基本的には右と同じ手続きをへて行われたのであるが、その実態をもう少し詳しくみておこう。(3)

すなわち、大正天皇が崩御されたのは、大正十五年（一九二六）十二月二十五日未明（午前一時二五分）、葉山の御用邸に於てである。天皇は御病弱のため既に同十年十一月から皇太子裕仁親王を摂政として国事を委ね、療養に専念中であった。しかし、十五年に入り「大正天皇御不予大漸に渡らせら」れたので、一木喜徳郎宮内相は「不幸にして万一不可諱に遭遇し、急遽の際、元号勘申の如き重大なる事項に於て、苟くも失態を来すが如きことあらんか、誠に恐懼の至なるを以て、政府に於ても固より其の用意あるべしと雖も、宮内省に於ても亦、予め之が準備を整へ、万遺漏無きを期せざるべからず。」と考えて、図書寮編修官吉田増蔵に対し、内々「慎重に元号（案）を勘進すべきこと」を命じている。そのさい、吉田編修官に示された元号文字の選出基準は、左の五項目であった。

一、元号は、本邦は固より言を俟たず、支那・朝鮮・南詔・交趾等の年号、其の帝王・后妃・人臣の謚号・名字等、及び宮殿・土地の名称等と重複せざるものなるべきこと。

一、元号は、国家の一大理想を表徴するに足るものなるべきこと。

一、元号は、古典に出処を有し、其の字面は雅馴にして、其の意義は深長なるべきこと。

一、元号は、称呼上、音調諧和を要すべきこと。

一、元号は、其の字画簡明平易なるべきこと。

これをうけて、吉田編修官は「博く経史子集を渉猟し、先づ三十余の元号を選出し、五項中の第一項に抵触せざるや否やを多くの典籍に就きて精査推覈し、且つ其の他四項制限の範囲内に属するものと認むるものに限り、勘進第一案を作成」したという。

このような極秘裡の準備（下命・精査・勘進）は、御病状の急変を憂慮して、相当早くから進められていたと考えられる。吉田氏が当初用意した元号案は数十にのぼるようであるが、[4] それを吉田氏自身が「三十余」に絞り、さらに前記五項の基準に照らして、左記の十種を「元号勘進第一案」としたのである。

①神《しん》化《くわ》」周易、神而化之、使民宜之。／史記、易以神化。

②元《げん》化《くわ》」周易、……。李白文、筆鼓元化、形分自然。

③昭《せう》和《わ》」尚書、克明俊徳、以親九族、九族既睦、平章百姓、百姓昭明、協和万邦、黎民於変時雍。

④神《じん》和《な》」尚書、神人以和。

⑤同《どう》和《わ》」礼記、大楽与天地同和。／国語、居同楽、行同和。

⑥継《けい》明《めい》」周易、明両作離、大人継明、昭于四方。

⑦順《じゅん》明《めい》」周易、明出於地上、順而麗乎大明。

⑧明《めい》保《ほう》」尚書、聖有謨訓、明徴是保。

⑨寛《くわん》安《あん》」荀子、生民寛安。／詩疏、行寛安之政、以定天下。
⑩元《げん》安《あん》」漢書、元元之民、安生楽業。

この第一案十種は、一木宮内大臣の命により吉田編修官が再び「周到なる注意を以て、仔細に之を研究し、其の半数を選択」したので、③④①②⑤の五種が「勘進第二案」とされた。そこで、一木宮相は「更に慎重なる考査を遂げ、第一　昭和、第二　神化、第三　元化の三元号を撰定」し、これを「勘進第三案」とした上で、「内大臣伯爵牧野伸顕、(元老)公爵西園寺公望の意見を求め、其の賛同を得て、之を若槻内閣総理大臣に移牒」している。

一方、これとは別に、内閣でも「万一の場合に際し、万遺漏無きを期せむが為、内閣官房総務課事務嘱託国府種徳に内意を授け、「元号の勘進を命」じたところ、国府嘱託は「最も慎重なる精査を遂げ」て、左の五種を若槻首相に提出している。


(ⅰ)立　成」易・繫辞上伝、備物致用、立成器、以為天下利、莫大乎聖人。

(ⅱ)定　業」易・繫辞上伝、聖人以通天下之志、以定天下之業、以断天下之疑。

(ⅲ)光　文」易・上象伝、含章可貞、以時発也。或従王事、知光大也。括嚢无咎、慎不害也。黄裳元吉、文在中也。

(ⅳ)章　明」書経・尭典、克明俊徳、以親九族、九族既睦、平章百姓、百姓昭明、協和万邦。

(ⅴ)協　中」書経・大禹謨、刑期于無刑、民協于中、時乃功。


このようにして、宮内省から三案、内閣から五案をえた若槻首相は、あらためて塚本清治内閣書記官長に「慎重精査」させ、その上で「一元号案即ち昭和を撰定し、参考として元化・同和の二案を添付する」ことにした。つまり、早くもこの段階で国府氏の案はすべて姿を消し、吉田氏の三案、とりわけ「昭和」が最有力候補とされたのである。[5]

また、改元の詔書案も、内閣から委嘱をうけた吉田編修官が起草している。

かくて十二月二十五日、新帝は践祚直後、「元号建定の件」（詔書案作成も含む）を枢密院に諮詢される際、内閣の原案を下付された。そこで、午前六時四五分から開かれた全員審査委員会とそれに続く本会議では、枢密顧問官十八名（倉富議長、平沼審査委員長など）、首相以下大臣十名、内閣書記官長以下八名（委員として招かれた「内閣官房総務課事務嘱託」吉田増蔵氏を含む）合計三十六名出席のもとに、「政府の説明を聴取し、質疑応答を経て……慎重審議を遂げ」、その結果「元号を昭和と定むることは全会一致を以て之を可決」している。

この会議が三時間近くもかかったのは、「詔書案の文言に付、討議を重ねたる末、原案に修正を加ふることとし」たからであるが、その修正も「全会一致を以て議決」された。そして午前十一時すぎ、倉富勇三郎枢密院議長より「原案を墨書し、院議の決する所を朱書し……更に　聖明の採択を仰ぐ。」との上奏文が呈されると、新帝は直ちにそれを裁可勅定され、次のような改元詔書を発せられた。

朕、皇祖皇宗の威霊に頼り、大統を承け万機を総ぶ。茲に定制に遵ひ、元号を建て、大正十五年十二月二十五日以後を改めて昭和元年と為す。

この改元詔書には若槻首相以下各省大臣が副署を加えており、それが官報（号外）によって公布し施行せしめられた。また、新年号の読み方をあまねく知らせるため、昭和の「内閣告示第一号」によって「元号の称呼……昭和《せうわ》」と示されている。

このように「昭和」の改元は、「大正」の時と同様、明治の『登極令』に則って、実は先帝の崩御以前から内々に準備された文字案を基にして、新帝践祚と同じ日のうちに、枢密院で審議可決した最善案が裁可され、直ちに公布・施行されたのである。つまり、原則的には天皇が枢密院に諮詢して〝勅定〟される形式をとっているが、実務的には政府（総理大臣）が宮内省（宮内大臣）の協力をえて準備にあたることにより、践祚と同日に改元しえたのである。

これをみても、元号（年号）は、決して皇室内部の宮務事項にとどまるものではなく、国民全般に関わる極めて重要な国務事項として扱われていたことになろう。

二　一世一元の再法制化

このようにして誕生した「昭和」年号は、昭和二十年（一九四五）の敗戦以後も、改元されたり廃止されることなく、六十四年まで続いた。もっとも、その間に何ら問題がなかったわけではない。

すなわち、まず『日本国憲法』の公布・施行に伴って、元号規定を含む明治の『皇室典範』も『登極令』等も廃止されることになり、新たに定められた現行の『皇室典範』には、「国務的な事項」を除くとの方針によって元号規定が入れられず、その代りに当時政府で用意した「元号法案」（昭和二十一年十一月九日閣議決定）も、GHQの反対により潰されてしまった。その間の経緯は、注（1）の拙著に、関係資料を翻刻紹介したので、御参照頂きたい。

ついで、昭和二十五年には、参議院の文部委員会において、〝元号廃止・西暦採用〟を意図した公聴会が開かれ、公述人二十五名中二十名も元号廃止論を述べている。しかし、新聞社等で世論調査をしてみると、元号存続派が五〇%以上を占め、西暦採用派は二五%前後にすぎないことが判明して、まもなく廃止論議は立ち消えとなった。

ちなみに、新憲法の公布公文には「昭和二十一年十一月三日」と明記されており、それ以後の法律も政令や省令などにも、すべて昭和年号が使われている。また、官庁でも民間でも、ほとんどの場合、元号使用の慣習を続けてきた。

その法的根拠としては、昭和二十一年十二月の新『皇室典範』案をめぐる国会論議において、政府（金森徳次郎国務大臣）が「（明治元年の）行政官布告は、依然として現存し有効に残って居る」と答弁しており、事実、内閣官房編の『現行法令輯覧』は、第八章「暦及び時」の部分に、「年号は一世一元とす」として明治元年の行政官布告と改元詔書を収め、「元号の称呼」として昭和元年の内閣告示第一号を掲げていた（衆参両院法制局編『現行法規総覧』等も同様）。

しかし、昭和三十年代に入ると、政府（内閣法制局）自体が、明治元年行政官布告無効説に傾き、昭和年号は「一種の習律」「事実たる慣習」として続いているのであって、「新しい元号の決定は、法律できめるべき事項」との見解を示すに至った。

ついで、昭和四十年代に入ると、四十二年（一九六七）が明治改元から百年にあたり、四十五年に昭和天皇が古稀を迎えられたことなどもあって、年号への国民的関心が高まり、それを将来とも存続するために再法制化を求める声が強くなった。

そこで政府は、昭和五十年春、一たん「内閣告示による元号存続」の方針を打ち出したが、与党の自民党だけでなく野党の民社党・新自由クラブも、国会で議決した法律による存続を強く主張し、民間有志の「元号法制化国民会議」などのバックアップにより、全国各地の都道府県・市町村の議会で「元号法制化促進決議」が次々と議決された。よって政府は、五十三年秋、福田赳夫内閣で元号法案提出の方針を固め、翌五十四年二月、大平正芳内閣の時、第八十七回通常国会に法案を提出。それが同六月、衆参両院で前記三党と公明党も賛同して可決されたので、直ちに公布・施行された。その『元号法』の全文は、左の通りである。

1　元号は、政令で定める。
2　元号は、皇位の継承があつた場合に限り改める。

附　則

1　この法律は、公布の日から施行する。
2　昭和の元号は、本則第一項の規定に基づき定められたものとする。

この法文は、昭和二十一年に用意された「元号法案」を基に作られており、重要なポイントが二つある。まず一つは第一項で、元号の決定を「政令」に委ねているが、これは『日本国憲法』に規定される象徴天皇が「国政に関する権能を有しない」ため、政府（内閣）の責任で新元号を選定する原則を明示したのである。

いま一つは第二項で、改元の理由を「皇位の継承があつた場合に限り」という表記によって、現行憲法にも「皇位は世襲」と定められている天皇の在位中に元号ひとつという原則を貫いたことになる。

つまり、一方で従来の天皇勅定方式を内閣政令方式に切り換えると共に、他方で元号の本義にかなった明治以来の一世一元（一代一号）制を受け継いで、その両方を明文化したものといえよう。

三　今後の元号の在り方

しかし、この『元号法』は表記が簡潔すぎて、具体的な点は不明確といわざるをえない。そこで、将来この法文に則って新元号が選定され実施される場合に生ずるかもしれない問題点を指摘し、それに対する私見を提示することにより、今後の元号の在り方を探ってみたいと思う（本稿の執筆は、昭和六十三年一月末）。

まず、第一項に関して問題になるのは、新元号をどのようにして選び定めるかである。この点については、すでに昭和五十四年十月、閣議報告の形で次のような「元号選定手続」の要領が公表されている。(6)

1　候補名の考案

(1)　内閣総理大臣は、高い識見を有する者を選び、これらの者に次の元号とするのにふさわしい候補名（以下「候補名」という。）の考案を委嘱する。

(2)　候補名の考案を委嘱される者（以下「考案者」という。）の数は、若干名とする。

(3)　内閣総理大臣は、各考案者に対し、おおよそ2ないし5の候補名の提出を求めるものとする。

(4)　考案者は、候補名の提出に当たり、各候補名の意味、典拠等の説明を付するものとする。

2　候補名の整理

(1)　総理府総務長官は、考案者から提出された候補名について、検討し、及び整理し、その結果を内閣総理大臣に報告する。

(2)　総理府総務長官は、候補名の検討及び整理に当たつては、次の事項に留意するものとする。

ア　国民の理想としてふさわしいようなよい意味を持つものであること。

イ　漢字2字であること。

ウ　書きやすいこと。

エ　読みやすいこと。

オ　これまでに元号又はおくり名として用いられたものでないこと。

カ　俗用されているものでないこと。

3　原案の選定

(1)　内閣総理大臣の指示により、内閣官房長官、総理府総務長官及び内閣法制局長官による会議において、総理府総務長官により整理された候補名について精査し、新元号の原案として数個の案を選定する。

(2)　全閣僚会議において、新元号の原案について協議する。

また、内閣総理大臣は、新元号の原案について衆議院及び参議院の議長及び副議長である者に連絡し、意見を伺う。

4　新元号の決定

閣議において、改元の政令を決定する。

これによれば、新元号の選定は、内閣（総理大臣）より委嘱された「考案者」が数個の「候補名」を提出すると、総務長官（現在は官房長官）がそれを検討し整理して「原案」を選定し、閣僚会議でその原案について協議のうえ決定する。途中に内閣法制局長官や衆参両院正副議長の意見を徴するが、あくまで内閣が責任をもって改元手続きを進めることになっている。これは大筋これでよいと思われるが、現実的な運用段階ではさまざまな在り方が考えられる。

たとえば、「高い識見を有する……考案者」とは、どのような人々を何名委嘱するのだろうか。この点について古来の例をみると、明治以前は朝廷の儒者（大学寮の文章博士と式部省の大輔など、その大半は菅原氏出身者）が二〜三名（多くても四〜五名）各人数案を勘申している。[7] 大正改元の際は、内閣・宮内省関係の五人、[8] また昭和改元の際は、前述のごとく宮内省編修官（吉田増蔵氏）と内閣事務嘱託（国府種徳氏）の二人であった。従って、これを参考にすれば、今後とも考案者は数名以内でよく、各人「おおよそ2ないし5の候補名」を提出することになっている。

ただ、その元号候補名には「意味、典拠等の説明を付する」とされている。その典拠は、従来どおり漢籍のみに求めるのか、それとも新たに日本の古典（たとえば日本書紀など）まで加えるかによるが、いずれにせよ考案者は漢籍や故実に格別精通した碩学でなければ到底つとまらない。しかも、後日発表した際、多くの国民に納得のえられるような人物が望ましいとすれば、おそらく文化勲章受章者・文化功労者や学士院会員・芸術院会員など（各々に相当する候補者クラスも含む）の中から、考案者の若干名が選ばれる可能性が大きいように考えられる。

もっとも、考案者としては、必ずしも典拠にこだわることなく「漢字2字」を組み合せて最も条件にかなった候補名を提示しうる文字のセンス豊かな有識者（詩人・歌人・小説家・評論家なども含む）の中から一人か二人加えられてもよいのではないか、という意見も少なくない。

ところで、その元号候補名（文字案）は、かつて日本で使われたことのある漢字の範囲内から考えるべきか、それとも前掲2(2)の六項にかなうとみられる文字なら自由に選びうるのだろうか。この点はすでに江戸時代から議論があり、たとえば中井竹山は寛政初年『草茅危言』において「一代一号」を提唱すると共に、「年号の文字は、朝廷に字数の定まりありて、広く諸書に求むることを禁ず。……今日、文教盛んになり、翰苑（学界）にもその人あるに、やはり旧弊を守るはいかがなり。広く文字を求むべきことなり。」と進言している。しかし、「寛政」改元（一七八九）の時〝政〟の一字を加えて七十字となったものの、以後百四十年近くそのままで、実は「昭和」改元により初めて〝昭〟の一字が採りあげられ、漸く七十一字になったのである。

されば、今後の元号もこの七十一文字の範囲内で考える方が無難かもしれない。しかるに、この七十一字でも、「書きやすい」という要件を考えて、もし教育漢字のみ用いるとすれば四十九字に限られ、また常用漢字の枠内とすれば六十三字、さらに人名漢字まで加えても六十九字に留まり（現在は若干増加しているが）、それ以外の二字（祚・雉）および正画の旧字（次掲注一参照）などは使えないことになるであろう。

日本で公年号に使用されたことのある文字を掲げると、左のようになる（七十一字・五十音順）。

安17	雲2	永29	延16	応20	嘉12	化3	寛15	観3	感1	亀5	喜3	吉1	久9	享8	慶9	景1	建9
乾1	元27	護2	弘8	興1	亨1	康10	衡1	国1	至1	字1	朱1	寿4	授1	祥1	昌1	承14	勝1
正19	昭1	神3	斉1	政3	祚1	泰1	大6	治21	雉1	中3	長19	鳥1	貞8	禎1	天27	同1	銅1
徳15	仁13	白1	武1	福1	文19	平11	保15	宝10	万4	明7	養3	暦16	霊1	老1	禄7	和19	

（1）漢字は現行字体で示したが、応は應、寛は寬、観は觀、亀は龜、護は護、国は國、寿は壽、祥は祥、神は神、斉は齊、禎は禎、徳は德、福は福、宝は寶、万は萬、暦は曆、霊は靈、禄は祿が正画の旧字である。

（2）漢字の右脇に無印は教育漢字、┆印はプラス常用漢字、〜印はプラス人名漢字、‖印は表外漢字である。

（3）漢字の下の算用数字は、二四六の公年号に使われた回数（白鳳・朱鳥を除き、北朝年号は加えた）である。

（4）年号としての読み方は第十四章の付表参照。

そこで、従来（平安中期以来）年号候補に挙げられながら採択されるに至らなかった未使用文字案のうちから、教育

漢字（無印）、常用漢字（┆印）、人名漢字（〰印）の表中文字を左に抄出してみよう。(9)

育　允　運　皆　会　開　監　漢　含　紀　基　義　欽　休　求　恭　教　協　業　啓　敬　継　恵　見　堅
健　顕　玄　広　功　恒　洪　厚　考　高　綱　克　載　始　祉　受　柔　俊　淳　順　初　叙　章　紹　彰
慎　崇　垂　瑞　世　清　靖　静　盛　聖　**成**　節　善　聡　太　地　秩　澄　徴　廷　定　統　道　得　寧
能　輔　邦　封　豊　命　有　佑　祐　裕　悠　陽　容　用　楽　立　隆　竜　令　礼

右のうち、教育漢字だけでも五十一字、また常用漢字ならプラス三十五字で計八十六字、さらに人名漢字まで広げればプラス九字で計九十五字もある。これらの文字は、前掲の公年号使用七十一文字（そのうち常用漢字表内六十三字）に較べても、ほとんど遜色がない。とすれば、今後はこれらも含めて（さらに他にも良さそうな字があれば加えて）、まさに「国民の理想としてふさわしいようなよい意味を持つ」と認められる「漢字2字」の組み合せを考案してほしいと願っている。

ただし、その二字は前掲の要領に「俗用されているものでない」だけでなく、「これまでに元号又はおくり名として用いられたものでない」ことが条件とされている。その「元号」も「おくり名」（諡号・追号）も、日本の先例だけでなく、中国とその周辺で過去に用いられた元号・おくり名のすべて（非正統国家の年号も覇王・后妃・重臣などのおくり名も含む）を指すとすれば、それは内閣官房の実務担当部局で、日本史・東洋史・漢文学・国文学などの専門家に協力をえて、あらかじめ充分に調査しておき（できれば読み方も付して全データをコンピューターに入れておき）、考案者から候補名が提出されたら、直ちに照合して整理できるような万全の態勢をとる必要があろう。

つぎに、前掲の手続き要領3・4によれば、元号候補名から選定した「原案」を閣議で協議し決定する際、総理大臣は「国権の最高機関」である衆参両院の正副議長に意見を伺うことになっているが、皇位と不可分の元号決定に、天皇が関与されることはできないのであろうか。この点に関しては、すでに昭和二十一年十二月、貴族院の皇室典範特別委員会において、金森徳次郎国務大臣が「天皇と組み合はされて考へられます所の年号が、内閣だけで決まると云ふことは、甚だ不自然なやうに響かないではございませんけれども……是は冷やかなる法理の導く所に従はねばならぬ。しかし、儀式に関しますことは、天皇の権能（国事行為）に属するのでありますから……内閣で決った所の年号と云ふことを儀式の面に於きまして天皇の御権能の範囲に導き入れることは、考へ得べきものと思って居ります。」と答弁しており、最近も上山春平氏が同趣の見解を述べておられる。(10)

ちなみに、現行憲法では政令を公布することも天皇の国事行為とされている（第七条第一号）から、内閣の決定した新元号への改元政令を公布するには、新天皇の署名と押印を頂かなければならない。

なお、葦津珍彦氏は、現行憲法が「天皇の国事に関するすべての行為には、内閣の助言と承認を必要とし」（第三条）と規定しているのだから、その国事行為には天皇が内閣からの「助言」により行われるだけでなく、内閣が天皇の御意向を伺い、それを「承認」する場合もありうると解釈して、新元号の選定過程でも、内閣が原案を奏上して天皇の御意向を伺う（御聴許を仰ぐ）べきことを主張しておられる。(11)

確かに、天皇の在位と一体で、しかも将来当帝の追号とされる可能性も高い一世一元の年号であるから、最少限、政令公布の手続き以前に、総理大臣が原案選定と閣議決定の経緯を速かに「内奏」して、天皇に御理解・御諒承を賜わる必要があるのではないかと思われる。

さらに、『元号法』の第二項に関して問題になるのは、「皇位の継承があつた場合」新元号をいつまでに決定し、いつから実施するかである。この点については、拙著（注(1)）の第九章に詳述したので、ここには要点を略記するにとどめよう。

すなわち、大正・昭和の改元は、前帝崩御・新帝践祚と同じ日のうちに審議し勅定して直ちに公布・施行された。しかし平安初期の弘仁改元（八一〇）から明治改元（一八六八）まで千有余年間は、新帝践祚の年は前帝最後の年とし、その年を踰《こ》えて翌年（踰年《ゆねん》）改元することが恒例であった。その上、中国では早くから正月（しかも元日に近い初旬）に改元している例が多くみられ、[12]また日本では今なお正月元旦を年の変わり目とする風習が根強く残っている。

従って、今後の元号は、古来の慣例と国民の便宜を考慮して、改元の実務は可能な限り早く、しかも慎重に進め、できれば践祚直後に新元号を閣議決定して政令を公布するが、その施行は翌年正月一日午前零時からとする（その旨を政令の付則に示す）いわば二段階方式をとるのもよいのではないかと思われる。

この方法ならば、大正・昭和のごとく前帝崩御・新帝践祚の時刻を境にして新旧年号を使い分けたり、官庁や民間でも元号記入の印刷物を急いで作り直すような無理をせずに済み、公布から施行までの準備期間をへて、新年元旦から一斉に使用することができよう。新時代への理想・期待をこめた新元号のスタートには最もふさわしい在り方だと思われる。

おわりに、ひとこと付け加えれば、松尾芭蕉の言を伝える門人（去来・許六）の『俳諧問答』に次のごとくみえる。

句に千載不易のすがたあり、一時流行のすがたあり。これを両端におしへたまへども、その本一なり。一なるは、ともに風雅のまことをとれば也。不易の句を知らざれば、本たちがたく、流行の句を学ばされば、風あらたまらず。……

このように「千載不易のすがた」と「一時流行のすがた」は矛盾するものでなく、むしろ「風雅のまこと」において「その本一」だとすれば、今回とりあげた元号（年号）のあり方も、古来の伝統をふまえて現実に即応できる方法をとること、いわば「不易」と「流行」との接点を具体化することが「まこと」の在り方ではないかと考えられる。

（昭和六十三年一月三十日　平成三十年三月三十日訂）

注

（1）拙著『年号の歴史――元号制度の史的研究』（雄山閣出版社、初版昭和六十三年三月、増補版平成元年四月）。

（2）「大正」改元の経緯は、国立公文書館所蔵『（大正）大礼記録』巻五（大正八年編纂）および同『枢密院会議議事録』（東大出版会影印本大正篇第一巻、昭和六十年刊）に詳述されている。前者の「改元」は本書第十五章「『大礼記録』の「大正」改元」に全文翻刻。

（3）「昭和」改元の経緯は、国立公文書館所蔵『昭和大礼記録』第一冊（昭和六年編纂）に詳述されている（昭和末まで非公開、平成に入り全公開）。その主要部分が石渡隆之氏の調査報告「公的記録上の〝昭和〟」（国立公文書館報『北の丸』第七号、昭和五十一年九月発行）に紹介されているので、以下これにより引用する。

なお、平成二十五年に完成した宮内庁編『昭和天皇実録』（東京書籍刊本第四、六〇二～五頁）は、ほぼ『昭和大礼記録』を要約したもので、新事実は含まれていない。

（4）藤樫《とがし》準二氏（昭和六十年没、八十八歳）『千代田城――宮廷記者四十年の記録』（昭和三十三年十一月刊、光文社）によれば、「当時の一木《いちき》（喜徳郎）宮相から極秘裏に元号草案の委嘱をうけた図書寮編修官吉田増蔵氏が日夜研究に没頭して提出したもの（元号草案の写し）」は、「当時の杉（栄三郎）図書頭の手元に現在も保存されている」が、それには左の四十三案が「いろいろ出典を明記し……ことに〝昭和〟と〝神和〟の二つだけには、とくにフリガナがつけてある」という。

大造、大応、順応、昭和《せうわ》、神和《しんわ》、恵和、敬和、休和、洽和、感和、神化、観化、敦化、景化、興化、純化、

皇化、久化、元長、昭大、亨正、応正、化光、天光、大光、通同、明保、天休、安久、久中、咸中、天道、知臨、

咸臨、昭徳、化成、光享、通明、平明、大貞、元安。

一方、猪瀬直樹氏『天皇の影法師』（昭和五十八年三月刊、朝日新聞社。同六十二年八月刊、新潮文庫）によれば、吉田氏の妻弥生子氏（北九州在住）のもとには「元号案の下書き」が残されており、「『大正十五年二月』という日付のある宮内省専用箋には七十近い数の元号案が筆文字で列挙されている。……『昭和』はこの段階ですでに入っている。また……『十五年七月』の日付のものは三十一に絞られている。」という。

この点から、直ちに「一木宮内大臣が吉田増蔵に五項目の条件を提示したのは大正十五年二月以前で、吉田が七十近い元号案のなかから先ず三十余の元号を撰出して一木宮内大臣に示したのは、七月以前のそう遅くない時期ということになる」とまでいえるかどうかは、その下書きを確かめていないので判断し難い。ただ、大正十一年七月病歿した森鷗外（図書頭）に信任されて、未完の遺稿「元号考」を補修した吉田氏自身が、元号文字に強い関心と広い学識をもち、かなり早くから周到な準備に努めていたことは確かである。

なお、吉田増蔵氏（昭和十六年没、七十五歳）の経歴は、昭和十一年版『日本官界名鑑』に「正五（位）勲四（等）……福岡県人、吉田温次の二男、慶応二年一月《（十一カ）》出生、明治……卅四年和仏法律学校に学び、同卅九年東京《（京都カ）》帝大文科を卒業、奈良女高師講師、同校教授を経て図書寮編修官に任じ、昭和二年六月宮内省御用掛被二仰付一、今日に及ぶ。……」とみえる（この点、嵐義人氏の御示教による）が、猪瀬氏の前掲書には「宮内庁人事課所蔵の『転免物故歴』を閲覧して……明治四十二年、京都帝大支那哲学修業、奈良女高師教授などを歴任、大正九年に宮内省図書寮編修官に任ぜられている、などの経歴はつかめた。」と記されている。

ちなみに、猪瀬氏の前掲書によれば、昭和八年（一九三三）十二月二十三日に誕生された第一皇子（今上陛下）の御名「明仁」（御称号「継宮《つぐのみや》」）は、昭和三年「大教宣布」の詔書を典拠としているが、これを考案したのも吉田氏であると妻弥生子氏が証言している。

（5）これが確かな事実である。従って、すでに石渡隆之氏や猪瀬氏が明らかにされているごとく、国府種徳案のひとつ「光文」が内定していたとか、それが某紙にスクープされたので再審議して「昭和」に変更されたとかいう巷説は、まさに事実無根と断ずるほかない。

（6）『内閣制度百年史』（昭和六十年十二月、内閣官房発行）下巻七五～六頁。ただし、行政改革によって総理府総務長官がなくなり、その所管事項の一部が内閣官房長官に吸収されたことに伴い、昭和五十九年七月、この元号選定手続も一部改正され、2⑴⑵の「総理府総務長官」が「内閣官房長官」となり、3⑴も「内閣総理大臣の指示により、内閣官房長官は、内閣法制局長官の意見を聴いて、新元号の原案として数個の案を選定する。」と簡略化されている。

（7）詳しくは拙稿「年号の選定方法」（『京都産業大学世界問題研究所紀要』第八巻、のち昭和六十三年、拙著『年号の歴史』所収）・同「菅原氏の勘申した年号」（『とびうめ』第六八号）参照。

（8）大正の『大礼記録』（前掲注（2））によれば、勘申者（括弧内、文字案）は、内閣書記官長室事務嘱託国府種徳（大正・天興）、宮内省図書助高島張輔（永安）、学習院教授岡田正之（乾徳）、内大臣秘書官長股野琢（昭徳）、宮内省御用掛多田好問（興化）の五氏（計六案）である。

（9）注(7)の拙稿「年号の選定方法」付載「表Ⅲ　年号文字総覧」参照。なお、常用漢字・人名漢字以外の未採用文字は、遐・咸・熙・休・拱・洽・錫・綏・秉・猷・雍の十一字である。

（10）上山春平氏『日本の国家像』（昭和五十五年刊、日本放送協会）。なお、同氏「年号への愛着」（『プレジデント』同五十一年五月号）参照。

（11）葦津珍彦氏「天皇と元号」（『中央公論』昭和五十四年七月号）・同「一世一元制の意義」（『みやびと覇権』同五十五年刊、日本教文社）。なお、同氏執筆・皇室法研究会編『現行皇室法の批判的研究』（同六十二年刊、神社新報社）参照。

（12）拙稿「中国と日本の年号」（『月刊歴史研究』第三二一号、昭和六十三年正月発行、のち拙著『年号とその歴史』所収）参照。

【追記】「昭和」という年号案が却下された先例はない。ただ、森本角蔵氏『日本年号大観』（目黒書店、初版昭和八年、二九六～七頁）によれば、典拠として『書経』（尚書）以外にも、『史記』五帝本紀の「百姓昭明、合㆓和万国㆒」と、『旧唐書』音楽志の「元日冬至、皇帝礼会登歌、奏㆓昭和㆒」および『新唐書』礼楽志「大唐雅楽、一曰、予和……九曰、昭和……以和㆓人神㆒」という章句をあげている。

なお、吉田増蔵氏も勘出基準の「第一項に抵触せざるや否やを多くの典籍に就きて精査推覈し」たにちがいない。

しかしながら、最近、漢文学者の横久保義洋氏（岐阜聖徳学園大学准教授）から指摘されたことであるが、中国明代の『明史』諸王伝には、洪武帝（朱元璋）の兄の子孫が封じられた靖江国の藩王五代目に「昭和王」（朱規裕、在位一四七一～八九）を確認することができる。

あとがき――初出一覧

本書は「まえがき」に記したとおり、昭和の終りから平成の初めころ、国立公文書館などに通って調べあげた明治・大正・昭和三代の即位礼・大嘗祭および改元に関する記録や絵図などを、少し判り易くして紹介したものが、大部分を占めている。その初出の原題と掲載誌は左の通りである。

Ⅰ第一章「明治元年即位式記録（戊辰御即位雑記）」（『産大法学』第二十五巻第二号、平成三年九月）
第二章「明治即位式絵図（戊辰御即位雑記付録）」（『産大法学』第二十五巻第三・四合併号、平成四年一月）
第三章「明治大嘗祭記録（辛未大嘗会雑記）」（『京都産業大学世界問題研究所紀要』第十一輯、平成三年七月）
第四章「東京初例の『大嘗祭図』」（新）
Ⅱ第五章「伊藤博文『皇室典範義解』抄」（新）
第六章「『登極令』の成立過程」（『産大法学』第二十二巻第三・四合併号、平成元年一月）
第七章「賀茂百樹講義『登極令大要』の紹介」（『京都産業大学世界問題研究所紀要』第九輯、平成元年三月）
Ⅲ第八章「大正大礼記録〝践祚ノ式〟」（『産大法学』第二十六巻第三・四合併号、平成五年一月）
第九章「大正即位礼〝勅語〟〝寿詞〟成立経緯」（『神道史研究』第四十七巻第二号、平成十一年四月）
第十章「『御即位大嘗祭絵巻』の紹介」（『三浦古文化』第四十八号、平成二年十一月）
第十一章「高御座の伝来と絵図」（『京都産業大学世界問題研究所紀要』第十輯、平成二年三月）
第十二章「大正・昭和の『大礼の要旨』」（『京都産業大学世界問題研究所紀要』第十三輯、平成六年三月）
第十三章「大正大礼の概要と『大礼記録』の編纂」（マイクロフィルム版『大正大礼記録』別冊「解題」、臨川書店、平成

十三年十月）

Ⅳ第十四章「五箇条の御誓文と〝明治〟改元」（明治神宮国際神道文化研究所紀要『神園』創刊号、平成二十年十月）

第十五章「大正大礼記録〝改元〟」（『産大法学』第二十七巻第二号、平成五年七月）

第十六章「〝昭和〟の改元と今後の元号」（京都産業大学世界問題研究所所報『世界の窓』第三号、昭和六十三年三月）

付一「『登極令』附式」（別冊歴史読本『図説・天皇の即位礼と大嘗祭』昭和六十三年十一月）

付二「近現代の大礼関係略年表」（『藝林』第六十四巻第二号、平成二十七年十月）

付三「平成大礼の諸儀式日程」（新）

付四「近現代大礼関係の参考文献（抄）」（新）

なお、私は平成二十七年（二〇一五）が大正四年（一九一五）に京都で近代的な法制に基づく即位礼と大嘗祭が行われてから満百年に当たることを記念して、雑誌『藝林』第六十四巻第二号に特集を組み、拙稿「大正（京都）大礼の歴史的意義」などを掲載した。また、かつてマイクロフィルム版で出した大正の『大礼記録』とは別に、その図版（カラー）を集成して、近く勉誠出版より刊行する運びとなっている。

末筆ながら、喜寿の記念も兼ねて思い立った本書の出版を、国書刊行会（社長 佐藤今朝夫氏）が引き受けて下さったことに、心から御礼を申し上げたい。同社には、かつて学位論文『平安朝儀式書成立史の研究』（昭和六十年）、その続編『宮廷儀式書成立史の再検討』（平成十三年）などを出して貰ったことがある。今回の頗る面倒な編集と索引の作成を担当された今野道隆氏、および再校の検討に協力された藤本頼生氏（皇學館大学出身、國學院大學准教授）と後藤真生氏（京都産業大学出身、モラロジー研究所助手）などの誠実な対応に感謝している。

平成三十年（二〇一八）四月十日　所　功

付一　『登極令』同附式

凡　例

一、明治四十二年（一九〇九）二月十一日に公布された皇室令の『登極令』と同附式の全文を、官報により翻刻する。

一、ただ、読み易くするため、漢字を現行の常用体に改め、また片カナを平がなに直し、さらに濁点・句読点などを加える。

一、『登極令』各条末の《　》内は、同附式の参照箇所、また附式の上の算用数字は、各儀の順番を示す。

一、附式文中の［　］内は、昭和二年改正『登極令』附式の補訂箇所を示し、削除された文字の脇に×印を付けた。

一、附式文中の〈　〉内は、昭和度の実施年月日・時間など、また『昭和大礼要録』との大異部分は※で注記した。

登　極　令（本文）

第一条　天皇践祚の時は、即ち掌典長をして賢所に祭典を行はしめ、且、践祚の旨を皇霊殿・神殿に奉告せしむ。《第一編①②》

第二条　天皇践祚の後は、直に元号を改む。元号は、枢密顧問に諮詢したる後、之を勅定す。

第三条　元号は、詔書を以て之を公布す。

第四条　即位の礼及大嘗祭は、秋冬の間に於て之を行ふ。大嘗祭は、即位の礼を訖りたる後、続て之を行ふ。

第五条　即位の礼及大嘗祭を行ふときは、其の事務を掌理せしむる為、宮中に大礼使を置く。大礼使の官制は、別に之を定む。

第六条　即位の礼及大嘗祭を行ふ期日は、宮内大臣・国務各大臣の連署を以て之を公告す。

第七条　即位の礼及大嘗祭を行ふ期日定まりたるときは、之を賢所・皇霊殿・神殿に奉告し、勅使をして神宮・神武天皇山陵、並前帝四代の山陵に奉幣せしむ。《第二編①②③④⑤》

第八条　大嘗祭の斎田は、京都以東以南を悠紀の地方とし、京都以西以北を主基の地方とし、其の地方は之を勅定す。《第二編⑥》

第九条　悠紀・主基の地方を勅定したるときは、宮内大臣は地方長官をして斎田を定め、其の所有者に対し新穀を供納するの手続を為さしむ。

第十条　稲実成熟の期に至りたるときは、勅使を発遣し、斎田に就き抜穂の式を行はしむ。《第二編⑦》

第十一条　即位の礼を行ふ期日に先だち、天皇、神器を奉じ、皇后と共に京都の皇宮に移御す。《第二編⑧⑨》

第十二条　即位の礼を行ふ当日、勅使をして之を皇霊殿・神殿に奉告せしむ。《第二編⑩》

大嘗祭を行ふ当日、勅使をして神宮・皇霊殿・神殿、並官国幣社に奉幣せしむ。《第二編⑮》

第十三条　大嘗祭を行ふ前一日、鎮魂の式を行ふ。《第二編⑭》

第十四条　即位の礼及大嘗祭は、附式の定むる所に依り之を行ふ。《第二編⑪⑫⑬・⑯⑰⑱⑲⑳㉑》

第十五条　即位の礼及大嘗祭訖りたるときは、大饗を賜ふ。《第二編㉒㉓㉔》

第十六条　即位の礼及大嘗祭訖りたるときは、天皇、皇后と共に神宮・神武天皇山陵、並前帝四代の山陵に謁す。《第二編㉕㉖》

第十七条　即位の礼及大嘗祭訖りて東京の宮城に還幸したるときは、天皇、皇后と共に皇霊殿・神殿に謁す。《第二編㉗㉘㉙㉚》

第十八条　諒闇中は、即位の礼及大嘗祭を行はず。

附　式

第一編　践祚の式〈昭和元年の十二月二十五日〉

①賢所の儀〔三日間〈二十五・六・七日〉之を行ふ。但し、第二日・第三日の儀は御告文なし〕

1 時刻〈第一日午前二時、第二日・第三日午前七時〉御殿を装飾す。

2 次に御扉を開く。

3 次に神饌〔色目、時に臨み之を定む。以下、神饌又は幣物に付き、別に分注を施さざるものは皆之に倣ふ〕を供す。

4 次に掌典長、祝詞を奏す。

5 次に御鈴の儀あり〔内掌典奉仕〕。

6 次に天皇、御代拝〔掌典長奉仕。衣冠単〕。御告文を奏す。

7 次に皇后、御代拝〔掌典奉仕。衣冠単〕。

8 次に神饌を撤す。

9 次に御扉を閉づ。

10 次に各退下。

②皇霊殿・神殿に奉告の儀

其の儀、賢所第一日の式の如し〔御鈴の儀なし〕。

③剣璽渡御の儀

1 時刻〔賢所第一日の式を行ふと同時〈十二月二十五日午前三時十五分〉〕大勲位・国務各大臣・枢密院議長・元帥、便殿に班列す。

1′ 但し、服装、通常服［・通常礼装］。関係諸員、亦同じ。

2 次に出御〔［御通常礼装、又は］御通常服。御椅子に著御〕。式部長官・宮内大臣、前行し、侍従長・侍従・侍従武官長・侍従武官、御後にし、皇太子〔又は皇太孫。以下之に倣ふ〈昭和度なし。皇子未生。以下注記せず〉〉・親王・王〈王族・公族〉、供奉す。

3 次に剣璽渡御〔侍従奉仕〕。国璽・御璽之に従ふ〔内大臣秘書官捧持〕。／式部次官［長］・内大臣、前行し、侍従武官、扈従す。

4 次に内大臣、剣璽を御前の案上に奉安す。

5 次に内大臣、国璽・御璽を御前の案上に安く。

6 次に入御。／式部長官・宮内大臣、前行し、侍従、剣璽を奉じ、侍従長・侍従・侍従武官長・侍従武官、御後に候し、皇太子・親王・王〈王族・公族〉、供奉す。

7 次に内大臣、国璽・御璽を奉じて〔内大臣秘書官捧持〕退下。

8 次に各退下。／〈注意、省略〉

④践祚後朝見の儀

1 当日何時〈十二月二十八日午前十時〉文武高官・有爵者・優遇者〈大勲位親任官前官礼遇、貴族院議長、衆議院議長、勲一等旭日桐花大綬章功一級親任官待遇、公爵従一位勲一等各庁勅任官総代各一人、侯伯子男各爵総代各一人、朝鮮貴族総代二人、貴族院議員総代三人、衆議院議員総代三人、各庁奏任官総代各一人〈以下〈大勲位……各一人〉と略記〉〉、朝集所〈西溜の間〉に参集す〔召すべき者は時に臨み之を定む。以下、別に分注を施さざるものは、皆之に倣ふ〕。

1′ 但し、服装、男子は大礼服正装正服。服制なき者は通常礼服。女子は中礼服［〔袿袴を以て之に代ふることを得〕］〈通常服〉。関係諸員、亦同じ。

2 次に式部官前導、諸員正殿に参進、本位に就く。

3 次に式部官、警蹕を称ふ。

4 次に天皇〔御正装〕、出御〔御椅子に著御〕。式部長官・宮内大臣、前行し、侍従、剣璽を奉じ、侍従長・侍従・侍従武官長・侍従武官、御後に候し、皇太子・親王・王〈王族・公族〉、供奉す。

5 次に皇后〔御中礼〈通常〉服〕、出御〔御椅子に著御〕。皇后宮大夫、前行し、女官、御後に候し、皇太子妃〔又は皇太孫妃。以下之に倣ふ〕〈昭和度なし。以下注記せず〉・親王妃・内親王・王妃・女王〈昭和度、内親王・女王なし。以下注記せず〉〈王族・公族〉、供奉す。

6 次に勅語あり。

7 次に内閣総理大臣、御前に参進、奉対す。

8 次に天皇・皇后、入御。供奉・警蹕、出御の時の如し。

9 次に各退下。／〈注意、省略〉

第二編　即位礼及大嘗祭の式

①賢所に期日奉告の儀

1 当日何時〈昭和三年一月十七日午前八時〉御殿を装飾す。

2 時刻〈同八時三十分〉文武高官・有爵者・優遇者〈大勲位……各一人〉、朝集所に参集す。

2′ 但し、服装、男子は大礼服正装正服。服制なき者は通常礼服。女子は中礼〈通常〉服〔袿袴を以て之に代ふることを得〕。関係諸員、亦同じ〔式部職・掌典部・楽部職員中、掌典長・掌典次長・掌典・楽官〔高等官〕は衣冠単、其の他は布衣単〕。

3 次に皇太子・皇太子妃・親王・親王妃・内親王・王・王妃・女王〈王族・公族〉、綾綺殿に参入す。

4 次に天皇・皇后、綾綺殿に渡御。

5 次に天皇に御服〔御束帯黄櫨染御袍。未成年なるときは闕腋御袍、空頂御黒幘〕を供す〔侍従奉仕〕。

6 次に天皇に御手水を供す〔同上〕。

7 次に天皇に御笏を供す〔同上〕。

8 次に皇后に御服〔御五衣、御小袿・御長袴〕を供す〔女官奉仕〕。

9 次に皇后に御手水を供す〔同上〕。

10 次に皇后に御檜扇を供す〔同上〕。

10′ 此の間、供奉諸員〔皇太子・皇太子妃・親王・親王妃・内親王・王・王妃・女王、宮内大臣・侍従長・大礼使長官・式部長官・侍従・皇后宮大夫・大礼使次官・女官〈昭和度は侍従及女官のみ〉〕、服装を易ふ〔男子〈侍従〉は衣冠単、女子〈女官〉は袿袴〕。

11 次に大礼使高等官、著床。

12 次に式部官・前導諸員、参進、本位に就く。

13 次に御扉を開く。／此の間、神楽歌を奏す。

14 次に神饌・幣物を供す。／此の間、神楽歌を奏す。

15 次に掌典長、祝詞を奏す。

16 次に天皇、出御。

式部長官・宮内大臣〈昭和度は掌典長のみ〉、前行し、侍従、剣璽を奉じ、侍従長・侍従・侍従武官長・侍従武官〈昭和度は侍従のみ〉、御後に候し、皇太子・親王・王・大礼使長官、供奉す〈昭和度、皇太子以下なし〉。

※昭和度は16に続いて18・20あり、天皇入御の後に17・19・21と

なる。

17 次に皇后、出御。

皇后宮大夫〈昭和度は掌典長〉、前行し、女官、御後に候し、皇太子妃・親王妃・内親王・王妃・女王・大礼使次官、供奉す〈昭和度、皇太子妃以下なし〉。

18 次に天皇、内陣の御座に著御。侍従、剣璽を奉じ外陣に候す。

19 次に皇后、内陣の御座に著御。女官、外陣に候す。

20 次に天皇、御拝礼、御告文を奏す〔御鈴、内掌典奉仕〕。

21 次に皇后、御拝礼。

※昭和度は21に続き皇后入御の後、22・24となる。

22 次に皇太子・皇太子妃・親王・親王妃・内親王・王・王妃・女王〈王族・公族〉、拝礼。

23 次に天皇・皇后、入御。／供奉、出御の時の如し。

24 次に諸員拝礼。

25 次に幣物・神饌を撤す。／此の間、神楽歌を奏す。

26 次に御扉を閉づ。／此の間、神楽歌を奏す。

27 次に各退下。／〈注意、省略〉

②皇霊殿・神殿に期日奉告の儀

其の儀、賢所の式の如し〔御鈴の儀なし〕。

③神宮・神武天皇山陵、並前帝四代の山陵に勅使発遣の儀

1 当日何時〈一月十七日午後一時〉御殿を装飾す。

時刻〈午後二時〉大礼使高等官・式部官、著床。

1′ 但し、服装、小礼服礼装・礼服・通常礼服。関係諸員〔式部職掌典部職員を除く〔高等官は衣冠〕〕、亦同じ。

2 次に内閣総理大臣、著床。

3 次に勅使〔衣冠単、帯剣、笏、烏皮履〕、著床。

4 次に式部官、警蹕を称ふ。

5 次に出御〔御引直衣〕。

式部長官〔衣冠〕・宮内大臣〔同上〕、前行し、侍従〔同上〕、御剣を奉じ、侍従長〔同上〕・侍従〔同上〕・侍従武官長・侍従武官、御後に候す。

6 次に幣物御覧〔掌典長侍立〕。

7 次に神宮参向の勅使を召す。

8 次に御祭文を勅使に授く〔宮内大臣奉仕〕。

9 次に勅語あり。勅使、退きて幣物の傍に立つ。

10 次に幣物を辛櫃に納む［〈掌典奉仕〉］。

11 次に勅使、幣物を奉じ殿を辞す。

此の時、式部官、警蹕を称ふ。

12 次に神武天皇山陵、並前帝四代の山陵参向の勅使を順次に召す。

13 次に御祭文を勅使に授く〈宮内大臣奉仕〉。勅使、退きて幣物の傍に立つ。

14 次に幣物を辛櫃に納む［〈掌典奉仕〉］。

15 次に勅使、幣物を奉じ殿を辞す。

此の時、式部官、警蹕を称ふ。

16 次に入御。／供奉・警蹕、出御の時の如し。

17 次に各退下。／〈注意、省略〉

④神宮に奉幣の儀

〈皇大神宮の儀、一月十九日午後二時参進。同別宮荒祭宮の儀、皇大神宮の儀訖て参進。豊受大神宮の儀、一月十九日午前七時参進。同別宮多賀宮の儀、豊受大神宮の儀訖て参進。〉

其の儀、神宮の祭式に依る。

⑤神武天皇山陵、並前帝四代山陵に奉幣の儀

〈神武天皇山陵に奉幣の儀、一月十九日午前九時、陵所装飾、同九時三十分整列。掌典祝詞奏上、幣物供進、勅使御祭文奏上。仁孝天皇山陵に奉幣の儀、午前八時三十分装飾、同九時儀仗兵整列。孝明天皇山陵に奉幣の儀、午前九時三十分装飾、同十時儀仗兵整列。明治天皇山陵に奉幣の儀、午後一時三十分装飾、同二時儀仗兵整列。〉

其の儀、皇室祭祀令附式中、山陵に奉幣の式の如し。

［但し、勅使は帯剣とし、式部職掌典部・楽部職員の服装、高等官は衣冠単、其の他は布衣単とす。］

⑥斎田点定の儀

1 当日何時〈二月五日午前九時〉神殿を装飾す。

2 時刻〈同十時〉大礼使高等官、著床。

2′ 但し、服装、神宮其の他山陵に勅使発遣の儀〈③1′参照〉に同じ〈式部職［掌典部］・楽部職員［中、高等官］は布×衣単［、其の他は布衣］〉。

3 次に御扉を開く。／此の間、神楽歌を奏す。

4 次に神饌を供す。／此の間、神楽歌を奏す。

5 次に掌典長、祝詞を奏す。

6　次に斎田点定の儀あり。
7　次に神饌を撤す。／此の間、神楽歌を奏す。
8　次に御扉を閉づ。／此の間、神楽歌を奏す。
9　次に各退下。
※『昭和大礼要録』には⑥と⑦の間に「名古屋離宮賢所仮殿地鎮祭の儀」（六月二十四日）、「大嘗宮地鎮祭の儀」（八月五日）、「斎田斎場地鎮祭の儀」（八月十九日）、「斎田抜穂前一日、大祓の儀」（悠紀九月十五日・主基二十日）がある。

⑦斎田抜穂の儀

1　当日〈悠紀斎田九月十六日・主基斎田二十一日〉何時〈午前九時〉斎場を装飾す。
2　時刻〈同十時〉大礼使高等官・地方高等官、著床。
2′　但し、服装、神宮其の他山陵に勅使発遣の儀（③1′参照）に同じ。
3　次に抜穂使〔衣冠単〕、随員〔布衣単〕を従へ斎場に参進、本位に就く。
4　次に神饌・幣物を供す〔抜穂使、随員奉仕〕。
5　次に抜穂使、祝詞を奏す。
6　次に抜穂の儀あり。
7　次に幣物・神饌を撤す〔抜穂使・随員奉仕〕。
8　次に各退下。
※『昭和大礼要録』付記〈神饌の幣物供進に先だち、殿舎並抜穂用具の祓除、及降神の儀を行ひ、幣物・神饌撤下の後、昇神の儀を行ふ。〉また⑦と⑧の間に「悠紀・主基両地方新穀供納式」（悠紀十月十六日・主基十七日）がある。

⑧京都に行幸の儀

1　当日何時〈十一月六日午前四時〉賢所御殿を装飾す。
2　時刻〈同四時三十分〉大礼使高等官、著床。
2′　但し、服装、大礼服正装正服。関係諸員、亦同じ〈式部職掌典部・楽部職員中、掌典長・掌典次長・掌典・楽官〔高等官〕は衣冠単、其の他は布衣単〉。
3　次に御扉を開く。／此の間、神楽歌を奏す。
4　次に神饌を供す。／此の間、神楽歌を奏す。
5　次に掌典長、祝詞を奏す。
6　次に天皇御代拝〔侍従奉仕、衣冠単。以下、天皇御代拝の項に於て別に分注を施さざるものは皆本儀に同じ〕。

7 次に皇后御代拝〈女官奉仕、袿袴。以下、皇后御代拝の項に於て別に分注を施さざるものは皆本儀に同じ〉。
8 次に神饌を撤す。／此の間、神楽歌を奏す。
9 ［次に御扉を閉づ。／此の間、神楽歌を奏す。］
10 次に御車を御殿の南階に輦差す。
11 次に賢所、御車に乗御〈掌典奉仕〉。
12 時刻〈午前七時〉文武高官・有爵者・優遇者並夫人〈昭和度、奉送諸員〉、停車場に参集す。
12′ 但し、服装、男子は大礼服正装正服。服制なき者は通常礼服。女子は通常服［〈袿袴を以て之に代ふることを得〉］。関係諸員、亦同じ〈鹵簿に奉仕する掌典長・掌典は衣冠単、帯剣〉。
13 次に皇太子・皇太子妃・親王・親王妃・内親王・王・王妃・女王〈王族・公族〉、停車場に参著す。
14 次に賢所御車、宮城出御。
15 天皇・皇后、宮城出御。
15′ 鹵簿は第一公式を用ゐ、供奉諸員中に大礼使高等官・掌典長・掌典を加ふ。
16 次に停車場に著御。／此の時、諸員奉迎。
17 次に御発軔。／此の時、諸員奉送。
18 次に〈十一月七日午後二時〉京都に著御。此の時、在京都親王・親王妃・内親王・王・王妃・女王〈王族・公族〉、文武高官・有爵者・優遇者並夫人〈服装、奉送諸員に同じ〉、停車場に奉迎す。
19 次に停車場出御。鹵簿、宮城出御の時の如し。
20 次に皇宮に著御。

⑨賢所春興殿に渡御の儀

1 当日何時〈十一月七日午後一時〉御殿を装飾す。
2 時刻〈同五時〉大礼使高等官、著床。但し、服装、京都に行幸の儀に於ける賢所著床の時の如し〈⑧2′参照〉。
3 次に賢所、殿内に渡御〈掌典奉仕〉。
4 次に神饌を供す。［／此の間、神楽歌を奏す。］
5 次に掌典［長］、祝詞を奏す。
6 次に天皇御代拝。〈侍従奉仕、衣冠単〉
7 次に皇后御代拝。〈女官奉仕、袿袴〉

8 次に神饌を撤す。［／此の間、神楽歌を奏す。］
9 次に御扉を閉づ。［／此の間、神楽歌を奏す。］
10 次に各退下。

⑩即位礼当日、皇霊殿・神殿に奉告の儀

1 当日何時〈十一月十日午前八時三十分〉御殿を装飾す。
2 時刻〈同九時三十分〉大礼使高等官、著床。
2′ 但し、服装、大礼服〔白下衣袴〕正装正服。関係諸員、亦同じ〔式部職掌典部・楽部職員中、掌典次長・掌典・楽官［高等官］は衣冠単、其の他は布衣単〕。
3 次に御扉を開く。／此の間、神楽歌を奏す。
4 次に神饌・幣物を供す。／此の間、神楽歌を奏す。
5 次に掌典次長、祝詞を奏す。
6 次に勅使〔侍従奉仕、束帯〕拝礼、御祭文を奏す。
7 次に皇后宮使〔女官奉仕、五衣、唐衣、裳〕拝礼。
8 次に諸員拝礼。
9 次に幣物・神饌を撤す。／此の間、神楽歌を奏す。
10 次に御扉を閉づ。／此の間、神楽歌を奏す。
11 次に各退下。

⑪即位礼当日、賢所大前の儀

1 当日〈十一月十日〉早旦、御殿を装飾す。其の儀、本殿の簾・幌並壁代を更め、内陣の中央に天皇の御座〔短帖〕を設け〔側に剣璽の案を安く〕、其の東方に皇后の御座〔短帖〕を設く。
2 時刻〈午前六時三十分〉建礼門及建春門を開く。皇宮警部、之を警固す。
3 時刻〈同八時二十分〉文武高官・有爵者・優遇者並夫人、及外国交際官並夫人〈昭和度、奉送諸員のみ〉、朝集所に参集す。
3′ 但し、服装、男子は大礼服〔白下衣袴〕正装正服。服制なき者は通常礼服。女子は大礼服〔［袿袴を以て之に代ふることを得］〕。関係諸員、亦同じ〔式部職掌典部・楽部職員中、掌典長・掌典［高等官］は束帯〈纔著〉、楽官其の他は衣冠単〕。
4 次に皇太子・皇太子妃・親王・親王妃・内親王・王・王妃・女王〈王族・公族〉、宜陽殿に参入す。
5 次に天皇・皇后、宜陽殿に渡御。
6 次に天皇に御服〔御束帯帛御袍。未成年なるときは空頂御

黒幘〕を供す〔侍従奉仕〕。

7 次に天皇に御手水を供す〔同上〕。

8 次に天皇に御笏を供す〔同上〕。

9 次に皇后に御服〔〔白色帛〕御五衣、〔同〕御唐衣、〔同〕御裳〕を供す〔女官奉仕〕。

10 次に皇后に御手水を供す〔同上〕。

11 次に皇后に御檜扇を供す〔同上〕。

12 此の間、供奉諸員〔皇太子・皇太子妃・親王・親王妃・内親王・王・王妃・女王〈王族・公族〉、〔内閣総理大臣・〕宮内大臣・内大臣・侍従長、大礼使長官・式部長官・侍従・皇后宮大夫・大礼使次官・式部次官×〔長〕・女官〕、服装を易ふ〔男子は束帯（纔著）、帯剣。女子は五衣、唐衣、裳〕。

13 次に儀仗兵、建礼門外並建春門外に整列す。

14 次に大礼使高等官左右各三人、南門外掖に参進、衛門の本位に就く。

14′ 但し、服装、束帯〔冠巻纓緌、縹袍（闕腋纔著）、錦裲襠、錦摂腰、単、下襲、半臂、大口、表袴、白布帯、緋脛巾〕剣〔平緒を附す〕平胡簶〔箭を挿む〕弓、糸鞋。

15 次に大礼使高等官左右各一人、同判任官左右各六人を率ゐ、司鉦・司鼓の本位に就く。

15′ 但し、服装、高等官は束帯〔冠垂纓、緋袍（縫腋）、単、下襲（纔著）、大口、表袴、石帯〕剣〔平緒を附す〕鞾。判任官は束帯〔冠細纓緌、縹袍（闕腋纔著）、単、白布袴、白布帯、白布脛巾〕剣〔平緒を附す〕糸鞋。

16 次に大礼使高等官左右各二十人、威儀物〔太刀八口（両面錦嚢に納る）、弓八張（赤色綾嚢に納る）、壺胡簶八具（紫色綾嚢に納る）、桙八竿、楯八枚〕を捧持し参進、本位に就く。

16′ 但し、服装、束帯〔冠垂纓、袍（縫腋）、単、下襲（纔著）、大口、表袴〔、石帯〕〕剣〔平緒を附す〕鞾〔太刀捧持者は黒袴、弓及胡簶持者は緋袍、桙及楯捧持者は縹袍〕。

17 次に大礼使高等官左右各十人参進、威儀の本位に就く。

17′ 但し、服装、束帯〔冠巻纓緌、袍（闕腋纔著）、挂甲、肩当、錦摂腰、単〔、下襲、半臂〕、大口、表袴、白布帯〕剣〔平緒を附す〕胡簶〔箭を挿む〕弓、鞾〔前列者は黒袍、平胡簶。後列者は緋袍、壺胡簶〕。

18 次に鉦及鼓を撃つ〔各三下〕。諸員列立。

19 次に大礼使高等官前導、朝集所に参集の諸員参進、本位に就く。

20 次に御扉を開く。／此の間、神楽歌を奏す。

21 次に神饌〔折敷高坏六基、折櫃四十合〕・幣物を供す。
此の間、神楽歌を奏す。

22 次に掌典長、祝詞を奏す。

23 次に天皇出御。
式部長官・宮内大臣、前行し、侍従、剣璽を奉じ、侍従長・侍従・侍従武官長・侍従武官、御後に候し、皇太子・親王・王〈王族・公族〉、内閣総理大臣・内大臣・大礼使長官、供奉す。

24 次に皇后出御。
式部次官［長］・皇后宮大夫、前行し、女官、御後に候し、皇太子妃・親王妃・内親王・王妃・女王〈王族・公族〉、大礼使次官、供奉す。

25 次に天皇、内陣の御座に著御。
侍従、剣璽を案上に奉安す。

26 次に皇后、内陣の御座に著御。
皇太子・皇太子妃・親王・親王妃・内親王・王・王妃・女王〈王族・公族〉、南廂に侍立し、内閣総理大臣・宮内大臣・内大臣・侍従長［・大礼使長官］・式部長官・侍従・皇后宮大夫［・大礼使次官］・式部次官［長］・女官、其の後に侍立す［候し、］侍従武官長・侍従武官、便宜の所に候す。

27 次に天皇、御拝礼、御告文を奏す〔御鈴、内掌典奉仕〕。

28 次に皇后、御拝礼。

29 次に皇太子・皇太子妃・親王・親王妃・内親王・王・王妃・女王〈王族・公族〉、拝礼。

30 次に天皇・皇后、入御。
供奉、出御の時の如し。

31 次に諸員拝礼。

32 次に幣物・神饌を撤す。／此の間、神楽歌を奏す。

33 次に御扉を閉づ。／此の間、神楽歌を奏す。

34 次に鉦及鼓を撃つ〔各三下〕。

35 次に各退下。／〔注意、省略〕

⑫即位礼当日、紫宸殿の儀

1 当日〈十一月十日〉早旦、御殿を装飾す。

2 其の儀、本殿の南栄に日像〔五綵瑞雲を副ふ〕の繡帽額を懸く。母屋の中央南面に三層継壇〔黒漆〕を立て、**高御座**を安く。

其の蓋上中央の頂に大鳳形〔金色〕一翼、棟上の八角に小鳳形〔金色〕各一翼、搏風〔毎角瑞雲を絵く〕の上南北二角に大鏡各一面、小鏡各四面〔毎鏡両傍に金銅彫鏤の八花形及唐草形を立て各白玉を嵌入す〕、其の他の六角に大鏡各一面〔両傍に金銅彫鏤の八花形及唐草形を立て各白玉を嵌入す〕小鏡各二面を立つ。蓋下の中央に大円鏡一面、棟下の八角に玉旛各一旒、其の内面に御帳〔深紫色小葵形綾、裏緋色帛〕、御帳の上層に金銅彫鏤の唐草形帽額及蛇舌を懸く。壇上第一層及第二層に赤地錦を敷く。第三層に青地錦を敷き、其の上に繧繝縁畳二枚、大和錦縁龍鬢土敷一枚、大和軟錦毯代一枚、東京錦毯代一枚を累敷し、御椅子を立て、左右に螺鈿案各一脚を安く。継壇の下南東西三面に両面錦を敷き、其の北階の下より後房に至る間、筵道を敷く。

3 高御座の東方に**皇后の御座**を設く。其の儀、三層継壇〔黒漆〕を立て、御帳台〔八角、棟端を蕨手に作る〕を安く。其の蓋上中央の頂に霊鳥形〔金色〕一翼を立て、棟下の八角に玉旛各一旒、其の内面に御帳〔浅紫色小葵形綾、裏緋色帛〕を懸く。其の他の装飾、高御座に準ず。

4 軒廊の後面に綵綾軟障を作り、前面に青簾を懸く。

5 南庭桜樹の南方に日像纛旛〔赤地錦に日像を繍し纛竿に懸く〕一旒、橘樹の南方に月像纛旛〔白地錦に月像を繍し纛竿に懸く〕一旒を樹つ。日像纛旛の南に頭八咫烏形大錦旛〔五彩瑞雲の錦に頭八咫烏形を繍し戟竿に懸く〕一旒、月像纛旛の南に霊鵄形大錦旛〔五彩瑞雲の錦に金色霊鵄を繍し戟竿に懸く〕一旗、菊花章中錦旛〔青地錦、黄地錦、赤地錦、白地錦、紫地錦各一旗、金糸を以て菊花章を繍し戟竿に懸く〕菊花章小錦旛〔同上〕左右各五旒、順次之を樹つ。大錦旛の前面に萬歳旛〔赤地錦、上に厳瓮及魚形を繍し下に金泥を以て萬歳の二字を書し戟竿に懸く〕左右一旒を樹て、小錦旛の前面に鉦・鼓〔火焔台に懸く〕左右各三面、桙〔金鍔、黒漆柄、赤色錦旛、金繍鞆絵〕左右各十竿を布列す。

6 時刻〈午後一時二十分〉儀仗兵、建礼門外並建春門外に整列す。

7 時刻〈同一時五十分〉文武高官・有爵者・優遇者並夫人、及外国交際官並夫人〈昭和度、参列諸員〉、日華門外並承×

明門〔月華門〕外に列立す〔両門外に列立する者の区別は時に臨み之を定む〕。

7′ 但し、服装、賢所大前の儀（⑪3′参照）の如し。関係諸員の服装、同儀に於て各別に注記したるもの亦同じ。

〔供奉員中、男子は帯剣。〕

8 次に大礼使高等官三十人、承明門・日華門・月華門〔以上左右各三人〕長楽門・永安門〔以上左右各二人〕及左掖門・右掖門〔以上左右各一人〕の外掖壇下に参進、衛門の本位に就く。

9 次に大礼使高等官左右各一人、同判任官左右各六人を率ゐ、日華門及月華門より参入し、司鉦・司鼓の本位に就く。

10 次に大礼使高等官左右各二十人、威儀物を捧持し、日華門及月華門より参入し、中錦旛の前面に参進、本位に就く。

11 次に大礼使高等官左右各十人、日華門及月華門より参入し、南庭桜橘の前面に参進、威儀の本位に就く。

12 次に鉦及鼓を撃つ〔各三下〕。諸員列立。

13 次に大礼使高等官前導、門外列立の諸員、殿上の東〔西両〕廂又は軒廊に参進〔東廂参進者は日華門より入り、軒廊参進者は承明門東西両廂より入る〕。各其の本位に就く。

14 次に式部長官・式部次官〔長〕、殿上の南廂に参進、本位に就く。式部官〔束帯、帯剣〕、之に従ふ。

15 次に大礼使長官・大礼使次官、殿上の南廂に参進、式部長官・式部次官〔長〕の上班に就く。

16 次に内閣総理大臣・宮内大臣、殿上の南廂に参進、大礼使長官・大礼使次官の上班に就く。

17 次に皇太子・親王・王〈王族・公族〉、高御座前面の壇下に参進、本位に就く。

18 次に式部官、警蹕を称ふ。

19 次に天皇〔御服、賢所に期日奉告の儀（①5参照）に同じ。以下、天皇の御服に付き別に分注を施さざるものは皆之に倣ふ〈御束帯黄櫨染御袍〉〕、高御座北階より昇御。侍従、剣璽を御帳中の案上に奉安し、御笏を供す。

20 内大臣、高御座に昇り御帳外東北隅に候し、侍従長・侍従・侍従武官長・侍従武官、高御座後面の壇下に侍立す。

21 次に皇后〔御服、即位礼当日賢所大前の儀（⑪9参照）に同じ×〔御五衣、御唐衣、御裳〕。以下、皇后の御服に付き別に分注を施さざるものは皆之に倣ふ〕、御帳台北階より昇御。女官、御檜扇を供す。

22 皇太子妃・親王妃・内親王・王妃・女王〈王族・公族〉、御帳台前面壇下に参進、本位に就き、皇后宮大夫・女官、御帳台の後面の壇下に侍立す。

23 次に侍従二人分進、高御座の東西両階より壇上に昇り、御帳を搴ぐ。訖て座に復す。

24 次に女官二人分進、御帳台の東西両階より壇上に昇り、御帳を搴ぐ。訖て座に復す。

25 次に天皇、御笏を端し立御。

26 次に皇后、御檜扇を執り立御。

27 次に諸員最敬礼。

28 次に内閣総理大臣、西階を降り南庭に北面して立つ。

29 次に勅語あり。

30 次に内閣総理大臣、南階を昇り、南栄の下に於て寿詞を奏し、南階を降る。

31 次に内閣総理大臣、萬歳旛の前面に参進、萬歳を称ふ〔三声〕。諸員、之に和す。訖て西階を昇り座に復す。

32 〔次に侍従二人分進、高御座の東西両階より壇上に昇り、御帳を垂る。訖て座に復す。〕

33 〔次に女官二人分進、御帳台の東西両階より壇上に昇り、御帳を垂る。訖て座に復す。〕

34 次に天皇・皇后、入御。警蹕、出御の時の如し。

35 次に鉦及鼓を撃つ〔各三下〕。

36 次に各退下。／〈注意、省略〉

⑬即位礼後一日、賢所御神楽の儀

1 当日何時〈十一月十一日午後二時〉御殿を装飾す。

2 時刻〈同三時〉文武高官・有爵者・優遇者並夫人〈昭和度、参列諸員〉、朝集所に参集す。／但し、服装、賢所に期日奉告の儀（①参照）に同じ。

3 次に皇太子・皇太子妃・親王・親王妃・内親王・王・王妃・女王〈王族・公族〉、宜陽殿に参入す。

4 次に天皇・皇后、宜陽殿に渡御〔以下、天皇に御服・御手水・御笏、皇后に御服・御手水・御檜扇を供し、及供奉諸員、服装を易ふるの儀あり。総て賢所に期日奉告の儀（①参照）に同きを以て今其の項を掲げず。但し、供奉員中、皇族女子の服装は五衣・小袿・長袴とす〕。

5　次に大礼使高等官、著床。

6　次に大礼使高等官前導、諸員参進、本位に就く。

7　次に御扉を開く。／此の間、神楽歌を奏す。

8　次に神饌・幣物を供す。／此の間、神楽歌を奏す。

9　次に掌典長、祝詞を奏す。

10　次に天皇出御。

式部長官・宮内大臣、前行し、侍従、剣璽を奉じ、侍従長・侍従・侍従武官長・侍従武官、御後に候し、皇太子・親王・王〈王族・公族〉、内大臣・大礼使長官、供奉す。

※昭和度、10に続けて12・14・16あり、天皇入御の後に11・13・15・16がある。

11　次に皇后、出御。／式部次官[長]・皇后宮大夫、前行し、女官、御後に候し、皇太子妃・親王妃・内親王・王妃・女王〈王族・公族〉、大礼使次官、供奉す。

12　次に天皇、内陣の御座に著御。侍従、剣璽を案上に奉安す。

13　次に皇后、内陣の御座に著御。

14　次に天皇、御拝礼〔御鈴、内掌典奉仕〕。

15　次に皇后、御拝礼。

16　次に皇太子・皇太子妃・親王・親王妃・内親王・王・王妃・女王〈王族・公族〉、拝礼。

17　次に御神楽。

18　次に天皇・皇后、入御。／供奉、出御の時の如し。

19　次に諸員拝礼。

20　次に幣物・神饌を撤す。／此の間、神楽歌を奏す。

21　次に御扉を閉づ。／此の間、神楽歌を奏す。

22　次に各退下。

※『昭和大礼要録』には⑬と⑭の間に「神宮皇霊殿・神殿、並官国幣社に勅使発遣の儀」（十一月十二日）、「大嘗祭前二日、大祓の儀」（同上）、「大嘗祭前一日、大嘗宮鎮祭の儀」（十一月十三日）があり、㉑と㉒の間に「大嘗祭後一日、大嘗宮鎮祭の儀」（十一月十六日）がある。

⑭大嘗祭前一日、鎮魂の儀〈十一月十三日〉

其の儀、皇室祭祀令附式中、新嘗祭前一日鎮魂式の如し。

但し、大礼使高等官、著床す。其の服装は総て斎田点定の儀に同じ（⑥2´参照）。

⑮神宮・皇霊殿・神殿、並官国幣社に勅使発遣の儀〈十一月十三日〉

其の儀、神宮・神武天皇山陵、並前帝四代山陵に勅使発遣の式に準ず（③参照）。

但し、地方長官に勅使を命ぜられたる場合には、大礼使長官［御］祭文並幣物を奉受し、各地方庁に送致す。

⑯大嘗祭当日、神宮に奉幣の儀

〈皇大神宮の儀、十一月十四日午後二時参進。同別宮荒祭宮の儀、皇大神宮の儀訖て参進。豊受大神宮の儀、十一月十四日午前七時参進。同別宮多賀宮の儀、豊受大神宮の儀訖て参進。〉

其の儀、神宮の祭式〈神宮新嘗祭奉幣の式〉に依る。

⑰大嘗祭当日、皇霊殿・神殿に奉幣の儀〈十一月十四日〉

其の儀、即位礼当日、皇霊殿・神殿に奉告の式に準ず（⑩参照）。

⑱大嘗祭当日、賢所大御饌供進の儀

1 当日〈十一月十四日〉早旦、御殿を装飾す。

2 時刻〈午前九時〉皇宮警部、御殿の南門を警固す。

3 次に大礼使高等官、著床。

但し、服装、大礼服〔白下衣袴〕正装正服。関係諸員、亦同じ〔式部職掌典部・楽部職員中、掌典長、掌典次長、掌典［高等官］は束帯、楽官其の他は衣冠単〕。

4 次に御扉を開く。／此の間、神楽歌を奏す。

5 次に神饌を供す。／此の間、神楽歌を奏す。

6 次に掌典長、祝詞を奏す。

7 次に御鈴の儀あり〔内掌典奉仕〕。

8 次に天皇、御代拝〔侍従奉仕、束帯〕。

9 次に皇后、御代拝〔女官奉仕、五衣、唐衣、裳〕。

10 次に諸員拝礼。

11 次に神饌を撤す。／此の間、神楽歌を奏す。

12 次に御扉を閉づ。／此の間、神楽歌を奏す。

13 次に各退下。

⑲大嘗宮の儀

1 当日〈十一月十四日〉早旦、大嘗宮を装飾す。［／其の儀、悠紀・主基両殿に葦簾並布幌を懸け、南北両面神門外掖に神楯左右各一枚・神戟左右各二竿を樹つ。］

2 時刻〈午後五時〉外門を開く。皇宮警部、之を警固す。

3 次に文武高官・有爵者・優遇者並夫人〈昭和度、参列諸員〉、朝集所に参集す。

3′ 但し、服装、即位礼当日賢所大前の儀（⑪3′参照）に同じ。女子は袿袴を以て［又は］大礼服に代ふ［とす］。

4 次に皇太子・皇太子妃・親王・親王妃・内親王・王・王妃・女王〈王族・公族〉、頓宮に参著す。

5 次に天皇・皇后、頓宮に著御。

6 時刻儀仗兵、正門外に整列す。

7 次に大礼使高等官二十人、南北両面神門〔左右各三人〕・東西両面神門〔左右各二人〕の外掖に参進、衛門の本位に就く。

7′ 但し、服装、束帯〔冠巻纓緌、縹袍〔闕腋纔著〕、単、下襲、半臂、大口、表袴、石帯〕剣〔平緒を附す〕平胡籙〔箭を挿む〕弓、浅沓、小忌衣を加へ、日蔭蔓を著く。

8 次に大礼使高等官左右各六人、南面の神門内掖に参進、威儀の本位に就く。

8′ 但し、服装、束帯〔冠巻纓緌、袍〔縫腋［闕腋纔著］〕、単、下襲〔纔著〕［、半臂］、大口、表袴、石帯〕剣〔平緒を附す〕胡籙〔箭を挿む〕弓、浅沓、小忌衣を加へ、日蔭蔓を著く〔前列者は黒袍［、平胡籙］、後列者は緋袍［、壺胡籙］〕。

9 次に悠紀・主基両殿の神座を奉安す〔掌典長・掌典次長、掌典及掌典補を率ゐ、之を奉仕す。束帯〔纔著。勅任官及四位以上の者に在りては黒袍、奏任官及五位の者に在りては緋袍、其の他の者に在りては縹袍〕、小忌衣を加へ、日蔭蔓を著く。楽官［の服装］、亦同じ〕。

10 次に繒服並麁服〔案上に載す〕を各殿の神座に安く〔掌典長奉仕〕。

11 次に各殿に斎火の灯燎を点ず〔掌典、掌典補を率ゐ、之を奉仕す〕。／此の時、庭燎を焼く〔火炬手服装、冠細纓緌、桃花染布衫、白布単、白布袴、白布帯、葈脛巾、麻鞋〕。

⑳悠紀殿供饌の儀

1 時刻〈午後六時〉天皇、廻立殿に渡御。

2 次に小忌御湯を供す〔侍従奉仕〕。
3 次に御祭服〔御幘（未成年なるときは之を供せず）、御斎衣、御下襲、御衵、御単、御表袴、御大口、御石帯、御襪〕を供す〔同上〕。
4 次に御手水を供す〔同上〕。
5 次に御笏を供す〔同上〕。
6 此の間、供奉諸員〔皇太子・親王・王〈王族・公族〉、宮内大臣・内大臣・侍従長・大礼使長官・式部長官・侍従・式部官〕、服装を易ふ〔束帯（纔著）、帯剣［（侍従長及御前侍従を除く）］、小忌衣を加へ、日蔭蔓を著く〕。
7 次に皇后、廻立殿に渡御。
8 次に御服［〔即位礼当日、賢所大前の儀に同じ〕］を供す〔女官奉仕〕。
9 次に御手水を供す〔同上〕。
10 次に御檜扇を供す〔同上〕。
11 此の間、供奉諸員〔皇太子妃・親王妃・内親王・王妃・女王〈王族・公族〉、皇后宮大夫・大礼使次官・式部次官×［長］・式部官・女官〕、服装を易ふ〔男子は束帯（纔著）、帯剣、小忌衣を加へ、日蔭蔓を著く。女子は五衣、唐衣、裳、小忌衣を加へ、日蔭糸、並心葉を著く〕。
12 次に大礼使高等官前導、朝集所に参集の諸員、南面の神門外の幄舎に参進、本位に就く。
13 次に膳屋に稲春歌を発し〔楽官奉仕〕［、稲春を行ひ〔女官（白色帛画衣、唐衣、紅切袴、青摺襌、日蔭糸、並心葉を著く）奉仕〕］、神饌を調理す〔掌典、掌典補を率ゐ、之を奉仕す〕。
14 次に本殿南庭の帳殿に庭積の机代物を安く〔掌典、掌典補を率ゐ、之を奉仕す〕。
15 次に掌典長、本殿に参進、祝詞を奏す。
16 次に天皇、本殿〔廻立殿より悠紀殿に至る廻廊下の御路に布単を鋪き、其の上に葉薦を鋪く〕に進御。式部長官・宮内大臣、前行し〔侍従左右各一人、脂燭を秉る〕、御前侍従、剣璽を奉じ、御後侍従、御菅蓋を捧持し、御綱を張る。侍従長・侍従・侍従武官長・侍従武官、御後に候し、皇太子・親王・王〈王族・公族〉、国務各大臣・枢密院議長・内大臣・大礼使長官、供奉す。
17 此の時、掌典長、本殿南階の下に候し、式部官左右各一人、脂燭を秉り南階の下に立つ。

18 次に侍従、剣璽を奉じ、南階を昇り外陣の幌内に参進、剣璽を案上に奉安し、西面の幌外に退下、簀子に候す。

19 次に天皇、外陣の御座に著御。侍従長・掌典長、南階を昇り、簀子に候す。此の時、皇太子・親王・王〈王族・公族〉、国務各大臣以下供奉諸員、本殿南庭小忌の幄舎に著床す。

20 次に皇后、本殿南庭の帳殿に進御。式部次官〔長〕・皇后宮大夫、前行し〔式部官左右各一人、脂燭を秉る〕、女官、御後に候し、皇太子妃・親王妃・内親王・王妃・女王〈王族・公族〉、大礼使次官、供奉す。

21 次に皇后、帳殿の御座に着御。女官、殿外に候す。此の時、皇太子妃・親王妃・内親王・王妃・女王〈王族・公族〉、其の他供奉諸員、殿外小忌の幄舎に著床す。

22 次に大礼使高等官〔束帯〈纔著〉、帯剣、小忌衣を加へ、日蔭蔓を著く〕、楽官を率ゐ、本殿南庭の本位に就く。

23 次に悠紀の地方長官〔服装、大礼使高等官に同じ〕、楽官を率ゐ、大礼使高等官の東方の本位に就く。

24 次に国栖の古風を奏す。

25 次に悠紀地方の風俗歌を奏す。

26 次に皇后、御拝礼。

27 次に皇太子・皇太子妃・親王・親王妃・内親王・王・王妃・女王〈王族・公族〉、拝礼。

28 次に諸員、拝礼。

29 次に皇后、廻立殿に還御。／供奉、進御の時の如し。

30 次に皇太子・親王・王、本殿に参進、南階を昇り簀子に候す。

31 次に本殿南庭の廻廊に神饌を行立す。

32 其の儀、掌典補左右各一人、脂燭を秉り、掌典一人、削木を執る。同一人、海老鰭盥槽を執り、同一人、多志良加を執る。陪膳女官〔五衣、唐衣、裳、小忌衣を加へ〔白色帛画衣、唐衣、紅切袴、青摺襌〕、日蔭糸、並心葉を著く〕一人、御刀子筥を執り、後取女官〔服装同上〕一人、御巾子筥を執る。女官〔白色帛画衣、唐衣、紅切袴、青摺襌、日蔭糸、並心葉を著く〔服装同上〕。以下皆同じ〕一人、神食薦を執り、同一人、御食薦を執る。同一人、御箸筥を執り、同一人、御枚手筥を執る。同一人、御飯筥を執り、同一人、鮮物筥を執る。同一人、干物筥を執り、同一人、御菓子筥を執る。掌典一人、蚫汁漬を執り、同一人、海藻汁漬を執る。掌典補二人、空盞を執り、同二人、御羹八足机を舁く。同二人、御酒八足机を舁き、同二人、御粥八足机を舁き、同二人、御直会八足机を舁く。

33 次に削木を執れる掌典、本殿南階の下に立ち、警蹕を称ふ。／此の時、神楽歌を奏す。

34 次に天皇、内陣の御座に着御。皇太子・親王・王、侍従長〔帯剣を解く〕・掌典長、外陣の幌内に参入、奉侍す。

35 次に御手水を供す〔陪膳、女官奉仕〕。

36 次に神饌御親供。

37 次に御拝礼、御告文を奏す。

38 次に御直会。

39 次に神饌撤下〔陪膳、女官奉仕〕。

40 次に御手水を供す〔同上〕。

41 次に神饌、膳舎に退下。／其の儀、行立の時の如し。

42 次に廻立殿に還御。／供奉、進御の時の如し。

43 次に各退下。／〔注意、省略〕

㉑主基殿供饌の儀〈十一月十五日午前零時、天皇廻立殿渡御〉

其の儀、悠紀殿供饌の式の如し〔⑳参照〕。

㉒即位礼及大嘗祭後、大饗第一日の儀

1 当日〈十一月十六日〉早旦、豊楽殿を装飾す。

2 其の儀、本殿の北廂に錦軟障〔千年松山水の図〕を設け、東北隅に悠紀地方風俗歌の屏風、西北隅に主基地方風俗歌の屏風を立つ。母屋の四面に壁代を作り之を搴げ、其の中央に天皇の御座、東方に皇后の御座〔平鋪御座〕を設け、各御椅子並御台盤を立つ。南東西三廂の周囲に青簾を懸け之を搴げ、其の内に諸員陪宴の第一座を設け、床子並台盤を立つ。顕陽・承歓・観徳・明義各堂の後面に綵綾軟障を設け、前面に青簾を懸け之を搴げ、其の内に諸員陪宴の第二座を分設し、床子並台盤を立つ。南庭の中央に舞台を構へ、其の東南隅に楽官の幄を設く〈『昭和大礼要録』には2・3′後半〔各地……〕・4・5中間〔殿上……割注〕なし〉。

3 時刻〈午前十一時三十分〉文武高官・有爵者・優遇者並夫人、及外国交際官並夫人〈昭和度、参列諸員〉、朝集所に参集す。

3′ 但し、服装、即位礼当日賢所大前の儀〈⑪3′参照〉に同じ。各地に於て饗饌を賜ふべき者［男子は大礼服〔白下衣袴〕正装。服制なき者は通常礼服。女子は中礼服〔袿袴を以て之に代ふることを得〕。関係諸員］、亦同じ。

4 次に儀鸞・逢春・承秋・嘉楽・高陽の各門を開く。皇宮警部、之を警固す。

5 次に大礼使高等官前導、諸員殿上の廂又は顕陽・承歓・観徳・明義の各堂〔廂及各堂に参進する者の区別は時に臨み之を定む〕に参進〔殿上参進者は逢春門より入り、東階を昇る。顕陽堂・承歓堂参進者は嘉楽門より入り、観徳堂・明義堂参進者は高陽門より入る〕、各其の本位に就く。

6 次に式部官、警蹕を称ふ。

7 次に天皇〔御正装〕、出御。式部長官・宮内大臣、前行し、侍従、剣璽を奉じ、侍従長・侍従・侍従武官長・侍従武官、御後に候し、皇太子・親王・王〈王族・公族〉、内大臣・大礼使長官、供奉す。

8 次に皇后〔御大［中］礼服〕、出御。式部次官［長］・皇后宮大夫、前行し、女官、御後に候し、皇太子妃・親王妃・内親王・王妃・女王〈王族・公族〉、大礼使次官、供奉す。

9 次に天皇、御座に着御。侍従、剣璽を案上に奉安す。

10 次に皇后、御座に着御。

11 次に供奉員、各本位に就く。

12 次に勅語あり。

13 次に内閣総理大臣、奉対す。

14 次に外国交際官首席者、奉対す。

15 次に天皇・皇后に白酒・黒酒を供す〔侍従並女官奉仕〕。

16 次に諸員に白酒・黒酒を賜ふ。

17 次に式部長官、悠紀・主基両地方献物の色目を奏す。此の時、両地方の献物を南栄に排列す〔内舎人奉仕〕。

18 次に天皇・皇后に御膳並御酒を供す〔侍従並女官奉仕〕。

19 次に諸員に膳並酒を賜ふ。

20 次に久米舞を奏す。

21 次に天皇・皇后に御殽物を益供す〔侍従並女官奉仕〕。

22 次に諸員に殽物を益賜す。

23 次に悠紀・主基両地方の風俗舞を奏す。
24 次に大歌及五節舞を奏す。
25 次に天皇・皇后に挿華を供す〔侍従並女官奉仕〕。
26 次に諸員に挿華を賜ふ。
27 次に天皇・皇后入御。／供奉・警蹕、出御の時の如し。
28 次に各退下。
29 当日、文武官・有爵者・優遇者並夫人にして召されざる者には、各其の所在地に於て饗饌を賜ふ。但し、饗饌を賜ふべき者の範囲［・服装］及其の場所は、時に臨み之を定む。
（注意）天皇未成年なるときは、勅語の項を「摂政、御座の前面に参進し東方に侍立し、勅語を伝宣す」とす。

㉓即位礼及大嘗祭後、大饗第二日の儀

1 当日何時〈十一月十七日午前六時三十分〉文武高官・有爵者・優遇者並夫人、及外国交際官並夫人〈昭和度、参列諸員〉、二条離宮内の朝集所に参集す。
但し、服装、大饗第一日の儀に同じ〈⑪3′㉒3′参照〉。
2 次に皇太子・皇太子妃・親王・親王妃・内親王・王・王妃・女王、二条離宮に参着す。
3 次に天皇・皇后、二条離宮に行幸啓。
4 次に大礼使高等官前導、諸員正寝に参進、本位に就く。
5 次に天皇〈御正装〉・皇后〈御大［中］礼服〉、出御。式部長官・宮内大臣、前行し、侍従長・侍従・侍従武官長・侍従武官・皇后宮大夫・女官、御後に候し、皇太子・皇太子妃・親王・親王妃・内親王・王・王妃・女王〈王族・公族〉、大礼使長官、供奉す。
6 次に天皇・皇后、御座に著御。
7 次に陪宴すべき供奉員、本位に就く。
8 次に賜宴。／此の間、奏楽。
9 次に天皇・皇后、入御。／供奉、出御の時の如し。
10 次に各退下。

㉔即位礼及大嘗祭後、大饗夜宴の儀

1 時刻〈十一月十七日午後八時〉文武高官・有爵者・優遇者並夫人、及外国交際官並夫人〈昭和度、参列諸員〉、二条離宮内の朝集所に参集す。
1′ 但し服装、践祚後朝見の儀〈第一編④参照〉に同じ。

2 次に大礼使高等官前導、諸員正寝に参進、本位に就く。

3 次に天皇〔御正装〕・皇后〔御中礼服〕、出御。式部長官・宮内大臣、前行し、侍従長・侍従・侍従武官長・侍従武官・皇后宮大夫・女官、御後に候し、皇太子・皇太子妃・親王・親王妃・内親王・王・王妃・女王〈王族・公族〉、大礼使長官、供奉す。

4 次に舞楽〔萬歳楽・太平楽、二曲〕を奏す。

5 次に賜宴。／此の間、奏楽。

6 次に天皇・皇后、入御。／供奉、出御の時の如し。

7 次に各退下。

㉕即位礼及大嘗祭後、神宮に親謁の儀

1 当日何時〈豊受大神宮十一月二十日午前十時三十分。皇大神宮十一月二十一日午前十時七分〉頓宮出御。

2 次に天皇〈御束帯黄櫨染御袍〉、板垣御門外に於て御下乗。式部長官・宮内大臣、前行し、御前侍従、剣璽を奉じ、御後侍従、御菅蓋を捧持し、御綱を張り御笏筥を奉ず。侍従長・侍従・侍従武官長・侍従武官、御後に候し、皇太子・親王・王〈王族・公族〉、内大臣・大礼使長官、供奉す〔衣冠単。但し、侍従武官長・侍従武官は正装正服。以下、天皇供奉員の服装に付き別に分注を施さざるものは皆本儀に同じ〕。

3 次に皇后〈御五衣・御唐衣・御裳〉、板垣御門外に於て御下乗。皇后宮大夫、前行し、式部官、御菅蓋を捧持し、御綱を張り、女官、御檜扇筥を奉じ、御後に候す。皇太子妃・親王妃・内親王・王妃・女王〈王族・公族〉、大礼使次官、供奉す〔男子は衣冠単。女子は桂袴。以下、皇后供奉員の服装に付き別に分注を施さざるものは皆本儀に同じ〕。

〈昭和度、4・5天皇なく、皇后のみ〉

4 次に外玉垣御門外に於て、天皇・皇后に大麻・御塩を奉る〔神宮禰宜奉仕〕。

5 次に内玉垣御門内に於て、天皇・皇后に御手水を供す〔侍従並女官奉仕〕。此の時、祭主・大少宮司、正殿の御扉を開き御幌を搴げ、御供進の幣物を殿内の案上に奉安し、御階の下に候す〈『昭和大礼要録』「此の時」以下なし〉。

6 次に天皇、瑞垣御門内に進御。

掌典長〔衣冠単〕、前行し、御前侍従、剣璽を奉じ、御後侍従、御菅蓋を捧持し、御綱を張り、御笏筥を奉ず。侍従長、御後に候す。供奉員中、皇太子・親王・王は瑞垣御門外に候し、其の他の諸員は内玉垣御門外に候す〈昭和度、6なし〉。

7 次に皇后、瑞垣御門内に進御。

掌典〈掌典長〉〔服装、掌典長に同じ〕、前行し、式部官、御菅蓋を捧持し、御綱を張り、女官、御檜扇筥を奉じ、御後に候す。供奉員中、皇太子妃・親王妃・内親王・王妃・女王〈王族・公族〉は瑞垣御門外に候し、其の他の諸員は内玉垣御門外に候す。

8 次に天皇、正殿の御階を昇御。大床の御座に著御。侍従、剣璽を奉じ、御階の下に候す〈昭和度、8なし〉。

9 次に皇后、正殿の御階を昇御、大床の御座に著御。

10 次に天皇、御拝礼〈昭和度、10なし〉。

11 次に皇后、御拝礼。

12 次に皇太子・皇太子妃・親王・親王妃・内親王・王・王妃・女王〈王族・公族〉、拝礼。

13 次に天皇・皇后、頓宮に還御。／供奉、出御の時の如し。

14 次に諸員拝礼。

15 次に各退下。／〈注意、省略〉

㉖即位礼及大嘗祭後、神武天皇山陵、並前帝四代山陵に親謁の儀

1 当日〈(イ)神武天皇陵十一月二十三日、(ロ)仁孝・孝明両帝陵二十四日、(ハ)明治天皇陵二十五日、(ニ)大正天皇陵二十九日〉早旦、陵所を装飾す。

2 時刻〈(イ)午前十一時、(ロ)午前九時、(ハ)午前九時十五分、(ニ)午前十時三十分〉大礼使高等官、著床。

2′ 但し、服装、京都に行幸の儀に於ける賢所著床の時の如し〈⑧2′参照〉。

3 次に神饌・幣物を供す。／此の間、奏楽。

4 次に掌典長、祝詞を奏す。

5 次に天皇〈御正装〉、頓宮出御。

式部長官・宮内大臣、前行し、侍従、剣璽を奉じ、侍従長・侍従・侍従武官長・侍従武官、御後に候し、皇太子・親王・王〈王族・公族〉、内大臣・大礼使長官、供奉す。

※昭和度、5に続けて7・9あり、天皇還御の後に6・8・9。

6 次に皇后〔御五衣、御小袿、御袴〈御通常服〉〕、頓宮出御。皇后宮大夫、前行し、女官、御後に候し、皇太子妃・親王妃・内親王・王妃・女王〈王族・公族〉、大礼使次官、供奉す。

7 次に天皇、御拝礼。

8 次に皇后、御拝礼。

9 次に皇太子・皇太子妃・親王・親王妃・内親王・王・王妃・女王〈王族・公族〉、拝礼。

10 次に天皇・皇后、頓宮に還御。供奉、出御の時の如し。

11 次に諸員拝礼。

12 次に幣物・神饌を撤す。／此の間、奏楽。

13 次に各退下。

［(注意) 天皇・皇后の御服、及供奉員の服装は、時に臨み之を定む。］

㉗東京に還幸の儀〈十一月二十六日午前十時京都発、名古屋離宮泊、二十七日午後三時三十分東京着〉

其の儀、京都に行幸の式に準ず（⑧参照）。

㉘賢所温明殿に還御の儀〈十一月二十七日午後三時三十分、御殿装飾〉

其の儀、賢所春興殿に渡御の式の如し（⑨参照）。

㉙東京還幸後、賢所御神楽の儀〈十一月二十八日午後三時三十分、御殿装飾〉

其の儀、皇室祭祀令附式中、賢所御神楽の式の如し。但し、皇太子・皇太子妃に関する儀注を除き、式部職掌典部・楽部職員の服装、大礼使高等官の著床、及天皇・皇后の供奉員は、即位礼後一日、賢所御神楽の式（⑬参照）に依る。

㉚還幸後、皇霊殿・神殿に親謁の儀

1 当日〈十一月三十日〉早旦、御殿を装飾す。

※〈午前九時三十分、天皇・皇后、綾綺殿に渡御。次に天皇に御服〔御束帯黄櫨染御袍〕を供す〔侍従奉仕〕。次に天皇に御手水

を供す〔同上〕。次に天皇に御笏を供す〔同上〕。次に皇后に御服〔御五衣、御袿、御長袴〕を供す〔女官奉仕〕。次に皇后に御手水を供す〔同上〕。次に皇后に御檜扇を供す〔同上〕。〉

2 時刻大礼使高等官、著床。

2′ 但し、服装、大礼服正装正服。関係諸員〔式部職、掌典部職員を除く〕中、男子亦同じ。女子は通常服〔楽部職員は布衣単〕［京都に行幸の儀に於ける賢所著床の時の如し（⑧2′参照）。］

〈2′の後、次に親王……公族著床〉

3 次に御扉を開く。／此の間、神楽歌を奏す。

4 次に神饌・幣物を供す。／此の間、神楽歌を奏す。

5 次に掌典長、祝詞を奏す。

6 次に天皇、出御。

式部長官・宮内大臣〈昭和度、掌典長〉、前行し、侍従〈御後に候す。以下なし〉、御剣［剣璽］を奉じ、侍従長・侍従・侍従武官長・侍従武官、御後に候し、皇太子・親王・王、内大臣・大礼使長官、供奉す［〔衣冠単。但し、侍従武官長・侍従武官は正装〕］。

※昭和度、6に続いて8・10あり、天皇入御の後、7・9・11。

7 次に皇后〔御服、賢所に期日奉告の儀（①参照）に同じ〕、出御。

皇后宮大夫、前行し、女官、御後に候し、皇太子妃・親王妃・内親王・王妃・女王、大礼使次官、供奉す［〔男子は衣冠単。女子は袿袴〕］。

8 次に天皇、内陣の御座に著御。侍従、御剣［剣璽］を奉じ、簀子［外陣］に候す。

9 次に皇后、内陣の御座に著御。

10 次に天皇、御拝礼。

11 次に皇后、御拝礼。

12 次に皇太子・皇太子妃・親王・親王妃・内親王・王・王妃・女王〈王族・公族〉、拝礼。

13 次に天皇・皇后、入御。／供奉、出御の時の如し。

14 次に諸員拝礼。

15 次に幣物・神饌を撤す。／此の間、神楽歌を奏す。

16 次に御扉を閉づ。／此の間、神楽歌を奏す。

17 次に各退下。

※『昭和大礼要録』㉚の後に「大嘗祭後、大嘗宮地鎮祭の儀」（昭和四年七月十六日）がある。

付二　近現代の大礼関係略年表

慶応3（一八六七）	1／9**明治天皇（14）小御所で践祚式**　※前年12／25孝明天皇（35）崩御（三年1／27泉涌寺に埋葬） 11／9将軍徳川慶喜（50）大政奉還　12／9新政府、王政復古の大号令
慶応4（一八六八） ＝ 明治元（一八六八）	3／14「五箇条の御誓文」公布　5／27岩倉具視（42）→亀井茲監（42）→福羽美静（36）「即位新式」取調 8／27**明治天皇（15）京都御所の紫宸殿で新式の即位式** 8／28即位式場の紫宸殿、武家・庶民も拝観　9／8「明治」と改元（一世一元布告） 10／13天皇、江戸城＝東京城に着御（12／18京都に還幸）　12／28一条美子（18）立后
明治2（一八六九）	3／12天皇（16）東京再幸の途上、伊勢の外宮・内宮に親謁（9／4・9／7両宮式年遷宮） 9／24京都の留守官、皇后の東下に反対する市民に、翌三年天皇還幸案で説諭
明治3（一八七〇）	3／18太政官、京都還幸延期（実質中止）を布告　9／22天長節祭を皇居の神祇官で斎行
明治4（一八七一）	2／22大嘗祭京都斎行論者の矢野玄道ら（平田派国学者）失脚 5／22大嘗祭用の米粟作地を卜定（悠紀地方は甲斐国巨摩郡、主基地方は安房国長狭郡）（9／11・16抜穂の儀） 11／17**皇居吹上御苑で大嘗祭**　11／18豊明節会　11／19外国使節招宴　11／20～祭場一般参拝
明治5（一八七二）	11／12大礼服・通常服を制定　12／13陰陽旧暦を太陽新暦に改め本日を六年元日とする
明治10（一八七七）	1／24～7／30天皇（24）関西巡幸　2／6**京都御所の保存資金**を京都府に下賜（～十二年間）
明治11（一八七八）	8／30～11／9天皇（25・26）北陸・東海巡幸　途中10／16京都御所を巡覧、保存の方策として**「将来わが朝の大礼（即位式・大嘗祭）は京都にて挙行せん」との叡慮**を示される
明治12（一八七九）	6／19井上馨（43）→吉井友実（51）、岩倉具視（53）に京都御所で大礼挙行を進言
明治15（一八八二）	12／18内規取調局を設置し、皇室の諸礼式・祭祀規定作成に向け調査開始
明治16（一八八三）	4／ー岩倉具視（57）「京都皇宮保存に関する建議」提出（即位・大嘗・立后の三事を平安京で） 4／28天皇（30）**勅して京都を即位式・大嘗会の地と定め宮内省に京都宮闕保存を管せしむ**

	6／28岩倉ら京都に滞在し御所・御苑で大礼可能か調査（「平安神宮」創建も提案）
明治17（一八八四）	3／17制度取調局を宮中に置き、長官伊藤博文（42）「皇室典範」「帝国憲法」調査開始
明治21（一八八八）	5／25～6／15枢密院が「皇室典範」案審議（6／18～7／13「憲法」案審議）　10／17明治宮殿完成
明治22（一八八九）	2／11**「皇室典範」制定**（「憲法」発布）第十一条**「即位ノ礼及大嘗祭ハ京都ニ於テ之ヲ行フ」**
明治25（一八九二）	4／22全国の有志農家に新嘗祭献穀を聴許　11／15帝室礼式取調委員会を設置
明治32（一八九九）	8／24帝室制度調査局を設置。大礼担当、細川潤次郎（65）・多田好問（54）など
明治36（一九〇三）	7／18　同局副総裁伊東巳代治（46）のもとで「大祀令」案再検討（→「登極令」）
明治39（一九〇六）	10／4伊東（49）・多田（61）・奥田義人（34）ら「登極令」付式案を京都で実地検分
明治42（一九〇九）	2／11**「登極令」（付式も）公布**。第四条**「即位ノ礼及大嘗祭ハ秋冬ノ間ニ……続テ之ヲ行フ」**
大正元（一九一二）	7／30**明治天皇（59）崩御。皇太子嘉仁親王（32）明治宮殿で践祚式、「大正」と改元**
	9／13東京青山で斂葬の儀　9／14**京都伏見で陵所の儀**
大正2（一九一三）	1／11大礼準備委員会を設置　3／17**京都大礼奉祝会発足**　11／21大礼使官制（勅令）制定
大正3（一九一四）	2／5大嘗祭の悠紀地方を愛知県（碧海郡六ツ美村）、主基地方を香川県（綾歌郡山田村）に点定
	4／9**昭憲皇太后（64）崩御、大礼延期**
	5／24東京代々木で斂葬の儀　5／25京都伏見で陵所の儀　9／21大礼準備委員会再置
	12／―　九鬼隆一**「京都還都論」**を提唱
大正4（一九一五）	4／12**大礼使官制（勅令）再公布**　11／6天皇（35）京都行幸、貞明皇后（31）懐妊不参
	11／10**京都御所で即位礼**（賢所大前の儀、紫宸殿の儀）　皇太子裕仁親王（14）も参列
	11／14**仙洞御所跡で大嘗祭**　11／16・17**二条城離宮で大饗**　11／25明治と前三代の陵親謁
	※京都市の**大典記念博覧会**（10／1～12／20）　11／26奉祝行列、関連奉祝事業多数
大正5（一九一六）	5／―　大礼記録編纂委員会設置（貴族院書記官長柳田国男の進言による）
	11／3裕仁親王（15）立太子礼　11／9帝室制度審議会を設置（総裁伊東巳代治）
大正8（一九一九）	3／30大正の『大礼記録』（原本一三八冊）の抄録『太礼記録』内閣より刊行

大正10（一九二一）	11／25**皇太子裕仁親王（20）摂政就任**　13年（一九二四）1／26皇太子ご成婚
大正15（一九二六）	11／21「皇室儀制令」～「皇室喪儀令」「皇室陵墓令」など公布
＝昭和元（一九二六）	12／25**大正天皇（47）崩御、皇太子摂政宮（25）葉山御用邸で践祚式、「昭和」と改元**
昭和2（一九二七）	2／7**新宿御苑で斂葬の儀**　2／8**多摩陵で陵所の儀**　6／20**京都大礼準備会発足**
	12／30大礼使官制（勅令）設置、「登極令付式」一部改正
昭和3（一九二八）	1／17即位礼も大嘗祭も大正大礼と同じ月日を勅定告示
	2／5・6大嘗祭の悠紀地方を滋賀県（野洲郡三上村）、主基地方を福岡県（早良郡脇山村）に点定
	（6／―　田植式　9／16・21抜穂の儀　10／16・17新穀供納）11／6天皇（27）皇后（25）東京出発
	11／10**京都御所で即位礼**（賢所大前の儀、紫宸殿の儀・参列者二二六三人）
	11／14**仙洞御所跡で大嘗祭**　11／16・17**京都御苑で大饗**　11／24・25仁孝・孝明・明治の陵親謁
	※**大礼記念京都博覧会**（9／20～12／25三百万人余）12／1～4年　3／31大礼式場拝観（五三四万人余）
昭和4（一九二九）	6／1大礼記録編纂委員会設置　6／18大礼建造物の京都市内への下賜決定
昭和6（一九三一）	※4／1京都市に伏見市と三町・二十六村を編入し「大京都」成立（総人口約百万人）
	7／1昭和の『大礼記録』（原本未公用）の抄録『昭和大礼要録』内閣より刊行
昭和21（一九四六）	11／3天皇（45）「日本国憲法」を公布（22年5／3施行）
昭和22（一九四七）	1／16**新「皇室典範」公布**　第二四条「**皇位の継承があった時は、即位の礼を行う**」
	5／2皇室令（登極令など）廃止　但し依命通牒により「従前の例に準じて事務を処理する」
	5／3宮内庁を廃し宮内府を置く（↓24年6／1宮内庁に改称）
昭和34（一九五九）	4／10皇太子明仁親王（25）ご成婚（賢所大前の儀も含む）を国の儀式（国事行為）で挙行
昭和43（一九六八）	10／23明治百年記念式典　11／14**皇居新宮殿竣工**（明治宮殿焼失跡に建設）
昭和50（一九七五）	3／18元号・大礼などの規定作成につき国会で質疑　9／14依命通牒（22年5／2）削除
昭和54（一九七九）	6／12**「元号法」公布**（その審議中、即位礼・大嘗祭なども国会で質疑）
昭和58（一九八三）	10／―　梅棹忠夫氏「天皇陛下の儀典を京都で行う」京都儀典都市化案を提唱（ＩＢＭ）

昭和59（一九八四）	11／21上山春平氏「皇位継承儀礼は京都で出来るか」（朝日新聞朝刊）
昭和63（一九八八）	11／1別冊歴史読本『図説　天皇の即位礼と大嘗祭』（新人物往来社）
平成元（一九八九）	1／7**昭和天皇（87）崩御　皇太子明仁親王（55）宮殿で「剣璽等承継の儀」**（践祚）**「平成」と改元**
	2／24新宿御苑で斂葬の儀　八王子武蔵野陵で陵所の儀
	9／20「即位の礼準備委員会」設置（12／12即位礼は国の儀式　大嘗祭は皇室行事として区別）
	12／28京都商工会議所（塚本幸一会頭）・関西経済五団体「大嘗祭は京都で」要望書提出
平成2（一九九〇）	1／8「即位の礼委員会」発足（1／19即位礼と大嘗祭の期日決定）
	2／8大嘗祭の悠紀地方を秋田県（五城目町）、主基地方を大分県（玖珠町）に点定
	5／29**京都御所の高御座と御帳台を東京に空輸**　8／2皇居東御苑で大嘗宮地鎮祭
	9／28・10／10斎田で抜穂の儀　10／25新穀を大嘗宮の斎庫に供納
	10／29天皇陛下御即位奉祝中央式典を東京国立劇場で開催
	11／12**皇居で即位礼**（賢所大前の儀、即位礼正殿の儀）　11／12～15宮殿で饗宴の儀
	11／18宮殿東庭で即位礼奉祝一般参賀　11／22**大嘗宮で大嘗祭**（悠紀・主基供饌の儀）
	11／24・25**宮殿で大饗の儀**　12／3孝明・明治天皇の御陵親謁、京都御所で茶会
平成3（一九九一）	2／23皇太子徳仁親王（31）立太子礼　5年6／9皇太子（33）ご成婚

※以上は、牟禮仁氏編「皇室近現代年表」（『図説　天皇の即位礼と大嘗祭』所載）を基に抄出し補訂した。

平成29（二〇一七）	6／2・6／9衆参両院で「天皇の退位等に関する皇室典範特例法」成立
	12／1皇室会議の議を経て、12／8政令で「天皇の退位」日を決定
平成31（二〇一九）	2／24東京国立劇場で「今上陛下御即位三十年奉祝記念式典」（政府主催）予定
	4／30今上天皇（85）「退位の礼正殿の儀」（国の儀式）予定
	5／1新天皇（59）「剣璽等承継の儀」（国の儀式）予定　新元号の政令公布
	10／22新天皇（59）「即位の礼正殿の儀」（国の儀式）予定
	11／14大嘗宮で大嘗祭（皇室の公的行事）予定

付三　平成大礼の諸儀式日程

（宮内庁発表資料により作成）

凡例

一　◎は国事行為、◇は政府主催行事。

二　○は大礼関係の儀式、△は大礼関係の行事、（　）書きは儀式に関する関係行事。

期日	名称	概要	場所
【践祚の式】			
昭和64年1月7日	1○賢所の儀・皇霊殿神殿に奉告の儀		
〃	2◎剣璽等継承の儀		
平成元年1月8日	3　改元（平成）		
1月9日	4◎即位後、朝見の儀		宮殿
【大礼序儀】			
平成2年1月23日	5○賢所に期日奉告の儀	賢所に天皇が即位礼及び大嘗祭を行う期日を奉告される儀式	賢所
〃	6○皇霊殿・神殿に期日奉告の儀	皇霊殿・神殿に天皇が即位礼及び大嘗祭を行う期日を奉告される儀式	皇霊殿・神殿
〃	7○神宮・神武天皇山陵及び前四代の天皇山陵に勅使発遣の儀	神宮並びに神武天皇山陵及び前四代（孝明・明治・大正・昭和）天皇山陵に、即位礼及び大嘗祭を行う期日を奉告し、幣物を供えるために勅使を派遣される儀式	神殿
1月25日	8○同右に奉幣の儀	同右に即位礼及び大嘗祭を行う期日を勅使が奉告し、幣物を供える儀式	神宮（伊勢）・各山陵
2月8日	9○斎田点定の儀	悠紀及び主基の両地方（斎田を設ける地方）を定めるための儀式	神殿
8月2日	10　（大嘗宮地鎮祭）	大嘗宮を建設する予定地の地鎮祭	皇居東御苑

9月29日／10月9日	11（斎田抜穂前一日、大祓）	斎田抜穂の儀の前日、抜穂使始め関係諸員のお祓いをする行事	
9月28日／10月10日	12○斎田抜穂の儀（悠紀田／主基田）	斎田で新穀の収穫を行うための儀式	斎田（秋田県・大分県）
10月25日	13（悠紀主基両地方新穀供納）	悠紀主基両地方の斎田で収穫された新穀の供納をする行事	皇居
【即位礼】			
11月12日	14○即位礼当日、賢所大前の儀	即位礼当日、賢所に天皇が即位礼を行うことを奉告される儀式	賢所
〃	15○即位礼当日、皇霊殿・神殿に奉告の儀	即位礼当日、皇霊殿・神殿に天皇が即位礼を行うことを奉告される儀式	皇霊殿・神殿
〃	16◎即位礼正殿の儀	即位を公に宣明されるとともに、その即位を内外の代表がことほぐ儀式	宮殿
〃	17◎祝賀御列の儀	右の終了後、広く国民に即位を披露され、祝福を受けられるための御列	宮殿～赤坂御所
11月12～15日	18◎饗宴の儀	即位を披露され、祝福を受けられるための饗宴	宮殿
11月13日	19△園遊会	即位礼に参列した外国代表や駐日大使等のための遊園会	赤坂御苑
〃	20◇内閣総理大臣主催晩餐会	同右のための晩餐会	
11月18日	21△一般参賀	即位礼の後、一般国民の祝福を皇居において受けられる行事	宮殿東園
【大嘗祭】			

人名索引

凡　例

1　本書所収の史資料・論考・補注・付表など、原則すべてを対象とした。

2　人名(神名)は、通用の漢字で採り、慣用の読み方で五十音順に配列した。

あ

会沢正志斎(安)　289, 366, 543
哀帝(漢)　573
青木和夫　441
青木紀元　441
青木奉膳　57, 64
青野初治　656
青山景通(稲吉)　57, 64, 99, 124
青山静行　55, 63
青山清吉　195
青山貞　56, 70
県直樹　356
赤堀又次郎　659
赤松則強　125
秋月種樹　58, 62, 64, 70
明仁親王(継宮)＝今上天皇　610, 643, 644
晃親王(山階宮)　53, 56, 62
安積澹泊(格之進・角兵衛)　418, 419, 447, 448
浅田彦一　657
浅野長之　349, 356
浅原八郎　586
浅山聡　124
朝山儀子　338, 339, 344
足利尊氏(等持院)　577
足利義昭　577
葦津珍彦　254, 257, 607, 611, 649, 652
足代弘近　132
阿須波神　106
安蘇谷正彦　652
姉小路顕朝　445
阿野公誠　58, 62, 64, 70
油小路隆晃　55, 62
安倍季熙　64
網干善教　443
天岡直喜　487
天照大(御)神　33, 48, 111, 112, 119, 154, 195, 277, 281, 291, 296, 309, 311, 364, 369, 378, 387, 459-461, 465-469, 474, 475
天野信景　585
天野正世　124, 139
天鈿女命　309, 378, 387
天児屋命　23, 145, 311, 378, 469
天種子命　295, 378
天富命　295, 378
天日鷲神　193
天目一箇命　282
天忍雲根神　145
綾小路有良　62
綾小路有長　124
新井白石(君美)　542, 575, 576, 579, 588
荒川久寿男　5
荒木利一朗　654
嵐義人　610
有賀長雄　223, 227, 231, 262, 265, 267
有坂隆道　651
有栖川穂宮　53, 56
有馬頼咸　56, 70
安閑天皇　202, 280

安藤行蔵　57, 65
安藤亘　132
安徳天皇　416, 446

い

飯尾宗祇　416
飯田年平　142
五十嵐初次郎　65
伊木寿一　254
生産日神　114
池神竜右衛門　57, 65
池田晃淵　658
池田政弘　649
池辺永益　56
池辺永盛　70
池辺義象　385, 386, 493, 657, 658
池村国親　132
井坂徳辰　131
伊邪那岐命　48, 364
伊邪那美命　48, 364
石井茂兄　654
石凝姥命　282, 378
石田惟明　55, 63
石原健三　337, 368, 487, 488, 492
石原俊明　654
石本永平　386, 655
石山基文　125, 139
石渡敏一　242
石渡隆之　3, 269, 609, 610
出雲路安芸守　40
出雲路通次郎　384, 385, 653
磯島義彦　356
礒野金次郎　65
磯部重綱　132
磯部重浪　132
磯部百鱗　132
板垣正形(退助)　123, 143
井田五蔵　65
井田東譲　57
伊丹寅治　356
一木喜徳郎　227, 242, 262, 267, 596, 598, 609, 610
伊知地右膳　57
一条兼香　580
一条兼良　203, 416
一条実輝　350, 356
一条天皇　294, 296, 586
市田幸四郎　656
鴨脚加賀　57, 65
鴨脚克子　125
伊塚寛輔　124, 137
逸木盛照　453
五辻安仲　58, 62, 64, 70
伊藤三郎　356
伊東祐亨　348
伊藤哲夫　652
伊藤博邦　346, 349
伊藤博文　199, 204, 210-213, 215, 221-223, 236-238, 242, 247, 248, 250, 254-256, 258-262, 264-266, 270, 642
伊東巳代治　205, 212, 222, 223, 227, 228, 231, 236-238, 241-244, 248-251, 253, 259, 261, 262, 264, 265, 267, 269-271, 435, 454, 642
伊覩県主五十跡手　23
稲田正次　254
稲富吉平　124
稲葉武勇　133
井上馨　123, 127, 130, 143, 151, 260, 348, 641
井上勝生　254
井上清　649
井上毅　199, 200, 210, 212, 213, 216, 218, 221, 246, 248, 255, 256, 258, 270
井上忠本　125
井上虎　356
井上信道　132
井上真優　124, 139
井上良馨　348
井上芳吉　356

井上頼圀　191, 275
井上隆蔵(瑞枝)　6, 9
伊能穎則　658
猪熊兼繁　440
猪瀬直樹　269, 609, 610, 649
井面守存　132
茨木重麗　124
井原頼明　653
伊吹喜三太　65
伊吹吉身　57
伊部癸未一　356
今泉定介　386, 493, 657
今江広道　432
今城定国　12, 57, 62, 71
今藤定俊　55, 63
入江為福　125, 434
入江(冷泉)為守　432, 434, 453, 476
入谷容子　125
岩井武俊　655
岩井忠熊　97, 449, 652
岩井田尚行　132
岩井利夫　652
岩井秀一　124
石井行光　432
岩垣菊苗　55, 63
岩倉具定　210, 244, 262
岩倉具親　54
岩倉具綱　338, 339, 343, 344
岩倉具視　5, 6, 56, 64, 69, 94, 207, 209-211, 218, 248, 254-257, 260, 263, 270, 433, 544, 546, 641, 642
岩倉具慶　57, 62, 71
岩崎保直　124
岩下方平(佐次右衛門)　17, 70
岩橋小弥太　410
巌谷脩　101
允恭天皇　201
忌部色夫知　203, 407
斎部好継　195
インリラビーダ　147

う

植木直一郎　254, 658
上地龍典　649
上杉慎吉　253, 267, 273
上田兵吉　346, 349, 350, 356
上野重武　132
上野季三郎　356
上野竹次郎　654
上野秀治　260
上野義撰　356
上原勇作　348, 558
植松雅言　56, 64, 70
上山春平　607, 611, 644
浮田可成　76, 77, 161
保食(大)神　154, 155
牛塚虎太郎　487, 488, 493, 658
宇田矩太郎　57, 65
宇多天皇　281, 283
内田康哉　348, 558
内田政風　101
内山正命　132
内山吉辰　124, 138
宇都宮秀尚　133
内海多次郎　65
内海利貞　57
内海尚賢　55, 63
宇麻志麻治命　309
可美真手命　295, 378
海福敬行　57
海福雪　65
梅謙次郎　231, 242, 261, 262
梅谷長豊　132
梅渓通善　27, 31, 35, 36, 38, 55, 62, 71
梅谷光那　132
浦田長民　124, 138, 142
裏松固禅　411, 428
裏松良光　136

え

英照皇太后　221, 260, 268, 434
江木翼　368, 487, 488
エツオアタムス　147
江藤新平　143
江藤正澄　124
榎倉武文　132
榎本武揚　216, 259
エフペーファンドルフーヘン　147
江馬聖欽(正人)　57, 64
エルネストサトウ　147
遠藤允信　109, 124, 136, 138, 140

お

応空　418, 419, 447, 448
応神天皇　292, 300, 464, 469
大石清益　55, 63
大石宣弘　55
大内青巒　657
大江朝綱　567
大江敦周　567
大江有元　567
大江盛礼　63
大江挙周　567
大江信晃　63
大江匡房　269, 567
大江匡盛　34, 38, 63
大岡育造　357
大木喬任(民平)　17, 56, 64, 70, 96, 123, 143, 149
正親町実徳　9, 10, 12-14, 17, 18, 21, 26, 27, 30-32, 34-36, 67, 70
正親町実光　428
正親町三条(嵯峨)実愛　17, 54, 56, 64, 69, 432
正親町天皇　446, 586
大国隆正　4
大久保利通(一蔵)　70, 94, 127
大隈重信　123, 143, 375, 377, 379-382, 486-488
大久米命　295, 378
大崎寛繁　132
大島利貞　124
大坪藤朔　356
大藤時彦　269
大伴金村　283
大伴来目　288, 365, 378
大伴長徳　405
大伴家持　403
大中姫命　201
多忠寿　64
多久顕　64
多久腆　64
大野義行　356
大橋慎　125
大橋長憙　124
大畑弘国　124, 137
大庭敏通　133
大原重徳　56, 65, 70
大原康男　269, 651, 652
大平正芳　601
大宮兵馬　657
大森和夫　649
大山巌　348
尾形勇　404, 441
岡田準助　65
岡田荘司　652
岡田精司　449, 652
岡隆範　133
岡田(冷泉)為恭　434, 435, 453
岡田常雄　132
岡田経寵　132
岡田義綱　56, 63
岡田信　57
岡田正之　559, 561, 589, 611
岡田恭純　453
尾形厳彦　104, 105, 124, 137, 151, 162
岡野敬次郎　227, 242, 244, 251, 267, 558
岡部清子　276

岡本晟　356
岡本瓊二　655
岡本高子　125
岡本弾正　65
岡鉚之助　57, 65
小川地喜賢　131
小川常人　451
小川知二　422, 448
沖一郎　656
瀛津足命　282
荻野七郎左衛門　66
奥田義人　223, 227, 231, 239, 242, 244-246, 248, 251, 253, 262, 267, 271, 642
奥田信敬　55, 63
奥保鞏　348
小栗栖大和守　40
刑部芳則　650
尾崎繁常　132
尾崎坊定之丞　66
愛宕通旭　57, 64
小田忠三郎　153
織田信長　586
落合洵　124
小槻輔世　29, 35, 62, 70
小野氏裕　55
小野義一　487
尾野益大　190
小原駩吉　487
小原利康　191, 386, 402, 446, 454
大宮売神　106, 114, 310
沢瀉久信　132
折口信夫　653
恩地轍　349, 356

か

海江田幸吉　350, 356
海江田信義　56, 65, 70
香川敬三　210, 211, 221, 260, 270
香川陽太郎　432
筧克彦　656
筧速水　57, 65
筧元忠　124, 139
花山天皇　296
加瀬英明　652
片岡利加　139
片岡利和　125
荷田在満　424, 449
交野時万　132
片山東熊　487, 489
桂太郎　241, 267
桂西市　57, 64
勘解由小路資生　9, 10, 12, 13, 21, 26, 27, 30-32, 35, 36, 55, 58, 62, 64, 70, 125, 139
加藤桜老　543
加藤隆久　6, 8, 97, 164, 254, 255
加藤貞次郎　657
加藤拙堂　656
加藤弘之　267
加藤泰通　349, 356
加島豊　654
門脇重綾　92, 95, 100, 101, 106, 107, 114, 118, 119, 123, 142, 143, 150
金森徳次郎　600, 607
金子堅太郎　244, 267
金子武雄　441
金子一　132
金子保五郎　344
狩野永岳　434, 453
狩野永納　447
狩野景信　446
狩野弥之助　447
狩野芳信　124, 142, 151
加部貞次郎　57, 65
鎌田敬四郎　654
鎌田純一　650
鎌田幸雄　356
神島定　652
神産日神　114
神谷初之助　493, 657
神山君風　70

神漏岐神漏美命　143-145
亀井茲常　349, 356
亀井茲監　3, 6, 9, 67, 76, 77, 207, 641
亀山与一　656
賀茂真淵　276
加茂太氏　39
加茂正典　650
賀茂御祖大神　113
賀茂百樹　253, 273, 275-277, 336, 384, 658
(賀茂)別雷大神　113
唐橋左綱　62
軽皇子　405
河井延吉　344
川上叒　124
川口謙二　649
川越種賢　56, 63
川崎行蔵　356
川崎俊蔵　57, 64
河瀬真孝　123, 139, 143
河副安信　56, 63
河田明　356
川出清彦　165, 651-653
河鰭公篤　345, 348
河原作　487
河辺教長　124, 134, 137, 140
川辺御楯　124
川村猪佐夫　657
河村金五郎　242, 267, 357, 368, 559
川村文太兵衛　37
河村正令　131
桓玄(桓楚)　574
菅長好　133
菅野忠雄　344
上林三入　66
神原信徳　55, 63
神戸信義　113, 124, 139
神戸久清　132
神戸久寛　131
桓武天皇　48, 201, 211, 213, 216, 217, 257, 280, 409, 438, 443, 444, 458, 470
甘露寺勝長　57, 62, 71

き

菊池淑郎　656
木子幸三郎　487
木沢困　124
木島金次　356
岸良兼養(七之丞)　57, 64
徽宗(宋)　574, 575
僖宗(唐)　574
喜早定徳　132
北川舜治　365
北川徳之丞　64
木田川秀芳　132
木田川基治　132
北川泰明　57
北小路随光　100, 131, 432, 433, 453
喜田貞吉　190
北畠いし　344
木戸孝允(準一郎)　17, 70, 94, 538-540, 543, 544
紀生幹　34, 38, 63
紀氏裕　33, 34, 62, 63
木下淑夫　487
紀孟親　28, 34, 62
紀親彦　34, 62
紀春清　424, 449
紀広孝　63
紀正通　34, 38, 64
紀寧永　28
木村重辰　57
木村重任(三郎)　57, 65
木村正　656, 657
木村範之進　66
木村英俊　487
木本氏好　125
木本隼人　57, 64
京極の宮　587
清浦奎吾　244, 267
清岡長言　385, 435, 656-658

清岡長熙　432
清原夏野　444
清原真弓　132
去来　608
許六　608
切替朝喜　124
欽宗(宋)　574

く

九鬼隆一　245, 265, 642
日下部三郎　64
日下部令東　57
櫛笥隆韶　27, 62
久志本常綾　131
久志本常貫　132
久志本常幸　132
九条道実　345, 348
九条道孝　432
楠山正雄　657
工藤隆　650
邦彦王・邦彦王妃　348, 350
久能靖　650
久保得二　337, 487, 489, 491, 493
久保見生衛　133
久保三友　656
倉富勇三郎　251, 599
倉橋泰清　62
倉林正次　652, 655
クリスチャンウイリエムローレンス　147
栗田寛　275
栗林誠　356
栗原広太　205, 231, 242, 253, 262, 266, 357
栗山周一　655
久禮旦雄　649
黒木倉太郎　133
黒沢滋太郎　356
黒瀬延弘　132
黒瀬正親　132

け

景行天皇　23, 298
継体天皇　155, 201, 202, 280, 283
景帝(漢)　573
元正天皇　253, 278, 406, 442
顕祖(北斉)　574
献帝(後漢)　404
ケンプルマン　147
元明天皇　406, 442

こ

小出荘右衛門　57
小出良右衛門　65
光格天皇　31, 38, 229, 310, 430, 449, 453, 510, 512, 518, 521, 524, 529
高貴郷公(魏)　576
皇極天皇　202, 204, 280, 540
孝謙天皇　406, 443
光厳天皇　446, 586
孔子　548, 567, 577, 582, 588, 592
後主(斉)　574
高祖(周)　574
後宇多天皇　581
好田信広　55
甲田秀雄　124
孝徳天皇　203, 204, 214, 280, 285, 295, 404, 405, 407, 441, 539, 540, 585
光仁天皇　202, 406, 443
河野敏鎌　216, 259
河野通信　125, 139
光武帝(後漢)　404, 441, 578
光明天皇　446
孝明天皇　5-8, 31, 38, 59, 71, 74, 92, 99, 157, 206, 229, 322, 430, 432-435, 438, 451-453, 510, 511, 518, 521, 524, 529, 620, 638, 641, 643-645
後柏原天皇　416, 446, 585, 586
久我建通　432
久我通久　70

久我通保　343, 344
呉競　252
国府種徳　337, 359, 368, 369, 372, 374, 376, 379, 385, 487, 489, 491, 492, 559, 561, 598, 604, 610, 611
国分六之助　153
後光明天皇　446, 586
後西天皇　446, 451
後桜町天皇　281, 430, 449
後三条天皇　281, 445, 446
小嶋和司　254
五条為栄　53, 56, 62, 124, 139
後白河天皇　414, 417
小杉醇　490
小杉榲邨　191-195
巨勢小石　399, 434, 435, 440, 450
後醍醐天皇　196, 202, 578, 586
児玉実大　356
児玉尚高　132
児玉秀雄　337, 487, 488, 490, 492
後土御門天皇　157, 204, 416, 569
後藤象二郎（元燁）　70, 123
後藤嘉夫　654
事代主神　106, 114
後鳥羽天皇　282, 284, 416, 446
載仁親王・載仁親王妃　251, 345, 348, 350, 356
小中村清矩　363
後奈良天皇　416, 446
小西有勲　125, 151
小西金次郎　356
近衛家熙　579
近衛忠房　131
近衛天皇　581
近衛秀麿　653
近衛文麿　251
後花園天皇　157, 310, 586
小早川欣吾　205, 253, 257, 261
小林音次郎　655, 656
小林半　356
小林真中　132
小林吉鎮　132
古筆了仲　453
小平太等　93
後深草天皇　445, 581, 586
後堀河天皇　581
小堀鞆音　385
小松悦二　493, 657
小松帯刀（清廉）　17, 70
小松裕　206, 254
後水尾天皇　417, 587
小宮三保松　265
五味吉房　124
後村上天皇　586
後桃園天皇　430, 449
古森厚茂　132
小森治郎吉　57, 65
小山正幹　124
後陽成天皇　417
コントアレサントロフェ　147
近藤重文　55, 63
近藤重蔵（藤原守重）　425
近藤久敬　368, 487, 489
近藤義一　124, 137, 140

さ

西園寺公晃　286, 581
西園寺公望　210, 236, 238, 249, 258, 267, 348, 350, 353, 556-558, 563, 564, 596, 598
西園寺八郎　487
西郷隆盛　94, 123, 143
斎藤惇　657
斎藤隆夫　267
斎藤普春　94, 190-195, 658
斎藤実　348, 558
斉明天皇　474
佐伯有清　266, 337, 484
佐伯有義　343, 344, 440, 441, 487
佐伯常麿　655
佐伯利麿（太郎）　6-9, 74

酒井清三郎　356
坂田庶顕　57
坂田莠　64
嵯峨天皇　295, 408, 585
坂尚簡　131
坂尚芳　131
坂秀氏　132
酒巻芳男　653
阪本是丸　97, 249, 652
作間正之助　64
桜井稲麿　656
桜井才次郎　422, 448
桜井秀　493, 657
桜町天皇　157, 204, 424, 427, 430, 449, 580
佐古清栄　356
貞愛親王　250, 345, 348, 350, 356
佐々宗淳（介三郎・助三郎）　419, 420, 447
佐藤海城　655
佐藤通次　276
佐藤元正　132
佐藤麟太郎　57, 65
佐野常民　216, 259
佐八定漂　132
鮫島尚信（誠蔵）　65
沢田泰綱　131
沢簡徳　107, 109, 112, 113, 124, 139, 140
沢度紀広　55
三条実万　28
三条実美　7, 94-96, 101, 123, 143, 211, 257, 263, 540, 546
三条西季知　54, 57, 62, 70, 107, 109, 111, 112, 123, 137, 138
三戸本十郎　349, 356
三宮義胤　231, 261

し

シオヒパルト　147
重野安繹　199, 200, 255
重見予之助　356
慈光寺有仲　114, 124, 134, 136, 137, 140
宍戸璣　123, 143
四条天皇　446
持統天皇　203, 253, 278, 283, 308, 405, 407, 438, 441-443
品川十一郎　349, 356
ジブスケ（ディーブスケ）　128, 130, 131
島（鳥）佐太郎　57, 65
島田武彦　452
島田竜雄　651
島善高　200, 254, 255, 260
島義勇　125, 139
清水喜代美　133
清水谷公正　27, 31, 35, 36, 38, 70
清水利政　34, 38, 55, 63
清水豊宜　105, 125, 138
持明院基延　432
持明院基春　446
下川慎吾　151
下条康麿　337, 486, 487, 492
下村八郎　57, 65
謝上蔡　575
謝肇淛　585, 587
荀子　567, 580, 598
順帝（元）　576
順徳天皇　446
淳和天皇　295, 409, 444, 446
淳仁天皇　308, 406, 443
章懐太子　404
昭憲皇后・皇太后　92, 250, 268, 271, 273, 360, 368, 436, 458, 483, 642
生源寺政子　350, 356
称光天皇　446, 586
昭徳王后　560
称徳天皇　443
聖武天皇　202, 363, 403, 406, 442
昭烈帝　560
昭和王　611
昭和天皇　v, 272, 455, 477, 495, 595, 601, 609, 644, 650　→裕仁親王
舒明天皇　202, 407

白川雅楽　57, 65
白川資訓　5, 9, 30, 92, 93, 98, 103, 104, 114, 124, 134, 136-138, 140, 162
白河天皇　296
新上西門院　587
真宗（宋）　575, 587
仁宗（宋）　575
進藤左近　20, 57, 64
神武天皇　30, 35, 36, 38, 202-204, 211, 214, 215, 229, 232-235, 257, 278, 282, 285, 288, 292, 295, 296, 303, 304, 309, 313, 314, 365, 378, 379, 389, 391, 403, 459, 460, 462, 466, 468, 470-472, 474, 480, 481, 483, 509-511, 518, 521, 524, 528, 615, 619, 620, 630, 638, 645, 648

す

推古天皇　155, 295, 407
綏靖天皇　315
垂仁天皇　283
末弘盛純　124
末松偕一郎　190
末松謙澄　244, 267
末松豊秋　124, 137
菅原在庸　548
菅原在治　548
菅原（唐橋）在秀　285, 548, 581
菅原在光　548
菅原家経　567
菅原輔正　567
菅原孝柄　63
菅原賢昌　37, 39
菅原為政　567
菅原長興　548
菅原長員　594
菅原長維　548
菅原長純　548
菅原長熙　548
菅原在良　567
菅原信義　63
菅原総長　548
菅原通敬　487, 489
杉浦重剛　456, 474, 476
杉栄三郎　609
杉琢磨　487
杉村柴八　133
杉本善郎　656
崇神天皇　280, 282, 283, 589
鈴岡忠満　132
鈴鹿熙明　93, 101, 124, 138, 140, 162
鈴鹿通安　101, 162
鈴鹿義道　55
鈴木武樹　649
鈴木常久　138
鈴木暢幸　493, 657
鈴木安胤　132
スタイン　257, 258
崇徳天皇　581, 585
角倉与一　66

せ

斉王芳（魏）　576
清閑寺豊房　71
清閑寺秀定　285, 581
世祖（清）　542
清和天皇　283, 295, 409
世木親喜　132
関根正直　386, 493, 655, 657
関保之輔　385
世古成禎　131
世古延世　124
千家尊福　656

そ

曹丕（魏王、文帝）　404, 405
副島種臣（二郎、次郎竜種）　17, 70, 96, 123, 147, 217
曽我祐興　124
蘇我石川麻呂　540
園池実康　343, 344

薗田守宣　109, 131
薗田守拙　131
薗田守賀　131

た

醍醐忠順　27, 30, 34-36, 38, 70, 124
醍醐忠直　349, 356
醍醐忠敬　124, 142
醍醐天皇　296, 304, 409
大正天皇　v, 190, 206, 249, 250, 271, 273, 335, 336, 359, 360, 399, 401, 436, 455, 476, 479, 481, 495, 596, 638, 643, 650　→嘉仁親王
太祖(宋)　560
太宗(明)　578
平(谷口)興胤　423, 427, 449
平(谷口)胤禄　412, 427, 428, 430, 438, 440
平胤長　63
平長憲　39
平信篤　56, 70
平信成　53, 56
平真男　39
多嘉王　349
高尾亮一　252, 269
高木永敬　132
高木神　48, 364
高木八太郎　656
高木博志　97, 255
高倉天皇　414, 446
高崎正風　231, 261
高島昭光　125, 139
高島張輔　559, 561, 611
高城重信　125
高田与清　579
鷹司輔熙　53, 56, 64, 70
鷹司熙通　250, 368, 379
高辻修長　53, 56, 62
高辻総長　581
高野保建　55, 62
高橋皞　356
高橋作衛　359, 368, 373, 374, 379, 487, 501
高橋重久　349, 356
高橋庄松　344
高橋忠吉　356
高橋紘　651
高橋泰　337, 487, 490, 493
高橋勇治　349, 356
高原信久　124, 138, 140
熾仁親王(有栖川宮)　53, 56, 62, 70
崇仁親王　483
高御産日神・高御魂神　106, 114, 310
高森明勅　651, 652
髙谷朝子　650
高屋長祥　125
瀧川政次郎　444, 649, 651
竹内重勝　124
竹内節　124
武笠幸息　132
多気定保　131
武田佐知子　650
武田俊義　653
武田秀章　97, 651
竹内監物　57, 65
威仁親王　349, 358
武部敏夫　254, 449
丹比嶋真人　407
多田好問　97, 125, 210, 211, 228, 231, 239, 242, 248, 253, 254, 261, 273, 274, 336, 337, 359, 368, 369, 371-373, 376, 377, 384, 385, 436, 454, 487, 489, 491, 492, 501, 502, 544, 559, 561, 611, 642, 657
多田縫殿権助　57, 64
但野正弘　447
立花寛篤　356
橘久芳　63
橘頼常　34, 38, 63
竜維宣　132
伊達宗城　54, 56, 64, 70
田中有年　39, 41
田中奥太郎　65

田中清文　653
田中重則　132
田中卓　651
田中訥言　434
田中初夫　653
田中秀善　124
田中真人　266
田中正知　132
田中光顕　243, 262
田中与太郎　57
谷口智五郎　194
谷森左右衛門　57
谷森善臣（平種松）　39, 64, 124, 130
玉井広平　655
玉木三郎　356
玉積産日神　114
玉手弘通（鎮次郎）　57, 65
玉屋命　378
田村栄　133
熾仁親王　216, 259
足産日神　114
太郎館季光　132

ち

千葉真明　124
千葉命吉　655
仲哀天皇　23
張遇賢　578
張燧（和仲）　573, 574, 576
千代田義融　124, 142, 151

つ

塚本清治　598
嗣永芳照　431, 433, 453
津田大輔　650
ツチェン　147
土御門天皇　416, 581, 586
土屋正直　356
都筑馨六　242, 260, 267
都筑釣太郎　356
堤正誼　125, 139
堤盛訓　132
綱野長雄　132
恒次夏三郎　656
恒久王・恒久王妃　346, 348, 350
角田忠行　92
椿時中　132
壺井義知　449

て

出口安茂　131
寺島宗則　123, 143
天神地祇・八百万神　99, 100, 103, 119, 150, 158, 195, 203, 214, 281, 296, 308, 317, 341, 342, 459, 461, 465, 469, 475, 540, 647
天智天皇　31, 38, 200-202, 213, 229, 232, 233, 295, 297, 441, 540　→中大兄皇子
天武天皇　98, 157, 203, 309, 313, 404, 405, 442, 471, 540, 548

と

土肥実匡　123, 125, 137
東郷平八郎　348
藤堂高泰　131
藤樫準二　609
時岡茂弘　356
時野谷滋　422, 448
徳岡久遠　104, 124, 138, 140, 151
徳川家光　417
徳川家康　417, 446
徳川虎吉　587
徳川和子（東福門院）　417
徳川光圀　6, 418-420, 422, 423, 448
徳川吉宗　424
徳宗（唐）　575
徳大寺実則　17, 54, 56, 64, 99, 123, 139, 143, 346, 349
徳永豊洲　132
徳力富吉郎　399, 433, 440
土佐光芳　450

戸田氏共　265, 345, 348, 350, 356, 487, 489
戸田忠至　107, 109, 113, 124, 136, 138
戸田晴子　125
戸田茂睡　579
十時惟時　57
十時信人　65
登内景淵　657
鳥羽天皇　281, 296, 567
土肥昭夫　652
土肥謙蔵　70
富田斅純　657
富小路敬直　53, 56, 62, 124, 139
戸村政博　652
伴重勤　63
豊受大神（豊宇気姫神）　111, 112, 521, 524, 620, 630, 637
豊鍬入媛命　282
豊臣秀吉　417, 446
鳥居亮信　124
鳥越憲三郎　651

な

内藤存守　124, 142, 151
中井竹山　542, 543, 604
中臣義道　63
中川右近　57, 65
中川長重　132
中川元績　57
長沢資寧　124, 137, 140
中沢忠三郎　356
中澤伸弘　650
中島錫胤　56, 65, 70
長髄彦　389, 468
中園公利　432
中田治三郎　491
長谷信成　62, 124, 432
仲田寛　132
中臣大島　203
中臣鎌足　540
中臣勝芸　39
中西常光　132
中西亨　443
中西吉孝　132
中院通富　70
中大兄皇子　540　→天智天皇
永原慶二　649
中原職綱　63, 64
中原（平田）職寅　430, 431
中原（平田）職直　418-423, 431, 447, 448
中原職央　420
中原師親　56, 62
中原師身　56, 62
長松信夫　57
長松文輔　64
中御門経之　17, 54, 56, 64
中御門天皇　204, 253, 418, 423, 424, 430, 449, 451, 580
中村覚　345, 348, 350, 356
中村竹四郎　656
中村渓男　453
中村徳五郎　654
中村知一郎　65
中村万吉　658
長村保固　124
中安守　131
中山勝任　344
中山忠能　17, 54, 56, 64, 69, 92, 100, 102, 103, 139, 143, 144, 151, 433
仲美英　104, 124, 138
梨本信理　124
鍋島精次郎　356
鍋島直大　70
稔彦王　346, 348, 350
成久王・成久王妃　346, 348, 350
奈流芳於芸　124
南条茂雄　356
南部綱蔵　65
南部甕男　267

に

新岡久頼　124
西池左兵衛　38
西大路光邦　133
西岡景美　356
錦織教久　55, 62, 63, 70
西紳六郎　345, 348, 350, 356
西田秋作　57, 65
西田光秋　132
西角井正一　132
西仁和太　190
西洞院信堅　70
西村勘六　57, 65
西村真次　656
西村亮吉（貞旦）　57, 65
二条天皇　414, 446, 581, 585
西四辻公業　56, 58, 64, 70
瓊々杵尊（天津彦彦火瓊瓊杵尊）　98, 119, 282, 369, 378, 466, 469, 474
庭高日神　106
庭田重胤　12, 57, 62
仁賢天皇　155
仁孝天皇　6, 31, 38, 71, 229, 412, 428, 430, 449-453, 510, 512, 518, 521, 524, 529, 620, 638, 643
仁徳天皇　215, 298, 304

の

能条神一郎　132
野口明　653
野口正雄　356
野沢俊元　124
野田千依　108, 124, 151
野宮定功　451
野宮定基　423

は

芳賀矢一　656
橋川文三　269
橋村淳風　131
橋村親正　132
橋村正璟　131
橋村正克　131
橋本二郎　57, 65
橋本義彦　422, 448
長谷場純孝　348, 558
波多幸之進　57, 65
畑中景瑞　124
羽田野敬雄　154, 156
波多野敬直　267, 350, 356, 373, 375
泰昌次　64
蜂須賀正韶　349, 356
蜂須賀茂韶　244, 267
八田知紀　142
服部主税　57, 65
花園天皇　195, 446, 586
花房七太夫　57, 64
花房直三郎　265
花房義質　231, 261
馬場三郎　487, 489
波比岐神　106
葉室長邦　34, 62
葉室（藤原）光忠　411, 422, 424, 447
早川政吉　356
林一馬　650
林董　348, 558
林直人　654
林信篤　576
林羅山　418
林陸朗　444
原敬　267, 348, 481, 558
伴清寛　63
伴正継　34, 38, 63

ひ

日置春彦　124
檜垣貞賢　131
檜垣貞董　131
檜垣貞吉　131

東久世通禧　216, 259
東相推　125
東園基愛　125, 139, 346, 348
東園基敬　27, 34, 55, 62, 71
東角井福臣　132
東坊城聡長　432
東山天皇　157, 204, 298, 325, 424, 446, 451, 454
東吉貞　132
樋口守保(探月)　124, 142, 151, 163
土方久元　218, 219, 221, 222, 260, 261, 476
菱田清次　344
菱田文蔵　64
菱田禧　57
日高秩父　346, 349
人見正親　57, 64
日根野要吉郎　350, 356
日野西資博　350, 356
日比重知　124
平岡利和　55, 63
平瀬与一郎　194
平田延胤(延太郎)　57, 64, 98
平沼騏一郎　251, 359-362, 368-377, 487, 489, 501, 502, 599
平野孝國　652
平林盛得　440
広沢真臣(兵助)　17, 70
広瀬信晃　55
広田正陽　132
広辻光春　131
広橋賢光　210, 231, 261, 262
広幡忠礼　53, 55, 56, 61, 70
裕仁親王(摂政宮)　251, 262, 390, 456, 476, 495, 596, 642, 643　→昭和天皇
博恭王・博恭王妃　345, 348, 350, 358

ふ

深尾吉真　124
福井末経　132
福岡孝弟　17, 56, 64, 70, 538, 540
福田興朝　132
福田赳夫　601
福永光司　441
福羽逸人　487, 489
福羽美静(文三郎)　3-7, 9, 15, 56, 64, 67, 70, 74, 76, 77, 91, 92, 95-98, 100, 106-108, 113, 114, 118, 119, 123, 137, 142, 143, 145, 150, 157, 164, 207-209, 248, 254, 255, 431, 452, 544, 641
福村正衡　132
福本克恭　132
福山敏男　401, 410, 440, 445
藤井厚鞆　275
藤井行道　432
藤岡通夫　451
藤木常久　114, 124, 139
藤島常陸　9
藤清一郎　153
藤田清子　4, 543
藤田熊雄　356
藤田東湖　4, 543
藤田長寿　132
冨士谷州三　57, 65
フジタニ, T　481
藤田大誠　276, 650
藤田幽谷(一正)　542, 543
藤波氏命　132
藤波言忠　257, 487, 489
藤浪(藤波)教忠　29-32
伏原宣足　56, 62, 124
伏見天皇　586
藤本左近　57, 65
藤本頼生　613, 650
藤原明衡　567
藤原敦季　567
藤原敦光　567
藤原敦宗　567
藤原勝明　63
藤原(九条)兼実　201
藤原金長　34, 38

藤原定親　567
藤原実在　58, 62
藤原実綱　567
藤原実政　567
藤原実政（少将）　58, 62
藤原実光　567
藤原重房　39
藤原季信　34, 38, 63
藤原輔置　63, 64
藤原資長　567
藤原資業　567
藤原資正　58
藤原隆詔　38, 55
藤原直　56
藤原忠至　58, 62
藤原経範　567
藤原輝永　63
藤原利恒　34, 38
藤原仲成　585
藤原永範　567
藤原成季　567
藤原叙久　63
藤原文長　63
藤原文信　63
藤原正家　567
藤原昌勝　63
藤原光範　567
藤原盛厚　63
藤原師信　196
藤原泰勝　34, 38
藤原行家　567
藤原芳秀　28, 34
布勢御主人　407
二見貞幹　132
淵川忠太郎　349, 356
武帝（漢）　573
武帝（梁）　573
太玉命　23, 311, 378, 469
太美直徳　133
武陵王（梁）　574, 576
古川阪次郎　487, 489
古谷建子　125
古谷久綱　265
ブルンチュリ　201
不破家寿麿　133
文王　575
文宗（元）　578
文帝（漢）　573

へ

平城天皇　585
ヘブレラロドリゲゼムノス　147

ほ

北条氏恭　125, 139, 346, 348
北条高時　577
北条時政　577
坊城俊章　56, 65, 70
坊城俊政　58, 62, 64, 70, 92, 96, 100, 108, 109, 123, 143, 151
坊城俊将　286, 581
蓬莱尚武　132
祝儀麿　493, 657
方臘　578
保阪正康　650
星野輝興　344
星野恒　593
星野文彦　651
星野宗次　66
細川潤次郎　227, 231, 244, 245, 261, 591, 642
細川政元　586
穂積陳重　231, 261
穂積八束　242, 262
堀内素子　125
堀江英風　132
堀河天皇　296, 567
堀川宣弘　14, 63
堀川弘亮　34, 55, 63
堀川（堀河）康隆　124

堀河康経　139
堀博　125
本多盾臣　124, 137, 140
本多正復　350, 356

ま

前島富太郎　349
前田利同　356
前田利鬯　343, 344
前田政徳　356
牧野伸顕　348, 558, 598
真木保臣　451
孫福弘孚　132
増田明道　124
増田義一　654
益谷圳　132
股野琢　200, 210, 227, 255, 359, 368-374, 376, 377, 501, 502, 559, 561, 611
町尻量衡　13, 62
松井錞之助　349, 356
松井修徳　356
松平静　493, 657
松浦辰男　432
松浦田女　344
松根豊次郎　356
松岡明義　108, 124, 134, 138, 140
松岡映丘　385
松岡国永　132
松尾相永　125
松尾芭蕉　608
松尾伯耆　57, 64
松方正義　221, 348, 476
松木偉彦　132
松木朝彦　131
松木治彦　131
松木政好　356
松木美彦　132
真継(斎部)能弘　30-32, 34
松崎宇三郎　356
松島栄一　266, 649
松島志夫　399, 400, 402, 433
松平定信　542
松平信復　356
松平慶永　17, 54, 56, 64, 69, 544, 545
松平頼和　356
松平頼纉　133
松田元修　131
末田是保　139
松田正久　348, 558, 561
松田道行　70
松田幸敏　132
松木(中御門)宗有　13, 17, 62
松村徳太郎　195
松室重俊　57
松室信濃　9
松室忠誠　132
松室豊後　64
松本貞之助　57, 65
松山文添　39, 40
松浦靖　345, 348
万里小路博房　56, 65, 70, 123, 136
間部詮房　576
真弓常忠　652

み

三浦梧楼　267
三浦周行　254, 384, 385, 493, 654, 657
三上景文　453
三上参次　337, 487, 489, 491, 492
御巫清直　275
御巫清生　131
三木宗治郎　190, 191, 194
三木信夫　190, 196
御食(津)神　106, 114
三沢揆一郎　57, 65
三島毅　591
水口清俊　13
水野正知　57
道臣命　295, 378
御年神　106

南弘　357, 556, 557
源有隣　34, 38, 63
源有文　58, 62
源清　63
源杉苗　63
源時仲　34, 63
源友愛　34
源永成　63
源永康　39
源信敏　63
源光高　63
源元起　63
源保寛　37, 39
源義祥　63
源珍長　34, 38, 63
源頼家　586
源頼朝　586
美濃部達吉　267
壬生季連　449
壬生忠利　582
御船寧気　133
壬生広子　125
壬生明麗　125
三宅行正　124, 137
三宅米吉　655
宮崎幸麿　3, 4, 9, 26, 76, 77, 91, 97, 98, 543
宮地厳夫　275, 276, 338, 339, 343, 344, 384
宮地重岑　276
宮田豊　249
宮西惟助　654
ミュルレル　96, 150
三善亮隆　62

む

向井直敏　109, 124
虫鹿良子　125
武者小路公香　55, 62
武藤安理　356
身人部清定　13
身人部清高　13
身人部清俊　13
宗岡顕経　56, 62
宗岡行蔵　34
宗岡経成　56, 62
宗岡行方　14, 63
宗岡行兌　63
宗岡行恒　14, 56, 62, 63
宗岡行尚　63
宗岡行誠　14, 34, 63
宗岡行倫　63
宗岡行恭　34, 63
村井猛　356
村上正志　349, 356
村岡多門　57, 64
村尾次郎　444
村上景通　133
村上重良　653
村上天皇　281, 296, 578
村瀬之直　124
邨田丹陵　385
村田豊春　56, 62
村松剛　649
牟禮仁　249, 266, 267, 269, 644, 650, 658

め

明治天皇　iv, v, 3, 5, 8, 91, 93, 95-97, 190, 206, 208-212, 218, 221, 229, 248, 249, 254, 260, 265, 266, 268, 271, 273, 338, 362, 369, 377-379, 431, 434, 436, 452, 458, 465, 466, 470, 475, 510, 511, 518, 521, 524, 529, 539-541, 545, 546, 556, 559, 562, 582, 596, 620, 638, 641, 642, 644
明正天皇　417, 418, 421, 424

も

孟子　567, 576
物集高見　440
望月允武　139
本居豊穎　124, 142, 151
物部麻呂　407

桃園天皇　430, 449
百地章　652
森有礼（金之丞）　57, 65
森鷗外　610, 649
森泰二郎　242
守正王・守正王妃　346, 348, 350
森本角蔵　547, 594, 611, 649
森本安之助　402, 454
守屋多々志　651
諸橋轍次　252
文武天皇　202, 283, 285, 295, 309, 353, 403, 406, 442, 585, 586

や

八木雕　109, 112, 124, 139
八木意知男　652
八色宗之助　356
八代国治　440, 451
安田憶爾　349, 356
鳩彦王・鳩彦王妃　346, 348, 350, 358
谷麗国　131
柳田国男　266, 268, 269, 337, 483-486, 488, 494, 642
柳原光愛　17, 58, 62, 64, 68
柳原前光　209, 210, 212-215, 218, 221, 246-248, 255, 257-259, 270
矢野玄道　92, 208, 641
矢野文雄（龍渓）　219, 221, 260, 270
山県有朋　123, 143, 236, 238, 241, 243-245, 249, 257, 267, 269, 348, 349, 373, 476, 558, 564
山県百次郎　656
山口安鈴　132
山口定厚　56, 62
山口信雄　655, 656
山口蕃昌　56, 62
山口蓬春　385
山口昌言　56, 62
山口益子　125
山崎闇斎　575
山崎直三　487
山崎直胤　260
山下篤信　349
山下伝之進　356
山科言成　432
山田秋衛　385
山田有年　101, 124, 138, 140, 151, 162
山田五次郎　65
山田大路元安　132
山田掃部　57, 65
山田耕右衛門　9
山田貢村　190
山田武甫　57
山田松之丈　93
山田孝雄　493, 549, 654, 656
山名亮功（中務省少丞）　55, 62
山名亮功（右大史）　56, 63
山名亮隆　56
山根一貫　345, 348, 350, 356
山内豊信　69
山辺知春　356
山本貞祐　132
山本末能　132
山本達雄　348, 558
山本博文　649

ゆ

湯浅吉郎　654
雄略天皇　155, 404, 405, 441
湯原公浩　650
由利公正（三岡八郎）　17, 56, 64, 70, 538, 539

よ

煬王哀帝（金）　576
煬帝（隋）　574
楊大年　575, 587
楊方震　575
横井小楠（平四郎時存）　17, 70, 583
横久保義洋　611

与謝野修　344
吉井友実　215, 216, 259, 260, 641
吉崎地陵　385
吉田温次　610
吉田清成　151
吉田純一　431
吉田松陰　543
吉田彦鉄　124
吉田（卜部）良義　27, 93, 101, 102, 124, 134, 136-138, 140, 162
吉田秀堅　133
吉田増蔵　596-599, 604, 609-611, 649
吉野健一　649
芳野親義　109, 125
吉野裕子　652
嘉仁親王　94, 192, 193, 221, 261, 338, 562, 642　→大正天皇
吉見光子　350, 356
吉村忠夫　385
吉村豊三　356
芳村正秉　124, 137
予章王（梁）　574
世続峰子　125
四辻公賀　125, 139
米田是保　125
米田民　344
米田雄介　649
米津田之　124
米山宅蔵　57, 65
依仁親王・依仁親王妃　345, 348, 350

ら・り・れ・ろ

ライス　147
劉昭（梁）　404
霊元天皇（上皇）　424, 446, 451
冷泉為理　12, 13, 55, 57, 62, 70, 434
冷泉為紀　434, 453
冷泉天皇　203, 296, 445
ロエスレル（レースラー）　212, 258
六条有義　13, 62
六条天皇　446

わ

若井勲夫　257, 259
若槻礼次郎　267, 598, 599
脇田久礼　132
脇田久豊　131
和田萃　403, 405, 407, 440, 443
渡辺勝三郎　190
渡辺克太郎　337, 493
渡辺勝利　652
渡辺朔次郎　57, 65
渡辺大監　57, 64
渡辺千秋　345, 348, 350, 356
渡辺直達　356
渡辺衛　104
和田英松　384, 385, 446
和田正麿　132
亘理章三郎　653, 654
藁田守胤　132

付四　近現代大礼関係の参考文献（抄）

凡　例

1　明治・大正・昭和（近代）と平成（現代）の大礼（おもに即位礼・大嘗祭）関係の重要な出版物を抄出した。

2　出版物は原則として公刊ずみの単行本・特集雑誌に留め、個別の雑誌論文・絵葉書などは省いた。

3　抄録には、皇學館大学の佐川記念神道博物館編『小原家文庫資料目録』（平成21年）を主に参照し、また牟禮仁氏等の協力をえて、国立国会図書館オンライン検索などで補った。

4　配列はほぼ発行年順として、元号は明治＝明、大正＝大、昭和＝昭、平成＝平の略称を用いた。

5　編著者名（敬称略）の前に○印を付けた文献は、国立国会図書館などのWebサイトでデジタル公開されている。

〈明治時代の後半〉

中村万吉編『御即位礼服着用図解説』（明38、北村出版部）
斎藤普春著刊『阿波志料　践祚大嘗祭御贄考』（明40）→本書第4章の付に抄録
○大日本紀元宣揚会編刊『御即位式大嘗祭図説』（明42。大3改訂復刊）
※（山梨県）貢川村役場編刊『明治天皇大嘗祭悠紀斎田記事』は大正11年発行

〈大正の大礼〈大正4年11月〉以前〉

○賀茂百樹著『通俗講義　登極令大要』（大元、会通社）　→本書第7章に校訂翻刻
○伊能穎則著『大嘗祭儀通覧』（大2、如蘭社）
○清岡長言編『御即位大嘗祭資料図譜』2冊（大2、京都史跡会）
○植木直一郎著『皇室の制度典礼』（大3、川流堂、のち第一書房復刻）
○大日本国体宣揚会編刊『登極令ニ依ル大嘗祭悠紀殿渡御図』（大2）
○池田晃淵著・奈良県編『御大礼と大和』（大3、奈良県）
○池辺義象絵詞並書『今上天皇御即位大嘗祭会巻』（大3、御即位記念協会）
○牛塚虎太郎著『大礼要義』（大3、博文館）

◯大宮兵馬著刊『大典之根本義』（大3）
◯清岡長言著『通俗大礼講話』（大3、尚文館書店）
◯京都通信社編『御大礼要覧』（大3、京華社）
　皇国編集部編刊『御大礼記念号』3回（大3）
◯皇典研究会編『即位礼大嘗祭講話資料』（大3、明誠館）
　神宮徴古館編刊『即位礼大嘗祭資料陳列目録』（大3）
◯鈴木暢幸・小松悦二編『御即位式大典録』前編・後編（大3、御即位大礼記念会）
※多田好問著『登極令義解』（大3草稿）→所功による全文翻刻、皇學館大学神道研究所編『続・大嘗祭の研究』
　内閣書記官室記録課編刊『大礼要義』（大3）
　祝儀磨・松平静著『大礼講話』（大3、松田松友堂）
◯三浦周行著『即位礼と大嘗祭』（大3、京都教育会、のち神社新報社復刊）
◯赤堀又次郎著『御即位及大嘗祭』（大4、御即位記念協会）
　浅田彦一編「御大礼盛儀／御大礼記念」（『太陽』21巻8号・14号、大4、博文館）
◯池辺義象・今泉定介編『御大礼図譜』（大4、博文館）
◯大内青巒著『御大典と仏教』（大4、鴻盟社）
◯加藤貞次郎著『即位大嘗御大礼講話』（大4、国民書院）
◯神谷初之助著『大典義解』（大4、吉川弘文館）
◯川村猪佐夫著『御大礼要覧』（大4、京華社）
◯木村正等編『御即位礼画報』1巻～8巻（大3～4、御即位記念協会）
◯京都帝国大学文科大学陳列館編刊『大典奉祝陳列品目録』（大4）
◯清岡長言著『御即位礼と大嘗祭』（大4、金港堂書籍）
　楠山正雄編「御即位記念　大正聖代号」（『新日本』5巻11号、大4、富山房）
◯宮内省図書寮編刊『（大礼関係）陳列図書目録』（大4）
◯御即位記念協会編修局編『今上天皇御即位礼絵巻』（大4、御即位記念協会）
◯御大礼記念会編刊『御即位大嘗祭絵巻解説』（大4）
　斎藤惇著『御大典要義、付「大礼本義」』（大4、永井書院）
◯桜井秀著『即位大嘗典礼史要』（大4、博育館）
　関根正直著『御即位式大嘗祭御大礼要話』（大4、中央通信講演会）
◯関根正直著『即位式大嘗祭大典講話』（大4、東京宝文館）
◯東京帝室博物館編刊『御大礼関係品特別展覧会目録』（大4）
◯富田斅純著『御即位灌頂』（大4、加持世界社）
　内閣書記官室記録課編刊『内閣文庫（大礼関係）図書陳列目録』（大4）
　登内景淵編『大正御大礼絵巻（巻子）』（大4、御大礼奉賛会）

　芳賀矢一著『御大礼と国民』（大 4、富山房）
○**文部省編刊『大礼の要旨』**（大 4）→本書第 12 章所収
○山口信雄編『御大礼画報』（大 4、朝日新聞社）
○山田孝雄著『御即位大嘗祭　大礼通義』（大 4、宝文館）

〈大正の大礼以後〉

○市田幸四郎編『御大礼記念写真帖』（大 4、日本電報通信社）
○木村正等編『御即位礼画報』9 巻～ 12 巻（大 4 ～ 5、御即位記念協会）
　久保三友編『御即位式写真帖』（大 4、御即位記念協会）
○小林音次郎編『御大礼写真帖』（大 4、文泉堂）
　大日本国民教育会編刊『御大礼記念写真帖』（大 4）
○高木八太郎編『大正大典史』（大 4、御大典記念協会）
　中村竹四郎編『御大礼御写真帖』（大 4、新橋堂書店）
　西村真次編『学生　大礼画報』（大 4、富山房）
　婦人画報増刊『御大典記念画報』（大 4、東京社）
　編者未詳『御即位記念写真』（巻子 2 軸。大 4、啓文社）
　山県百次郎編『御大典記念写真帖』（大 4、写真画報社）
○愛知県編刊『悠紀斎田記録』（大 5）
○青野初治編『即位式御大典奉祝余興写真帖』（大 5、近本文泉堂書店）
　沖一郎編『御大礼儀式図集』（大 5、斯道会）
○香川県内務部編刊『主基斎田記念写真帖』（大 5）
○筧克彦著『御即位礼勅語と国民の覚悟』（大 5、清水書房）
○加藤拙堂著『御即位式勅語述義』（大 5、明誠館）
○亀山与一著『御即位勅語謹解並寿詞解義』（大 5、育英書院）
○菊池淑郎著『御大礼記念賀表謹集』（大 5、学校と家庭社）
　京都府小野御村編刊『大正四年大嘗宮御造営御用材調達村誌』（大 5）
○京都府警察部編刊『大正大礼京都府記事：警備之部』（大 5）
○清岡長言・桜井稲麿著『即位礼勅語謹解並寿詞通解』（大 5、会通社）
　警視庁編刊『大礼記録』（大 5）
○御大礼愛知県奉祝会編刊『大礼愛知県記念録』（大 5）
○杉本善郎編『即位大礼記念帖』（大 5、桜橘協会）
○千家尊福著『国家の祭祀』（大 5、春陽堂）
○大日本協会編刊『今上即位　勅語及寿詞謹解』（大 5）
○恒次夏三郎編『御大礼記念写真帖』全 4 冊（大 5、大典記念出版協会）

三宅米吉著『御即位礼と大嘗祭』（大5、石黒魯平）
文部省編刊『御大礼と小学児童』（大5）
◯山口信雄編『御大礼記録』（大5、朝日新聞社）
◯京都府編刊『大正大礼京都府記事　庶務之部』上下（大6）
大礼使編刊『大正四年　大礼写真帖』（大6）
◯香川県編刊『主基斎田記録』（大7）
◯大礼記録編纂委員会編『大礼記録』（大8、清水書店）
※上記の**原本『大礼記録』**（大正7年8月完成、全10輯（28冊））は、平成13年、臨川書店マイクロフィルム出版。写真と絵図の部分は近く勉誠出版刊行予定。
内閣書記官室記録課編刊『大礼記念』（大8）

〈昭和の大礼〈昭和3年11月〉以前〉

◯千葉命吉著『万世一系の哲学と天皇即位史論』（昭2、厚生閣書店）
◯岩井武俊編『御大典』（昭3、大阪毎日新聞社）
大阪府立図書館編刊『御大礼奉祝記念　宮内省図書寮図書展覧目録』（昭3）
◯岡本瓊二編『皇室と御大礼』（昭3、モナス）
京都府編刊『大礼参列諸員宿舎名簿』（昭3）
◯栗山周一著『昭和御大典講話』（昭3、周文社）
國學院雑誌編『御大礼奉祝号』（昭3、國學院大學）
◯国史講習会編『御即位礼と大嘗祭講話』（昭3、雄山閣）
小林音次郎編『御大典記念帖』（昭3、小林文泉堂）
◯佐伯常麿著『御即位大嘗祭　大礼講話』（昭3、中文館書店）
◯佐藤海城著『大礼と衣紋』（昭3、皇国奉公会）
◯小学校児童童謡奉献会編刊『御大礼奉祝　全国小学校児童代表奉献童謡集』（昭3）
◯関根正直著『御即位大嘗祭　大礼要話』（昭3、六合館）
関根正直・石本永平編『昭和御大礼掛図』（昭3、六合館）
◯大礼使編刊. *Synopsis of the Ceremonies of Ascension to the Throne of H.M. the Emperor of Japan.*（昭3）英仏両訳
大礼使長官官房編刊. *The Imperial Ordinance Relating the Ascension to the Throne.*（昭3、ジャパン・タイムズ社）
大礼使長官官房文書課編刊『大礼事務便覧』（昭3）
◯玉井広平編『明治戊辰の大礼と昭和戊辰の大礼』（昭3、社会基調協会）
帝国軍人教育会編刊『御即位大礼御絵巻』1巻（昭3）
鉄道省運輸局編刊『大礼関係運送事項』（昭3）

東京帝室博物館編刊『大礼関係特別展覧会目録』（昭3）
内務省警保局編刊『大礼警備事務便覧』（昭3）
中村徳五郎著『大礼記念読本』（昭3、弘道閣）
広島高等師範学校地理学会編刊『御大礼奉祝　古絵図展覧目録』（昭3）
○増田義一編『御大礼記念　金枝玉葉帖』（昭3、実業之日本社）
○三浦周行著『大礼眼目』（昭3、東京開成館）
宮西惟助述『即位式大嘗祭御儀式謹解』（昭3、東京府神職会）
○**文部省編刊『大礼の要旨』**（昭3）→本書第12章所収
○山田孝雄著『御即位大嘗祭　大礼通儀』（昭3、宝文館）
○湯浅吉郎編『大礼大観』（昭3、大礼大観刊行会）
○亘理章三郎著『御大礼の精神的意義』（昭3、斯の道学会）

〈昭和の大礼以後〉

アサヒグラフ編『御大典号』（昭3、朝日新聞社）5冊
○荒木利一朗編『御大礼画報』3冊（昭3、大阪毎日新聞社）
石井茂兄編『御大礼記念写真帖』（昭3、明治天皇御写真帖刊行会）
石原俊明編『昭和聖帝御即位　大典画報』（昭3、国際情報社）
上野竹次郎編『御大礼記念写真帖』（昭3、郁文館）
大阪毎日新聞社編『御大礼写真』（昭3、大阪毎日新聞社）
加島豊編『昭和聖帝御大礼画帖』（昭3、白雲社）
鎌田敬四郎編『御大礼写真帖』（昭3、朝日新聞社）
滋賀県悠紀斎田奉賛会編刊『大嘗祭悠紀斎田記念写真帖』（昭3）
大日本国民教育会編刊『御大礼記念写真帖』（昭3）
林直人編『御大典記念大写真帖』（昭3、文武書院）
福岡県編刊『大嘗祭主基斎田記念写真帖』（昭3）
増田義一編『御大典記念写真号』（昭3、実業之日本社）
○D. C. Holtom著. *The Japanese Enthronement Ceremonies: with an account of the imperial regalia.*（昭3、教文館）
○大林組編刊『御大礼御造営工事記念写真帖』（昭4）
○京都府編刊『昭和大礼京都府記録』上下（昭4）
京都府警察部編刊『昭和大礼京都付警備記録』上下（昭4）
○警視庁総監官房文書課記録係編刊『大礼記録』（昭4）
○御大典記念協会編刊『御大典記念大観』（昭4）
○後藤嘉夫編『御大典記念家宝　天賜光栄者銘鑑』（昭4、福文社）

近衛秀麿作曲『大礼交声曲楽譜』（昭 4、新交響楽団）
○武田俊義編『昭和　御大礼記念録』（昭 4、御大礼記念出版会）
○田中清文編『御大礼記念表誠帖』（昭 4、北陸タイムス社出版部）
○帝室博物館編刊『鏡剣璽特別展覧会案内』（昭 4）
○内務省衛生局編刊『昭和御大礼衛生記録』（昭 4）
○内務省警保局編刊『昭和大礼警備記録』上下（昭 4）
○名古屋市役所編刊『昭和三年御大典記録』（昭 4）
○野口明著『御大礼の印象』（昭 4、侍従野口明自費出版）
○陸軍省編刊『昭和三年大礼諸儀及大礼観兵式写真帖』（昭 4）
○亘理章三郎著『御即位礼勅語衍義』（昭 4、中文館書店）
折口信夫著『古代研究　第一部第二民俗学篇』（昭 5、大岡山書店）
○京都市役所編刊『京都市大礼奉祝誌』（昭 5）
○滋賀県編刊『昭和大礼悠紀斎田記録』上下（昭 5）
○大礼使編刊『昭和大礼写真帖』（昭 5）
○鉄道省編刊『昭和大礼記録』（昭 5。昭 7 に下巻も）
○東京市役所編刊『御大礼奉祝誌』（昭 5）
○東京府編刊『昭和大礼東京府記録　上巻・下巻』（昭 6）
○内閣大礼記録編纂委員会編刊『昭和大礼要録』（昭 6）
※上記の**原本『昭和大礼記録』**（昭和 5 年 12 月完成）は、大正の『大礼記録』原本と共に宮内庁公文書館と国立公文書館で Web 公開。
○福岡県編刊『昭和主基斎田記録』（昭 6）
○酒巻芳男著『皇室制度講話』（昭 9、岩波書店、付録「御大礼の意義」）
○井原頼明著『皇室事典』（昭 13、増補版昭 17、富山房、四「大礼」）
○帝国学士院編刊『帝室制度史』4 巻・5 巻（昭 14・15、のち吉川弘文館復刊）
○出雲路通次郎著『大礼と朝儀』（昭 17、桜橋書院、のち臨川書店復刻）

〈昭和の戦後 40 年間〉

にいなめ研究会編『新嘗の研究』（1 輯＝昭 28、創元社。2 輯＝昭 30、吉川弘文館。3 輯＝昭 42、協同出版社。のち昭 63、3 冊とも学生社復刊）
神社新報社政教研究室編『天皇・神道・憲法』（昭 31、神社新報社）
倉林正次著『饗宴の研究：儀礼編』（昭 40、桜楓社）
川出清彦著『皇室の御敬神』（昭 50、神道文化会）
田中初夫著『践祚大嘗祭・研究篇』（昭 50、木耳社）
村上重良著『天皇の祭祀』（昭 52、岩波新書）

川出清彦著『祭祀概説』（昭 53、学生社）
皇學館大学神道研究所編『大嘗祭の研究』（昭 53、皇學館大学出版部）
神道文化会編刊『昭和の御大典：昭和大礼要録抄』（昭 53）
岡田精司編『大嘗祭と新嘗』（昭 54、学生社）
倉林正次著『天皇の祭りと民の祭り』（昭 58、第一法規）
神島定編『主基地方風俗舞：昭和のあゆみ』（昭 59、主基地方風俗舞保存会）

〈平成の大礼〈平成 2 年 11 月〉前後〉

平野孝國著『大嘗祭の構造』（昭 61、ぺりかん社）
八木意知男著『大嘗会和歌の世界』（昭 61、皇學館大学出版部）
葦津珍彦著・阪本是丸註解『国家神道とは何だったのか』（昭 62、神社新報社）
倉林正次著『饗宴の研究：祭祀編』（昭 62、桜楓社）
真弓常忠著『即位式と大嘗祭』（昭和 62、皇學館大学出版部）
宮坂キリスト教センター編『キリスト教と大嘗祭』（昭 62、新教出版社）
吉野裕子著『大嘗祭：天皇即位式の構造』（昭 62、弘文堂）
岩井利夫著『大嘗祭の今日的意義』（昭 63、錦正社）
皇室法研究会編『現代皇室法の批判的研究』（昭 63、神社新報社、平 29 増補改訂版復刊）
土肥昭夫・戸村政博編『天皇の代替わりとわたしたち』（昭 63、日本基督教団出版局）
日本を守る国民会議編『大嘗祭と日本文化』（昭 63、錦正社）
別冊歴史読本編『**図説　天皇の即位礼と大嘗祭**』（昭 63、新人物往来社）
真弓常忠著『大嘗祭』（昭 63、国書刊行会）
伊藤哲夫著『天皇即位と大嘗祭』（平元、オーエス出版）
岩井忠熊・岡田精司編『天皇代替り儀式の歴史的展開』（平元、柏書房）
大原康男・百地章・阪本是丸編『国家と宗教の間：政教分離の思想と現実』（平元、日本教文社）
皇學館大学神道研究所編『続・大嘗祭の研究』（平元、皇學館大学出版部）
八木意知男著『大嘗祭本文の研究』（平元、皇學館大学出版部）
渡辺勝利著『即位大嘗祭とその周辺』（平元、東京経済）
朝日新聞社編『豪華写真集　平成　即位の礼』（平 2、朝日新聞社）
安蘇谷正彦著『天皇の祭りと政教分離』（平 2、展転社）
生田神社編『即位の礼と大嘗祭』（平 2、国書刊行会）
岡田荘司著『大嘗の祭り』（平 2、学生社）
加瀬英明・所功・高森明勅著『皇室の伝統精神と即位礼・大嘗祭』（平 2、広池学園出版部）

川出清彦著『大嘗祭と宮中のまつり』（平2、名著出版）
國學院大學神道資料室編刊『大嘗祭特別展示目録』（平2）
神宮文庫編刊『即位の礼と大嘗祭　資料集』（平2、国書刊行会）
総理府・宮内庁編刊『高御座と御帳台』（平2）
即位の礼委員会編刊『即位の礼写真集』（平2）
高森明勅著『天皇と民の大嘗祭』（平2、展転社）
田中卓編『平成時代の幕明け』（平2、新人物往来社）
所功・高橋紘編『図録　即位儀礼に見る宮廷文化展』（平2、共同通信社）
鳥越憲三郎・有坂隆道・島田竜雄編著『大嘗祭史料　鈴鹿家文書』（平2、柏書房）
日本政策研究センター編『即位の礼・大嘗祭　ガイドブック』（平2、ぎょうせい）
別冊歴史読本編『**古式に見る皇位継承儀式宝典**』（平2、新人物往来社）
星野文彦著刊『御大礼祭祀の御実態と本義』（平2）
歴史学研究会・日本史研究会編『「即位の礼」と大嘗祭』（平2、青木書店）
皇室アルバム編『即位の礼・大嘗祭』（平3、学習研究社）
瀧川政次郎著『律令と大嘗祭：御代始め諸儀式』（平3、国書刊行会）
田中卓著『今上天皇の即位礼と大嘗祭を省みて』（平成3、皇學館大学出版部）
内閣総理大臣官房編刊『平成即位の礼記録』（平3）
平成大礼護衛警備記録編集委員会編刊『平成大礼：護衛警備記録』（平3）
毎日グラフ別冊編集部編『平成の大礼：正殿の儀・御列の儀・大嘗祭・伊勢奉告　皇位継承式典全記録』（毎日グラフ別冊、平3、毎日新聞社）
守屋多々志著『平成御大礼絵巻』（平3、神社本庁）
神社新報社編集部編『平成の御大典を壽ぐ：全国奉祝活動記録』（平4）
神社本庁御大典記録誌編集委員会編『平成の御大典を壽ぐ』（平4）
神道政治連盟編刊『御代替に関する記録』解説編・資料編（平4）
徳島県神社庁編刊『平成御大典記念　大嘗祭麁服貢進記録集』（平4）
宮内庁編刊『**平成大礼記録**』（平6）
武田秀章著『維新期天皇祭祀の研究』（平8、大明堂）
大原康男著『詳録・皇室をめぐる国会論議』（平9、展転社）
『わたしたちの皇室』創刊号「御即位十年記念特集」（平10、主婦と生活社）
宮内庁三の丸尚蔵館編『慶祝の風景：御即位十年記念特別展第一回』（平11）
宮内庁三の丸尚蔵館編『御慶事のかたち：御即位十年記念特別展第三回』（平11）
宮内庁三の丸尚蔵館編『饗宴　伝統の美：御即位十年記念特別展第四回』（平11）
宮内庁編『伝統の継承　今日の皇室：御即位十年記念特別展第五回』（平11、以上4点、菊葉文化協会）

牟禮仁著『大嘗・遷宮と聖なるもの』（平 11、皇學館大学出版部）
所功著『天皇の人生儀礼』（平 13、ＮＨＫ出版生活人新書）
林一馬著『伊勢神宮・大嘗宮建築史論』（平 13、中央公論美術出版）
鎌田純一著『平成大礼要話：即位礼と大嘗祭』（平 15、錦正社）
湯原公浩編『日本の博覧会：寺下勍コレクション』（平 17、平凡社）
鎌田純一著『皇室の祭祀』（平 18、神社本庁研修所）
髙谷朝子著『宮中賢所物語：五十七年間皇居に暮らして』（平 18、ビジネス社。のち平 29、加筆修正し『皇室の祭祀と生きて：内掌典 57 年の日々』河出文庫）
宮内庁三の丸尚蔵館編『祝美：大正期皇室御慶事の品々』（平 19、菊葉文化協会）
藤田大誠著『近代国学の研究』（平 19、弘文堂）
京都国立博物館編刊『京都御所ゆかりの至宝：甦る宮廷文化の美』（平 21）
宮内庁三の丸尚蔵館編『両陛下　想い出と絆の品々：御成婚 50 年・御即位 20 年記念特別展』Ⅰ・Ⅱ（平 21、菊葉文化協会）
皇室事典編集委員会編**『皇室事典』**（平 21、角川学芸出版）
所功著『天皇の「まつりごと」象徴としての祭祀と公務』（平 21、日本放送出版協会）
保阪正康著『崩御と即位：宮中で何が起こっていたのか』（平 21、新潮社）
中澤伸弘著『宮中祭祀：連綿と続く天皇の祈り』（平 22、展転社）
皇學館大学神道研究所編『訓読註釈　儀式践祚大嘗祭儀』（平 24、思文閣出版）
久能靖著『カラー図説　天皇の祈りと宮中祭祀』（平 25、勉誠出版）
宮内庁編『昭和天皇実録』第 3・第 9（平 27・28、東京書籍）
※宮内省編『大正天皇実録』第 4 は、来年刊行予定
刑部芳則著『帝国日本の大礼服　国家権威の表象』（法政大学出版局、平 28）
武田佐知子・津田大輔著『礼服：天皇即位儀礼や元旦の儀の花の装い』（平 28、大阪大学出版会）
六ッ美悠紀斎田 100 周年記念事業実行委員会編刊『大嘗祭六ッ美悠紀斎田 100 周年記念事業記念誌』（平 28）
加茂正典著『神様に奉る御食事：鈴鹿家所蔵「大嘗祭神饌図」』（平 29、皇學館大学講演叢書）
工藤隆著『大嘗祭：天皇制と日本文化の源流』（平 29、中公新書）
所功監修『近代の御大礼と宮廷文化：明治の即位礼と大嘗祭を中心に』（平 29、京都宮廷文化研究所）
藤本頼生著『よくわかる皇室制度』（平 29、神社新報社）
「京都の御大礼」展実行委員会編刊**『京都の御大礼**：即位礼・大嘗祭と宮廷文化のみやび』（平 30）

宮内庁三の丸尚蔵館編刊『明治の御慶事：皇室の近代事始めとその歩み』（平 30、菊葉文化協会）

〈年号・改元関係〉

○森本角蔵著『日本年号大観』（昭 8、目黒書店、のち講談社復刻）
森鷗外撰・吉田増蔵補『元号考』（昭 48、岩波書店『森鷗外全集』20）
瀧川政次郎著『元号考証』（昭 49、永田書房）
大森和夫著『元号：「昭和のあと」はどうなる？』（昭 51、長崎出版）
川口謙二・池田政弘著『元号事典』（昭 52、東京美術）
鈴木武樹編『元号を考える』（昭 52、現代評論社）
所功著『日本の年号：揺れ動く〈元号〉問題の原点』（昭 52、雄山閣出版）
村松剛・葦津珍彦編『元号：いま問われているもの』（昭 52、日本教文社）
上地龍典著『元号問題：その歴史的・現実的意味』（昭 54、教育新書）
神社本庁時局対策本部編刊『元号法制化運動の成果』（昭 54）
神道史学会編刊『年号の研究』（昭 54）
永原慶二・松島栄一編『元号問題の本質』（昭 54、明石書店）
猪瀬直樹著『天皇の影法師』（昭 58、朝日新聞社のち朝日文庫・中公文庫）
所功著『年号の歴史：元号制度の史的研究』（昭 63、雄山閣出版。平元、増補版）
井上清著『元号制批判』（平元、明石書店）
毎日新聞政治部編『ドキュメント　新元号平成』（平元、毎日新聞社）
読売新聞社政治部編『平成改元』（平元、行研）
国民文化会議編『知るや元号　知らずや即位・大嘗祭』（平 8、新光出版社）
米田雄介編『歴代天皇・年号事典』（平 15、吉川弘文館）
歴史と元号研究会編『日本の元号』（平 24、新人物往来社）
所功編『**日本年号史大事典**』（平 26、雄山閣出版）
山本博文編『元号：全 247 総覧』（平 29、悟空出版）
所功・久禮旦雄・吉野健一著『元号：年号から読み解く日本史』（平 30、文春新書）

【大礼後儀】

11月27・28日	33○即位礼及び大嘗祭後、神宮に親謁の儀	即位礼及び大嘗祭の後、伊勢の神宮に天皇が拝礼される儀式	神宮
12月2・3・5日	34○右の後、神武天皇山陵及び前四代の天皇山陵に親謁の儀	右の後、神武天皇山陵及び前四代の天皇山陵に、天皇が拝礼される儀式	各山陵
12月3日	35△茶会	右の後、京都に行幸啓の際、古来皇室に御縁故の深い近畿地方の各界代表を招いて行われる茶会	京都御所
12月6日	36○即位礼及び大嘗祭後、賢所に親謁の儀	即位礼及び大嘗祭の後、宮中の賢所に天皇が拝礼される儀式	賢所
〃	37○右の後、皇霊殿・神殿に親謁の儀	右の後、皇霊殿・神殿に天皇が拝礼される儀式	皇霊殿・神殿
〃	38○右の後、賢所御神楽の儀	右の後、賢所に御神楽を奏する儀式	賢所
大嘗宮の撤去後	39（大嘗祭後、大嘗宮地鎮祭）	大嘗祭の後、大嘗宮を撤去した跡地の地鎮祭	皇居東御苑

11月16日	22○神宮に勅使発遣の儀	神宮に大嘗祭を行うことを奉告し、幣物を供える勅使を派遣される儀式	宮殿
11月20日	23（大嘗祭前二日、御禊）	大嘗祭の二日前、天皇、皇后及び皇太子のお祓いをする行事	皇居
〃	24（大嘗祭前二日、大祓）	大嘗祭の二日前、皇族始め関係諸員のお祓いをする行事	皇居
11月21日	25○大嘗祭前一日、鎮魂の儀	大嘗祭の前日、すべて無事に行われるよう天皇始め関係諸員の安泰を祈念する儀式	皇居
〃	26（大嘗祭前一日、大嘗宮鎮祭）	大嘗祭の前日、大嘗宮の安寧を祈念する行事	皇居東御苑
11月22日	27○大嘗祭当日、神宮に奉幣の儀	大嘗祭の当日、神宮に大嘗祭を行うことを勅使が奉告し、幣物を供える儀式	神宮（神宮）
〃	28○大嘗祭当日、賢所大御饌供進の儀	大嘗祭の当日、賢所に大嘗祭を行うことを奉告し、御饌を供える儀式	賢所
〃	29○大嘗祭当日、皇霊殿・神殿に奉告の儀	大嘗祭の当日、皇霊殿・神殿に大嘗祭を行うことを奉告する儀式	皇霊殿・神殿
	30○大嘗宮の儀	天皇が即位の後、大嘗宮の悠紀殿・主基殿において、初めて新穀を皇祖及び天神地祇に供えられ、自らも召し上がり、国家・国民のためにその安寧と五穀豊穣などを感謝し、祈念される儀式	皇居東御苑
11月22日	悠紀殿供饌の儀		
11月23日	主基殿供饌の儀		
11月24日	31（大嘗祭後一日、大嘗宮鎮祭）	大嘗祭の翌日、大嘗宮の安寧を感謝する行事	皇居東御苑
【大饗の儀】			
11月24・25日	32○大饗の儀	大嘗宮の儀の後、天皇が参列者に白酒、黒酒及び酒肴を賜り、ともに召し上がる饗宴	宮殿

〈著者紹介〉

所　　功（ところ いさお）　http://tokoroisao.jp

昭和16年（1941）12月、岐阜県生まれ。名古屋大学修士課程修了。

昭和41年から皇學館大学助手・専任講師・助教授（国史学科）。

昭和50年から文部省初等中等教育局教科書調査官（社会科日本史）。

昭和56年から京都産業大学教授（教養部→法学部・日本文化研究所）。

昭和61年、法学博士（慶應大学、日本法制文化史）。

平成24年から京都産業大学名誉教授、モラロジー研究所教授（研究主幹）、麗澤大学客員教授、皇學館大学特別招聘教授。

研究書：『平安朝儀式書成立史の研究』『宮廷儀式書成立史の再検討』（以上、国書刊行会）、『三善清行』（吉川弘文館人物叢書）、『菅原道真の実像』（臨川書店）、『年号の歴史――元号制度の史的研究』（雄山閣）など。
校　注：『三代御記逸文集成』『撰集秘記』『建武年中行事』（以上、国書刊行会）、『北山抄』『西宮記』（以上、神道大系編纂会）など。
一般書：『伊勢神宮』『日本歴史再考』（以上、講談社学術文庫）、『京都の三大祭』（角川ソフィア文庫）、『日本の年号』（雄山閣出版）、『国旗・国歌の常識』（東京堂出版）、『皇室に学ぶ徳育』『歴代天皇の実像』（以上、モラロジー研究所）、『「国民の祝日」の由来がわかる小事典』『皇位継承のあり方』（以上、PHP新書）、『皇室典範と女性宮家』（勉誠出版）、『天皇の人生儀礼』（小学館文庫）、『天皇の「まつりごと」』（NHK出版生活人新書）、『象徴天皇「高齢譲位」の真相』（ベスト新書）など。
共　著：『皇位継承（増補改訂版）』『元号』（以上、文春新書）など。
編　著：『皇室事典』（角川学芸出版）、『日本年号史大事典』（雄山閣）。

近《きん》代《だい》大《たい》礼《れい》関《かん》係《けい》の基《き》本《ほん》史《し》料《りょう》集《しゅう》成《せい》

ISBN978-4-336-06266-6

平成30年8月30日　初版第1刷発行
平成31年2月15日　初版第2刷発行

著　者　所　　功
発行者　佐藤今朝夫

〒174-0056 東京都板橋区志村1-13-15
発行所　株式会社　国書刊行会
電話 03(5970)7421　FAX 03(5970)7427
E-mail: info@kokusho.co.jp　URL: http://www.kokusho.co.jp

落丁本・乱丁本はお取替えいたします。
装幀　鈴木正道（Suzuki Design）
印刷　三報社印刷株式会社
製本　株式会社ブックアート